자유와 인권의 문학사

자유와 인권의 문학사

2025년 7월 5일 1판 1쇄 인쇄 / 2025년 7월 10일 1판 1쇄 발행

지은이 송희복 / 펴낸이 민성혜
펴낸곳 글과마음 / 출판등록 2018년 1월 29일 제2018-000039호
주소 (06367) 서울특별시 강남구 광평로 280, 1106호(수서동)
전화 02) 567-9731 / 팩스 02) 567-9733
전자우편 writingnmind@naver.com

책값은 뒤표지에 있습니다.
잘못 만들어진 책은 바꾸어 드립니다.
지은이와의 협의에 의해 인지를 붙이지 않습니다.
이 책의 내용을 재사용하려면 반드시 저작권자와 글과마음출판사의 허락을 받아야 합니다.
ⓒ 2025 송희복

ISBN 979-11-98186-03-4 (03810)

본 사업은 2025년 부산광역시, 부산문화재단 〈부산문화예술지원사업〉으로 지원을 받았습니다.

자유와 인권의 문학사

송희복 지음

글과마음

머리말

윤동주와 김수영의 자유에 대하여
—서문을 대신한 강의록

　안녕하십니까? 송희복입니다. 오늘은 저와 여러분이 '윤동주와 김수영의 자유'라는 주제를 놓고 함께 생각하는 시간을 마련해 보았습니다. 먼저 시인 윤동주에 관해 운을 떼겠습니다. 윤동주의 창작 시기는 습작기와 본격적인 창작 시기로 나누어집니다. 이 시기는 대체로 5년 정도의 기간으로 획정될 수 있습니다. 연희전문학교에 입학한 1938년에서부터 현존하는 마지막 작품을 쓴 일본 유학 시절인 1942년에 이르기까지 말입니다. 이에 비해 김수영은 1945년에 처음으로 시를 발표했으니, 어릴 때부터 시를 쓴 노트가 남아있는 윤동주에 비해 시 창작의 시점이 한참 뒤라고 하겠네요.
　이 두 분의 나이가 고작 네 살 차이에 지나지 않습니다. 이들은 동시대의 사람임에도 불구하고, 마치 다른 시대를 살았던 시인인 것처럼 여겨집니다. 윤동주는 일제강점기의 시인이요, 김수영은 해방 이후의 시인이다, 라는 인상이 우리에게 뚜렷합니다. 이 때문에, 이들은 각각 다른 시대에 살았던 것으로 오인되고 있습니다. 이러한 착시 현상은 동갑의 나이인 김소월과 정지용의 경우도 마찬가지라고 할 수 있겠네요. 김소월이 주로 활동했던 시기가 1920년대 초반이었고, 정지용이 본격적으로 활동한 시기는 1930년대 중반이었지요. 이런 사실로 인해 두 분에 관해서, 우리는 우리 스스로가 받아들인 시기적인 착종으로부터, 혹은 여기에서 연유된 착시 감각으로부터 자유롭지 못합니다.

윤동주와 김수영을 정치사상의 측면에서 볼 때, 물론 사람마다 생각의 차이가 있겠습니다만, 전 이렇게 생각해요. 윤동주가 철저한 민족주의자였다면, 김수영은 중도적 자유주의자였다고 할 수 있지요. 윤동주는 민족주의에의 철저성으로 말미암아, 주지하듯이 후쿠오카 형무소에서 순국했습니다. 일본의 경찰 및 법원은 그가 재경도(在京都) 조선인 유학생 민족주의그룹 사건을 책동했다고 보았어요. 그는 일본의 특별고등경찰에게 체포되기 며칠 전에 만난, 세 살 아래의, 교토제국대학에 재학하고 있던 유학생에게, 문학은 다름 아니라 민족의 행복을 추구하는 문학이어야 한다는 취지의 발언을 합니다. 이것은 일본 법원의 판결문에 나와 있는 내용입니다. 일본 공안의 시각에서 보면, 윤동주는 사상범이요, 또 확신 범이에요. 영화 「동주」에서 윤동주가 이르되, 시를 써온 자신이 부끄럽다고 후회하는 대사가 있는데, 이는 명백한 사실 오도, 역사 왜곡입니다. 요컨대 그는 민족주의자로서, 민족의 가치를 아는 시인으로서 순국하였음이 어김없는 사실입니다. 체포되기 3일 전에 문학이라고 하는 것이야말로 바로 이런 것이어야 한다는 신념을 사적으로 밝힌 그가 왜 시를 써온 자신이 부끄럽다고 굳이 말해야 했을까요? 소설이나 영화에 있음직한 사실이 스며들 수는 있다고 해도 '없는 사실'을 함부로 말해도 되는 권한이 주어지는 것은 결코 아니지요.

이에 반해 김수영은 거제도 포로수용소에서 친공도 반공도 택일하지 않은 중도적인, 어떤 의미에 있어선 유연한 처신으로 인해 민간 억류인으로서 석방될 수가 있었습니다. 김수영은 민족주의도 사회주의도 매력이 있는 정치사상으로 보지 않았을 겁니다. 저는 고등학교를 졸업할 무렵에 김수영의 시 「거대한 뿌리」를 처음으로 읽고 깊은 충격에 빠졌습니다. 시의 언어도 이럴 수 있나? 썩어빠진 대한민국, 더러운 역사, 진보주의와 사회주의는 네 어미 ○, 통일도 중립도 개×……거침없는 언사와 비속어 표현이 어지러웠습니다. 시의 언어가 아름답고 모범적인 언어이기에, 감동에 젖어온 제게는 처음으로 시의 혼돈이랄까, 시 이론의 배리(背理)를 만나게 된 거지요. 이런 충격 속에서 시를 보는 제 안목이 성장해갔을 겁니다. 반세기 가까운 지금에 이르러 생각해도, 그는, 그의 언어는 사상의 자유와, 자유의 사상을 오가면서 아슬아슬하게 곡예를 하는 것 같습니다.

이에 비하면, 윤동주는 이미 소년 시절부터 진지한 의미의 항일 운동에 가담했었지요. 그는 사촌형인 송몽규와 함께 어릴 때부터 가학으로, 학교 교육을 통해 민족교육을 철저하게 받았어요. 송몽규는 소년 시절에 김구 선생 계열의 군관학교에 입교하려다가 중국의 일본 경찰에게 체포된 바 있습니다. 이 때문에 그와 윤동주가 교토에 유학할 때까지도 몰래 감시를 당했던 거지요. 윤동주는 평양의 숭실중학교에 재학할 때 격렬했던 신사참배거부운동에 동참합니다. 평양 시내의 학생들이 연계되어 일경들과 집단 난투극을 벌였다는 증언들이 적잖이 남아있어요. 이에 가담한 평양의 학교들은 끝내 모두 폐교가 됩니다. 이때 쓴 소년 윤동주의 습작이 있습니다.

  종달새는 이른 봄날
  질디 진 거리의 뒷골목이
  싫더라.
  명랑한 봄 하늘,
  가벼운 두 나래를 펴서
  요염한 봄노래가

좋더라.
그러나,
오늘도 구멍 뚫린 구두를 끌고,
훌렁훌렁 뒷거리 길로,
고기새끼 같이 헤매나니,
나래와 노래가 없음인가,
가슴이 답답하구나.

　이 시는 지금의 고등학생에 해당하는 중학생 윤동주가 1936년 3월에 평양에서 쓴 시입니다. 한 시대의 '불평지기(不平之氣)'가 고스란히 담겨져 있습니다. 이 이전에도 그가 쓴 습작시가 많습니다만, 이 시 한 편으로 인해 그는 그의 시대에 확실히 입사(入社)하게 된 것입니다. 여기에서의 입사는 회사에 취직했다는 뜻이 아니라, 통과의례의 첫 번째 단계를 가리킵니다. 상징적인 의미에서 입문의 의식과 같은 거랄까요? 어쨌든 이 시가 그의 시대를 활짝 열어놓은 셈이었지요. 조선인 학생에게 신사참배의 강요는 구속이요, 억압이며, 그에게 있어서 종달새는 자유의 상징인 셈이었지요. 나래, 즉 날개가 없음은 실존적인 한계상황이며, 노래가 없음은 표현의 자유가 없다는 사실을 말하고 있습니다.
　주지하듯이, 저 소크라테스의 재판은 표현의 자유가 침해당한 대표적인 인류사의 상징이지요. 이 재판은 표현의 자유 침해를 대표적으로 보여주는 역사적인 상징으로서, 성찰하는 삶에 대한 헌신으로 오랫동안 부각되어 왔습니다. 소크라테스가 그랬어요. 성찰하지 않는 삶은 살 가치가 없다고요. 다시 말해, 성찰하는 삶만이 살만한 가치가 있다는 거예요.
　윤동주에게 있어서의 소위 '성찰하는 삶'은 이를테면 '부끄러움'의 사상입니다. 무생물에게는 기(氣)가 있습니다. 우리말로는 그냥 '끼'라고 해 두지요. 지수화풍을 보세요. 땅도 험준한 산맥이 있는가 하면, 평탄한 들판도 있습니다. 물의 기운을 보세요. 집채 같은 파도와 호수 같은 수면. 서로 끼가 다르지요? 화기(火氣)도 마찬가집니다. 불바다와 촛불의 서로 다른 화기 말예요. 태풍과 산들바람은 또 어떻고요. 그런데 무생물은 삶이 없고, 생물은 삶이 있습니다. 그런데 생물 중에서 식물은 죽음을 모르지만, 동물은 죽음을 압니다. 길고양이가 죽을 때 산으로 가고, 코끼리가 동료의 장례식에 참가하고. 무생물의 끼, 식물의 삶, 동물의 넋. 그러면 인간이 아닌 동물과 인간은 어떤 차이가 있을까요? 인간만이 있는 게 바로 부끄러움입니다. 인간만이 자신을 부끄러워합니다. 스스로를 성찰합니다. 우리가 사회생활을 오래 하다 보면, 인간 중에서도 얼굴이 두꺼워 부끄러워할 줄 모르는 문제적 인간들이 적지 않습니다. 이 사람들은 인간됨이 부족한 사람들이에요. 윤동주의 모든 시는 부끄러움의 기록, 즉 자신을 성찰하는 삶에 대한 헌신의 기록입니다. 그의 시에 반영된 부끄러움은 가장 인간적인 됨됨이가 되는 거예요.

　윤동주가 자신의 원고지에 써둔 습작 시 「종달새」가 그 동안 전혀 주목을 받지 못했습니다. 독자들에게 읽히지도 않았고요. 지금도 이 시를 주목하거나 연구의 대상으로 삼는 독자, 연구자는 거의 없다고 여겨도 되겠습니다. 이로부터 14년이 지난 후에 종달새(노고지리)를 소재로 한 시가 신문지상에 발표됩니다. 같은 소재의 시가 있습니다. 김수영의 「푸른 하늘을」이 그것입니다. 이 두 편의 시는 주지하는 바처럼 상당히 정치적인 자유의 함의가 담겨있는 시편들이지요. 윤동주의 시편이 신사참배를 거부하는 소년의 세상 바라보기라는 시대적인 배경의 것이라면, 김수영의 시편은 4·19의 감격을 그 시대에 여실하게 기념한 시라는 말이에요. 그러면 김수영의 이 시편을 한번 살펴볼 게요. 시의 총 행수 16행 가운데 절반만 인용하겠습니다.

　　자유를 위해서

비상하여 본 일이 있는

사람이면 알지

노고지리가

무엇을 보고

노래하는가를

어째서 자유에는

피의 냄새가 섞여 있는가를

　김수영의 이 시는 1960년 6월 15일에 썼는데, 발표는 그해 동아일보 7월 7일 자에 발표되었어요. 제가 신문에 발표된 전문을 살펴보니 표기가 한자투성이에요. 이 시에서 푸른 하늘이나 노고지리의 이미지는 모두 자유의 표상이에요. 윤동주에게 있어서의 명랑한(밝고 환한) 봄 하늘은 푸른 하늘로, 종달새는 동종의 이름인 노고지리로 이어집니다. 종달새가 알에서 나오면 날기 위해, 즉 자유를 얻기 위해 오래 날갯짓을 하지 않으면 살쾡이 같은 들짐승에게 잡아먹힙니다. 자유에 피의 냄새가 섞여 있다는 것은 이를 두고 말합니다. 김응교의 말마따나, 혁명은 단 한 번의 날갯짓으로 성취되는 게 아닙니다. 시민혁명으로서의 4·19의 미완성 및 한계가 잘 드러난 시라고 하겠네요.

　이미 상고 시대에 아테네인들과 로마인들은 세계에서 흔치 않게 자유를 누렸습니다. 이 자유는 구성원의 한 사람으로서 누릴 수 있는 집단적 자유를 의미합니다. 이 집단적 자유는 타 집단에 저항하거나 타 집단을 침략할 수 있는 자유입니다. 윤동주의 자유는 조선인의 한 사람으로서 일본 제국주의에 저항하는 자유입니다. 그러니까 집단적 자유랄까요? 이에 반해 김수영의 자유는 근대적 개념의 자유라고 하겠어요.

　17세기의 영국 사상가인 토마스 홉스는 고대인들이 생각하지도 못한 자유, 즉 개인적 자유에 대한 관념을 펼쳤습니다. 그에게 있어서의 자유는 행동의 제약이나 방해가 없는 상태입니다. 이 자유는 정치적인 의미의 자유, 법이 침묵하는 부분에서 행동할 자유를 가리킵니다. 홉스의 정치사상은 왕권신수설에서 큰 발자국으로서 진일보했습니다. 그 시대의 가치인 군주에 대한 복종의 의무를 인정하면서도, 처음으로 정치적 개인, 정치적 개인의 자유를 발견한 것입니다.

우리가 지금 다 같이 사랑하고 소중하게 여기고 있는 두 시인의 자유를 살펴봅시다. 철저한 민족주의자였던 윤동주의 자유가 민족주의라고 하는 틀 속의 집단적인 자유에 해당한다면, 중도적 자유주의자였던 김수영의 경우는 정치적 개인의 자유를 시에서 구현했다고 보입니다. 이런 점에서 볼 때 이들의 자유는 성격이 서로 다른 자유라고 말할 수 있겠습니다.

윤동주는 시에서 자유를 대놓고 드러내지 않았습니다. 그의 시에 딱 두 번 나오는데, 그것도 소년 시절에 쓴 습작 시에만 나옵니다. 「공상」(1935)에서 '자유로이 헤엄친다.'와, 「닭」(1936)에서 '자유의 향토를 잊은 닭들이'가 바로 그것입니다. 이에 비해 김수영 시에서 시어로서 자유가 사용된 용례는 무려 20회 여 차례나 됩니다. 윤동주에 비하면, 김수영은 자유를 대놓고 드러낸 셈입니다. 두 사람의 자유는 그들의 가치관이라기보다 어디까지나 각자가 처한 시대적인 배경 속에서 삭혀진 언어이거나 혹은 날것의 언어로 드러나는 관습에 지나지 않습니다.

김수영은 시어를 확장했습니다. 개념어를 거침없이 수용했습니다. 자신의 시어를 두고 이른바 '시사어'라고 밝힌 바 있었습니다. 시사어라뇨? 신문과 잡지 등의 매체에 등장하는 그 시대의 언어를 말합니다. 물론 그의 시에 구어체 언어, 비속어도 있습니다만, 대체로 중산층 이상의 서면(書面) 언어가 주로 사용되었지요. 그 시대에 평균 이상의 학식이 요구되는 중간층 교양의 언어가 시사어인 셈이지요. 이와는 달리, 그보다 먼저 활동한 윤동주는 지적 수준이 평균 이상으로 높은 한자어나 관념어가 시어로 사용되는 것을 한껏 자제했습니다.

문학적 가치판단이라서 뭐라 말하고 싶지 않습니다만, 문학비평의 전문가들 중에 이런 말을 해대는 사람들이 있어요. 윤동주의 시는 그의 아름다운 죽음을 떠나면 별로다. 그에 비해 김수영의 시가 훨씬 성취적인 수준에 도달했다, 라고요. 함부로 비교하지 맙시다. 윤동주는 그 나름대로 미덕이 있고, 김수영은 자신의 고유한 특장이 있습니다. 저는 윤동주의 언어가 침잠, 침묵의 언어에 가깝다면 김수영의 그것은 외침, 웅변의 언어에 가깝다고 여겨집니다. 이런 점에서 전자가 금이라면, 후자는 은이라고 하겠습니다.

지금까지 윤동주와 김수영의 자유에 관해 저와 여러분이 함께 생각해 보는 시간을 가져 보았습니다. 다음 시간에 또 찾아뵙겠습니다. 경청해 주셔서 감사합니다. 안녕히 계십시오.

| 차 례 |

머리말_윤동주와 김수영의 자유에 대하여 ● 4
　　　　　─서문을 대신한 강의록

제1부_프롤로그

　　기미년 3·1운동 전후의 우리 문학 ● 16

제2부_일제강점기

　　한용운의 옥중 시와, 자유정신의 유산 ● 52
　　옷과 밥과 자유의 사상에 대하여 ● 69
　　　　　─한용운에서 김소월로
　　재령의 나무리벌에, 무슨 일이 있었나? ● 79
　　양주동의 '주지적 시작'과 절충적 시학 ● 97
　　소설가는 인정세태를 헛것에 의빙하다 ● 107
　　　　　─현진건의 「적도」에 대하여
　　심금을 울리는 다채로운 언어의 율동 ● 127
　　　　　─이은상 탄생 백주년과, 수필 「무상」
　　하늘과 바람과 별의 서정시 ● 142
　　　　　─윤동주 80주기에 부쳐
　　시민과 소시민, 그리고 국민 ● 154
　　백정 인권이 스민 소설 ● 168

제3부_해방기와 분단시대

리얼리즘의 중도적 성취에 값하다 ● 176
　　　―염상섭의 「그 초기」론
해방공간의 서정시와 인정세태 ● 188
집 없이 떠도는 이들, 생쌀 씹고 다니네! ● 204
　　　―한국전쟁과 관련된 시문(詩文)들
김동리와 김정한 : 우리 소설사의 쟁점 ● 228
폐허와 비전의 이중주, 애상을 노래하다 ● 270
　　　―박인환의 「목마와 숙녀」
전쟁과 분단이 빚어낸 욕망의 서사시 ● 294
　　　―홍성원의 「남과 북」
북한 소설의 서정성과, 그 추이 과정 ● 305
뭇 생명의 터전을 앙망하는 몸짓 ● 346
김광섭에 관한 짧은 감회 ● 363

제4부_산업화 이후의 문학

절박한 언어, 전태일의 기록문학 ● 372
자아와 세계의 틈새를 노래하다 ● 386
　　　―비주류의 현대시조

조선인 여공들과, 슬픈 인권 현장 ● 407
야한 여자와 장미여관과 불편한 자유 ● 423
　　—마광수 : 1977~1989
문제적 개인과 자유의 진정성 ● 450
　　—이병주의 「별이 차가운 밤이면」
고문과 성고문 : 공안 광기의 시대 ● 478
아직 녹지 않는 회색 눈사람 ● 488
세기말에 꽃핀 여성문학 ● 498
김우창의 비평과 자유 ● 526

제5부_에필로그

한승원과 한강 부녀를 회상하다 ● 534

부록

시인들, 자유를 노래하다 ● 550
기록 정신과, 소설의 허구 ● 562
　　—박순동과 조정래
색욕과 식욕의 수인들 ● 577

찾아보기 ● 585

제1부

프롤로그

기미년 3·1운동 전후의 우리 문학

1. 기미년 3·1운동과 문학의 근대기점

이 글은 백여 년 전 우리 문학의 근대적 획기성에 관한 글이다.[1] 근대문학, 즉 신문학의 획기적인 성격은 기점 논의와 관련되지 않을 수가 없다. 우리 근대문학의 기점에 관한 논의들은 오래 전부터 있어 왔다. 초기에는 우리 스스로 제도적인 개혁을 시도한 갑오경장(1894)이 유력했는데, 이 기점의 설을, 적지 않은 이들이 동조했다. 훗날에 등장한 신소설의 시대적인 배경이 대체로 이 이후로 설정되어 있기도 한 것을 보면 타당성이 없는 게 아니다.

한편, 한 동안에 유력하게 자리를 잡았던 근대문학의 기점이 1894년에서부터 18세기 영·정조의 시대로 여러 걸음 앞으로 소급되는가 하면, 세칭 구한말에 해당하는 애국계몽기(1905~1910)로 한 발 뒤로 물러나기도 했다. 물론 제 나름대로 까닭과 근거를 가지고 있다. 하지만 문학의 내

---

[1] 본래 발표된 이 글의 원고는 『월간문학』 2019년 3월호에 3·1운동 백 주 년 기념의 기획 원고로 쓴 「백 년 전 3·1운동 전후의 우리 문학」이다. 그 이후에 기존 원고를 새로 증보함으로써 제목 역시 「기미년 3·1운동 전후의 우리 문학」로 바꾸었다. 시점을 굳이 백 년 전으로 특정할 필요가 없어서다.

재적인 가치기준을 충분히 고려한다면, 이광수의 소설 「무정」이 발표된 1917년이 가장 합리적인 기점이라고 보입니다. 나는 이 1917년 설에 공감한다. 문학 및 문학사의 근대성은 사회사적인 제도 개혁보다 작가를 중시해야 하며, 작가보다는 작품에 더 공명되어야 한다. 이것이야말로 문학이 문학으로서 독자성을 확보할 수 있는 근거가 되기 때문이다.

또 하나의 기점설이 있다.

우리 근대문학의 기점을 1919년으로 본다는 사실이다. 이 해에 근대적인 성격의 동인지인 『창조』가 세상에 공간되었다. 이를 계기로 해서 동인지들이 우후죽순으로 생겨났다. 주지하듯이, 동인지 『창조』는 우리 신문학의 근대성을 확립하는 데 크게 기여했다. 창간의 주역은 김동인과 주요한이었다. 김동인은 매일신보 1931년 8월 23일부터 「창조·폐허 시대」를 연재하면서부터 1919년을 새로운 문단 형성의 해로 보았다.[2] 이는 근대문학 기점을 1919년으로 본다는 사실을 뚜렷이 드러낸 것이기도 했다.

연대기의 성격을 볼 때, 1917년과 1919년은 2년 차이니까, 시간적으로는 큰 차이가 없지만, 이른바 3·1운동으로 인해 의식의 면에서 비교적 작지 않은 차이를 드러냈다. 북한식 표현이기도 하지만, 3·1운동은 소위 부르주아 민족주의의 혁명이었다. 부르주아는 무엇인가? 시민이다. 그럼 시민의 반대말은? 촌민(村民)과 신민(臣民)이다. 촌민이야 거주지 변경의 차원에서 시민이 되는 것은 비교적 용이한 일이지만, 신민이 시민이 되는 것은 자유를 쟁취하는 등 역사적인 우여곡절을 겪는 지난의 과정이다. 가장 대표적인 사례가 부르주아의 영웅시대라고 일컫는 소위 18세기 말 프랑스시민혁명기다.

3·1운동 당시의 부르주아는 대체로 둘로 나누어진다. 시민과 소시민

---

2 김동인, 「창조·폐허 시대」, 강진호 엮음, 『한국문단 이면사』, 깊은샘, 1999, 13쪽, 참고.

이다. 일반적으로 볼 때, 우리는 시민과 소시민을 가리켜 중산층과 서민(庶民)으로 각각 나누어 쉽게 생각하기도 하지만, 이 단어에는 복잡한 사회학적인 함의가 내포되어 있다. 이에 관해서는 논외로 하고서, 이른바 시민은 사회지도층의 의미를 지닌다. 민족대표 33인이 전형적인 시민이다. 이에 비해 소시민은 사회지도층이 되기 위해 학업의 과정에 있던 이로서 만세운동의 현장에 있던 젊은이들을 가리킨다.

문인들 중에서 시민과 소시민을 나누자면, 전자에 속하는 이로서 생년 별로 나열하면, 한용운·홍명희·최남선·이광수·김여제·김억 등이다. 이들은 젊은 승려를 가르치던 한용운을 비롯해 대체로 교사 경력이 있던 이들이었다. 가계를 살펴보자면, 양반 출신의 홍명희를 제외하면, 이들은 대체로 계급적인 성분이 중인에 지나지 않았다. 이 시기의 신흥세력은 교육이나 종교를 통해 신분적으로 상승한 인물들이었다. 교육은 일본에서 신학문을 배웠다는 의미이며, 종교는 그 당시에 사회적 영향력이 증대한 기독교와 천도교를 가리킨다. 이광수와 최남선은 새로운 교육을 통해 신분이 상승한 입지전적인 인물이다.

기미년 3·1운동 당시의 문학 분야의 프티 부르주아, 즉 소시민은 국내외 학교의 학생 신분으로서 만세 현장에 있었던 김동인·주요한·염상섭·심훈·김소월·김영랑 등을 말한다. 이들은 3·1운동 전후에 다양한 문예사조를 받아들이면서 동인지를 통한 문학 활동을 당분간 해옴으로써 신문학 초창기의 젊은 주역이 되었다.[3]

소시민의 문학적 기여도는 시민에 못지않았다.

꼭 근대문학의 기점이 1919년이어야 한다고 적시한 것이 아니라고 해

---

[3] 3·1운동에 동참한 문학 외적인 소시민으로서는 영화계의 나운규와 윤봉춘을 꼽을 수 있다. 윤봉춘은 격렬한 독립운동으로 인해 두 번의 옥고를 치렀다. 훗날에, 그는 유관순 열사와 윤봉길 의사에 관한 전기 영화를 연출했다. 특히 유관순의 삶을 세 차례(1947, 1959, 1966)에 걸쳐 영화로 재현했다. 그에게는 같은 세대의 유관순이야말로 평생토록 영혼의 동지였다.

도, 신문학의 성격을 두고, 3·1운동의 시민의식을 중심으로 재평가해야 한다는[4] 생각의 여지를 던진 이는 비평가 백낙청이었다. 그의 회심의 비평문이었던 「시민문학론」(1969)에 이와 관련된 논의가 꽤 깊이 있고 폭넓게 다루어져 있다. 오늘날 독자들의 자연스러운 독서 대상의 상한선이 1920년대 문학이었던 점을 감안한다면 신문학 기점의 3·1운동 기점설 역시 일리가 전혀 없는 것은 아니라고 한 견해[5]도 그냥 지나칠 수는 없다고 여겨진다.

2. 동인지 『창조』 제1, 2, 3호의 문학

지금으로부터 꼭 백 년 전[6]인 기미년 1919년은, 이광수가 이태 전에 최초의 근대소설인 『무정』을 연재한 이래 우리나라 신문학의 역사에서 획기적인 한 해가 되었다. 어째서 획기적이었던가? 최초의 문학 동인지인 『창조』가 공간되었기 때문이었다. 이것은 문학 동인지의 시대를 화려하게 열었다. 이때부터 문학 동인지가 우후죽순으로 쏟아져 나왔다. 한 동안, 우리 신문학사는 문학 동인지를 중심으로 전개해 나아갔다.

문학 동인지 『창조』는 그 당시에 일본에 와 있었던 세 사람의 평양 청년에 의해 주도되었다. 그 당시에 나이가 19세인 주요한과 김동인, 그리고 25세인 전영택이다. 훗날 세 사람의 증언은 대동소이하지만 약간의 차이가 있었다. 15년 후에 가장 먼저 증언한 김동인의 경우가 가장 정확하리라고 본다.

윌슨 미국 대통령이 강화회의에 참석하기 위해 프랑스를 건너가니 어

---

4 백낙청, 『민족문학과 세계문학』, 창작과비평사, 1978, 45쪽, 참고.
5 최원식, 『한국계몽주의문학사론』, 소명출판, 2002, 358쪽, 참고.
6 이 글의 최초본이 3·1운동 백 주년 기념의 해인 2019년에 발표된 시점에 따른 표현이다.

쩐다니 하면서 야단법석을 피우던 1918년 말 어느 날, 김동인의 하숙방에서는 김동인과 주요한이 농축된 진한 커피를 연거푸 마시고는 졸음을 잃어버린 채 거의 밤을 새면서 트럼프에 열중하고 있었다. 새벽 네 시 정도가 되었을 때, 문학에 관한 얘기를 잠시 나누다가 주요한이 김동인에게 불쑥 제안한다. 문학 동인지 하나 만들어보자는 긴급제의였다. 이것이 실마리가 되어 돈은 부호의 아들이었던 김동인이 2백 원을 마련하기로 했다.[7] 잘은 몰라도 요즘의 돈 가치로는 아마 3, 4천만 원 정도가 되었던 것 같다.

창간 동인들은 창간호 편집이 끝나자 인쇄소를 물색했다. 동경에는 한글 활자를 가지고 있는 인쇄소가 없었다. 조선어 성경이나 『학지광』 등의 한글 서책을 이미 만들었던 요코하마의 복음인쇄 합자회사에 의뢰해, 문학 동인지 『창조』는 그해 2월에, 처음으로 공간되었다. 짐작컨대, 그 당시로서는 획기적인 기획으로 창조된 문학 동인지가 바로 『창조』 창간호였던 것이다.

동인지 『창조』가 창간될 무렵은 2·8독립 선언과 3·1운동의 폭풍 전야(前夜)라고 하겠다. 겉으로는 고요했었겠지만, 시대적인 분위기도 결코 만만치 아니하였을 것이다. 한마디로 말해, 심상치 않은 시기였다. 아닌 게 아니라, 3·1운동 직후의 일들을 보라. 김동인은 이것을 창간하고서 출판법 위반 혐의로 투옥되어 6개월 동안에 걸쳐 옥고를 치렀으며, 주요한은 사실상의 정치적인 망명을 단행해 중국 상해로 넘어가 훗날 호강대학교를 다니게 된다. 김동인과 주요한은 정치 운동은 이 방면의 사람들에게 맡기고, 문학 운동에만 전념하기 위해 동인지 『창조』를 창간했다. 이러한 전념은 역사의 큰 물줄기를 바꾸어 놓을 눈앞의 시기의 작은 동향에 지나지 않았다. 김동인은 3·1운동 직후에 감방에 잡혀가고, 주

---

[7] 김동인, 『김동인 전집』, 제16권, 조선일보사, 1988, 372~374쪽, 참고.

요한은 중국 상해로 도망갔다. 망명이래도 좋다. 이들 역시 정치 운동의 회오리바람으로부터 결코 벗어날 수 없었던 것이다.

동인지 『창조』는 3·1운동으로 인해 풍비박산이 되었으나 같은 해에 제2호(3월 20일)와 제3호(12월 10일)도 잇달아 발간되었다. 1921년 5월 30일에 이르기까지 제9호까지 발간하고는 종간하였다. 이것이 우리 신문학사 초창기에 끼친 영향은 결코 적은 게 아니었다.

시인 주요한은 1919년 이전부터 한글로 시를 쓰기도 했다. 또한 그는 자신을 총애한 당대의 유명한 시인 가와지 류코(川路柳虹)의 지도 아래 일본어 습작시도 썼다. 그는 수재였다. 1918년 9월에 동경의 제1고등학교에 입학했다. 이 학교는 천하의 수재들이 모이는 최고의 엘리트 학교다. 사실상 동경제국대학의 예과이다. 조선인으로선 처음으로 합격했다고 해서 당시에 언론의 인터뷰도 했을 정도이다. 문학 동인지 『창조』의 창간호에 실린 그의 시 「불놀이」는 우리나라 최초의 자유시로 정평이 나 있을 정도이다. 1919년 1월 3일에, 그가 창작했다. 소위 1919년의 문학은 이 시로부터 비롯했다고 해도 과언이 아니다.

주요한의 시 「불놀이」는 그가 석탄일인 사월 초팔일에 대동강변 서장대에서 본 관등회를 기억에 되살려 쓴 시라고 회고한[8] 적이 있었지만, 자세히 들여다보면 그의 불놀이는 연등놀이와 횃불놀이와 불꽃놀이로 세분화되어 있다.

> 거기 너의 애인이 맨발로 서서 기다리는 언덕으로 곧추 너의 뱃머리를 돌리라. 물결 끝에서 일어나는 추운 바람도 무엇이리오, 괴이한 웃음소리도 무엇이리오, 사랑 잃은 청년의 어두운 가슴속도 너에게야 무엇이리오, 그림자 없이는

---

[8] 주요한 문집, 『새벽·Ⅰ』, 요한기념사업회, 1982, 22쪽, 참고.

'밝음'도 있을 수 없는 것을…….⁹

이 인용된 부분을 보면 이 시에 있어서 자아와 세계의 관계가 결코 화해롭지 못함을 알 수 있다. 이 시의 화자는 '나'의 실마리로부터 시작해 '너'로 객관화된다. 나와 너, 개인과 사회에는 틈새가 생겨나 있다. 서로 간에 단절된 모순감이 전제해 있다. 이 시에 나타난 저 언덕의 피안은 그의 회고록에도 나타난다. 어쩌면, 그에게 있어서 애인이 맨발로 서서 기다리고 있는 언덕이 상해였는지도 모를 일이다.

> 거족적인 3·1운동이 무참히 짓밟히고 아는 사람 모르는 사람 할 것 없이 붙들려가고 하는 것을 보고, 분노·비애·허탈·갈등 속에 빠진 나는 뚜렷한 계획도 없는 채 (『창조』 제2호의-인용자) 편집 후기에 '나는 간다. 어디로 갈는지는 알 수 없다. 그러나 어디로든 나는 갈 것이다.' 하고 호기를 부렸다. 한 달 한 달 학비를 타 쓰는 학생이 가면 어디로 갈 것인가. 차표를 끊은 곳이 평양(역)이다. 3월 10일 께였다. 서울에서 일단 내려 아는 사람을 만났더니 '말이 아니다. 다 잡혀갔다.'는 이야기였다. 당시, 억누를 수 없는 분노는 일제와 함께 이완용·송병준에게로 주로 쏠렸다. 공공·공중변소의 낙서는 거의가 이 두 사람에 대한 욕이었다. (……) 하루는 청년 회관에 들렸더니 총무인 최승만이 샌프란시스코에서 발행되던 「신한민보」를 보여주었다. '상해에 임시정부가 수립되었다.'는 기사가 나와 있었다. 이 기사를 보고 내 마음은 결정되었다. 최승만도 '가보라.'고 적극 찬성했다.¹⁰

주요한은 임시정부가 있는 상해로 가기 위해 여러 군데의 항구를 들러 승하선을 거듭하다가 끝내 나가사키에서 밀항을 하듯이 상해로 향해 몰

---
9 주요한, 「불놀이」, 『창조』, 제1호, 1919, 2쪽.
10 주요한 문집, 앞의 책, 25~26쪽.

래 배에 올랐다. 그는 1919년에 모두 여섯 편의 시를 썼다. 대체로 호흡이 길고, 낭만적인 시심의 격정이 타오르고 있다. 이 중의 하나인 「해의 시절」은 3연 48행의 장형 시다. 내용 면에서 시편 「불놀이」와 비슷한 점이 있다.

> 아아 나는 천천히 걷는 네 좁은 길을
> 나의 애인의 가슴인가 의심한다.
>
> 해여, 바람이여, 지금, 내 가슴에 넘쳐오라.
> 풀무 불에 제 튼튼한 팔을 두드리는 이상한 대장장이처럼,
> 사른 열정으로 나의 가슴을 달구리라.[11]

주요한의 시들은 대체로 문학청년의 기질, 낭만적인 열정이 넘친다. 이보다도 그의 시는 대부분이 그렇거니와 우리말에 대한 깊은 애정이 시의 행간에 배어 있다는 사실을 주목하지 않으면 안 된다. 그는 생경한 관념어로서의 한자어를 의도적으로 배제했다. 그 당시로선 상당히 고무적인 일이었다.

1974년이었다.

내가 고등학교 2학년에 재학할 때의 어느 가을날. 서울에서 한글날을 기념하기 위해 강연하려고 부산에 서울의 명사 몇 분이 내려왔다. 이 중에는 주요한과 이어령이 있었다. 부산 데레사여자고등학교 강당은 입추의 여지가 없었다. 한글에의 사랑과 당위성에 대해 카랑카랑한 목소리로 열변을 토하던 74세의 노시인의 모습이 지금도 아련히 떠오른다.

---

[11] 주요한, 「해의 시절」, 『창조』, 제2호, 1919, 31~32쪽.

문학 동인지 『창조』의 실질적인 주역이었던 김동인은 창간호에 중편 소설인 「약한 자의 슬픔」을 발표한다. 이 소설은 창간호로 끝나지 않고 제2호로까지 이어진다. 이 작품은 그 당시로선 분량도 만만찮고, 내용도 다소 선정적이면서 동시에 사회적인 쟁점이 담겨 있다. 페미니즘의 관점에서 오늘날에도 되살펴볼 수 있는 소설이다.

물론, 가재는 게 편이라고, 소설의 본문에는 남자는 남자 편이 되고, 여자는 여자 편이 된다. 남자는 사회의 강자이고, 여자는 사회의 약자이다. 소설의 내용에, 묘한 섹시즘(성차별)의 저의가 전혀 깔려 있지 않은 것은 아니다.

이 소설의 주인공은 서울 한 부호의 가정교사로 일하는 젊은 여성 강엘리자베트이다. 학교를 졸업한 신여성인 그녀는 친일파로서 남작이란 작호를 얻은 한 사내의 집에 가정교사로 들어갔지만, 마침내 그에게 정조를 짓밟히고 만다. 그녀가 또 임신하게 되자 집으로부터 쫓겨난다. 그녀의 편에 친구인 혜숙뿐만 아니라 남작의 부인마저 가세한다. 부인은 그녀를 오히려 불쌍히 여겨 집에서 나가는 그녀에게 적잖은 돈을 쥐어준다. 같은 여자로서의 동정이랄까? 요즘 식으로 말하자면, 여성간의 자매적인 연대감인 '시스터 후드'이다. 그녀는 인력거로 세 시간이나 소요되는 당숙모(오촌모) 댁에 잠시 몸을 의탁하였다. 재판을 할까, 말까. 고민이 이어져 가고 있다.

자기는 남작으로 인하여 모든 바람과 앞길을 잃어버리지 않았느냐? 자기는 남작으로 인하여 바람과 앞길밖에 사랑과 벗과 모든 즐거움까지 잃어버리지 않았느냐? 그런 후에 자기는 남작으로 인하여 서울과는 온전히 떠나지 않으면 안 되지 않게 되었느냐? 이와 같은 남작을······. 이와 같은 죄인을······.

'아무래도 재판은 하여야겠다.'

그는 다시 중얼거렸다.

그러면서도 그는 자기로(서)도 재판을 하여야 할지 안 하여야 할지 똑똑히 해결치를 못하였다. 하겠다 할 때는 갑(甲)이 그것을 막고, 못 하겠다 할 때는 을(乙)이 금하였다.

'집에 가서 천천히 생각하자.'

그는 속으로 타는 고로 억지로 이렇게 마음을 먹고 생각의 끝을 다른 데로 옮겼다.[12]

백 년이 지난 지금도 사회적으로 강자와 약자를 각각 가리키고 있는 갑과 을이 있지 않는가? 갑의 지나친 행위를 지금 우리는 '갑질'이라고 하지 않는가? 이 낱말이 생기면서 사회적으로 공명되기 시작하자, 우리는 비로소 갑질의 진정한 의미를, 한결 넓게 성찰하면서 더 깊이 깨달을 수 있게 되지 않았나 하고 생각된다. 이 소설에서 갑은 남작이요, 을은 강 엘리자베트이다. 섹시즘의 관점에서 사회적인 문제의식을 고려할 때 갑(강자)은 세상의 모든 남자들이요, 을(약자)은 세상의 모든 여자들이다. 백 년이 훌쩍 지나간 지금도 '미투'니 뭐니 하면서, 남과 여, 갑과 을이 서로 충돌하고 있지 않나? 어쨌든, 강 엘리자베트는 재판의 의지를 보이면서 당숙모에게 먼저 재판할 의사를 밝힌다. 하지만 당숙모는 이를 만류한다. 사회적으로 힘이 있는 사람이 결국 재판에도 이긴다는 것이다.

"재판에두 양반 상놈이 있나요?"
"그래두 지금은 주먹 천지란다."[13]

고전소설 「춘향전」에서 춘향이가 변학도에게 '충효열녀도 상하 있소?'

---

[12] 김동인, 「약한 자의 슬픔」, 『창조』, 제2집, 1919, 2쪽.
[13] 같은 책, 6쪽.

라고 하면서 강잉하게 대들었듯이, 김동인의 소설 「약한 자의 슬픔」에서는 강 엘리자베트가 당숙모에게 '재판에도 양반 상놈이 있나요?'라고 하면서 공감과 동참을 호소한다. 주먹은 다름 아닌 사회적인 권력의 대유법이다. 지금 우리 사회에 대한 역사적인 현재성으로 읽히는 대목이 아닐 수 없다.

이튿날 강 엘리자베트는 남작을 상대로 경성 지방법원에 재판을 걸었다. 청구 내용은 정조 유린에 대한 배상 및 위자료 5천 원, 또한 서생아(庶生兒) 승인과, 신문 지상의 사죄 광고 게재다. 그런데 정작 재판 진행 과정에서 그녀는 자기주장도 제대로 못한다. 상대측의 변호사만 날고 긴다. 결국 그녀의 청구 내용은 기각된다. 증거가 없다는 것이다.

강 엘리자베트는 패소한 후에 깨닫는다. 사회의 지상낙원을 세우려면, 약자의 약함을 없애야 한다고. 작가 김동인은 사회와 시대의 쟁점을 소설의 본문 속에 녹이고 있지만, 여주인공을 사회적인 약자 정도로 갈무리한 것은 작가의 사회의식의 수준이 아직 미숙했음을 반증한다. 다만 그가 소설 속의 여주인공에게 여성으로서의 결기를 보이게 함으로써 의식의 지평을 확대시킨 것은 긍정적이다.

> 나는 참 약했다. 일 하나이라도 내가 하고 싶어서 한 것이 어디 있는가! 세상 사람이 이렇다 하니 나도 이렇다. 이 일을 하면 남들은 나를 어찌 볼까 이런 걱정으로 두룩거리면서 지났으니 어찌 이 지경에 이르지 않았으리오! 하고 싶은 일은 자유(自由)로 해라! 힘써서 끝까지! 거기서 우리는 사랑을 발견하고 진리를 발견하리라![14]

주인공 강 엘리자베트는 자신이 우선 여성으로서 여성이 사회적으로

---

[14] 같은 책, 21쪽.

약한 존재임을 자각하고 있다. 그녀는 대인관계에서 자율적인 주체가 되지 못했다. 남의 눈치나 보면서 두룩거린다. 즉, 두 눈을 이리저리 굴린다는 뜻이다. 여기에서 나아가 그녀가 기존의 제도와 관습이 만들어놓은 울타리로부터 벗어나려고 한 것은 일종의 '소극적 자유'라고 한다. 자신의 모든 것을 유린한 그 친일파 남작은 그녀의 삶에 있어서 속박 그 자체였다. 그녀는 그로부터 벗어나는 소극적인 자유에 더 이상 머물지 않고, 나아가 사랑과 진리를 발견해야 한다고 다짐한다. 이를테면 '적극적 자유'라고나 할까? 이것의 내용 목록은 정의, 사랑, 진리, 인간의 존엄성, 자기형성, 자기실현 등이라고 볼 수 있다.[15]

이런 점에서 볼 때, 인간의 자유에 대한 근대적인 전망 및 가능성을 보인 김동인의 소설「약한 자의 슬픔」은 고무적인 성취의 작품이라고 할 수 있었다.

형식적인 면에서도, 고무적인 것이 있다. 우리말에 대한 문학적인 자각이라고 하겠다. 그 당시의 시사적인 관습 표현들 가운데, '교수(敎授)를 필(畢)하고'라고 하는 표현이 있다고 하자. 김동인은 이것을 두고 '가르침을 끝내고'로 수정해야 한다고 생각했다.[16] 그는 이 소설에서도 병원의 '대합실'을 '기다리는 방'으로, '예감(豫感)'을 '미릿생각'으로 두 차례나 순화하기도 했다. 이러저러한 사례는 문학사적으로 높이 평가되어야 한다.

김동인은『창조』창간호가 공간한 지 15년이 지난 후에 벅찬 마음으로 감회한 바 있었다. 그때 조선말(고유어)로는 미문을 쓸 수 없다고 했는데 지금은 쓰지 못할 조선말이 없게 되었으니 15년이 마치 꿈과 같은 세월이라고 했다.[17]

---

[15] 김우창,『자유와 인간적인 삶』, 생각의나무, 2007, 95쪽, 참고.
[16] 김동인,『김동인 전집』, 앞의 책, 376쪽, 참고.
[17] 같은 책, 377쪽, 참고.

전영택의 소설 「혜선의 사(死)」 역시 앞에서 살펴본 「약한 자의 슬픔」의 경우처럼 사회적인 약자로서의 한 여성을 그리고 있다. 이 시대의 문학작품 속에는 여성의 운명적인 조건에는 늘 그렇듯이 시대의 묵중한 중압감이 드리우고 있다.

여주인공 임혜선은 강 엘리자베트처럼 소박데기이다. 소설 속의 그녀는 S여학교에 재학하는, 인천 출신의 기혼녀이다. 그녀에게는 휘문의숙 우등생 출신의 동경유학생 신원근이란 남편이 있다. 그런데 남편은 동경의 여자고등사범학교에서 공부하는 윤정희와 사랑에 빠져 있다. 그녀는 이 삼각관계 속에서 사랑에 실패해 한강에 투신자살한 비운의 여인이다.

전영택의 이 소설이 다소 번한 얘깃거리로 된 서사구조를 지닌 게 사실이지만, 지금으로부터 정확히 백 년 전인 서울의 그때 그 시절 시정(市井) 모습을 흥미롭게 보여주고 있다. 어쩌면 소설보다는 근대사의 사료적인 가치로서 인정세태를 실감나게 드러내고 있다는 점에서 반짝 빛이 나 보이기도 한다.

작가 전영택은 매우 섬세한 면이 있다. 경복궁 대궐 안의 송림 속에서 부엉이 우는 소리가 여학생 기숙사에 무섭게 들려오는 오후 9시 30분의 잠들 시간을 묘사하기도 하고, '사람의 팔자란 그림자 같이 앞서간다.'라고 하는, 그 당시의 사람들이 흔히 얘기했을 법한 속언을 무척 흥미롭게 제시하거나 반영하고 있다. 임혜선이 백 년 전 당시의 서울 시내를 방황하고 있다.

종로에 왕래하는 사람이 차차 적어지고 여기저기서 상점 문 닫히는 소리가 들리게 되었다. 한 시간 전까지 번잡하고 소요(騷搖)하던 거리는 어느새 고요해지고 빗물 고인 데 장명등과 전등불이 비쳐서 어른어른하고 하늘은 모퉁이 모퉁이 퍼렇게 구름 새로 틈이 가고, 별이 한 개 두 개 무슨 의미가 있는 듯이 이

상하게 반짝 거린다. 종로 쪽에서 전차가 새문 안을 향하여 땡땡 소리를 요란하게 내며 호랑이 눈 같은 불빛을 내쏘아 앞길을 비추고 레일(철로)에 고인 물을 지익직 좌우로 헤치면서 부살(불화살-인용자) 같이 따라온다.

혜선은 전동 바깥 일양화점(一洋靴店) 있는 데까지 무사히 나와, 대원상점(大元商店) 앞을 돌아서 종로 큰 거리로 나섰다. 뒤를 한번 슬쩍 돌아보고 종로 네거리를 향하여 수굿수굿 가다가 왼편쪽 빙수점(氷水店)에서 중얼중얼한 소리를 듣고 흠찟 놀라고 발걸음을 빨리 옮겨 앞만 향하고 간다. 빨간 등단 자전거 탄 전보 배달부 같은 사람이 방울을 따르르 울리고 지나간다.

전동 골목에서 술 취한 사람 둘이 하나는 파나마(파나마풀로 만든 모자-인용자)에 두루마기 입고 하나는 맥고(밀짚이나 보리 짚으로 만든 모자-인용자)에 흰 양복 입고 비틀비틀하면서 일어(日語)로 무어라고 주절거리고 나온다. 혜선은 무서워서 얼른 뛰어 보신각 앞으로 가서 남대문 가는 전차를 잡아탔다.

혜선은 대체 무엇하러 어데로 가려는고?

백 년 전 당시의 서울 시내는 이렇게 묘사되었다. 이 소설의 본문 군데군데 변사조를 연상시키는 감상적인 작가 개입의 말투가 놓여 있다. 인용문에서 '혜선은 대체 무엇하러 어데로 가려는고?'라고 하는 것이 실례이다. 그럼에도 불구하고, 이 소설의 묘사력은 충분히 입증되고 있다. 사실은 주요한의 시편인「불놀이」의 화자의 목소리도 변사조였다. 이때 우리나라 최초의 한국 영화인「의리적 구토」가 상영되기 바로 직전이기 때문에, 변사의 존재가 있었느냐고 하는 게 좀 의문스럽다. 물론 외국의 무성(無聲) 활동사진은 이미 들어 왔으리라고 본다.

김동인이 1919년에 6개월간의 옥고를 겪었기에 더 이상의 소설은 발표하지 않았지만, 전영택은 이 해에「천치? 천재?」와「운명」을 더 발표한다. 그에게는 1919년이 문인으로 활동하면서 가장 기억에 남을 자신의 한 해였다. 훗날 그는 5·16군사혁명으로 인해 해체된 문화예술 단체

가 그 후 다시 만들어졌을 때, 신생 한국문인협회의 초대 이사장으로 뽑혀 역임하기도 했다.[18]

문학 동인지 『창조』 창간호에 실린 작품을 하나 더 살펴보자면, 최승만의 희곡 「황혼」을 꼽을 수 있다. 이 동인지에 실린 작품들의 인간상이 대체로 신학문을 배운 학도 출신의 신세대이듯이, 희곡 「황혼」에 등장하는 주인공 김인성과 주변 인물도 마찬가지다. 이 작품의 이야기는 이렇다. 그는 배순정이란 신여성과 사랑에 빠져 아내(본부인)와 이혼하려고 한다. 이혼을 반대하는 자신의 부모가 무척 걱정한다.

    부친 : 요새 젊은 녀석들은 (작은 사랑에들) 모여 앉으면 이혼 어쩌구 하니까 세상 말세라…[19]

    모친 : 걔가 그러니까 집안이 꼭 난가(亂家) 같구료, 영감.[20]

김인성은 유교로 무장한 부모와 격한 갈등을 빚은 끝에 이혼을 감행하고, 사랑을 성취한다. 하지만 재혼도 행복하지 못하다. 그는 한을 품고 죽은 부인의 환(幻)에 지속적으로 시달린다. 새 장모는 '무꾸리(무당이나 판수에게 가서 길흉을 알아보거나 무당이나 판수가 길흉을 점침)'를 하려 들지만, 양의는 '신경쇠약(증)'이라고 진단한다. 결국 그는 '내 병은 내가 만든 게 아니라, 우리 사회가 만들었다.'[21]라고 하소연하면서 자살한다.

희곡 「황혼」는 우선 원(原)텍스트를 보지 않고 현대어로 된 정본만을 읽

---

18 한국문인협회, 『문단유사』, 월간문학출판부, 2003, 172~174쪽, 참고.
19 이승희 편, 『병자삼인 (외)』, 범우(주), 2005, 128쪽.
20 같은 책, 129쪽.
21 같은 책, 142쪽, 참고.

어서 언어 실상을 잘 알 수 없으나, 소위 '언문일치'가 완성 단계에 달한 느낌이 없지 않다. 그만큼 입말의 진실성이 백 년이 지난 지금에도 감지될 수 있다는 얘기다. 물론 이 작품에서 '인사하다'를 가리켜 '애찰(挨拶)[22]하다'라고 하는 일본어의 식민주의가 침식하고 있지만, 이것은 한낱 얼룩에 지나지 않는다.

또한 이 작품은 그 시대에 있어서 개인과 사회의 불화를 여실히 보여준 작품이기도 하다. 주제는 개인, 내지 개개인의 행복 추구권을 말한다. 부모 세대의 유교와 샤머니즘, 신세대의 개화된 근대 문명이 예제 칡의 넝쿨처럼 얽혀져 있다.

문학 동인지 『창조』가 창간된 의의는 이광수에게 소외된 감이 없지 않았고 한용운에게도 고도(孤島)와 같았던 '문단'이라는 세계의 시발점이었다는 데 있다.[23] 그러나 이보다 더 의의가 있는 것은 창간호에 실린 대부분의 작품들이 3·1운동 전야의 시대적인 분위기를 담고 있다는 것이다. 또한, 내가 이 글을 통해 말하였던 이러저러한 작품들에서, 백 년 전의 3·1운동이 단지 일본의 정치적인 세력을 축출하는 데 목표로 삼는 것이 아니라, 폭넓게는 이것이 반봉건·반제(反帝)의 근대화 운동을 지향한 사실임을 잘 알 수 있다는 것이다.

기미년인 1919년의 막바지인 12월에 이르면, 『창조』 제3호도 간행된다. 여기에서는 전영택의 단편소설 「운명」이 눈에 띄게 발표된다. 제목은 본문 중의 내용인 '나를 지배하는 운명도 고약한 운명이어니와'에서 따왔다.[24] 그가 평소에 사용하는 호가 '늘봄'인데, 이 작품에서는 이와 같

---

[22] 애찰(挨拶)은 일본어로 '아이사쓰'라고 발음한다. 우리가 사용하는 낱말인 '인사(하다)'에 해당한다. 애(挨)는 내 마음을 연다는 뜻이요, 찰(拶)은 상대방에게 다가가 품는다는 뜻이다.
[23] 백낙청, 『민족문학과 세계문학』, 창작과비평사, 1978, 47쪽, 참고.
[24] 전영택, 「운명」, 『창조』, 제3호, 1919, 57쪽.

은 의미의 '장춘(長春)'을 필명으로 사용하고 있다.

이 소설의 주인공인 오동준은 지은이 전영택의 친구를 모델로 삼은 것으로 알려져 있다. 오동준은 조혼 풍속에 따라 일찍 결혼했다. 조혼으로 인해 행복하지 못하면, 하지 않는 것보다 못한 게 조혼이다. 그는 한때 신여성 H와 연애를 한 바가 있었다. 그에게 있어서 연애는, 특히 자유연애는 신성한 것이었다. 반면에 결혼은 인공적이요 허위적인 것이라고 봤다.[25] H가 결혼을 요구했으나, 오동준은 거절한다. 이것이 빌미가 되어 그가 감옥에 갇혀 있는 사이에, H는 돌아섰다. 결혼이 거추장스럽다는 자유주의적인 남자와, 여자의 행복은 결혼생활에서 찾을 수 있다고 본 음악 전공의 신여성이 서로 만나서 끝까지 사랑을 유지할 수 없었던 것 같다. 서울의 감방에서 출옥한 오동준은 자신이 감옥에 있을 때 이미 소식이 끊긴 H를 찾기 위해 동경의 거리를 헤매면서 샅샅이 뒤졌으나, 그녀는 일본에서 음악학교를 함께 다니던 경상도 사내와 동거를 하기에 이르렀다. 이미 임신 4개월의 몸이 되었다. 오동준의 실연담인 이 소설이 어째서 의미를 가질 수 있게 되었나? 이 물음에 대한 답변은 국문학자 김윤식의 논문에서 찾을 수밖에 없다고 생각된다. 다음의 인용문을 살펴보자.

> 전영택은 「운명」에서 처음으로 3·1운동을 작품 속에 이끌어 넣었다는 점에서 소설 외적인 평가를 가능케 하였다. 주인공 동준이 'ㅇㅇ사건'으로 R목사와 함께 꼭 3개월 동안 감옥에 있었다는 점을 표 나게 드러냄으로써 「운명」은 단순한 자유연애소설에서 벗어나고 있다. 김동인이 이 작품을 두고 '조선 문단 성립 이래의 가작의 하나'이라고 평가할 정도였다.[26]

---

[25] 같은 책, 53쪽, 참고.
[26] 김윤식, 「3·1운동과 문인들의 저항운동」, 『한국독립운동사연구』, 제1부, 독립기념관 한국독립운동사연구소, 1987, 108~109쪽.

소설 「운명」의 본문에 표기된 'ㅇㅇ사건'은 만세 사건, 즉 3·1운동을 가리키고 있다. 자유주의자인 주인공 오동준은 인용문에서처럼 '꼭 3개월 동안'이 아니라, 꼭 백 일만에 출옥하면서 자유를 맛본다. 김윤식은 열흘 정도의 시차를 읽어내지 못했지만, 이게 중요한 것은 아니다. 조선 안에서의 글 속에 3·1운동을 담을 수 없는 정치 실조의 시대에 그나마 'ㅇㅇ사건'이라고 표기할 수 있었던 것도 예사로운 일이 결코 아니었던 것이다.

이 소설의 본문 중에서 가장 가슴에 와 닿는 표현을 꼽으라면, 나는 다음의 문장을 꼽지 않을 수 없다. "동준은 감옥에 들어간 지 꼭 백 일만에 광명 천지에 나와서 시원한 공기를 마시게 되었다."[27] 이 시원한 공기야말로 자유이다. 더 정확히 말하자면 소극적 자유이다. 강제로부터의 자유, 즉 국가나 권력이나 식민 체제나 강한 사람으로부터 벗어나는 것을 가리켜, 일반적으로는 소극적 자유라고 칭한다. 존 스튜어트 밀의 저서 『자유론』은 한마디로 말해 국가가 한 개인을 통제하거나 간섭해선 안 된다는 이른바 소극적 자유에 대한 담론이다.[28]

동인지 『창조』 제1·2호와 그 제3호에 발표된 두 소설, 즉 김동인의 「약한 자의 슬픔」과 전영택의 「운명」의 본문에는 '자유'라는 한자어가 각각 한 차례씩 나온다. 김동인의 '하고 싶은 일은 자유(自由)로(써) 해라'[29]의 자유가 자기형성, 사랑, 진리 등을 지향하는 적극적인 자유라면, 전영택의 '자유(自由)로 떠돌아다니고'[30]의 자유는 '다른 가치의 실현을 위한 기본 조건'[31]인 이른바 소극적 자유이다. 전자의 경우인, 친일파 남작에 대한 연약한 여성의 저항은 일제 강점기의 정치적 무의식 속에 잠재된 날

---

27 전영택, 「운명」, 앞의 책, 54쪽.
28 박찬운, 『자유란 무엇인가』, 필통북스, 2016, 62~63쪽, 참고.
30 전영택, 「운명」, 앞의 책, 53쪽.
31 김우창, 앞의 책, 71쪽.

선 알레고리이기도 하다.

  후자의 경우를 보자.

  아무리 자유연애라고 해도 자유와 연애는 서로 맞서기도 한다. 양자가 높은 차원에서 합치된다면, 적극적 자유라고 할 것이다. 하지만 세상의 모든 연애 앞의 자유는 제한적일 수밖에 없다. 이 사실 역시 오동준의 자유가 소극적 자유라는 또 다른 근거가 되기도 한다.

  마지막으로, 이 대목에서, 자유의 가치관에 대해 살펴볼 필요가 있다. 소극적 자유냐? 적극적 자유냐? 양자는 제 나름의 가치를 각별히 가지고 있다. 앞의 개념이 출발점의 가치를 드러내고 있다면, 뒤의 개념은 도착점의 가치를 가리킨다고 볼 수 있다. 이러저러한 가치가 어떻든 간에, 내 입장에서는 소극적 자유를 추구한 오동준의 실연담보다, 적극적 자유를 지향한 강 엘리자베트의 송사(訟事)가 더 시대적인 울림을 가지는 것처럼 보인다.

3. 상해판 『독립신문』의 애국저항문학

  상해판 『독립신문』[32]은 1919년 8월 21일에 도산 안창호의 주도로 창간되어 임시정부의 기관지 역할을 수행했다. 창간 때의 제호는 '독립'이었지만 대부분 '독립신문'이라는 제호를 유지했다. 역할 수행의 구체적인 내용은, 독립운동의 당위성과 그 방략을 알리는 일이었다. 또한 이 신문은 상해 지역의 한인들의 여론 형성에도 중요한 역할을 수행했다. 이것은 1926년 말에 이르기까지 총 198호가 발간되었다. 이것을 간행하는

---

[32] 미국에서 귀국한 서재필이 창간해 우리나라의 근대적 여론 형성에 긍정적으로 기여한, 최초의 민간 신문이었다가 정부가 사들여 폐간시켰던 『독립신문』(1896~1899)과 구별하기 위해 상해판 『독립신문』(1919~1926)이라고 했다.

데 주도적인 일을 한 인물로는 이광수·주요한·박은식·최창식 등이었다. 특히 한때 주간을 맡은 최창식은 안창호의 측근 인물로 알려져 있다. 독립신문사는 때로 신문의 중국어판이나 단행본을 간행하기도 했다. 신문은 상해 지역에만 국한한 것이 아니라, 조선·만주·미주·러시아 등 도처에 보내지기도 했다.

이 신문이 7년 남짓한 기간에 걸쳐 통권 198호를 간행해오는 동안, 적지 않은 문학 작품도 실렸다. 문학의 성격은 거의 모두가 소위 항일애국문학이다. 항일애국시가는 대체로 70여 편인 것으로 알려져 있다. 한 해 평균 10여 편의 시가가 발표되었던 것이다.

신문이 석 달 남짓이 발표된 창간한 첫 해의 시가는 '해일(海日)'이라는 필명이 주도적으로 발표한 것들이었다. 시가의 제목을 나열하자면, 다음과 같다.「독립일」과「아아 경술 8월29일」과「추석」과「태극기」다. 1919년에 발표한 시가 중에 바다 해(海) 자만의 이름으로 발표된「나라의 한 아바지들」역시 해일의 소작인 것으로 보인다. 그도 그럴 것이, 날 일(日) 자가 탈자인 것으로 볼 수 있기 때문이다.[33]

그러면 해일은 누구일까?

이 해일을 김여제(金與濟)라고 보는 시각이 한때 유력했다. 그는 이광수의 오산학교 제자였다. 와세다대학 영문과를 졸업한 후에 황해도 재령의 명신학교에서 영어와 일어를 가르치다가 3·1운동이 일어나 이에 동참했다. 이 이후에 중국 상해로 망명했다. 그가 고국에 있는 가족의 신변 안전을 대비해 '해일'이라는 필명을 사용했다는 것.[34] 이 가설이 얼마나 신뢰성이 있는지 알 수 없다. 최근에는 해일이 독립운동가였던 최해(崔海 : 1895~1948)라고 하는 견해가 제기되었다. 그는 경북 울진 출신으로서 신흥 무관학교를 졸업하고는 청산리 전투에 참전했다.[35] 하지만, 나

---

33 임형택,「항일민족시」(자료),『대동문화연구』, 제14집, 1981, 166~169쪽, 참고.
34 박수환,「상해판 '독립신문' 소재시가연구」, 영남대학교, 1989, 44쪽, 참고.

는 결정적인 입증물이 나오지 않는 한, 그 익명의 펜네임인 해일을 작가 미상으로 간주할 수밖에 없다.

> 노래하라 노래하라 성대가 터지도록
> 춤추어라 춤추어라 사지가 다하도록
> 오늘에 자유가 왔나니
> 오늘에 정의의 해 빛나나니
> > 배달의 자손들아
> > 배달의 자손들아
>
> 울리어라 울리어라 천지가 진동토록
> 날리어라 날리어라 일월이 가리도록
> 오늘이 첫 기쁜 날이니
> 오늘이 억만대 전할 날이니
> > 배달의 자손들아
> > 배달의 자손들아
>
> 넓히어라 넓히어라 하늘이 주신 복토(福土)
> 퍼지어라 퍼지어라 조물(造物)의 택한 백성
> 영원히 생명 세운 날이니
> 영원히 새 영광 비치우리니
> > 배달의 자손들아
> > 배달의 자손들아
>
> ─「독립일」(독립신문, 제2호, 1919. 8. 26)[36]

---

[35] 전라매일관리자,「일제강점기 해외동포들의 망명문학을 연재하며(37)─상하이 '독립신문' · 1」, 2023. 4. 6.

전문으로 인용한 시 「독립일」은 상해판 『독립신문』에 실려 있는 시가 중의 첫 번째 작품이다. 이것은 시가의 갈래 중에서도 신체시로 분류된다. 도치와 반복으로 일관하면서도 부분적 파격이 자유시에로의 접근을 보이고 있다.[37] 국문학자 조동일은 '독립하는 날이 왔다고 생각할 때의 감격을 단순한 형식에 맞추어 거듭 외치기만'[38] 한 것으로 평가했다. 말맛으로 보아, 약간의 저평가라고 할까? 그러나 그 속박의 시기에, 그 암흑의 시대에, 자유와 빛의 꿈을 외치는 것이 좀 쉬운 일이었겠는가? 오늘에 자유가 왔나니, 오늘에 정의의 해 빛나나니. 그 시대 사람들의 고통을 생각할 때, 지금 읽거나 듣기만 해도 감격이 일렁이지 아니한가? 이 시가는 11년 후의 심훈이 쓴 저항시의 백미인 「그날이 오면」으로 이어진다. 이 글의 마지막 부분에 다시 언급할 것이다.

자유가 박탈된 이 날
정의가 유린된 이 날
오오 이 날은
한배(韓倍)의 자손들아
곡(哭)하여 새우리
—「아아 경술 8월 29일」 부분(독립신문, 제3호, 1919. 8. 29)[39]

나라 잃고 집 잃고……애닲다 황천(皇天)아
아아 노예의 이 설움을 어디나 살으리
—「추석」 부분(독립신문, 제23호, 1919. 10. 28)[40]

---

36 『대동문화연구』, 앞의 책, 166쪽.
37 박수환, 앞의 논문, 41쪽, 참고.
38 조동일, 『한국문학통사(5)』, 지식산업사, 1989, 82쪽.
39 『대동문화연구』, 앞의 책, 166쪽.
40 같은 책, 168쪽.

우리 태극기를

오늘 다시 보았네

자유의 바람에

(……)

피와 힘 자유 평등

엉키어 이뤘네

우리 태극일세

—「태극기」부분(독립신문, 제30호, 1919. 11. 27)[41]

 이상과 같이, 기미년 1919년에 발표한 해월의 시가들을 보면, 이른바 '자유'를 기둥 말로 삼고 있음을 알 수 있다. 국내의 소시민 동인지 문학이 감히 자유를 외칠 수 없을 때, 해외의 망명문학은 자유를 대놓고 그리워하면서 외칠 수가 있었던 것이다. 해일은 「아아 경술 8월 29일」에서 국치일을 나라의 주권이 빼앗긴 날 이전에 백성들의 자유가 박탈된 날로 규정했다. 이 자유는 생명에 다름없다. 작자에 의해 속가(俗家)로 규정된 「추석」은 민족정신의 화신이요, 한편으로 신앙적 대상이기도 한 토착신 황천(한울님)께 한국인의 설음을 살으려고(사뢰려고, 고백하려고) 한다. 마지막으로 인용한 「태극기」에서 보듯이, 태극기는 자유와 평등과 민주화의 표상으로 백년 이상으로 이런저런 바람에 펄럭여왔음을 우리는 알 수 있다. 이 바람은 한국전쟁이나 4·19와 5·18 같은 거센 바람일 수도, 평화로운 평상시의 포근한 바람일 수도 있다.

 이상과 같이 살펴볼 때, 최초의 동인지인 『창조』가 다양한 소재에도 불구하고 검열의 한계에 놓여 있었지만, 상해판 『독립신문』에 실려 있는 문학작품들은, 대체로 민족과 개인의 자유에 대한 소재를 공동의 주지(主旨)

---

41 같은 책, 168~169쪽.

로 삼았다는 점에서, 소시민적인 자아실현보다 공동선을 추구하는 시민문학의 성격을 지향하고 있음을, 오늘의 우리로 하여금 잘 알게 한다.

상해판 『독립신문』에 소설 「피눈물」이 창간호에서부터 11회에 걸쳐 실렸다는 것은 문학사적으로 매우 획기적이라고 할 수 있다. 하지만 이에 대한 평가는 매우 미흡한 수준에 지나지 않는다. 주지하듯이, 일제강점기에 3·1운동을 문학의 소재로 다루기는 매우 어려웠다. 더욱이 3·1운동이 일어난 해인 1919년에 3·1운동에 관한 참상의 리얼리티를 고발한 이 작품은 문학을 넘어서 역사학적인 사료의 가치도 담고 있다. 기록문학과 소설의 허구성을 아우른, 매우 특이한 것이다. 역사를 공부하는 연구가의 입장에서 이런 평가가 있었다. 이 소설이 비록 허구라고 할지라도 작가, 더 나아가 작가가 속한 집단이 내면적으로 사유했던 3·1운동에 대한 인식이 형상화된 것이라는 점에서 자못 의의가 있는 텍스트이다.[42] 이제는 문학 쪽에서 정당한 평가가 이루어져야 한다.

소설 「피눈물」이 연재될 때 제목명과 작자명이 나란히 적혀 있다. 활자체가 아닌 필체를 영인한 것이 이채롭다. 이를 두고 제목이 '피눈물 기월(基月)'이 아니냐는 얘기도 있음직하다. 그렇다면 이것은 '피눈물 그 달'의 이야기일 개연성도 없지 않다. 즉, 1919년 3월의 이야기라는 얘기다. 상당히 그럴싸하게 들리는 얘기다. 또 기월을 자세히 보면 '공월(共月)'과 비슷이도 쓰였다. 이 소설의 작자의 이름 감춘 필명이 공월이 되는 셈이다. 이 두 가지의 이설은 앞으로 두고두고 논의를 거듭해야 할 과제인 게 사실이다.

일반론적으로 볼 때, 소설 「피눈물」은 기월이라는 익명의 필명을 가진

---

[42] 문일웅, 「상해판 '독립신문' 연재소설 '피눈물'에 나타난 3·1운동 형상화와 그 의미」, 『한국독립운동사연구』, 제66권, 한국독립운동사연구소, 2019, 84쪽, 참고.

작가가 쓴 소설로 알려져 있다. 이 소설은 3·1운동에 참여한 남녀 학생들이 '병(兵)의 창끝에 찔리고 소방대와 사복 입은 일인들에게 몽둥이로 얻어맞고 구두로 채오던(차여오던) 양과 (……) 일본 제국 천황의 순사에게 모욕을 당하던 일'[43]을 묘사하고 있는 데서 시작하고 있다. 3·1운동에 적극적으로 참여하고 있는 남학생 윤섭과 여학생 정희는 결국에 죽음을 면치 못한다. 이런 결말을 두고 볼 때, 이 소설은 꽤나 역사적이면서, 또 무척이나 비극적인 내용의 소설이다.

> 윤섭의 잠자는 동안에도 경성은 공포와 고통 속에 자지 않고 있었다. 순사와 헌병들은 모기 모양으로 방방곡곡이 다니면서 문을 차고 가족의 잠자는 이불을 벗기고 수색하고 구타하고 포박하고 모욕하였으며 각 경찰서에서는 악형과 악매(惡罵 : 모질게 꾸짖음-인용자) 속에 수천의 남녀와 노소가 피를 흘리고 통곡한다. 한토(韓土)의 소녀들이 일본(인)의 전에 나체로 서서 희롱과 타매와 구타를 당하고 죽고 상하고……[44]

일본 제국주의가 3·1운동을 어떻게 대응하였느냐 하는 사실을 여실하게 묘사하고 순차적으로 잘 서술하고 있다. 오늘날에 사는 우리는 3·1운동이 발생한 당시의 이 같은 소설 내용이 아니고서는 그 실상을 세세하게 접할 수가 없다. 특히 소설「피눈물」은 마치 기록물 같은 현장감이 압도적인 인상을 주고 있다. 일경(日警)들은 여학생들을 벌거벗겨 놓고 성희롱을 해댄다. 성인지 감수성과 젠더 문제에 관한 한, 이 같은 야만 행위는 훗날 세계적으로 이슈가 된 위안부 문제에 버금가는 일이다. 소설에서 묘사된 성적 수치심을 주면서 모욕하는 비인간적인, 반인륜적인

---

[43] 연재소설「피눈물」,「독립신문」, 창간호, 1919. 8. 21. (현대 표기법과 띄어쓰기에 따라 인용함. 이하 같음.)
[44] 같은 소설, 같은 신문, 제3호, 1919. 8. 29.

처사는 매우 충격적이다. 앞에서 인용한 부분은 소설의 발단에 해당되는 부분이라면, 다음에 인용할 내용, 여주인공 정희가 난자를 당하면서 죽음에 이르는 장면은 독자의 감정 상태를 최고로 고양시킨 절정 부분이다. 소설의 화자는 시대의 증언자가 되어 참상의 리얼리티가 점증하는 가운데 감정의 파고를 극대화된 곳으로 독자를 인도하고 있다. 인용문의 '여학생'은 정희를 가리킨다.

> 장검이 번뜩이자 여학생의 우편 손목이 태극기를 잡은 대로 떨어지고 그리로 피가 솟아 주위에 그의 형제들의 의복을 적시다. 불과 일이초 동안에 군중의 신경은 전기를 맞은 것같이 충동되고 피는 끓어오르다. 처녀는 남은 팔도 칼에 찍혀 피 묻은 팔을 내어두르며 '동포여, 분을 참으시오. 대한독립만세를 부릅시다.' 할 때에 또 한 번 칼이 번득이며 처녀의 왼편 팔이 피 묻은 저고리 소매와 함께 떨어질 때에 처녀는 팔에 피를 일본 헌병의 얼굴에 뿌리며 거꾸러지다.[45]

이 인용문을 지금 읽어보아도 비장하고 또 전율적이다. 죽어가는 소녀가 내뱉은 마지막 말 한 마디. 동포여, 분을 참으시오. 대한독립만세를 부릅시다. 심훈의 저항시 「그날이 오면」에서 보는바 육체 파멸의 환각과 같은 황홀경의 사상이다. 정희가 일본 관헌에게 난자(亂刺)를 당하는 이 장면 묘사는 3·1운동 직후에 국내외적으로 유포되던 '여학생난자설'과 밀접한 관련을 맺고 있다.

소설 「피눈물」을 연구한 역사학자 문일웅의 논문에 의하면, 팔 잘린 여학생의 관련 기사가 처음으로 등장한 매체는 『뉴욕타임스』 1919년 3월 15일자에서라고 한다. 이것이 소설 「피눈물」을 창작하는 데 동기유발을 적잖이 일으킨 것으로 보인다.

---

[45] 같은 소설, 같은 신문, 제8호, 1919. 9. 18.

In one instance a girl who participated in a Korean independence demonstration was holding a manifesto in one hand when Japanese solders cut off the hand with a sword. She raised the other hand, the Korean said, and it was also cut off.(「Koreans Still Fighting Japanese」, New York Times, March 15, 1919.)[46]

이 기사문은 소설 속의 끔직한 참상이 결코 과장된 것이 아니라는 사실을 반증해준다. 또한 1919년 4월 무렵에 국내외 각지에 전해졌던, 참살 당한 여학생의 소식에 작가가 큰 인상을 받고 소설 속의 정희의 모델로 삼았던 것에 대한 방증이기도 하다.[47] 백여 년 전에 세계적인 범위에서 전문(傳聞)의 파급력은 지금 우리가 생각하는 것보다 컸다. 일본이 국제적인 여론이 좋지 않았던 것은 두말할 필요조차 없다. 이런 점에서 볼 때, 소설「피눈물」은 당시의 실상을 직핍으로 재현한 기록문학에 방불한 소설이라고 보아야 할 것이다.

그런데 얼마 전에 이런 일이 있었다. 국내의 연구자들이 중국에 가서 3·1운동 백주년 기념 국제학술회의를 가진 바 있었다. 장소만 외국이지 참석자들은 국내 연구자들이었다. 이 행사를 통해 소설「피눈물」이 춘원 이광수의 소작이라는 설이 제기되어 학계에 눈길을 끌었다. 이 주장은 뉴스 매체의 보도가치로 이용되기도 했다.

익명의 작가 기월과 이광수의 유사성과 인접성이 현저하다. 서로 문체가 너무 닮아있다. 이광수가 소설「피눈물」을 써서 상해판 독립신문에 연재했다고 보는 게 가장 합리적인 추론이다.[48]

---

46 문일웅, 앞의 논문, 96쪽, 재인용.
47 같은 논문, 102쪽, 참고.
48 김주현,「상해 독립신문 소재 '피눈물'의 저자 규명」, 기미년 독립운동 100주년 기념 국제학술대회,「기미년 독립운동과 민족운동」, 춘원연구학회·절강대한국연구소, 2019. 4. 19, 92쪽.

소설「피눈물」은 7년 동안 존속해온 상해판 『독립신문』에 실린 문학 작품 중에서도 가장 성취적인 것이라는 사실은 두말할 나위가 없다. 신문의 창간 때부터 신문사에서 이 소설을 게재하는 데 심혈을 기울였으리라고 본다. 만약 이 소설이 기획적인 의도 하에 발표된 것이라면, 신문사의 사장인 이광수를 포함해 신문사의 집체작일 가능성이 없지 않다. 하지만 나는 이 소설이 이광수의 개인 창작물이 전혀 될 수 없다고 생각한다.

내가 보기로는 소설「피눈물」의 문체와 이광수의 문체가 닮았다기보다 무척 이질적이다. 표기 형태부터 전혀 다르다. 특정의 소설을 문체론적으로 접근하는 것만큼이나 비평적으로 어려움이 따르는 것은 없다. 문체는 비평가가 쉽게 설명할 수 없는 작가의 개성 및 미세한 느낌을 반영하고 있기 때문이다. 이것은 단어를 운용하는 사례 몇몇 가지를 보고 속단할 수 없다. 소설을 써 보지 않은 사람은 문체의 고유한 맛에 관해 잘 알 수 없다.

> 允燮은 巡査를 打하고 女子를 救出하던 夢을 見타가 行廊아범에게 被醒되엿다.[49]
> (윤섭은 순사를 때리고 여자를 구출하는 꿈을 꾸다가 행랑아범에게 깨어졌다.)

이광수의「무정」은 국문체로 쓰였다. 이에 반해 소설「피눈물」은 국한문혼용체로 쓰였고, 이 중에서도 한주국종체로 쓰였다. 이광수가 2년 만에 국주한종체를 뛰어넘어 한주국종체로 두 단계나 역행했을 리가 만무하다. 그가 혼신을 다한「무정」의 표기 형태와 자신만의 고유한 문체를 버릴 만큼 소설「피눈물」에서 작가적인 돌출성을 발휘해야 할 이유도 명

---
[49] 연재소설「피눈물」,『독립신문』, 창간호, 1919. 8. 21.

분도 찾기가 쉽지 않다. 이광수에게 「무정」(1917)과 「재생」(1924~1925) 사이에 「피눈물」(1919)이 끼어든다는 것은 생각할 수가 없다.

무엇보다도, 소설 「피눈물」은 이광수의 이상주의적 맥락과 세계관에 전혀 닿지 않는다. 이광수는 타인(들)의 고통을 어루만질 수는 있어도 이것을 직시하면서 함께하지는 못한다. 그의 소설에서 형상화된 주인공은 바로 자기 자신이다. 작가 이광수 자신이 바로 이형식이요, 개척자이며, 허생이고, 무명(無明)의 인간을 명(明)으로 인도하는 원효 같은 인간이다. 이광수가 소설가로서 리얼리스트가 아니고선 윤섭이나 정희가 될 수 없다는 이치다.

상해판 『독립신문』은 3·1운동의 주역으로서 옥중에 갇혀 있던 민족대표 한용운이 옥중에서 쓴 글을 기미년에 두 차례 실었다. 원고는 국내에서 밀반출된 것이다. 그의 「조선 독립의 서(書)」는 본디 1919년 7월 10일에 서대문형무소에서 일본 검사에 대한 답변으로 쓴 것이었다. 원제는 「조선 독립에 대한 감상 개요」다. 이것이 상해판 『독립신문』 같은 해 11월 7일자에 실린 것이다. 제목은 「조선 독립의 서」로 바뀌었다. 이 글은 '월나라의 새는 남녘의 나뭇가지를 생각하고 북녘에서 태어난 말은 북풍을 그리워하(나)니……'[50]라는 명구(名句)가 포함되어 있는 시대의 명문이다. 이 글에는 1919년 당시의 한용운이 지니고 품은 여러 가지 사상의 편린들을 엿볼 수가 있는데, 특히 오늘날에 주목을 요하는 부분은 자유에 대한, 그의 반듯하고도 정직한 사상이다.

인생의 목적은 참된 자유에 있는 것으로, 자유가 없는 생활에 무슨 취미가 있겠으며 무슨 즐거움이 있겠는가. 자유를 얻기 위해서는 어떤 대가도 아까워할

---

[50] 한용운 지음, 조일동 엮음, 『한용운의 나의 님』, 이다, 2022, 29쪽.

것이 없으니, 이는 곧 생명을 바쳐도 좋을 것이다.

일본은 조선을 합병한 후 압박에 압박을 더해, 말 한마디, 발걸음 하나에까지 압박을 가해 자유의 생기는 터럭만큼도 없어졌다. 피가 없는 무생물이 아닌 이상에야 어찌 이것을 참고 견디겠는가. 한 사람이 자유를 빼앗겨도 하늘과 땅의 화기가 상처를 입는 법인데, 어찌 2천만의 자유를 말살하는 것이 이다지도 심하단 말인가. 조선의 독립을 감히 침해하지 못할 것이다.[51]

나 역시 젊을 때부터 지금까지 자유에 관한 글을 적지 않게 읽어 왔지만, 옥중에 갇힌 한용운이 피를 토하듯이 쓴 이 글만큼 먹먹하고 절절한 느낌을 가져다주는 것은 없었다. 한 사람이 자유를 빼앗겨도 하늘과 땅의 조화로운 기운이 상처를 입는다고 했다. 하물며 일본 제국주의에 속박된 식민지 조선의 2천만 백성들의 집단적 그리움으로서의 자유임에랴. 상해판 『독립신문』은 같은 해 11월 8일자에 한용운의 옥중 한시 「옥중감회」 두 수도 게재했다. 「조선 독립의 서」가 발표된 그 다음날의 일이다. 다음에 인용한 것은 첫 번째 시편이다.

隴山鸚鵡能言語
愧我不及彼鳥多
雄辯銀兮沈黙金
此金買盡自由花[52]

이 시는 1919년 당시에 옥중의 한용운이 어느 날 이웃 방과 벽을 가운데 두고 서로 말을 나누다가 간수에게 들켜 두 손을 2분간 가볍게 묶인 적이 있었다. 이때 느낀 바를 읊조린 것이다. 이때 지은 두 편 중의 하나

---

51 같은 책, 29~30쪽.
52 『대동문화연구』, 앞의 책, 219~220쪽.

이다. 농산(隴山)은 중국 산시성(섬서성)의 농현 서북부에 있는 산이다. 인용된 한용운의 한시 모두에 등장하는 '농산앵무'는 중국이나 한국에서 사자성어처럼 흔히 쓰던 4음절 말이었다. 농산은 예로부터 앵무새의 서식지로 유명했다. 앵무새는 자주 지저귀기도 하지만, 사람의 말을 능히 흉내도 낼 줄 안다. 침묵이 강요되고 있는 옥중의 한용운은 이 앵무새를 떠올리면서 인신의 자유는커녕 말할 자유조차 박탈당한 자신을 스스로 부끄러워하고 있다. 침묵이 황금이라면, 이 황금을 아낌없이 팔아서 '자유의 꽃'을 몽땅(盡) 사고 싶다고 했다. 절묘한 기상(奇想 : conceit)이 돋보이는 시가 아닐 수 없다. 이 기발한 생각은 선시나 선어록을 학습해온 데서 얻어진, 그만의 각별한 수사적인 능력이 아닐까, 하고 짐작된다.

4. 만세 현장의 팔 잘린 소녀를 위한 시

신문학의 근대기점을 어느 시점에서 획정할 것이냐, 하는 문제와는 별도로, 기미년인 1919년의 문학이 우리 문학의 근대성에 획기성을 부여한 것은 엄연한 사실이다. 이 이후에 형성된 1920년대의 문학은 사실상 여기에서 비롯되었다고 해도 지나친 말이 아니다. 역사의 물줄기를 바꾼 해인 1919년의 문학작품은 대체로 동인지 『창조』와 상해판 『독립신문』을 통해 주로 발표되었다. 이 두 지지(紙誌) 외에도 자료가 새롭게 발굴될 여지는 남아있다. 특히 3·1운동 무렵에 해외에 거주하던 한인(韓人)들이 읽기 위해 간행한 한글판 신문 및 잡지에 실린 것들이 있을 수 있다.

전술한 바 있었듯이, 소설 「피눈물」에서는 주인공 소녀 정희가 일경의 칼에 난자를 당하면서 죽임을 당하는 대목이 있었다. 난데없이 설정된 허구적인 장치가 아니라, 3·1운동 당시의 '여학생난자설'은 유언비어가 아닌 팩트로서 국내외로 널리 유포되었다. 내가 앞에서 영문으로 인용했거니와,『뉴욕타임스』1919년 3월 15일자 기사가 이를 뒷받침한다. 이 일본 제국주의의 만행은 해외의 동포 사회에까지 일파만파 퍼져나갔을 것이다.

다음에 전문으로 인용한 시는 지은이 미상의「팔 잘린 소녀」이다. 미국 하와이 동포사회의 한글 신문인『신한민보』1919년 9월 6일자에 실린 시편이다. 1987년 경에 국사편찬위원회 위원장 박영석이 국문학자 김윤식에게 이 귀한 사료를 제공해주었고, 김윤식은 자신의 논문에서 아무런 해설이나 평가도 없이 전문을 인용, 소개를 했다.

'만세! 만세!'
어여쁜 한산의 소녀가 외칠 때
일병의 칼이 하얀 그의 두 팔을 찍었고
'만세! 만세!'
어여쁜 한산의 소녀가 외칠 때
푸른 핏줄기가 산하들을 향하여 뻗쳤다.
'만세! 만세!'
일병의 창에 찔린 연꽃 같은 소녀의 입술은
'만세! 만세!'
무광한 날은 피에 젖은 소녀의 동포를 비취고
땅에 떨어진 팔뚝은 태극기가 쥐었다.
'만세! 만세!'
안개 같은 그의 핏방울 만세가 되어 동해 중에
여덟 섬나라가 그의 아픔을 맛보리다.
'만세! 만세!'
한산의 아이들아 가련한 이 누이의 무덤을

자유의 꽃과 피의 눈물을 꾸밀지어다.

—「팔 잘린 소녀」 전문[53]

'만세! 만세!'는 후렴 감탄구로 쓰이고 있다. 이것의 다음에 2행이 따르는데, 한 행만 있는 부분은 옮기는 과정에서 한 행이 결락된 것 같다. 한산(漢山)의 소녀는, 축자적인 의미대로라면 서울의 소녀를 가리킨다. (사실은 3·1운동에 동참한 조선의 모든 소녀들이다.) 한산은 한수(한강)와 삼각산(북한산)을 합성한 말이다. 선초(鮮初)의 악장 문학인 「신도가」와 「용비어천가」에서 볼 수 있듯이, 조선 왕조가 개국할 때부터 서울을 한수 이북, 삼각산 이남이라고 했다. 이 말에는 초자연적인 풍수관도 엿보인다. 반면에 여덟 섬나라는 일본을 가리킨다. 일본을 두고 예전에는 '여덟 개의 섬'이라는 뜻에서 '야시마(八嶋)'라고 하였다. 이 말이 두루 쓰였을 시대에, 북해도(홋카이도)는 일본의 영토가 아니었다.[54]

이 시의 주제는 마지막 행에 놓인 비유적 어구인 '자유의 꽃과 피의 눈물'에 집중되어 있다. 조선인의 자유를 꽃으로 비유하고, 죽은 소녀의 희생을 눈물, 즉 해방의 비원으로 비유한다. 앞 장에서 옥중의 한용운이 황금을 아낌없이 팔아서 '자유의 꽃'을 사고 싶다고 한 것과 엇비슷한 문맥을 형성하고 있다. 기미년의 해가 바뀌어서 1920년이 되자 일제는 문화정책을 표방했다. 우리에게 채찍을 가하더니, 갑자기 당근을 주었다. 조선일보와 동아일보의 창간이 문화정책의 하나다. 동아일보 창간사를 보면, 자유가 창간 키 워드의 하나로 제시되고 있다.

---

[53] 김윤식, 앞의 논문, 134~135쪽.
[54] 일본을 상징하는 여덟 개의 섬은 혼슈, 시코쿠, 큐슈, 쓰시마, 아와지, 사도, 이키, 오키를 가리킨다. 실제 면적 순위는 사도(8위), 쓰시마(10위), 아와지(11위), 오키(19위), 이키(28위) 순이다. 이를 보아서, 우리는 이 여덟 개의 섬이 크기(면적)에 따라 일본의 대표성을 나타내는 것이 아님을 알 수 있다.

동방 아세아 무궁화동산 속에 2천만 조선 민중은 일대 광명을 견(見)하도다. 공기를 호흡하도다. 아, 실로 살았도다. 부활하도다. 장차 혼신 용력(勇力)을 분발하여 멀고 큰 도정을 건행(建行)하고자 하니 그 이름이 무엇이뇨, '자유'와 '발달'이로다.[55]

보다시피 동아일보의 창간 키 워드는 자유와 발달로 삼았다. 말하자면 자유는 정신적 해방을, 발달은 물질적 개발을 가리킨다. 이 두 수레바퀴가 그 당시 조선의 미래상인 것이었다. 이 중에서 동아일보 창간사에서의 자유의 천명은 한 해 전 민족 동원의 경험이 반영된 결과였다. 3·1운동이 일어난 지 정확하게 13개월이 지나간 날에도 목말라하고 있는 자유였다.

어쨌든 지금까지의 내용을 살펴볼 때, 기미년인 1919년의 우리 문학은 자유를 상상하고, 사유하고, 쟁취하기 위한 문학으로 초점이 모아진다고 말할 수 있겠다. 문학사의 관점에서는, 이 해의 문학은 우리 문학의 근대성에 획기성을 부여한 게 엄연한 사실이다. 이 해 이후에 형성된 1920년대의 문학은 사실상 여기에서 비롯되었다고 해도 과언이 아니다.

---

55 창간사, 「주지(主旨)를 선명(宣明)하노라」, 동아일보, 1920. 4. 1. 제1면.

제2부

일제강점기

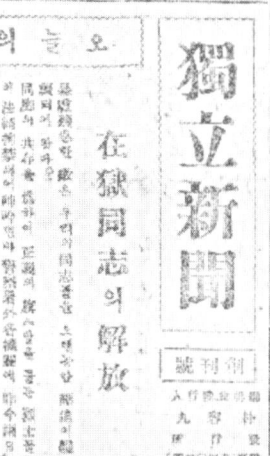

한용운의 옥중시와, 자유정신의 유산

1. 들머리 : 3·1운동 전후의 한용운

만해 한용운(1879~1944)은 한 시대의 국사(國士)였다. 청산에 칩거하면서 백운을 바라보면서 좌선을 일삼던 한낱 산중의 선사가 아니라, 주권 상실의 시대 상황 속에서 잃어버린 나라를 혼신으로 근심하던 강지(剛志)의 지식인이었다. 올해(2019) 3·1운동 백주년을 즈음하여 많은 행사와 담론이 쏟아져 나오고 있는데도, 좀 아쉬운 점은 그가 이 역사적인 운동의 첫머리에 서서 기획하고 모의하고 주도하고 실행하였다는 이야기가 별로 나오지 않고 있다는 사실이다. 그의 전기적인 사실을 살펴보면, 1918년부터 사회적인 활동의 폭이 부쩍 넓어진다. 불교계의 활동에만 국한되어 있던 그가 불교 대중화의 기치를 내걸고 잡지 『유심』의 편집·발행인으로서도 활동한다. 또 그는 같은 해에 불교중앙학림의 강사로 취임해 교육자로서 일을 한다.

기미년 거사의 실마리는 1918년 11월 말 경에 한용운과 최린의 만남에서 비롯된 것이 정설로 보인다. 한용운은 당시에 사회적인 영향력이 컸던 천도교와 뜻을 함께 하기로 했던 것 같다. 최린을 통해 오세창과 손병희 등의 인물과 접촉을 한 것이다. 그와 천도교는 공감대를 형성했다. 또 서북 지역의 기독교 세력과 영남 지역의 유교 세력에도 손을 뻗치었다. 그는 거국적인 거사를 위해 면우 곽종석을 만나려고 경남 거창에까지 내려갔다. 하지만 최종 확답을 받기 전에 그가 상경한 까닭에 독립선언서 인쇄에 유교 측의 동참이 문서로 공식화되지 못했다. 그가 마지막으로 만난 이는 월남 이상재였다. 동참을 호소했다. 그러나 그는 이상재로부터 일이 잘못되면 폭동이 일어나 많은 사람들이 다칠 것이니 독립선언이 아니라 총독부에 독립청원을 하자는 역(逆)제안을 받게 된다. 이에 그는 이것은 조선이 일본의 예속국가로서 비굴하게 선처를 바라는 것에 지나지 않는다고 간주했다.[1]

해방을 맞이하고 얼마 되지 않아 김법린은 「3·1운동과 불교」라는 제목의 회고록을 『신생』 창간호(1946. 3)에 발표한 바 있었다. 이 가운데서 한용운을 각별히 회상한 부분이 『한용운 전집』(1973)에 재수록된 바 있었다. 아마 3·1운동 전야인 시점인 것 같다. 한용운은 불교중앙학림에 재학하던 제자들을 종로구 계동에 있던 자신의 거처로 긴급하게 불러 모았다. 김법린, 백성욱, 김상헌 등 열 명 안팎의 학생들이었다. 그는 그동안 민족의 독립을 위한 거사를 기획해 왔고, 천도교계와 유교계의 지도자들과 접촉해온 진행의 과정을 설명하면서 제자들이 해야 할 일을 일러두었다. 김법린의 회고록에 실린 그의 당시 어록을 인용하면 다음과 같다. 그의 목소리는 진지하고도 절박함이 묻어나 있다.

우리 서명한 33인은 명월(明月 : 다음 달) 태화관에 회동하여 독립 선언식을 거행할 터이다. 저간(這間) 나의 동정에 대하여 퍽 궁금하였을 것이다. 대략 나는 이상과 같이 활동하였다. 군들과 이제 분수(分手 : 이별)하면 언제 만날는지

---

[1] 김삼웅, 『만해 한용운 평전』, 시대의창, 2006, 149~151쪽, 참고.

알 수 없다. 조국의 광복을 위하여 결연히 나선 우리는 아무 애(碍 : 거리낌)도 없고 포외(怖畏 : 두려움)도 없다. 군들도 우리의 뜻을 동포 제위에게 널리 알려 독립 완성에 매진하라. 특히 군들은 서산·사명의 법손임을 굳이 기억하여 불교 청년의 역량을 잘 발휘하라. 밤이 벌써 자정이니 빨리 물러가라.[2]

이 인용문은 3·1운동 전야의 긴박한 사정을 잘 보여주고 있다. 한용운의 의기가 굳건함도 잘 드러나 있다고 하겠다. 그가 제자들에게 임진왜란 때의 승병장인 서산대사와 사명당대사의 법손, 즉 불가의 후손임을 명심하면서 잘 처신할 것을 당부하고 있음이 인상적이다. 이때 모인 제자들은 훗날 불교계의 주요한 인물로서, 또 문교부 장관과 동국대학교 총장 등의 사회 지도층을 형성하면서 대한민국 국가 건설에 기여한 사람들이다.

1919년 3월 1일. 태화관에 민족 대표 33인이 모여 조선 독립을 선언하는 의식이 있었다. 이때 한용운이 모인 사람들 앞에서 연설을 했다고 한다. 식사(式辭)의 내용 전모는 알 수 없지만, 그 편모 일부는 전해지고 있다.

오늘 우리 모임은 곧 독립 만세를 고창하여 독립을 쟁취하자는 취지입니다. 이것은 우리가 앞장서고 민중이 뒤따라야 하는 것입니다. 우리는 신명을 바쳐 자주독립국이 될 것을 기약하고자 여기 모인 것이니 정정당당히 최후의 일인까지 독립 쟁취를 위해 싸웁시다.[3]

한용운은 이 날의 연설이 훗날 잡지 『별건곤』 기자와의 인터뷰에서 자신의 인생에서 겪은 가장 통쾌한 일이었다고 술회하였다. 하지만 기미

---

2 김법린, 「3·1운동과 만해」, 『한용운 전집 (4)』, 신구문화사, 1973, 415쪽.
3 김삼웅, 앞의 책, 156쪽.

년의 거족적, 거국적인 거사는 그에 신상에 큰 시련을 안겨주었다. 경찰에 붙잡혀 조사를 받는 과정에서 고문에 시달리고, 형이 확정된 이후에 서대문 감옥에 수감되어 3년간에 걸쳐 영어의 몸으로 인신구속의 상태에서 벗어나지 못한다. 조사와 옥고로 이어진 개인적인 고통의 과정 속에서, 그가 남긴 어록이나 글월은 질량 면에서 만만치 않았다. 문답식 경찰심문조서 및 「조선독립이유서」, 그리고 십 수 편의 옥중시의 성격으로 된 한시가 지금까지 의연히 남아있다. 물론 한글로 표기된 시조 형태의 운문도 있다. 옥중에서도 그는 언어활동을 호흡처럼 하고 있었던 것이다.

특히 시인이면서 동시에 독립운동사를 연구한 학자인 조지훈에 의해 '육당(최남선)의 독립운동서(기미독립선언서)에 비하면 시문(時文 : 그 시대의 글)으로서 한 걸음 나아간 것이요, 조리가 명백하고 기세가 웅건할 뿐 아니라 정치 문제에 몇 가지 예언을 해서 적중한 명문'[4]이라고 평가를 받은 「조선독립이유서」는 「조선 독립의 서(書)」라고 불리기도 하고, 상해판 『독립신문』에 원고의 부본이 빼돌려져 실릴 때에는 제목이 「조선 독립에 대한 감상의 대요(大要)」라고 붙여지기도 했다. 전체의 문장이 '自由는 萬有의 生命이요 平和는 人生의 幸福이니 故로 自由가 無한 人은 死骸와 同하고 平和가 無한 者는 最苦痛의 者라……'[5]로 시작되는 이 글은 오슬로대학교 블라디미르 티호노프 교수가 말했듯이 자유의 찬탄이며, 자유주의의 선언인 동시에, 자유의 비폭력 본질과 자유의 절대성을 힘써 강조한 글이다.[6] 한용운의 자유정신이 잘 드러난 산문임에 틀림없다. 그런데 비문학적인 논장문에 지나지 않는다. 따라서 이 글이 문학적 텍스트의

---

4 조지훈, 「민족주의자 한용운」, 『한용운 전집 (4)』, 앞의 책, 363~364쪽.
5 권영민 엮음, 『한용운문학전집 (6)』, 태학사, 2011, 35쪽.
6 블라디미르 티호노프, 「기미독립선언서 '공약 삼장'의 집필자에 관하여」, 『2001 만해축전』, 만해사상실천선양회, 2001, 433쪽, 참고.

범주에 들어가지 않기 때문에 문인으로서의 한용운의 글이라기보다 독립운동가로서의 그의 글로 간주될 수밖에 없다고 본다. 이 글은 비교적 장문의 글이다. 장과 절이 분명하게 구획된 이 글 가운데 '3. 조선독립선언의 이유' 중에서도 '(2)조국사상'이 가장 우수한 문식(文飾)의 힘을 발휘하고 있다고 보인다. 원문과 현대문을 동시에 실어본다.

越鳥는 南枝를 思하고 胡馬는 北風을 嘶하느니 此는 基本을 忘치 아니함이라. 動物도 猶然하거든 況萬物의 靈長인 人이 어찌 基本을 忘하리오. 基本을 忘치 못함은 人爲가 아니오 天性인 同時에 萬有의 美德이라. 故로 人類는 基本을 忘치 아니할 뿐 아니라 忘코자 하여도 得치 못하느니 半萬年의 歷史國이 다만 軍艦과 鐵砲의 數가 少함으로써 他人의 蹂躪을 被하여 歷史가 斷絶됨에 至하니 誰가 此를 忍하며 誰가 此를 忘하리오. 國을 失한 後 往往 愁雲 悽雨의 中에 歷代 祖先의 號泣을 見하고 中夜淸晨의 間에 宇宙 神明의 呵責을 聞하니 此를 可히 忍하면 何를 可히 忍치 못하리오. 朝鮮의 獨立을 可히 侵치 못하리로다.[7]

월나라 새는 남녘의 나뭇가지를 슬피 그리워하고 오랑캐 땅 말은 북녘의 바람을 따라 애처롭게 우나니, 이는 그 본바탕을 잊지 않아서다. 동물도 이러하거늘 하물며 만물의 영장인 사람이 어찌 그 근본을 잊을 수 있겠는가. 근본을 잊지 못함은 인위가 아니라 천성이며 또한 만물의 미덕이기도 한 것이다. 따라서 인류는 그 근본을 잊지 못할 뿐 아니라 잊고자 해도 잊을 수 없는 것이니 반만년의 역사를 가진 나라가 다만 군함과 총포의 수가 적다는 것으로 말미암아 남의 유린을 받아서 역사가 단절되었음에 이르렀으니 누가 이를 참으며 누가 이를 잊겠는가. 나라를 잃은 뒤 때때로 수심에 가득 찬 기색과 처연한 빗줄기 속에서 역대 조상의 통곡을 보거나, 아니면 깊은 밤과 청신한 새벽에 천지신명의

---

[7] 권영민 엮음, 앞의 책, 43쪽.

꾸지람을 듣거나 하니, 이를 능히 참는다면 무엇을 가히 참지 못한다고 할 것인가. 조선의 독립은 누구도 감히 침해하지 못할 일이다.[8]

이 글은 한용운이 옥중에서 마음을 다잡아 조선 독립의 염원이 담긴 내용을 서술한 것이다. 그의 「조선독립이유서」가 명문이라면, 이 부분의 돋보임이 있어서가 아닌가 하고 생각된다. 결기 어린 정신도 정신이지만 언어 형식의 측면에서 문학적인 표현력도 매우 뛰어나다. 또한, 한용운이 스스로 밝힌 이른바 조국 사상이란 당시 민족주의 사학자들이 강조한 바 있었던 민족의 '정신'이나 '혼'과 '얼'의 개념과 통하는 것이며, 국권 회복을 위한 고조된 독립 사상에 다름이 아닌 것이다.[9] 말하자면, 이 글은 관념론 형태의 낭만적 민족주의 사상이 잘 반영되어 있는, 한 모범적인 글이다.

이 글의 내용 중에서 또 주목해야 할 사실은 국제정치학적인 역학 관계와 이에 따른 그의 예언적 안목이 아주 정확했다는 점이다. 20년 후 앞으로 있을 아시아태평양 전쟁에 대한 예견은 탁월하다. 또 26년 후의 일본 제국주의의 패망은 그의 말처럼 제2의 (제1차 세계대전의 패전국인) 독일의 꼴이 되고 만다. 기존의 현대문 정본을 인용해본다.

만일 일본이 침략주의를 여전히 계속하여 조선의 독립을 부인하면, 이는 동양 또는 세계 평화를 교란하는 일로서 미일, 중일 전쟁을 위시하여 세계적 연합 전쟁을 유발하게 될지도 모른다. 그렇게 되면 일본에 가담할 자는 영국 정도가 될는지도 의문이다. 어찌 실패를 면하겠는가. 제2의 독일이 될 뿐이니, 일본의 무력이 독일에 비하여 크게 부족함은 일본인 자신도 수긍할 것이니 지금의 대세를 역행치 못할 것은 명백하지 아니한가. 또한 일본이 조선 민족을 몰아내고

---

8 여러 가지 역본을 참조하면서 필자가 하나의 정본으로 정리해본 결과이다.
9 고명수, 「조선독립이유서에 나타난 만해의 독립 사상」, 『2001 만해축전』, 앞의 책, 391~392쪽.

일본 민족을 이식하려는 몽상적인 식민 정책도 절대 불가능하다.[10]

한용운은 일제강점기에 항일불교의 상징적인 존재였다. 그는 소위 불교 사회주의에도 깊은 관심을 가졌다. 석가의 경제 사상을 불교 사회주의라고 규정하고는 이에 관해 향후 저술할 포부와 계획을 가지기도 했다.[11] 이 대목에서 말하는 사회주의는 당대의 정치적인 이념으로서의 사회주의라기보다 불교 근본주의의 원시적인 경제 공동체를 가리키는 것이다.

2. 옥중시에 반영된 자유와 독립의 사상

한용운은 3년(1919. 3~1922. 3)의 옥고를 겪은 후에 비로소 석방되었다. 이 이후에도 그는 항일 의식을 내려놓은 적이 없었다. 그는 또 항일 불교의 유산을 그의 동시대에 젊은 추종자들에게 남겼다. 이들은 엇비슷한 길을 걸으면서 항일승단을 이룩하여 독립운동사에 크게 기여하였다. 먼저 3·1운동에 동참하고, 상해로 망명해 임시정부와 연계된 활동을 하고, 귀국한 후에는 항일 비밀결사인 만당(卍黨 : 1930. 4~1933. 5)에 가입하는 등의 행보를 보였다. 가장 대표적인 인물이 있다면, 그는 김법린이다. 3·1운동 때는 범어사로 내려가 동래 만세운동을 주도하였고, 상해 임정의 특파원으로 국내에 잠입했고, 체포되기 직전에 프랑스로 가 유학을 한 후에 해외 독립 운동에 관여하다가 다시 귀국했다. 그가 다솔사의 최범술과 함께 스승 한용운을 정신적인 지주로 모시고 만당을 주도하다가 결국 실체가 드러나 진주에서 3개월의 옥고를 겪는다. 이 이후

---

10 권영민 엮음, 앞의 책, 32~33쪽.
11 『한용운 전집 (2)』, 신구문화사, 1973, 292쪽, 참고.

부터는 민간단체인 조선어학회에서 적극적으로 활동하다가 일제 말에 2년 동안 구속되기에 이른다. 그가 국어 운동에도 관심을 기울인 데는 성장기의 그가 동래 범어사의 강학(講學)을 통해 국어학자 권덕규로부터 가르침을 받은 바 있었기 때문이다.

앞으로 일제강점 하의 항일승단에 대한 (한용운 중심의) 인맥과 성격 및 역사적인 의의를 고구(考究)하는 작업이 있어야 할 것으로 보인다. 그 동안 일체의 기록을 남기지 않는다는 점에서 김원봉의 의열단과 한용운의 만당과 무정부주의자들의 흑우회 등과 같은 일제하의 비밀결사는 거의 사료를 남기지 않았다. 조직도 물론 점조직의 형태였다. 드러난 행적과 인적(人的) 네트워크와 증언 자료를 통해 이 비밀 단체들에 대한 연구가 있어야 한다고 본다.

한용운이 옥중 기간 3년에 걸쳐 남긴 운문은 시조 1편과 한시 13편이었다. 시조의 제목은 '무궁화를 심으과저'이다. 제목의 뜻은 '무궁화를 심고 싶구나.'이다. 생소한 말 '과저'는 고아(古雅)함을 환기하는 감탄형 어미이다. 이 시조는 『개벽』 제27호(1922. 9)에 실려 있다. 부제로 '옥중시' 임을 명시하고 있는 것도 특기할 만하다. 특이한 배행법을 살리는 대신에, 표기법만은 정본화하여 인용하고자 한다.

달아 달아 밝은 달아 옛 나라에 비춘 달아, 쇠창을 넘어와서 나의 마음 비춘 달아, 계수나무 베어내고 무궁화를 심으과저.

달아 달아 밝은 달아 님의 거울 비춘 달아, 쇠창을 넘어 와서 나의 품에 안긴 달아, 이지러짐 있을 때에 사랑으로 도우과저.

달아 달아 밝은 달아 가없이 비친 달아, 쇠창을 넘어 와서 나의 넋을 쏘는 달아, 구름재(嶺)를 넘어 가서 너의 빛을 따르과저.

—「무궁화를 심으과저」 전문[12]

이 시는 완전한 형태의 시조라고 보기 어렵다. 종장 첫 음보의 음절수가 네 글자이기 때문이다. 또 다른 형태의 시조라고 해도, 시조가 아닌 것은 아니다. 시조의 장르적인 특징인 노래다움을 지향하는 가운데, 화자는 감옥에 갇혀 쇠창(살) 너머의 달을 바라보고 있다. 달빛은 화자에게 환하게 비추고 있다. 이 작품이 노래라면, 선율이 처음에 오르고, 다음에 내려와서, 다시 올라가는 구조를 보인다. 이와 같이, 클로드 드뷔시(1862~1918)의 피아노곡 「달빛」 역시 서정적인 선율이 오르고 내리고를 반복하는데, 음이 올라가는 부분이 사람이 달을 바라보는 시선을, 음이 내려오는 부분은 사람을 향해 달이 그 빛을 비춰주는 모습을 표현한 듯이 들린다고 한다.[13]

한용운이 이 시조를 노래라고 생각했다면, 이 노래는 다름 아닌 일종의 현중곡(玄中曲)일 것이다. 즉, 현묘함, 그윽함 가운데의 음곡이라는 현중곡 말이다. 현중곡은 그가 「십현담」을 주해하는 과정에서 끌어들인 용어이다. 「십현담」의 원문 마지막에 보면, 이런 물음을 던지고 있다. 공리섬광촬득마(空裡蟾光撮得麼). 우리말로 옮기면, 이와 같다. 허공 속의 저 달빛 움켜잡을 수 있겠느냐? 이 물음에 대해 한용운은 「십현담 주해」를 통해 다음과 같이 화답했다. 선문답 경지의 극치를 보게 된다.

[批] 千手不到 萬古明月(일천 손이 이르지 못하니 만고에 밝은 달이다.)

[註] 蟾光者 月光也 空裡月光 無人撮得 有人撮蟾光可得 則解玄中曲矣 如何撮得蟾光 打挂杖 三下云月光不能熙人明 閒得呼兒拾螢來(섬광이란 것은 월광을

---

[12] 권영민 엮음, 『한용운 문학전집 (1)』, 태학사, 2011, 344~345쪽.
[13] 김주영, 「클래식 따라잡기」, 조선일보, 2019. 1. 18.

말한 것이라, 허공에 뜬 월광을 움켜잡을 사람이 없으니 만일 섬광을 가히 움켜잡을 사람이 있다고 한다면 그 사람은 곧 현중곡을 해석할 수 있다. 어떻게 해서 섬광을 움켜잡을 수 있을까. 주장자를 세 번 때려 이르기를, 달빛이 능히 사람에게 비쳐 밝게 해주지 못하니 한가로이 아이를 불러 개똥벌레를 주워 오게 하더라.)[14]

한용운은 자신의 시조인「무궁화를 심으과저」를 일종의 현중곡으로 생각한지도 모른다. 허공의 달빛을 움켜잡을 수 없는 것은 이 달빛이 천 개의 손이라도 미치지 못하는, 영원토록 밝은 달이기 때문이다. 달빛을 움켜잡을 수 있는 사람만이 현중곡, 즉 노래의 절대 경지를 감지할 수 있다. 이 경지로 나아가기 위해, 그는 이 시조를 지은 것으로 보인다.

한용운의 시조에 나타난 '쇠창(살)'은 그의 한시에서도 두 차례나 되풀이된다. 한시에서의 쇠창(살)은 '철창(鐵窓)'으로 표현되고 있다. 쇠창(살)이 일종의 비유라면, 철창은 감옥의 창문을 직접 드러낸 시어다. 이 창문은 구속됨에서부터 자유로움으로 향하는 유일한 출구이자 통로이다. 인신 구속과, 적어도 육체적인 자유가 허용된 외부 공간은 하늘과 땅만큼 차이가 있는 세상이다. 이 경계에 놓여있는 쇠창(살)의 이미지는, 자아와 세계의 단절을 가리켜준다. 그의 한시로 된 옥중시에서도, 이 이미지는 두 차례에 걸쳐 되풀이되고 있다.

> 일념으로 다만 깨끗이 티끌 하나 없는데
> 철창 밖에 밝은 달은 절로 돋네.
> 걱정과 즐거움은 본디 공이요, 오직 마음에 달려 있는 것이니
> 석가도 원래는 보통 사람이었지.

---

14 한용운,「십현담 주해」,『한용운 전집 (3)』, 신구문화사, 1973, 364쪽.

一念但覺淨無塵
鐵窓明月自生新
憂樂本空唯心在
釋迦原來尋常人

―「옥중에서의 감회(獄中感懷)」 전문[15]

이 시의 원문에서 '철창'이라는 말이 없으면, 독자들은 이 시가 옥중시라는 사실을 단박에, 내지 쉬 알아차릴 수 없다. 쇠창(살) 사이로 비추는 달빛은 자유의 고귀함으로 비추어진다. 이 자유의 이상과 구속이란 현실 조건 사이에 쇠창(살)이 가로막고 있는 것이다. 걱정과 즐거움이 본디 공(空)이듯이, 자유와 구속도 공이다. 이 경계에 쇠창(살)이 존재한다. 모든 것은 오로지 마음에 달려 있다. 따라서 쇠창(살)이라고 하는 것은 마음의 창이다.

감옥 둘레 사방 산에는 눈이 바다처럼 내렸는데
이불은 쇳덩이처럼 춥고 꿈은 잿더미 같네.
철창이 그래도 가둬 둘 수 없는지
한밤중 종소리는 어느 곳에서 들려오네.

四山圍獄雪如海
衾寒如鐵夢如灰
鐵窓猶有鎖不得
夜聞鐵聲何處來

―「눈 내리는 밤(雪夜)」 전문[16]

---

15 권영민 엮음, 앞의 책, 674~675쪽.

눈 내리는 밤의 간고한 옥중 생활에 관해서라면, 경험하지 않은 사람은 잘 모를 것이다. 얼마나 밤이 추웠으면, 이불이 쇠덩이와 같고, 꿈이 잿더미와 같다고 했을까? 쇠창(살)은 자신을 포함한 사람들을 가두어 놓았지만 멀리에서 울려오는 종소리만은 가둘 수가 없다고 한다. 나의 은사인 한 한문학자는 이 종소리를 가리켜 한마디로 '자유의 소리'[17]라고 규정했다.

한용운은 3년의 영어(囹圄) 생활을 겪으면서 결코 적지 않은 옥중시를 남겼다. 대체로 보아서 그의 옥중시는 한계상황의 실존적 고뇌를 겪으면서도 자유와 독립의 이상을 꿈꾸고 있었다. 이 기간에는 시조와 한시를 남긴 것 외에도 자유시의 시심도 이미 가다듬었으리라고 본다. 마치 입 속의 검은 잎처럼 시상을 떠올리면서 시의 표현들을 하나하나 쓰디쓰게 읊조리면서 마음속에 하나하나 담아두었을 것이다.

자유시를 모은 그의 유일한 시집인 저『님의 침묵』에 실린 주옥같은 시편들 중에서 가장 옥중 체험이 반영되었으리라고 짐작되는 시편은 다음에 인용되고 있는 「당신을 보았습니다」가 아닌가 한다.

> 당신이 가신 뒤로 나는 당신을 잊을 수가 없습니다.
> 까닭은 당신을 위하느니보다 나를 위함이 많습니다.
>
> 나는 갈고 심을 땅이 없으므로 추수가 없습니다.
> 저녁거리가 없어서 조나 감자를 꾸러 이웃집에 갔더니, 주인은 "거지는 인격이 없다. 인격이 없는 사람은 생명이 없다. 너를 도와주는 것은 죄악이다."고 말하였습니다.

---

16 같은 책, 682~683쪽.
17 이종찬, 「만해의 시 세계 : 한시(漢詩)와 자유시의 달인」, 『2001 만해축전』, 앞의 책, 459쪽.

그 말을 듣고 돌아 나올 때에 쏟아지는 눈물 속에서 당신을 보았습니다.

나는 집도 없고 다른 까닭을 겸하여 민적(民籍)이 없습니다.
"민적 없는 자는 인권이 없다. 인권이 없는 너에게 무슨 정조(情操)냐?" 하고 능욕하려는 장군이 있었습니다.
그를 항거한 뒤에 남에게 대한 격분이 스스로의 슬픔으로 화하는 찰나에 당신을 보았습니다.
아아, 온갖 윤리, 도덕, 법률은 칼과 황금을 제사지내는 연기인 줄을 알았습니다.
영원의 사랑을 받을까, 인간 역사의 첫 페이지에 잉크 칠을 할까, 술을 마실까 망설일 때 에 당신을 보았습니다.

―「당신을 보았습니다」 전문[18]

인용한 시 「당신을 보았습니다」의 전문이다. 이 시가 한용운의 시집 『님의 침묵』에 실려 있는 시들 가운데서 시인 자신의 옥중 체험을 가장 잘 반영하고 있는 시라고 짐작되는 이유는 3·1운동 전후의 시대 상황을 잘 보여주고 있기 때문이다. 이 시에 적시되어 있는 '당신'을 가리켜 송욱이 무심(無心)의 경지이므로 이미 오래 전에 민족의 독립을 암시한다고 지적했다.[19] 여기에서 당신이 무심의 경지라면, 그건 공(空)의 시적인 구현이다. 반야심경의 '색즉시공, 공즉시색'이라는 연쇄적인 수사에서 잘 드러나는 공 사상의 진경을 이 시에서 보여준 이유다.

일본의 인도철학자 기노 가즈요시(紀野一義)는 우선 '색즉시공, 공즉시색'이라고 하는 표현에서 색(色)을 '물질적 현상'으로, 공(空)을 '실체의 없음'으로 간주하면서 해석을 가한 적이 있었다. 이것에 관한 그의 유력한

---

18 같은 책, 121쪽.
19 송욱, 『한용운 시집 '님의 침묵' 전편해설』, 과학사, 1974, 169쪽, 참고.

해석을 가져와 본다.

> 물질적 현상에는 실체가 없는 것이며, 실체가 없기에 물질적 현상인 것이다. 실체가 없다고 말해도, 그것은 물질적 현상으로부터 벗어나 있지는 않다. 또한, 물질적 현상은 실체가 없는 것으로부터 벗어나 물질적 현상인 것은 아니다. 이와 같이, 무릇 물질적 현상이라고 하는 것은 모두 실체가 없는 것이다. 무릇 실체가 없다고 말하는 것은, 물질적 현상인 것이다.[20]

시편 「당신을 보았습니다」에서 당신이 갔다고 하는 화자의 진술은 실체가 없음을 꼭 집어서 말하고 있는 것이다. 여기에서는 물론 국권 상실이란 한 표상이 될 수밖에 없다. 시의 화자가 물질적인 소유의 결여와, 민적과 인권으로 상징된 인간의 원초적인 자유 의지가 말살된 시대적인 삶의 조건을 말하고 있기 때문이다. 정조를 유린하기 위해 능욕하려드는 장군은 다름 아닌 일본 제국주의이며, 항거의 격분은 다름이 아니라 거족적인 독립 쟁취 운동인 3·1운동을 말한다.

이 시의 내용처럼 누군가가 집이 없어서 민적이 없고, 민적이 없어서 인권이 없다는 논리는 도대체 무슨 논리이며, 또 무엇을 의미하는 걸까? 이 대목에서 일제의 조선 식민지하의 초기 성향을 그대로 반영한 민적법(1909~1923)을 살펴볼 필요가 있다. 민적의 법적 근거는 일제 통감부에 의해 만들어진 일종의 호적법이다. 1909년 이전과 1923년 이후는 호적이라고 불렸다. 민적이 유효한 기간은 고작 24년이다. 이 시기 조선의 민적은 다름 아니라 일본 명치 호적을 모델로 삼은 것이다. 민적이라고 하는 것은 '국민의 호적'에 필적하는 명칭이어서 조선 민중이 새로운 주권에 복종해야 근대국가의 국민으로서 법적인 보호를 받을

---

20 紀野一義, 『般若心經を読む』, 講談社, 1981, 114~115面.

수 있다는 취지의 개념이 된다.[21] 조선의 호적 개념은 집성촌이 많아 마을 단위의 '호(戶)'를 강조하고 있다면, 일본의 민적 개념은 가부장제적인 가족 단위의 '가(家)'를 중시하게 된 것이다. 가는 곧 집이 아닌가? 집이 없으면 민적이 없다는 논리가 여기에 해당한다. 민적이 없으면 인권이 없다는 논리는 법적으로 보호를 받을 수 있는 법적 근거가 상실되었다는 데 있다.

집 없는 여인, 가족 없는 여인, 그래서 민적도 인권도 없는 여인은 장군에게 겁탈을 당해도 된다는 얘기다. 여기에서 여인은 격분한다. 그녀의 격분은 제 스스로 소용돌이를 일으키면서 슬픔으로 화(化)한다. 이 슬픔은 결코 무력한 슬픔이 아니다. 걷잡을 수 없는 힘을 지닌 슬픔인 것. 시편 「님의 침묵」에서 말한 이른바 '슬픔의 힘'이다. 3·1운동이 자유와 독립을 쟁취하지 못한 슬픔의 민족 동원이었지만, 언젠가는 이것들을 쟁취하리라는 가능성의 힘을 보여주었다. 윤리와 도덕과 법률 등은 인간의 제도이다. 이 제도 역시 권력(칼)과 자본력(황금)에 휘둘림을 당하면 희생의 제물, 즉 무용지물이 되고 만다.

민적이 없으면 인권도 없다고 하는 주된 내용의 「당신을 보았습니다」는 사실상 일본 국민의 호적인 민적을 가지고도 이를 부인하면서 조선의 자유민으로서 독립하기를 원하는 대다수 식민지 백성들의 그리움과 외침을 반영한 저항의 시편이다. 이 시는 3·1운동이 일어난 1919년 3월과, 민적법이 폐지된 1923년 7월 사이에 쓰인 게 틀림없어 보인다. 이 시가 한용운의 3년간 옥중생활 기간에서 쓰였을 수 있다는 사실도 전혀 배제할 수 없다. 그렇다면 또 하나의 옥중시인지도 모른다.

---

21 손병규, 『호적 : 1606~1923』, (주)휴머니스트 출판그룹, 2007, 356~357쪽, 참고.

3. 남는 말 : 한시를 선택한 숨은 뜻

조선의 한용운과 베트남의 호치민은 식민지 조국의 독립 지도자로서 역사의 격동기에 옥중시를 남겼던 이들이었다. 두 사람의 옥중시가 쓰인 시점은 20년 남짓하지만, 긴 역사의 안목에서 볼 때 비슷한 시기 내지 동시대에 쓰인 것이라고 간주해도 좋을 것 같다. 이들은 각각, 조선을 강점한 일본 제국주의에 의해, 스스로 부패한 중국 독재 정권에 의해, 불온한 지도자, 간첩 등으로 몰려 적잖은 세월을 감옥에서 보낸다.

이들이 옥중에서 감옥살이를 하면서 자기 나라의 말이나 글이 아닌, 자신의 감회를 담은 한시를 쓴 것은 무슨 까닭일까? 하물며 이 시기에 동아시아에서 한자가 쇠운머리에 이르렀음에랴. 오랜 세월에 걸쳐 한자는 동아시아권에서 각 나라가 공유하는 천하 동문(同文)이었고, 이로써 동아시아적인 가치의 보편성을 지향할 수가 있었다. 하지만 그들이 자유와 독립을 위해 투쟁하던 시기는 근대성의 격랑 속에서 한자가 사양화되어가고 있었다.

한용운은 불교에 입문하여 한역(漢譯) 경전을 공부했기에 한학적 교양을 두루 박람했고, 한문의 표현 능력에 있어서도 온전한 수준에 도달해 있었다. 호치민은 집안 선대가 대대로 농부였지만 아버지가 바늘구멍 같은 과거에 급제해 관료로서 승승장구했[22]듯이, 아버지로부터 유교와 한학에 적잖은 영향을 받았으리라고 본다. 이들은 동아시아의 이념과 제도로서 2천 년 이상을 존속해온 유불(儒佛)의 전통 속에서 한시를 충분하게 쓸 수가 있었던 것이다.

소리가 아닌 뜻을 표명하는 문자 체계란 점에서 두 사람의 나라말을 담는 문자인 '가갸글(한글)'과 '쯔놈(chu nom : 字喃)'으로 옥중시를 쓰지 않았

---

22 다니엘 에므리 지음, 성기완 옮김, 『호치민—혁명과 애국의 길에서』, 시공사, 2009, 130~132쪽, 참고.

다는 것은 무언가 숨은 뜻이 전제해 있다고 보인다. 이 두 문자는 구어를 지향하는 문자라는 점에서 한자와는 다르다. 쯔놈이란 용어의 뜻은, 글자를 재잘거리면서 낭독한다는 사실을 가리킨다. 한글과 쯔놈은 표음청각적인 문자이다. 이에 반해, 한시의 표현 매체인 한자는, 주지하듯이 이른바 '표의조형적(ideoplastic)'인 문자이다. 물론 이것은 직관과 상징성에 의존한다.

표의 문자인 한자는 표음 문자에 비해 결의적인 내용을 담기에 적합하다. 옥중시란, 자기와의 대화를 모색한 시정신의 결과가 아닌가? 훗날에는 몰라도 감옥 안에서 쓰는 순간에는 독자가 없다. 하물며 엄중한 정치범에겐 독방에 머물러야 함에랴. 독자가 없으니 구어지향적이지 못하다.

우리가 호치민의 옥중시「글자 놀이」에서 기발한 착상을 보았듯이, 한시는 글자를 가지고 농탕치는 희작(戲作) 유의 시들이 적지 않다. 갑골문과 금석문의 대가였던 시라카와 시즈카(白川靜)는 '글자 놀이를 할 수 있는 문자일수록 고등한 문자'[23]라고 말한 바 있었다. 호치민의 경우에 옥중의 달관된 마음을 달래기 위해 한자로 시를 쓰지 않을 수가 없었던 것이다.

한용운은 옥중으로부터 벗어난 후에 우리말의 아름다움이 최대한 발휘된 한글 시집『님의 침묵』을 상재함으로써 최대의 민족 시인이 되었다. 이에 반해 감옥에서 석방된 호치민이 더는 쯔놈 시집을 간행할 생각이 전혀 없었던 것은 정치 지도자로서 삶을 추구하기 위하는 데 있었다. 이 작은 차이가 한 사람을 민족 시인으로, 다른 한 사람을 민중의 국부(國父)로 만들었던 것이다.

---

[23] 시라카와 시즈카 지음, 심경호 옮김,『한자 백 가지 이야기』, 황소자리, 345쪽.

옷과 밥과 자유의 사상에 대하여
— 한용운에서 김소월로

1. 자유의 정의

  현대 사회에 있어서 사회의 급진적인 변화가 일어나는 만큼이나, 개인이 누려야 할 자유의 몫도 줄어든다. 규제가 없는 변화가 현실적일 수 있을 것인가? 사회의 변화인가, 아니면 개인의 자유인가? 이 물음은 개개인에게 돌려져야 할 가치의 영역이다. 헐벗음과 굶주림을 해결할 수 있다고 해서 자유가 반드시 보장되는 것은 아니라고 본다. 아닌 게 아니라, 자유의 한 정의는 자유가 굶주림을 해결하는 것과 나란히 있을 수 없다는 데서, 그것이 근본적으로 굶주림의 종식과 갈등을 빚어낸다는 데서 찾을 수 있다.[1]

  한편으로는 자유를 가리켜 무엇이든 가질 수 있는 권리로 보는 견해도 있다. 1980년대 초반에 미국의 대통령인 레이건은 미국 사회를 두고 누구나 자유롭게 백만장자가 될 수 있는 사회라고 규정한 바 있었다. 사회주의 체제에 대한 자유주의 체제의 자신감을 표명한 것이라고 볼 수 있

---

[1] 프랜씨스 라페 외 지음, 허남혁 옮김, 『굶주리는 세계』, 창비, 2003, 297쪽, 참고.

다. 무엇이든 가질 수 있는 권리 역시 자유에 관한 한 정의였던 것이다. 이런 관점에서 볼 때 옷과 밥과 자유는 서로 맞물려 있는 개념이 될 수밖에 없다.

> 자유가 시민적 자유를 의미하는 것이라면, 이것이 굶주림을 끝내는 것과 함께 이루어낼 수 없다는 어떠한 이론적·현실적 이유도 찾기 힘들다. 실제로 시민적 자유가 보호되는 사회에서 더 쉽게 굶주림을 끝낼 수 있다.[2]

옷과 밥과 자유가 혼연일체를 이룬다는, 정신적인 것이 물질적인 것과 분리될 수 없다고 본 것은 1920년 4월 1일에 창간된 동아일보 창간 주지(主旨)에서 키 워드를 자유와 개발에 둔 사실에서도 잘 알 수 있다.[3] 뿐만 아니라 3·1운동 지도자인 한용운 역시 자유정신과 물질 개발이 등가(等價)의 것임을 간파하고 있었다. 그는 기미년 거사에 핵심적으로 기획하고 가담했다가, 일본 경찰에 붙잡혀 조사를 받는 과정에서 육체적인 고문에 시달리고, 형이 확정된 이후에는 서대문 감옥에 수감되어 모욕적이고도 신산스러운 옥살이를 시작한다. 말이 3년이지 옥살이 3년은 보통사람이면 정신적으로 황폐화될 수밖에 없다. 그는 감옥에서 자유의 지식이나 정보에 관하여 이론적으로 공부했겠지만, 이론 이전에 자유의 값어치를 체험적으로 이미 받아들이고 있었을 게다.

하지만 자유는 사람마다 다르게 받아들인다. 자유와 자유주의에 관한 견해들은 사람마다 갈래갈래 갈라질 수밖에 없다. 대부분의 우리나라 사람들은 역사적으로 자유를 경험해보지 못했다. 대부분이 들어보지도 말하지도 못했다. 식민지 시대에 자유와 자유주의에 관해 생각의 여지를 가지고 있었던 사람이야말로 극소수에 지나지 않았을 것이다.

---

2 같은 책, 296쪽.
3 창간사, 「주지(主旨)를 선명(宣明)하노라」, 동아일보, 1920. 4. 1. 제1면, 참고.

지금도 자유와 자유주의에 관한 개념의 혼선 및 가치관의 차이가 분명하게 드러나고 있다. 진정한 자유의 가치를 향유해보지 못한 민중이 자유를 가리켜 권위와 독재의 초석으로 오인할 수 있으며, 재산과 교양을 가지고 있는, 다소 선택된 사람들은 자유주의가 사회의 변화를 요구하는, 어느 정도 불온한 사상이 아닌가 하고 의심할 수도 있다.

한용운이 감옥에서 출감한 이후부터는 본격적이고 적극적인 사회 활동을 하지 않을 수 없었다. 이미 그는 지도자의 위치에 올라 있었다. 그가 옥살이로부터 풀려난 지 한 해도 되지 않은 시점에서 발표된 담화 기록문인 「조선인 및 조선인의 번민(8)」을 발표함으로써 당시 지식인들 사이에 인지도가 높았던 그의, 자유에 관한, 다음의 생각 틀을 주목하지 않을 수 없었을 것이다.

> 옷이 없어서 고통이외다. 밥이 없어서 고통이외다. 자유를 잃어서 고통이라 합니다. 그래서 밥을 구하며, 옷을 주기를 기다립니다. 자유를 빼앗은 자를 원망합니다. (……) 현재 우리 조선이, 조선 사람이 정신 상(上)으로나 물질 상으로나 무한한 고통을 받음은 사실이외다. 남다른 설움과 남다른 고통으로 울고 불고 하는 터이외다. 밥이 넉넉지 못하고 옷이 헐벗어 목숨을 부지하기에 갖은 고통이 일어납니다. 자유가 없으니까, 눈이 있으나 없으나 다름이 없습니다.[4]
> ―「조선 및 조선인의 번민(8)」에서[5]

동아일보가 1923년 신년 특집으로 기획한 「조선 및 조선인의 번민」은 동(同) 기자들이 당시의 사회적인 명사를 방문하여 좋은 말을 들어서 메모한 것을 구어체로 발표한 것이다. 이 기획물의 여덟 번째 인물이 한용운이었던 것이다. 이 글의 큰제목이기도 한 '조선 및 조선인의 번민'은

---
4 정서법과 띄어쓰기는 현행의 원칙을 따랐다.
5 동아일보, 1923. 1. 9. 제3면.

사실상 기획 주제이다. 한용운의 글 제목은 표제 중에서도 가장 큰 글씨체의 머리글에 해당하는바 '영적빈핍(靈的貧乏)으로 고통(苦痛)'이 적절해 보인다. 이 제목에서 보듯이 물질적인 가난보다, 정신적인 가난이 더 문제인 것이라는 암시가 담겨있다. 그러니까 옷과 밥보다는 자유가 더 우선이라는 것이다.

2. 민요조 타령

사회지도자 한용운의 옷과 밥과 자유의 사상은, 아직 신인 급의 청년 시인에 지나지 않았던 김소월에게로 이어진다. 김소월이 시편 「옷과 밥과 자유」로 화답한 것에 다름없다고 보인다. 한용운과 김소월의 나이 차이는 23세이다. 그 당시로선 아버지와 아들 같은 나이 차이다. 아버지세대의 생각이 아들세대의 생각으로 흘러들어간 것이 있다면, 3·1운동을 계기로 경험한 자유에 대한 사상이 아닐까, 한다. 김소월은 동아일보에 발표된 한용운의 일종의 산문, 즉 담화 기록문을 읽었을 거라고 충분히 예상된다. 옷과 밥과 자유라고 하는 조합의 키 워드는 결코 우연의 일치라고 볼 수 없다. 김소월의 반응이 다음에 인용된 시의 형태로 드러난 것이라고 해도 부자연스러운 것은 결코 아니다.

공중에 떠다니는
저기 저 새여
네 몸에는 털 있고 깃이 있지.

밭에는 밭곡식
논에 물벼

눌하게 익어서 수그러졌네!

초산(楚山) 지나 적유령(狄踰嶺)
넘어선다.
짐 실은 저 나귀는 너 왜 넘니?[6]

—「옷과 밥과 자유」 전문[7]

 김소월의 시편 「옷과 밥과 자유」는 제목이 '서도여운(西道餘韻)'인 것처럼 발표되었다. 부제로 보이는 '옷과 밥과 자유'가 사실상의 제목이다. 서도여운은 시율(詩律)의 범주에 속하는 명칭으로 쓰였다고 본다. 적유령은 평안북도에 소재한 고개다. 희천군과 강계군 사이에 있는 해발 963미터 고개다. 옛날에 북쪽오랑캐(北狄)가 쫓겨 넘어갔다고 해서 '되넘이령'이라고 불렸는데, 식자들은 한자로 말 됨됨이를 만들어서 '적유령'이라고 적었다.
 김소월의 시편 「옷과 밥과 자유」는 자신의 유일한 시집인 『진달래꽃』(1925)에서나 그의 사후에 생전의 스승이었던 안서 김억이 엮은 『소월시초』(1939)에서도 초대되지 못했다. 해방 이후에 나온 김소월의 숱한 이본(異本) 시집에서도 마찬가지였다. 이 시가 시집 속에 포함된 경우는 '결정판 소월전집'으로 간행된 『못 잊을 그 사람』(1966)이었다. 물론 텍스트 검증의 오류가 있었다. 네 몸에는 털 있고 깃이 있지, 라고 해야 할 것을, 이렇게 받아들이고 말았다. 네 몸에는 털 있는 것이 있지.[8] 처음부터 스텝이 꼬인 것이다. 이 시를 처음으로 비평적 대상으로 삼은 전문 비평가는 유종호였다. 그는 텍스트를 제대로 읽으면서 시의 내용을 다음과 같

---

6 동아일보본(1925)과 백치본(1928)을 함께 비교하면서 정본화했다.
7 동아일보, 1925. 1. 1. 제3면.
8 백순재·하동호 편, 『못 잊을 그 사람』, 양서각, 1966, 52쪽.

이 분석했다.

    퍼소나(persona)는 우선 공중에 떠다니는 새를 가리키면서 사람들의 헐벗고 있음을 암시한다. 이어서 잘 익은 곡식을 가리키면서 그것이 퍼소나나 그의 이웃들에게 있어서 사실상 그림 속의 떡에 지나지 않음을 암시한다. 나그네임이 분명한 퍼소나는 짐 싣고 재를 넘는 나귀에게서 바로 자신의 고단한 모습을 발견한다. '짐 실은 저 나귀는 너 왜 넘니?'란 마지막 구절은 예사로운 반문 속에 퍼소나의 고단함과 굴레와 자유 없음의 긴 사연이 간결하게 암시되어 있다. (……) 소월에게 있어 옷과 밥과 자유를 모두 **빼앗긴** 상황이 헐벗고 굶주리고 자유 없는 식민지 조국의 현실이었음은 말할 필요조차 없다.[9]

  김소월은 이 시에서 소유의 결여에 직면한 유민 화자에게 없음에 대한 성찰을 잇달아 요구한다. 헐벗음, 배고픔, 자유 없음 중에서 가장 중한 것이 무엇이라고 생각했을까? 나는 점층적이라고 본다. 옷보다 밥이요, 밥보다 자유다. 헐벗음은 참을 만해도, 배고픔은 참을 수 없다. 굶주림은 그러려니 해도 자유 없음은 도무지 받아들일 수가 없다. 어디, 인간이 가축인가?
  이 시는 서도여운으로 적혔다. 즉, 시인이 평안도 민요의 맛을 염두에 두고 시를 쓴 것이다. 일종의 민요조 타령과 유사한 분위기를 이끄는 발상법을 염두에 둔 것이라고 하겠다. 타령이라고 하면, 대체로 두 가지 뜻이 있다. 하나는 되풀이하는 말버릇으로서의 타령이요, 다른 하나는 8분의 12박자의 장단을 가리키는 타령장단이다.
  민요조 장단 타령인가, 시대의 신세타령인가.
  이 시가 민요조 타령과 무관치 않다면, 김소월이 이 시를 창작할 때 8

---

9 유종호, 「임과 집과 길」, 『세계의 문학』, 1977, 봄, 101쪽.

분의 12박자의 장단을 염두에 두고 시를 썼는지는 알 수 없지만, 대체로 보아 식민지 백성으로서의 현실적인 신세타령인 것이 맞는다고 본다. 그는 조선 민요, 특히 서도 소리의 가락에 심취했다. 그가 시를 창작할 때마다 거의 마냥 가락을 흥얼거리면서 했으리라고, 나는 짐작한다. 한동안 푸대접을 받으면서 발표한 지 43년 만에야 겨우 시집에 초대되었던 소월 시「옷과 밥과 자유」는 시의 언어를 본바탕의 메시지로 삼았고, 음악적 요소를 메시지의 여운이 되게 했던 것이다.

3. 생각의 접점

한용운은 성장하면서 격동의 시기를 경험해 왔다. 일련의 역사 사건인 동학혁명과 의병운동과 을사늑약 등은 그의 생각을 변하게 했다. 아버지가 의병에게 피살당한 후에, 그가 귀의한 곳은 불교였다. 그가 불교에 귀의한 동기와 과정에 대해선 자세하게 알려주는 자료가 그리 남아있지 않다. 그의 불교 입문이 그를 역사적인 인물로 키워주었던 바탕이었던 건 사실이다.

을사늑약을 전후로 20대의 그는 백담사에서 조실(祖室)이 건네준 중국 근대사상에 관한 책들을 읽으면서 깨달은 바가 적지 않았던 것 같다.『영환지략』을 통해 전세계적인 안목의 지식 및 정보를 얻을 수 있었고,『음빙실문집』을 통해 변화가 세상의 근본 원리라는 견해에 적잖이 충격을 받은 것 같다. 특히 양계초로부터, 불교는 독선이 아니라 겸선(兼善 : 공동선), 염세가 아니라 입세(入世 : 현실참여)라는 생각 틀에 큰 감화를 받는다.[10]

---

[10] 유세종 지음,『화엄의 세계와 혁명』, 차이나하우스, 206~207쪽, 참고.

이와 관련해서, 식민지 조선의 한용운과 중국의 루쉰의 자유사상이 현실 속에서 약자를 위한 계급적, 정치적, 전투적, 투쟁적인 자유주의의 성격을 지녔다는 견해[11]도 없지 않다. 나는 이 견해에 동의하기 어렵다. 물론 한용운의 자유사상이, 변화가 세상의 근본원리라고 하는 애국계몽사상에서 촉발되었지만, 나라의 주권이 빼앗기게 된 데서도 이것의 한계 역시 알았을 터.

주지하듯이, 1910년대는 무단정치, 즉 '채찍'의 시대였다. 일제는 3·1운동으로 인해 이른바 다이쇼(대정) 데모크라시라고 불리는 시대적인 분위기에 따른 '당근' 통치 방식으로 전환한다. 무단정치에서 문화정치로. 이때 문화는 문물로써 이적(夷狄 : 식민지민)을 교화한다는 개념이다. 한용운은 이때 제한적으로 얻어진 자유는 환영(그림자)에 불과하다고 했다. 그의 시집 『님의 침묵』(1926)의 서문인 '군말'에서, 그는 식민지 조선인들에게 알뜰한 구속을 받는 이름 좋은 자유를 경계할 것을 주문하고 있다.

한용운은 1931년 말에 월간지 『삼천리』 기자와 불교에 관해 인터뷰한 적이 있었다. 이듬해 1월호에 이 내용이 실려 있다. 그는 이 인터뷰에서 불교가 정치 운동을 추진한다거나 혁명 사업을 착수한다거나 하는 데 문제의 초점이 있는 게 아니라, 모든 인류가 모두 평등하고 자유롭다는 사상의 이상을 실현할 수 있다고 했다. 그는 또 '불교 사회주의'에 관심을 표명하고 있다.[12] 불교의 역사를 아는 사람은 이해할 수 있겠거니와, 이것은 사회의 급진적인 변화를 뜻하는 것이라기보다, 석가 시대의 근본 불교로의 회귀를 가리키는 개념이다.

한용운의 자유사상은 지금의 상황과 유사하다. 지금은 이념이나 정치체제로서의 자유주의보다 외교적인 그물망을 형성할 '다자(多者)주의'가 우선의 가치로 논의되기 시작하고 있는 시대다. 이런 점에서 볼 때, 백

---

[11] 같은 책, 200쪽, 참고.
[12] 한용운 지음, 조일동 엮음, 『한용운의 나의 님』, 이다, 2022, 112~113쪽, 참고.

년 전 한용운의 자유사상이 반짝 빛을 발하고 있다. 소년 시절에 3·1운동에 동참했던 김소월 역시 사상적으로 온건했다. 그의 수고본 시 「인종」을 보면 투쟁론보다 준비론에 기울어져 있음을 잘 알 수 있게 한다. 투쟁론이라면 신채호요, 준비론이라면 안창호다. 문인들은 대체로 안창호의 논리에 경도되어 있었다. 그 대표적인 사람이 이광수와 주요한이었다. 김소월도 오산학교 스승인 조만식이 추구한 준비론의 생각 틀에서 벗어나지 않았다. 다음은 비발표 수고본으로 전승되어온 김소월의 시 「인종」이다.

「나아가싸호라 즐겁어하라」가 우리에게잇슬법한 노랜가,
우리는어벼이업는 아기어든.
부질업는선동은, 우리에게 독이다,
부질업는선동을밧다드림은
한갓 술에취한사람의되지못할억지요,
제가저를상하게하는몸부림이다.

(……)

다만 모든 恥辱을참으라, 굴머죽지안는다!
忍從은가장德이다,
最善의反抗이다
안즉우리는힘을길을뿐.
오즉배화서알고보쟈.
우리가어른되는그날에는, 自然히싸호게되고,
싸호면이길줄안다.

—「忍從」부분[13]

여기에서 '인종'의 말뜻은 무엇인가. 이것을 부조리한 현실을 인정하라는 의미로 읽어선 곤란하다.[14] 치욕을 참으며, 현실을 따른다. 언젠가는 우리는 이겨서 자유와 행복을 얻을 것이다. 이 시는 일종의 저항시. 심히 불안한 형식과 매우 거친 호흡에도 불구하고, 한 시대의 어려움을 참고 견뎌내면서 후일을 기약해야 한다는 시인의 정치적 메시지가 명시적으로 담긴 저항시편이다.[15]

이 인용 부분을 잘 살펴보면, 두 가지 종류의 싸움이 있다. 하나는 '나아가(서) 싸호라'는 투쟁론적 싸움이며, 다른 하나는 '自然히 싸호게 되'기까지 때를 기다려야 한다는 준비론적 싸움이다. 앞엣것이 무장투쟁이라면, 뒤엣것은 자유를 쟁취하기 위한 투쟁이다. 다시 말해, 혁명의 논리와 독립의 논리로 나누어지는 것이다.

우리는 굶어 죽지 않는다!

참 강한 울림으로 다가오는 부분이다. 한용운과 김소월에게는 공통적인 생각의 접점이 있었다. 이를테면, 호의호식은 하지 못해도, 자유만은 되찾아야겠다는 생각은 거의 일치하고 있다. 현대물리학자로서 동양사상에 정통했던 프리초프 카프라는 동양 고전의 한 구절을 즐겨 인용하면서 자신의 세계관을 대신했다. 정점에 도달한 양은 음을 위해 물러난다.[16]

이와 같이, 일제의 전체주의가 정점에 이르러 물러가면, 조선인의 자유주의는 빈자리를 차지하게 된다. 이 믿음을 가지고 있던 두 시인 한용운과 김소월은 해방이 되기 전에 아쉽게도 세상을 떠났다.

---

13 오하근 편저, 『원본 김소월 전집』, 집문당, 1995, 322~323쪽.
14 남기혁, 『근대에 맞선 경계인, 김소월』, (주)북페리타, 2014, 99쪽, 참고.
15 송희복, 『불꽃 같은 서정시』, 글과마음, 2019, 141쪽, 참고.
16 최성일 지음, 『책으로 만나는 사상가들』, 책동무 논장, 2002, 129쪽, 참고.

재령의 나무리벌에, 무슨 일이 있었나?

1. 궁장토 여물평의 역사성

　황해도 재령군 북률면에 소재한 '나무리벌'은 예로부터 전라북도 만경평야에 버금가는 곡창지대이다. 가뭄이나 홍수의 피해를 입지 않는 해에는, 소유권자(지주) 외의 경작자인 농민들이 먹고도 남을 쌀이 생산되는 곳이었다. 먹고도 남을 정도의 벌판이라고 해서 이른바 나무리(남을이)벌이다. 이 우리말 지명을 한자로 표기하자면, 이른바 '여물평(餘物坪)'이 된다. '여(餘)'는 '남다'라는 뜻을 가져 왔고, '물(物)'은 '무리'라는 소리를 빌려왔다. 뜻과 소리를 동시에 빌려왔다는 점에서, 여물평은 신라 때의 향찰 표기를 연상하게 한다.

　이 여물평의 소유권은 조선시대에 왕실 재정을 관리하던 관아나 각 궁방에 있었다. 그래서 궁장토로 불리었다. 현지의 백성들이 이 궁장토를 경작했다. 궁장토에서 수확한 곡식은 '반분타작(半分打作)'이라고 해서 백성들이 절반을 바치게 되어 있는데, 18세기 중엽 무렵인 영조 때부터 백성들 사이에서 조세 저항의 동향이나 기미가 보이자 '삼분취일(三分取一)' 말하자면 도조(賭租)[1]의 비율을 절반 정도에서 3분의 1로 감량했다.[2]

여물평에 관한 소중한 사료가 적어도 4종이나 남아있다. 모두 1880년대에 작성된 문서이다. 1880년대라면, 고종의 친정 체제가 확립된 시기가 아닌가? 토지도 문서화될 만큼 주먹구구식의 전근대적인 제도에서 벗어나려고 한 것의 방증으로 보인다. 그 4종의 사료는 모두 낱장이나 몇몇 장으로 묶인 고문서가 아니라 일종의 '성책(成冊)'의 형태로 만들어져 있다. 즉, 조선 고종 시대로부터 지금까지 '서책의 만듦새'로 남아있다는 거다.

이 중에서, 가장 오래된 고문서인 「재령세소도조봉상하납성책」(1880)에 의하면, 나무리벌의 도조(賭租) 양이 무려 '6,969여 석'[3]이라고 하니, 생산량이 2만 석이 넘는다는 뜻이 된다. 후술하겠지만, 호조의 1년 예산이 10만 석 안팎이라고 하니, 나무리벌의 소출이 상당하다고 하겠다. 제목에서 보는바 '봉상하납'은 또 무슨 말일까? 상납과 하납이 다르다는 것. 상납이 나라에 바치는 조세라면, 하납은 지방 관아에 바치는 조세이다. 조세는 고종 시대에 곡식으로 바치지 아니하고, 돈으로 환산해 바쳤다. 백성들이 실제로 나라에 바친 도짓돈은 18,333냥이었고, 경비로 쓰인 돈은 330여 냥이라고 한다. 앞엣것이 상납이라면, 뒤엣것은 하납이다. 이런 세세한 내역들이 기록되어 있는 것이 재령 나무리벌의 도조(도짓돈)의 상하 봉납에 관한 기록물(성책)이다.

또 하나의 주목할 사료는 「재령여물평각궁중도조봉상성책」(1878)이다. 짐작컨대, 여물평의 봉상 도조는 절반이 수진궁으로 간 것으로 보인다. 수진궁은 역대 왕자와 공주 중에서 미혼으로 세상을 떠난 이들의 영혼을 위로하는 제사궁이다. 살아있는 왕자나 공주, 또 왕족이 기거하는 별

---

[1] 도조란, 남의 논밭을 빌려서 부치고 논밭을 빌린 대가로 해마다 내는 곡물이나, 이에 상응하는 소작료(도짓돈)을 의미한다.
[2] 독립운동사 편찬위원회, 「독립운동사」, 제10권, 독립유공자사업기금운영위원회, 1978, 390~391쪽, 참고.
[3] 『장서각한국본해제·사(史)부 13』, 한국학중앙연구원, 2015, 154쪽.

궁이 명례궁인데, 덕수궁의 옛 이름이다. 수진궁을 제외한 도조 양이 얼마 정도일까? 명례궁을 위시한 '각궁중(各宮中)'에 바치는 도조 양은 모두 3,687여 석이다.

> 여물평에서 각 궁중으로 실제 상납되는 도조는 3,687석 11두 5승이었다. 전국에서 징수하는 호조의 1년 전(全) 세수입이 10만 석 내외를 형성하던 것과 비교했을 때, 재령군 여물평 한 곳에서 3,687석 이상의 도조 수입을 올렸다는 것은 결코 작은 규모가 아니었다.[4]

그 밖의 사료에서는 경작자의 이름이 실려 있다거나, 나라의 땅을 빌려서 작인에게 빌려주고 원래의 도조 외로 추가로 징수하여 중간에서 이익을 얻는 사람인 이른바 '중도주(中賭主)'의 존재를 밝히거나 하고 있다. 중도주의 존재는 지방관아의 수령이나 아전의 우두머리 정도가 아닐까 짐작된다. 훗날 일제강점기에는 일본인 이민들이 이 역할을 한 것으로 보인다. 요컨대, 네 건의 성책은 재령 여물평 궁장토를 운용하는 조선시대의 실상을 잘 보여주고 있다.

2. 토지조사사업에서 소작쟁의까지

일본은 청일전쟁과 러일전쟁에서 승리를 함으로써, 그 빌어먹을 욱일승천의 기세를 탔다. 대한제국의 국력이 쇠운머리에 놓여 있던 1908년에는 조선에 대한 식민지 개척을 염두에 두고, 악명 높은 동양척식주식회사(약칭 : 동척)를 설립했다. 동척은 일본인을 이주시켜 조선의 토지에

---

4 같은 책, 219쪽.

농사를 짓게 해서 식민지 지배 기반을 확보하기 위해 만들어진 일종의 국책회사였다.

일본은 한일합방 후에, 두 가지 사업을 추진했다. 하나는 토지조사사업이며, 다른 하나는 동척이민사업이었다.

조선총독부가 주도한 토지조사사업(1910~1918)은 일본이 일제강점기에 근대적 토지 소유 개념을 확립하고 조세의 원천을 확보하기 위하여 실시한 토지에 대한 조사 사업이었다. 이 사업으로 인해, 조선에서의 근대적 토지 소유권이 확립되었다. 이 과정에서 조선시대에서부터 관습적 경작권이 부여된 농민들에게 기득권이 부정되는 사례가 있었으며, 토지조사사업 이후에 이르러 종래의 지주제에 대해 새로운 식민지 지주제가 확립되기도 했다.

동척이 주도한 동척이민사업(1911~1926)은 무려 15년간을 지속했을 만큼 식민지 국책사업의 핵심이었다. 식민 지배의 뿌리를 현지(식민지)에 내리는 것은 문자 그대로 '척지식민(拓地植民)'이었다. 즉, 새롭게 개척된 땅에 자국(일본)의 백성을 옮겨 살게 한다는 것. 그래야만 일본에서 이식한 나무가 뿌리가 깊어져 어떤 바람에도 흔들리지 않는다는 것이다.

토지조사사업으로 인해, 전답을 잃어버린 조선인 농민들이 많았다. 이 농민들은 대체로 관습적 경작인들이었는데, 일본이 대한제국을 멸망시킨 이후에 애매모호한 땅을 죄다 국유화해버렸다. 여기에서 파생된 이익이 물론 동척 이민으로 도래한 일본인들에게 돌아갈 수밖에 없었다.

조선의 농민들은 1910년대에 이르면, 한일합방 이전에 가지고 있던 땅을 빼앗기기도 하고, 동척은 도지 양을 높일 요량으로 그들을 핍박한다. 자작농은 땅을 빼앗기면, 결국 소작농이 될 수밖에 없다. 소작농이 되어봤자, 남는 게 별로 없다. 그러면 소작농은 고용농(머슴)이나 이농의 갈림길에 서게 된다.

일제는 토지조사사업을 통해 조선의 근대적 토지제도를 확립했다. 이것은 식민지 지주제의 성립이란 표현과 다를 바 없다. 일제의 입장에서 볼 때, 이를 통해 식민 통치의 물질적 기초가 제공된다. 말이 근대이지 농민의 입장에선 봉건 시대보다 나아진 게 없었다. 상위 3%가 절반 이상의 토지를 여전히 점유하는 구조였다. 요컨대, 근대적 토지제도인 소위 식민지 지주제는 1918년에 막을 내린 토지조사사업의 결과로 빚어진 '지주권의 강화'라고 볼 수 있다.

> 국유지와 동척 혹은 일본인 지주를 중심으로 소작료의 인상과 통제 강화가 진행되었고, 토지에 대한 절대적 소유의 확립은 지주권의 강화를 간접적으로 뒷받침하는 것이었다. 1910년대 후반 이후 미가의 급등으로 지주경영은 더욱 수입률이 높아졌고, 상품화의 진행과 가중되는 조세부담으로 몰락해가는 영세농을 소작농으로 흡수하면서 지주경영을 확대해 갔다. 토지조사사업은 이러한 과정을 매개로 하여 식민지 지주제 확립에 기여하였다.[5]

인용문에서 조세부담으로 몰락해가는 영세농을 소작농으로 흡수했다는 얘기는 농민들 중에서 규모가 작은 자작농이 소작농으로 신분이 하강한 적잖은 사례를 적시한 것이니, 실제로 이런 일들이 전국 규모로 여기저기 일어났다. 이와 관련된 대표적인 문학 작품으로는 이상화의 저항시 「빼앗긴 들에도 봄은 오는가」(1926)와 현진건의 소설 「고향」(1926) 등을 손꼽을 수가 있다.

그런데 이 대목에서, 의문이 하나 생긴다. 왜 일제가 대다수인 소농과 빈농을 내버려두고서, 극소수인 지주와 부농의 편에 섰나, 하는 사실이다. 왜 하필이면 일제가 근대를 들먹이면서 봉건제의 늪에서 벗어나지 못했을까? 나는 이에 대한 해답을 곰곰이 생각해 보았다. 아마, 제정 러

---

[5] 한국사편집위원회, 『한국사13 : 식민지시기의 사회경제-1』, 한길사, 1995, 236쪽.

시아의 공산화가 영향을 크게 끼쳤으리라고 추측된다. 무산자에 눈을 돌리기보다는 자본에 힘을 실어주는 것이 식민 통치의 물질적인 기반이 되었기 때문이다.

소작농 역시 식민 현실에 견딜 수가 없었다. 동척에 귀속된 토지의 소작료 비율이 처음에는 45%로 표준화한다고 했지만, 어느새 소작인들이 절반 이상의 부담을 떠맡게 되기에 이른다.[6] 높은 소작료 비율도 그렇지만, 지주와 부농은 동척이나 식산은행에서 장기적인 저리 자금을 대출받아서 금융권에서 소외된 소작농에게 편법적인 고리대금을 자행했다.[7] 농민들은 소작료 고비율과 금융자본에의 예속이라는 이중고의 늪에서 헤어나지 못했다. 마침내 농민의 빈농화, 부랑화는 가속화될 수밖에 없다.

소작농이 파산하면, 그 아들은 고용농(머슴)으로 전락한다. 지주의 입장에선 고용농, 즉 머슴을 부려먹는다. 경우에 따라서는 교활한 수단을 사용하기도 한다. 그 대표적인 사례의 하나가, 김유정의 소설 「동백꽃」(1936)에서 확인할 수 있는 데릴사위제를 빙자한 머슴 부려먹기다. 그러니까, 머슴이 아니면, 이농(離農)이다. 선택의 여지가 없었다. 또 이농에도 이주농민이냐, 임금노동자냐. 이것 역시 선택의 여지가 없었다. 일제하의 농민의 선택은 다음과 같은 양자택일이 강요될 수밖에 없었다.

> 기아선상에서 방황하던 농민의 일부는 만주 광야의 개척자로서 새로운 토지에 결착(結着)하여 농민의 운명을 지속하였고, 나머지 일부는 일본 노동시장으로 진출하여 완전한 임금 노동자로 전화(轉化)하였다.[8]

---

[6] 동아일보가 1922년에 기획한 연재 기사문 「위기에 함한 나무리벌」 제5편에, '소작료 율은 최초에 백분의 45를 표준(화)한다 하였으나 그 후 그 (비)율은 점차 증가하여 지금에는 그 소작료 액이 생산총액의 반분 이상에 상당하게 되었다'고 적혀 있다. (동아일보, 2022. 10. 1. 제1면. 참고.)
[7] 김성민, 『투탄과 자결, 의열투쟁의 화신 나석주』, 역사공간, 2017, 50쪽. 참고.
[8] 김문식, 「일제하의 농업」, 김문식 외, 『일제의 경제침탈사』, 민중서관, 1971, 61쪽.

먹고 살아야 할 일이 막막했던 조선 농민들에게는 일본에 대한 막연한 동경이나 환상이 있었다. 너도 나도 도일할 생각이 있었다. 경상도와 제주도의 소녀들은 호황을 누리던 방적공장에 저임금으로 팔려갔다. 농민의 일본 이주는 소녀들보다 규모가 훨씬 컸다. 일본에서도 골칫거리, 사회문제였다. 한때 일본 국내의 실업자 증가 요인도 여기에 있었다고 한다. 당시에 '막연 도항(渡航)'이란 말이 있었다. 1960년대의 '무작정 상경'과 비슷한 개념이었다. 막연한 이주가 되지 않기 위해 가족을 두고, 가장인 남편-아버지가 혼자 먼저 도항하는 일이 있었다. 그러면 가족은 당분간 따로 헤어져 살아야 했다.

가족이 이산하는 그 역사의 현장이 바로 연락선이 오가는 부산항이었다. 평양의 백화점원 출신인 젊은 여가수 장세정이 부른 「연락선은 떠난다」(1937)는 민족적인 통곡의 노래였다. 노랫말은 해방 후에 월북한 시인이자 작사가인 박영호에 의해 지어졌다. 아이러니컬하게도, 이 노래는 전형적인 엔카(演歌) 풍의 노래이기 때문에, 1951년에 당시 일본의 정상급 여가수 스가와라 쓰즈코(菅原都都子)가 「연락선의 노래(連絡船の唄)」라는 제목으로 취입해, 1950년대에 일본 전역에서 국민가요로 불려졌다. 한때 일본 관광객들이 한국에서 이 노래를 우연히 들으면, 어, 일본 노래를 한국에서 부르네, 했다고 한다.

일본인의 동척 이민, 조선인의 만주(서만주)와 간도(동만주)로의 이민, 혹은 일본 진출 등에서 볼 때 이민의 '이(移)' 자가 무엇을 의미하는가를 살펴볼 수 있다. 이 이 자는 옮길 이 자이다. 축자적인 의미대로라면, 쌀 등의 곡물(禾)이 많은(多) 곳으로 삶의 터전을 옮긴다는 얘기가 될 것이다. 1920년대 초반의 사정을 볼 때, 일본인의 조선 이민과, 조선인의 만주 이민은 엄격한 인과관계를 맺고 있었다. 일제의 동척이민사업(1911~1926) 15년사 중에서 조선인의 만주 이민이 많았음은 두말할 나위가 없다. 1917년 5월말을 기준으로 한 자료에 의하면, 조선에 진출한 일

본인 호수가 3천 호 정도[9]인데, 5년 후인 1922년에 이르면 5천 호로 급증한다.[10]

조선인 소작인들의 이농이 1920년대 초에서 1930년대 말까지 지속적으로 이루어졌지만, 고향을 떠나지 못할 형편에 놓인, 즉 이농도 하지 못하는 소작인들이 부당한 식민 현실에 저항하기 위해 소작쟁의를 일으키곤 했다. 가장 유명한 소작쟁의는 1923년에 전라남도 무안군 암태도에서 발생한 것과, 1924년에 황해도 재령 북률면에서 발생한 것이다. 결과적으로 볼 때, 암태도 소작쟁의가 임시정부와 연계된 측면[11]이, 북률면 소작쟁의가 의열단과 연계된 측면이 있기 때문에, 이 두 사건은 독립운동사의 성격에 뚜렷이 포함되어 있다.

북률면 소작쟁의 역시 모든 소작쟁의가 그렇듯이 소작료의 높은 비율에 직접적인 원인이 있었을 것이다. 동척은 설립과 동시에 토지 취득에 착수했는데, 가장 군침을 흘린 조선 땅 사냥감은 황실의 재산인 궁장토와 역둔토(驛屯土)였다. 동척은 구황실의 재산을 정리해가는 과정에서 재령군 북률면의 나무리벌을 탐했다. 재령강과 경의선을 이용한 수륙교통이 편리한 옥야를 내버려둘 리가 없었다. 동척이 획득한 나무리벌은 90%가 넘었다. 농토의 소유권은 구황실에서 한반도로 진출한 식민 세력에로 넘어갔다.[12]

---

9 조동걸, 『일제하한국농민운동사』, 한길사, 1979, 77쪽, 참고.
10 동아일보 기획연재물 「위기에 함한 나무리벌(7)」에서는, 일제가 5천 호의 일본인들을 조선에 이식했다고 적시하고 있다. (동아일보, 1922, 10, 3, 제1면, 참고.)
11 암태도 소작쟁의를 주도한 이는 소작인이 아닌 학출인 박복영이다. 그는 임시정부를 배후 세력으로 삼았다. 소작인들의 타도 대상인 지주 문재철은 신경질적인 일본 관헌들에게 시달렸는지 1929년 경에 임시정부에 벼 2백 가마, 보리 1백 가마, 누룩 5십 동에 해당하는 자금을 내놓았다. (독립운동사 편찬위원회, 앞의 책, 387쪽, 참고.)
12 나무리벌 농토의 소유권은 동척에 있었는지, 아니면 일본인 동척 이민에게 있었는지 잘 알 수 없다. 만약 동척에 있었다면, 동척 이민인 일본인은 지주(동척)와 소작인의 중간에서 이득을 보던 '중도주'라고 할 수 있다. 이 중도주의 개념은 고종 시대에도 존재했음이 확인된다. (『장서각한국본해제 · 사부 13』, 앞의 책, 223쪽, 참고.)

북률면 소작인들은 고종 시대만 해도 나라에 대체로 3분의 1 소작료를 바쳤다. 경우에 따라선 4분의 1을 내기도 했다. 고종 때의 문서인 「명례궁재령언답절목」에 기록된바 '본평유사분일취지지정(本坪有四分一取之支定)'이 이 사실을 뒷받침한다.[13] 하지만 1920년대 초에 이르면, 동척이나, 혹은 일본인 동척 이민들에게 내야 하는 실질 소작료는 흉년시의 부채, 비료대 등을 포함해 70%에 이르렀다고 한다. 나무리벌은 본래 있었던 궁장토와 새로 개척한 농토로 나누어져 있었다.

> 황해도 재령군 북률면의 종래 궁장토가 동양척식회사의 토지로 넘어가게 되었으며 따라서 이곳 농민은 동척의 소작인으로 그 신분 변동을 보게 되었던 것이다. 북률면의 동척의 농토는 약 2천 3백 정보였는데 1911년에 이미 동척의 이민 예정지로 재령평야에 3천 정보를 확보하고 있다고 하니 북률면을 포함한 이 일대의 종래 궁장토는 동양척식회사 설립 당초에 동척 토지가 됐을 가능성이 많다. 그것은 동양척식회사 설립의 참모 격이던 영팔랑(嶺八郎)이 동양척식회사 설립에 앞서 한국을 조사한 후 황해도에서는 이곳 재령강 유역이 척식 개발의 적지라고 지적하고 있는 사실이 뒷받침하고 있다.[14]

이 인용문을 살펴볼 때, 나무리벌에는 종래의 궁장토 외에, 별도로 개발된 척지로서 이보다 더 넓은 동척의 이민 예정지인 재령평야가 있었던 모양이었다. 후술하겠지만, 이것이 김소월 시에 나오는 '신재령 나무리벌' 인 것으로 간파된다. 어쨌든 북률면 소작쟁의는 1924년 가을에서부터 이듬해 봄에 이르기까지 계속되었다. 이것의 특징은 여타의 소작쟁의와 달리 동척의 농지에서 발생했다[15]는 점에서, 암태도의 문재철과

---

13 독립운동사 편찬위원회, 앞의 책, 391쪽, 참고.
14 같은 책, 391~392쪽.
15 같은 책, 403쪽, 참고.

같은 조선인 대지주에 항거하는 수준을 넘어서 일제의 식민주의에 대한 직접적인 항거의 형태라고 평가할 수 있겠다.

북률면 소작쟁의는 소작인들의 많은 희생을 감수하고도 소기의 목표를 달성하지 못한 실패한 농민항쟁이었다. 동척의 농지에서 발생한 소작쟁의이기 때문에, 한반도에 진출한 식민주의 세력은 다른 경우에 비해 더 강경하고 엄혹하게 대응했을 것이라고 쉽게 짐작할 수 있다.

3. 김소월의 시 「나무리벌의 노래」

북률면 소작쟁의가 진행되던 과정에서, 이 사건과 무관하지 않은 시 한 편이 발표되기도 했다. 김소월의 「나무리벌 노래」가 바로 그것이다. 이 시는 동아일보 1924년 11월 24일 자로 발표되었다. 이 시만 아니라 「차(車)와 선(船)」, 「이요(俚謠)」와 함께 발표되었다. 발표자의 필명은 '흰달'이다. 시인이 관례적인 필명으로서 줄곧 사용해오던 '소월'을 슬쩍 토박이말로 바꾼 것이다.

나는 1988년 2월에 석사학위를 받고 곧바로 박사과정에 입학했다. 나의 석사학위 논문 제목은 '김소월 시의 주제론적 연구'였다. 어떤 내용의 주제론이었냐고 하면, 사회문화적인 맥락 속의 주제론, 정치적인 무의식을 넘어선 정치적 의식의 한 가설로서의 주제론, 일제에 항거하는 함축적인 의미의 텍스트로서의 현실비판적인 시의 주제론이었다.

나는 박사과정 수업 한 과목을 외부 교수인 문학평론가 김시태에게 신청했다. 강의는 대학원생 서너 명이 함께 한양대학교 연구실에서 받았다. 나는 첫 시간에 석사학위 논문을 준비해 증정했다. 그가 차례와 서론 중심으로 대충 읽어보더니, 김소월의 「나무리벌 노래」가 발표 당시에 발생한 소작쟁의와 상당히 관련이 있어 보인다는 의견을 내게 주었다.

이 시는 나의 논문 속의 김소월에 관한 주제론과 상당히 관련이 있는 텍스트였다. 나는 이 중요한 정보를 미리 알았으면 좋았을 텐데 하는 아쉬움을 가졌었다. 시의 전문은 현대 맞춤법에 맞춰 인용한다.

신재령에도 나무리벌
물도 많고
땅 좋은 곳
만주나 봉천은 못살 고장

왜 왔느냐
왜 왔더냐
자곡자곡이 피땀이라
고향 산천이 어디메냐

황해도
신재령
나무리벌
두 몸이 김매며 살았지요

올 벼논에 닿은 물은
츠렁츠렁
벼 자란다
신재령에도 나무리벌[16]

---

[16] 횐달, 「나무리벌 노래」, 동아일보, 1924. 11. 24. 제6면.

이상으로 인용한 김소월의 시편 「나무리벌 노래」는 이것을 발표할 당시의 사회경제적인 조건과 시대정신을 집약적으로 함축하고 있어서 눈길을 끌게 한다.

시적 화자는 조선에서 만주로 이주해온 이농민이다. 제1연 제1행인 '신재령에도 나무리벌'부터 예사롭지 않는 표현이다. 우선 시적 화자의 고향이 재령 나무리벌임을 알게 한다. 내가 앞서 말했거니와, 나무리벌은 종래의 궁장토를 가리키는 장소성을 지닌 공간, 삶의 터전이지만, 이와 별도로 동척이 개발한 척지로서 동척 일본인 이민들이 관리하던 새로운 재령평야까지 포함하고 있다. 그래서 김소월은 신재령도 나무리벌이라고 했다. 이 나무리벌은 물도 많고, 땅 좋은 곳이다. 재령강이 흐르는 너른 옥토이다. 넓지 않으면 '들'이라고 하지, 굳이 '벌'이라고 하지는 않는다.

그런데 시적 화자는 지금 만주로 이주해 있다. 자의로 선택한 생활의 방책이 아니라, 타의에 의한 불가피한 결과일 뿐이다. 김소월이 가리킨 '만주'는 동만주 즉 북간도인 것 같고, 봉천은 서만주의 중심지인 선양(심양)을 가리킨다. 그 당시의 조선 농민은 만주의 동서를 가리지 않았다.

이 시는 작품 속의 화자인 나무리벌 농민이 "동척 소작인으로 전락된 뒤부터는 계약기간의 압력과 소작권 박탈의 횡포 속에 대대손손이 경작하던 토지를 빼앗기고 만주로 가든지 아니면 옮겨가며 살아야 했"[17]던 역사적인 실상을, 이 짧은 시 속에서 있는 그대로 보여주고 있다. 시인의 시심이 내면에서 외면으로 눈을 돌릴 때, 서정시는 이런 점에서 시대의 축도가 되기도 한다. 이 시가 발표될 즈음에 쓰인 기사문 하나는, 만주로 흘러간 조선 농민의 참상을 다음과 같이 여실하게 증언하고 있다.

살아오던 집간이나마, 갈아먹던 밭날갈이나마 그것조차 남에게 빼앗기고 추

---

[17] 독립운동사 편찬위원회, 앞의 책, 393쪽.

풍에 날리는 가랑잎 모양으로 날마다 달마다 산지사방하는 조선 형제의 가련한 신세에 그 생활의 안정을 어느 곳에 얻으리오. (……) 지팡살이—중(국)인의 전지(田地)에서(의) 소작 생활—하는 농촌이 아마 전 간도의 3분1은 될 듯합니다. (……) 새카만 이간(二間) 초옥에 노소가 기어들고 기어나며 어린 아해들은 순의채색(鶉衣菜色 : 낡은 옷차림새와 궁기가 스민 빛깔—인용자)으로 벌벌 떨고 앉아 기(飢)를 호(呼)하고 한(寒)에 읍(泣)합니다. 장정들은 북풍한설에 손발을 얼리며 지주의 집 앞뒤뜰의 눈을 쓸기도 하고 타곡(打穀) 마당에서 타곡을 하여 곳간에 넣어주기도 합니다. 한 십년 전만 해도 소작료는 3할과 4할에 불과하던 것의 지금은 대개 46—지주가 6할을 차지하고 소작인이 4할을 취함—이 되었습니다. 그나 그뿐입니까? 지세까지 담부(부담)하고 시화(柴火)까지 당하여 줍니다. 그러고도 지주의 비위를 조금만 맞추지 못하면 '왕바두즈(王八肚子)', '까오리 방즈(高麗房子)'의 욕설이 마봉자(馬棒子)와 함께 이릅니다. 그들은 고생은 할대로 하고 모욕은 받을 대로 받습니다. (……) 그들은 부모의 병을 위하여 약 한 첩 다려드리지 못하고 자녀의 장래를 위하여 글 한 자 가르쳐주지 못하매 그 심리상 비통인들 어찌하오리까?[18]

이 인용문은 동아일보, 1923년 12월 31일 자, 제3면에 게재된 「간도 농촌 우리 동포의 참담한 정경」에서 부분적으로 따온 글이다. 이 글은 조선인 이민의 생활상에 관한 적확하고도 대표적인 연구 사료로도, 향후 활용될 수 있다. 기사문을 쓴 이의 이름은 익명인 '간도갑오생'이다. 간도에 거주하고 있는 29세의 갑오년 생의 기자인 듯싶다.

보다시피, 동만주(북간도)나 서만주(봉천 등)로 옮겨가서 살고 있는 조선인 농민들의 삶을 두고, 이를테면 '지팡살이'라고 한다. 일제강점기에는 흔히 쓰던 단어였는데, 지금은 사어로 남아있다. 국어사전들을 참고하

---

[18] 간도갑오생, 「간도 농촌 우리 동포의 참담한 정경」, 동아일보, 1923. 12. 31. 제3면.

자면, 해방 전에 만주에서 성행하던 소작 제도의 하나라고 한다. 조선인 이민자가 중국인 지주에게 높은 비율의 소작료를 지불할 것을 계약하고, 반대로 그는 이 지주로부터 먼저 경작지, 살림집, 농기구를 제공을 받는다. 그러나 조선인 이민은 중국인 지주에게 인간 대접을 받지 못했음이 확인된다. 중국인 '갑질'의 상징은 '왕바두즈(王八肚子)', '까오리 방즈(高麗房子)'로 발음되는 욕설이다. 대체로 보아서, 우리말로 '못난 놈'이나 '거지새끼'에 해당되는 말이다. 특히 '까오리 방즈'니 '커우리 펑즈'니 하는 중국어 발음 기표로 잘 알려져 있는 '고려방자'는 당시 조선인에 대한 중국인들의 멸칭이다. 한 시대의 울림을 담은 이용악의 명시 「전라도 가시내」(1938)에서의 '온갖 방자의 말을 품고 왔다.'나, 윤동주의 절창으로 오래 기억되는 「별 헤는 밤」(1941)에서의 '가난한 이웃사람들의 이름'에 내포된 방자(房子), 빈자(貧者)의 개념이 조선인 중국 이민인 고려방자를 가리키는 표현이다.

　김소월이 시에서 '만주나 봉천은 못살 고장'이라고 표현하였는데, 그럼 왜 만주로 가서 고생하면서 사느냐는 의문이 남는다. 이에 대한 대답은 역사학자 조동걸이 이미 오래 전에 내놓은 바가 있었다. 만주에서 "참혹한 생활을 하더라도 조선에서 살기보다는 편하기 때문"[19]이라는 것. 시의 2연에서, 시적 화자가 만주에는 왜 왔느냐고 한탄하지만, 이주는 어쩔 수 없는 일. 여기에서 '자곡자곡이 (쌓인) 피땀'이란 표현에 눈길이 간다. 만주 땅의 농토일까? 아니면 나무리벌에서 부치던 농토일까? 전문의 맥락을 잘 살펴보면, 두말할 나위도 없이 후자이다.

　동아일보는 1922년에 나무리벌에 관한 기사를 제1면에 연재한다. 매우 이례적인 기획물이 아닐 수 없다. 제목은 「위기에 함(陷)한 나무리벌」(1922. 9. 26~10. 3.)이다. 물론 이것은 김소월의 시편 「나무리벌 노래」와 시

---

[19] 조동걸, 앞의 책, 80쪽.

대적으로나 소재주의적인 측면에서 무관하달 수 없는 참고자료인 것은 사실이다.[20] 이 긴 원고 중에는 김소월 시의 '자곡자곡이 피땀'과 비슷한 '혈한(血汗)을 적(積)하여'란 표현이 있어 흥미롭기만 하다.

> 우리의 옛 조상들이 혈한(血汗)을 적(積)하여 우리에게 유전한 그 토지는, 3백 여 년간을 반민반궁유(半民半宮有)로 유전하여 오던 이 토지는, 동척(東拓)의 소유로 귀(歸)하게 되었다.[21]

이 문장 하나에 함의가 적잖이 들앉아 있다. 나무리벌 농토는 조상들의 피땀이 누적된 결과로 유전되어온 것이라고 한다. 농토의 역사도 3백년 이상이라고 한 것으로 보아, 임진왜란 7년 전쟁이 끝난 후에 2모작이 개발되어 전국적으로 농지가 확장될 때 개간되었던 것으로 보인다. 조선 전기만 해도 2모작이 가능한 농지는 3남 지역에 집중되어 있었다. 또한 나무리벌의 독특한 소유 형태를 두고, 바로 '반민반궁유'라고 표현한 것도 예사롭지 않다. 기사문은 소유권이 실제로 궁(宮), 즉 왕실에 있었으나, 자자손손 부치던 백성들이 내 것이나 다름이 없이 자작농토처럼 사용해 왔다고 보고 있다. 백성들에게 최적의 농토인 이 나무리벌은 마침내 한일합방과 더불어 동척의 소유물로 귀속되고 말았다는 것.
두 몸이 김매며 살았지요.

---

[20] 한 연구자는 김소월이 연재기사문「위기에 함한 나무리벌」을 읽고 자신의 시대 인식을 피력하기 위해 시「나무리벌 노래」를 창작했다고 추론하기도 했다. 그러나 이 추론은 잘못된 추론이다. 동아일보사는「위기에 함한 나무리벌」을 일곱 차례 연재하는 동안에, 만주에 이주한 재만 동포에 관해서는 전혀 언급하지 않고 있다. 시의 내용은 삶의 터전을 어쩔 수 없이 만주(봉천)로 옮긴 소작인 부부의 '좋았던 시절'에 대한 회상이다. 동아일보는 이 기획물을 통해 동척의 정책에 대한 날선 비판으로 일관하고 있을 따름이다. 무엇보다도, 이 연구자는「위기에 함한 나무리벌」이 1922년의 연재기획물이었는데, 김소월의 당해 시가 발표된 1924년의 그것으로 오인하고 있다. 이 오인된 시차 역시 잘못된 추론을 반증한다. (박군석,「김소월의 후기시에 나타난 시적 주체의 존재 방식」,『한국시학연구』, 제51호, 2017, 171쪽, 참고.)
[21]「위기에 함한 나무리벌(2)」, 동아일보, 1922. 9. 28, 제1면.

김소월의 시「나무리벌 노래」에 이 한 행이 없었다면, 어땠을까? 만약 그랬다면 이 시가 심미적인 자족체로서 서정시의 미학성의 완결성을 확보할 수 있었을까? 시적 화자의 부부에게는 나무리벌이 행복한 과거요, 실낙원이요, 황량한 꿈과 같은 장소상실감이다. 하지만 이것이 이들에게서 멀어졌지만, 현실적으로는, 나무리벌이 제4연에서처럼 치렁치렁 벼가 잘 자라고 있을 것으로 보고 있다. 빼앗긴 것, 잃어버린 것에 대한 안타까움의 정서가 짙게 배여 있다.

4. 쟁의의 후폭풍 나석주 사건

재령 북률면에서 살아온 농민들은 비교적 경제적인 안정을 누렸었다. 이곳의 진초리에는 나씨의 집성촌이 있었다. 이 나씨 족문(族門) 촌락은 비옥한 농토를 배경으로 신교육을 진흥하기 위해 근대학교를 설립하기도 했다. 독립운동가 나석주 역시 진초리에 모여 살던 나씨 집안의 한 사람이었다.

그는 서당 교육과 근대 교육을 받으면서 성장했다. 독립운동사 연구자들은 이 고장의 소작인 청년들이 의기를 투합해 3·1운동 등의 항일 투쟁을 하다가 이 연장선으로서 소작쟁의로 발전했다고 본다. 독립운동사는 이 청년들의 이름을 다음과 같이 나열하기도 했다. 이를테면, 나석주·최호준·김덕영·최희준·김병식 등이었다. 나석주를 필두(筆頭)로 앞세운 것도 의미가 있다.[22]

그는 성장기에 백범 김구와 인연을 맺었다. 인근 마을에 있는 학교의 교사였던 김구의 제자라는 설이 있다. 김구 자신도『백범일지』에서 자신

---

22 독립운동사 편찬위원회, 앞의 책, 403쪽, 참고.

이 나무리벌에 내왕하면서 나석주와 종종 만났다고 했다. 그의 인생에 김구가 던져준 영향력이 결코 작지 않았으리라고 본다.

나석주가 교육을 통해 김구와 맺은 사제의 인연은 이후 나석주의 생애에 지속적이고 결정적인 역할을 했다. 나석주가 중국 망명 이후 임시정부에서 김구의 측근으로 활동한 것이나, 생의 마지막 활동인 투탄 의거 과정도 김구와 지속적으로 연계되어 있는 것에서 이를 알 수 있다.[23]

의사 나석주는 1926년 12월 26일에, 중국에서 중국 배를 타고, 중국인으로 가장해 서울로 잠입했다. 그 다음 날에 서울의 한 여관에서 숙박했다. 28일, 그는 조선식산은행을 폭파하기 위해 폭탄을 투척했으나, 불발이었다. 그리고 동양척식주식회사 경성지점으로 달려가 또다시 폭탄을 투척했으나, 이 역시도 불발이었다. 이때부터 일본인 요원들이 보이는 대로 총격을 가했다. 그리고는 그는 자결했다.

일경들은 사건의 실체를 파악하기 위해 그를 끝까지 살리려고 했다. 절명의 순간에 잠시 의식을 회복했을 때, 묻는다. 너, 의열단원이지? 그는 그렇다는 말을 남기고 끝내 절명했다.[24] 드라마틱한 영웅의 죽음이랄까? 하지만 일제는 이 초유의 백주 테러리즘에 관해 보도를 끝까지 통제하려 했다.

나석주가 식산은행과 동척을 테러의 대상으로 삼은 데는, 두 기관이 조선 농민의 고혈을 짜내었다는 까닭이 있어서다. 식산은행이 지주에게 낮은 이자로 대출하면, 또 지주는 눈앞의 궁핍을 해결하려는 소작인들에게 높은 이율을 적용해 돈을 빌려준다. 하나의 악순환의 고리다. 동척은 인과관계가 뚜렷한 일본인의 조선 이민과 조선인의 만주 이민을 획

---
[23] 김성민, 앞의 책, 32쪽.
[24] 같은 책, 15쪽, 참고.

책하였다. 이런저런 역사적인 책임을 묻기 위해, 그는 두 기관에 투탄과 총격을 감행했던 것이다.

   비교적 무심하게 보이는 시 한 편이라고 해도 맥락을 깊이 있게 분석하다보면, 우리가 시 한 편과 이것이 발표될 당시의 수많은 자료들이, 어떻게 관계의 그물망을 촘촘히 형성하고 있는가 하는 사실을 감지하거나 깨닫거나 할 수 있다. 이러한 사실에서 볼 때, 분량이 길든 짧든 간에, 읽기 난이도의 측면에서 난해하다거나 평명하다거나 간에, 문학 작품의 내용은, 결코 허투루 읽어낼 수는 없다고 여겨진다. 우리는 본고의 사례를 통해, 이러저러한 사실들을 기꺼이 받아들이지 않으면 안 될 것이다. 문학을 대하는 우리의 마음이 대체로 읽기의 성찰에 있는 것이고, 또 이 마음이란 것이야말로 설렁설렁 읽어 지나가는 게 경건함에 못 미친다는 사실을 되살펴보는 일이며, 또한 문학 작품이 속 빈 강정과 같은 게 될지 모른다는 것에 대한 저항일 수도 있다.

양주동의 '주지적 시작'과 절충적 시학

1

청년 양주동은 1903년에 태어나 1920년대에 학업에 열중하면서도, 부지런히 시를 창작했고, 또 동인지 활동도 했다. 그의 유일한 시집은 1932년 평양의 문예공론사에서 간행한 『조선의 맥박』이다. 권두에 저자의 사진과 자서가 있고, 시집의 목차와 본문 사이에 임용진(任用璡)의 그림 「묵상(默想)」이 실려 있다. 저자의 자서에 따르면 1922년에서 1932년 사이인 10년간의 작품으로 모두 53편의 시가 3부로 나누어져 수록되어 있다.

양주동의 시집에는 51편의 창작 시 외에 『시전(詩傳)』에서 가져온 중국의 고시 「한길 우에 서서」와 「나물」을 번역한 시 두 편이 포함되어 있다. 시집에 실려 있는, 거의 대부분의 창작 시는 1920년대에 쓴 것이고, 창작한 시점은 1924년에서 1926년까지 3년의 시간대에 집중되어 있다. 지금으로부터 거의 백 년 전의 일이었다. 백 년 전이면 그다지 오래되지 않은 것 같지만, 지금에 비해 시대상도 현저히 달랐고, 언어의 모습도 그럭저럭 달랐다. 얼굴을 두고 '얼골'이라고, 하늘을 가리켜 '한울'이라고 발음, 표기하였다. 그는 평생토록 수십 편의 시를 창작했지만, 소위 번역시는 거의 천 편에 이른다. 압도적인 양은 전자보다 오히려 후자이다. 유일한 시집을 내고 나서는 자신의 시를 거의 창작하지 않았다.[1]

그의 시 창작, 시 번역, 시 이론은 거의 동시다발적으로 이루어졌다. 그의 창작 시는 우리말로 새로운 시상과 형태를 시험(試圖)한 서정시를 말한다.[2] 이것은 대체로 둘로 나누어진다. 하나는 청춘기의 정애(情愛)를 주제로 한 시, 즉 남녀 간의 그리움을 소재로 한 애정시를 가리키며, 다른 하나는 개인적인 정감의 세계에서 벗어나 차차 사회적 현실로 전향(轉向)한 시를 말한다.[3] 전자의 시는 청년 양주동이 소설가 강경애와 뜨겁게 사랑하던 일들을 그리워한 이른바 애정의 시편이다. 국문학자 김용직은 이 계열의 시 세계를 '연파(軟派) 서정시'라고 했다.[4] 연파란, 문학이나 예술의 세계에 있어서 연애나 에로티시즘, 혹은 정치적으로 온건한 의견을 지닌 부류를 말한다. 반대의 개념이 경파이지만, 거의 쓰이지 않는 용어다. 시인 자신이나 후세의 연구자들은 전자의 경우보다 후자의 경우를 그의 시 본령으로 삼는다. 시인 자신은 이 후자를 '주지적(主知的) 시작(詩作)'이라고 표현하기도 했다. 시학에서 주지적이라고 하면, 흔히 묘사적, 이미지즘적이라고 연상하기 쉬운데, 여기에서 주지라고 하는 것은 다름이 아니라, 사회, 현실, 관념, 계몽, 교술, 공동선, 성찰적 사유 등을 포함하는 넓은 개념이다.

---

[1] 양주동이라고 하면, 50대 이후의 사람들 중에서 노래「어머니 마음」을 기억하는 사람들이 적지 않을 것이다. 일제강점기의 한 잡지사가 그에게 가정가요 작사를 의뢰했는데 이에 응한 것이 노랫말「어머니 마음」(『삼천리』, 1941. 9.)이다. 이 노래는 해방 이후 반세기에 걸쳐 국민가요가 되었다. 그는 이 노랫말을 짓기 위해 1432년에 태종의 후궁인 명빈 김씨의 발원으로 간행된 우리식 불경『불설대보부모은중경』을 참조했다고 한다. 그의 창작 시가 대중에게 기억되지 않아도, 그의 노랫말은 국민들에게 두루 불렸다는 것은 아이러니컬하다.
[2] 양주동,『조선의 맥박』, 문예공론사, 1932, 3쪽, 참고.
[3] 같은 책, 5쪽, 참고.
[4] 김용직,「무애 양주동의 시작세계」, 동국대학교 한국문학연구소,『양주동 연구』, 민음사, 1991, 78~81쪽, 참고.

양주동은 애초 시인으로 입신하고, 또 성공할 것이라고 생각했을 것이다. 하지만 그는 그의 젊었을 때의 바람과 달리 국문학자로서 대성했다. 이로 인해 시인으로서의 그의 성과 및 평판은 훗날에 희석되고 말았다. 그가 주로 시를 쓰던 시기는 한용운과 김소월과 이상화 등이 활동하던 시기이다. 이들에 비해 시적 역량이 떨어지는 것이 사실이지만, 또 이들에 비해 그가 시인으로서 턱없이 저평가를 받아온 것도 사실이다. 무엇보다도 그의 시가 저평가된 이유는 다른 분야의 강렬한 빛 때문에, 다시 말해 국문학자로서의 위업으로 인해, 그의 시에 그림자가 생기거나, 그의 시는 결국 그늘지고 만 것이라고 볼 수밖에 없다.

2

청년 시인 양주동의 시집 『조선의 맥박』 중에서, 나에게 가장 먼저 눈에 들어오는 시의 제목이 있었다. 다름이 아니라 '나는 이 나라 사람의 자손이외다'였다. 이 제목의 시는 그가 1924년에 쓴 것이다. 이 제목은 그의 독창적인 생각이 아니라 프랑스 시인 에밀 베르하렌(E. Verhalen)의 표현에서 가져온 것이다. 프랑스어 표기로는 'Je suis le fils de cette race.'이다. 이 문장에서 '이 나라 사람'을 가리켜 우리 민족이라고 옮겨도 아무런 하자가 없다.

이 시는 3·1운동이 지나서 5년 후에 발표된 것이다. 그는 스물한 살의 젊은 나이에 시를 통해, 나야말로 엄혹한 식민지의 시대에 우리 민족의 후손이라고 당당하게도 선언한 것에 다름없다. 그의 선언에 울림이 있다. 시적 울림이래도 좋고 시대적인 울림이라고 해도 좋을 이 선언은, 지금으로부터 꼭 백 년 전인 1924년 당시의 젊은이들에게 심금을 울렸으리라고 본다. 그것도 한번 지나가면 그만인 구두의 언어가 아니라, 활자의 인쇄를 통해서 말이다.

혹자는 이 시를 두고 '굳이 말하면 이렇게 자랑스러운 백성이 이런 고통을 당하다니⋯⋯그러나 어찌 하리, 나는 이 나라의 핏줄인 것을⋯⋯하는 정도의 내용'[5]이라고 평가했으나, 이 시가 그렇게 평명하거나 간단한 작품성을 지닌 것은 아니라고 본다. 앞으로 이 시는 재조명되고 재해석되어야 할 시라고 본다.

이 시는 작품성의 내재적 질감보다 문학사적인 안목에서 볼 때 우선 백조파의 낭만주의가 보여준 몽상의 시학을 걷어내고 있다는 사실에 주목하지 않을 수 없다고 본다. 시의 현실대응력에 있어서 한 차원 높이를 더해간 것이라고 본다. 이것만으로 1920년대의 우리 근대시가 어느 순간에 진일보한 것이라고 볼 수 있다. 어쨌든 당해 시 전문은 4연으로 구성되어 있지만, 이 중에서, 제2연만을 인용해본다.

    이 나라 사람은
    마음이 그의 집보다 가난하고,
    평화와 자유를
    그의 형제와 같이 사랑합니다.
    나는 이 나라 사람의 자손이외다.[6]

인용문을 보면, 그의 애족적인 사상의 흔적이랄까, 모종의 신념이 엿보인다. 지금부터 백 년 전에 살았던 이 땅의 젊은이들이 자신의 시대에 대해 얼마나 아프게 받아들이고 있었나를 잘 알 수가 있겠다. 일본 제국주의가 3·1운동 이후에 무단정치라는 채찍 대신에 문화정치라는 당근

---

5 김장호, 「무애 양주동의 시와 역시」, 동국대학교 한국문학연구소, 『한국문학연구』, 제11집, 1988, 45쪽.
6 양주동, 앞의 책, 62쪽. (시 인용은 현대 표기법의 원칙을 고려했다. 이하 같음.)

을 표방했다고 해도, 아무리 시대가 소위 '다이쇼 데모크라시'라고 해도 '평화와 자유'를 대놓고 말하기란 그리 쉽지 않았을 터이다. 양주동의 시라고 하면, 가장 대표적인 것은, 시집의 제목이기도 한 「조선의 맥박」이다. 이 시는 1929년의 작품이다.

> 한밤에 불 꺼진 재와 같이
> 나의 정열이 두 눈을 감고 잠잠할 때에,
> 나는 조선의 힘없는 맥박을 짚어보노라,
> 나는 님의 모세관, 그의 맥박이로다.
>
> 이윽고 새벽이 되어, 훤한 동녘 하늘 밑에서
> 나의 희망과 용기가 두 팔을 뽐낼 때면,
> 나는 조선의 소생된 긴 한숨을 듣노라.
> 나는 님의 기관이요, 그의 숨결이로다.
>
> 그러나 보라, 이른 아침 길가에 오가는
> 튼튼한 젊은이들, 어린 학생들, 그들의
> 공 던지는 날랜 손발, 책보 낀 여생도의 힘 있는 두 팔
> 그대의 빛나는 얼굴, 활기 있는 걸음걸이
> 아아 이야말로 참으로 조선의 산 맥박이 아닌가.[7]

인용한 부분은 시편 「조선의 맥박」 4연 중에서 제1, 2, 3연을 따온 것이다. 시적 화자는 어쩔 수 없는 조선인이기 때문에, 조선의 모세관과 맥박, 조선의 기관과 숨결이라고 단언한다. 이때의 조선인이란 무엇인

---

[7] 같은 책, 63~64쪽, 참고.

가? 식민지 백성임을 전제하지 않으면, 안 된다. 이 시의 내용을 살펴보면, 이 시가 1929년에 쓰인 것이라고 하니까 조선이 3·1운동 이후에 10년 동안 기진맥진했음을 거꾸로 말하고 있다. 한 사람의 심장 박동에 따라 일어나는 동맥의 주기적인 파동인 이른바 맥박(pulse)은 의학적으로 볼 때 힘과 관련이 있다. 동양의학적인 관점에서 볼 때도, 이 맥박은 맥동(脈動)과 무관하지 않다.[8] 맥동은 동적인 것이요, 또한 생리학적인 것이다.[9] 기진맥진한 조선에 무엔가 동적인 것, 생리학적인 것, 말하자면 활기와 새로운 생명력을 확인할 수 있는 대상은 청년과 소년이다. 즉, 성장하는 세대다. 어느 시대든 할 것이 없이, 미래의 주인공은 이 세대에 있다. 이 시는 시인이 생각하는 시의 정신 위에 삶의 진실을, 시대정신 위에 젊음과 미래의 힘을 얹어놓은 형국이라고 해도 과언이 아니다.

인용시를 읽어보면, 시인에게 있어서의 맥박은 활력과 생명력을 의미하고 있다. 이 맥박은 모세관이라고 한 것으로 보아 혈액순환과 관련이 있다. 맥박과 숨결, 혈액순환 등은 각각 다양한 생명현상 중의 하나다. 그러니까 조선의 맥박은 유기체의 전체상을 대표한다. 히포크라테스적인 생리학적인 관점에서 조선을 인체에 비유하고 있는 것이다.

양주동의 시편 「조선의 맥박」과 유사한 면을 가진 예술작품은 그와 같은 시대에 살았던 조각가 김복진의 조각품 「소년」(1940)이다. 주먹을 쥔 채 꾹 다문 입술로 앞을 응시하는 그의 소년상은 사진만을 남긴 채 사라져버렸다. 기진맥진하여 무력해진 조선에 부여된 시대의 상징물인 동시에, 희망의 미래상이었다. 최근에 이것이 첨단 과학기술과 젊은 조각가들의 열정과 국립현대미술관의 협력에 따라 거의 완벽하게 복원되었다.

---

[8] 맥동은 '맥(脈)이 고(鼓)하여 힘이 있는 것'을 말한다. (『한의학용어사전』, 행림출판, 1978, 69쪽, 참고.) 그러니까 이것이 기맥이나 혈맥이 고무된 상태를 의미하는 것 같다.
[9] "히포크라테스 의학의 전반적인 특징은 동적인 관점에서 인체의 운용을 바라본다는 점이다. 즉, 생리적 측면을 중요하게 생각하며 이러한 생리적 균형의 파괴를 질병으로 본다."(여인석, 『의학사상사』, 살림, 2007, 43쪽.)

조각된 소년은 지금의 고등학생으로 추정된다. 미술사학자 이주현은 이 소년상이 정력과 박력의 예술혼을 추구한 조각가의 낙관적 역사관에 공감한 조각상이라고 평가하고 있다.[10] 양주동의 시 작품인 「조선의 맥박」과 김복진의 조각품인 「소년」은 주제론인 면에서 볼 때 거의 동일한 성격을 지향한 창작물이라고 하겠다.

양주동의 시집 『조선의 맥박』에 상재된 시 가운데 몇몇 편은 주목할 가치가 충분히 있다. 이 중에서 놓칠 수 없는 것이 「이리와 같이」이다. 이 시는 1929년에 쓰였다. 그러니까 시편 「조선의 맥박」과 같은 해에 쓰인 시다. 이 작품 역시 「조선의 맥박」처럼 민족주의적, 애족주의적인 감성을 자극하는 시라고 할 수 있다. 전문을 인용한다.

조선아, 잠들었는가, 잠이어든
숲속의 이리와 같이 숨결만은 우렁차거라.

비바람 몰아치는 저녁에
이리는 밤을 깨워 울부짖는다.
그 소리 몹시나 우렁차고 위대하매
반(半)밤에 듣는 이 가슴을 서늘케 한다.
조선아, 너도 이리와 같이 잠 깨워 울부짖거라.

아아 그러나 비바람 몰아오는 이 '세기'의 밤에
조선아, 너는 잠귀 무딘 이리가 아니냐.
그렇다, 너는 번개 한번 번쩍이는 때라야
우렛소리 하늘을 두 갈래로 찢는 때라야

---

[10] 이주현, 「되살아난 김복진의 '소년'상」, 중앙일보, 2023. 1. 4. 참고.

비로소 성나 날뛰며 울부짖을 이리가 아니냐.

조선아, 꿈을 깨워라. 꿈이어든
산비탈 이리와 같이 꿈자리만은 위태롭거라.[11]

문학평론가 유종호는 이 시를 가리켜, 조선의 현재(1920년대)를 걱정하며 장래를 기대하는 '민족의식 시편'이라는, 또 민족의 현재에 대해 비분강개하면서, 용기가 없이는 쓸 수 없는 시편이라고 했다.[12]

이리는 늑대의 한자어다. 과거에는 이리와 늑대를 함께 썼지만, 요즘 젊은 세대는 늑대가 무엇인지 잘 모르지만, 이리는 이름조차 낯설다. 늑대는 생각하는 것보다 예로부터 문학의 소재로 자주 다루어져 왔다. 대체로 늑대의 이미지는 두 가지이며, 이 두 가지는 상반된다. 늑대는 약자에게 무자비하게 강하고, 강자에게도 강하게 버틴다. 이것에 대한 부정적인 이미지는 대체로 비정의, 불관용에 있다. 반면에, 호의적인 것은 강한 것에 대한 거칠고 자유로운 삶의 태도, 영혼을 인도하는 역할의 수행 등과 관련된 이미지라고 할 것이다.[13] 양주동의 시편 「이리와 같이」는 후자에 해당된다고 하겠다.

3

조선 문단은 1920년대에 서로 다른 진영 논리에 이미 사로잡혀 있었다. 국민문학파는 우파의 논리에 근거를 둔 진영이요, 카프(KAPF)는 좌

---

11 양주동, 앞의 책, 65~66쪽, 참고.
12 유종호, 『한국근대시사 1920~1945』, (주)민음사, 2011, 76~77쪽, 참고.
13 아지자 외 공저, 장영수 옮김, 『문학의 상징·주제 사전』, 청하, 1990, 227~229쪽, 참고.

파의 논리에 바탕을 둔 진영이었다. 전자는 민족과 조선심(朝鮮心)을, 후자는 계급과 유물론을 각각 표방했다. 민족주의와 계급주의의 강박적인 양자택일에 거리를 둔 양주동은 시편, 시집의 제목인 '조선의 맥박'을 사용했다. 나는 제목부터가 절충주의의 소산이라고 보고 싶다. 그의 '조선'은 조선의 마음이란 관념론에서, 또 '맥박'은 물질의 유일한 조건인 유물론에서 온 것으로 보인다. 맥박은 혈액의 순환과 관련이 있어 물질의 개념이라고 보인다.

내가 양주동의 시에서 소위 '절충적 시학'을 발견했는데, 여기에서 시학이란 시의 원론적 접근이 아니라 시 창작의 방법론, 세상을 바라보는 시인으로서의 태도 및 가치관을 비유적으로 표현한 것이다. 그의 시에 있어서 절충적 시학을 잘 보여주고 있는 것은 「삶의 하염없음을 느끼는 때」가 아닌가 생각된다. 이 시는 1926년 겨울에 쓰인 시라고 적혀 있다. 부분을 인용한다.

> 벗이여, 다시
> 늙은이의 쇠잔한 살빛과 얼굴을 보라,
> 얼마나 많은, 얼마나 험한 인생의 물결이
> 그의 이마 위에, 뺨 위에 새겨 있느뇨.
>
> 아아 그러나 내— 어린이를 볼 때마다
> 뒷날 사람의 하염없음을 알까 저어하노니,
> 내 차라리 늙은이에게, '삶'의 험한 바다 지나온
> 그 기쁨 그 위로 있음을 못내 부러워하노라.
>
> 어린 애는 어린 앤지라, 저도 모르는 가쁨이 있고,
> 늙은이는 늙은이라, 남모를 위로도 있으리니,

아아 벗이여, 그대와 나, 젊고도 괴로운 우리의
이 젊은 날 권태와 설움을 어이하리오.[14]

이 시는 양주동이 23세의 청년 시절에 창작한 시이다. 그의 시집에 실린 시들을 살펴보면, 우리는 덧없이 변화하는 시간의식이랄까, 늙음과 젊음에 대한 시적 성찰을 보여주는 시들을 더러 볼 수 있다. 시 제목에서의 '하염없음'이란 인간의 의지와 상관없이 지속하는 상태, 즉 변화의 덧없음을 말한다. 양주동의 시들이 노인 사회의 앞날에 암담함과 절망을 느끼는 대신에 어린이에게서 유일한 희망과 광명을 바라다보는 내용이 있다는 비평적 판단[15]이 얼마나 짧은 견해인가를 알 수 있다.

노인의 얼굴에 주름이 새겨지는 것은 삶의 경험이 주는 은근한 힘이다. 이 힘의 축적이 조선을 되살리는 한 축이 된다. 이런 맥락에서, 양주동은 수구의 세계관과 돌진의 세계관이 서로 충돌되지 않고 조화를 이루어야 한다고 보았던 것이다. 이른바 그의 절충의 시학은 일종의 속도 조절론에 해당하는 중도의 가치관이라고 하겠다.

그의 학문적인 위업을 나타내 보인, 학구적 저술물인 『조선고가연구』(1942)는 시집 『조선의 맥박』(1932)의 연장선상에 놓여 있다고 보아야 할 것이다. 시집이 시인으로서 조선을 생리학적 관점에서 보았다면, 저 연구서는 조선을, 조선의 옛 노래를 해부학적 관점에서 분석한 것이다. 조선을 유기체적 생명현상으로 본 것은 일치하고 있다.

양자 간에 차이가 있어, 의학사에서 비유를 가져오자면, 조선의 개념을 유기체적인 생명현상으로 본 생리학적인 히포크라테스 의학과, 조선의 옛 노래를 미세하게 분석하고 정치하게 해석하는 등의 해부학적인 알렉산드리아 의학의 차이 정도라고 하겠다.

---

[14] 양주동, 앞의 책, 116~117쪽, 참고.
[15] 김장호, 앞의 논문, 37~38쪽, 참고.

소설가는 인정세태를 헛것에 의빙하다
―현진건의 「적도」에 대하여

1

현진건(1900~1943)은 타고난 소설가였다. 그는 우리 신문학사에서 구성 능력과 표현 능력에 있어서 가장 탁월했던 사실주의 작가의 한 사람으로 손꼽힌다. 그의 단편소설인 「운수 좋은 날」은 1920년대 서울의 한 하층민이 겪는 하루를 그린 작품으로서 실감에 있어서 시대를 넘어선 역량을 남긴, 주옥같은 작품이었다. 지금 젊은이들이 읽는대도 공감하는 바 적지 않을 것이다. 나는 이 소설을 고등학교 시절부터 읽었는데 지금까지 몇 번이나 읽었는지 모른다. 지금 늘그막에 다시 읽어도 삶이나 말의 참맛이 느껴진다. 생활과 언어가 온전히 녹아들어간 작품의 사례로는 이 같은 것이 또 다시 있을까, 싶다.

나는 언젠가 극장 상영용 애니메이션 「운수 좋은 날」을 본 적이 있었다. 작화자가 누군지는 잘 기억나지 않지만, 움직이는 그림 하나하나에 그 시대의 풍속이 세세하게 묘파되어 있었고, 특히 사회경제사적인 배경이 되는 맥락 및 상황이 치밀하게 고증된 것은 혀를 내두를 정도라고 할까. 이 소설이 사실주의 문학의 옷을 입었다면, 애니메이션은 영상적 물질의 날개를 달았던 셈이다.

현진건의 전기적인 삶에서 그에 대한 문학적 평가가 암시되기도 한다.

그는 해야 할 말, 하고 싶은 말을 하려고 한 작가였지만, 그로 하여금 해야 할 말, 하고 싶은 말을 다하지 못하게 강제하고 강압한 것은 일제의 식민주의였다. 그는 작가가 제 말을 다하지 못하면 차라리 침묵해야 한다고 생각했다. 하지만 그는 침묵 대신에 현실을 넘어 과거로 회귀했다. 1930년대 말에 발표한, 그의 일련의 역사소설은 다소 퇴영적이긴 하나 민족주의 이념을 잠재화할 수 있었던 것이다. 이 이념은 일련의 역사소설을 발표하기 이전에 장편소설 「적도」에서 이미 민족주의의 싹을 틔우고 있었다.

그의 역사소설 「무영탑」은 일반 독자들에게도 잘 알려진 작품이다. 당학파의 외세 의존과 국선도의 자립 의지의 대립 구도는 누가 보아도 민족주의 이념을 지향하는 것이라고 볼 수밖에 없는데, 세간에 이를 거꾸로 뒤집어씌우는 논리도 있어 놀라지 않을 수가 없다. 이 소설이 중일전쟁(1937) 직후의 시점에서 중국의 속국화를 거부하는 신라 세력을 영웅화한 것은 일본 제국주의들의 의도에 부합되는 측면이 있다는 것이란다. 화랑도에 대한 낭만적 숭배가 가지는 의미는 상당히 애매하다는 것.[1] 여기에서 애매란 무엇인가? 친일이냐, 아니냐. 친일을 대놓고 말하지 않았지만, 의심스럽다는 거다. 현진건을 두고 친일 운운한다는 그 자체가 기막히게 사람 잡는 일이 아닐까, 한다.

작가 현진건은 신문 편집의 달인이라고 할 만큼 섬세했지만, 인간관계나 사회현실에 대해서는 격한 성정의 소유자였다. 그가 천하의 주정뱅이라고 알려졌지만, 그의 사돈이자 문우인 박종화는 그의 술버릇을 가리켜 자신의 평소 불평불만을 표출하기 위한 가짜 주정이라고 보았

---

[1] 황종연 엮음, 『신라의 발견』, 동국대학교출판부, 2008, 37~38쪽, 참고.

다. 그의 성격을 볼 때 그가 일제 지배력에 순종할 이유가 전혀 없다. 1932년에, 상해에서 독립운동을 하던 가형이 체포되어 투옥 중에 순국했다. 이듬해에 그의 형수도 따라 죽었다. 그가 이때 받은 충격은 엄청났다고 한다. 그는 또 1936년 베를린 올림픽에서 손기정이 우승할 때 일장기를 말살했다고 해서 1년 동안 투옥되기도 했다. 그가 감옥살이 중에 얻은 병으로 인해 일찍 작고했는지도 모른다.

셰익스피어와 세르반테스가 같은 날에 죽었어도 서로는 서로를 몰랐지만, 같은 날에 세상을 떠난 소설가 현진건과 시인 이상화는 동향의 절친이었다. 이 두 사람은 일제강점기에 친일 행적 한 점 남기지 않고 올곧게 살아간 문사다. 아무리 정치가 문화를 지배하는 시대라고 해도, 친일 의혹을 함부로 제기해서는 안 된다. 현진건의 소설 「적도」는 형과 형수의 순애보를, 독립운동가 김상열과 기생 명화의 순애보로 환치한 것으로 보인다. 나는 이 작품에 관해 지금부터 얘기하려고 한다.

본고의 텍스트는 '문학과비평사'에서 재간행한 1988년 판본이다. 내가 원전을 확인해보지 못한 상태에서, 이 재간행본을 정본으로 삼았다. 이 소설은 본디 동아일보에 1933년 연말 즈음에서 1934년에 걸쳐 7개월 동안 연재된 소설이다. 무슨 사정이 있었는지 잘 알 수 없으나 완결시키지 못했다. 내용이 다소 통속적으로 보이게 한 작가 전략에도 불구하고, 시국 문제를 복선으로 깔고 있다는 점에서, 일제의 검열을 배제할 수 없다.[2] 이것은 1939년이 되어서야 박문서관에서 '현대걸작장편소설선·4'로 완결본이 간행되었다. 누군가에 의해, 앞으로 신문연재본과 박문서관본의 텍스트 비교연구가 있기를 기대한다.

---

[2] 초기의 연구에 의하면, 현진건이 동시대(1930년대)를 무대로 한 유일한 장편소설인 「적도」가 연재 도중에 작가의 사정으로 중단되었다고 했다. 이 사정이 구체적으로 무엇인지는 밝혀놓지 못했다. (박홍배, 「현진건의 장편소설 연구」, 동아대학교 대학원, 1982, 12~13쪽, 참고.)

2

　현진건의 「적도」야말로 타락한 세상에서 진정한 가치를 추구하는 사람들의 이야기다. 이 이야기에는 사랑과 돈, 사익과 공동선, 애욕과 자본의 가치 등이 상충하고 있다. 인간관계의 얽힘도 꽤 복잡하다. 박병일은 장안의 신흥 부호다. H은행 전무, 토목협회 회장, 직조회사 사상 등 숱한 직함을 가지고 있다. 부일, 친일 세력이 되지 않고선 비교적 젊은 나이에 사업을 확장할 수가 없다. 미모의 젊은 여성 홍영애를 후처로 맞이한다. 요즘 말로 하면 '트로피 와이프'다.

　이 여자야말로 자기의 가슴에 첫사랑의 꽃을 피운 홍영애(洪英愛)가 아니냐. 애젊은 청춘의 감격과 열정과 로맨스를 오로지 차지하였던 홍영애가 아니냐. 쓰리고 아픈 실연(失戀)의 화살을 심장 속 깊이 박아준 여자도 이 여자가 아니었던가. 사실 아닌 사실로 오 년 동안이나 지리한 철창생활을 한 것은 이 여자의 때문이 아니었던가. 그 안타까운 모양이 선연히 감방 문을 열고 들어서면, 몇 번이나 불안한 죄수의 새벽잠을 소스라쳐 깨였던고! 여해는 이를 잊었던가. 영애에 대한 모든 원한과 감정을 잊었는가. 붉은 옷을 벗을 때 지난날의 기억이란 기억도 모조리 벗어 던졌는가.[3]

　박병일은 아름다운 아내도 부족해 화초기생 명화를 술자리의 고정 파트너로 삼는다. 화초기생이란 가무(歌舞)의 능력보다 접대의 만족을 우선시하는 기준에 부합하는 미모의 기녀를 말한다. 돈과 미모로 대표되는 이들이 수작하는 것을 보면, 이들은 통속적인 성애관을 여실히 보여준다. 예컨대 이런 대화가 오간다. 사랑이란 워낙 장난이거든, 사랑이란

---
[3] 현진건, 『적도』, 문학과비평사, 1988 16쪽. (이하 '적도 : 쪽수'로 대신한다.)

워낙 팔자가 기구한 법이거든, 사랑도 고역이로군, 사랑은 눈물이야요, 술이란 눈물인가 한숨이런가…….[4] 사랑이 장난이라고? 사랑이 장난이라면, 섹스는 불장난이다.

> 제가 왜 선생님을 호리려 할까요? 떳떳한 백년 낭군이 있는 년이 왜 선생님 같으신 어른을 호리려 할까요? (……) 왜 마음에 없는 아양을 떨고 마음에 없는 사랑 타령을 늘어놓을까요. 네, 선생님.[5]

기생 명화는 비교적 솔직한 성정을 지녔다. 이 소설에서 홍영애의 역할은 미미하다. 대신에 기생 명화는 이야기 전개의 중요한 대목마다 존재감을 뚜렷이 발휘하고 있다. 1930년대에 여성으로서 인간관계의 폭이 넓을 수밖에 없는 것도 기생이기에 가능했다. 박병일과 원석호는 와세다 대학의 동문이면서 절친이다. 친구지만 동업관계라기보다 주종관계다. 그는 박병일이 믿고 쓰는 사용인이다.

현진건의 「적도」가 지닌 소설적 장처는 작중 인물들의 얽힘의 관계가 복잡하다는 데 있다. 그 만큼 그 시대의 현실을, 인간의 다양한 욕망을 반영할 수 있다고나 할까? 우선 이 소설은 정치적, 혹은 경제적 이해관계보다 남녀 간의 애정 관계로 얽혀있다. 독자들의 흥미를 불러일으키기 좋은 조건이 된다. 선의 영역에 김상열, 홍영애, 박은주가 들어가 있고, 악의 영역에는 박병일과 원석호가 들앉아 있다. 이 소설의 주인공이라고 할 수 있는 인물인 김여해와 명화는 선과 악의 경계를 넘나든다.

김여해는 기골이 몹시 장대한 청년이다. 격한 성정의 소유자이기도 하다. 그는 5년 전에 애인인 홍영애를 부호 박병일에게 빼앗겼다. 두 사람의 호텔 신방을 습격해 5년간 감옥살이를 했다. 출옥 후에 박병일-홍영

---

[4] 적도 : 61쪽, 참고.
[5] 적도 : 62쪽.

애에 대한 복수심으로 박병일의 유일한 여동생인 은주를 강간한다. 이런 점에서, 그는 분명히 부정적인 인물로 그려져 있다. 홍영애를 잃은 그는 기생 명화에게서도 마음을 얻지 못했다. 성격 면에서 볼 때, 이 소설에 등장하는 인물 중에서도 여해는 작가인 현진건의 성격과 유사하다고 하겠다. 작가의 분신이라고 해도 좋을 것이다. 먼저 여해에 관한, 호텔 신방 습격의 일부터 보자.

집안 사정이 여의치 못하고 게다가 풍비박산이 난 상태에 빠진 홍영애가 가난한 애인 여해를 버리고, 지금으로 치면 수천 억 이상의 자산가로, 상처한 박병일의 후처로 들어서기로 한 것은 당대의 주류에 편입된 일종의 신분 상승이다. 혼례식은 성대했다. 조선호텔의 피로연에는 수십 대의 자동차와 수백 대의 인력거가 쭈욱 늘어나 장사진을 쳤다. 당대의 사회 명사들, 또한 친일 귀족들이 하객으로 참석을 했을 만큼이나. 이 첫날밤에 난데없는 괴청년이 침실로 난입해 칼부림을 일삼았던 것. 이 사건의 범죄자인 여해에 대한 수사는 철저한 보안을 유지했다. 시국(정치) 문제와 관련된 사건이어서다. 이 사건에 관한 신문기사문들이 소설의 본문 속에 삽입된다. 그 중의 하나다.

……사건 내용은 절대 비밀에 붙이므로 자세히 알 수 없으나 탐문한 바에 의하건대 신부되는 홍영애 여사로 말하면 학생 시대에 그 뛰어난 미모를 이르던 터인즉 혹은 그 아름다운 자태에 하염없는 사랑을 보내다가 결혼하게 되매 불같은 질투를 걷잡지 못하여 화촉동방을 습격하였는지도 모른다는데, 또 일설에 의하면 박병일 씨는 조선에서 손꼽는 부호이기 때문에 상해 정부와 만주 ○○단체로부터 여러 번 협박장을 받았으나, 도모지 응하지 않았으므로 혹은 해외에서 ○○단원이 들어와서 기회를 엿보다가 결혼식 당야를 타서 그와 같은 참극을 일으켰는지도 모른다 하며, 하여간 인물이 인물이요 시절이 시절이므로 사건의 전개는 매우 주목된다더라.[6]

독자들에게는 병일이 재혼한 젊은 후처가 칼부림을 한 청년의 애인이었음이 확실한데, 병일과 경찰 당국은 사건을 조작해 여해를 사상범으로 몰아붙인다. 또 다른 신문기사문에는 '김여해는 일찍이 시국에 불만을 품고 3·1운동이 일어나자 학생의 몸으로 이에 참가하여 각 방면으로 출몰하여 많은 활동을 하였고, 그 후엔 거미줄 같은 경계망을 교묘히 벗어나 중국 상해로 건너가서 활동을 계속하던 중 이번에 군자금을 모집할 중대 사명을 띠고 경성에 잠입하였다가 몇 번 박병일 씨를 방문하고 군자금 제공을 강청하였으나 종시 응하지 않았으므로, 필경 단도를 품고 결혼 당야(當夜)에 박병일 씨를 습격한 것'[7]이라고 쓰이기도 했다.

이 사건의 원인이 어디 있느냐가 중요했다. 치정관계에 있느냐, 아니면 사건 자체가 일종의 시국사범이냐 하는 것은 사회적인 이슈요 관심사였다. 또한 소설의 사회적 성격을 규정짓는 데도 작지 아니한 역할을 한다. 여해 역시 살인 미수가 뚜렷한 치정사건보다 공갈 협박으로 눙칠 시국사건이 유리할 것이라고 판단해 사회적 이목이 집중될 전자보다 진실이 호도될 여지가 있는 후자로 끌고 갈 병일의 속셈과 부합할 수밖에 없었다.[8] 소설의 통속적인 흥미를 유발하는 데는 3각관계 만한 것이 없다. 근데 이 소설에서 3각관계는 또 다른 3각관계를 부른다.

겹3각관계의 구도가 흥미를 유발하는 요인이 된다.

그러니까 '병일-영애-여해'의 3각관계는 5년만에 '병일-명화-여해'의 3각관계로 전이된다. 소설에서는 확인이 되지 않지만 병일이 명화가 여해에게 접근하도록 사주한 것이 아닌가 짐작된다. 옛 애인인 영애에

---

6 적도 : 83쪽.
7 적도 : 86쪽.
8 일제강점기의 조선인 동선은 셋으로 나누어진다. 농민들은 간도의 소작인들이나 일본의 노동자들로 로 가고, 독립운동을 도모하려는 이들은 상해로 떠났다. 후자의 경우는 현진건의 단편 「고향」의 화자처럼 '농촌 청년이 식민지적 경제 구조 아래 도시 프롤레타리아로 전락하는 과정'(최원식, 「현진건 연구」, 서울대학교 대학원 현대문학연구회, 『현대문학연구』, 제13집, 1974, 114쪽.)을 잘 보여주고 있다. 장편 「적도」에서의 김여해와 김상열의 경우는 세 번째에 해당한다.

대한 더 이상의 미련을 버리라는 뜻에서 말이다. 명화가 출옥한 여해가 앞 3각관계에서 사랑의 패배자가 된 것을 알고 동정하지만 연애의 실행에까지는 나아가지 않는다. 뭔가 즐기고 있다고나 할까? 명화와 병일의 대화이다.

"그런데 선생님과 그 여해란 이와는 무슨 원수예요? 부인께서는 선생님 전에 그이를 사랑하셨고 전 선생님 뒤에 또 그이와 정분이 났으니 온 별일이야. 그도 무슨 전생업원인 게야. 호호."
"글쎄 말이지. 그자허구 나허구 참 적지 않은 연분인 게야."
"그 꼴을 해 가지고 그래도 호기가 당당하던걸. 부인을 개 꾸짖듯 하고, 선생님을 죽일 놈 살릴 놈 하고, 흥."
"그놈이 되려 날 죽일 놈 살릴 놈 해, 응"
병일은 갑자기 용수철에 튕기듯 몸을 솟구친다.[9]

여기에서 '연분'은 하나의 미화법에 지나지 않는다. 실상은 '악연' 그 자체라고 해야 한다. 이 대화 속에서 '되려'란 표현에 주목하지 않을 수 없다. 이 말에 명화로 하여금 여해를 달래게 했다는 낌새가 없지 않다. 이 과정에서 부호 병일이 두 사람에게 적잖은 돈을 쥐어주었을 가능성도 배제할 수 없다. 돈이면 사랑을 사고팔 수 있다는 생각이야말로 천민자본주의적인 발상이 아닐까?

하지만 때가 늦었다. 병일에 대해 복수심에 눈이 먼 여해는 그의, 하나밖에 없는, 딸 같은 여동생인 은주의 몸을 이미 유린했다. 곧 학교 졸업을 앞둔 열여덟 살 처녀다. 여해의 강간 사건은 이 소설의 서사적 흐름을 급변시켰다. 소문이 나면 체면이 치명적으로 깎일 병일은 이 일을

---
9 적도 : 188쪽.

잘 무마하기 위해 절친인 원석호와 상의한다. 석호는 동정심과 분노의 감정을 아우른다. "열여덟! 꽃 같은 나일세. 한창 피어오를 인생의 꽃봉오리에 된서리를 맞은 셈일세그려. 저런 죽일 놈 같은."[10] 그러면서도 여해를 고발한다면 은주의 불행을 세상에 광고하는 것에 진배없다고 말한다. 여기에 두 사람의 음모와 거래가 오간다. 석호도 때마침 그 무렵에 상처를 했다. 자신이 은주를 후처로 맞이하면 친구 병일의 재산 일부를 취할 수 있으리라고 속으로 셈판을 두드린 것이다. 이 대목을 볼 때 사랑보다 돈을 두고 사람들 사이에 갈등을 일으키는 지금의 TV연속극의 내용과 진배없을 만큼 통속적이라고 말할 수 있다. 그렇다고 이 소설이 통속적이란 얘기는 아니다.

아무리 바라보고 치어다본들 제 손아귀에 떨어질 것이냐. 자기가 아무리 병일과 친하고 병일의 경영하는 모든 은행 회사에 아무리 중요한 지위를 차지했다 하더라도 자기는 병일의 한낱 사용인에 지나지 않았다. 옛날 말이면 청지기에 틀리지 않았다. 주인댁 아가씨에게 장가들기는 언감생심이 아니냐. 세상이 변하였다 한들 지체와 근지에 대한 애착심은 좀처럼 변하지 않는다. 그것은 실생활과 아무런 상관이 없는 듯하면서도, 기실 실생활의 등 뒤에서 은근히 실생활을 지배하는 유령이었다. 더구나 혼인에 들어서는 석호. 제 말마따나 끼리끼리다. 양반은 양반을 찾고, 부자는 부자를 찾는다. 낡아빠진 옛 양반은 유령의 말을들을 근력조차 없이 되었지만, 부자란 새 양반은 뜻대로 마음대로 가릴 것을 가리지 않느냐?[11]

이 소설의, 가장 대표적인 악인 형상은 석호에서 찾을 수 있다. 자본주의의 타락한 인물의 전형이다. 그는 간악하면서 사악했다. 현진건이

---
[10] 적도 : 143쪽.
[11] 적도 : 150쪽.

석호를 주인공을 내세우지 못한 점은 작가로서의 한계를 보여준 것이라고 하겠다. 그 당시가 아무리 일제강점기라고 해도 서울에서는 식민지 근대성에 바탕을 둔 자본주의의 맹아가 엿보이고 있었다. 딸 같은 나이의 은주를 후처로 받아들이면 글러온 호박이나 다름없다. 꽃보다 남자라는 통속의 말이 있듯이, 처녀의 입장에서 벚꽃 구경을 가는 것보다 남자와 데이트를 하는 것이 낫다. 심미적 반응보다 실속이다. 애욕보다 돈 욕심이 그로 하여금 설레발치게 한 것이다. 소설은 시대의 축도라고 말해진다. 여기에 다변화된 삶이 녹아있다. 다음에 인용된 글은 1930년대의 사회경제적 상황이 잘 제시되어 있다.

"……가만 있자, 병일의 재산이 얼마나 될꼬? 추수는 한 삼만 석 착실하고, 현금도 돈 백 만원은 되렷다. 부자는 더러운 부자여. 동기라곤 그 누이 하나뿐이니 설마 재산의 십분의 일이야 안 줄라구. 그러면 여러 천 석이 되게. 너무 과한데. 천 석? 이천 석? 얼마나 떼어주려누."
석호는 속으로 주판질을 하고 또 해 보았다. 아무리 줄잡고 줄잡아도 천 석 하나는 무난히 떼어낼 자신이 생겼다. 천 석! 소부르주아 생활에 감질이 나는 그는 천 석만 생각해도 마음이 흐뭇하였다.[12]

인용문을 두고 볼 때, 천석꾼이면 부농, 즉 대(大)부르주아가 된다. 말하자면 부르주아 대소를 가리는 것은 1930년대에 천 석임을 알 수 있다. 병일의 재산 규모가 삼만 석의 재산을 가졌다고 하니, 천석꾼의 30배 정도라고 할 수 있다. 게다가 현금 백만 원을 가졌다고 하는데, 이것만 해도 지금의 자산 규모로 천 수 백억에 해당된다고 하겠다. 소설 본문의 화자는 석호의 얼굴에 '악마의 그림자'가 지나갔다고 했다.[13] 굳이 이런

---
12 적도 : 152쪽.
13 적도 : 153쪽, 참고.

직접적인 제시는 불필요하다. 조금이라도 이미지나 묘사에 있어서 환기(喚起)의 적절성을 찾는 게 소설로서는 실익이다.

석호가 석호대로 주판질을 하고 있을 때, 병일은 자신이 처한 난국을 헤쳐 갈 셈판을 두드리고 있었던 것이다. 은주를 달래어 석호의 후처가 되게 하는 일. 오빠 병일의 타개책 논리는 이렇다. 짐승의 잇자국이 난 계집, 헌 계집, 더럽힌 몸이니, 어쩔 수 없다는 등. 여자가 한번 몸을 그르치면 다시 어찌할 도리가 없다는 등. 혼례를 치러도 실속 없는 젊은이보다 아내 사랑할 줄 아는 늙수그레한 사람이 오히려 낫다는 등 여동생 은주를 달래보았으나, 당사자는 북어 대가리 같은 얼굴에, 고양이 상판 같은 얼굴에, 끔찍하게 깜박거리는 작은 눈을 가진 그를 생각하면 뱀이 자신의 몸을 휘감는 것 같이 느낀다.[14]

은주는 말하자면 남성중심사회의 희생물이 된다. 가해자 모두는 남성들이다. 일을 저지른 강간자 여해, 일을 덮으려는 오빠 병일, 이 일을 통해 다른 일을 꾸며서 잇속을 챙기려는 석호는 소녀 은주를 희생의 제물로 삼는다. 아니 그 시대의 모든 남성이 이 소녀를 희생의 제물로 삼으려 했던 거다. 이 이상한 결혼 계획이 자본주의사회의 폭력의 형태로 나타난다.[15] 그러니까 가해자들인 세 남성들이 결집한 모양새다. 오늘날의 젠더 감수성 수준에서 볼 때 도무지 이해가 되지 않는 상황의 설정이다. 그 시대에 얼마나 많은 여성들이 자유를 향유하지 못하고, 인간의 권리를 누리지 못하고 관습과 제도의 굴레 속에 살아갔는가를 잘 알게 한다. 소설 속의 은주는 자살을 결심한다.

---

14 적도 : 203~206쪽. 참고.
15 성(性)도 성(聖)스러운 폭력에 해당한다. 성적인 금기도 희생제의적이다. 합법적인 모든 성도 희생제의적이다. 유혈이 낭자한 희생제의와 마찬가지로 합법적인 성, 즉 결혼에 의한 결합도 제물을 선택하지 않을 수 없다. 이 규칙은 성과 폭력을 동일한 원심력의 방향으로 향하게 한다. 성과 폭력이 희생 쪽으로 굴절하는 것들이 서로 구분되지 않는다. (르네 지라르, 김진식 외 옮김, 『폭력과 성스러움』, 민음사, 1993, 328~329쪽, 참고.)

은주는 처음 죽음을 작정할 때 독약도 생각해 보았다. 목매는 것도 생각해 보았다. 독약은 너무 끔찍스럽고 목매는 것도 남볼썽 사나왔다. 더구나 철도 자살은 지긋지긋하였다.
　　푸른 물결에 풍덩실 몸을 던지는 것은 다 같이 죽는 일이로되, 로맨틱한 공상까지 자아내었던 것이다. 바그르 피어오르는 꽃잎 같은 거품, 수몔수몔 구슬 같은 잔무늬를 그리는 물속에 고요 고요히 잦아지고 싶었던 것이다. 번뜩이는 달그림자를 안고 끝없이 흘러가리라, 하였었다. 맑고 시원한 물에 더럽힌 몸이 씻기고 밀리며 은하수 끝까지라도 흘러가리라 하였다.[16]

작가 현진건이 이처럼 죽음을 이상화한 것은 그 당시의 문단에 스며들었던 낭만주의의 영향이라고 볼 수 있겠다. 그와 낭만주의는 1920년대에만 해도 좀 거리가 멀다고 하겠는데, 1930년대의 「무영탑」과 「적도」에 이르러서는 그 스며듦의 정도가 차이가 있어도 충분히 인정이 될 만하다. 이때 그의 이념적 지표인 민족주의도 수면 하에 은밀하게 가라앉아 있다.

　소설은 은주의 한강 투신과 김상열의 귀환으로 인해 급하게 반전되어 간다. 이 사건이 있기까지 딱히 육체관계를 맺은 연인이라고 할 수 없지만 '정분이 난' 관계를 유지하고 있던 여해와 명화는 악인으로 그려진다. 두 사람 모두 사회에 대한 불만이 가득 차 있다. 마치 영화 「기생충」 속의 못 가진 자들의 초상 같다. 일제강점기의 업루츠(uproots), 즉 뿌리 뽑힌 자들이다. 병일이 보낸 돈에 과민하게 반응하는 것이 이들이 표출한 사회 불만족의 증후군이라고 하겠다. 명화가 영애에게 악다구니로 퍼붓는 말의 울림이 크다.

---

[16] 적도 : 227쪽.

엿소, 이거나 줏어가우. 이 아까운 돈, 애인도 헌신짝 같은 이 돈, 귀부인으로 곤댓질을 하는 이 돈, 이년 저년 소리도 나오는 이 돈! 엿소, 어서 줏어가우. 흥, 잘난 놈도 못난 돈, 못난 놈도 잘난 돈, 흥.[17]

여해는 병일과 영애 부부에 대한 복수심으로 인해 무구한 소녀 은주의 몸을 유린했고, 명화는 놀음의 파트너인 병일에게 영애를 끊임없이 모함한다. 또 그녀는 영애와 끊임없이 언쟁을 벌인다. 마치 고전소설에 등장하는 악녀 형 캐릭터에 진배없었다. 여해는 은주가 한강에 투신했다는 소식을 듣고 달려가 죽음을 무릅쓰고 구하려 든다. 결국 그는 은주를 천신만고 끝에 살린다. 명화는 경성역에서 중병에 걸려 언제 죽을지 모를 김상열을 만났다. 그럼에도 불구하고 그녀는 그의 몸 상태를 살피면서 그를 극진하게 환대한다. 은주의 투신과 상열의 귀환은 여해와 명화를, 악인에서 다시 선인으로 돌려놓는다. 이때 발휘한 뛰어난 묘사력과 극적인 반전은 현진건의 작가적 역량이 빛을 발휘한 것이라고 높이 평가해도 좋을 것이다. 여해와 명화가 부정적인 인물로 그려졌다가 긍정적인 인물로 전환한다. 환경적인 성악(性惡)에서 본래적인 성선(性善)으로의 전환, 혹은 귀환이랄까?

"늙었구려."

상열도 요모조모를 뜯는 듯이 물끄러미 명화를 바라보다가, 가볍게 어깨를 어루만지며 한마디를 꺼내었다.

"왜요. 벌써 늙어(보여)요."

명화는 고개를 뒤로 기우뚱하며 하염없이 웃었다.

"세월이 얼마나 갔는데 벌써라니."

---

[17] 적도 : 183쪽.

"그까짓 세월이야 암만 가면 무엇해요? 속살 없는 세월이야……."

"속살 없다구. 가는 세월이 멈칫멈칫 할라구, 제 갈 길을 가고야 말지."

"저는 싫어요, 속살 없이 가는 세월이야 제가 제멋대로 간 게지. 제게 무슨 상관이야요"[18]

상열과 명화가 이미 오래 전부터 인연이 있는 관계임을 다시금 확인해 주는 대목이다. 이들의 재회는 현실의 비애와 생의 무상감을 수반한다. 그는 주권 잃은 조국에 몰래 잠입했고, 다시 몰래 빠져나가려고 한다. 중요한 임무를 가지고 온 것이 틀림없겠는데 소설에서는 그 내용이 구체적으로 밝혀지지 않고 있다. 두 사람이 함께 있는 기간에 적잖은 대화를 나눈다. 이 중에서 집단의 이익과 개인의 자유를 놓고 의견이 갈리는 듯해도, 하나로 모아진다. 이 소설의 의미 요체를 암시하는 대목이기도 하다.

"……사람이란 제 한 몸의 행복만 위해서 사는 것이 아니라구."

상열의 어조는 장중하고도 침통하였다.

명화는 상열의 무릎에서 털썩 내려앉았다.

"사람이란 내 한 몸의 행복을 위해서 사는 게 아니라구요. 전 그런 말은 듣기 싫어요. 전 이날 이때까지 제 한 몸을 위해서 살아본 적이 없습니다. 남의 장난감이 되고, 남의 노리개가 되고 남을 위해 웃음을 웃고, 남을 위해 속을 끓이었습니다. 언제 한번 성나는 대로 해 보았을까, 언제 한번 내 울 일에 울어 보았을까, 벙어리 냉가슴만 앓았답니다. 아무리 울화가 치받쳐도, 내색도 못 내었답니다. 아무리 분한 일이 있어도 애꿎이 제 입술만 깨물었답니다. 저야말로 남을 위해 살았어요. 인제 싫어요, 딱 싫어요. 남을 위해 사는 것은……."

---

[18] 적도 : 251~252쪽.

명화는 설움이 일시에 복받치는 듯하였다.

"인제 저도 저를 위해서 좀 살아볼 작정이야요. 거짓의 탈을 훨훨 벗어버리고 알몸뚱이의 본정대로 살아볼 작정이야요. 슬프면 슬퍼하구, 기쁘면 기뻐하구. 선생님을 모시고 새 생활로 돌아갈 터이야요. 암만 선생님이 마다셔두 인제는 안 돼요. 세상없어도 안 돼요. 네? 선생님! 저를 버리지 않으실 테지……."[19]

상열과 명화가 어딘가에 숨어있다는 것을 알게 된 여해는 길길이 날뛴다. 천신만고 끝에 찾아낸 일본식 요정에 쳐들어가 난동을 부린다. 지난번에 영애를 병일에게 빼앗겼지만, 이번만은 명화를 상열에게 결코 빼앗기지 않으려는 듯이 말이다. 그는 상열에게서 '열정을 개인의 감정에만 쓰지 말기를 바랄 뿐'[20]이라는 말을 듣게 된다. 여기에서부터 김여해의 생각도 변화되는 것 같다. 상열과 은주를 신혼부부로 위장하고, 명화는 은주를 모시는 하녀로 위장해 중국행 열차를 탔다. 무사히 중국에 도착하니, 가두의 중국어 신문에 여해가 경찰서의 심문을 받던 중에 몰래 감추고 간 폭탄으로 자폭했다는 기사가 실려 있다.

소설의 말미에 의하면, 상열이 말한 것처럼 여해는 '열정에 지글지글 타는 인물, 한시라도 열정의 대상이 없고는 견디지 못하는 인물'[21]이었다. 그가 소설의 막바지에 자신이 경찰서에서 자폭함으로써 중국으로 도피하는 일행의 발자취를 지워주었다. 자기희생의 결과로서의 폭사이다. 은주를 강간한 것에 대한 참회이기도 했을 것이다. 결과적으로 볼 때, 상열은 기생 명화와 신여성 은주를 여성 독립운동가로 끌어들인 것으로 보아야 할 것이다. 명화는 그냥 기생이 아니라, 애국기생, 사상기생으로 거듭 난 것이다.

---

[19] 적도 : 255~256쪽.
[20] 적도 : 284쪽.
[21] 적도 : 288쪽.

내가 이 소설을 다 읽고 나서 보니까, 주인공 여해와 명화에 관한 소설 창작의 작명, 즉 명명법(appellation)이 인과적 상응을 지니고 있구나, 하고 생각하기에 이르렀다. 여해는 세 사람의 전도를 위해 희생을 감행함으로써 '바다 같은'(如海) 포용성을 끝내 보여주었고, 명화는 일제가 강점한 조선의 식민주의, 자본주의의 굴레로부터 벗어나 개인의 자유를 실현할 명화(明花), '밝은 꽃(기생)', 즉 광명의 인간이 되려고 한 것이다.

현진건의 장편소설 「적도」는 뜻밖에도 저평가된 작품이다. 문학과 관련해 평론가나 학자들이 이를 두고 통속소설로 치부하려는 경향이 없지 않다. 물론 여기에 통속적인 연애관, 성애관이 없는 것이 아니지만, 현재(顯在)화된 이런 관점보다 본질적으로는 민족주의 이념, 사회경제적인 소유–무소유의 관계, 젠더 감수성 등이 도처에 잠재되어 있다. 이런저런 점에서 볼 때, 이 소설은 문학의 정치적 성향이 뚜렷하다.

쟈크 랑시에르는 일찍이 '문학의 정치(성)'와 '문학으로서의 문학'에 관해 대조한 바가 있었다. 전자가 문학을 통해 특정한 경험들의 영역을 구성하는 개념이라면, 후자는 문학의 도구화로서 고려된 정치적 사용을 문학적 언어의 자율성에 대립시키는 개념이다.[22] 카프의 몰락과 검열의 강화는 1930년대의 조선 문학으로 하여금 정치 실조의 시대를 맞이하게 했다. 예술적 근대성의 부각, 역사소설에로의 퇴영 등이 이 연대의 사정을 잘 말해준다. 하지만 「적도」에서 상열과 명화와 은주가 독립운동의 거점이 있는 중국 남부로 도피한 것은 공동 세계의 참여에 대한 감각 질서를, 공동의 이익을 나누어 가질 수 있다는 점에서 분명하게도 정치적이라고 말할 수 있겠다.

작가 현진건은 형의 순국과 형수의 순사에 대한 애틋한 감정의 영역에

---

[22] 자크 랑시에르 지음, 유재홍 옮김, 『문학의 정치』, 인간사랑, 2009, 12~13쪽, 참고.

서 경험해 보지 못한 미지의 세계를 동경해 마지않았던 것 같다. 형과 형수의 죽음은 자신의 글쓰기에 랑시에르가 말한바 소위 '감성의 분할(le partage du sensible)'을 형성[23]하는 계기가 되었던 것 같다. 그는 소설을 통해 새로운 경험의 영역을 재구성한 것이다.

3

현진건은 대구 출신이지만 경상도 방언을 가능한 한 지양하면서, 수도권 중류층의 언어를 지향했다. 이념이나 지역에 치우치지 않고, 객관적 삶을 중립적으로 간파함으로써 지역 및 시대의 총체성을 확보하려고 했기 때문이다. 문학과 예술에 있어서 사실주의의 미학은 서구로부터 들어오기 전에 우리에게도 없었던 것은 아니었다. 조선 후기 지식인들은 이 용어를 가리켜 '인정세태'라고 했다. 사람들의 감정과 세상의 모습 말이다. 우리 선인들은 이 용어를 미학적 개념으로 대신하여 사용하기도 했다.

그런데 그의 자호는 주지하듯이 '빙허(憑虛)'이다. 이 표현은 소동파의 명문장「적벽부」에서 유래되었다고 한다. 이를테면 '빙허어풍'이라. 허공에 의지해 바람을 탄다는 말이다. 자연물을 표현하는 것에 지나지 않지만, 빙허는 이것을 소설이란 용어에 가까운 개념으로 사용한 것이다. 헛것에 의빙한 진실 추구가, 혹은 그 정신이 바로 소설의 본령이 아닌가? 그러니까 그가 인정세태를 소재로 삼아 이를 허구의 장치에 의거함으로써 객관적이고 표준적인 언어로 소설에서 재현하려고 했던 것은 아닐까? 요컨대 그는 「빈처」에서부터 「적도」에 이르기까지, 즉 1921년부터

---

[23] 같은 책, 11쪽, 참고.

1934년까지 13년 동안에 걸쳐 이념과 지역에 치우치지 않은 중도적 사실주의 작가로서 일세를 풍미했다.

현진건의 초단편 「고향」(1926)은 식민지 현실의 인정세태를 가장 여실하게 보여준 작품이다. 화자는 열차 안의 동행인(그)이 내뱉는 잔사설, 긴사설을 들으면서 한 개인의 인생유전과 한 공동체의 운명이 상응하다는 사실을 일깨워주고 있다. 나라를 잃기 전에 그럭저럭 역둔토를 일구며 살았던 백 호 남짓한 고향사람들은 동양척식주식회사로 넘어가자 3할 이하의 소출량으로 궁핍화되어갔다. 손에 흙 한 번 만지지 않는 동척의 중간 소작인들이 실작인에게 지주 행세를 했기 때문이다. 폐촌화되어간 곳은 동행인 그가 살던 고향마을뿐이 아니었다. 조선의 전국토가 황폐화되어갔던 것이다. 동행인은 고향을 떠나 신의주, 만주, 큐슈 탄광, 오사카 철공장 등을 전전하면서 살아왔다. 모처럼 고향에 돌아가서 대구 유곽으로 팔려간 고향 처녀, 지금은 나이에 비해 부쩍 늙어버린 중년 여자를 만나 서로 간에 신세타령을 듣고 헤어졌단다. 화자는 그에게서 '음산하고 비참한 조선의 얼굴'[24]을 보았고, 이러하고 저러한 '참혹한 사람살이'[25]의 사연을 듣는다. 그가 보고 들은 것은 다름 아닌 식민지 현실의 인정세태였다. 이 소설의 화자는 작가 자신이라는 점에서 자전적이긴 하나, 자전적 경험을 넘어선 보편적 경험의 영역이기도 하다. 문학을 통해 특정한 경험들의 영역을 구성하는 개념으로서의 랑시에르적 '문학의 정치'에 가장 근접하는 작품이 바로 「고향」이 아닌가, 한다.

작가 현진건은 문학의 정치 개념 못지않게 문학이 지닌 문학으로서의 가치에 대해서도 관심을 가지고 있었다. 그는 현실을 반영하는 것만으로는 문학이 온전해질 수 없다는 사실을 알고 있었다. 문학은 낭만, 상

---

[24] 현진건, 『무영탑 외』, 동아출판사, 1996, 512쪽.
[25] 같은 책, 514쪽.

상력, 민족주의 이념 등이 현실을 반영하는 성긴 틈을 메울 수가 있다. 그는 1925년에 「신춘 문단 소설평」이란 잡문을 발표하기도 했다. 동시대 동료 작가에 대한 그의 견해가 잘 담겨있는 글이라고 할 수 있다. 이런 유의 글을 통해 그 자신의 문학관을 엿볼 수가 있다. 그는 이 글에서 나도향의 「물레방아」에 대해서도 한마디 거들었다. 밝은 달 적막한 촌락의 공기를 흔드는 물레방아 소리를 들려주는 '현실의 옷을 입힌 낭만'이 인생의 총체적인 모습을 조직화할 수 있는 것이 아니라고, 그는 보았다.[26]

그는 '현실의 옷을 입힌 낭만'을 가리켜 소설의 필요조건이라고 보았을 것이다. 그렇다면 무엇이 그 충분조건일까? 나는 굳이 말하자면 '상상의 날개를 단 현실'이 아닐까, 한다. 소설에서는 현실의 옷을 입힌 낭만도, 상상의 날개를 단 현실도 함께 있어야 인생과 세계의 총체적인 모습을 확보할 수 있을 것이다. 그의 1930년대 소설, 예컨대 「적도」와 「무영탑」과 「흑치상지」는 이 두 가지 면을 아우른 것이라고 할 수 있다. 이 중에서 「적도」가 총체성 확보에 성공한 대표작이라고 생각된다. 문학의 총체성은 문학의 정치성과 문학의 독자적인 가치를 함께 실현하는 데서 이룩되는 개념이 아닐까, 한다. 끝으로, 한마디 덧붙이자면, 「적도」와 「흑치상지」가 신문에 연재하다가 중단된 작품이었지만, 전자는 단행본으로 완결시켰는데, 후자는 왜 미완의 작품으로 남았는지 잘 알 수 없다. 그의 때 이른 죽음에 말미암는다고 봐야 할 것이다. 그가 해방을 맞이했다면 저항적 역사소설인 「흑치상지」도 해방 후에 완성했을 것이라고 본다.

---

[26] 조동일 저, 「한국문학사상사시론」, 지식산업사, 1978, 363쪽, 참고.

심금을 울리는 다채로운 언어의 율동
―이은상 탄생 백주년과, 수필「무상」

1. 무상, 견딜 수 없는 시간

 안녕하십니까? 송희복입니다. 저는 마산에서 가까운 지역에서 국립대 교수로 재직하고 있습니다. 이 지역이 배출한 노산 이은상 선생의 탄생 백주년을 기념하는 행사에 제가 초청을 받아 이 분의 기념비적인 수필인『무상』에 관해 제 비평적인 견해를 발표하게 된 것을, 저는 무척이나 영광스럽게 생각합니다.
 동서와 고금을 가릴 것 없이 무상(無常)의 관념은 적잖이 있어 왔습니다. 무상은 한마디로 말해 '덧없음'입니다. 덧없음이라고 하면 불교를 연상하기 쉽지만, 모든 종교와 사상에도 무상의 관념이 엄존해 왔고, 또 엄존하고 있습니다. 이 얘기는 무상이 불교의 전유물이 아니라는 것이 될 수 있겠지요. 구약성경「시편 77」을 보세요. 울림의 진폭이 크지 않습니까?

 나는 이 세상에서 살(肉)이요,
 한번 가면 오지 않는 바람인 것을.

어떻습니까? 기독교의 관점에서도 무상은 엄연하며, 무상이 '삶의 허무(vanitate vitae)'임을 말하고 있지 않습니까? 제가 과문한 탓에 잘은 몰라도, 다른 모든 종교도 마찬가지일 거라고 생각됩니다. 그러면 왜 무상이 불교의 관념이라고 다들 생각하고 있는 것일까요? 불교에서의 무상관이 교리와 관련해 비교적 뚜렷이 보이곤 했기 때문일 테지요. 이 우주 공간에 존재하는 모든 것은 마침내 '없음'으로 귀결됩니다. 항상 그대로인 것은 없다. 아무것도 영원히 존재하지 않는다. 이 무상의 관념들은 오래 전부터 문학의 소재로 즐겨 이용되어왔습니다.

로마의 황제였던 마르쿠스 아우렐리우스는 저 불멸의 산문인 『명상록』에서, "봄이 오면 꽃 피우고 잠시 후에 사나운 바람이 그 꽃잎을 흩날려 버리면 숲은 순식간에 새로운 신록을 돋아나게 한다. 잠시 머물다 가 버리는 것은 만물의 공통된 운명이다."라고 말하였으며, 성당(盛唐)의 시인 이백(李白)은 「춘야연도리원서」라는 산문에서 "떠도는 인생이 마치 한바탕의 봄과 같으니 즐거움을 누리는 날이 그 얼마이리요."라고 인생의 감회를 호방하게 노래했지요. 이러한 유의 무상의 관념은 오늘날의 문학 작품에서도 어렵지 않게 발견되곤 하지요.

저는 근래에 한 신문의 문화란 기사를 통해 시인 정현종이 품고 있었던 문학적인 생각의 근황과, 그의 시 한 편을 읽은 적이 있습니다. 그의 시 제목은 '견딜 수 없네'였는데, 이 시야말로 무상관을 적절히 잘 보여주는 적례에 해당되지 않을까, 합니다. 제가 읽어보겠습니다.

갈수록, 일월(日月)이여,
내 마음 더 여리어져
가는 8월을 견딜 수 없네.
9월도 시월도
견딜 수 없네

사람의 일들

변화와 아픔들을

견딜 수 없네.

있다가 없는 것

보이다 안 보이는 것

견딜 수 없네.

시간을 견딜 수 없네.

시간의 모든 흔적들

그림자들

견딜 수 없네.

모든 흔적은 상흔(傷痕)이니

흐르고 변하는 것들이여

아프고 아픈 것들이여.[1]

  존재하는 모든 것, 거대한 우주에서부터 미세한 먼지에 이르기까지 '항상됨'이 없이 변화하고 사라져 버립니다. 시간의 영속적인 흐름은 모든 것을 파괴해버리는 폭군과도 같습니다. 우리 범인은 이 변화되어 가는 것을 견뎌내지 못합니다. 다른 나라에 비해 철학적이고 명상적인 문학의 전통이 다소 박약해 보이는 우리 문학의 역사적 풍토 위에 무상의 관념을 잘 구현한 경우가 있다면, 나는 이은상의 산문 「무상」을 손꼽기를 결코 주저하지 않습니다.

2. 한 편의, 잘 짜인 명상록

---

[1] 동아일보, 2003. 10. 14.

이은상의 「무상」은 장르론적인 측면에서 볼 때 장편 수필에 해당합니다. 수필이라고 하면 으레 최대한으로 축약된 산문의 형식을 가리키는데요, 수필집이 아닌, 수필 한 작품이 단행본으로 간행되는 일은 거의 드문 일입니다. 이런 점에서 단 한 편의 작품이 책으로 엮여진 「무상」의 경우는 독특하다고 하겠네요.

이것의 창작 동기는 열세 살 연하의 사랑하는 아우 이정상의 죽음[2]에 크나큰 충격을 받은 형인 이은상이 생에 대한 비애감, 허적(虛寂), 고통으로 가득 찬 세계에서의 인간의 유한성 등을 달래보려는 심산에서 이 글을 썼습니다. 또한, 이런저런 일이나 사연으로 인해 인생의 무상과 세계의 고통에 가슴 저미는 경험으로부터 헤어나지 못하는 많은 사람들에게도 영혼의 위안을 주고자 하는 의도도 있었던 것 같습니다. 초판 머리말에 이런 사실이 암시되어 있습니다.

> 아까운 아우를 잃어버린 노산 이은상 선생은 불타는 사랑과 정으로 이 글을 썼습니다. 천지의 무상과 인생의 생사를 울며 노래하였고 그리하여 진리를 찾으려 성현의 경전을 더듬으며 또 스스로 묵상을 거듭했습니다. 그 해박한 지식과 그 고상한 이상을 아름답고 능란한 문장으로 엮어낸 이 수필은 모든 사람으로 하여금 순결한 사랑에 잠기게 할 것이요, 그리고 거기서 위로와 안심을 얻게 하리라 믿습니다.[3]

초판 머리말은 이정상이 재학하던 배재고보에 교무주임으로 재직하고

---

[2] 배재고보 졸업반에 재학하던 이정상은 일본에 유학 중인 친구와 민족 사상, 독립정신을 논하는 서신을 교환하는 일이 발각되어 용산 경찰서에 구속되어 악형을 견디지 못하고 입원하여 치료를 받는 중에 세상을 떠났다. 학교에서는 '정상장학회'를 설립하였고, 수필 「무상」의 인세수입은 장학기금으로 쓰였다.
[3] 이은상, 『무상』, 삼학사, 1966, 9~10쪽.

있던 장용하가 썼습니다. 이은상의 「무상」은 1936년 이정상의 1주기를 앞두고 간행되었으며, 그 당시에 독자의 반응은 엄청난 것이었지요. 수필가 박문하는, 이은상이 사랑하는 아우를 잃고 인생의 무상함을 뼈저리게 느끼게 된 감회를 그린 그것이 당시에 만인의 가슴을 울렸으며, 당시에만도 10만 부 이상 팔렸다, 라고 당시의 사정을 회고한 바 있었습니다.[4]

일제강점기의 도서가 이만큼 팔렸다는 것은 지금의 밀리언셀러에 해당한다고 볼 수 있겠습니다. 윤재천은 「무상」을 가리켜, 난삽하지 않고 꾸밈이 없는, 그래서 독자의 가슴에 쉽게 받아들여지는 수필, 즉 새로운 경이와 애정을 느끼게 하는 수필이라고 높게 평가한 바 있다,[5] 라고 지적한 바 있었지요.

저 「무상」은 10장으로 구성된 수필입니다. 각 장마다 의미의 단위가 뚜렷이 구분되는 것은 아니지만, 그 요지를 밝혀보면 대체로 다음과 같습니다. 제1장에서 무엇이 무상인가, 하는 화두를 던지면서 비극적인 감정의 단서가 제시되어 있는데요, 말하자면 착상(着想) 부분이라고 할 수 있겠습니다. 자, 보세요. 「무상」은 이렇게 시작되고 있습니다.

> 아니디아! 어허 천지가 무상하구나. 과연 무엇이 무상인고.
> 아침 새 창 머리에 와서 노래하는가 하면 석양이 마당에 비껴 저녁 그늘을 누이니 이것이 무상인가.
> 뜰 앞에 심은 복숭아 나뭇가지에 향기로운 꽃송이 피어나는 것을 보고 돌아서서 그 나무 아래 어지러이 날리는 낙엽소리를 들으니 이것이 무상인가.[6]

---

4 박문하, 『낙서인생』, 아성출판사, 1972, 28~29쪽, 참고.
5 노산문학회 편, 『노산문학연구』, 상현사, 1976, 177쪽, 참고.
6 『무상』, 앞의 책, 23~24쪽.

제2장은 등교하는 학생들의 모습을 통해 죽은 아우를 회상하고 있습니다. 어느 날, 늦게 귀가한 아우는 하교 길에 소나기를 피해 남의 집 처마 밑에 서 있었다고 했어요. 작자는 이를 통해 인생의 소나기를 피해 남의 집 처마 밑에 잠깐 섰다가 지나가는 것으로 비유합니다.

제3장은 작자가 인생이야말로 헛것에 대한 망집에 불과하다는 사실을 밝히고 있습니다. 이에 관해 여러 가지 예의 인문학적인 교양과 식견이 동원되고 있는데, 이 가운데서도 "사람과 곡두(幻) 무엇이 다르리오 / 어느 것이 참이며 어느 것이 거짓이뇨."라는 이규보의 시가 각별하게도 또 인상적으로 인용되고 있습니다.

제4장은 죽은 아우의 갸륵한 마음씨가 표현되어 있네요. 아우가 죽기 전에 자신의 용돈을 모은 것을 학교에 기부하여 가난한 학생을 위해 쓸 수 있도록 해 달라고 유언한 것을, 작자는 회상하고 있습니다. 청소년으로서 사회의 공동선에 대한 생각은 보기 드물게 소중한 것이겠지요.

제5장은 세계고(世界苦)에 대한 빛나는 사색으로 점철되어 있습니다. 작자는 "삶과 죽음을 돌고 돌아, 벗어나지 못한 이 중생의 무한한 고통"[7]을 애잔하게 얘기하고 있습니다. 불교는 이른바 '고집멸도'의 사상으로 점철된 가르침이 아니겠습니까? 문학이 사상이 되고, 사상이 문학이 되는 경지에 도달한 부분이 아닐까요?

제6장에서 작자는 아우의 죽음으로 인한 고통을 잊기 위해, 옛 스님의 시편을 외면서 배회하거나, 업보와 인과로써 위안을 받기도 하고, 또 술과 노래와 같은 일시적인 환락으로써 번뇌를 끊으려 합니다. 하지만 그는 이 모든 것이 부질없다는 사실을 마침내 깨닫게 됩니다.

제7장에서는 아우와 영결하는 마지막 순간을 가슴 아프게 회상하면서 간소하게 치러진 장례식에 대해 회한의 느낌을 갖습니다.

---

[7] 같은 책, 84쪽.

제8장은 사무치는 그리움을 절절하게 표현하고 있습니다. "보고 싶어라. 어디 가야 그리운 너를 만나겠느냐. 집에도 없고, 거리에도 없고, 산에 물에 어디 가야 볼 것이냐. 네 간 곳을 알지 못하니 어디 가서 그리운 너를 만나겠느냐."[8]라고 한 부분은 한 편의 산문시로 읽혀도 좋을 것 같네요. 작자는 이 대목에서 영혼의 존재 여부에 관해 자신의 생각을 펼치면서, 마침내 아우의 영혼이 낙원에 가 있음을 확신합니다.

제9장에서는 작자가 불교의 큰 사색의 기둥에 기대어 천지가 적막으로 가득 찬 적멸(寂滅)의 경지에 들어섭니다.

종장(終章)에 해당하는 제10장에 이르러, 작자는 궁극적인 의미의 요체인 주제의식을 반영합니다. 무상의 관념이 허무에의 탐닉이 아니라 그것으로부터의 초극임을 드러내고 있지요. 이렇게 갈무리됨으로써 노산 유의 허무주의 혹은 무상관은 완미하게 장식할 수 있었던 것입니다.

수필 「무상」은 물 흐르는 것 같은 유려함, 드라마틱한 긴박감, 극한의 슬픔의 감정마저도 심미적인 안정과 질서를 부여하는 긴축적인 것의 형식적 아름다움 등으로써 짜여 있다고 해도 지나친 말이 아닙니다. 아무리 수필이 자유로운 형식을 추구하는 글이라고 하지만, 이은상의 그것은 잘 만들어진 한 편의 빛나는 명상록이라고 해도 좋을 것 같습니다.

3. 고리로 연결된 삶과 죽음

제 생각을 밝히자면, 수필 「무상」의 문학적인 의의를 적어도 다섯 가지의 관점에서 파악할 수 있을 것입니다. 이 작품이 지닌 다채로운 작품성에서 기인한다는 사실은 두말할 나위가 없을 것입니다. 하나하나 말

---

8 같은 책, 140쪽.

씀을 드리겠습니다.

첫째, 「무상」이 표현력과 수사법이 매우 뛰어나다는 것을 우리는 주목해야 합니다. 평이하면서도 유려한 감정의 극화(劇化)가 적재적소에 실현되어 있는 것을 보아도 충분히 알 수 있습니다. 따라서 이어져가는 문장들이 독자들의 마음속으로 적절하게 다가갑니다. 다음에 인용된 부분을 보면 이은상의 문장 구성력이 얼마나 범속을 뛰어넘고 있나 하는 사실을 알 수 있게 합니다. 심금(心琴)을 울리는 다채로운 언어의 율동을, 우리는 이 시대에 어떻게 향유해야 할까요?

슬프다. 그 무슨 꽃이던가. 꽃 한 송이 꺾어와 네 가슴 위에 놓아 보내던 날, 보내고 돌아서 남은 자의 머리에는 상기도 고(苦)와 낙(樂)을 분간하기 어려운 바 있다 하여도, 간 자여 너는 이미 아무것도 없는 속에 자유로운 무(無)가 되었다. 그렇거늘 헛되다 무엇을 울며 그리며, 부질없다 변론과 설법이 무엇하랴. 허허! 쓸데없는 일이로다.[9]

둘째, 「무상」의 문체는 향후 이은상 문학의 개성적 표현, 각별한 의미의 문학성을 지니고 있다고 하겠습니다. 풍부하고도 유창한 감정의 처리, 다양한 독서 체험과 인문학적인 식견은 그의 문체를 이루는 바탕이 됩니다. 정감이 넘치면서, 때로 의표를 찌르는 듯한 노산 시문(詩文)의 '간결한 화려체'[10]는, 아닌 게 아니라, 리듬감이 독특하게 배여 있는 그다운, 그만의 문학적 향취(香趣)로 「무상」에서 이미 잘 드러나 있습니다.

두루 아는 바와 같이, 노산 이은상은 옛글을 배운 마지막 세대이면서 그렇다고 온전한 한글세대도 아니었습니다. 그는 어릴 때 집안에서 세운 마산 지역의 사립학교에서 공부를 했습니다. 그때 만난 스승이 훗날

---

[9] 같은 책, 38~39쪽.
[10] 『노산문학연구』, 152쪽. 참고

국문학자가 될 안자산, 국어학자가 될 이윤재였지요. 지금으로 말해 초등학교 시절의 선생님이었던 이들이 그에게 끼친 영향이 매우 큽니다. 특히 모국어에 대한 자각에 있어서 말입니다. 어쨌든 그의 문체는, 그가 고문과 현대문의 중간 세대이듯이, 문체 역시 예스럽고도 현대 감각을 잘 아우른 융합상이라고 할 수 있겠습니다. 말하자면, 그의 문학성의 기저를 이루는 것은 평이하지만 고풍과 아취가 그윽이 배여 있는 문체를 구사하는 데 있습니다.

여기에 근대의 시속적인 어조가 문체의 부가적인 층위를 이루고 있다는 사실에 주목하지 않을 수 없습니다. 그동안 우리는 노산 선생의 문체에서 기저에 놓여있는 바 평이와 의고(依古)의 상충된 어울림에 주목해온 감이 없지 않습니다. 다음에 인용된 것을 잠정적으로 명명하되, ①을 감상적인 신파조로, ②를 변사의 어조로 보면 어떨까요?

① 아우야. 이 밤이 지새도록 어디가 놀며 돌아오지 아니하느냐. 새벽바람이 차구나. 네 병이 더치리니 어서 왜 돌아오지 아니하느냐. 빈방이 너를 기다린다. 돌아오너라. 지금 이 아름다운 달빛이 너를 찾아 왔구나. 돌아오너라.[11]

② 내 손으로 네 유리알 같은 눈을 감기고, 내 손으로 네 멀리 가는 옷을 입히고, 내 손으로 네 돌 같은 몸을 안아다, 내 손으로 너를 저 연기 나는 무상당(無常堂 : 화장장—인용자)에 넘기고, 내 손으로 네 찬 재 된 **뼈**를 가루 내어, 내 손으로 저 바람찬 산 위에 날렸건마는, 천만번 생각하여도 올 것만 같고, 생각할수록 너는 분명 아니 갔구나.[12]

---

[11] 『무상』, 앞의 책, 172쪽.
[12] 같은 책, 184~185쪽.

이러한 어조는 오늘날 젊은이들에게 개그콘서트 등과 같은 코미디 물에서나 볼 수 있는 희화적인 말투로 들리기도 하겠지만, 당시의 정황이나 문화 수준을 고려해 본다면 제 나름의 진지함이나 시대적인 정당성을 가질 수 있습니다. 근대가 진행되는 단계에서 필연적으로 만나게 되는 하나의 문학적인, 내지는 문체론적인 제도라고 할 수 있겠습니다. 그의 경우에도, 이러한 어조는 무의식적으로 제도화되었다고 볼 수 있지요.

셋째, 「무상」은 문학사적인 모티프와 제재사(題材史)의 맥락에서 이해될 수 있는 작품이기도 합니다. 이은상은 「무상」을 쓰면서 수많은 고전 작품에서 영향을 받았던 것 같습니다. 이 중에서도 다소 강렬하게 영향을 끼친 것은 「리그베다」일 터이에요. 「리그베다」의, 영혼을 인도하는 노래를 인용하고 있는 부분을 다음과 같이 따올 수 있습니다.

아니디아! 아침 햇볕도 내 슬픔을 못 녹이고 차가운 바람도 내 그리움을 쓸지 못한다. 더구나 지금 내 눈앞에 보이는 천지만상이 다 나를 괴롭게 하는 것뿐임을 어찌하느냐.

가는 자여
네 눈은 태양으로 가라
그리고 네 기운은
바람 속으로 들어가라
하늘로 땅으로
제게 맡겨 뜻대로 가라
그렇지 않으면은
물로 가라
그리고 네 뜻에 맞거들랑
사지는 초목 속으로 갈 지어다

형상을 깨어버린 네가 오늘 아침 지금 이 시간에 무엇이 되어 어디 가 있는지 알지 못하나, 「리그베다」의 노래와 같이 눈에 보이는 모든 만물이 다 너 아닌 자가 없지 않느냐. 그 속에 네 얼굴이 들어 있구나. 그 속에 네 마음 들어있구나. 모든 것에 내 눈물 젖지 않은 것 없다.[13]

　이른바 '리그베다'의 노래는 보는 바와 같이 산문 속의 삽입가요로 처리되어 있습니다. 연극에서 보는 일종의 극중극의 효과입니다. 고조된 감정 속의 압축적인 주제의식이 담겨있는 게 극중극 아닐까요? 이 효과는 희곡뿐만 아니라 모든 갈래의 글에서도 가능합니다. 문학의 본질은 극적인 데 있습니다. 극적이란 말은 허구적인 것이란 말입니다. 아우의 요절은 전기적 사실이지만, 이를 표현하는 비유와 상징의 형식은 극적인 거지요. 특히 '리그베다'의 노래는 허구 속의 허구의 장치로 빛을 발하고 있습니다.

　우리 문학사에서 아우의 죽음이란 창작 동기를 지닌 것으로는, 신라의 향가 「제망매가」와, 이은상의 수필 「무상」과, 박목월의 시 「이별가」 등이 있습니다. 이은상은 「무상」을 통해 당시에 거의 알려져 있지 않은 「제망매가」를 인용한 것은 그의 독서 체험의 폭이 넓다, 라는 사실을 잘 말해주고 있습니다.

　넷째, 수필 「무상」에서는 이은상의 불교적인 사상적 친화력 내지 편향성이 잘 드러나고 있습니다. 그가 이 수필을 쓰기 위해 자신이 이용하고 있는 불전(佛典)을 적잖이 살펴보기도 했습니다. 그 문헌적 근거는 사뭇 다양해요. 예컨대 화엄경, 원각경, 금강경, 금강반야경 등.

---

13 같은 책, 75~77쪽.

인생의 무상함을 일러 "꿈같고, 곡두(幻) 같고, 거품 같고, 그림자 같고, 이슬 같고, 번개 같다.(如夢幻泡影如露亦如電)"하여 육여(六如)라고 이르는 불교의 말이 아무래도 옳은 말인 것 같다.[14]

이은상은 『금강반야경』에 나오는 '육여'를 인용하여 경도되었음을 술회함으로써 그의 무상관이 불교에 결정적으로 기대고 있다는 사실을 자인하고 있습니다. 여기에서 육여는 여섯 가지의 직유(直喩)를 말합니다. 개명한 기독교집안의 출신인 그가 이렇게 불교에 심취했다니, 놀라운 일이 아닐 수 없네요. 우리가 아무리 개신교를 믿든 가톨릭에 귀의하든 불교를 온전히 떨쳐버릴 수 없나 봅니다. 윤동주도 서산대사의 활약상에 대해 입에 올리기도 했지요.

다섯째, 주제 의식이 발현된 제10장 종장에서 무상의 관념이 허무주의에서 허무의 초극이란 차원으로 방향을 틀어가고 있습니다. 이은상은 여기에 이르러, 죽음이 삶의 반대말이 아니라, 필경 삶의 한 순서이며 한 현상이라고 보기에 이릅니다. 제목이 갑자기 떠오르지 않은, 법정 스님의 한 에세이에서도 확인할 수 있듯이, 죽음도 삶의 일부분이 될 수 있습니다.

아니디아! 지난 해 가을에 아우의 생명과 함께 나뭇잎. 그 나뭇잎 속에 죽어 묻힌 버러지. 그러나 이제 몇 날이 지나 산과 들에 흰 눈이 스러지고 파릇파릇 봄 풀이 돋아나면, 새로 나는 그 봄 풀 잎 속에 지난해에 죽으며 남긴 작은 알들이 햇볕을 받아 깨어나고, 그리하여 한여름 밤을 즐기는 반딧불도 되고, 가을 달을 노래하는 귀뚜라미도 되니니, 나고 죽고 일어나고 꺼짐이 이와 같구나.[15]

---

14 같은 책, 103쪽.
15 같은 책, 198~199쪽.

마침내 이은상에겐 삶과 죽음의 세계는 하나가 됩니다. 이 양자의 관계는 비유하건대 물과 얼음의 관계와 같습니다. 삶과 죽음이 둘이 아니라, 하나라는 관념은 자연의 순환성에 의거한 생각 틀. 밤낮과 춘하추동과 생사는 하나의 고리(環)로 연결되어 있습니다. 물과 얼음마저 하나의 고리를 연결한다면, 이 세상 모든 것은 하나의 그물망 속에 존재할 수밖에 없겠지요. 전설적인 은자 한산자는

  물 얼어 얼음 되고   水結卽成氷
  얼음 녹아 물이로다   氷解返成水

라고, 촌철살인의 시적 묘미의 진경에 도달한 바 있었습니다. 이는 시에 있어서 하나의 궁리(窮理)라고 할 수 있습니다. 이은상은 한산자로부터 기상(奇想)을 얻게 됨으로써, "내 마음 벽에 걸어둔 영원한 젊은 초상이여. 너는 결코 가지 않았다. 분명히 나와 함께 여기에 있는 것이다."[16]라는 산문적인 궁리에 마침내 도달하게 된 것 같습니다.

한때 한용운의 시집 『님의 침묵』이 깊이 있는 명상 시로 읽혀지지 않고 얕은 통속적인 연애 시편들로 읽혀진 반면에, 이은상의 수필 「무상」이 대중적인 취향의 산문이면서도 생명과 무상의 관념을 영생주의의 윤회관에 입각하여 깊이 있고 아름답게 제시한 것으로 여겨졌다는 것은 자못 흥미로운 일이 아닐 수 없습니다. 문학 작품에도 명암의 순환이 있는 법입니다. 시집 『님의 침묵』이 당대에 읽히지도 않았다가 해방과 전쟁을 거치면서 연애시의 전범으로 독자들에게 높게 평가되었듯이, 수필 「무상」이 당대에는 독자들에게 읽혔지만, 그 이후에 알게 모르게 범작 수준으로 내려앉았습니다.

---

16 같은 책, 202~203쪽.

문학사적인 맥락에서 볼 때, 이은상의「무상」은 구도승의 명상, 철학자의 사색을 지향한 깊이 있는 작품이 아닐 수 없습니다. 명상문학의 새로운 가능성을 열었다고나 할까요? 일제강점기에 있어서 명상문학의 백미는 시에서의 시집『님의 침묵』과, 산문에 있어서의 수필「무상」이 쌍벽을 이루었다고 말할 수 있겠습니다. 다만 후자의 가치가 인정되지 않았을 따름입니다. 언젠가는, 아니 우리 모두가 죽은 다음 세상에는 수필「무상」이 한용운의『님의 침묵』에 버금가는 명작으로 인정을 받을 수 있을지도 모릅니다. 수필「무상」의 그늘을 벗겨내는 일은 우리 모두의 몫이 아닐까요?

4. 시적 산문, 둔중한 울림

이은상의 시조 중에「사랑」이 있습니다. "탈대로 다 타시오. 타다 말진 부디 마소……"로 시작되는 이 시조는 가곡으로도 잘 알려져 있습니다. 윤심덕에 대한 홍난파의, 우주의 부피와도 같은 고뇌를 소재로 한 것이라고 전해지고 있습니다. 우리나라 근대 가곡으로 한때 널리 애창되어 온 명곡 중의 명곡입니다.

이은상은 백철이 말했듯이 '동양적 무상의 시인'입니다. 그러면서도 마음의 고통, 세계의 고뇌에 대한 사색의 산문가이기도 해요. 그는 세계고의 사상, 말하자면 세계는 고통, 고뇌로 가득 차 있다는 관념을 짧은 말 한 마디의 시구에 용해한 원효의 탄식에 이릅니다.

태어나지 말라, 죽음이 괴롭다 　莫生兮 其死也苦
죽지 말라, 태어남도 괴롭다 　莫死兮 其生也苦

이은상은 「무상」 속에 이것을 적절히 인용한 바 있었습니다. 그의 무상성에의 매료는 자신의 시조 작품에서 잘 반영하거나, 또 구현하고 있습니다. 태어나고 살다가 늙고 병들고 죽는 것의 순환 반복 자체가 인간의 큰 괴로움이 아닐 수 없습니다. 그의 시조 중에서 「성불사의 밤」, 「장안사」, 「염주」 등의 작품도 그의 불교적 인생관이 잘 반영되어 있다고 하겠습니다. 이 중에서 대중의 심금을 울린 가곡으로 잘 알려진 것이 바로 「성불사의 밤」입니다. 성불사는 지금의 북한에서 잘 보존되어 있는지 알 수 없습니다.

성불사 깊은 밤에
그윽한 풍경 소리

주승은 잠이 들고
객이 홀로 듣는구나

제 손아 마주 잠들어
혼자 울게 하여라

이은상의 불교관은 그의 시 정신, 인생관의 핵심을 지향하고 있습니다. 성불사의 주승은 잠이 들고, 객(客)인 시적 화자는 깨어 있습니다. 이 상태는 주객 분리의 불일치의 상태입니다. 주승과 속객(俗客 : 속가에서 온 손님)의 대립이 아무런 관계성을 갖지 못하므로, 초·중장에서 서정시의 경지에 이르지 못합니다. 하지만 마지막인 종장에서 반전이 일어납니다. 주승은 물론 속객마저 잠이 든다면 성불사는 온전한 하나의 원융 속에 존재하겠지요. 이를 두고 주객이 여일한 혼연일체의 서정적 동일시(identification)라고 말할 수 있습니다.

그렇다면 그의 산문 「무상」 역시 시적 본질의 세계를 지향하는 수필이라고 말할 수 있겠습니다. 승속(僧俗)의 불이(不二)라는 경지에 이르렀기 때문입니다. 신변잡기를 격조 있는 경지로 승화시킨 그 생의 광채 있는 비감은 오늘날에 살아가는 우리에게 절절하면서도 둔중한 울림을 주고 있습니다. 비유하건대, 이은상의 「무상」은 한 편의 기나긴 서정시입니다. 자아와 세계의 완벽한 융합 상태에서 타오르는 불꽃심입니다.

요컨대 이은상의 수필 「무상」은 근대 불교문학의 성취에 값하는 주옥같은 작품이라는 데 아무런 이의도 제기할 수 없습니다. 근대 불교문학의 꽃입니다. 일제강점기의 참으로 꽃답고도 아름다운 문학입니다. 이것이 그 동안 제대로 평가되지 못한 게 사실입니다. 이 이유는 일제강점기에 시나 소설과 달리 수필이라고 하는 갈래 자체가 이를테면 수의적(隨意的) 한담(閑談) 유의 문학으로서 제대로 대접을 받지 못한 데 있을 것입니다.

끝으로, 내가 최근에 읽은 수필이 하나 있습니다. 한 무명의 비구니 스님이 쓴 짤막한 글인데, 그 제목 역시 이은상의 경우처럼 「무상」입니다. 한 부분을 따오면서 이 글을 마무르고자 합니다.

장마가 시작 될 무렵 나는 어릴 적부터 친한 친구를 멀리 보냈다. 자주 안부를 물어주고 세상 고민을 털어 놓으며 조언을 구하던 가까운 사람이 갑자기 죽으니 참 많이 아쉽고 가슴이 아팠다. (……) 죽음과 동시에 태어나고 태어나는 동시에 다시 죽고, 나고 죽고, 죽고 나고, 다시 죽고 개미 쳇바퀴 돌 듯 돌고 돈다. 끊임없이 되풀이되며 변해 가는 것이 우주의 진리인데 왜 우리는 그 변해 가는 것을 붙잡고 아파하고 괴로워하는 것일까? 부여잡고 원망하고 아파하는 것도 변해 가는 우주진리의 한 모습이리라.[17]

---

[17] 불교신문, 2003. 10. 3.

하늘과 바람과 별의 서정시
―윤동주 80주기에 부쳐

    해방 70년, 윤동주 70주기의 기념으로, 그에 관한 글을 발표하기도 한 일이 있었는데, 10년이 벌써 지났나, 하는 생각이 든다. 올해는 그가 세상을 떠난 지도 여든 해가 된 해다. 그동안 그는 사후에 우리의 국민시인으로서 우리 마음속에 자리를 잡아가고 있었다. 그는 한국인 심성의 빈자리를 채운 존재임에 틀림없었다.

    국민시인이란, 얼마나 좋은 시 작품을 남겼느냐, 하는 것 못지않게, 살아생전에 어떻게 살았나, 하는 것도 중시될 수밖에 없다. 이런 점에서 볼 때 청년 윤동주의 아름다운 도덕성이 후세의 국민에게 끼친 영향은 이루 말할 수 없다고 하겠다. 두루 알다시피, 그의 아름다운 도덕성은 시편 「서시」에 충분히 반영되어 있다고 볼 수 있다.

    죽는 날까지 하늘을 우러러
    한 점 부끄럼이 없기를,
    잎새에 이는 바람에도
    나는 괴로워했다.
    별을 노래하는 마음으로

모든 죽어가는 것을 사랑해야지
그리고 나한테 주어진 길을
걸어가야겠다.

오늘 밤에도 별이 바람에 스치운다.

―「서시」 전문

먼저 이 시의 첫 행에 나오는 '하늘'이 어떠한 문화적인 상징성을 함유하고 있느냐를 살펴보아야 한다. 윤동주가 독실한 기독교 신자이니까 이때의 하늘이 기독교적인 절대 개념일 수 있다. 그렇다면 '나한테 주어진 길'은 기독교인으로서의 소명 의식과 관련된다.

하지만 이 시에서는 그에 못지않게 이른바 유교적 천(天)의 개념이 힘을 얻고 있다. 하늘을 우러러 한 점 부끄럼이 없다는 것은 맹자의 어록에서 따왔기 때문이다. 이를테면 '앙불괴어천(仰不愧於天)……'이라고 하는 것. 부끄러움은 유교적인 네 가지 기본 덕목인 인의예지(仁義禮智) 중에서도 '의'에 해당한다. 마음에 뜻한 바가 없으면, 마음의 부끄러움도 없다. 맹자는 부끄러워하는 마음을 일컬어 '수오지심'이라고 했다. 우리는 윤동주의 수오지심과 그 참뜻을 잘 살펴보아야 한다.

모든 죽어가는 것에 대한 사랑을 보라.

이보다 더 참된 뜻이 어디에 또 있을 것인가? 이것을 실현할 수 없는 탓을, 시인은 시대에 두고 있다. 그가 괴로워하는 것은 소위 '시대고'다. 죽어가는 모든 것을 사랑한다는 것은 시대의 고통을 서럽게 보듬고 안타까워하는 것이다. 그는 청소년 시절에 평양에서 공부할 때 신사참배를 거부하는 일로 인해 졸업을 하지 못하고 고향으로 쫓겨 가기도 했다. 또 자신이 사용해오던 말글도 쫓김을 당했다. 즉, 모국어인 조선어와 한글마저 그 시대에, 그 앞에서 죽어가고 있었다.

이 시의 마지막 행이 한 문장으로 이루어져 있다. '오늘 밤에도 별이 바람에 스치운다.' 그동안 얘기가 되지 않았던 것은 이 문장의 문법적인 문제였다. 다들 '스치운다'를 '스친다'로 이해하고 있다. 하지만 '우'는 나로 하여금 시적 운치의 매개모음으로 볼 수 없는 문법소임을 알게 한다. 시인의 의도 여부와 관계없이 이 '우'는 피동형이다. 그러니까 오늘 밤에도 별이 바람에 스쳐진다, 로 이해되어야 한다. 만약 능동형이라고 한다면, 순서를 바꾸어 바람이 별에 (혹은. 별을) 스치다, 로 문장이 구성되어야 한다. 스친다는 것은 살짝 닿으면서 지나간다는 것. 예컨대 상쾌한 공기가 얼굴에 (혹은 얼굴을) 스치다, 라는 문장을 한번 생각해보면, 이 시의 마지막 문장이 피동형 문장임을 잘 알 수 있다.

　　바람이 어디로부터 불어와
　　어디로 불려가는 것일까.

　　바람이 부는데
　　내 괴로움에는 이유가 없다.

　　내 괴로움에는 이유가 없을까.

　　단 한 여자를 사랑한 일도 없다.
　　시대를 슬퍼한 일도 없다.

　　바람이 자꾸 부는데
　　내 발이 반석 위에 섰다.

　　강물이 자꾸 흐르는데

내 발이 언덕 위에 섰다.

—「바람이 불어」 전문

이 시는 윤동주의 시 중에서도 가장 관심 밖의 시 중의 하나로 여겨 왔다. 하지만 재작년에 찰스 3세 영국 국왕이 외교적인 공식 의례에서 이 시의 일부를 영어로 낭독함으로써 주목을 받기 시작했다. 외교 행사에서 상대편 나라의 좋은 시를 읊조리거나 뜻있는 문장을 읽거나 유명한 노래를 부르거나 하는 것이 무슨 짜고 치는 고스톱처럼 보이지만, 결코 외교의 사소한 일이 아니다. 찰스 3세는 이 시의 제5연과 6연을 낭독하면서 반석 위에 올라선 한국의 국제적 위상을 긍정적으로 평가한 것이다.

While the wind keeps blowing,
My feet stand upon a rock.

While the river keeps flowing,
My feet stand upon a hill.

시편 「바람이 불어」 중에서 중요한 내용은 영어로 읽힌 이 제5·6연이 아니라, 제4연이 핵심이다. 그는 단 한 여자를 사랑한 일도, 시대를 슬퍼한 일도 없다고 했다. 곧이곧대로 들으면, 그가 애정에 무관심하고, 또 시대에 무관심한 사람처럼 보인다. 실제로 그렇지 않다는 사실이 이 시편의 문학성을 확보하고 있다. 제4연의 적확한 의미는 이렇다.

"나에게 내가 사랑하는 여자들이 적지 않았지만, 내가 사랑을 고백한 여자는 아무도 없었으며, 내가 시대의 슬픔과 아픔을 자주 경험해 보았지만, 이 사실을 표현한 일이 단 한 차례도 없었던 것이다."

이처럼 겉말과 속말이 모순되거나 상충되는 것을 두고, 이른바 '아이러니'라고 한다. 이것이 지닌 언어의 긴장감은 시에서 문학성을 드높이는 중요한 수단 혹은 표현 전략이 된다.

이 시의 본문에 주된 시어인 '바람'이 세 차례 드러나고 있다는 것 역시 쉬 간과해선 안 될 것 같다. 바람은 일종의 자연 현상이지만, 고대에서부터 사람들에게 하나의 '영혼심상(soul-image)'으로 여겨져 왔다. 사람들에게 정신의 고취나 욕망의 고무 등을 반영해온 것이 바람이었다. 한자의 바람 풍(風) 자 역시 원래 공기의 움직임이란 뜻으로 형성된 게 아니라 신성한 새나 용과 같은 모습의 신령한 짐승 이미지로 언표 및 기표화되기도 한다. 이 시에서의 바람이 예사롭지 아니한 이유다. 바람이 자꾸 부는데 자신의 발이 반석 위에 섰다는 윤동주에게 있어서의 반석은 자기 존재의 실존적 기반이다. 언덕 역시 등가의 상관물이 아닐 수 없다.

나에게 있어서, 윤동주의 삶과 그 이후를 통해 가장 먹먹한 감정을 불러일으키면서 드라마틱하게 새겨지는 대목은, 그의 연희전문학교 후배이면서 하숙집 룸메이트인 정병욱이 윤동주의 시를 고등학생들에게 가르치는 증언된 장면들이라고 생각된다. 정병욱은 일제 말에 학병으로 끌려갔으나, 용케 살아남아 귀환했다. 해방 후에 경성대학 국어국문학과에 편입해 공부한 후에, 새로운 종합 형태의 국립대학교로 통합된 신생 서울대학교를 졸업했다. 그는 대학을 졸한 후에 부산의 동래고등학교(5년제 동래중)를 졸업한 인연으로 부산에서 교편을 잡았다. 부산대학교와 부산여고(6년제 부산여중)에서 강의를 했다. 당시에 강의할 인력이 부족했기 때문에, 대학과 고등학교를 오가면서 강의를 하기도 했다. 특히 그 때의 부산여고 교장은 정병욱의 동래고등학교 은사인 추월영이었다. 당시의 한 여학생 증언이 남아있다.

전쟁의 한가운데서 몸 단련, 정신 단련을 강요당하던 여학생(들)이 정병욱 교수님에 의해 하루아침에 윤동주의 항일 시를 읊고 항일 정신을 배웠다. 그때는 시집이라고 나와 있는 것도 없었고, 단지 교수님이 손수 쓰시고 프린트한 얄팍한 시집으로 윤동주의 '하늘과 바람과 별과 시', 김영랑의 '모란이 피기까지는' 등의 시를 읽었다. 교수님이 칠판에 시를 쓰시면서 손수건으로 눈시울을 훔치는 것을 나는 교수님의 등 뒤에서 보았다. (차봉희)

이 증언은 짐작컨대 1947년의 일에 대한 증언인 것 같다. 정병욱은 추월영 교장이 부임한 1947년 6월 1일 이후에 부산여고에서 강의를 했다. 이듬해 8월에 부산대학교 교수로 발령을 받았다. 그러니까 그는 부산여고에서 두 학기 정도 강의를 했던 것이다. 이와 유사한 증언은 정병욱의 아홉 살 아래의 여동생인 정덕희에서도 나왔다. 정덕희 역시 부산여고를 재학했다. 오빠가 수업 시간에 윤동주의 시를 적어서 가르치면서 창가에서 눈물에 젖어 흐느끼던 모습을 보았다고 했다. 그녀는 1956년에 윤동주의 아우인 윤일주를 만나 부부의 인연을 맺었다. 정병욱은 훗날에 서울대학교 국문과 교수로 재직하면서 고전문학 분야에 학자로서 일가를 이루었다. 요컨대 정병욱은 윤동주의 시를 처음으로 가르친 문학 교사였다. 어떤 제목의 시를 가르쳤을까? 네댓 편 정도의 시를 가르쳤을 것이라고 추정된다. 이 중에서 「서시」와 「별 헤는 밤」은 포함되었을 것이라고 본다.

이 시는 윤동주의 시 중에서 형태적으로 장형이며, 또 가장 자전적인 내용으로 이루어져 있다고 할 수 있다. 산문적 형태의 한 연에는 "……가난한 이웃 사람들의 이름과, 비둘기, 강아지, 토끼, 노새, 노루, '프랑시스 잠' '라이너 마리아 릴케' 이런 시인의 이름을 불러" 본다고 쓰였다. 소중한 것들의, 이런 유사한 열거 방식은 백석의 전례에 닿아 있다. 윤동주가 몇 살 위의 선배 시인인 백석의 시를 읽고, 영향을 받은 것은 틀림없다. 특히 유럽의 두 시인, 즉 프랑시스 잠과 라이너 마리아 릴케는 그대로 겹쳐진다. 윤동주의 노새는 백석의 당나귀에서 가져왔다고 해도 지나친 말이 아니다.

> 나는 무엇인지 그리워
> 이 많은 별빛이 내린 언덕 위에
> 내 이름자를 써 보고,
> 흙으로 덮어 버리었습니다.
>
> 딴은 밤을 새워 우는 벌레는
> 부끄러운 이름을 슬퍼하는 까닭입니다.
>
> 그러나 겨울이 지나고 나의 별에도 봄이 오면
> 무덤 위에 파란 잔디가 피어나듯이
> 내 이름자 묻힌 언덕 위에도
> 자랑처럼 풀이 무성할 게외다.
>
> ―「별 헤는 밤」부분

이 시의 끝부분 세 연은 다양하게 해석될 수 있다. 문학평론가 이숭원은 최근에 간행한 『동주 시, 백 편』에서 마지막 행의 '자랑'이란 단어를 가리켜 미래의 소망을 이야기한 긍정의 단어(표현)라고 봤다. 어쩌면 이 해석이 가장 표준적인 해석인지도 모른다. 다만 그는 '자랑처럼'이 좀 무리가 있는 표현이라고 했다. 그가 이것을 두고 '부끄러움을 느껴 이름을 묻어버렸는데 어떻게 그 이름이 자랑처럼 솟아날 수 있겠는가?' 하고 반문한다.

나는 이에 대해 다른 견해를 가지고 있다.

그가 언덕 위에 써본 이름자가 무엇일까? 두말할 나위도 없는 '윤동주'

다. 한자가 아니라 한글이 아니었을까, 한다. 특히 한글로 쓰인 이름자 '윤동주'는 자랑스러운 이름이다. 그런데 그는 이 이름을 가지고 일본에 가서 유학을 할 수가 없다. 왜식 이름인 '히라누마 도주'가 아니고서는 일본에 가서 공부를 할 수가 없다. 흔히 말하는 창씨개명은 아니다. 말을 해도 정확하게 해야 한다. 그 자신이 성씨를 창조한 게 아니라, 파평 윤씨 가문에서 왜식 성씨를 '히라누마(平沼)'로 하기로 미리 정해 놓았던 거다. 파평 윤씨의 시조(始祖)에 관한 설화가 너른 연못과 관련되기 때문이다. 이름이 '도주'인 것은 개명(改名)의 개념이 아니라, 그의 이름 '동주'를 왜식으로 독음한 것에 지나지 않는다. 왜식 이름인 '히라누마 도주'가 바로 그 '부끄러운 이름'인 것이다. 딴은 밤을 새워 우는 벌레는 부끄러운 이름을 슬퍼하는 까닭입니다. 이 문장은 현대적 감각의 표현이 아니다. 내가 산문으로 고쳐 쓸 수 있다면, 이렇게 하겠다.

"하기야 벌레가 자신의 부끄러운 이름을 슬퍼하는 까닭은, 이 녀석이 제 스스로 밤을 새워 울기 때문이랍니다."

시인은 밤을 새워 우는 벌레를 자신에게로 투사하고 있다. 그는 부끄러운 감정의 심연에서 헤어나지 못하고 있다. 마냥 부끄러워야만 할 것인가? 하지만 시인은 겨울이 지나고 봄이 오면, 자신의 묻어버린 이름자인 '윤동주'를 되찾을 수가 있다고 하는 믿음을 버리지 않는다. 윤동주는 자신이 살던 시대, 즉 일제강점기를 엄혹한 겨울로 인식하고 있다. 반면에, 제 이름을 되찾는 때가 바로 나라의 주권을 찾는 때다. 마치 풀이 무성하다고 자랑이라도 하는 것처럼 잘 자라날 어느 봄날에, 그가 제 이름을 찾을 수 있다고 굳게 믿은 것이다. 그럼에도 불구하고, 그는 자랑스러운 모국어로 된 제 이름을 되찾지 못하고 애젊은 나이에 죽었다.

그는 죽은 후에 자신이 국민시인으로 거듭 태어난다는 생각조차 전혀 가지지 못했을 것이다. 잃어버린 자신의 이름을 되찾을 수 있는 소박한 바람을 훨씬 넘어선 일을, 그는 땅띔조차 못했을 거다. 그가 살았을 적에 빛을 보지 못했던 그의 시들과 그의 별들은 지금 빛이 나고 있지 아니한가?

부록 : 나에게는 조국이란 게 없다

내 책『윤동주를 위한 강의록』에 대한 애착이야말로 나에게 각별하다. 물론 이 책은 일반 대중에게는 비록 알려지지 않은 책이지만, 학생들에게 강의로 활용한 것의 부산물이다. 내가 윤동주라고 하는 한 인간에게 관심과 애정을 가지게 된 것은 결국 그의 한마디 말을 듣기 위해서인지도 모른다. 이 한마디는 비록 일본어라고 해도 영혼이나 존재의 심연에서 우러나온, 하지만 더욱이 일본 땅에서 차마 내뱉기가 쉽지 않은 강잉한 말이 아닐까, 한다. 그는 이 말을 두고 무척 망설였을 것이다. 이 말은 원고의 마지막 부분에 인용되어 있다.

윤동주의 삶이나 시의 세계를 접근하는 읽을거리로서의 비평문과 논문은 적지 않다. 이에 비하면 나의 책은 강의록 형식으로 만들어져 있다. 실제로 학생들에게 강의한 내용이 고스란히 담겨 있다. 또 이 책은 독자의 눈높이를 적당히 맞추었다. 말하자면 문어체가 아닌 구어체로 쓴 윤동주 비평서라고 하겠다. 그래서 나는 이 강의록이 독자의 자세로 읽어주기보다 청자의 마음으로 들어주었으면 하고 원하고 있다. 이 책의 구성 및 체재(體裁) 역시 독창적이다. 기존의 논리적인 지식 체계보다는, 책의 목차를 보면 알 수 있듯이 좀 자유롭고 직관적인 측면을 중시하였다.

윤동주는 주지하듯이 전문가들의 비평적인, 또한 연구의 대상에 머물지 않고 국민적인 관심사 속에서 조명을 받고 있는 시인이다. 시인 윤동주의 삶과 시가 그 동안 어떻게 비평적인 조명 및 재조명을 거듭해 오면서 재작년의 탄생 백주년이 지나서 오늘에 이르렀는가 하는 점을 밝혀 보는 것이 이 책이 지닌 애초의 기획 동기요, 취지라고 할 수 있다.

나는 이 책에서 윤동주의 시와 삶에 관해 기존에 알려진 사실은 최대한 절제하고, 새로운 사실을 발굴하고 이를 드러내는 데 애써 왔다.

윤동주의 제수인 정덕희 여사는 1948년 무렵에 국어 교사인 오빠 정병욱으로부터 그의 시를 최초로 배운 학생들 중의 한 사람이었다. 선배 윤동주의 시를 학생들에게 가르치다가 눈물을 흘리면서 창가에 가 흐느끼던 후배 정병욱. 마치 영화의 한 장면처럼 떠오른다. 잘 알려지지 않은 사실이다. 앞으로 윤동주에 관한 드라마나 영화가 만들어진다면, 이 장면은 꼭 들어가야 한다고 본다. (부기 : 이 증언은 그 무렵에 부산여자고등학교에 재학하던 또 다른 여학생의 증언에서도 확인된다. 1970년대에 이 학교의 교사로 재직한 바 있었던 시인 양왕용 선생이 가지고 있던 학교 동문회의 교사(校史) 자료를 내게 보여준 적이 있었다.)

또 윤동주는 세 명의 여성에게 관심을 두었다. 용정시 해란강변을 산책하던 이화여전 학생과, 어깨 너머로 바라보던 협성교회에서 영어 성서를 함께 공부하던 또 다른 이화여전 학생과, 성악을 공부하던 동경 유학생 박춘혜. 첫 번째 여성은 그의 시에 나타난 '순(順), 순이(順伊)'일 개연성이 없지 않으며, 두 번째 여성은 아버지 친구의 딸이요, 세 번째 여성은 친구의 여동생이다.

윤동주의 시 「병원」에 나오는 '늙은 의사'는 지인인 연세대학교 의대 의사학(醫史學) 전공 교수로부터 40대 오한영일 가능성이 매우 높다는 사실을 밝혀냈다. 시 「쉽게 씌어진 시」에 나오는 일본 릿쿄대학의 '늙은 교수'는 우노 데쓰토(宇野哲人 : 1875~1974)인데, 논어 신해석의 대가요, 일본 퇴계학의 선구자였다.

윤동주의 창씨개명에 관해 개운치 않은 뒷맛을 느끼는 사람들이 적지 않다. 나는 이에 관해 윤동주를 적극적으로 옹호하는 입장이다. 한 가지

근거를 들라면, 성을 바꾼 대신에 모국어를 고집했다는 거다. 2015년 3월 2일에, 일본의 아사히신문은 이례적인 사설을 싣는다. 사설의 제목은 「비극의 시인에 관한 생각을 가슴에(悲劇の詩人の思いを胸に)」이다. 이 글을 보면, 이런 말이 있다.

  윤동주는 왜 성(姓)을 바꾼 것일까. 어째서 한글을 고집한 것일까. 일본인인 우리는 그 점을 생각하지 않으면 안 된다(尹東柱は、なぜ姓を換えたのか、なぜハングルにこだわったか、私たちは考えねばなるまい).

나는 이 책에서 정보의 효율성을 위해 문헌주의의 한계를 극복하려고 했다. 이 책에서 시청각 자료, 이를테면 다큐멘터리, 영화, TV대담자료 등을 적극적으로 활용했다. 증언 한 가지를 들면 윤동주의 바른 자세에 관한 게 있다. 그가 교토에서 유학할 때 함께 재학했던 한 여자 동기생의 말이다. 아주 먼 옛날의 일을 기억해내고 있다.

  당신들은 윤동주 씨를 만나보질 못했으니까, 어떤 분인지 모르겠지요? 우리가 그분을 더 잘 알아요. 자세가 좋았어요. 키가 크고. 그분은 항상 바른 자세였어요.

—모리타 하루

가장 최근 증언 중의 하나인 이 증언도 결코 간과할 수가 없다. 그가 항상 바른 자세를 취했다는 것은 그의 품성이나 사람 됨됨이, 수양의 정도, 나라는 망해도 정신의 의기 같은 것은 꺾일 수 없다는 당당한 처세를 읽을 수 있기 때문이다.
 나는 이처럼 최근의 일본인 증인들이나 일본 자료를 적극적으로 활용해 우리가 모르는 사실을 적잖이 수용하기도 했다. 1994년 일본 NHK

다큐멘터리 디렉터인 다고 기치로(多胡吉郎)가 윤동주의 한 남자 동급생과 인터뷰를 시도했는데 처음에는 기억이 나는 게 없다고 했다. 훗날 기억이 되살아나서 다시 통화가 되었는데 교수와 학생들이 회합하는 자리에서 윤동주는 동급생들에게 말한다. 생각하면 생각할수록 눈물 나게 하는 그의 어록이다

　　제군들에게는 죽음을 걸고 지킬 조국이 있지만, 내게는 지켜내지 않으면 아니 될 조국이란 게 없다. (諸君には死を睹して守る祖國がある. だが私には守るべき祖國がない.)

윤동주의 상당히 의미 있는 어록이다. 내가 마지막에까지 기다렸던 그의 어록이 아닌가, 한다. 상당히 소중한 자료다. 윤동주의 조국관을 결정적으로 나타내준 증언 자료가 아닌가 한다. 그가 비록 일본에 가서 유학을 하고 있지만, 일본을 결코 조국이라고 생각지 않는다는 단호한 결의가 담겨 있는 말이라고 본다. 지금 우리의 가슴을 저미게 하는 아릿한 말이다. 식민지 백성으로서, 식민종주국인 일본에서 어쩔 수 없이 공부해야 하는 청년의 비애와 절망이 배어있는 말이다.

시민과 소시민, 그리고 국민

1

  기미년 1919년의 문학이 우리 문학의 근대성에 획기성을 부여한 것은 엄연한 사실이다. 이 이후에 형성된 1920년대의 문학은 사실상 여기에서 비롯되었다고 해도 지나친 말이 아니다. 1917년과 1919년 이후에 형성된 근대문학은 이른바 시민 문학이다. 대표적인 인물을 꼽는다면, 한용운과 이광수와 최남선이다. 종래에는 문학적인 근대성의 의미를 이광수와 최남선에게 부여했다. 한 동안 이 두 사람에게 늘 따라다니던 수식어는 '신문학의 선구자'였다.[1] 이광수의 본격적인 근대소설, 최남선의 부흥된 시조가 시민 문학의 두 기둥이었다. 하지만 훗날에 이 두 사람은 돌이킬 수 없는 친일 경력이 문제가 될 수밖에 없었다.

  반드시 이 때문만은 아니겠지만, 이 두 사람보다 한용운에게 시민의식의 가치를 더 높이 부여한 이는 1960년대의 문학비평가 백낙청이었

---

[1] 조연현의 『한국현대문학사 · 제1부』(현대문학사, 1956)는 모두 4장으로 구성되어 있다. 이 중에서 제3장은 '최남선과 이광수의 문학'이다. 문학사가 조연현이 이들의 문학사적인 근대적 의의가 다대했음을 보여준 대목이라고 할 수 있다.

다. 그는 「시민문학론」(1969)에서, 작품의 질량 면에서, 또 동인지 『창조』보다 한 해 앞서 간행된 『유심』을 통해 시를 쓰기 시작한 시기적인 순서로나, 한용운이 최초의 근대시인이요, 3·1운동이 낳은 최대의 시민 시인이라고 높이 평가해 마지않았다.[2] 그는 시민 의식의 동의어로 사랑과 자유를 꼽았는데, 시집 『님의 침묵』(1926)에서 보여준 사랑과 자유를 문학의 성취로 간파할 수 있었다. 여기에서 보여준 남녀 간의, 보기에 따라서는 좀 통속적인 사랑조차 3·1운동의 정신처럼 '나'만의 자유가 아닌 '함께 자유로움(freedom together)'을 지향하는 길이 아닌가, 생각된다.[3] 그의 자유가 개아(個我)의 자아를 넘어설 수 있었다는 데 백낙청이 그를 높이 평가한 것 같다. 한용운은 시집 『님의 침묵』에서 문학적으로, 비유와 상징의 함의에 따라, 자유의 사상을 녹였지만, 직접적인 사상의 드러남은 그의 옥중 논장(論章)인 「조선 독립의 서」(1919)에서 이미 확인이 된다. 상해임시정부는 이 옥중기를 비밀리에 입수하여 상해판 『독립신문』(1919, 11, 7)에 실리기도 했다.

    인생의 목적은 참된 자유에 있는 것으로, 자유가 없는 생활에 무슨 취미가 있겠으며, 무슨 즐거움이 있겠는가? 자유를 얻기 위해서는 어떤 대가도 아까워할 것이 없으니, 이는 곧 생명을 바쳐도 좋을 것이다. 일본은 조선을 합병한 후에 압박을 더해, 말 한마디, 발걸음 하나에까지 압박을 가해 자유의 생기는 터럭만큼도 없어졌다. 피가 없는 무생물이 아닌 이상에야 어찌 이것을 참고 견디겠는가? 한 사람이 자유를 빼앗겨도 하늘과 땅의 화기(和氣)가 상처를 입는 법인데, 어찌 2천만의 자유를 말살하는 것이 이다지도 심하단 말인가? 조선의 독립을 감히 침해하지 못할 것이다.[4]

---

2 백낙청, 『민족문학과 세계문학』, 창작과비평가, 1978, 47쪽, 참고.
3 같은 책, 32~35쪽, 참고.
4 한용운 지음, 조일동 엮음, 『한용운의 나의 님』, 이다북스, 2022, 29~30쪽.

백낙청이 한용운의 시에서 시민 문학의 가치를 발견한 것은 그의 시민문학론의 큰 성과라고 할 수 있었다. 그는 자신이 제기한 시민문학론의 잣대로 1960년대 문학 중에서 소시민의 생활 및 의식에 젖은 소시민 문학을 비판하는 데까지 나아갔다. 이러한 문학이 그에게는 반드시 새로운 형태의 순응주의 문학이 되기 때문이다. 그는 최인훈과 이청준 소설의 문학적 한계를 비판했다. 최인훈에게 있어서의 나르시시즘에 가까운 것과 자의식의 과잉, 김승옥에게 있어서의 현실 문제들을 흐려놓기 쉬운 감수성의 기록은 1960년대 우리 문학의 한계였던 것이다.[5] 백낙청의 결론은 1960년대 한국 시민문학의 가장 뛰어난 성과를 시인 김수영의 업적에서 찾아야 하는 데 있었다.

서구의 건전한 시민사회는 교양과 도덕성을 중시하는 보수적 사회인 동시에, 정치적으로는 진보적 이상을 실현하는 사회다. 반드시 시민과 진보가 일치하는 것은 아니다. 지금 시민 단체라고 하면, 우리는 대체로 진보 단체로만 생각하고 있다. 공동선을 추구하는 것이 시민의 묵중한 몫이지만, 개개인의 자유는 소시민의 세세하고도 소소한 일상에서 이루어질 수밖에 없다.

이런 관점에서 볼 때, 시민 문학이 반드시 진보적인 문학이어야 한다는 근거는 없다. 이것의 양면성을 인정하는 것이 바람직한 시민 문학이라고 생각된다. 어느 독자가 김수영 시의 키 워드인 '사랑'에서 사랑의 구체적인 실체를 공감할 것이며, 소시민의 시인들이나 작가들에게서 김수영 식의 사랑을 실현할 수 없는지에 대한 근거가 무엇인지를, 백낙청은 구체적으로 제시하지 못하고 있다. 이런 점에서 볼 때 백낙청 식의 시민 문학은 스스로의 한계를 지닌 개념이라고 할 수 있다.

---

[5] 백낙청, 앞의 책, 65쪽, 참고.

다시 1920년대로 돌아가 보자. 시민 문학과 소시민 문학은 신구 세대의 문학이었다. 1920년대 전반기의 신세대 문학이기도 한 소시민 문학의 주역들은 주지하듯이 다음과 같다. 출생연도가 앞선 순으로 나열하지면, 변영로·염상섭·현진건·김동인·주요한·이상화·박종화·김소월 등이다. 이들은 5년 사이에 밀집해 태어난, 사실상의 동년배이다. 구세대와 평균 연령이 20년 이상 차이가 났다. 이들은 『창조』, 『폐허』, 『백조』, 『영대』 등의 동인지 문학을 창간해 문학 활동을 전개했다. 구세대의 시민 문학이 자유와 독립과 계몽적 이성 등의 공동선을 염두에 둔 목적 지향성의 문학이었다면, 신세대의 소시민 문학은 개인주의의 취향과 무목적성의 탐미주의로 기울어졌다. 좀 부정적으로 평하자면, 이른바 '문청(文靑) 치기'라고 하는 것도 있었다. 서구의 근대 문예사조에도 영향을 받은 흔적이 비교적 뚜렷하다. 우리나라 문학사에서 최초의 자유시로 평가되는 주요한의 「불놀이」는 프랑스 상징주의의 작법(作法)에 따라서 쓰인 것. 이에 관해선 시인 자신이 1970년대의 늘그막에 희미한 기억을 더듬으면서 증언한 바 있다.[6]

내가 근대문학사 초기를 가리켜 시민 문학과 소시민 문학으로 나누어 본 것은 문학사회학적인 관점에 의한 발상이다. 프랑스 시민혁명의 1789년 체제는 시민과 농민 등의 광범위한 사회 구성원의 연대가 가능했기 때문이다. 우리 3·1운동 역시 전(全)민족동원의 연대 속에 진행되었다. 같은 해에 상해에서 대한민국임시정부가 수립된 것을 볼 때, 3·1운동이 공화주의적 이데올로기에 대한 잠재적 합의가 전제되어 있음을 알 수 있다. 프랑스에서 20세기가 시작될 무렵만 해도 60% 정도의 농민이 사회를 구성하고 있었음에도 불구하고, 결국은 노동자 계급을 포섭하지 못해 쇠퇴되고 말았지만, 중소 부르주아 체제가 한 동안 프랑스시

---

6 김병익, 『한국 문단사』, 일지사, 1973, 46쪽, 참고.

민혁명의 전통을 이어오고 있었다.[7] 우리 근대문학을 문학사회학적으로 정확하게 말하자면, 1917년 이후의 문인층이나 미학사상적 주조(主潮)는 프랑스의 경우처럼 중소 부르주아 체제로 유지되고 있었다. 3·1운동 당시의 우리에게 대(grand)부르주아가 아예 없었고, 최남선과 이광수 등과 같은 사회지도층인 시민이 중(middle)부르주아였다면, 아직 학생 신분에 머물러 있던 소시민은 소(petit)부르주아에 해당했다.

1920년대 전반기에 시민 문학과 소시민 문학은 서로 대립하지 않고 상호간에 교호작용을 했다. 시민 문학이 초기 계몽적 이성의 세계관에서 벗어나 감정주의로 기울어져간 측면도 있으며, 소시민 문학 중에서 현진건과 김소월의 경우에 시민성 흔적이 보인 측면도 있다. 소시민에 지나지 않았던 염상섭이 시민으로 성장하면서 회심의 소설 「삼대」(1931)를 발표한 것은 매우 성취적인 사례다. 초기에 표본실의 좁은 공간과 무이상의 감상벽에 사로잡힌 인물을 제시한 그가 시간적으로 확장된 세대 간의 다층적인 삶을 다룬 것은 이른바 '리얼리즘의 승리'에 값하는 작품으로 평가된다. 작가 염상섭은 할아버지 세대의 부패한 보수주의, 아버지 세대의 개화파 스노비즘(속물근성)을 은근히 비판하면서 손자·아들 세대인 제3세대의 자유주의에 공감의 시선을 던지고 있다. 이 작품이야말로 우리 문학사가 일구어낸 시민 문학의 금자탑인 것이다.

문학사의 의미는 여기에서 끝나지 않는다. 1927년 1월에, 최남선·이광수·염상섭·김동인 등이 중심이 되어 문인조직체 '조선문예가협회'를 결성했다. 시민 문학과 소시민 문학이 더 큰 그림의 민족주의 문학으로 확대, 개편되면서, 그 당시에 신흥하는 문인 세력인 카프(KAPF : 조선프로예맹)가 지향하던 계급주의 문학에 대처하기에 이르게 된 것이다. 김윤식

---

[7] 노명식 외 지음, 『시민계급과 시민사회―비교사적 접근』, 한울아카데미, 1993, 228~230쪽, 참고.

이 일찍이 밝힌 바 있었거니와, 이 시기의 민족주의 문학은 프로문학과 대립되는 개념인 동시에, 저항문학의 의식을 지닌 문학이기도 하다.[8] 더 정확하게 말하자면, 이 문학은 미학이나 이념의 향방에 있어서 경쟁 관계의 갈림길에 놓인 것이 계급주의 문학이라고 할 수 있겠지만, 자유와 주권을 회복해야 한다는 등의 당면 문제에 있어서 정치적인 대립관계에 보이는 쪽이 일본 제국주의라고 말할 수 있겠다.

2

시민, 소시민 문학은 1930년대에 이르러 이른바 '시정(市井) 소설'에서 찾아야 할 것 같다. 소설의 배경으로 농촌이나 전원이 상대적으로 많았던 이 시기에 그런 유의 소설은 그다지 눈에 뜨이지 않는다. 이상·박태원·채만식 등의 소설에서 찾을 수밖에 없다. 유진오의 지식인 소설 「김강사와 T교수」(1935)는 그 당시 청년 지식인이 맞닥뜨린 삶의 난처함을 잘 보여주고 있다. 즉, 지식인으로서 어떻게 처신해야 하나 하는 문제에 성찰을 던진 소설이다. 작가 유진오 자신의 이야기를 변형했다는 점에서, 소위 자전적 소설이기도 하다.

이 소설의 주인공 김만필은 그 당시에 초(超)엘리트 양성기관인 제국대학을 졸업한 후에 전문학교 시간강사로 출강한다. 시간강사에게도 신임 교원 취임식이 있는 것으로 보아 지금의 낭인 같은 시간강사와는 결이 다르다. 김 강사는 신분이 불안하다는 점에서, 연륜으로 보아 아직 사회지도층이 아니란 점에서, 대(grand)시민이라고는 할 수 없다. 상위 1%도 되지 않은 최고 엘리트 과정을 마친 그를 두고, 그렇다고 소(petit)시민이라

---

8 김윤식, 『(증보판)한국근대문예비평사연구』, 한얼문고, 1973, 121쪽, 참고.

고도 할 수 없다. 양자의 사이에 놓인 자, 그러니까 소위 '학식프롤레타리아(Gelehrtproletaria)'라고 할 수 있다. 사회경제적으로 불안정한 시간강사, 문필가, 젊은 성직자 등이 이 개념에 해당한다. 프랑스에서는 이 중간층을 두고, 이른바 '므와젠(moyenne)'이라고 한다. 평균적이란 뜻이다.

나는 단편소설 「김 강사와 명예교수」(2024)를 발표한 바 있었다. 내가 대학교수로서 오랫동안 경험한 부정적인 면들이 소설의 모티프가 된 것이다. 대학사회에 밝은 면이 분명히 보이는 것도 사실이지만 감추어진 어두운 면을 조명하자면 복마전이나 다를 바 없다. 대학교수로서 살면서 겪어온 사람들 중에서 공감할 사람도 적지 않을 것이다. 어쨌든 이건 그렇고, 내 소설의 본문 중에서 다음의 인용문을 가져와본다.

유진오의 「김 강사와 T교수」(1935), 그리고 킹슬리 에이미스의 「럭키 짐」(1953)은 대학의 시간강사를 소재로 한 소설의 캐릭터라는 점에서, 충분히 비교 연구의 대상이 될 수 있다. 이 두 편의 작품에는 18년이라는 시대적인 격차가 놓여 있다. 이를테면 격세지감이 없는 것은 아니지만, 전자가 일제강점기의 식민지 조선의 현실을 다룬 것이라면, 후자는 전후(前後) 영국 사회의 현실을 다루었다. 이런 점에서, 두 작가는 자신의 소설을 통해 작가가 살던 시대상황과 사회현실을 각각 분석한 것으로 보인다. 우선 소설에서는 주인공들의 외양을 묘사하고 있다. 김 강사인 만필 씨는 구입한 후 처음으로 입은 정장 상의의 차림으로 출근했다. 향후 뒤통수를 칠, 하지만 면전에서는 친절하게 맞이하는 뚱뚱하고도 능글맞은 일본인 교수의 안내를 받는다. 또한 김 강사에 해당하는 짐 딕슨이 키가 작아도 어깨가 범상치 않게 넓은 반면에, T교수에 해당하는 웰치 교수는 머리카락이 허옇게 세어가는 호리호리한 꺽다리로 묘사된다. 소설 속의 김 강사와 짐 딕슨의 공통점은 둘 다 얼굴이 희다는 점이다. 김 강사가 창백한 얼굴을 하고 있다면, 짐 딕슨은 동글동글한 하얀 얼굴을 하고 있다. 두 사람의 안색이 이처럼 같다는 것은 시간강사의 지위에서 오는 불안감, 지식인의 일상적인 고뇌를 암시하는 것이기도 하다. 시간강사가 임기를 보장받지 못하는 불안한 자리이기는 하지만, 김 강사가 신임 교원 취임식이 열리는 강당에서 학생들과 상견례를 한다든가, 짐 딕슨이 학생들과 교직원들과 지역 주민들을 발코니 좌석까지 채운 상태에서 대중 특강을 한 것을 보면, 두 소설 속에 나타난 시간강사의 사회경제적인 지위는 지금 우리나라의 소위 강사법 강사보다 훨씬 높다는 것을 알 수 있다.[9]

인용문은 허구 속의 허구로 된 이중구조 장치이다. 연극으로 치자면, 소위 '극중극'이라고 하겠다. 유진오의 「김 강사와 T교수」와 킹슬리 에이미스의 「럭키 짐」은 시간강사의 문제점에 관해 20년의 시간적 차이가 나는 작품이지만, 시민사회의 이상을 보여주지 못하는 사회 현상을 풍자한 것이다. 소설 속의 김 강사는 결국 사상 전력(前歷)으로 인해 강사 자리에서 쫓겨나는데, 표리부동하면서 능글맞게 미소 짓는 일본인 T교수가 결정적인 역할을 한다. 김 강사의 내면 갈등이 소설에서 자아와 세계가 부조화하다는 사실을 반증한다.

어느 작은 다정한 도시에 들어섰네.
거리에는 붉은 저녁노을이 깔려 있고
열려져 있는 창문으로부터 마악
활짝 핀 무수한 꽃무리 너머로,
금빛 종소리가 은은히 울리누나.
그 소리 밤 꾀꼬리의 합창 같아라.
그리하여 꽃들은 몸 떨림을 하고,
공기는 살아서 움직이는구나.

---

[9] 송희복 소설집, 『자작나무숲으로 가다』, 글과마음, 2024, 195~196쪽.

장미는 붉은색 더하면서 불 밝히네.

이 시는 에두아르트 뫼리케의 서정시 「방랑」의 제1연이다. 전통 서정시가 시민성의 전통을 부정한다고 해도, 오늘날까지 시민사회와 밀접한 관계를 맺어오고 있음을 보여준 것으로 평가된다.[10] 뫼리케는 자아와 자연의 교감 속에서 아름다움과 신비를 노래하면서도 현실의 의미를 추구한 19세기 낭만파 시인이다.[11] 시인이 추구하는 시민사회는 도시와 전원이 조화를 이루고, 지켜야할 원칙이나 덕목과 고쳐가면서 나아가야 할 바를 융합하는 비전의 사회임을 암시하게 한다.

장미는 붉은색 더하면서 불 밝히네.

참 아름다운 표현이 아닌가? 이에 비하면 도시에서 전문학교 교수를 재직하면서도 마음속에는 전원이나 자연으로 떠나 있는 문학을 지향한 소설가 이효석을 떠올리지 않을 수 없다. 이 부조화의 관계, 자아와 세계의 반목을 극적으로 보여준 작품이 「장미 병들다」(1938)가 아닌가, 한다.

이 소설은 무대배우인 '남죽'이 타락한 세상에서 타락한 방식으로 살아갈 수밖에 없는 소설의 여주인공 역을 맡고 있다. 짐작건대, 한자 표기로는 쪽빛 대나무를 의미하는 남죽(藍竹)이 아닌가, 한다. 연극 각본을 쓰는 현보와는 연인 관계다. 둘은 7년 만에 만났다. 여학교 학생인 남죽이 언니 세죽이 운영하는 작은 서점에서 진보적 서적을 탐독하다가 마지막 학년 때(5학년) 학생 운동을 일으킨 게 문제가 되어 퇴학을 당했다. 남죽은 성악가도, 영화배우도 꿈꾸었으나, 마침내 무대배우가 되었다. 남죽은 작가의 연인으로서 사상기생이요 소리기생인 '왕수복'을 모델로 삼은 게 아닌가, 여겨진다. 다만 차이가 있다면, 현실의 왕수복이 사회

---

[10] T. W. 아도르노, 김주연 역, 「시와 사회에 대한 강연」, 『문학과 지성』, 1978, 가을, 782쪽, 참고.
[11] 김주연, 『독일시인론』, 열화당, 1986, 135~137쪽, 참고.

적으로 크게 성공을 했다면, 소설 속의 남죽은 사회적으로 실패해 전원으로 돌아가기를 서둘고 있다. 어쨌든 남죽이 일본에 가 공부를 하고 돌아온 현보와 다시 우연찮게 만난 것은 7년만이었다.

두 사람은 같은 일을 하면서 가까워졌다. 이미 언니는 서점을 말아먹고 고향 함경도 전원으로 귀향했고, 극단은 평양으로 옮겨서 의욕적으로 일을 하려고 했으나, 악전고투의 어려운 처지에 놓이게 된다. 이들 자매도 현보도 모두 시민으로서 입지를 마련하지 못하게 된 것이다. 남죽은 현실을 잊고, 술이나 마시고 춤이나 추었으면 한다.

레코드나 걸고 폭스트롯이나 마음껏 추어 보았으면 하는 것이 남죽의 청이었으나 거리에는 춤을 출만한 곳이 없고 현보 자신 춤을 모르는 까닭에 뒷골목을 거닐다가 결국 조촐한 바에 들어갔다. 솔내 나는 진을 남죽은 사양하지 않고 몇 잔이고 거듭 마셨다. 어느 결에 주량조차 그렇게 늘었나 하고 현보는 놀라고 탄복하였다. 제법 술자리를 잡고 얼굴을 붉게 물들이고 뭇 사내의 시선 속에서 어울려 나가는 솜씨는 상당한 것으로 보였다. 술이 어지간히 돌았는지 체면 불고하고 레코드에 맞추어 몸을 으쓱거리더니 나중에는 자리를 일어서서 춤의 자세를 하고 발끝으로 달가닥 달가닥 춤을 추는 것이었다. 현보 역시 취흥을 못 이겨 굳이 그를 말리지 않고 현혹한 눈으로 도리어 그의 신기한 재주를 바라볼 뿐이었다. 술은 요술쟁이인지 혹은 춤추는 세상의 도덕은 원래 허랑한 것인지 이해하기 어려운 것은 맞은편 자리에 앉았던 아까 남죽의 귀에다 귓속말로 거리의 부랑자 백만장자의 아들이라고 가르쳐 주었던 그 사나이가 성큼 일어서서 남죽에게 춤을 청하는 것이었고 더 이상한 것은 남죽이 즉시 응하여 팔을 겨루고 스텝을 밟기 시작한 것이다. 그것이 춤의 도덕인가보다 하고 현보는 웃는 낯으로 한참이나 바라보고 있었으나 손님들의 비난의 소리 속에서 별안간 여급이 달려와서 춤은 금물이라고 질색하고 두 사람을 가르는 바람에 현보는 문득 정신이 들면서 이 난잡한 꼴에 새삼스럽게 눈썹이 찌푸려졌다.[12]

현실을 잊어버리려는 남죽의 마음을 알 수 있는 대목이다. 현보는 관찰자이다. 그 시대의 '폭스트롯'은 지금처럼 대중가요의 한 갈래가 아니라 **빠른** 2박자의 사교춤곡임을 알 수 있다. **짧은** 삽화의 인용문에서 3각 관계가 형성되고 있다. 일종의 복선(under-plot)이 깔린 셈이다. 현보와 남죽 사이에, 약육강식의 시대에 돈, 즉 '싯누런 현대의 악마'[13]를 소유한 무직의 '백만장자 아들'이 등장 한 것이다. 서구 근대소설에 등장하곤 하던 소위 '스노비(속물)'다. 이 스노비의 싯누런 악마가 꿈 많던 신여성, 소시민의 꿈을 필경 병들게 한 것이다. 굳이 비유하자면, 붉은색을 더해가면서 불을 밝힐 수도 있던 장미꽃이 병들어버린 것이다.

남죽은 언니 세죽이 있는 고향으로 돌아가려고 해도 여비가 마련되어 있지 않아 돌아가지 못한다. '휘줄그러진' 한 송이 꽃이요, 그 '악마'에 대한 절실한 인식이요, 딱하고 측은한 가난한 '시민'의 자태다.[14]

현실이 그녀를 압박하면 할수록, 무대배우인 그녀는 무대가 아닌 현실의 장(場)에서 유진 오닐의 「고래」에 있는 대사를 되뇐다. '데이빗, 나는 정말 금세 미칠 것 같아요. 나를 집으로 데려다주세요……'. 이 대사 역시 '극중극'의 강렬한 프레이밍 효과가 있다. 결국 남죽은 백만장자 아들에게 그 당시의 중간층 월급의 두 배인 50원을 받고 몸을 허락한다. 작가 이효석은 조선 사회가 얼마나 희망 없는 사회인가, 식민지 조선에 건전한 시민 사회가 얼마나 불가능한가를 말하고 있다.

3

---

12 이효석, 「장미 병들다」, 『한국문학전집 7』, 삼성출판사, 1990, 254쪽.
13 같은 책, 253쪽.
14 같은 책, 252~254쪽, 참고.

유진오와 이효석의 공통점은 한두 가지가 아니다. 먼저 각각 비슷한 해에 태어나 같은 시대적 환경 속에서 살았다. 일제강점기에 극소수의 엘리트를 양성하던 제국대학을 나와 전문학교 교수가 되었다는 것은 식민지 백성으로서는 가장 성공한 경우다. 두 사람이 법학과 영문학을 전공했음에도 창작인(소설가)의 길을 걸어갔다는 것도 흥미롭다. 두 사람 모두 조선의 시민사회에 대한 전망이 어둡고 불투명하다고 인식했다. 비슷한 얘기가 되겠지만, 시민에 대한 편견이나 염증을 가졌다는 점에서도 공통적이라고 하겠다.

유진오의 소설 「김 강사와 T교수」는 최고 지성인이 모였다는 교수 사회조차 사람들의 패가 나누어지고 알력과 암투를 일삼는다는 점에서, 이효석의 소설 「장미 병들다」는 도회지의 퇴폐와 혼란에 대한 적의의 태도를 보이고 있다[15]는 점에서, 서로 비슷하다. 또 두 사람은 이상의 작품 이후에 시정의 각박한 현실을 다루지 않고 심미적으로 퇴행해버리는 것도 공통적이다. 잃어버린 어린 시절에 대한 낭만적 향수를 서술한 유진오의 「창랑정기」와, 오리엔탈리즘의 관점에서 조선 미(美)의 발견을 꾀한 이효석의 일문 소설들이 대표적인 사례라고 할 수 있겠다.

무엇보다도 중요한 것은, 적극적이건 소극적이건 간에 두 사람 모두 친일 문학과 관련이 있다는 사실이다. 두 사람 모두 이 치명적인 행적으로부터 자유로울 수가 없다. 친일 문학에 관한 그 당시의 용어는 소위 '국민문학'으로 총칭되었다. 일제강점기 말의 우리 문인들은 비국민적인 국민문학론을 통해 자유주의에 의거한 세칭 국민문학을 자행했다.

특히 유진오는 비평문인지 선동문인지 헷갈리는 유의 국민문학에 관한 비창작 글들을 많이도 썼다. 그는 소설을 한글로 쓰되, 이런 유의 글들은 대체로 일문으로 썼다. 그는 스스로 밝혔듯이 30여 편이나 되는 국민문

---

15 이재선, 「분열과 화해」, 『한국문학전집 7』, 앞의 책, 385쪽, 참고.

학 유의 소설들을 읽었다. 한 예를 들자면, 이효석의 국민문학에 대해 이런 평을 남기기도 했다. 두 사람의 인연은 삶과 죽음마저 잇고 있다.

> 고(故) 이효석 씨의 「서한(書翰)」은 방공 연습을 배경으로 전개되는 부자간의 흐뭇한 애정을 다루고 있다. 이것 역시 시국적인 소설이지만, 아버지와 아들의 성격과 애정, 그리고 방공 연습 사이에 이렇다 할 필연적인 관련이 없는 것이 흠이다. (……) 그러나 「풀잎」은 씨에게 있어서 드물게 정열이 넘치고 진실감이 담긴 작품으로, '요즘 이런 것을?' 하는 느낌이 있었으나 역시 감명 깊게 읽었다. 이런 다채로운 소질의 작가를 잃게 된 것이 여간 애석하지 않다.[16]

시국 소설은 친일 소설이다. 유진오는 이효석의 소설 「서한」을 두고 시국적인 소설이라고 했는데, 정직하게 말하면 친일에 가까운 소설이란 표현이다. 소극적인 친일 소설이라고 해도 무방하다. 이효석 역시 살아생전에 「문학과 국민성」(매일신보, 1942. 3. 3~3. 6)이란 글에서 '시국의 움직임을 그리고, 국책을 논한 문학도 좋은 것'이라고 말하기도 했다. 시국과 국책을 논하는 국민문학의 존재 의미를 십분 인정했던 것이다.[17]

물론 이효석이 적극적으로 국민문학에 가담하지 않았다고 옹호하는 연구자들도 적지 않다. 식민주의 담론이 강제한 국민문학을 오히려 넘어서려고 했다는 주장도 있다.[18] 방민호는 한걸음 더 나아갔다. 이효석 소설의 주인공들이 사회에서 추방되어 자연에 합류함으로써 진정한 개체적인 자아의 자유를 누리게 되었다고 강조하기도 한다.[19] 그렇다면 「장미 병들다」의 '남죽' 역시 이 유형의 인물에 해당될지도 모르겠다. 사

---

16 김병걸·김규동 편, 『친일문학작품선집 2』, 실천문학사, 1986, 51~52쪽.
17 문학과사상연구회, 『이효석 문학의 재인식』, 소명출판, 2012, 202~203쪽, 참고.
18 같은 책, 215쪽, 참고.
19 방민호, 「자연과 자연 쪽에서 조망한 사회와 역사」, 염무웅 외, 『분화와 심화, 어둠 속의 풍경들』, 민음사, 2007, 359쪽, 참고.

뭇 적극적인 해석이다.

　유진오와 이효석이 식민지 사회의 기득권을 누리고, 또 사회지도자로서 역량을 축적해가면서 조선의 자발적인 시민사회와, 이 미래상에 대한 관심이 점차 멀어져 갔다. 대신에, 그들은 국민의 개념에 점차 눈길을 돌리기 시작했다. 이때 국민은 '황국신민'의 약칭으로서의 국민이다. 국민문학이란, 일왕의 충실한 신민(臣民)이 되고자 하는 자들의, 어릿광대와 같은 문학이었던 것이다. 요컨대, 신민이 예속된 사람들이라면, 시민은 자유로운 사람들이다.

　일제강점기의 시민과 소시민, 그리고 국민은 모두가 식민지백성이다. 잘나도 못나도 식민지백성에서 벗어날 수 없었다. 3·1운동 때 사회지도자의 지위에 놓여 있었던 문인들이 시민이었다면, 이때 사실상의 주체세력인 학생 신분의 문인들이 소시민이었다.

　소시민 문학이 일제강점기 문학을 주도했다. 문학성은 두말할 필요도 없고, 문학의 사회적 성격을 이끌어내기도 했다. 소시민 문인 중에서도 연령차가 있는 경우도 있었다. 염상섭과 이효석은 10년 차이의 연령이었다. 염상섭은 소시민에서 시민으로 성장해 시민 문학의 꽃을 활짝 피웠지만, 대부분은 소시민 문학의 개인주의에서 크게 벗어나지 못한 경우가 적지 않았다.

　일제 말기인 1940년대 전반기에, 일제강점기의 문인들을 갈라놓은 개념은 국민, 국민문학이었다. 대시민인 최남선·이광수에서부터 중소시민인 유진오·이효석 등은 국민, 즉 식민지백성으로서 황국신민이 되기를 원했다. 이에 굴하지 아니하고 붓을 꺾거나 은신한 문인들도 있었다. 한용운·정인보·염상섭·정지용·김영랑·이은상·김동리 등은 문학 외적 처신으로도 높이 평가될 만하다. 이 중에서 오래 살았던 이은상과 김동리는 훗날 진보진영으로부터 우파의 거두로 지목되어 비판되기도 했다.

백정 인권이 스민 소설

1

　백정들의 신분적 차별은 오래되었다. 이들은 한 장소에 모여 살면서 가축을 도살하는 일을 주업으로 삼았다. 서양에서는 기술자, 장인(匠人)의 일로 사회적인 대접을 받았지만, 이들은 개의치 않고 피혁 제품을 제조하거나 가공하는 천한 일을 하기도 했다. 일은 하나님의 소명이니까. 일에는 귀천이 없다. 나 역시 책을 읽고 글을 쓰는 일을 해오고 있지만 운명이라고 여길 때가 많다. 소명이나 운명이나 그게 그거다. 가축을 잡고 오물을 처리하는 일을 아무도 하지 않으면, 누가 하나? 3·1운동의 근대적 자각을 계기로 백정의 인권 문제가 본격적으로 제기되기 시작했다. 백정의 인간다운 권리의 회복을 위해 결성된 형평사는 경남 진주에서 시작되었다. 글자 그대로 저울처럼 평등한 사회를 실현한다는 의미에서 결성된 조직이었다.
　강상호·신현수 등의 비백정 사회활동가들과, 이학찬·장지필 등의 백정 지도자들이 모여 백정의 신분 해방을 위한 형평사 첫 모임을 가졌다. 장소는 '진주좌'인데, 해방 이후 진주극장으로 오래 사용되어온 지역

사회의 명소였다. 1923년 4월 24일이었다. 그 다음 날에는 창립총회가 열렸다. 이 일들을 계기로 해, 형평사 창립이 전국적인 관심사로 부각되었고, 진주는 형평 운동의 발원지로 인식되었다.[1] 한마디로 말해, 우리 역사에서의 형평 운동은 근대 인권사의 획기적인 일로 역사적인 평가를 받고 있다.

전국적으로 확산된 형평 운동의 영향으로 인해 1920년대 백정을 소재로 한 소설들도 눈에 띈다. 홍사용의 「봉화가 켜질 때에」(1925)와, 노자영의 「무한애의 금상」(1925)과, 조명희의 「낙동강」(1927)이 그것이다. 이 소설들에 등장하는 주인공들은 모두가 백정의 딸들이며, 학교를 다닌 지식인 여성들이며, 또 비극적인 삶과 마주한 젊은 여성이다. 이 세 편의 단편소설은 사회문화적인 비평의 관점에서 문학적 가치로 인정을 전혀 받지 못했고, 백정의 인권문제를 제기한 소설로서도 인정을 전혀 받지 못했다.

2

홍사용의 「봉화가 켜질 때에」는 『개벽』지(誌) 1925년 7월에 발표되었던 단편소설이었다. 소설 속의 부산 여자 최귀영은 백정의 딸이다. 직업이 신분을 결정하지 못하고 신분이 직업을 결정하는 시대의 비극이 담겨 있다. 진짜 비극은, 부모가 천인이면 자녀가 양인이 될 수 없다는 것, 즉 가족사의 대물림되는 비극에 있다. 소설은 일종의 박해 텍스트이다.

귀영은 서울에서 고등여학교를 졸업했으나, 기미년 만세운동에 연루되어 영어의 몸이 된다. 같은 동지로서 만난 남자와 연애한 후에 결혼에

---
[1] 김해영 글, 김용철 사진, 『진주 역사』, 한국문화사, 2020, 147쪽, 참고.

이르렀지만, 아버지가 백정이란 사실을 알리지 않았다. 이를 알게 된 남편은 그녀를 무정하게 버리려 한다.

> 남편은, 도무지 용서하지 않았다. 귀영이가 나중에는 '밥을 먹기 위하여 일하는 그것이, 무엇이 잘못이오. 사람들에게 먹을 것을 드리는 직업이, 무엇이 천하오.' 하고 소리쳐 부르짖었으나 남편은 들은 체 안 하고 '더러운 년 백정의 딸년이……' 하고, 마구 내쫓았다.[2]

귀영은 부산으로 쫓겨 내려와 혼자가 되었다. 상해로 건너가 열사단(烈士團)에 가입한다. 이 열사단의 모델은 의열단임이 틀림없다. 그녀는 이국에서 독립운동을 하던 중에, 병을 얻어 귀향한다. 그녀가 가족 앞에서 죽어가는 과정이 무척이나 비극적이다. 그의 엄마는 딸이 죽는다고 저승사자를 맞이하기 위해 밥을 짓는다. 저승사자를 손님이라고 여기는 것은 생사가 불이(不二)라는 관념에서 나온 것. 여동생 취정은 언니가 죽자 봉화대에서 불을 지른다. 마을의 사람들은 이 행위를 두고 취정이가 실성을 해 '불지랄'을 한다고 했다.

우리 문학사의 대표적인 로맨티시스트인 노자영이 쓴 「무한애의 금상」은 중편소설이다. 제목이 좀 난해하다. 말하자면, 영원한 사랑의 빛나는 상징 정도로 이해하는 것이 좋겠다. 친일 귀족의 아들인 태순과 음악을 전공한 혜정은 서로 열렬히 사랑했다. 그러나 두 사람 사이에 혼사장애가 발생한다. 혜정이 백정의 딸이기 때문이다. 태순의 아버지 윤 남작이 아들의 결혼을 반대하는 데 한 치의 양보도 없다. 귀족과 천민의 혼인은 있을 수 없는 일이라고 생각했을 터. 결혼이 좌절된 혜정이 자살했다. 사회적인 문제가 되었다.

---

[2] 최원식 외 편, 『정본 노작 홍사용 문학 전집』, 서해문집, 2022, 143쪽.

혜정이 죽은 설운 로맨스는 각 신문에 굉장히 보도되었다. 그리고 신문마다 윤 남작의 완고하다는 와루구치가 씌어 있었다. 윤 남작도 무슨 생각을 하였던지 한문으로 쓴 제문과 함께 화환 한 개를 혜정의 영전에 바치었다.[3]

소설 본문에서 '로맨스'라고 했듯이, 이 소설은 사랑의 파국으로 치달은 낭만주의적 소설이다. 인용문에서 일본어 '와루구치(わるくち)'는 험구(險口)를 뜻한다. 신문에서 윤 남작을 비난한다는 것은 세론이 좋지 않음을 반증한다. 젊은 남녀가 신분이 달라 결혼을 하지 못한다는 것은, 그 시대에도, 시대가 무슨 시대인데, 하는 여론이 형성되어 있었던 것 같다. 다시 말해, 형평운동이 사회적인 영향을 끼쳤다는 얘기가 된다. 결국 태순도 혜정을 따라 죽는다. 금지된 사랑에 대한 저항으로서 죽음을 선택하는 일본 전통의 신주(心中)가 엿보인다. 사랑을 표현하지 못하고 '마음속'에만 간직한다는 점에서, 심중 즉 '신주'인 것이다.

조명희의 「낙동강」은 1927년에 『조선지광』 제69호에 발표되었던 단편소설이다. 공간적 배경은 낙동강 하류와 부산 구포벌이다. 1920년대 프로문학 중에서 최고의 성취 작으로 손꼽히고 있다. 앞에서 소개한 두 작품과 달리 형평운동을 직접적으로 반영한 작품이다. 구포의 장거리에서 형평사원들과 장꾼들 사이에 큰 싸움이 벌어지는 작중(作中)의 장면이 나온다. 실제로 그런 일이 있었을 개연성이 크다. 그렇다면, 김해에서 노동자들이 백정들의 가옥 8채를 파괴한 일과 사뭇 흡사하다. 주인공의 한 사람인 박성운이 이를 말리니, 장꾼들은 너도 '새백정'이냐고 한다. 새백정이란, 백정 편을 드는, 동정과 연대의 소지식인을 가리킨다.

주인공인 박성운과 로사. 박성운은 낙동강 어부의 손자요, 농민의 아들이다. 로사는 사회주의 운동의 상징적인 여성 로사 룩셈부르크에서

---

[3] 노자영, 『사랑의 불꽃 반항 (외)』, 범우, 2009, 96쪽.

따온 개명된 이름이다. 그녀는 백정(형평사원)의 딸이지만 서울에서 여고 보와 사범과를 나와 여훈도가 되었다. 그 당시의 여성으로서는 최고의 지식인인 셈이다. 두 사람은 동지적 열애에 빠졌다. 부산 출신인 나는 이 소설의 표현에서 놀라운 점을 확인할 수가 있었다. 경기도 출신의 홍사용이「봉화가 커질 때에」에서 그랬던 것처럼, 충청도 출신의 조명희가 부산의 방언과 장소성과 향토색을 어떻게 그럴싸하게 재현할 수 있었는가, 하는 거였다.

  보소. 배 부리는 양반. 뱃소리나 한 마디 하소.
  각중에 이 사람, 소리는 와 하라꼬?[4]

 보소, 하소, 하는 말투는 부산 및 그 인근의 전형적인 사투리다. 의문형 어말어미인 '…능교'도 그렇다. 중부 지방의 사람들이 들으면, 다소 시비조로 들리는 말투들이다. '각중에'는 '촌각중(寸刻中)에'의 준말이다. 갑자기라는 뜻이다. 작가는 뱃소리를 두고 경상도 특유의 '닐리니조(調)'라고 썼다. 짐작건대 '메나리조'를 두고 말하는 것 같다.
 로사가 방학 중에 귀향할 때 때마침 애인 박성운이 병사하고, 그의 장례식에 참여한다. 로사는 백정인 아버지와 갈등을 겪는다. 아버지는 딸이 현실에 안주하기를 바라지만, 딸 로사는 최하층에서 터져 나오는 '폭발탄'[5]이 되기로 한다. 소설 본문에서는 이렇게 적시하고 있다. '로사는 사랑의 힘, 사상의 힘으로 급격히 변화하여가는 사람이 되었다.'[6] 이 소설에서 형평운동과 사회주의 운동의 연계된 점을 찾을 수 있으나, 현실에서는 그다지 뚜렷하지는 않았다.

---

[4] 조명희, 『낙동강 (외)』, 범우, 2004, 26쪽.
[5] 같은 책, 29쪽.
[6] 같은 책, 30쪽.

백정 사회는 사뭇 자폐적이었다.

백정들은 자신들끼리 모여 산다. 전국에 백정골로 불리는 곳이 더러 있었다. 소를 신성시하면서 소의 영혼을 하늘나라로 보낸다는 점에서, 스스로 '흰고무래'라고 칭했다.[7] 흰고무래는 백정의 우리말이다. 일종의 성직(聖職)으로 본 거다. 대체로 보아서, 백정 자녀는 백정 자녀끼리 결혼한다. 이것을 두고, 이를테면 '쌍고무래'[8]라고 한단다. 이상의 세 편 소설에서 백정의 딸이 귀족이나 양민의 아들과 더불어 연애나 결혼을 했다. 쌍고무래를 이루지 못한 이 앙혼(仰婚) 양상이 불행과 비극의 빌미가 된 것이다.

3

전국적 규모의 형평사 조직은 1930년대에 이르러 퇴조하기에 이르렀다. 사회주의 활동 노선과의 충돌 때문이었다. 급진적인 좌파 사원들은 형평사가 사원들의 계급의식을 일깨우는 데 기여하지 못하고, 오히려 계급투쟁의 장애가 되었다고 문제를 제기했다. 이런 분규가 조직의 약화를 가져온 것은 분명했다. 형평사는 마침내 1930년대에 이르러 일제가 침략전쟁을 일으키며 황민화 정책을 강화하는 와중에서 사라지고 말았다.[9]

나는 이 글에서 백정 인권과 관련된 동시대의 소설들을 살펴보았다. 1920년대의 단편소설 세 편이 백정들을 소재로 한 소설의 선구적인 터전을 닦은 것이라는 의미가 부여될 수 있을 것이다. 이 점에 관해서는

---

7 서정범 외, 『숨어사는 외톨박이·1』, 뿌리깊은나무, 1977, 166쪽, 참고.
8 같은 책, 168쪽.
9 김해영 글, 김용철 사진, 앞의 책, 150쪽, 참고.

거의 논의가 되지 않았다. 이 글에서 다룬 작품들은 백정 인권을 명시적으로 드러내지 않았지만, 이것이 스며있고 녹아있다는 것은 틀림없는 사실이다.

현대소설 중에서 백정들의 삶이나 애환을 부분적으로 다룬 소설들이 적지 않았는데, 대표적인 작품으로 뽑을 수 있는 것은 황순원의 「일월」과, 박경리의 「토지」와, 정동주의 「백정」 등이다. 이 작품들은 장편소설이거나 대하소설이다. 앞으로, 인권사의 측면에서 백정의 삶을 소재로 한 소설에 대한 연구가 본격적으로 이루어지면 좋겠다.

제3부
해방기와 분단시대

리얼리즘의 중도적 성취에 값하다
―염상섭의 「그 초기」론

1

몇 년 전에, 광복회장이란 이가 해방 직후에 소련군은 해방군이고, 미군은 점령군이라고 말을 해 사회적으로 큰 파장을 남겼다. 문제는 지금 대한민국에서 이와 같이 생각을 하고 있다는 사람들이 적지 않다는 데 있다. 미군이 해방군이요, 소련군이 점령군이라고 거꾸로 말을 하면, 이렇게 말을 하는 사람을 가리켜 극우니 뉴라이트니 하면서 비난의 눈초리를 보내는 이들도 적지 않다. 이런 점에서 볼 때, 아직도 우리는 마음속의 내전을 청산하지 못하고 있다. 도대체 이념이 무엇이기에, 역사 해석이 어쨌든 간에, 있는 그대로, 중립적으로 바라보지 않고 우리 스스로를 옥죄거나 얽매거나 해야 하나?

해방의 감격을 맛본 지도 얼마 지나지 않은 국경도시 신의주에서 점령군 소련군을 반대하고, 김일성과 공산주의를 배격하는 학생 운동이 일어나 학생 23명이 사망하고, 수백 명의 부상자가 발생한 비극적인 일이 일어났다. 그런데 지금의 사정은 어떤가? 반소반공을 부르짖으며 또한 자유를 외치면서 죽어간 어린 학생들을 희생의 제물로 삼은 이 사건은 점차 기억으로부터 사라져간 대신에, 혼돈의 해방기에 남한에서 있었던 국가 폭력, 군경의 만행만을 부각하고 있지 아니한가?

이 사건은 1945년 11월 18일, 용암포에서 먼저 일어났다. 수산기술자를 양성하는 용암포수산학교를 폐교한 후에 노동당 정치훈련학교로 개편하려고 하자 학생들이 반발했고, 이를 말리는 교회 장로를 집단폭행으로 사망하게 하자 소요 사태가 발생한 것이다. 이것이 시내 학생들에게 알려지자 신의주 6개 중학교 학생들—지금의 고등학교 학생에 해당한다—이 벌떼처럼 들고 일어난 것이다. 같은 해 11월 23일에, 신의주의 학생들은 세 개 조로 나누어 습격했다. 제1조의 표적은 인민위원회 보안부, 제2조의 표적은 당 평북 본부, 제3조의 표적은 시(市) 보안서였다. 이 과정에서 소련군의 집중사격(기총소사)이 있었던 것이다.[1]

소련군이 어린 학생들에게 가한 이 총격 사건은 그 당시만 해도 유례없는 일이기도 했다. 보편적 인권의 기준에서 볼 때 악행이요, 만행이었다. 해방이 된 지 3개월 남짓한 시점이어서 38선 이북에도 좌우파가 공존하고 있었다. 이 사건이 이북에서의 우파 인사를 대대적으로 탄압하는 빌미가 되기도 했다.

2

신의주반공학생의거를 소재로 한 소설은 염상섭의 「그 초기」이다. 그는 10년 가깝게 만주 생활을 해 왔다. 작가로서의 공백도 이 기간이었다. 그가 해방이 되고 신의주에 잠시 머물고 있을 때 이 사건을 목격한 것이다. 그는 서울로 돌아오기까지 시간이 좀 걸렸다. 해방과 동시에,

---

[1] 한국민족문화대백과사전 편찬부, 『한국민족문화대백과사전 13』, 한국정신문화연구원, 1994, 899쪽, 참고.

왜 바로 내려오지 않았는지에 관해선 나도 잘 모른다. 그가 서울로 귀환한 여정의 체험을 해방기 5년의 소설에 대한 주된 소재로 삼았다. 그가 해방기 5년에 쓴 소설들, 이를테면 「첫 걸음(개제 : 해방의 아들)」, 「일대의 유업」, 「임종」, 「두 파산」 등은 그 자신의 후기 명작으로 잘 알려진 주옥같은 작품이다. 그런데 내가 알기론 「그 초기」에 관해 본격적으로 언급한 사람은 아무도 없다. 권영민은 『해방직후의 민족문학운동연구』(1986)에서 염상섭의 해방기 소설에 대해 13쪽수를 할애할 정도로 상세하게 다루었지만, 아쉽게도 「그 초기」를 간과하고 있다. 이 소설에 관한 그의 언급은 단 한 문장뿐이다.

신의주 학생 사건 문제를 국외자의 입장에서 단편적으로 다루고 있는 「그 초기」는 공산주의가 뿌리내리기 시작하는 첫 단계의 모순을 제시한 것이다.[2]

제목이 '그 초기'인 것은 공산주의가 38선 이북에 뿌리를 처음으로 내리기 시작하던 무렵의 일이라는 사실을 가리키고 있다. 이 소설은 작가 염상섭이 귀환의 중도에서 직접적으로 겪은 이야기다. 1945년 11월의 체험이 1948년 3월의 탈고가 되기까지 2년 4개월이 소요된 것이다. 소설의 첫 문장이 다음과 같다. 불길한 예감이 깃든 문장이다.

'영걸이댁은 한 시를 땡 치는 소리를 듣고 거멓게 절은 맞은 벽에 걸린 시계를 무심코 치어다보며 눈살이 또 저절로 찌푸려졌다.'[3]

소설은 1945년 11월 23일 오후 1시로부터 시작한다. 소설은 대체로 보

---

2 권영민 저, 『해방직후의 민족문학운동연구』, 서울대학교출판부, 1986, 210쪽.
3 염상섭, 「그 초기」, 『백민』, 제4권5호, 백민문화사, 1948, 86쪽. (이하는 '그 초기 : 쪽수'로 대신한다.)

아 예닐곱 시간의 일을 반영하고 있다. 영걸이댁은 이영걸의 아내이다. 이영걸은 우익 인사인데, 도청에 잡혀 들어가 소설의 본문에는 등장하지 않는다. 그는 인쇄업, 출판업을 시도하고 있는 식자층 인물이다.

  동료로는 방선생과 중식이 있다. 방선생은 해방 전에 D중학교에서 영어와 일어를 가르치는 교사였으나, 시대가 바뀌어 쓸모가 없어져 교직을 그만두고 영걸과 함께 우익 정당의 조직에 가담하거나 인쇄업, 출판업을 함께 도모한다. 중식은 일본에 유학하여 법대를 졸업한 지식인이다. 신의주에서는 인민위원회 보안부장 한웅(韓雄)이 막강한 권력을 장악하고 있다. 인쇄나 출판을 하려면 그에게 가서 종이 배급을 받아야 한다. 보안부장인 한웅은 이 시기의 실존 인물이기도 하다. 소설 속의 누군가의 전언에 의하면, 영걸이 그의 관사로 들어가려고 하다가 경계망에 걸려서 몸수색을 당한 후에 도청의 유치장으로 인치되었다고 한다. 섶을 지고 불구덩이로 들어간 셈이다. 실제로 한웅은 방약무도한 패악질로 인심을 많이 잃었다. 신의주 사태가 일어난 원인도 그 자신에게 있었던 것이다.

  영걸이댁은 방선생, 중식과 함께 잡혀있는 남편을 만나러 도청으로 가고 있는 중이다. 다들 영걸이 도청에 가서 종이 배급을 해달라는 부탁을 한 것밖에 없는데 무슨 죄가 되겠느냐고 생각하고 있다. 물론 안이한 생각이다. 그런데 거리에는 기마 순사가 달려오고, 학생들이 뛰어간다. 소요 사태가 일어나고 있음을 알게 된 것이다. 영걸이댁은 오가는 학생들 중에 자신의 아들인 창식이도 있을 것만 같다. 가슴에서 '두방맹이질'을 한다.

  기마 순사는 학생 떼를 제지하려고 말고삐를 획 돌린다. 그와 동시에 도청 편에서는 별안간 '으악!' 하는 소리가 들리자, 후다닥 콩 볶는 소리가 바로 발밑에서 나듯이 난다. 그 한순간이 지나니까 사방이 괴괴하여졌다. 거리의 사람들은 일시에 발을 멈추었다. 그러나 기마 순사에게 길이 막혀 갈팡질팡하던 학생들만은 그 고함과 총소리에 피가 다시 끓는지 말이 이리 뛰고 저리 뛰고 하는 틈을 족제비처럼 살살 빠져서 굳이 닫힌 철창문을 바라보고 단숨에 뛰어들 간다.[4]

염상섭이 최초의 발포 현장을 목격한 것 같다. 그렇지 않고서야 이렇게 사실적으로 묘사할 수 있겠나, 싶다. 이 인용문을 두고 볼 때 그의 「그 초기」는 기록문학으로서의 일정한 가치도 내포하고 있다. 이런 점에서 볼 때, 이 작품은 기록의 진실 정신과 창작의 문학성을 동시에 공유하고 있다는 특장을 지니고 있다고 봐야 할 것 같다.

소설 속의 영걸이댁은 학생들의 무리 속으로 향해 아들 창식이를 찾으려고 단걸음에 뛰어간다. 그녀는 갇혀 있는 남편 영걸도 잠시 잊고 있었다. 아들 창식이가 총에 맞아 쓰러지지 않았나가 걱정이다. 그녀의 눈에는 핏발이 서 있다. 작가는 그녀의 눈에 '눈엣불'이 났다고 적고 있다. 학생들의 행렬 속에서 아들을 찾는 애틋한 모정(母情)이 실로 눈물겹다.

"창식아! 창식아! 여보 우리 창식이 봤소?"
길 잃은 자식 찾듯이 영걸이댁은 창식이를 줄달아(잇달아-인용자) 물으며, 이 학생 저 학생 닥치는 대로 말을 붙여 보았으나 아무도 대꾸를 하여 주는 사람이 없다. 누구의 얼굴이나 살기가 시퍼렇고 아무도 입을 벌리지 않았다. 엄숙한 행진이다. 혼잡한 장의(葬儀)의 행렬이었으나, 또 소리 없는 비통한 행렬이었다. 침통한 기분이 거리에 가라앉았다.[5]

작가는 피 끓는 학생들의 행렬을 소위 장의(葬儀) 행렬로 비유하고 있다. 작가는 마치 르포 작가처럼 신의주의 도심 구석구석에 카메라를 들

---

[4] 그 초기 : 89쪽.
[5] 그 초기 : 90쪽.

이대는 것 같다. 도청, 도립병원, 세관통, 장시(場市), 공회당, 주둔군(소련군) 숙사 등에 눈을 주고 있다. 길목마다 보안대원들이 좌우에 늘어서서 사람들의 통행을 금지한다. 마치 세밀화와 같이 눈에 보이는 것을 묘사하는 작가의 리얼리즘 정신이 무척이나 돋보인다. 학생들이 포위된 상황을 이렇게 묘사하고 있다.

> 길이 막혀 새 빠져 나오지 못한 저편의 학생들은 오도 가도 못하고 독 안에 든 쥐가 된 셈이다. 생각건대 창살 안에서 총부리를 밖에 대고 있던 보안부원이 학생의 기세가 꺾이어서 퇴산하는 것을 보고 그제야 문을 열고 나와서 앞뒤로 길을 막는 모양이다. 빠져 나오지 못한 학생들은 자연 검속된 운명에 빠졌다. 포로가 된 셈이다.[6]

사태는 매우 긴박하고 심각하게 돌아가고 있었다. 영걸이댁은 '어미가 (아들을―인용자) 데리러 가서 붙들어 가자고 오는 데 총부리를 대랴.'[7]고 생각하고 있다. 인정사정을 생각할 소련군과 보안대원이 아니다. 이들의 총구는 학생들에게, 이들의 움직임을 향하고 있었다. 총소리와 함께 온 천지는 아수라장이 되고 말았다. 도심에는 불마저 나고 있다. 우익 정당의 간부요 영걸의 짝패(절친)인 방선생은 날이 추워져 중식과 더불어 소주잔을 기울인다. 마음이 옥죄이고 우울해져 술기운을 빌리려고 하는데, 별안간 총소리가 들린다. 타앙, 타앙, 탕. 방선생과 중식은 서로 '물그름 말그름'(물끄러미) 소리 없이 바라보다가 불안과 공포에 빠진다. 사태가 심각해졌다. 목재가 쌓인 곳에 불까지 났다.

큰 거리를 나서서 보니 도청이나 당 본부와는 반대 방향인 장거리 쪽에서 검

---

6 그 초기 : 91쪽.
7 그 초기 : 93쪽.

은 연기가 무럭무럭 피어오른다. 공회당 편 신작로가 통행금지가 되어서 그런지 이쪽 길은 행인이 불시로 붙어서 빽빽하다. 불 구경꾼이 떠드는 소리를 들으면 어느 목재상에서 난 불이라 한다.

"불은 또 웬 불이야."

뒤에서 숨이 턱에 닿는 소리가 난다.[8]

이 소설의 원문을 찾아 마치 판독을 하듯이 불을 켠 장치의 돋보기로 읽는 내 마음이 우파적이라고 해도, 먹먹해졌다. 계란으로 바위를 치는 소년 전사들의 저항 정신을 두고, 인권의 차원에서, 인간의 보편 가치에서 논의해야지 좌파니 우파니 따질 일이 아니라고 본다. 신의주반공학생의거기념회가 '의거진상기(義擧眞相記)'라는 의미로 간행한『압록강변의 횃불』(1964)에, 이 나라 청년 학도가 대(對)독일, 대일본 전쟁을 치르고 온 소련군을 상대로 맨주먹으로 맞섰다고 서술하고 있다.[9] 의거진상기에는 소련군의 만행을 적고 있다. 제2공업중학교에 재학하고 있던 한 학생이 쫓겨 다니다가 다급한 나머지 압록강으로 달아났는데 소련군들이 이 학생을 끝까지 추격을 했다. 이 학생은 압록강 철교 위에서 체념한 듯이 투신했다. 그들은 물속에서 허우적대는 이 학생을 마치 오리 사냥이라도 하듯이 따발총을 난사했다고 한다.[10]

영걸이댁과, 그녀의 도우미가 되어주는 방선생·중식은 D중학 3년생 이창식이란 이름을 확인하려고 이 병원 저 병원을 돌아다닌다. M병원이나 P 병원이나 문전이 학부형으로 장터를 이루어 몸을 비집고 도무지 들어갈 수가 없다. 의식이 없는 중상자는 씨명(이름)조차 알 도리가 없다. 작가 염상섭 역시 '문전(에)서부터 병실까지 뒤법석이요 제각기 소리소리

---

[8] 그 초기 : 94쪽.
[9] 신의주반공학생의거기념회,『압록강변의 횃불』, 청구출판사, 1964, 39쪽, 참고.
[10] 같은 책, 40쪽, 참고.

지르고 야단들'¹¹인 상황을 정확하게 포착해낸다. 마침내 다행스럽게도 모자는 병원에서 상봉한다. 이 사실은 소설의 내용이 잔인하게 파국으로 내몰지 않는다는 걸 의미한다. 작가가 가진 상상력의 촉수는 자연주의적 냉혹함보다는 사실주의적 인정주의로 귀결한다.

> (……) 북적대는 복도에서 발길을 어디로 둘지 알 수가 없다. 뒤에서 사무원에게 동7호실을 물어가지고 나온 중식이에게 부축이 되다시피 하여 휘더듬어 찾아왔다.
> "앗 어머니!"
> 바로 문 밑에 들어서며 첫째 침대에 누웠던 창식이는 커다란 기적에 놀란 듯이 소리를 지른다.
> "창식아, 이게 웬일이냐?"
> 중년에 들어가는 젊은 모친은 아들의 팔을 얼싸안듯이 붙들고 그만 울음이 터졌다.
> 창식이는 중상이라기는 하지만 목소리도 제대로 내고 두 팔을 짚으며 일어나 앉을 만치 원기가 있었다.¹²

창식은 왼쪽 허벅지에 총알이 뚫고 지나갔으나 뼈를 건드리지 않아 절음발이가 될 염려는 없다고 어머니를 안심시킨다. 하루 종일 함께 걱정해주고 도와주던 방선생은 집이 가깝다고 하면서 창식이 먹을 수 있는 '닭알죽', 즉 계란을 넣어 만든 죽을 마련해오겠다고 했다. 내 집이 바로 병원 옆이니, 닭알죽을 쑤어다가 창식이를 먹여야겠소. 병원 밖으로 나간 방선생이 형사에게 잡혀갔다는 어린 딸의 소식에 영걸이댁은 온몸의 맥이 탁 풀려버린다. 소설의 본문 중간 즈음에 '방선생의 무연(憮然)한 낯

---

11 그 초기 : 97쪽.
12 그 초기 : 97쪽.

빛'[13]이 소설의 복선이 되었던 바 있듯이, 소설의 막바지에는 방선생이 잡혀갔다는 말을 전해들은 영걸이댁이 이번에 무연한 낯빛이 되었을 게다. 무연하다는 말은 낙심하거나 허탈해 하면서 멍한 상태에 빠지는 것을 말한다.

소설의 내용은 여기에서 끝이 난다.

소설의 내용 중에서 한 가지 간과하지 말아야 할 게 있다. 소설 속에서 방선생을 통해 제기한 질문이 바로 그것이다. 당과 인민위원회를 지지하던 학생들이 왜 돌변했는가? 두 달 전만해도 선생인 자신을 반동분자로 경멸하면서 인사도 안 하던 학생들이 오늘은 거리에서 마주칠 때 왜 경의를 표하는가? 이 소설의 작가인 염상섭은 이에 대한 대답을 하지 않는다. 그는 해방기에 중간파적인 입장에 섰다. 전략적 모호성인지 어땠는지 잘 알 수 없지만, 그는 정치적인 입장에 대해선 침묵했다. 난세를 견디는 원로의 지혜인지도 모른다.

> 염상섭이 민족 계열의 문학 단체와 일정한 거리를 둔 채, 좌익 문단의 조직 요원으로 명단에 오르내리자, 이에 대한 민족 계열의 문인들의 반발이 커졌음은 물론이며, 좌익 문단에서도 그의 불분명한 태도를 중간파 또는 회색분자로 지목하여 비난하게 된다.[14]

염상섭이 「그 초기」에서 우파의 편을 들었다고 하더라도 좌파를 감정적으로 대응하지 않았다는 것은 틀림없는 사실이다. 그는 신의주반공학생의거기념회의 논리대로, 신의주의 실권자이자 인민위원회 보안부장인 한웅의 방약무도한 패악질을, 천인공노할 소련군의 만행을 적시하지 않았다. 그의 중도적 시선은 이른바 '리얼리즘의 위대한 승리'에 값하는

---

[13] 그 초기 : 92쪽, 참고.
[14] 권영민 저, 앞의 책, 205쪽.

것이라고 평가하고 싶다. 여기에서 위대한 승리라고 해서 거창한 것이 아니다. 범박하게 말하자면 리얼리즘의 중도적 성취에 다름 아닌 것이다. 이런 점에서 볼 때, 염상섭의 「그 초기」는 비록 단편적이지만 자신의 소설 「삼대」 이후에 쓴, 명작 이후의 명작이요, 우리 근대문학 소설사에서 명작 중의 명작으로 손꼽히는 것이라고 강조해 두고 싶다.

염상섭의 「그 초기」와 관련하여, 이상의 것에 못지않게 주목해야 할 문제가 있다. 학생들이 왜 돌변했는가? 무엇 때문에 당과 인민에서 자유의 요구로 시대의 노선을 전환하였는가? 염상섭이 이에 대해 전연 답하지 않았고, 리얼리즘 작가로서 가치중립성을 유지했다. 다만, 이 질문에 대한 응답은 최근에 전봉관이 쓴 일종의 비평적 에세이에서 찾아야 할 것 같다.

> 압록강 하구에 위치한 신의주와 용천군 일대는 땅이 평탄하고 기름져 쌀 생산이 많은 부유한 고장이었다. 유학생도 많았고, 기독교가 번성했다. 한반도 대부분에서 그랬듯, 해방 직후 이 지역 학생들도 소련군과 공산당에 대한 거부감은 없었다. 오히려 '조선을 해방해준 군대'로서 소련군을 열렬히 환영했다. 하지만 소련군이 점령지에서 살인·방화·약탈·성폭행 등 갖은 범죄를 자행하면서 여론은 급속히 악화되었다.[15]

왜 학생들이 자유를 외쳤겠는가? 돌변의 이유는 인용문에서 보듯이 소련군의 만행, 보안부의 악행에서 찾지 않을 수 없다. 이 소련군을 두고 이북의 해방군이라고, 반면에 미군을 가리켜 이남의 점령군이라고 우기는 사람들이 있다. 지금 국내의 사람들 중에, 이런 사람들은 아직도 적지 않다. 이런 점에서 신의주반공학생의거는 우리의 기억으로부터 아

---

[15] 전봉관, 「'자유' 외치는 학생 시위대에 공산당은 따발총을 쐈다」, 조선일보, 2023. 11. 5.

예 사라진 역사 사건이 아니라, 아직도 점령군이니 해방군이니 하는 것으로 보아 '진행 중'인 마음속의 내전과도 같은 것이다. 그 당시에 38선 이북의 실권자로 역사의 무대에 등장한 청년 러시아장교 김일성은 신의주에서만이 아니라 이북 전역에서 악행과 만행을 저지른 소련군을 가리켜 '해방자적, 원조자적 역할'을 수행했다고 공언하기도 했다.

3

이 글의 막바지에 이르러서 보니, 내게는 한 두어 가지 나머지 말이 남아있다. 염상섭은 이 소설에서 언어의 문제를 세심하게 다루려고 하지 않았다. 영걸이댁은 교육을 받은 것 같지 않은 평안도의 보통 여인인데 평안도 방언이 아닌, 작가 자신의 언어인 서울 방언을 구사하는 것이 무척이나 어색해 보인다. 작가의 주변에 평안도 지인들도 적지 않을 텐데 이 정도의 품을 팔지 않았다는 것은 리얼리스트로서의 한계를 분명히 보인 것이라고 하겠다. 다음에 인용된 소설 본문은 전형적인 서울 방언이다.

> 아이들두 하라는 공부는 안 하고 주책이 없지만, 어쩌잔 생각으로 차마 총부리를 대는구? 입 밖에 가진 것이 없는 어린 애들이 천이 오면 어떨구 만이 들끓기로 무에 무서워서 총질을 하더람![16]

그리고 역사적인 사건인 신의주 사태가 어떻게 봉합되었는지를 살펴볼 필요가 있다. 젊은 김일성이 신의주 사태를 수습하기 위해 신의주를 방문했다. 군중이 모인 대회장에는 무장한 보안대원들이 삼엄하게 경비

---

16 그 초기 : 92쪽.

를 서고 군중 사이에는 사복(비밀경찰)들이 끼어있어 시민들의 동태를 감시하고 있었다. 오버코트를 입은 가짜 김일성 장군은 이렇게 연설한다.

> (이번 사태는) 위대한 소련군의 해방자적, 원조자적 역할에 대한 오해와, 또 공산당의 사명과 정책에 대한 인식착오에서 온 것이 분명합니다. 그러나 학생들은 대체로 이용을 당한 데 불과한 것이고, 사실은 친일파, 민족반역자, 반동분자들의 눈에 보이지 않는 책동이 있음에 틀림이 없습니다. 철저히 조사해, 이런 자들은 처단되어야 합니다.[17]

신의주 사태는 38선 이북 내의 우익 정당이 해산되고, 우파 인사들이 검거되어 김일성의 말마따나 처단되는 빌미가 되고 말았다. 소설 속의 허구적인 인물인 영걸, 방선생, 중식도 만약 실존인물이었다면 김일성에게 처단되지 않을 수 없었을 것이다. 세계 인권사에서 소련의 최강 체제에 맞선 학생들의 의거는 헝가리의 반소 혁명보다 11년이나 앞선 것이라는 역사적 평가를 받고 있지만 말이다.

신의주반공학생의거기념회는 1964년에 김일성의 그 같은 발언을 두고 '김일성다운 면목(面目)이 약여(躍如)한 협잡(挾雜)적 발언'[18]이라고 평가한 바 있었다. 결국 김일성은 신의주 사태와 관련해 민심을 수습하기 위해 신의주의 실권자였던 한웅을 총살함으로써 마무리했다.

---

17 같은 책, 49쪽, 참고.
18 같은 책, 51쪽.

해방공간의 서정시와 인정세태

1

 한국전쟁 이전부터 한반도는 정국이 극도로 혼란했다. 남한의 좌우 대립은 무척 폭력의 양상을 띠었다. 전쟁이 피 흘리는 정치요, 정치가 피 안 흘리는 전쟁이라고들 생각하지만, 이 무렵의 정치는 전전(prewar) 상황이래도 사실상 '피 칠갑'이었다. 아직까지도 기억에 남는 정치적 사건들이 적지 않았다. 해방 8·15로부터 전쟁 개전일인 6·25까지 5년간인 해방기에는 월북자와 월남자가 많았다. 38선이 지금의 휴전선과 달리 그 당시에는 느슨했다.

 해방기 5년사 중에서도 1945년 8월 15일에서부터 1948년 8월 15일에 이르기까지 정확히 3년을 가리켜 '해방공간'이라고도 한다. 과거에 김윤식 등의 선학들이 즐겨 사용했던 용어다. 이때 공간은 시간의 반대 개념이 아니다. 축자적인 의미대로, 공간(空間) 즉 '빈틈'이다. 일제강점기와 대한민국의 사이에 놓인 틈새 같은 시간대. 그러나 권력의 공백기, 진공 상태는 아니다. 이 3년간은 '미군정기'라고도 한다. 사실은 객관적인 시대의 명칭으로, 해방공간보다 더 적절해 보인다.

어쨌든 해방기 3년사(史)의 시간대에 해당되는 해방공간에 발표된, 혹은 이 시기의 풍속을 보여준 서정시들을 살펴보려고 하는 것이 이 글의 동기요, 취지다. 무엇이 서정시인가? 정조, 심상, 사상, 정서 등의 지각들이 함께 모여 '가스 상태'로 뭉쳐진 실존적 역장이다.[1] 이 시대의 서정시는 사상이 정치적으로 기승을 부렸고, 정서는 고열의 상태에 이르렀다. 이 격동하는 혼돈 시대의 인정세태, 즉 사람의 감정과 세상의 모습이 그 당시에 발표된 서정시들에 잘 반영되어 있어서다.

2

해방 직후에 쓰인 서정시들을 모은 것으로는 해방 조선의 중앙문화협회에서 간행한 『해방기념시집』이 있다. 24명의 명사들이 쓴 시를 모은 것이다. 물론 홍명희, 안재홍, 이극로 등은 시인이 아니다. 면면을 살펴보면 좌우파를 가리지 않은 필진이 망라되어 있었다. 시의 내용은 대체로 해방의 감격을 노래한 것이다. 해방 기념의 해인 을유년(乙酉年)을 넘기지 않으려고 서둘러 낸 느낌이 없지 않다. 그해 12월 7일에 인쇄를 하고서, 며칠 후인 12월 12일에 간행했다. 당대의 평가는 그다지 긍정적이지 않았다. 시인 박세영은 이 시집을 두고, 무정견의 방가(放歌), 외침의 노래에 그쳤다고 했다.[2] 그럼에도 불구하고, 객관적으로 볼 때, 이 시집은 한 시대의 기념비와 같은 시집이다.

여기에 실린 시들은 국한문혼용체가 대부분이다. 정지용, 김기림, 임

---

[1] 폴 헤르나디, 김준오 옮김, 『장르론』, 문장, 1983, 57쪽, 참고.
[2] 여기에서의 방가는 '해방의 노래'라기보다 '고성방가'라고 하듯이 부정적인 의미의 방가다. 제 멋대로 부른 노래라는 뜻으로 말이다. (박세영, 「현단계와 시인의 창작적 태도」, 『예술』, 2권2호, 1946. 2. 5쪽, 참고.)

화 등의 시편에서 볼 수 있듯이, 한자 표기나 한자어가 많으면 많을수록 관념적인 주제가 뚜렷하다. 이런 점에서, 이 시집의 시편 중에서 작품성이 높은 것들은 한글전용체로 쓰인 것들이다. 말하자면, 양주동의「님을 뵈옵고」, 김광균의「날개」, 이용악의「시골 사람의 노래」, 김달진의「아침」이 주목에 값하는 시편들이다. 국어학자 이희승의 시편인「영광(榮光) 뿐이다」의 본문도 한자투성이인데 한학에 조예가 깊은 양주동의 시가 한글 전용의 장형 시로 쓰였다는 사실이 이채롭다. 누군가 이 네 편의 시들을 대상으로 한 편의 비평문, 소논문을 쓸 수 있다고 생각된다. 이 글에서는 김광균의「날개」를 소개하고자 한다.

눈물겨웁다
황폐한 고국 낡은 철로와 무너진 다리
서른여섯 해 비바람이 스쳐간 자취
애처러웁다
혼곤한 산과 들에 시냇물 소리
나의 부모 동생과 뭇 겨레가 살고 있는 곳
이 슬픔 위에
이 기쁨 위에
혁명이여, 아름답구나
피 묻은 네 날개 위에
찬란한 보람 동 터 오누나
잃어진 내 것을 찾아
거리로 가자 항구로 가자
혁명이여
나에게 장대한 꿈을 주려마
날아가야 할 하늘 저 멀리 가로놓이니

연약한 날개를 모아 노래 부르자
우리 두 팔을 걷고 바위를 밀자
가없는 곳에 큰 길을 닦자

—김광균의 「날개」 전문[3]

이 시의 본문에서 관념어라곤 '혁명(革命)'밖에 없다. 여기에서 혁명은 사회주의 혁명을 가리키는 게 아니다. 글자 그대로 '혁'은 나달나달해진 가죽을 새 가죽으로 바꾸는 것을 의미한다. 그러니까 혁명은 해방 직후에 우리의 운명을 바꾸는 것에 다름이 아니다. 본문 중의 '나의 부모 동생과 뭇 겨레'에서 겨레 역시 민족을 가리키는 것이 아니다. 겨레붙이, 즉 일가친척을 말한다. 거창한 범주라기보다 소박한 일상의 틀을 바꾸는 것이다. 물론 날개는 자유의 표상이다.

해방을 맞이한 오장환은 1930년대에 이미 두 권의 시집을 상재한 중견 시인이었다. 해방이 된 이후에 그의 사회 활동과 작품 활동은 부쩍 왕성했다. 해방된 해인 1945년만 해도 발표한 시가 적지 않았다. 이 중에서 그의 「병든 서울」은 해방공간에 좌 편향된 경향시의 한 압권이었다. 해방공간에 그가 한 일들을 요약하자면, (첫째) 좌파 문인 단체인 문학가동맹의 핵심 맹원으로 활동했고, (둘째) 해방 이후에 발표한 시들을 정리해 시집 『병든 서울』(1947)을 상재했고, (셋째) 최고의 여배우 문예봉과 함께 문화공작대원으로서 경남 지역을 담당했다.[4]

시편 「병든 서울」은 『상아탑』 창간호(1945. 12)에 발표된 장편 시다. 괄호 속의 한 행을 포함해 9연 70행의, 장형의 자유시다. 오장환은 해방 전에도 장시 형식을 시도했고, 이 시에서 자신의 형식을 계승한 것이라고 볼 수 있다. 작품을 완결한 시점도 밝혀져 있는데, 『상아탑』에는

---

[3] 정인보 외 지음, 『해방기념시집』, 중앙문화협회, 1945, 24~25쪽.
[4] 김용직, 『해방기 한국 시문학사』, 민음사, 1989, 203쪽, 참고.

'1945. 9. 28'라고 부기했고, 시집의 '작품 목록'에는 '45. 9. 27'로 표기되어 있다. 하루 차이라서 그다지 문제될 것은 없다고 본다. 새로운 희망의 빛이 보이는 시대에 수도 서울이 병들었다니, 무슨 말을 하려는 걸까? 본문의 부분을 보자.

> 그렇다 병든 서울아,
> 지난날에 네가, 이 잡놈 저 잡놈
> 모두 다 술 취한 놈들과 밤늦도록 어깨동무를 하다시피
> 아 다정한 서울아
> 나도 밑천을 털고 보면 그런 놈 중의 하나이다.
> 나라 없는 원통함에
> 에이, 나라 없는 우리들 청춘의 반항은 이러한 것이었다.
> 반항이여! 반항이여! 이 얼마나 눈물 나게 신명나는 일이냐
>
> (……)
>
> 병든 서울, 아름다운, 그리고 미칠 것 같은 나의 서울아
> 네 품에 아무리 춤추는 바보와 술 취한 망종(亡種)이 다시 끓어도
> 나는 또 보았다.
> 우리들 인민의 이름으로 씩씩한 새 나라를 세우려 힘쓰는 이들을……
> 그리고 나는 외친다.
> 우리 모두 인민의 이름으로
> 우리네 인민의 공통된 행복을 위하여
> 우리들은 얼마나 이것을 바라는 것이냐. 아, 인민의 이름으로 되는 새 나라
> ─오장환의 「병든 서울」 부분[5]

이 시가 한때 호의적인 평판을 받기도 했다. 1987년의 민주화 선언과, 월북 문인에 대한 정치적인 해금, 문학의 변혁 논리가 압도하던 시대적인 분위기에서 다들 띄우는 분위기였다. 솔직한 자기비판, 소시민 의식의 청산, 새로운 창조의 원동력을 찾기 위한 실천적 모색 등에서 비평적 우점이 부각된 것이라고 하겠다. 사실은 비평적 우점이라기보다 시대적 편승이라고 하는 것이 정확하다. 그럼에도 불구하고, 문학사적인 객관적인 평가에 있어서 어느 정도 긍정적인 면이 없지 않다고 보인다. 다음에 인용한 글은 권영민의 평가다.

> 광복 직후의 혼란스런 사회를 바라보던 시적 자아의 현실 인식과 새 나라 건설의 의지를 노래하고 있는 작품으로, 해방기 시단의 몇 안 되는 수작 중의 한 편으로 손꼽히고 있다.[6]

오장환은 이 시에서 알 수 있듯이, 문화공작대 일원으로 대중전선에 나선 시인의 행사 시 수준에 머물고 있다. 이 시는 시적 언어로서의 자질을 갖추지 못했다. 다만 건질 수 있는 건 모순어법(oxymoron) 정도이다. "병든 서울, 아름다운, (……) 서울아"이런 유의 표현은 사물의 대조(성)을 부정하면서 대신에 그 모순을 전적으로 수용하려는 의도 및 전략의 '대립적 일치(coincidentia oppositorum)'[7]를 보여준 높은 수준의 표현이라고 하겠다. 구호와 격문의 성격을 자명하게 보여준 가운데서도 말이다. 권영민도 이 시가 해방 후 진보적 시운동의 한 전범으로 간주되어 당대의 많은 신진 시인들에게 영향을 주었다[8]고 말했듯이, 이 시는 특히 전위시인파

---

5 『상아탑』, 창간호, 1949, 12, 10, 3쪽.
6 권영민 편, 『한국현대문학대사전』, 서울대학교출판부, 2004, 574쪽.
7 자크 뒤부아 외 지음, 용경식 옮김, 『일반수사학』, 한길사, 1989, 208~209쪽, 참고.
8 권영민 편, 앞의 책, 같은 쪽, 참고.

의 일원인 유진오[9]의 시에 결정적인 영향을 준 것으로 추정된다. 이에 관해서는 따로 후술할 것이다.

오장환의 「병든 서울」은 교양 주간지 『상아탑』의 창간호(1945. 12. 10)에 발표되었다. 같은 지면에 박두진의 시편 「장미꽃 꽂으시고」도 실려 있다. 좌우파 서정시가 나란히 실린 것이다.

꽂으세요. 새하아얀 그
당신의 옷고름에,
타는 듯 붉은 잎 고이 가꾼
나의 장미.

나비처럼 꽃잎처럼
비둘기는 내려앉고

　당신의 어깨 위에
　당신의 발등 위에

내게는 아무 것도
안 주셔도 좋습니다.
포근한 당신의 품 하얀 고름에
나의 꽃 꽂으신 것
바라만 봐도,
나비 같이 나비 같이 취하니까요.

---

[9] 소설가 유진오와 한글 표기로 동명이인이다. 과문한 탓에 잘은 모르지만, 시인 유진오와 소설가 유진오는 가깝지도 멀지도 않은 일가붙이인 것으로 안다.

내가 드린 장미꽃

꽃향기보다

더 고운 더 고운 당신의 숨결—

가만히 앉으셨어도

들리는 노래—.

———박두진의「장미꽃 꽃으시고」부분[10]

　인용 시의 부제는 '혁명가를 맞이하는 시'다. 여기에서 말하는 혁명가란, 사회주의 혁명가가 아니고, 우파적 민족지도자를 가리킨다. 외국에서 활동해온 이승만이나 김구 등의 지도자들을 말하고 있다. 이 시 역시 환영식에서 낭독되었을 가능성이 있다. 이런 유의 행사시는 좌파 진영의 시인들이 더 자주 이용하였다. 다음의 경우가 가장 대표적이다.

서른여덟 해 전 나라와 같이

송두리째 팔리어 피눈물 어려

남의 땅을 헤매이다 맞아죽은 동족들은

팔리던 날을 그리고

맞아죽은 오늘 9월 초하루를

목메어 가슴 치며 잊지 못한다.

그러나 오늘날 또한

썩은 강냉이에 배탈이 나고

---

10 『상아탑』, 앞의 책, 4쪽.

뿌우연 밀가루에 부풀어 오르고도

삼천오백만 불(弗)의 빚을 걸머지고

생각만 하여도 이가 갈리는

무리들에게 짓밟혀

가난한 동족들이

여기 눈물과 함께 우리들 앞에 섰다.

누구를 위한

벅차는 우리의 젊음이냐?

어느 놈이 우리의

분통을 터뜨리느냐?

우리들 젊음의 힘은

피보다도 무섭다.

―유진오의 「누구를 위한 벅차는 우리의 젊음이냐」 부분[11]

이 시는 시인 유진오가 1946년 9월 1일에 국제 청년의 날 기념 군중대회에서 낭독한 시다. 일종의 행사시인 것이다. 이 모음에 동참한, 아니 동원된 좌경 관객들의 열렬한 호응을 이끌어낸 선전선동 시다. 관객 수가 10만 명이라는 얘기가 있다. 해방기의 서울 시민은 절반보다 훨씬 이상으로 좌경화되었다고 한다. 이로 인해 유진오는 포고령 위반으로 미군정에 체포되었다. 엄혹한 시대의 필화 사건에 휘말린 것이다. 오장환은 그의 석방 여론에 적극적으로 나섰고, 임화는 같은 해 9월 5일에 「계관시인―옥중의 유진오 군에게」라는 시를 썼다. 유진오는 임화에 의해 '고난의 조국이 주는 영광의 화관'을 쓴 인민의 계관시인이 된 셈이었다.

---

[11] 김광현 외, 『전위시인집』, 노농사, 1946, 68~69쪽.

월북 즉 북행을 선택한 것에 관한 소재의 시가 경향신문 1947년 2월 모일(某日)에 발표된 적이 있다. 장서언의 「눈 오는 청단역」이다. 그는 시 창작을 드문드문 오랫동안 해 왔지만 시집을 낸 적은 없다고 한다. 그는 시인으로서 대성할 욕망을 가진 사람은 아닌 듯하다. 1912년 서울 출생이다. 1937년 연희전문학교 문과를 졸업한 이후에 김기림, 김광균과 더불어 이미지즘 시인으로 활동했다. 해방 전후에 여행사에 근무하고, 오랫동안 교육계에서 봉사하는 삶을 살았다. 휘문고등학교, 성북고등학교, 홍익공업전문학교에서 교사와 교수로서 재직했다고 한다. 그 자신이 월북하거나 좌익 활동을 한 일은 없다고 한다.

　시의 배경이 되는 청단역은 해주역 인근의 철도역이라고 한다. 38선을 넘는 데 가장 가깝게 위치해 있는 역이다. 북행자는 젊은 여성이다. 이름은 숙(淑)이다. 결혼도 했고, 아이도 낳았다. 남편과 아이를 버리고 월북하겠다는 것은 사상적으로 굳건히 무장되어 있음을 말한다. 북행의 결단이 있기까지 사상적으로나 이념적으로 고뇌한 바가 작지 않았으리라고 본다. 시인의 자전적 경험이라기보다 허구적으로 극화한 내용의 시라고 봐야 할 것 같다. 그 당시의 상황을 비추어볼 때 개연성이 많은 일이라고 하겠다.

　　청단 벌 나리는 눈에
　　오고 가는 사람 사라지고
　　길은 없구나

　　이북으로 정처 없이 떠나는 숙(淑)
　　눈 오는 창밖에 서서 흰 수건
　　휘젓는 숙아

너는 너무 야무지구나 너는

너무 애처롭구나

바람 불고 눈 휩쓸리나

창유리는 도무지 말 없구나

남편과 아가를 버리고

학대 받은 관념에 실리려

북으로 떠나는 숙아

너와 나 사이에 점점 버그러져가는

커다란 혼(魂)의 공간

눈 나리는 슬픈 벌판이다.

태초에 길은 있었더니

청단 벌 나리는 눈에

길은 없구나

—장서언의 「눈 오는 청단역」, 전문[12]

   시의 화자는 시인 자신이 분명히 아니다. 북행을 결단한 젊은 여인은 화자의 아내인 것 같다. 누이라고 해도 좋을 것이다. 시의 화자가 만약 북행자 숙의 남편이라면, 부부 사이의 정신적 균열에 이별의 원인이 있을 수 있겠다. 이 균열은 시의 본문에서 '버그러져감'으로 표현되어 있다. 기본형 '버그러지다'는 사이가 어긋나 틈새가 벌어진 것을 말한다. 부부는 이미 사상적으로 부조화와 모순의 관계를 가졌으리라. 이 시를 소개한 적이 있었던 원로 비평가 유종호는, 이 시를 가리켜 북(쪽)으로

---

[12] 유종호 지음, 『나의 해방 전후 1940~1949』, 민음사, 2004, 183쪽, 재인용.

넘어간 이들의 불행한 후일담으로 인해 각별한 감회를 안겨주는 시, 사회사적으로 적지 않은 의미를 가지고 있는 시라고 보았다.[13]

이 시는 시기적으로 볼 때 한국전쟁과 직접적으로 관련이 없다. 이를테면 한국전쟁 전야(前夜)의 시편이랄까? 인과론적으로는 이 시야말로 한국전쟁과 밀접하게 연관되는 시라고 할 수 있겠다. 그런데 38선 이북은 남한처럼 좌우대립이 없었다. 김일성 유일체제에다 노동당 일당 지배인데, 어떻게 좌우대립이 있을 수 있겠나? 38선 이북의 주민들은 찍소리도 하지 못하고 숨을 죽이면서 살 수밖에 없었다. 다음의 시적 증언을 통해, 이데올로기에 의해 도덕성이 붕괴되고 있음을 알 수 있다.

> 억쇠가 지주 마누랄 겁탈하고
> 마당쇠가 생판 날불한당이 되어가고
>
> 어질디 어진 허첨지도 민반(民叛)으로 몰려
> 이웃 고을로 쫓기어 가고
>
> 개새끼 한 마리 얼씬대지 않는 동리마다
>
> 쓰따린 초상이랑 일성 초상이랑
> 험궂게 웃고 섰더니라.
>
> —조영암의 「북한 소묘」 부분[14]

이 시를 쓴 조영암은 대성중학교(용정)와 혜화전문학교를 졸업했다. 일제강점기에 승려 생활을 잠시 했고, 해방 직후에 북한에서 교사 생활을

---

[13] 같은 책, 182쪽.
[14] 신영덕, 『한국전쟁과 종군작가』, 국학자료원, 2002, 257쪽, 재인용.

했다. 1948년에 월남했다. 인용 시가 한국전쟁 기간에 쓰였다고 추정되지만, 내용은 1948년 이전의 북한 사회를 묘사한 것이다. 있는 그대로의 기억을 되살린 것. 강간은 과거의 신분적 주종 관계를 역전시킬 수 있는 강력한 무기다. 권력은 이것을 용인하고 있다. 법이 없이도 살 수 있는 어진 이는 민반(民叛)으로 몰렸다. 인민을 배반한 반동분자다. 길가에는 스탈린 초상과 김일성 초상이 예제 붙어있을 뿐이다. 우리가 충분히 연상할 수 있는 그림이다.

친일파와 민반 부농의 토지를 무상으로 몰수해 '경자유전'의 원칙에 따라 밭갈이하는 농민들에게 무상으로 분배한 38선 이북의 토지개혁(1946. 3)은 그 나름의 과거 청산이라고 말할 수도 있다. 국내 학자 중에서도 이를 두고, '친일 매판 세력의 물질적 토대를 해체해 민주적 건설의 방향과 기틀을 잡았다.'[15]고 긍정적으로 평가하기도 한다. 하지만 조영암의 시에서 인용한 것처럼 체제 내에서 직접적으로 체험한 이의 실상은 지적 담론의 접근 시스템과 다르다. 개혁 과정에서 노정된 부도덕성, 비인간화를 어떻게 볼 것인가? 물론 '도덕적인 것이 항상 합리적인 것은 아니라'[16]는 반론을 펼 것이다. 정치적 혼란기에, 시대적 격동기에 도덕의 문제 정도야 그다지 긴요한 게 아니라거나, 한 부분에 지나지 않는다거나 하는 정도로 치부해버린다면, 수단이나 절차보다 목적이나 결과에 지나치게 힘을 쏟고, 값어치를 부여하는 경우가 될 것이다.

조영암이 본 38선 이북이나 유진오가 본 38선 이남은 마찬가지의 현실이라고 할 수 있다. 현실을 어떻게 보느냐 하는 문제는 개인적인 태도와 가치관에 달린 문제일 뿐이다.

---

15 신형기 지음, 『이야기된 역사』, 삼인, 2005, 150쪽.
16 같은 책, 169쪽.

어지러운 몸짓으로
베일을 씌우느냐?
가리워도 가리워도
타는 눈망울은 베일을 뚫는다

쓸개를 뒤집어놓고 생각하여도
허울 좋은 南朝鮮은
허물거리는 人肉市場이다.

蕩兒와 賣笑婦는 연방 눈짓을 하며
어리다고 어리다고 얼르면서
목졸라 매어 어데로 끄으느냐.

—유진오의「38이남」부분[17]

이 시는 1946년 8월 20일에 있었던, 국치(國恥) 기념 문예 강연회에서 낭독한 시다. 시의 내용에 의하면, 유진오가 가리킨 38이남의 남조선은 아수라장이다. 허물거리는 인육시장이다. 해방기 38선 이남의 상황은 지옥에 다름이 없다고 주장하는 시인의 웅변적 시적 담론에는 북조선이 인민을 살리는 낙원임을 강조하고 있다. 시인 오장환은 『전위시인집』의 발문을 썼다. 여기에서 그는 전위시인파 시인들을 가리켜 '노래로만 부르는 게 아니라 몸으로 부딪치고 있'[18]는 신인들이라고 추켜세웠다. 유진오야말로 시로써 몸을 부딪치는 행동주의자인 셈이었다. 전위시인파 시인은 문자 그대로 최전선의 부대원이나 다름없었다.

---

17 김광현 외, 앞의 책, 63~64쪽.
18 같은 책, 발문, 2쪽.

3

　해방공간의 시인 중에서 가장 서정적인 시인이라면, 해방 이전에 순수 서정시의 한 몫을 담당하고 있었던 김철수를 꼽지 않을 수 없다. 그는 좌파 계열의 시인이었지만, 가두의 선전선동시보다 정치적인 경향을 띤 현실주의 서정시의 시인으로 기억되고 있다. 그의 대표적인 시는 「추풍령」, 「푸른 산맥을 타고서」, 「꽃장사 소녀에게」, 「구두 닦는 소년에게」 등이라고 할 수 있겠는데 그의 일련의 시 가운데 첫 번째 대표작이요 백미로 손꼽히고 있는 것은 『신천지』 1948년 2월호에 발표된 「역마차」라고 할 수 있다. 오늘날의 표기법과 띄어쓰기 원칙에 맞게 전문을 인용하면 다음과 같다.

　　설움 많은 밤이 오며는
　　우리 모두들 역마차(驛馬車)를 타자

　　반기어 주는 이 없는 폐도(廢都) 여기 별 없는 거리 자꾸 그리운 합창이 듣고파 내 오늘도 또 한잔 소주에 잠겨 이리 비틀거리는 사내이구나

　　흔들려 부딪치는 어깨 우에 저 가난한 얼굴들이 형제요 동포이라는 나의 외로움 속에서는 우리 좀 더 정다운 나그네여서 따뜻한 마을을 찾아 가는 것이냐

　　이제는 통곡조차 잊어버린 사람들
　　열리는 아침을 믿어 가는 길이냐

　　그러면 미쁜 사람이여 어디 있는가 높은 곳에 기다리는 공화국의 문이여 어디 있는가 절름거리는 궤짝 위의 차가운 꿈에서도 역마야 너와 나와는 원수이지 말자

미친 채찍이 바람을 찢고 창(窓)살 없는 얼굴에 빛발은 감기는데 낙엽도 시월(十月)도 휘파람 하나 없이 이대도록 흔들리며 폐도의 밤을 간다

―김철수의 「역마차」 전문[19]

이 「역마차」는 김철수의 해방기 서정시 가운데 가장 성취적인 수준에 놓이는 것이다. 이 시는 알다시피 풍랑이 일렁이는 격변의 난세에, 사람들이 여기저기에 몰려 오가는 해방 후 세태를 묘사한 것이다. 별 없는 거리, 폐도(廢都)의 밤은 다름 아닌, 해방공간의 서울이다. 해방 후 새 나라의 문이 열리는 아침에, 황폐하고도 혼돈스런 서울을 감지한다. 해방 직후의 서울은 끝내 희망 대신에 상흔을 안겨다 주었다고, 시인-화자는 보고 있다. 황폐한 도시 속의 그는 우울한 내면 풍경을 역마차 속에서 잘 비추고 있다.

이 시는 동시대의 시인 오장환의 「병든 서울」과 잘 대비된다. 해방공간의 시적 상관물로서 동질적인 표현인 폐도와 병든 서울. 하지만 시적인 품새와 서정시로서의 함량에 있어선 서로 다르게 보인다. 문학이 새로운 국가 건설에 복무해야 한다는 기본적인 입장을 가져도 각각 반응하는 시적인 태도는 사뭇 다르다. 독자의 판단에 맡긴다. 끝으로 이 시가 시집에 재수록될 때 약간 손질되었음을 말해둔다. 제2연의 '여기 별 없는 거리 자꾸 그리운 합창'에서 '자꾸'가 삭제되었고, 제5연의 '공화국'은 '새나라'로 바뀌었다. 북한의 공화국, 즉 새나라는 조선민주주의인민공화국을 가리킨다.

---

[19] 『신천지』, 서울신문사, 1948. 2, 49쪽.

집 없이 떠도는 이들, 생쌀 씹고 다니네!
―한국전쟁과 관련된 시문(詩文)들

1. 한국전쟁, 아직 끝나지 아니한

내가 어릴 때부터 6·25라고 듣고 자란 '한국전쟁'은 보편적인 국제 용어로 자리를 잡고 있다. 이제는 굳이 '육이오'라고 하는 용어보다 더 익숙하게 들린다. 북한에서는 지금도 '조국해방전쟁'이라고 한다. 한국전쟁만큼 쟁점이 많은 전쟁은 아마 없을 것이다. 누가 전쟁을 일으켰나 하는 발발 주체에서, 누구의 책임이냐 하는 책임 소재에 이르기까지 의견이 서로 엇갈리고 있기 때문이다. 두루 알려진 바대로, 전쟁의 시작이 남침, 남침유도, 내전 등으로 나누어져 왔다. 심지어 남한에서도 북침을 주장하는 좌경화된 이도 없지 않다. 전통적인 보수우파의 시각에서 볼 때, 내전설은 개전일자를 희석시킬 수도 있다. 이런 점에서 볼 때, 이 시각에 선 이들은 종래의 6·25를 고집하기도 한다.

사르트르의 아내인 시몬 드 보부아르와 미국의 소설가 넬슨 올그런은 오랫동안 열애에 빠졌다. 이들의 사랑은 세기의 자유연애, 혼외 연애라고 할 수 있다. 태평양을 넘나드는 연애편지가 이들의 연인 관계를 유지해주고 있었다. 보부아르가 올그런에게 보낸 방대한 연애편지들을 모은 책이 작년(2024)에 한국어판으로 간행되었다. 여기에 보면 1950년 6월 25일 며칠 전에 한국의 일이 심상찮게 돌아가고 있다는 내용이 엿보인다. 같은 해 6월 22일 목요일에 쓴 편지글에 이런 문장이 있다. "전쟁이 한국에만 국한되고, 제가 탄 비행기가 추락하지 않고, 당신 마음이 제 마음과 마찬가지로 어리석고 충실하길 바라요."[1] 전쟁 하루 전인 6월 24일 토요일에는 이런 글을 남겼다. "한국의 사태 역시 저를 불안하게 만들어요. 만일 국경이 폐쇄된다면요?"[2] 보부아르의 편지글도 하나의 사료가 될 수 있다. 6월 25일은 전면전이 시작된 날이다. 주지하듯이, 그 이전에 국지전이 없지 않았다. 보부아르의 편지글에 담긴 간단한 언급은 남침설을 금과옥조로 삼는 전통주의의 시각에 불리하게 작용한다. 그렇다고 하더라도, 남침유도라는 수정주의의 견해가 완결성을 지니는 것은 아니다.

어쨌든 한국전쟁은 김일성의 오판에서 시작한 전쟁이었다. 그는 전쟁의 야욕을 버리지 않았으며, 스탈린에게 후원을 요청했다. 스탈린은 미국의 개입을 우려했다. 하지만 신중국의 마오쩌둥은 그까지 것의 작은 나라에 왜 미국이 개입하겠나, 하고 예상했다. 때마침 1950년 1월 12일에, 미국의 극동 방위선인 소위 '에치슨라인(Acheson line)'으로부터 남한이 배제된다. 이런 분위기 속에서, 김일성은 남한 속의 깊은 곳에 숨어있던 빨치산 잔당 및 남로당 지하 요원들이 전쟁의 개시와 함께 일제히 봉기할 것이라고 내다봤다. 그와 박헌영은 한국전쟁이 3일 전쟁이 될 것으로 생각했다. 하지만 3일 전쟁은 3년 전쟁이 되고 말았다.[3]

김일성이 죽어서 염라대왕에게 무엇을 고했을까? 그는 한국전쟁이 통일을 위한 민족 염원이라고 했을 것이다. 그가 얻으려고 한 것은 무엇이

---

[1] 시몬 드 보부아르, 『연애편지』, (주)을유문화사, 2024, 613쪽.
[2] 같은 책, 614쪽.
[3] 신복룡, 「인물로 본 해방정국의 풍경 · 17」, 『주간조선』, 2015. 11. 2, 61~62쪽, 참고.

었을까? 정치학자 신복룡에 의하면, 그는 요컨대 전쟁을 통해 국가 건설 초기 모순을 공산화로 극복하고자 했을 것이다.[4] 한국전쟁은 1953년 7월 27일이 되어서야 남북한이 휴전 협정을 맺음으로써 일단 멈추었다. 남북한의 합의라기보다 사실은 냉전 구도 속의 국제적인 합의라고 할 수 있다. 올해(2025)를 기준으로 본다면, 한국전쟁은 72년이 된 시점까지도 종전이 되지 않고 있다.

 참여정부 이후 이어져온 진보 진영은 종전선언에 적극적으로 찬성하고 있으나, 보수주의자들은 이것의 효과나 진정성에 대해 지금도 회의를 가지고 있다. 미국 내의 보수주의자들 역시 북한의 비핵화가 전제되지 않은 종전선언에 반대한다는 입장을 내놓은 바 있었다. 국내외 보수주의자들은 여기에서 멈추지 않고 종전선언이 궁극적인 미군 철수를 획책하고 있는 북한의 의도와 다를 바 없다고 의심한다. 말하자면 그들은 미군이 한반도에서 철수하면 중국의 정치 세력이 한반도에 개입하는 빌미를 제공한다는 것으로 보고 있다. 나 역시 섣부른 종전선언은 한반도를 격랑 속으로 밀어 넣을 수 있다고 본다.

 문재인 정부가 임기 말까지 종전선언을 이끌어내려고 왜 그렇게, 그토록 애면글면했을까? 또 일부 문인 단체에서 이를 뜨겁게 지지한다고 선언했을까? 문인들이 왜 이런 중차대한 문제에 서둘러 민감하게 반응해야만 했을까? 나는 이해할 수가 없었다. 문인은 글로써 해결해야 한다. 종전선언을 지지하려면, 이것을 문학 속에 반영하면 된다. 이럴 능력이 없는 문인들이 정치적 선언에 목을 매달고 있다. 종전에 대한 쟁점이 진영 논리로 귀결되어선 안 된다. 종전선언의 주장이 정치적인 이해 및 득실에 얽매여 있는 게 아니냐는 것을 온전히 떨쳐낼 때까지, 이에 대한 국민적 숙의와 합의가, 충분하고도 심도 있게 선행되어야 한다고 본다.

---

[4] 같은 잡지, 64쪽, 참고.

2. 밀란 쿤데라와 안나 아흐마토바

한국전쟁과 관련된 외국인의 시와 소설과 기록문은 차고 넘친다. 이런 유의 시문들이 아직 체계적으로 정리되지 않은 감이 있다. 시를 쓴 외국시인의 사례는 밀란 쿤데라와 안나 아흐마토바의 경우가 대표적이라고 하겠다. 이 두 시인의 명성은 국제성을 넘어 세계성을 지니고 있지만, 이들이 한국전쟁을 직접적으로 경험하지 못했다는 한계를 가지고 있다. 이들에게 있어서의 한국전쟁은, 풍문으로 전해진 한국전쟁인 것이다. 화가 피카소가 직접적으로 경험하지 않고 한국에서의 학살 이미지를 시각화했듯이.

밀란 쿤데라는 소설 「참을 수 없는 존재의 가벼움」으로 우리에게도 잘 알려진 소설가이다. 그의 전집이 우리나라 출판사에서 한국어판으로 나올 정도로 세계적인 작가다. 그는 1968년 프라하의 봄 때 프랑스로 망명한 자유주의 작가로 각인되어 있다. 하지만 그는 젊었을 때 체코의 공산당원이었다. 공산당에 입당하고 제명되기를 반복했다. 그가 한국전쟁을 소재로 한 이채로운 서정시를 한 편 남겼는데, 이것이 외세 침략의 전쟁을 고발하고, 휴머니즘 정신을 예술적으로 표현한 것이다, 라는 평가도 있다.[5] 이런 평가에도 불구하고, 이 시는 명백하게도 한국전쟁을 중립적이고 객관적인 진실의 눈으로 바라본 게 아니라, 좌로 편향된 이념적인 시각에서 바라본 것에 지나지 않는다. 장서언의 시에서 젊은 새댁이 월북을 선택한 것처럼 한국전쟁에서 전사한 애인을 둔 소녀가 비정규군(의용군)으로 참전한다는 내용이 일종의 화소(話素)로 짜여 있다. 이런 점에서

---

5 김규진, 「밀란 쿤데라의 생애와 문학」, 밀란 쿤데라, 김규진 옮김, 『시인이 된다는 것』, 도서출판 세시, 1999, 153쪽, 참고.

앞서 인용한 장서언의 「눈 오는 청단역」과 맥락이 통한다고 할 수 있다.

한 소녀가
군대가 걸어간
변방을 헤매어 가고 있다.

"내 사랑……내 사랑……" 그녀의 목소리가
저만치 날아가다 정적 속에 잦아든다.

……저기 어디선가 물이
더러운 물이 흘러간다.
젊은 육체를
저 툭 불거져 나온 눈을 씻어 내린다.

바위가 하늘로 솟아나 있고
침묵의, 죽음의 마을 너머로
"내 사랑……"
……소녀의 목소리가 망연자실 굳어졌다.

그리곤 버려진
그의 총을 잡았다.

"나의 별이여, 살해된 사람이여.
날 데려 가다오.
나의 별이여
빨치산의 길로

날 데려 가다오."

더러운 물이 흐른다.
코리아를 지나 흐른다.
타인의 죽음을 준비한 자
죽음을 피하지 못하리라.

—밀란 쿤데라 「코리아 발라드」 전문[6]

  이 시는 보다시피 원한과 복수심으로 점철되어 있다. 미군과 유엔군인 외세에 대한 처절한 복수심이 애인의 죽음과 영혼을 정화할 수 있다고 본 것이다. 밀란 쿤데라는 한국의 민요를 알았을까? 혹여 그는 체코 민요의 감정을 통해 한국의 민중 정서를 재단한 것은 아니었을까? 우리나라 민요나 설화를 보면 원한의 감정이나 복수심은 거의 없다. 이것이 이웃나라인 일본의 경우와 사뭇 다른 성격을 보여준다. 우리의 민중 정서는 한마디로 말해 '해한상생'이다. 한을 풀어서 공존 및 공생을 도모하려고 한다. 이 때문에 우리는 6·25와 4·19와 5·18 등의 한을 딛고 산업화와 민주화를 성취할 수 있었던 것이다.

  안나 아흐마토바는 러시아혁명기의 여성시인이었다. 1912년에서 1922년까지의 기간에, 최소한 여섯 권의 시집을 간행했다. 그는 불행한 시대를 살았을 뿐만 아니라 사생활도 불행했다. 하지만 러시아 문학사에서 최고의 여성 시인으로 손꼽힌다. 지금도 러시아에서는 대중적으로 잘 알려진 시인이라고 한다.
  그의 불우한 인생을 먼저 말하자면, 남편이 처형되고, 아들이 체포되

---

6 같은 책, 111~112쪽, 참고.

고, 거듭된 결혼은 실패했다. 시인으로서도 늘 정치적인 제재가 가해졌다. 그에 대한 시인으로서의 평판도 최악이었다. 동시대에 에로티시즘과 신비주의에 빠진 예술지상의 이단자로 낙인이 찍혔고, 늘 퇴폐적인 부르주아 시인이란 꼬리표가 따라다녔다. 1923년으로부터 독소전쟁이 일어난 한 해 전인 1940년까지 18년 동안 시 한 편 발표하지 않았다. 독소전쟁기(1941~1945)에 애국주의적 전쟁시를 쓸 수 있었다. 전쟁이 끝난 후부터 다시 금지된 시인으로 돌아갔다.[7] 이때부터 그녀는 한국의 고전시가를 러시아어로 운문하는 작업을 해왔다. 1950년대 한국을 소재로 한 두 편의 미발표 시를 썼다.

우리에게 각별히 주목이 되는 시 작품이라고 할 수 있는 「불길에 휩싸인 한국」(1950)은 형식적으로 볼 때 제1, 2부로 구성된 소위 연작시다. 내용적으로는 물론 반전시라고 하겠다. 전쟁은 참혹하다. 전시에 살지 못해 죽는 게 나은지, 아니면 죽지 못해 사는 게 나은지는 전쟁을 겪은 사람만이 알 것이다. 제1부는 전쟁 발발 직후인 6월 27일에 쓴 것으로 보이며, 제2부는 그해 11월 중에 쓴 것으로 추정된다. 제2부 중에서 한 부분을 인용하면 다음과 같다.

> (……) 악행은 만천하에 드러난다.
> 산산조각 난 서울아, 너의 끔찍한 외침이
> 지하의 웅웅거림처럼 울려 퍼지지 않을 곳은
> 지구 상 그 어디에도 없다.
> 하늘에 별들이 뜨는 것처럼,
> 그렇게 온다.
> 천벌이 내릴 위대한 날이,

---

[7] 김학수, 『내가 본 러시아문학』, 한국노어노문학회, 1994, 614~616쪽, 참고.

자신의 광채로 한국을 빛나게 하면서.

—안나 아흐마토바 「불길에 휩싸인 한국」 부분[8]

　우리의 기준에서 바라본다면, 밀란 쿤데라의 시가 좌파적 성향의 시라면, 안나 아흐마토바의 그것은 우파적 성향의 시라고 할 수 있다. 사실은 우파적이라기보다 인류의 보편적 가치의 시라고 하겠지만, 그가 연방공산당이나 소비에트 작가연맹으로부터 인간으로서, 여성으로서, 시인으로서 권리를 침해당했기 때문에, 전쟁을 일으킨 김일성 및 북한 정부에 반하는 시를 썼던 것이다. 자신의 격분을 대신한 시 쓰기였던 거다. 악행과 천벌이 인용 시의 키워드다.
　한국전쟁의 참상을 묘사한 피카소의 그림인 「한국에서의 학살(Masacre en Corea)」을 두고 무고한 민중에게 총질을 가하는 무장한 군인들이 국군이다, 인민군이다, 유엔군이다, 중공군이다, 의견이 엇갈리고 있다. 좌우파의 시각에 따라, 달리 해석되고 있다. 자신들에게 유리한 대로 해석한다. 인터넷에서 쉽게 찾아서 볼 수가 있는 이 그림은 피카소가 한국전쟁의 보도를 보고, 1951년 1월 18일에 완성한 그림이라고 한다. 시기적으로 볼 때, 세칭 1·4후퇴와 관련된 보도를 보고 그가 그린 것으로 짐작되고 있다. 미군이 흥남철수 때 수많은 북한 주민을 인도적으로 이송한 것을 보면 학살의 주체가 누군지, 또 어느 쪽이 전쟁을 일으킨 건지와 관련이 있다고 보인다.

　아 참, 승리에 대해 말인데, 망할 놈의 맥아더는 어찌 됐나요? 그는 평화로운 한국 땅에서 전쟁을 일으키는 중이에요. 어제 트루먼이 말도 안 되는 발언을 했을 때, 파리에서는 불안에 떨고들 있었지요. 오늘은 좀 나아지긴 했지만, 원자

---

[8] 박미령, 「안나 아흐마토바와 한국」, 한국노어노문학회, 『노어노문학』, 제27권, 2호, 2015, 43쪽, 재인용.

폭탄을 가지고 장난쳐도 괜찮을 만큼 이 인간은 성숙이라는 단어와는 거리가 멀어요.[9]

보부아르가 올그런과 열애에 빠져 있을 때 보낸 연애편지에서 따온 글이다. 날짜가 적혀있지 않고 '금요일'이라고만 된 편지글의 한 부분이다. 전후 맥락을 살펴보자면, 대체로 1950년 11월일 가능성이 높다. 그녀는 세상에 잘 알려진 대로 좌파 지식인이다. 그 '망할 놈의' 맥아더가 한국전쟁을 일으켰다는 말은 자다가 남의 다리를 긁는 것과 같다. 헛다리짚은 거다. 트루먼도 비판의 대상이다. 국내외 할 것 없이 모든 얼치기 진보는, 그제나 이제나 할 것 없이 모든 좌파는 한국전쟁의 탓을 미국으로 돌린다.

보부아르가 올그런에게 가리킨 '어제'는 1950년 11월 3일을 두고 한 말이 아닌가 한다. 미국 대통령 트루먼은 한국의 위기에 대한 미국의 입장을 밝힌 기자 회견을 가졌다. 한 기자가 물었다. 원자폭탄도 사용할 거냐고. 그는 이 문제를 검토하고 있지만 나 자신은 원하지 않는다고 했다. 원하지 않는다는 말에는 안중에도 없고, 검토를 하고 있다는 말에 보부아르가 격분한 것 같다.

지금도 우리나라에서조차 한국전쟁의 책임이 김일성·스탈린·마오쩌둥에게 있는 게 아니라, 트루먼과 맥아더에게 있다고 생각하는 이들이 적지 않다. 지금도 맥아더 동상을 철거하자는 얘기가 정치권에서조차 공공연하게 나오는 것을 보면, 한국전쟁이 우리에게 얼마나 깊고도 선명한 흔적의 트라우마로 여전히 남아있는가를 잘 알 수 있다.

---

9 시몬 드 보부아르, 앞의 책, 650쪽.

3, 이승만과 임시수도와 유맹의 참상

대한민국 초대 대통령 이승만은 청년 시절부터 빼어난 한시 창작 능력을 보여주었다. 그가 신학문을 공부하기 전에 이미 과거 공부를 했기 때문이다. 과거 공부를 하는 선비라고 해서 다 한시 창작 능력이 뛰어나다고 할 수 없겠지만, 그가 시대를 잘 만났다면, 한시 작가로서 크게 성공을 했을 것이다. 그가 대통령에 재직하고 있을 때 전쟁이 났다. 전쟁을 잘 수습해 국난을 극복할 수 있었다. 경무대 공보실에서 기획하고 제작한 그의 한시집 『우남(雩南)시선』(1959)에 의하면, 한국전쟁기에 쓴 한시는 최소한 8편에 이른다.

이 중에서 단연 돋보이는 작품은 「전시춘(戰時春)」이다. 1951년 봄, 당시의 임시수도였던 부산에서 쓴 시다. 이 시를 보면 두보(杜甫)의 품격을 지니고 있다고 할 수 있다. 그의 두보적인 우국연민의 시풍은 여기저기에서 잘 드러나고 있지만 「전시춘」에서 특히 전형적인 경우라고 할 수 있겠다. 즉, 내가 본 그의 시 중에서도 이 「전시춘」이야말로 가장 두보적인 시가 아닌가 한다. 국파산하재(國破山河在), 산천초목심(山川草木深)……으로 시작하는 두보의 명시 「춘망(春望)」을 연상케 하는 시이다. 온 나라가 파괴되어 있어도 봄날은 온다고 했다. 물론 봄이 와도 봄답지 않았을 것이다.

  半島山河漲陣烟
  胡旗洋帆翳春天
  彷徨盡是無家客
  漂泊誰非辟穀仙
  成市遺墟如古壁
  山川燒地起新田
  東風不待干戈息

細草遍生敗壘邊[10]

　한국전쟁 전시 상황을 이렇게 사실적으로 전해주는 시의 경우는 자유시에서도 그렇게 흔하지가 않다. 시인 이승만이 빚어낸 한문적인 교양의 언어로써 우국연민의 감정을 잘 담아낸 회심의 명편이 아닌가, 한다. 비교적 최근에 제시된 허경진 역본과 졸역본을 나란히 소개한다. 어느 쪽이 마음이 드는지는 독자들의 제각각 판단에 맡겨둔다.

　　반도 산하에 진 치는 연기 자욱하고
　　되놈의 깃발 미군 돛대가 봄 하늘을 가리웠는데
　　떠도는 이들 모두가 집 없는 나그네이니
　　표류하며 누군들 벽곡선이 아니랴.
　　무너진 거리엔 벽만 남아 있고
　　산마을도 불에 타 새밭을 일구네.
　　전쟁 그치지 않았건만 봄바람 불어와
　　무너진 진지 곁에 새잎 돋아 나오네.[11]

　　강산 바라보니 진영(陣營)의 연기 자욱하고
　　중공군 깃발 서양 돛대 봄 하늘을 가리었네
　　이리저리 떠돌아다니는 집 잃은 나그네들
　　누구나 할 것 없이 생쌀 씹고 다니네!
　　거리에 남아 있는 옛 벽만 우뚝하고
　　산마을엔 새로운 화전(火田) 일구고 있네

---

10 이승만, 『우남시선』, 공보실, 1959, 30쪽.
11 우남이승만전집발간위원회, 허경진 역주·해설, 『한시집 : 체역집에 실리지 않은 시』, 연세대학교 이승만연구원, 2023, 115쪽.

전쟁이야 그치건 말건 봄바람 불어대고
피 흘려 싸우던 들판, 초록 새잎 돋아나네

이 두 역본에서 극명하게 차이가 나는 것은 원문 제4행 '벽곡선(辟穀仙)'에 관한 해석이다. 허경진은 나그네가 표류하면 누구인들 신선이 아니겠느냐고 했다. 전체적인 맥락에 맞지 않다. 굳이 긍정적으로 보자면, 소위 신선술을 익히려고 하는 사람들이 혹간 선식을 하는 데 이유가 있다. 나는 그랬다. 나그네는 누구나 할 것 없이 생쌀 씹고 다닌다고, 『우남시선』을 번역한 이는 노산 이은상이었다. 한시를 시조의 형식에 맞춰 번역하다 보니 적절치 않은 데가 없지 않다. 그래도 '벽곡선'은 제대로 해석했기에, 내가 이를 취한 것이다. 아마도 공보실을 통해 대통령 이승만에게 직접 문의했을 것이라고 추정된다.

인용한 시와 유사한 뜻을 담고 있는 시로서는 전문 시인 유치환의 시 「유맹」을 생각하지 않을 수 없다. 유맹(流氓)이란, 일정한 거처가 없이 이리저리로 떠돌아다니는 백성을 가리킨다. 비슷한 낱말로는 '유랑민'이 있다. 유맹 중에서도 간도로 향해 삶터를 찾아 떠나는 유(이)민과 다르다. 전시의 피란민이 가장 곤핍한 참상을 보여준다.

차가이 빛나는 동지의 창망한 바닷물이 다다른 거리
그 거리의 한 복판 대로 위에
쓰레기 같이 엉겨든 사람의 이 구름을 보라.
저마다 손에 손에
일찍이 제가 아끼고 간직하고 입고 쓰던 세간이며 옷이며 신발이며
능히 돈으로 바꿀 수 있는 게라면 여편네의 속속 것도
자랑도 염치도 애착도 깡그리 들고 나와 파나니

—유치환의 「유맹」 부분[12]

오늘날에 자주 쓰는 개념으로서 이른바 '난민'에 해당하는 유맹은 문학 작품의 제목으로도 곧잘 이용되었다. 현경준의 기록문학, 이병주의 희곡, 손창섭의 장편소설, 그리고 유치환의 인용 시 등이 있다. 한국전쟁과 관련된 것으로는 유치환의 것이 주목된다. 당시 피난민들의 생활상이 마치 풍속도를 그린 것처럼, 또 보는 것처럼 핍진하다. 여인네는 자신이나 가족들이 굶어죽지 않으려고, 평소 아끼고 사용하던 무슨 물건이라도 내다 팔고 있다. 심지어는 부끄러움도 모르고, 자신의 내밀한 속옷까지도 내다판다.

지금의 그 누구라도 이 시를 읽으면 슬프지 않을 사람이 있겠나 싶다. 한국전쟁을 경험한 세대는 이제 대부분 세상을 떠났다. 이제는 한국전쟁도 조부모 세대, 증조부모 세대의 일이 되고 말았다. 슬픔도 화석화된 시대다. 대한민국의 대통령인 이승만은 한시 「연자음(燕子吟)」에서 '난리 통에 슬프지 않은 사람이 누구냐(戰世如今孰不哀)?'[13]라고 했다. 전쟁의 슬픔과 아픔을 단적으로 드러내고 있다.

그가 그래도 어려운 지경에서 의연함을 잃지 않으려고 노력을 다한 것은 사실이다. 그에 대한 그 당시의 평판은 미국의 여기자 마거리트 히긴스의 책 속에서 찾을 수 있다. 그녀는 한국전쟁에 파견된 현장 취재 기자였다. 그녀가 한국에서 머무는 동안에 취재한 내용을 정리한 책이다. 그녀에게 여성 최초로 퓰리처상의 영광을 안겨준 『한국에서의 전쟁(War in Korea)』(1951)은 한국전쟁에 관한 세계 최초의 저술물이다. 이 책은 2009년에 '자유를 위한 희생'이란 제목으로 한국어판으로 간행되었다. 동시대의 기록이라는 점에서, 사료적 가치가 높다.

---

12 신영덕, 앞의 책, 259쪽, 재인용.
13 이승만 앞의 책, 24쪽.

나는 이승만 대통령과 한국의 경찰 활동에 대해 자주 얘기를 나눈 바 있다. 그때마다 그는 한국에서 법치주의가 자리를 잡아가고 있으며, 한국 경찰이 영장 없이는 체포하지 않는다고 주장했다. 그러나 나는 북한군 침략으로 인한 혼란 중에 법치주의가 종종 무시됐다는 것을 우연히 알게 되었다. 생포된 공산주의자들이 야만적으로 즉결 처형되는 것을 목격했다. 이승만 대통령은 이런 사건들은 전쟁에 의해 야기된 흥분된 감정이 빚어낸 불가피한 결과라면서, 한국 정부가 이런 사건들의 재발을 방지하기 위해 최선을 다하고 있다고 주장했다. 그는 독재적인 기질을 지녔지만 진정으로 민주주의에 대한 확신을 가진 인물로 보였다.[14]

(I have had frequent talks with President Rhee about police activities in Korea. He has always insisted that the rule of law prevailed and that the police were not allowed to make arrests without warrants. But I happen to know that during the confusion of the Red invasion the rule of law was frequently ignored. I have seen captured Communist suspects summarily and brutally executed. Rhee insists that these incidents are the inevitable result of the passions aroused by the war and that his government did its best to control them. Rhee seemed to me a man of autocratic temperament but sincere democratic convictions.)[15]

인용한 문장은 이승만에 대하여 편견이 없이, 중립적인 입장에서, 정확하게 평가하고 있다. 그에 대한, 지금 우리나라 사람들의 평가는 극단으로 엇갈리고 있다. 당시의 시대상황 속에서 직접 만나서 이야기를 들어본 한 언론인의 평가가 한결 정확하지 않을 수 없다. 이승만은 전쟁의 막바지에 이르러 미국과 부딪쳤다. 수많은 사상자를 낸 미국이 염전(厭

---

[14] 마그리트 히긴스 지음, 이현표 옮김, 『자유를 위한 희생』, KORUS, 226쪽.
[15] Marguerite Higgins, 『War In Korea』, Doubleday & Company, Inc., 1951, p.165.

戰)의 분위기[16]에 휩싸였지만, 이승만은 처음부터 끝까지 북진통일을 고집했다. 미국은 남한을 패싱하면서 휴전 협정을 추진했다. 이승만은 이에 대한 반발로 반공포로 2만7천명을 석방해 버렸다. 미국은 난리가 났다. 이승만에 대한 암살 등 정치적 축출을 은밀히 고려했다. 하지만 미국은 끝내 그가 자신의 이익에 부합하는 인물로 여길 수밖에 없었다. 그는 미국이 한미상호방위조약을 체결하고, 또 장기간의 경제 원조를 약속하는 조건에서 미국의 뜻을 따라주었다. 오늘의 대한민국을 있게 한, 기적 같은 한미 동맹이다.[17]

4. 윤영춘, 임화, 케말 에르튜르크

과거는 말할 것도 없지만, 지금 진행되고 있는 우크라이나 전쟁에서도 서정시가 뚜렷한 목소리를 내고 있다. 러시아어로 시, 혹은 시 정신을 의미하는 '포에지야(포에지)'는 러시아 군의 상징인 'Z'를 품고 있다. 시의 제목이 곧 애국주의의 구호가 된다. 시는 전시에 국가의 장치로 적극적으로 기능할 수밖에 없다.[18] 서정시뿐만 아니라 군가와 삐라도 전시의 민중과 군인들을 격동시킨다. 한국전쟁 중에 서정시와 군가와 삐라를 집대성한 자료집이 엮어지기도 했다. 이 중에서 윤영춘의 「우리는 조국을 지키는 용사」를 소개하기로 한다. 전시의 민중과 군인들을 고조시키

---

[16] 미국의 합참의장 O. 브래들리는 1953년 청문회에서 한국전쟁을 '잘못된 전쟁'이라고 규정했다. 애초에 개입해서는 안 될 전쟁이라는 뉘앙스의 후회가 내포된 발언이었다. 한국전쟁에서의 미군 전사자 수는 3만7천명이 넘었다.
[17] 유석재, 「미(美) 식민지 만든 굴욕조약? 지금의 한국 있게 한 '기적의 동맹'」, 조선일보, 2025. 3. 6. 참고.
[18] 이종현, 「오늘의 전쟁에도 서정시는 유난히 목소리를 내고 있다」, 교수신문, 2024. 1. 22. 참고.

기도 하고 또 격분시키기도 하는 이 시는 본문과 후렴으로 구성된 노랫말처럼 읽힌다. 일부의 연 갈이가 잘못 옮겨진 게 아닌가 하여, 내 나름대로 논리에 맞게 정리해 일부분을 따온다.

줄기줄기 굽이쳐 묏부리에
동해물이 달려와 노래할 때부터
우리의 말과 노래는 꽃을 피웠거니
강물이 바다로 가듯 한결같이 흐르는 동안

우리는 조국을 지키는 용사
죽어서 진흙 되어도 족하리라.

손을 뿌리치고 동족을 팔지만
너희들도 똑 같은 이 땅의 아들딸
폐허 잿더미 속에 너의 허물 파묻고
그 위에 우리는 민족의 탑을 쌓으련다.

우리는 조국을 지키는 용사
죽어서 진흙 되어도 족하리라.

—윤영춘의「우리는 조국을 지키는 용사」부분[19]

지은이 윤영춘은 중문학자, 영문학자로 학계에 잘 알려져 있었지만 젊어서부터 시를 꾸준히 써 왔다. 그는 시인 윤동주의 당숙(5촌)이며, 가수 윤형주의 아버지다. 싱어송라이터인 윤형주가 아버지에게 윤동주의 시

---

[19] 박양호 엮음, 『한국전쟁과 시, 군가, 삐라』, 화남, 2010, 72쪽.

를 노래로 만들어보겠다고 하니, 못하게 했다고 전해지고 있다. 이유는 이렇다. 윤동주의 시는 그 자체가 노래라는 것이다. 그렇게 생각해보니, 윤동주 시를 작곡한 수많은 노래치고 음악적으로나 대중적으로 성공한 것이 전혀 없다. 어떤 연유에 의해 창작되었는지, 또 군가의 노랫말로 이용된 건지 알 수 없지만, 윤동춘의 시편 「우리는 조국을 지키는 용사」 역시 마치 노래처럼 들려오는 것만 같다. 다음에 인용된 것은 그토록 유명했고, 또 얄궂은 운명의 삶과 마주했던 임화의 시편이다. 임화의 「바람이여 전하라」는 1951년 2월 평양에서 쓴 시다. 24연 96행의 장(長)시다.

전하라 바람이여
물결소리 들이는 듯
먼 남방 해양을 불어오는
이른 봄 바람이여

오늘도
초연 자욱하고 황진 일어
눈을 뜰 수 없는
천장 얕은 하늘을 지나

총탄 빛발처럼
씽씽 머리 위를 날으고
포화 함부로 쏟아지는
여러 산맥을 넘어

(……)

산을 넘어
들을 지나 강을 건너
어느 곳에나 자유로이
불어가는 바람이여

악독한 원수의 손에
사랑하는 남편과 어린것들과
그밖에 살아있는 모든 것을 잃어
홀로 망연한 어머니들에게

불붙는 휘발유와
쏟아지는 총탄 폭탄 속을
집과 낟가리와 마을까지를 잃고
바람 속에 섰는 어머니들에게

또한 참을 수 없는 오욕 속에 선
차라리 죽음을 결심한
우리 순결한 어머니들에게
반드시 반드시 전하여 달라.

―임화의 「바람이여 전하라」 부분[20]

임화는 한국전쟁 기간에 시를 적잖이 썼다. 그는 일제강점기에서부터 시인과 문학평론가로, 활동해 왔다. 일제강점기와 해방기와 한국전쟁기에 일관되게 사회주의 진영의 일급 요원으로 활동하기도 한 그는 결국

---

20 김외곤 엮음, 『임화전집 1 · 시』, 박이정, 2000, 332~334쪽.

종전과 함께 북한 권력에 의해 미제 간첩의 올가미에 걸려 억울하게 죽었다. 전후의 김일성 자신이 불거질 전쟁 책임으로 인해 권력의 기반이 흔들릴 것을 염려해 북한 내의 남로당 잔당을 제거하는 과정에서 시인(임화)을 희생의 제물로 삼았던 거다. 인용 시는 매우 서정적이면서 동시에 적대감이 표출된 시다. 서정시가 전시에 특별한 감정을 고무, 고취하면서, 선전선동의 중요한 매체로 활용되고 있음을 알게 한다.

  나는 그가 1951년에 문화전선사에서 제작했다는 그 시집 『너 어느 곳에 있느냐』를 사진에서조차 본 일이 없다. 이 시집에는 한국전쟁의 개전 초기인 '적 치하'의 서울에서 쓴 시 「서울」과, 난리통에 잃어버린 딸 '혜란'을 그리워하면서 애타게 찾는 심경의 시 「너 어느 곳에 있느냐」가 실려 있다. 아직도 이마를 가려 귀밑머리를 땋기 수줍어 얼굴을 붉히던 딸에 대한 절절한 그리움이 지나치게 감상적이어서 훗날에 패배주의적 감정과 투항주의 사상을 설교한 것으로 단죄되어 죽음을 맞이하는 빌미를 제공한 것이다.

    눈 덮인 산자락 허리춤에서
    공격 명령을 기다리는데

    한밤중
    고요한 밤
    새벽을 기다리는데
    나는 홀로
    칠흑 같은 밤하늘
    별을 헤아려보네
    바람결 사이로
    고향 땅 노래 한 소절

조용히 읊조리는데

누가 알겠소.

내일도

이 별을 볼 수 있을까?

지금 이 순간

아내도 아이들도

머나먼 곳에

저 별처럼 멀기만 하구나.

—케말 에르튜르크의 「덕천 초소」 부분[21]

케말 에르튜르크(Kemal Erturk)는 지금의 튀르키예에 해당한 터키에서 파견된 시인이요, 참전군인이었다. 인용 시의 지명인 덕천은 함경남도 덕천인 것 같다. 일반적으로 전시에 참전한 시인들이 쓴 시의 내용을 보면, 죽음에 대한 공포, 향수, 가족애, 전우를 잃은 애도반응 등이 잘 드러나 있다. 인용 시도 이런저런 일반 규칙을 따른 느낌이 없지 않다는 점에서 참전 시의 전형을 보인 것이라고 하겠다.

이 터키의 시인은 부상을 당한 것 같다. 유엔군을 치료하는 병원이나 이들을 위한 휴양지는 일본에 있었다. 그가 치료를 받고 귀국한 후에 한국전쟁 참전 경험을 담은 시집 『한국의 새벽녘에서』(1952)를 간행하기도 했다. 우리나라에 번역이 안 된 것으로 알고 있다. 이 시집의 내용 중에, 유엔군과 일본인 간호사가 병원에서 만나 사랑에 빠진 이야기의 소재도 담겨 있다고 한다.

---

21 오은경, 「한국전쟁과 터키문학」, 이기윤 외 엮음, 『한국전쟁과 세계문학』, 국학자료원, 2003, 279~280쪽, 재인용.

5. 사랑은 다채롭게 빛나는 것

역설적으로 말해 신생 대한민국은 한국전쟁으로 인해 국제적으로 알려진 계기가 되었다. 전쟁 이후에 한국을 더 알려지게 한 것은 영화「모정(慕情)」이다. 모정은 우리말로 '그리움'에 해당되지만 사실은 왜색이 깃든 상투어이다. 영화의 맥락을 두고 볼 때, 사실은 '애도반응'이란 낱말이 적의한 용어다. 이 영화는 실화를 근거로 한 영화다.

실화의 주인공은 호주계 영국기자로 한국전쟁에 파견된 이안 모리슨과, 중국계 혼혈 여의사로서 홍콩에 거주하고 있던 한수인이다. 이안 모리슨은 개전 초기에 폭사했지만, 한수인은 의사로 일을 하면서도 왕성한 필력의 작가로서 문필 활동을 많이 했다. 영화는 1955년에 만들어졌으며, 두 사람의 역할은 1950년대를 대표하는 두 남녀 배우, 즉 윌리엄 홀든과 제니퍼 존스가 맡았다. 영화의 바탕이 된 것은 한수인의 자전적 기록문학인『사랑은 다채롭게 빛나는 것(Love is a many splendored thing)』이다. 이 책은 1951년에 영어로 간행되어 세계적인 베스트셀러가 되었다. 한국어판은 없다. 한국전쟁이 이들의 사랑을 빼앗아 가버렸다. 이 비극적인 러브스토리가 영화로 만들어진 것이다. 영화의 제목은 'Love is a many splendored thing'이다. 이 제목은 이안 모리슨이 한수인에게 보낸 마지막 편지, 즉 스물한 번째 편지글(1950. 8. 12)에 들어있다. 이 제목은 평생을 가난 속에서 살았던 영국 시인 프랜시스 톰프슨의 시에 있는 표현이었다. 이 시의 내용에 따라 마지막 편지의 마지막 부분은 이렇게 장식된다.

언젠가 누군가 나한테 '사랑받지 못하는 것은 비극'이라고 했어. 하지만 사랑하지 않는 것이 진정 비극이 아닐까? 오 수인, 나는 이렇게 행복해. 우리, 당신과 나는, 우리는 잃어버리지 않았어. 우리는 그 '많이 빛나는 것(a many splendored thing)'을 버리지 않았어.[22]

　프랜시스 톰프슨의 표현 'Love is a many splendored thing'은 우리말로 어떻게 옮겨야 할까? 각양각색이다. 휘황찬란하게 빛나는 것이 좋겠지만, 'many'가 많을 다(多) 자에 해당되므로, 다채롭게 빛나는 것이 더 좋겠다. 이 보다 더 좋은 것이 있다면 '무지갯빛'이다. 사랑은 무지갯빛. 얼마나 좋은 우리말 옮김인가? 세상의 모든 사랑이 무지갯빛으로 아름다우면 좋겠다.

　영화는 감독 헨리 킹이 연출한 로맨스 드라마다. 전쟁으로 인해 생길 수 있는 슬픈 사랑이야기가 앞으로는 없어야겠다는 교훈이 담긴 영화다. 스토리는 온 세상 영화 팬들의 순애보가 되었고, 영화주제가는 팝 애호가들의 심금을 울렸다. 주제가의 작곡은 새미 페인의 몫이었고, 이를 초연한 가수는 미국의 국보라고 칭해진 앤디 윌리엄스였다. 노랫말은 프랜시스 톰프슨의 시, 이안 모리슨의 편지글, 한수인의 자선(自選)을 거쳐 1955년에 폴 프랜시스 웹스터에 의해 완결되었다. 미국에서는 노랫말, 즉 작사를 두고 오리지널 송, 즉 원곡이라고 말해진다. 작사자 웹스터는 이 주제곡 노랫말로 아카데미상 원곡상을 수상했다. 그는 평생토록 이 상을 무려 세 차례나 걸쳐 받았다.

　올드 팬들의 뇌리에, 앤디 윌리엄스가 불러서 더욱 장중한 분위기의 성악 같은 대중가요로 오래토록 기억되어 있는 이 영화주제가가 마치 내 귓전에 울려오는 것 같다. 영화주제가는 영화의 종속 변수에 지나지 않았다. 하지만 영화에 대한 기억이 사라져가도 영화주제가가 오롯이 살아남은 사례는 무수히 많다. 청감의 기억이 오래 가기 때문이다.

---

22 최종고 지음, 『세계문학 속의 한국문학』, 와이겔리, 2021, 191쪽, 재인용.

Love is a many splendored thing

It's the April rose that only grows in the early spring

Love is nature's way of giving a reason to be living

The golden crown that makes a man a king

Once on a high and windy hill

In the morning mist two lovers kissed and the world stood still

Then your fingers touched my silent heart and……

　이 노래에 사연이 깃든 외국인 연인들의 사랑도 미래도 남의 전쟁은 온전히 빼앗아 가버렸다. 그것은 모든 것을 파괴한다. 우리의 삶도, 행복도, 강토도, 미래와 희망도 파괴되어 버렸다. 그리하여 한국전쟁은 아직도 우리에게 만지면 만질수록 덧나는 상처로 남아있다. 나는 이 글에서 한국전쟁에 관한, 각별한 의미의 시와 노래를 살펴보았다. 이것들을 통해 우리는 우리의 상처를 응시할 수 있겠지만, 상처받은 몸과 마음이라면 그 당시의 피아 군인들, 부초 같은 난민들, 굶주리는 전쟁 포로들의 고통에 비할 수가 있겠나, 싶다.

　끝으로, 최근에 내가 본 신문 기사를 소개한다. 2025년 5월 15일에 미국 뉴욕의 유엔 본부에서 열린 안보리 회의에서 한 여성이 울먹이면서 말을 했다. 지금으로부터 75년 전인 1950년에 한국전쟁 과정에서 납북이 된 인사들의 가족들이 모여 만든 단체가 현존하고 있는데, 그 여성은 이 단체의 대표인 이성의(77)다. 그의 생후 18개월 때 아버지가 납북인 된 이후에 소식이 끊어졌다. 납북자의 인권은 두루 알다시피 최악이었다. 유엔군이 평양을 진격했을 때 텅 빈 형무소에 한 납북자가 쓴 시 한 편이 발견되었다.

오 나의 조국이여, 오 유엔이여,

당신이 우리를 이 지옥, 이 죽음에서

구해줄 것임을 우리는 믿노라.

인용된 이 시가 전문인지도 일부인지도 알 수 없다. 이성의가 이 시를 낭독했을 때 15개국 이사국 대표들은 숨을 죽인 채 귀를 기울였고, 일부는 얼굴이 붉게 상기되었다고 한다.[23] 그때의 납북자들은 대체로 사회지도층 인사들이었다. 적 치하에서 두려움에 질려 있다가 적의 패주와 함께 가혹한 운명과 마주하지 않으면 안 되었다.

나는 여태껏 납북자가 남긴 시에 관한 얘기나 사연을 전혀 듣지 못했다. 무명의 납북자는 마지막까지 조국 대한민국을 찾았고, 유엔으로 대표되는 국제 사회에 실낱같은 희망을 걸었을 것이다. 시에서 말한 유엔은 짐작건대 그 당시에 서둘러 참전한 유엔군인 것으로 추정된다.

---

[23] 조선일보, 2025. 5. 17. 참고.

김동리와 김정한 : 우리 소설사의 쟁점

1. 톨스토이와 도스토예프스키

작가론이나 작가연구 가운데, 두 명의 작가를 대상으로 삼아서, 비슷하고 또 같은 점들을 비교하거나, 아니면 상이한 특성들을 대비하거나 하는 비평적 글쓰기의 작업이 그동안 있어왔고, 앞으로도 얼마든지 있을 수 있다. 이와 같은 작업은 상당히 흥미를 유발시킬 요인을 갖고 있거니와, 반면에 도식화될 편의주의에 빠져들 위험과 모험, 궁극적으로 어떻게 가치판단에 도달해야 할 것인가 하는 부담감과 이와 관련하여 예상되는, 그 밖의 몇몇 어려움 점 등을 안고 있기도 하다.

그럼에도 불구하고, 비교 및 대비의 방법에 의한 작가간(作家間)의 연구는 선정 작가들의 타당성 및 효율성에 따라 애최 기대했던 것보다 상회하는 성과를 거둘 수 있다는 기대감이 없지 않다. 물론 문학사적 평가의 집약적인 암시를 얼마나 설득력 있게 도출해낼 수 있느냐 하는 데 작가간의 비교 및 대비의 연구 수준이 자명하게 드러나리라고 본다. 물론, 이것의 성공 사례는 외국에서 더러 있었다.

이러한 연구의 방법이 된 전신의 형태는, 예컨대 중국문학사에서 시대 변천에 따라 끊임없이 이어온 이백과 두보의 우열 논쟁, 즉 '이두우열론(李杜優劣論)' 등에서 찾을 수 있을 것이다. 너무나도 판이한 자기세계를 각각 소유하고 있었던 이백과 두보 중에서 누가 더 나으냐 하는 문제는 시대에 따라서, 비평하는 논자에 따라서, 사뭇 달랐다고 한다. 그런데 이 해묵은 쟁점은 시대가 거듭될수록 두 사람의 문학사적 위치를 한층 공고히 다지는 데 기여했고, 결과적으로 볼 때 그만큼 두 사람에 대한 비평적 총량도 증대되어 갔던 것이 사실이다.

나는 수년 전(1992)에 선시에 관한 글을 쓰기 위해 자료들을 두루 열람하던 중에 왕유(王維)와 한산자(寒山子)를 비교하거나 대비한 학위논문을 찾아 읽은 적이 있었다. 지금의 기억으로도, 그것이 (당시 나의 글쓰기에는 적절한 도움이 되지 못했지만) 내게 유익한 경험을 제공해 주었던 건 분명했다. 작가간의 대비 연구의 효율성을 알고, 우리 문학사에서도 이 작업이 가능할까를, 틈틈이 생각의 여지를 만들어오기도 했다.

서양문학에 있어서의 작가간의 대비 연구는 19세기의 러시아 소설가의 두 기둥으로 잘 알려진 톨스토이와 도스토옙스키를 대비한 경우가 대표적이지 않은가, 생각된다. 주지하듯이, 이 두 사람은 대가의 레벨을 넘어 문호(文豪)의 반열에 우뚝 선 소설사의 기념비적 존재들이 아닌가, 한다.[1] 이 두 사람에 관한 상이한 문학적 특성에 대하여 오래전부터 언급 내지 논급되어 온 것이 알려져 있다. 예컨대, 이율배반적인 세계관에 의해 분리된 러시아 정신을 각각 우울하게 조명했다는 톨스토이와 도스토옙스키를 최초로 대비한 인물로 알려진 메레즈호프스키랄지, 이 두 사람 사이에서 존재의 기본 개념이 상충하는 미해결의 논쟁을 간취한 베르자예프의 경우 등등에서 보듯이 말이다.

---

[1] 이 두 소설가의 위대성은 "어떤 영국 소설가도 톨스토이만큼 위대하지 않다. 또한 어떤 영국 소설가도 도스토옙스키만큼 인간의 영혼을 깊이 파헤친 사람은 없다."라고 단적으로 밝힌 E. M. 포스터의 말에 잘 집약되어 있다.

이 두 작가를 대비한 경우가 적지 않을 터인데, 이 중에서 그런 대로, 가장 대표적인 경우는 다름 아닌 조지 스타이너였다. 그의 저서 『톨스토이 혹은 도스토옙스키(Tolstoy or Dostoevsky)』(1959)는 이 방면에서 최고로 권위 있는 비평적 업적을 남겼다는 평가를 받고 있다.

톨스토이와 도스토옙스키는 같은 시대에 같은 사회에 함께 살았다. 그러나 두 작가의 세계가 판이하게 달랐던 만큼이나 이들의 만남은, 둘 다 1870년대의 러시아 인민주의 운동을 지지했으면서, 둘 다 같은 수도원을 여러 차례 방문했으면서도 필생토록 이루어지지 않았다. 두 사람이 도박에 깊이 빠졌음에도 불구하고, 마침내 도박장에서조차 만나지 못했던 것은 무슨 만나지 못할 운명이라도 있는 게 아닐까, 느껴진다.

조지 스타이너는 톨스토이를 가리켜 호메로스로부터 비롯된 유럽 서사시의 전통 속에서 한 극점에 도달한 작가로 간주했으며, 도스토옙스키의 경우에 대해서는 그리스 이래의 비극정신을 계승한 최고 높이를 대표한다는 의미를 부여했다. 즉, 이를테면 「전쟁과 평화」는 「일리아드」로부터 이어온 역사시의 전통에서 본 한 거인적 석상(石像)이며, 「카라마조프 가(家)의 형제들」은 「리어왕」의 세계에 깊이 뿌리를 내린 위대한 비극시였다는 것이다. 문학사의 맥락에서 대비하자면, 호메로스와 소포클레스, 세르반테스와 셰익스피어[2], 톨스토이와 도스토옙스키 등의 계열로 전개해 왔다는 것이다. 장르적 특징에 관한 한, 스타이너는 이렇게 말하고 있다.

> 톨스토이는 자신의 존재의 넓이에 걸맞고, 역사상의 시간 흐름과 소설의 시간 구조 사이의 연계를 암시하는 거대한 화폭에다 제작하였다. 도스토옙스키의

---

[2] 세르반테스와 셰익스피어가 비록 같은 날에 세상을 떠났지만, 이 두 작가는 현저하고도 가파른 대비를 보이고 있다. 이들 사이에는, 서사시와 비극, 골계미와 비장미, 환멸과 광기, 돈키호테와 햄릿, megalomania와 melancholia 등등의 차이점 등이 놓여 있다.

방대함은 세부 묘사에 충실하다는 사실을 반영하고, 또한 극적 순간을 향해 축적되고 있는 제스처와 사상의 수많은 갈래를 한꺼번에 파악하고 있음을 알려준다.[3]

앞에서 드러난 것뿐만 아니라 두 사람 간에는 종교관의 뚜렷한 차이도 드러난다. 스타이너에 의하면, 톨스토이가 정신적인 그리스도의 세계를 지상의 왕국으로 만들려는 데 희망을 품으면서 이것의 성취를 위해 노력을 기울였다면, 도스토옙스키는 이러한 시도가 마침내는 정치적 무질서와 신의 개념 파괴로 끝날 것이리라고 비극적으로 예언한 바 있었다.[4]

이와 같이, 두 작가간의 선명한 대비는 한 작가의 변별적 특징을 선명하게 보여 줄 수 있으며, 가치평가나 재해석에 있어서도 제 나름의 확고한 기준을 제시할 여지를 남기고 있다. 밝고 귀족적인 톨스토이의 세계가 한때 프롤레타리아의 지상왕국이었던 옛 소련 치하에서 열렬히 찬양되어왔던 반면에, 어둡고 서민적인 도스토옙스키의 정신이 본국에서 배척당해온 대신에 서구 사회에서는 톨스토이보다 오히려 높이 평가될 수 있었던 사실도, 톨스토이에 비해 상대적 우월성을 인정받을 수 있다는 하나의 분명한 계기와 기준이 마련되어 있음을 반증하고 있는 것이다.

요컨대, 작가간의 대비 연구, 특정한 두 작가의 삶이나 작품 세계를 함께 비추어보는 것은 가치평가나 재해석의 단초를 여러모로 마련해준다. 명백하리만치 현저하게 대응되는 상대적인 특성 및 가치를 나타내 보임으로써 한 작가에 대한 존재적 위상과 인식의 범위를 보다 구체적으로 규정하거나 한정하거나 할 수 있다는 것이다. 나는 이 글에서 살펴볼 작가가 우리나라의 문학사에서 소설가로서 한 시대를 풍미했던 두 사람이

---

3 조지 스타이너, 윤지관 옮김, 『톨스토이냐 도스토예프스키냐』, 종로서적, 1983, 12쪽.
4 같은 책, 229쪽, 참고.

있음을 밝히고자 한다. 즉, 문학비평적인 가치판단에 있어서나, 문단의 성격 및 위상에 있어서나, 서로 비슷하고, 서로 대조되는 면면들을 공유하는 김동리—김정한의 관계다.

2. 평론가 김우철의 현상당선소설론

이 글은 중등 이상의 교육을 받은 한국인이면 누구나 알 수 있는 두 소설가—김동리와 김정한에 관한 한 대비연구의 가능성을 타진해 보고자 쓰인 글이다. 두루 알다시피, 이 두 작가는 오랜 세월에 걸쳐 한국 문단에 문학적으로나 인간적으로 큰 영향력을 행사해 왔다. 객관적인 작가 역량에 있어서도, 두 사람은 거장(巨匠)이니 대가니 하는 상투적인 칭예를 부여해도 모자람이 없는 사람들이다. 우선, 이 작가에 대한 전기적 삶의 내력에 관해 요약적으로 살펴보자.

김동리는 1913년 경북 경주에서 태어나 서울 경신학교를 다녔다. 1934년부터 3년간 신춘문예에 응모하여 시와 소설 부문에 당선됨으로써 문단 활동을 시작했다. 대표적인 작품으로는 창작집 『무녀도』(1947), 『황토기』(1949), 『실존무(實存舞)』(1955) 등을 남겼고, 장편소설 「사반의 십자가」(1955~1957)를 연재, 또한 「을화」(1978)를 상재했다. 1983년 한국문인협회 이사장에 피선되었으며, 1995년에 타계했다. 평론가로서의 그는 신구세대논쟁(1939~1940), 좌우이념논쟁(1946~1947), 사회주의사실주의논쟁(1978) 등을 통해 일관되게 순수문학을 옹호하였으며, 문학 교육자 및 문단 경영자로서의 그는 도제식 훈련·입문의 독특한 방식을 통해 뛰어난 후진들을 배출시켜 세칭 김동리 사단의 대부로서 존경을 받았다.

김정한은 1909년 경남 동래에서 태어나 동래고보를 졸업했다. 그 후 동경에 유학하여 와세다대학을 다녔는데 이 무렵에 훗날 시인과 평론가로 활동할 이찬·안막·이원조 등과 함께 친교를 맺었다. 1936년 등단한 후 1941년 절필하기까지 5년간 조선일보,『조광(朝光)』·『문장』 등의 지지(紙誌)에 작품을 발표하였으나, 1966년 무려 25년 만에 문단에 복귀하기까지 일선 교육계에 종사하였다. 대표적인 작품으로는 중편「수라도」(1969), 장편「삼별초」(1977), 창작집『인간단지』(1971),『김정한 소설 전집─증보판』(1983) 등을 남겼다. 김동리가 한국적(혹은, 토착적)인 죽음의 형식이 갖는 심오한 세계를 천착하기 위해 미학적 본격성을 끊임없이 추구하였다면, 그는 낙동강 주변의 가난한 민중적 삶의 현장 및 진실을 드러내거나 파헤침으로써 넓게는 민족 현실의 심각한 모순을 신랄하게 적시하는 등, 우리 소설사의 주류였던 리얼리즘 정공법을 한 단계 드높이는 데 크게 기여했다.

생애나 사상에 있어서 김동리와 김정한에게 비슷한 점들이 없지 않았다. 또 이 가운데 서로 간에 대척되는 차이점도 존재하고 있기도 하다. 두 사람은 영남 출신 문인이며 같은 해에 서로 다른 신문사가 주관한 신춘문예에 당선했다. 이들 사이에 차이점이 있다면, 김동리는 종생토록 서울에서 활동하면서 한국문인협회 이사장을 역임했고, 김정한은 고향인 부산과 낙동강 주변부 삶을 지키는 향토 문인으로서 남아 민족문학작가회의 회장 직을 맡았다.

우스꽝스러운 비유가 될지 모르지만, 그들은 1980년대 중반에 각각 양대 문단의 수장(首長)으로서의 여·야당 총재 역할을 하였던 것이다. 또 그들은 사상적으로 인간주의를 지향하고 있으며 창작적 모티프에 있어선 불교적 소재주의를 배제하지 않았다. 불교적 소재주의를 궁극적으로 구현하였으나, 한 사람은 죽음의 형식에 천착함으로써 정토를 꿈꾸는 세계인식에 도달하였고, 다른 한 사람은 예토에 부대낀 집단적 삶의 건강성에 대한 믿음을 희망적으로 예언하였다.

두 작가에 있어서 사실상의 등단 작품은 1936년 동아·조선일보 신춘문예 당선작이었다.[5] 김동리는 동아일보 신춘문예에 「산화(山火)」를 응모하여 당선했으며, 김정한은 조선일보 신춘문예에 「사하촌(寺下村)」을 응모하여 당선했다.

김동리의 「산화」는 겨울이 되면 대개 숯을 구우며 또 부족한 식량으로 말미암아 솔잎을 따 먹으며 연명해가는 가난한 사람들이 모여 사는 산촌 '뒷골'을 배경으로 한, 그리고 중년의 남정네 뒷실의 가족을 중심으로 비참한 삶의 전형적 모습을 그려간 작품이다. 뒷실의 가족이 이 마을 사람들을 착취하거나 고혈을 쥐어짜면서 치부하는 윤씨 가와 대립적인 갈등의 관계에 놓여 있으면서도, 작가는 이 관계를 섣불리 드러내지 않는다. 다만, 악덕 재산가 윤참봉의 부정축재가 얼마나 부도덕한가를, 회갑기념이란 명분을 앞세워 쇠고기를 헐값으로 분배하는 데서 적나라하게 드러내고 있다. 병들어 죽어 매장된 소를 파내어 분배된 그 썩은 쇠고기를 먹은 뒷골 사람들은 끝내 집단식중독을 일으켜 고초를 겪는다. 때마침 산불이 일어난다. 작가는 자연발생적인 발화인지 인위적인 방화인지에 관해서는 언급을 하지 않는다. 마을 사람들이 집단적으로 배앓이를 하고 있는 와중 속에서 누군가 "이 동네 사람 다 죽는다!"라고 외치며 내달리는 사람이 있을 뿐이다.

김정한의 「사하촌」 역시 경제적 소유와 노동을 둘러싼 **빼앗음**과 **빼앗김**의 관계를 극명하게 보여주고 있다. 소위 '절논'을 부쳐 먹고 사는 사하촌 성동리 주민들은 기우불공조차 영험이 없이 끝끝내 계속되는 가뭄에 저수지에 고인 물을 두고 보광사와 다툼을 벌이고, 결국 가을걷이 간

---

5 김동리와 김정한이 1936년 이전에 발표한 작품의 완성도는 낮다. 그래서 사실상의 등단 작품이라는 표현을 사용한 것이다. 김동리는 1934년 조선일보 신춘문예 시 입선작 「백로(白鷺)」와 1935년 조선중앙일보 신춘문예 소설 당선작 「화랑의 후예」를 발표했고, 김정한은 1930년대 초에 「구제사업」(전문삭제), 「그물」 등의 단편소설을 여러 지면에 발표한 바 있었다. 「그물」(『문학건설』, 1932. 12)은 최근에 발굴되어 공개된 바 있다. (『민족문학사연구』, 제3호, 창작과비평사, 1993, 참고.)

평(看坪) 때에 이르러 '입도차압(立稻差押)' 즉 채무 불이행으로 벼를 논에 세워두고 차압을 당한다는 이야기이다. 이 소설은 집단화된 주인공과 시점의 자유로운 이동이라는 형식적 특징을 제시하고 있으며, 특히 결말 부분의 농민적 항거 형태의 집단적 결사에 이르러서는 민중적 자각의 감동적 객관화를 이룩하고 있다.

김동리의 「산화」와 김정한의 「사하촌」은 민족의 식민지적 삶의 축도로서 현실주의의 문학적 승리에 값하는 빛나는 명편들이다. 이 두 작품에는 삽입가요와 에피소드를 간과하지 않는다면 흥미로운 비교거리가 있다. 전자에 "이 나무 넘어간다 / 에라 에라 넘어간다."로 시작하는 노동요와, 후자엔 "한 포기가 여러 벌여, / 에이여허 상사뒤야."로 시작하는 노동요가 있다. 산촌민의 벌목요(伐木謠)와 농민의 농요(農謠)에 그 시대 사람들의 간고한 삶이 깃들어 있다. 특히 후자의 작품 중에

먼동이 트면 곧 죽고 싶은 마음
저녁밥 먹고 나니 천년이나 살고 싶네

라고 하는 삽입가요는 오늘날 우리에게 절실한 감동적인 울림으로 다가오고 있다. 그리고 두 작품은 당대의 민족적 삶이 벌레 같은 삶이었음을 비유적으로 증언하고 있다. 전자는 '굶을 대로 굶고 지칠 만큼 지친 누에'라고 했으며 후자는 '메마른 땅에 흙고물 칠을 한 지렁이'라고 했다. 또한, 이 두 작품은 민심이 흉흉해지고 사나워지면서 다소간에 선동적 (demagogic)인 분위기로 휩싸이게 하는 것으로 끝맺음하고 있다.

ⅰ) 바람도 점점 그 미친 날개를 떨치고 불은 산에서 산으로 뻗어 나갔다.
"우—"
"우—"

불소리, 바람 소리와 함께 마을 사람들의 아우성 소리는 한 곳으로 한 곳으로 모여들었다. 그리하여 그들은 모두 바라보았다. 바로 뒷산의 불소리, 바람 소리 그리고 골목의 비명 소리도 잠깐 잊은 듯 그들은 멍멍히 서서 먼 산의 큰 불을 바라보고 있었다.[6]

ii) 무슨 불길한 징조인지 새벽마다 당산등에서 여우가 울어대고, 외상술도 먹을 곳이 없어진 농민들은 저녁마다 야학당이 터지게 모여 들었다.
  그리하여 하루 아침, 깨어진 징소리와 함께, 성동리 농민들은 일제히 야학당 뜰로 모였다. 그들의 손에는, 열음 못한 빈 짚단이며 콩대, 메밀대가 잡혀 있었다.
  이윽고 그들은 긴 줄을 지어 가지고 차압 취소와 소작료 면제를 탄원해 보려고 묵묵히 마을을 떠났다. 아낙네들은 전장에나 보내는 듯이 돌담 너머로 고개를 내 가지고 남정들을 보냈다. 만약 보광사에서 들어주지 않는다면……하고 뒷일을 염려했다.
  그러나 또줄이, 들깨, 철한이, 봉구―이들 장정을 선두로 빈 짚단을 든 무리들은 어느새 벌써 동네 뒤 산길을 더위잡았다. 철없는 아이들도 행렬의 꽁무니에 붙어서 전 태우러간다고 부산히 떠들어댔다.[7]

김동리의「산화」결말인 i)은 열화처럼 타오르는 민중의 집단적 분노를 불로 상징하고 있다. 그렇지만 큰 불을 먼발치에서 망연히 바라보고 있다는 점에서는 약간의 거리감이랄까, 허무적인 정서를 수반하고 있다. 이에 비해, 김정한의「사하촌」결말인 ii)에서는 진정한 사람살이의 가능성이 부재한 그때 사람들이 모순된 현실로 인한 죽음의 시대를 딛고 일어섬으로써 거듭 태어날 수 있다는 밝은 믿음과 낙관적 전망의 가

---
6 『김동리 대표작 선집·1』, 삼성출판사, 1978, 98쪽.
7 『김정한 소설선집―증보판』, 창작과 비평사, 1985, 39쪽.

능성을 제시한다.

이 두 작품에 대한 당대의 평가를, 한 사람의 비평가에 의해 동시에 시도한 글이 있어 눈길을 끌게 한다. 문학평론가인 김우철(金友哲)[8]이 60년 전에 연재한 「현상당선소설을 읽고」가 그것이다. 이 중에서, 김동리의 「산화」를 평한 부분은 「생활의 진실과 체험」(동아일보, 1936. 2. 21)이며, 김정한의 「사하촌」을 평한 부분은 「낭만적 정신과 본능」(동아일보, 1936. 2. 25~26)이다.

김우철의 비평문 「현상당선소설을 읽고」는 1936년 신춘문예 입선(당선, 가작) 작품에 대한 인상비평이다. 비평적 대상으로서의 작품은 김동리의 「산화」(동아일보 당선작), 정비석의 「졸곡제(卒哭祭)」(동아일보 가작), 김약천(金若泉)의 「죄」(조선중앙일보 당선작), 김정한의 「사하촌(寺下村)」(조선일보 당선작), 차자명(車自鳴)의 「전락(轉落)」(조선일보 가작) 등이었는데, 그는 전체적으로 볼 때 '또스또옙흐스키의 육적(肉的) 고투라든지 두옹(杜翁 : 톨스토이―인용자)의 영적(靈的) 고민과는 아직도 먼 거리의 지점에 놓여 있다.'[9]라고 말하면서도, 이 중에서도 김동리와 김정한의 작품을 비교적 높게 평가하고 있다.

김우철은 김동리의 「산화」가, 예컨대 식민지 자본주의의 유입이 농촌 현실을 황폐화시킨다는 사실을, 다시 말해 쥐불(서화)과 도박(노름)이라는 모순적 상징 상황을 통해 제시한 중편소설 이기영의 「서화(鼠火 : 1933)」를 연상시킨다, 날카로운 묘사력의 작가적 재능이 엿보인다, 라는 사실 등을 긍정적으로 판단하고 있다. 그 요약적인 평가는 다음과 같다.

---

[8] 문학평론가 김우철은 1915년 평북 의주에 출생했다. 그는 1930년대 초에 카프의 맹원(盟員)으로서 주로 아동문학론과 농민문학론을 발표 했다. 1934년 '신건설' 사건으로 옥고를 치른 후 그는 사회주의 리얼리즘 창작방법론을 제창하면서 소위 맑스주의적 비평가로 자임했다. 해방 이후에 재북(在北) 문학평론가로 활동하는 동안, 그는 북조선 문화예술총동맹 평북위원회 위원장 등을 역임했다.

[9] 동아일보, 1936. 2. 21.

彫刻的인 입체적 묘사와 거칠고 날카로운 필치는 우리의 눈앞에 한 폭의 비참한 생활을 상징한 散文詩를 보여준다. (……) 풍부한 현실과 生粹한 체험에 몸소 부닥칠 때 작가는 문학의 빈약함을 통탄하는 법이다. 형상성의 빈곤과 직관력의 노둔함과 작가적 재능이 미숙함을 느끼게 된다. 그런데 「산화」의 작자는 산 현실의 풍부함과 함께 문학(형상성)의 풍부함을 그 傾向的인 세계관과 작가적 재능으로 요리하여 눈앞에 보여주었다.[10]

김우철이 「산화」를 두고 조각적인 묘사, 날카로운 필치의 산문시라고 한 것은 매우 긍정적인 평가다. 그럼에도 불구하고, 주인공의 성격화에 있어서의 관조적 태도—산화를 뒷짐을 지고 바라보고 있는—에 관해서는 못마땅하게 여기고 있다. 즉, 현실과 씨름하고 있으면서도 이와 일정한 거리를 유지하고 있다는 게 「산화」의 한계라는 것이다. (아닌 게 아니라, 이 이후의 김동리 소설 작품이 그렇게 전개되어 갔다.) 이에 반해 김우철은 김정한의 「사하촌」에 관해서는 '화화(火花) 같은 낭만적 정신의 불길'을 느꼈다고 술회하고 있다. 그는 이에 앞서 진정한 리얼리즘 문학에는 위대한 낭만적 정신이 흐르고, 또 이것은 소박한 리얼리즘의 영역을 넘어선다는 사실을 전제하고 있다. 비평가인 그는 「사하촌」에서 사회주의적 리얼리즘은 아니라고 해도 혁명적 로맨티시즘의 성격을 간파했던 것 같다. 사실은 그게 그거지만.

단편으로서는 결곡한 데가 있고 좀 산만한 느낌을 주지만 나는 이 작품의 근저를 溶流하고 있는 낭만적 정신을 높이 사주고 싶다.[11]

여기에서 김우철이 소위 '낭만적 정신' 운운한 것은 그의 사회적 관점

---

10 같은 신문.
11 동아일보, 1936. 2. 25.

의 문학관, 예술관을 잘 보여준다. 혁명적 로맨티시즘이란, 현실적 묘사의 구체적인 진실성을 존중하는 종래의 사실주의에서, 사회주의적 이념의 혁명발전 과정을 보여주는 사회주의적 리얼리즘으로 격상시키기 위한 과도적 단계의 사상적 조류이다. 이 단계에 이르면 사실주의는 신흥하는 계급의 미래에 대해 전망을 열거나 동경과 공상을 조성하거나 함으로써 비상한 진취적 계기를 이룬다.

카프 해산 직후 임화는 현실을 타개하기 위한 유력한 수단으로서 낭만주의론을 제창했다. 그는 「낭만적 정신의 현실적 구조」(1934), 「위대한 낭만적 정신」(1936) 등의 논문을 통해 드넓은 미래로 향해 인도되는 정신이 없이는 결코 노동계급의 당파성을 획득할 수 없다는 사실을 환기시킨 바 있다. 고전적 의미의 낭만주의보다 20세기 초의 혁명적 열기 속에서 혁명적 낭만주의에 가깝다. 김우철이 '낭만적 정신' 운운한 것도 사실은 임화의 주장을 답습한 것에 지나지 않았다.

아닌 게 아니라, 김정한의 「사하촌」에 혁명적 낭만주의를 연상시키는 점이 없는 것이 아니었다. 예컨대, 복수화된 화자랄지 결말 부분에 민중의 우렁찬 발걸음이랄지 하는 점은 미래에의 낙관적 전망이 내포된 진취적 기상을 느끼게 하기에 충분하다. 어쨌든 김우철은 낭만적 정신을 구현하는 데 있어서 하나의 작가적 재능이 될 수 있는, 즉 '영화의 몽타주 수법을 연상케 하는 역학적인 템포와 형상의 아름다운 빛깔 (……) 독특한 창작태도를 개척하고 있다는 명석한 직관력'[12]에 놀라워하고 있다. 김우철은 지금도 세계 영화사의 불멸의 명편으로 기억되고 있는, 세르게이 에이젠슈타인의 소련 국책영화 「전함 포템킨」(1925)을 보았을 것이다. 몽타주(montage) 이론의 위대한 창시자로 알려져 있는 에이젠슈타인의 기념비적 고전영화 「전함 포템킨」은 1925년 러시아 혁명 20주년 기

---

12 동아일보, 1936. 2. 26.

념작으로 제작된 것으로, 민중의 힘으로 이룩한 혁명의 미래는 희망차다는 메시지를 관객에게 던져준 영화다. 특히 오데싸(odessa) 계단의 명장면은, 이데올로기의 전파력과 상관없이 영화 자체의 순수한 기준에서 오늘날의 관객에게도 강렬한 인상을 주고 있다. 그러니까 김우철은 이 영화에서 혁명적 항거의 대열에 선 군중들의 모습과「사하촌」의 마지막 장면인 '민중들의 우렁찬 발걸음'을 서로 연결시켰던 것이다.

요컨대, 우리는 60년 전의 김우철의 글을 통해 김동리와 김정한의 대비적 면모를 다음과 같이 엿볼 수 있을 것이다.

우선 김우철은 김동리의「산화」를 두고 '내연(內燃)하는 지수(地水) 같'다고 했으며 김정한의「사하촌」을 가리켜 '구름 속에서 얼굴을 내민 열나흘 달 같'다고 했다.[13] 이러한 대비는 평자(評者)의 인상에 근거한, 아름답지만, 한낱 비유적 표현이어서, 쉽사리 수용하기가 어렵다.

내용적인 측면에서 볼 때, 전자와 후자가 고뇌에 찬 삶의 체험을 생생히 반영하고 있으나 각각 경향적(傾向的) 세계관과 낭만적 정신을 지향하고 있다고, 김우철은 보았던 것이다. 오늘날의 선입관으로는 뭔가 뒤바뀐 것 같은 표현처럼 보이지만 당대의 입장에선 적절한 판단이었던 것으로 생각된다. 한편, 형식적인 측면에서 볼 때, 각각 날카로운 묘사력과 꿰뚫어보는 직관력이 뛰어나지만, 전자가 문학성이 풍부한 대신에 현실적이면서도 현실과의 일정한 거리를 유지하고 있으며, 후자는 세부적인 기교가 미흡하고 구성 형식에 있어서 다소 산만한 반면에, 곧잘 힘차고 박력 있는 소위 '템포의 쾌감'을 충분히 느끼게 한다는 것이다.

3. 김동리 : 성스러운 죽음의 소명과 비극적 황홀의 순간들

---

[13] 같은 신문, 참고.

근(현)대를 가리켜 유럽의 지성사(知生史)에서는 세계의 밤으로 언표되는 바 궁핍한 시대니 형이상학적 실향의 시대니 하는 표현을 사용하곤 했다. 그리고 부족함이 없는 호메로스 시대의 충만한 '총체성'의 세계를 동경해 마지않았다. 특히 루카치 같은 이는 인류에게 있어서 훼손되기 이전의 삶의 원형을 옛 그리스의 모델에 두었고, 또 이것을 '선험적 고향'(aporische Heimat)이라고 명명하기도 했었다.

그러나 옛 그리스가 선험적인 고향이 되는 것은 유럽인에게만 해당될 뿐이지 우리에게도 해당되는 장소성 내지 상징 공간은 아니다. 소설가 김동리가 한국인의 정체성, 한국인 삶의 원적(原籍)을 천착하기 위해 일찍이 내세운 명제 '신명을 되찾는다.'[14]라고 선언하였으며, 호메로스 시대의 총체성과 적절히 비교될 수 있는 완결된 시적인 원형 상황을 이른바 '구경적(究竟的) 생의 형식'이라고 곧잘 기호화하기도 했다. 그의 구경적 생의 형식은 도처에 나온다.

김동리의 소설은 규격화된 근대적 삶과 문명의 성곽 속에서 이룩된 일반의 근대소설과 달리, 「무녀도」 본문에서 말을 따오자면 영락없이 '앙상한 돌담'으로 비유된다. 그의 소설 세계는 근대소설의 산문 정신에 의거한다기보다는 설화적인 요인의 유현한 신비주의, 초자연적(supernatural)인 시적 산문으로서의 로망스에 가깝게 해당된다. 거기에는 주지하듯이 풍수사상, 원시적 혼재(混在) 속의 굿과 신명, 이적(異蹟), 역마살 등등의 전근대성의 후락한 흔적들이 자리하고 있다. 물론 근대 및 과학 등의 물신주의와는 정반대로 배치되는 또 다른 물신주의일 수도 있고, 원시적 생명감이 율동하는바 훼손되기 이전의 삶의 원형일 수도 있을 것이다.

---

14 김동리, 『문학과 인간』, 청춘사, 1953, 100쪽.

김동리는 인간과 자연의 교감이나 융합을 지향했다. 소설가로서는 시적인 세계관을 지향한 셈이 된다. 그는 신예 소설가일 뿐 아니라, 비평가로서도 명석했기에, 자신이 추구해온 문학적 명제도 적지 않았다. 이 중의 대표적인 한 명제인바 신명을 되찾겠다는 것의 의미는 자아 속에서 천지의 분신을 발견한다는 맥락에서 이해되어야 한다. 1970년대 조동일 식의 장르비평을 원용하자면, 이 명제는 이른바 '세계의 자아화'에 해당되는 서정 양식의 특질을 잘 드러내고 있다고 하겠다.

김동리 소설에 나타난 세계의 자아화는 인간과 자연의 교감 상태를 상징하는 소위 신성혼(神聖婚 : hieros gamos)의 모티프를 통해서도 적절하게 구현되고 있다. 여기에 초자연의 신비주의가 그윽이 감도는 것은 물론이다.

김동리 소설 중에서 이례적으로 해피 엔딩으로 마무리되고 있는 「한내 마을의 전설」에서, 반가(班家)의 손녀딸 '명숙'과 머슴 '상수'가 신분의 차이로 인해 이룰 수 없었던 결혼을 성사시키는데, 그도 그럴 것이 두 사람은 속사(俗事)의 음문(淫聞)에 해당하는 혼전 섹스를 치렀기 때문이었다. 몰락해가는 가문을 지켜보고 있는 '정의관'은 '저 물이 꼬여서 음문이 잦다고 지금은 말하지만, 옛날엔 저 물이 저렇게, 서옹산 매 눈을 맞추어 감돌아 주기 때문에 집안엔 과거가 끊이지 않는다고 하지 않았던가.'라고 넋두리하면서 장탄식하고 있다. 정의관이 '양반이니 상놈이니' 하는 속사의 차원을 벗어나 손녀딸의 결혼을 승락하게 된 데는 속사의 음문마저 자연의 신성사로 돌리려는 그의 저의가 전제되어 있기 때문이었다. 「달」에서도 신성혼의 모티프가 확인된다. 무녀 '모(毛)랑'이 '달이(達伊)'를 낳게 된, 화랑과의 숲속의 정사는 인간과 인간의 육체적 맺음인 세속사가 아니라 인간과 자연의 영적 교류인 신성사로 승화되고 있다. 속사와 성사의 경계마저 지우는 것이 천일합일과 같은 신성혼인 것이다. 이것에 토테미즘의 그림자가 남아있기도 한다.

고목이 울창한 숲을 휘돌아, 못도랑의 맑은 물은 흘러내리고, 쉴 사이 없이 물레방아 바퀴는 소리를 내며 돌아갔다. 여자의 몸에는 시원한 강물이 흘러들기 시작하였던 것이었다. 보름 지난 둥근 달이, 시작도 끝도 없는 긴 강물처럼 여자의 온몸에 흘러드는 것이었다. 끝없는 강물이 자꾸 흘러내려 나중엔 달이 실낱 같이 가늘어지고 있었다. 그 실낱같은 달이 마저 흘러내리고 강물이 다하였을 때 여자의 배와 가슴속엔 이미 그 달고 시원한 강물로 가득 차 있었던 것이었다. 여자의 몸엔, 손끝까지, 그 희고 싸늘한 달빛이 흘러내려, 마침내 여자의 몸은 달 속에 흥건히 잠기고 말았고, 그리하여 잠이 들었던 것이었다.
(아아, 신령님께서 나에게 달님을 점지하셨다.)
모랭이는 혼자 속으로 굳게 믿었다.[15]

달이가 장성하여 사랑의 열병을 앓다가, 또 이것의 고뇌에 시달리면서 먼저 간 애인을 따라서 그 '먹탕 같이 새카만 강물' 속에 몸을 던져 스스로 목숨을 끊는다. 시체를 찾던 그의 어미는 문득 강물에 비친 달과 달이의 모습이 하나를 이루는 환영(幻影)을 체험하면서 목이 터지도록 고함을 지른다.

달과 여성의 상징적 관계는 익히 알려진 바이다. 오죽 했으면, 여성의 월경이 산스크리트어의 '달'을 뜻하는 '멘스(mens)'를 어원으로 삼고 있을까?[16] 여성에 대해, 달이야말로 수정자(授精者), 엑스터시와 도취의 관장자, 영혼을 고양하는 광상적(狂想的)인 지배자인 것이다. 그리고 달은 '모권적 의식'의 상징이 되기도 하며 윤회와 영겁회귀의 사상적 근원이 되기도 한다.[17]

---

[15] 『한국대표문학전집 · 5』, 삼중당, 1970, 770~771쪽.
[16] 신화적 · 심리학 등에 의하면, 달의 정령적(精靈的) 문맥은 남성보다는 여성, 이 중에서도 무녀(巫女)에게 두드러게 나타난다. 소녀는 첫 번째 월경에 의해 비로소 여성이 된다. 성숙한 여자는 다달이 월신과 보이지 않는 동침을 하게 된다. 이 역시 '신성혼'의 모티프이다.
[17] 에리히 노이만, 성봉연 역, 『여성의 심층』, 삼성미술문화재단, 1982, 98~123쪽, 참고.

어쨌든, 김동리 소설에 있어서의 시적 융합은 신성혼 모티프 외에 죽음에 이르러 최고조에 도달한다. 그의 소설에 있어서 죽음은 대단히 중요한 의미를 띠고 있다. 그에게 있어서의 죽음은 성사(聖事 : sacramental) 제의의 최고 형식이다. 즉, 이 제의는 유한한 인간이 무량수에 귀의하는, 이른바 영원회귀를 위한 소위 입문식(initiation)이 되기도 한다. 예를 들자면 「무녀도」의 모화도 「바위」의 술이 엄마도 「등신불」의 만적 선사도 「당고개 무당」의 당고개네도, 역시 죽음이라는 통과의례를 거쳐 성스러운 단계로 진입한 인물로 그려졌다. 작가 김동리에 의하면, 죽음은 인간이 자연화되기 위한 입문식과 같다.

김동리의 문학관, 인생관, 세계관 등을 잘 대변해주는 작품은, 사람에 따라 약간의 견해를 달리할 수가 있겠지만, 대체로 보아서 「무녀도」(원작 : 1936), 「역마」(1948), 「등신불」(1961) 등이 아닌가 한다. 일반적인 시각에서 본 그의 대표작이기도 하다. 나는 이 세 편의 작품에 관해 간단히 살펴볼 것이다.

1936년 잡지 『중앙』에 발표된 「무녀도」는 1947년과 1967년에 각각 두 차례 개고(改稿)의 과정을 거치면서 1978년에 이르러서는 장편 「을화(乙火)」로 또 다시 개작되기도 했다.[18] 「무녀도」와 「을화」가 같은 작품이라는 데 동의하기 어렵지만, 같은 계열에 놓이는 것은 틀림없다. 「무녀도」는 기층적 문화의 원형이랄 수 있는 샤머니즘에 문화변동의 충격이 가해지고, 그것이 기독교와의 충돌 과정에서 패배하는 가운데서도 역설적인 정신의 승리를 구가함으로써 한국인의 정신적 아이덴티티를 암시적으로 확인하고 있으며, 또 완벽한 구성 형식의 미학과 문체의 정확성을 기하고 있다. 그러나 반(反)리얼리즘적인 신비주의로 인해 당대 현실과의

---

[18] 작품의 몇 차례 개작에도 불구하고, 「무녀도」와 「을화」는 독립적인 개별 작품으로 간주해야 한다고 본다.

유기적인 연관성을 발견하기 어렵다는 결점도 갖고 있다.

토속 신을 광신하는 무녀 '모화'와, 모화의 동복(同腹) 남매, 즉 아버지가 다른 오누이인 '욱이'와 '낭이' 간의 인간관계는 운명적인 얽힘에 의해 비참한 파멸의 가정극(家庭劇)으로 끝을 맺는다. 여기에 우리 문학의 습속에선 매우 이례적인 근친상간, 근친살해 모티프가 개입하고 있다. 이러한 모티프는 신화나 그리스비극, 셰익스피어 비극에서 흔히 볼 수 있는 것이다. 따라서 「무녀도」는 매우 '비극'과 관련된 장르적 특성을 머금고 있다. 나는 이 점에 각별히 주목하고 있다.

첫째, 「무녀도」뿐만 아니라 김동리 소설에 나타나는 인물 유형은 대체로 비극적 인물들이다. 소설의 작중인물은 이른바 '문제적 개인'(G. Lucas)들이 많으나, 비극의 등장인물은 흔히 '불행에 처한 영웅적 또는 반신적(半神的) 인물'(J. W. Atkins)들이 적지 않다. 김동리의 경우에는 신령과 더불어 영적으로 교통하는 모화랄지, 시운을 얻지 못한 채 노경에 이른 불세출의 역사(力士) 억쇠와 득보랄지, 그밖에 만적·사반·을화 등등이 비극적 인물로 그려져 있다.

둘째, 「무녀도」에 등장하는 세 인물은 모두 불가지성과 불가피성에 의해 규정되고 제약되는 캐릭터다. 이들은 비극적 운명의 굴레로부터 벗어나지 못하고, 대신에 극적인 갈등을 일으킨다. 갈등 구조는 삼각형을 이루고 있다는 점에서, 삼각관계의 변형이 되고 있다.

혈연적인 오누이 관계는 이성애의 관계로 진전된다. 금기의 사랑이라고 할 수 있다. 낭이는 욱이에 대해 성적 충동을 느낀다. 낭이는 얼음같이 싸늘한 손과 입술로 욱이의 목덜미나 가슴팍으로 뛰어들곤 했다. 유교적인 가부장 관념에서는 말도 안 되는 얘기지만, 모계 사회에서는 가능할 수 있는 얘기다. 신라 귀족 사회에서는 부모가 같은 남매도 금기의 사랑이 더러 이루어지기도 했다.

이것이 빌미가 되어, 모자의 관계에서도 종교적 라이벌 의식과 첨예한 충돌의 관계로 나아간다. 낭이의 태도가 미묘해진 후에, 욱이는 표연히 집을 나가고 말았다. 욱이의 가출이 자신의 신앙에 대한 위화감에 있다고 오인한 모화는 '예수귀신'을 몰아내려는 치성을 드린다.

모녀의 관계는 이렇다. 예수 귀신을 사악한 것으로 물리치기 위해 부엌에서 치성을 드리는 어머니의 모습을 봉창 구멍 틈으로 엿본 낭이 역시 방안에서 미친 듯이 춤을 추었다. 낭이는 격렬한 춤의 굿판 끝에 벌거벗은 알몸으로 정신을 잃은 후에 쓰러진다. 즉, 모녀의 굿 내림은 업(業 : Karma)의 상속이다.

결과적으로 볼 때, 어머니와 오빠를 모두 잃게 된 낭이의 정신 속에는 이성에 대한 그리움보다는 격렬하게 춤추는 어미의 모습을 화폭에 담는 등 모화에 대한 향수와 애정의 흔적이 역력하게 남아 있다. 어쩌면 모녀의 관계는 운명의 대물림과 같은 것. 가장 유대감이 강한 관계다.

모자관계는 샤머니즘과 크리스쳐니즘 간의 대결 구도, 예수 귀신과 잡신(우상)에 대한 상호비방적이고 맹신적(盲信的)인 저주로 인해 갈등을 빚는다. 결국 욱이는 순교자적 숙명의 희생을 감내하게 되고, 모화는 M. 엘리아데의 말마따나 '위대한 엑스타시의 대가(大家)'답게 제의적 존재로서 빙신(憑神 : possession)의 상태에 빠져 죽음으로 향한 수직적 초월을 황홀하게 체득하고 홀로 남은 낭이는 친부의 손에 거두어져 구도적인 예인의 길을 걷는다. 이 길은 유랑의 운명을 걸머진 길이기도 하다.

소설「무녀도」와 동일한 샤머니즘 계열의 작품인「당고개 무당」에서도 극적 갈등은 신성한 죽음으로써 해결되어 영원토록 평화로운 화정(和靜)을 성취한다. 서낭당을 두고 '도깨비굴'로 하찮게 여기는 두 딸과 '내 집'이라고 하면서 성소(聖所)로 떠받드는 당고개네의 갈등은, 기생인 두 딸이 마련해준 세속적인 행복의 보상에도 아랑곳하지 않고 투신자살을 통해 극복되고 해결되고 있다. 이 경우는 속사와 성사의 대립을 통한 영원회귀에의 지향성을 뜻한다. 서낭당이 잃어버린 성역으로서의 실낙원이라면, 당고개의 투신은 영생을 염원하는 인간의 원형적 몸짓이다.

셋째,「무녀도」에서 비극적 결함과 그 파국의 인과관계를 되짚어 볼 필요가 있다. 비극의 원인으로서의 '험'(hamartia)과 그 결과로서의 '결딴'(catastrophe)은 비극에 있어서 매우 긴밀한 관계를 유지하고 있다. 따라서 김동리의「무녀도」와 그리스 비극「메디아」는 서로 비교됨직하다. 이에 관해서는 비교문학적인 접근이 가능하기도 할 것이다.

에우리피데스의 비극에 등장하는 여주인공 메디아(Media)는 배신한 남편 이아손을 복수하기 위해 자신의 어린 아들을 살해한다. 자신의 복수와 상대방의 비통을 맞바꾸는 심독(心毒)한 여인이다. 자식에 대한 아집적 익애로 빚어진 모화(혹은 을화)의 근친살해 행위와는 물론 다르다. 메디아에게 있어서 비극적 결함이 타협과 중용을 모르는 강한 개성, 복수를 위해서라면 물불을 가리지 않는 집요한 성격에 있다면, 모화에게 있어서의 그것은 차라리 운명의 불가피성, 불가항력에 있다고 하겠다. 파멸의 원인이 성격에 있든 운명에 있든, 어쨌든 두 사람에게 살의적(殺意的)인 이미지와 근친살해 모티프를 지니고 있는 것은 사실이다.

모화에게 있어서 운명과 죽음은 영원회귀로 향해 변증법적인 통합성을 이루어간다. 이때 독자들은 마치 비극을 보는 관객처럼 격정과 광란과 파국으로 치닫는 과정을 통해 비극적 정서를 체험할 수 있다.

넷째,「무녀도」에서도 소위 극중극(劇中劇)의 장치가 놓여 있다. 이 소설은 이야기로서의 '무녀도'에서, 액자 속의 그림으로서의 '무녀도'로, 또 다시 이것은 액자소설에서의 내부 서사구조로 구현되어가고 있는데, 이 과정 중에서 액자 속의 그림으로서의 (낭이가 그린) 무녀도는 극중극의 효과를 머금고 있다. 두 겹의 구조 속에 놓여있는 이야기기에 주제가 집약될 수밖에 없다. 다시 말해, 이 그림은 격정과 광란과 파국으로 치닫는 비극적 정서를 집약적으로 수반하고 있으며, 마치 영화의 포스터나 스틀처럼 완벽히 정지된 극의 최소단위로서 주제에 간여하고 있거나 주제를 함축적으로 제시하고 있거나 한다.

수년 전에, '지금까지 우리는「무녀도」의 의미구조가 욱이와 모화의 이야기로만 읽혀온 것이 얼마나 많은 구조적 모순을 안고 있는가를 해명하기 위'[19]하여 구조주의적 의미 분석 방법론에 입각하여 소설「무녀도」를 분석하고, 또 이야기의 전체상을 낭이 중심의 이야기로 재해석한 글이 지상(紙上)에 발표된 바 있다. 의미 있는 가설임에는 틀림없다. 복합적인 주제 층의 논의 가능성을 마련해 놓고 있기 때문이다. 그렇다면 귀머거리 소녀 낭이의 불구적 형상은 문명의 이기적 폭력성으로 말미암아 찢겨질 대로 찢겨진 현대인의 자화상에 대한 인간구원의 문제의식으로 제기될 수도 있다. 내가 좀 전에 말한바 집약된 효과를 담을 수 있는 극중극의 형식에 상응하는 부분은 다음과 같이 설명되고 있다. 소설「무녀도」속의 무녀도가 마치 한 장의 포스터 같다는 말이 의미를 더해주고 있다.

> 도입부에 액자가 설정되고, 그 액자 속에 작가가 노리고 있는 주제적 기능이 한 폭의 그림을 통하여 상징적으로 묘사되고 있다. 한 장의 포스터처럼 액자에 투영된 그림의 상징성은 한마디로 장중한 슬픔의 이미지이다. 액자를 통하여 작가는 내부 이야기의 주제적 기능을 강렬하게 암시하면서 독자들의 상상력을 일깨워 지적 호기심에 불을 붙인다.[20]

1939년이었다. 세칭 세대논쟁이 문단을 들끓게 할 때 신세대 작가 측을 대표하며 또 이론적인 역할을 담당했던 김동리는 이즈음 이미 순수문학을 옹호하는 제 나름의 논리 체계를 가지고 있었다. 그가 해방 이후에 이르면, 우익 문단의 가장 실질적인 핵심 그룹이라고 할 수 있었던

---

[19] 안성수,「죽음과 떠남의 변증법」, 조선일보, 1989. 1. 8.
[20] 같은 신문, 1989. 1. 7.

'조선청년문학가협회' 내에서 대표적인 논객으로 맹활약하게 이른다. 당시 특수한 정국(政局)의 배경에 힘입어 문단의 동향과 추이를 주도하던 좌익 문단의 궁극적인 통일전선체 '조선문학가동맹'이 내세웠던 마르크스·레닌주의의 당성 원칙에 입각한 문학이론에 대해, 그는 문학 정신의 본령을 옹호한다는 순수문학의 이론적 기틀을 마련한다.

그는 '문학하는 것'의 의미를 구경적인 생의 형식에서 찾고자 했다. 그에 의하면 구경적인 생의 형식이란, 이를테면 신명을 찾거나, 자아 속에서 천지의 분신을 발견하거나, 공통적으로 부여된 운명을 통해 영원한 인간성의 전모를 탐구하거나 한다는 등속의 행위로써 구체성을 획득할 수 있다고 했다. 요컨대 당시 좌익 문인들이 주도적으로 앞장섰던 정치주의 문학에 대응하던 김동리는 좌우파 문학이 가파르게 대립하고 있던 시대상황 속에서, 자신이 제기한 소위 구경적인 생의 형식을 적절하게 구현한 대표적인 작품 「역마」(1948)를 발표한다.

혼자 살고 있는 옥화네 주막에 늙은 체 장수 영감이 과년한 딸 계연을 데리고 홀연히 나타난다. 옥화의 외아들 성기는 갸름한 얼굴에 흰 자위, 검은자위가 꽃처럼 선연한 두 눈을 가진 그 소녀에게 처음 보는 순간부터 깊은 애정에 사로잡힌다. 시간이 흐르면서 두 사람의 사랑은 더욱 깊어간다. 그러나 계연을 며느리로 맞이하려고 작심한 옥화는 어느 날 우연히 계연의 왼쪽 귓바퀴의 사마귀를 발견하고는 그 체 장수 영감이 자기의 아버지임을 육감으로 깨닫는다. 그 후, 이 사실을 확인한 옥화는 두 사람을 떼어놓는다. 성기를 오빠라고 부르며 따르는 계연은 도리어 성기의 이모가 되는 것이다.

불가피한 운명에 의해 계연과 갈라선 성기는 심한 중병을 앓는다. 성기와 계연 사이에 있었던 일련의 비련의 과정, 애틋한 가슴 설렘, 환희로운 사랑의 감정, 안타까움, 비극적인 파국 등은 선대(先代)의 하마르티아(業因 : hamartia)에 있는 것이며, 그들은 이 사실도 모르고 업의 상속에 몸부림친다. 남녀가 사랑할 수 없는 운명은 선대에 있었다. 성기의 외할머니가 처녀 시절 때 현재의 체 장수였던 젊은 남사당의 아름다운 진양조 가락에 심취되어 옥화를 배게 했던 서른여섯 해 전의 그 하룻밤이 두 남녀가 훗날 사랑할 수 없게 될 비극적 운명의 씨앗이 되었던 것이다. 옥화와 계연은 고부(姑婦)의 관계가 되기 이전에 이미 배다른 자매로 맺어졌던 것.

자신이 처한 운명의 한계를 비로소 깨달은 성기는 자연적 과보(果報)의 질서에 순응하기 위해 정처 없는 방랑의 길을 떠난다. 만약 그것마저 거부한다면 중병보다 더 혹독한 시련인 죽음의 형벌로부터 벗어날 수 없기 때문이다. 성기의 방랑은 우주의 무게와 같은 큰 업고(業苦)를 걸머진 오이디푸스의 방랑에 진배없다. 비극적 인간조건은 운명이란 인간조건에 기인한다.

비극이란, 깨달음에 이르는 고난의 신비주의일 수도 있다. 「역마」에 짙게 드리워진 비극의 어두운 그늘은 당사주(唐四柱)의 역마살(驛馬煞)에 근거한 동양적 숙명관과 불교의 인연설 등과 같은 묵중한 신비주의에 크게 영향받고 있다. 「무녀도」, 「황토기」, 「바위」, 「달」 등에서 보는 바와 같이 다소간 주술적이기도 했던 김동리의 소설이 「역마」에 이르러서는 초월적인 생의 존재방식을 드러내는 반문화적, 반근대적 성격을 다시 한 번 아름답고 황홀하게 치장함으로써 그의 장인 기질을 유감없이 발휘하고 있다. 하지만 그가 끝 간 데 모를, 저 아득한 허무적 비애감의 심연에 깊이 빠져들게 됨으로써, 그만큼 해방기 동시대가 요구하는 현실적 당면과제 내지 고유한 역사 경험을 외면했다는 비판도 없지 않다.

당시 좌익이 금과옥조로 삼았던 유물론적 역사관이나 이를 적대시한 우익의 동양적 신비주의는 비이성적인 숭배의 성향을 띠고 있다는 점에서, 상호배타적인 물신주의, 서로 다른 문학적 극단주의의 길을 걸어갔던 셈이 된다. 이런 점에서 「역마」는 앞으로도 두고두고 논의를 거듭하게 될 문제성을 내포한 작품으로 남게 될 것이다. 아울러 이 작품에 대한 평가도 늘 상반된 채 남게 될 것이다.

　작가 김동리는 우리 소설사에서 보기 드물게, 종교적 소재의 세계에 천착하여 신성과 인간성, 초월과 구원 등의 문제에 물음을 던진 소설가로 잘 알려져 있다. 그가 천착한 종교적 성격의 소재는 다양하다. 토착적 샤머니즘, 풍수사상, 숙명론에 근거한 동양적 허무주의 등은 물론이려니와, 심지어 그는 창작의 동기를 구약(舊約)의 삶의 풍속으로부터 얻기도 했다. 그런데 사람의 키와 거의 같게 만든 불상, 그래서 사람에 진배없고 인간적일 수밖에 없다는 불상을 의미하는 제목의 소설, 소설이라기보다 어쩌면 전기(傳奇)에 가까운 「등신불」의 경우는, 표제 스스로 암시하는 바대로 「윤회설」, 「청자」, 「원왕생가」, 「저승새」, 「극락조」 등과 함께 불교적 성향의 소재주의의 계열에 포함되는 작품이다.

　우선 「등신불」(1961)의 주인공이 누구이냐가 쟁점이 된다. 작중 화자 '나'인가, 아니면 당나라 때의 위대한 종교적 실천가로 허구화된 만적 선사인가? '나'는 이 소설의 이야기 흐름에 있어 중요한 역할을 담당하고 있기 때문에 외형상 주인공인 것처럼 보인다. 그러나 '나'는 관찰자일 따름이고, 작품의 주제를 해명시켜줄 열쇠를 쥐고 있는 주인공은 바로 만적이다. 다시 말해, '나'는 시대의 현저한 격절을 초월한, 만적과의 고귀한 만남을 통해, 숙명적인 자기희생의 광휘를 체험하게 되고, 또 진정한 의미의 종교적 구원을 깨닫게 된다. 그러므로 만적이 이 소설의 주인공이 되는 것은 이견의 여지가 있을 수 없다. 「등신불」이 성취한 작품 자체의 최대 미덕은 완미(完美)에 가까울 정도라고 평가될 수 있는 형식적인 꾸밈새에 있다 할 것이다. 김동리는 전술한바 같이 해방직후 구경적 생의 형식을 강조한 바 있었거니와, 이에 못지않게, 그는 「등신불」에 이르러 소설 미학 자체의 형식적 완결성도 이룩할 수가 있었던 것이다.

　이 소설의 구성상 특징은 다음 세 가지로 요약된다. 첫째는 분석적이다. 이 소설이 비록 단편소설이라고 해도 시간의 흐름이 단순하게 진행되는 것을 거부하고 있다. 만적의 행적이 몇 차례 되풀이됨으로써 시간의 흐름은 뒤죽박죽 바뀌어간다. 시간의 자연적 질서를 거부하며 과거와 현재를 혼재시켜 놓았다는 점에서, 이 소설은 분석적이다. 시간이 혼재될수록 분석일 수밖에 없다. 둘째는 액자적(額子的)이다. '나'의 깨달음의 과정을 보여주고 있는 외부 이야기와 만적의 소신공양(燒身供養), 즉 몸을 스스로 불태워 부처께 바치는 죽음의 의식을 제재로 한 내부 이야기가 나란히 병행하고 있기 때문이다. 속사와 성사를 대비하려면 중층구조를 이용할 수밖에 없다. 셋째는 점층적이다. '나'는 포교사·진기수·경암을 통해 원혜를 만났고 원혜라는 매개적 인물을 통해 가장 법력이 높은 만적으로 인도된다. 또 공간의 이동 경로를 살펴보아도, 북경(北京)으로부터 금불각 내실에 안치된 등신불에 이르기까지, 개방된 세속적인 곳에서 은밀하고 신비롭고 오묘한 깊은 곳으로 옮아간다. 만적의 내부 줄거리 역시 청운의 전언, 행장문의 기록, 원혜 대사의 설명을 통해 점차 단계적으로 드러나면서 구체화된다. 단계 별로 하나씩 더 구체화되어간 것이다. 점층적인 전개랄까?

  이 소설의 문체는 어설픈 기교를 배제하는, 긴축감을 느끼게 할 만큼 최대한 어휘를 절약한, 그리고 매우 간결하면서도 논리적으로 정련된 글투를 지향한다. 그러면서도 초논리적이라고도 할 수 있는 수사 아이러니도 번득이고 있다. 작자는 '의미심장한 이야기'를 '엉뚱한 이야기'라고 뒤틀고 있다. 이 왜곡된 진실 속에 묵시와 계시의 아이러니가 존재한다. 부처님이면서도 부처님이 아닌 부처님, 우는 듯한, 웃는 듯한, 오뇌와 비원이 서린 듯한 등신불은 세속적인 삶에 집착하는 '나'에게는 희열과 전율의 긴장 속에서 존재하고 있다. 대승적인 소신공양과 소승적인 혈서로 대비되는 생의 아이러니를 통해, 작자는 모순과 부조리로 가득 찬 인간조건 속에서 인간적 삶의 근원적 의미에 대한 진지한 탐색과 성찰을 시도하고자 했던 것이다.

이와 같은 형식적 요인들은 이 소설에서 작자가 구체적으로 형상화하고자 하고 궁극적으로 의도하고자 하는 주제의 구현과도 긴밀히 조응하고 있다. 작자는 종교를 통한 '인간구원'의 문제에 접근하고 있다. 그는 한 구도자의 종교적 염원 및 열정을 통하여 또는 광휘로운 자기희생의 결단과 그 고독한 결행을 통하여 비로소 모든 인간이 억압된 현실로부터 구원을 받을 수 있을 것이라는 있음직한 가능성의 문을 활짝 열어놓았던 것이다. 이를 두고, 대승적인 이타행(利他行)의 실현, 혹은 '제3의 휴머니즘'이라 해도 좋을 것이다.

김동리는 샤머니즘·풍수사상·불교·당사주 등의 사상적 배경 외에도 유교와 기독교의 영역으로까지 범위를 확대했다. 장편소설 「춘추(春秋)」(1956)와 「사반의 십자가」(1955~1957)가 그것이다. 문학평론가 이동하는 최근의 글에서, 전자가 범작에 불과한 반면에, 후자가 성공적인 작품에 도달할 수 있었던 요인을 다음과 같이 밝히고 있다. 기층에 습속화된 믿음의 체계보다 지역적으로 보편성을 얻을 수 있는, 큰 그림의 종교적 가르침이 작품성의 효과에 영향을 끼친다는 거다.

> 김동리가 이 작품(「사반의 십자가」—인용자)에서 설정한, 그와 특별한 관계를 갖고 있는 맞수는 구체적으로 무엇이었던가? 기독교였다. 김동리는 바로 이 기독교라는 존재를 자신의 맞수로 설정하고 「사반의 십자가」 속에서 혼신의 힘으로 그것과 대결하였으며, 바로 이런 대결의 자세로부터, 그리고 거기에 수반된 높은 수준의 긴장미로부터, 「춘추」 같은 작품과는 격이 다른 이 작품만이 문학적 성과가 창출되어 나왔던 것이다.[21]

---

[21] 이동하, 『영웅소설의 전통과 보수적 기독교의 문제』, 파피루스, 1995. 8. 15쪽.

그러나 어디선가 보았는데, 나는 김동리의 맞수가 기독교였다는 주장에는 견해를 전혀 달리한다. 그는 기독교계 학교를 다닌 바 있었다. 김동리의 영원한 맞수는 근대주의로 재무장된 유물론적 사상체계, 거대한 이데올로기적 상투성, 한마디로 말하자면 좌파요, 공산주의였다. 그는 해방기 이후 문학적 사상이 조금만 붉은 듯해도 이를 체질적으로 거부했다. (북한에서는 그를 반공순수문학의 나팔수로 비난한 바 있었다.) 해방기에 조연현이 그 사상체계와 그 상투성에 대해 도스토옙스키의 방대한 사상으로 맞서려고 했으나, 비평가로서의 함량부족이나 외부적 요인인 한국전쟁으로 인해 비평적 실패를 감수하지 않으면 안 되었다. 반면에, 김동리는 일찍이 가형 김범부(金凡夫)로부터 물러 받은 동양학적 식견 및 정신주의의 세계, 즉 공산주의보다 훨씬 방대한 이 사상체계에 자신감을 가지고 있었다. 또 이를 통해, 오랜 세월을 두고 창작에 있어서 득의의 승리를 구가할 수 있었던 것이다.

4. 김정한 : 지식인의 위의, 민중적 리얼리즘의 눈부신 승리

김동리가 물질적(근대적) 세계관과 이데올로기의 우상에 대한 정신주의의 승리를 구가했다면, 김정한은 평생토록 지식인으로서의 꿋꿋한 삶의식과 올곧은 행동양식을 잃지 않으면서 양심의 외길을 걸어온, 그리하여 작가로서, 역사는 반드시 강자의 편이 아니라 강자에 의해 유형무형의 정치적 억압을 견뎌내면서 일어서는 민중의 편일 수도 있다는 사실을 넉넉히 확인함으로써 이른바 한국적 리얼리즘의 승리를 결정적으로 성취할 수 있었다.

김정한은 작품 세계 못지않게 인간적인 존경을 받아 왔던 희귀한 유형의 작가였다. 비평가들의 작가론에는 대체로, 그에 대한 간단한 인물론

이 포함되어 있다. 그도 그럴 것이, 작가 김정한은 (좋은 의미의) 반골인생의 외길을 걸어온 사람이기 때문이다. 그의 삶과 문학에는 전통적 문사의 내면적 가치로 귀히 여겨왔던 소위 지조·의(義)·준엄성 등의 선비정신이 반영되어 있다.[22] 1973년 8월 하와이에서 열린 '사회문학세미나'(Semina in Socio-literature)에 참석한 백낙청은 주제발표의 서두에 오랜 세월에 걸쳐 작품을 통해 혹은 침묵의 선택을 통해 한국민족의 양심을 지키는 데 크게 이바지해온 노작가(김정한)에게 경의를 표한다고 밝힌 바 있다. 그에 대한 후진들의 경의는 단순히 대가적 품격의 원로문인에게 보내는 의례적인 존경심이라기보다는 그의 인간됨, 인간적인 생애, 하나의 역사적 인격에 대한 존경심이라고 할 수 있다. 그는 우리나라 근현대사의 역사적 물줄기와 더불어 살아 왔고 그 물굽이마다 지식인으로서 불굴의 정신과 삶의 위의를 지키며 살아 왔다. 그의 작가적 생애는 기교 중심의 세세한 잔물결보다 리얼리즘의 큰 흐름을 탄 문학적 생애라고 할 수 있다.

　김정한의 경우를 두고 볼 때, 작품의 품격은 작가의 인품에 의해 확정된다는 이른바 작가주의적 명제를 떠올리게 된다. 동양권 문학의 전통 및 문화적 관례에 의하면 이러한 명제는 서양에 비해 더욱 힘이 실려 있다. 과문한 탓에 전거(典據)는 잘 떠오르지 않지만 '문자인야(文者人也)'라는 표현이 그러한 사실을 잘 대변해주고 있다. 문학의 가치는 바로 그 작가의 사람됨에 의해 결정(평가)된다. 이러한 유의 명제를 승인하는 한, 작가 김정한의 작품 세계와 그의 인간적 삶의 내력이 서로 간에 긴밀한 상관관계를 맺고 있다는 것은 쉽사리 간과될 수 없는 사실이다.

---

[22] 4·19를 즈음하여 「지조론」과 「조국아 붓이 통곡한다」를 각각 발표한 조지훈과 김정한은 영남 사림파의 후예로 알려져 있다. 조지훈이 조광조의 후손이거니와, 김정한의 선조 중에는 대의 명분을 위해 죽음을 당한 선비 김일손이 있었다. 따라서, 그의 대쪽같은 선비정신은 가학적(家學的) 전통에 의해 학습된 것이라는 짐작이 가능해진다.

김정한은 1908년 부산(당시, 동래군)에서 태어났다. 명진학교를 다니던 어린 시절에 3·1운동을 목도하면서 의분을 느꼈으며, 동래고보 시절에는 수업시간에 일본을 내지(內地)라고 지칭하던 조선인 교사에게 '내지라니, 충청북도 말입니꺼.'[23]라고 조롱의 어투로 말하던 그였다. 1928년 교원 신분으로 조선인교원연맹 결성 사건에, 1932년 와세다대학 유학생 신분으로 양산농민봉기 사건에 연루되어 고초를 겪었던 그는, 1940년에 운영을 시작하자마자 동아일보 동래지국이 폐쇄되고, 또 이듬해 붓을 꺾은 문사로서 가정의 생계를 위해 전업하는 등 좌절을 겪게 되었다. 그에겐 고보 학창시절부터 해방되기까지 소위 '불령선인(不逞鮮人)'이란 꼬리표가 언제나 따라다녔던 것이다. 그는 해방 이후에도 정치적 시련을 겪는다. 한국전쟁 발발 때는 건국준비위원회에 가담했다는 이유로 적색분자로 낙인이 찍혀 특무대에 끌려갔으며, 5·16 군사혁명 때는 내란 음모의 누명을 뒤집어쓰면서 자살을 시도하려고 했다. 1966년에 25년 만에 문단에 복귀한 그는 이로부터 10여 년간에 걸쳐 적지 않은 작품을 발표했으며, 식민지 유제(遺制)를 강화한 1970년대 유신정부 치하에서는 자유실천문인협회 고문직을 맡았다.

김정한이 발표한 이른바 초기소설(1931~1941)의 총량은 11편에 지나지 않는다. 이 중에서 대부분에 해당하는 아홉 편은 1936년 이후 5년간에 발표된 것들이다. 김정한의 초기소설 가운데 가장 잘 알려져 있고 또 대표적인 작품으로 손꼽히고 있는 것은 「사하촌」(1936)이다. 이 작품은 식민지 치하에서 식민지 지배질서에 유착해 경제적 기득권 즉 억압과 수탈을 향유하고 있던 타락된 사찰에 대하여, 농민의, 비록 소규모적이나 자발적인 계층운동(class-behaviour)의 가능성을 감동적으로 보여주었다는 점에서 매우 유의미한 작품임에 틀림없다.

---

[23] 김정한, 『낙동강의 파수꾼』, 한길사, 1978, 72쪽.

그러나 나는 이보다도 「항진기(抗進記)」(1937)의 작품성이 높지 않나 생각된다. 우선, 이 작품은 재미있게 읽힌다. 가족관계, 남녀관계, 이데올로그와 동반자의 관계 등이 관계의 그물망을 형성하고 있어서 흥미의 요인이 되지 않나, 생각된다. 여기저기에 얽혀 있는 갈등 구조의 장치는 사소한 일상사 같지만, 당시로선 사회적 쟁점의 근원이 되는 문제라고 할 수 있다.

아버지와 태호 부자간의 가정적 불화, 태호와 두호 형제간의 갈등(여기에는 양잠지도원으로 파견된 처녀 영애를 둘러싸고 미묘한 심리적 삼각관계마저 이루고 있다), 두호와 마름(舍音) 간의 경작권 다툼 등으로 이루어져 있다. 사회주의 운동가로 자처하며 탁상공론이나 일삼는 형 태호와, 아버지를 도우며 실제적 현장에서 농사일을 하는 아우 두호 사이에 벌어지고 있는 언쟁 부분을 살펴보자.

> 태호는 연방 눈에 쌍심지를 올린다.
> "너는 꼭 아버지를 닮아서 고집통이 농민 근성을 그대로 가졌거든. 무슨 말이라도 끝에 가선 꼭 억보같은 소리를 한단 말야. 결국은 인식 부족과 사회적 훈련 부족의 탓이겠지만……"
> "쳇, 형은 얼마나 인식이 풍부하며 사회적 훈련인가 뭔가는 얼마나 받았어요? 입만 떼면, 그저 인식 부족, 사회적 훈련!"
> 두호도 지지 않는다. 그는 계속해서 ─,
>
> (…중략…)
>
> "하여튼 나는 버릇없는 만무방이요. 형처럼 배우지도 못했고요. 그러나 형도, 농민 근성이니 뭐니 하는 소리만은 함부로 하지말아요. 형의 그 꿈만 꾸는 근성보다는 그래도 나은 편이니까요."

"꿈만 꾸는 근성 ―?"

태호는 가소롭다는 듯이 그저 입만 비쭉했다.

"암, 그렇지요. 형은 매양 꿈만 꾸고 있지요. 그렇지 않거든 그렇지 않은 실례를 들어봐요. 뭘 한 가지 실행한 일이 있나요? 우린 그래도 형에게 기대를 걸어 봤었는데……"[24]

형이 아우에게 농민근성, 인식 부족, 사회적 훈련 부족 운운하자, 아우는 형에게 이론의 허구성, 공소한 관념의 비현실성을 지적하고 있다. 마침내 형제는 제 갈 길을 간다. 형은 사회주의 운동을 위해 가출하고, 아우는 소작권, 사실상 경제적 소유권을 탈취하려는 마름에 순종하지 않고 의연히 대립한다. 여기에서 작자는 은근히 아우의 편을 들고 있다. 형 태호가 맹목적이고 비생산적인 이념을 부르짖는 거창한 몽상가(dreamer)라면, 아우 두호는 합목적적이고 건실한 생활현장에 귀의한 일상적인 실천주의자(behaviourist)이기 때문이다. 이 작품 속에는 사회주의 운동을 비판하면서 중용과 절제에 의해 건전하고도 건강한 농민의식을 반영하려는 작가의식이 함축적으로 반영되어 있다. 그밖에도 '작달비가 슬금슬금 는개로 바뀌었다.'와 같이 언어를 경영하는 데 있어서의 독특한 조사법(措辭法), 흉년 덕에 부자들만 재미를 보는 것에 반해 농민의 참상을 '주림에 지친 누에들의, 먹이를 찾는 가댁질'로 암시하는 적절한 비유법 등도 내용 못지않게 형식적인 장처로 인정될 만하다.

비슷한 시기에 발표된 「옥심이」(1936)와 「추산당(秋山堂)과 곁 사람들」(1940)은 「사하촌」처럼 불교에 (정확히 말해, 세속적으로 타락한 승려와 사찰에) 대해 부정적인 반응을 보인 작품이다. 이 두 작품에서도 불교가 본래의 무소유 정신과 극단적으로 배치된 채 민중적 생존권을 뺏거나 농민의 고

---

[24] 『김정한 소설전집』, 앞의 책, 80~81쪽.

혈을 쥐어짜고 있다고 매우 부정적으로 묘파되어 있다. 앞엣것은 패덕녀(悖德女) '옥심'의 불륜과 삶의 곡절을 비교적 인간적으로 그리고 있으나, 뒤엣것은 축재 승려 추산당이 죽음을 앞두고도 끝까지 황금을 장악하려는 원초적인 인간의 소유욕과, 유산 분배 문제를 둘러싸고 서로 갈등을 빚는 곁 사람들─승려와 친척의 탐욕을 통해 성악한 인간의 단면을 집요하게 추궁하고 있다. 이 소설의 등장인물은 문제적 개인 차원 너머에 존재하는, 문제성이 원색적(原色的)이고 선험적으로 내포된 악마적 개개인들이다. 따라서 이 소설은 인간 존재의 본질을 되묻는 의미 있는 주제의 문제작이다.

절필 후에 작품을 다시 쓴「모래톱 이야기」(1966)는 김정한의 재기 작이다. 이때 그의 나이는 59세였다. 그는 25년 만에 침묵을 깨고 중앙 문단에 복귀했던 것이다.[25] 자전적(自傳的) 형식의 허구적 산문인 이 소설 앞부분에, 그는 "이십년이 넘도록 내처 붓을 꺾어 오던 내가 (……) 차마 묵묵할 도리가 없었기 때문이다."라는 복귀의 변을 밝히고 있다. 권력과 부를 독점적으로 향유하고 있는 특권적 무리에 의해 낙동강 하류의 외진 모래톱에서 누대에 걸쳐 살아온 민중의 집단적 고난을 형상화한 이 작품은 그의 소설의 전환점이 되기도 한다.

김정한은 이 작품을 계기로 소설의 지리적 배경 및 장소성을 낙동강 주변으로 초점화하면서 한결 리얼리즘의 깊이를 드러내 주었다. 그의 고향이자 정신적 젖줄인 낙동강은 그에게 과거에 대한 추억과 향수를 자극하는 실낙원이 아니라 억압과 수탈로 점철된 비인간화된 삶의 터전이다. 그는 향토문인인 동시에 민족작가이다. 삶의 현장 속에 파고든 방언과 인위적 표준어 사이에 있는 대립과 긴장의 관계도 민족 차원의 보편적 공감대로 향해 수렴되고 있다.

---

[25] 김정한이 25년 동안 침묵한 사이에 10편 가까운 콩트 형식의 산문을 발표하기도 했다.

김정한 문학은 대체로 낙동강변을 무대로 하고 있다. 이런 점에서 그는 지방색이 강한 소설가이다. 그러나 그의 소설들은 편협한 지방주의를 벗어나서 한국의 보편적 현실을 표현한다. 그리고 그의 문학은 한국에서의 보편성뿐 아니라 제3세계적 보편성마저 띠고 있다.[26]

김정한은 낙동강 주변의 민중적 삶을 민족의 주변적 삶에 머물게 하지 않고 민족 현실의 넓이와 높이로 확대하고 격상시켰다. 그리하여 그의 문학적 가치는 민족문학의 품격과 품위를 유지할 수 있었다. 그의 문학 정신은 리얼리즘의 미학에 있다. 이데올로기의 관점이나 기준을 떠나서, 이것은 오랫동안 지배적으로나 이론적으로 숙고를 거쳐 견고한 기초를 다지면서 체계를 형성하고 온전하게 발달해 왔다.[27] 한국 근, 현대 문학사는 더 뚜렷한 발달의 과정을 겪어왔다. 이 과정 속에서 김정한은 기념의 입상처럼 우뚝 서 있는 것이다.

그의 초기소설은 불교에 대해 부정적으로 반응하고 있으나 복귀 후의 작품에 이르면 이에 대해 대체로 긍정적으로 수용하고 있는 듯하다. 그의 소설 「축생도」(1968), 「수라도」(1969), 「지옥변」(1970)은 표제만으로 각각 불교적인 색깔을 띠고 있다. 그는 죽어서 가는 악처(惡處)가 따로 있는 게 아니라, 바로 욕망과 부정(不正)이 횡행하는 현실세계가 모진 곳임을 암시하고 있다. 힘 있는 자는 힘없는 자를 억압하고, 가진 자는 가지지 못한 자로부터 빼앗는 부조리와 모순의 세계, 억압과 수탈에 의해 황폐화된 비인간화 현실을 작가는 고발하고 증언한다. 그는 이 현실을 짐승보다 못한, 아수라장의 아귀다툼과 같은, 그리고 '언젠가 절에서 그림으로

---

[26] 김종철, 「낙동강의 문학적 거인」, 『자유의 문학 실천의 문학』, 제2집 1985, 41쪽.
[27] 비노그라도브 저, 조선문예연구회 역, 「문학입문」, 선문사 출판부, 1946, 141쪽, 참고.

구경한 지옥을 연상'[28]시키는 현실이라고 암시하고 있다. 역사의 죄악으로 단죄될 그 불순한 원인적 현실을 각각 축생도·수라도·지옥도 등의 삼악도(三惡道)로 암시한 작가의식은 사뭇 준엄했다.

앞의 세 작품 중에서 단연 돋보이는 작품은 두말할 필요조차 없이 「수라도」이며, 또 이 작품은 김정한 소설의 백미, 필생의 대표작으로 인정되고 있다. 「수라도」는 낙동강 주변의 허씨 가족사를 민족 수난사의 축도로 형상화하는 데 탁월한 기량을 발휘했다. 그런데 구한말에서 한국전쟁으로 이르는 장구한 민족사의 흐름을 장편으로 구상하지 않고 중편으로 구성했다는 데 아쉬움이 없지 않다.[29]

선비의 지조를 생애 최고의 가치로 신봉해온 시아버지 오봉 선생과, 반가(班家)의 전통적 부도(婦道)를 실천해온 가야 부인. 미륵당 건립을 둘러싸고, 가야 부인은 시아버지의 지엄한 명을 거부한다. 고부간의 갈등은 억불숭유라는 봉건적 대립관계로부터 말미암고 있지만, 마침내 오봉 선생이 숨을 거둘 때 '공자의 인(仁)이나 자비심이……근본에 있어서 같다'고 인정함으로써 유불적 융합의 전통이, 예컨대 사명대사가 지휘한 승병들이 고향 땅을 지켜주었다고 하듯이, 민족의 역사적 현실에 기여할 수 있었던 보편적 공감대로 향해 수렴되고 있다.[30]

특히 이 작품이 갖고 있는 감동적인 부분은, 몸종인 옥이가 정신대원[31]으로 징발될 위기의 상황에서, 가야부인이 옥이로 하여금 상처한 사위와 혼인케 함으로써 그 위기를 극복할 수 있는 슬기를 발휘한 점이다. 따

---

[28] 『김정한 소설선집』, 앞의 책, 356쪽.
[29] 작가가 이 소설을 발표한 시점이 62세라는 점을 감안할 때, 물리적 연령으로 인한 체력의 한계를 충분히 이해야 한다.
[30] 김정한은 「수라도」에서 샤머니즘을 민족문화의 발전적 의지에 무관하다고 간주하고, 이것이 기층문화임에도 불구하고 매우 부정적인 시각으로 바라보고 있다. 이 점은 김동리의 작품 세계와 첨예하게 상반되고 있다.
[31] 정확한 표현으로는 '종군위안부'다. 정신대원 중에서 종군위안부가 아닌 업무로 동원되는 경우도 적지 않았다.

라서 인습적인 신분적 인간관계를 스스로 혁파함으로써 반(反)봉건주의·반(反)식민주의에 입각한 인간적, 주체적 근대화 실현의 가능성을 넉넉히 보여줌으로써, 작가는 '가야 부인'이라는 능동적인 여성상을 창조해낼 수 있었던 것이다. 즉 역사란 운명론적 순응주의에 의해 결정되는 것이 아니라 자유의지에 의한 인간적 실현에 의해 결정되는 것임을 행간에 감추어놓고 있다. 백낙청의 작품론에서도 이와 비슷한 의견을 이미 밝힌 바 있었다.

> 「수라도」에 나타난 허씨 집안의 역사는 피동적 수난의 연속만이 아니요 변천하는 세상에 대한 능동적 적응의 역사이며, 인간성의 새로운 심화를 이룩하는 성취의 역사이기도 한 것이다.[32]

소설 「수라도」가 가야 부인의 열반을 통해 다소 낙관적인 전망을 보이고 있다면, 또 다른 소설 「오키나와에서 온 편지」(1977)[33]는 여전히 현안으로 남아 있는 민족 현실의 모순을 적극적으로 보여준다. 작가는 이를 통해 우리의 근현대사를 뼈저리게 인식하고, 또 성찰하고 있다.

오키나와에 소위 '여자 머슴살이'하러 떠나 간 한 처녀애가 현지에서 느낀 감회를 고국의 어머니에게 보낸 편지글 형식의 소설 즉 서간체소설(epistolary story)인 이 작품은 김정한 소설 중에서 가장 이례적인 형식의 소설이다. 우리 소설사에서 이 서간체소설은 이광수의 「어린 벗에게」(1917)와 최서해의 「탈출기」(1925) 이래 그다지 자주 이용되지 않았던 형식의 소설이다. 서간체소설이라고 하면, 근대 유럽에서는 자유연애 시대의 연애편지를 주로 소재로 삼았다.

절친한 사람에게 보내는 간곡한 내면적 고백으로 인해 주인공 화자의

---

[32] 백낙청, 『민족문학과 세계문학』, 창작과비평사, 1978, 258쪽.
[33] 작가 자신 및 원작의 표기법은 '오끼나와'이다.

감정적 반응을 섬세하게 묘사할 수 있는 서간체소설의 사연을 담담하게 옮기고 있다. 외화 획득이란 미명 아래 인력수출에 동원된 주인공 화자는 일제 말 북해도에 징용으로 끌려간 아버지의 운명을 대물림하고 있음을 깨닫는다. '가난한 사람들은 어딜 가도 살기가 어렵다는 것을 더욱 더 절실히 깨닫게 되었습니다.' 이 말은 절실한 느낌으로 다가오고 있다.

이 소설은 김정한이 노경에 이룩한 회심의 일작이다. 그는 주인공 화자의 입을 통해 신식민주의적 세계질서를, 또 개발지상주의를 국책의 슬로건으로 내세운 1970년대 정치현실을 통렬하게 성찰하고 있다.[34]

기존의 김정한 작가론 가운데 모범적인 글을 꼽는다면, 김종철(金鍾澈)의 「저항과 인간해방의 리얼리즘」이 아닌가 한다. 물론 이 비평문이 가지는 문학적, 자료적 가치는 충분히 인정되어 마땅하다. 그럼에도 불구하고, 나는 기왕에 이 글에 관해 두 가지 이견을 제시하고 싶다.

첫째, 김종철은 「인간단지」, 「제3병동」, 「축생도」 등을 가리켜 '민중적 휴머니즘'이라고 명명했다.[35] 나의 사견에 의하면, 이 세 작품 외의 작품들이 오히려 '민중적 휴머니즘'에 (다소간 정도의 차이는 있겠지만) 해당하고, 이 세 작품은 범애적(汎愛的) 인도주의에 가깝다고 생각된다.

둘째, 김종철은 김정한 소설의 전반적 경향을 두고, 작가의 세계관과 실천과 창조력의 승리이지, 작가의 세계관에 대한 '리얼리즘의 승리'가 아니라고 했다.[36] 이 견해에 대해서도 나는 크게 공감하지 못하는 입장을 가지고 있다.

주지하듯이, '리얼리즘의 승리'란 1888년 F. 엥겔스가 마가렛 하크니스라는 여성에게 보낸 편지에게 유래된 용어이다. 발자크가 정치적으로는

---

[34] 주인공 화자는 "한국에는 웬 놈의 개발이란 이름이 붙은 단체가 그렇게 많아."(『김정한 소설전집』, 앞의 책, 475쪽)하는 말을 인용하고 있다. 개발도상국으로서 개발독재 정치체제를 유지하고 있던 당시 유신정부를 풍자적으로 비판한 내용이다.
[35] 백낙청·염무웅 편, 『한국문학의 현단계·3』, 창작과비평사, 1984, 113~114쪽.
[36] 같은 책, 83~84쪽, 참고.

왕당파임에도 불구하고 자신의 계급적 입장과 정치적 편견과 무관하게도 신흥하는 부르주아 계급의 미래를 예견한 데서 엥겔스가 '리얼리즘의 위대한 승리(the greatest triumphs of Realism)'라는 표현으로써 칭송했던 것. 그렇다면 김정한 역시 자신의 처지가 지식인임에도 불구하고 지식인으로서의 좁은 시야를 극복하면서 민중친애적인 넓은 시각을 훌륭하게 확보, 확장했다는 점에서 리얼리즘의 눈부신 승리에 값할 수 있었던 것이다.

김정한 자신이 지식인이라는 명백한 사실을 간과해선 안 된다. 그의 소설세계는 두 가지 정신의 축으로 이룩되어 있다. 표면에는 등장인물의 민중적 삶과 민중의식이 존재하고 있었으며, 이면에는 함축적 화자의 선비정신, 문사로서의 지조 및 비판의식이 자리하고 있었다.[37] 이 두 겹의 틀을 염두에 두고 그의 소설 세계를 이해하지 않으면 안 된다고 본다.

김정한은 자신의 파란만장한 삶의 내력에도 불구하고, 거의 고정적이고 일관된 문학관을 지향했다. 한마디로 표현할 수 있다면, 그것은 그 스스로 창작집 『인간단지』 자서(自序)에서 밝힌 바대로 '권력의 횡포에 대한 나의 사회적 몸짓'에 집약되는 것. 그리하여, 그는 지식인으로서의 기득권을 포기하는 대신에, 풀뿌리의 끈질긴 야성처럼 밟히고 밟혀도 일어서는 민초의 끈질긴 생명력에 동화되어 갔던 것이다. 참으로, 눈부신 리얼리즘의 승리라고 아니할 수 없으리라.

5. 맺음말 : 김동리인가, 김정한인가

김동리와 김정한은 소설가로서, 문단의 지도자로서 매우 중요한 위치

---

[37] 「그러한 남편」(1939)의 강신규나 「수라도」(1969)의 오봉 선생 등은 작가 김정한 자신의 자화상으로 보아도 좋을 것이다.

에 놓여 있었던 주요한 작가다. 그들은 해방 후 3, 40년 동안 전환기 한국문학에 큰 영향력을 끼침으로써 우리 문학의 흐름을 사실상 주도해 왔으며, 또 우리 문학의 발전에 기여한 상징적 존재 내지 정신적 대부였던 것이다. 김동리는 세칭 '문협 정통파'로 불리는 순수문학(본격문학) 진영에서 창작과 이론 및 후진양성 등에 걸쳐 폭넓은 활동을 해왔으며, 김정한은 한국전쟁 이후 한때 절멸된 '참여파'가 자생적으로 성장한 1960년대 중반부터 문학 현장에 복귀하여 주로 고향에서 창작에만 전념해 왔다. 특히 김정한은 1980년대 이래 세력을 급격하게 확장시킨 민족문학 진영의 구심점이 되기도 했다. 이 두 사람의 문학세계가 현저하게 상반되는 바 몇 가지 기준에서 이를 되살펴 보기로 한다.

첫째, 문예사조의 기준에서 보면 낭만주의와 리얼리즘으로 대비될 것이다. 김동리는 스스로 낭만주의자임을 자처한 적이 없는 것으로 알고 있다. 그럼에도 불구하고, 그에게 있어서 낭만주의적 세계인식의 경향이 두드러지게 보이는 데는 근대성의 이념적 기초를 이루는 합리주의와 계몽주의에 대해 반감을 보이고 있기 때문이다. 반면에 김정한과 리얼리즘의 관계는 불가피한 이미지로 고착되어 있다. 김동리의 경우는 몰역사적 반인문적 현실도피문학으로 매도될 수 있다면, 김정한의 경우는 상상력과 다양성이 인정되지 않는 경직된 체험문학이라고 빈정거림을 당할 여지도 있다. 한때, 김동리는 리얼리즘 문학을 은근히 겨냥하여

> 한 조각의 공간이 '입체감을 곁들이지 못한 제한된 평면'에 그치지 않고, '세계'의 얼굴이 비칠 수 있는 '상징으로서의 공간'으로 발전시켜 나가지기 위해서 우리는 우리의 전통적인 생활 속에서 형이상학적인 투영의 가능성을 찾아야 한다.[38]

---

[38] 김동리, 한국문학의 발전과정, 한국문학, 1974. 9. 37쪽.

라고 표명한 바 있다. 이 인용문을 잘 살펴보면 이면에 이런 견해가 비치고 있다. 우리가 말하는 리얼리즘은 외래의 것에 지나지 않는다. 즉, 우리 문학사에 형이상학이 부재하는 원인을 은근히 리얼리즘의 탓으로 돌렸던 것이다. 여기에서 김동리는 유독 '상징'을 강조하고 있는데, 우연의 일치인지 모르겠거니와 낭만주의와 상징의 관계는 수사적 장치, 세계관의 인식론적 원리, 언어 표현 등에 있어서 매우 긴밀한 관계를 맺고 있다.[39]

둘째, 세계관적 원리에 있어서 상반된 사실은 김동리가 정신주의적이며 김정한이 경제주의적이란 점이다. 이들은 종교나 제국주의(친일)나 유물론적 이데올로기 등의 지배력에 구속되지 않고 인간의 자유를 추구해 왔다. 김동리가 정신주의적 자유를 추구했다면, 김정한은 경제주의적 자유를 추구했던 것이다. 김동리의 가형인 김범부(金凡夫)는 '김정설'이라는 본명의 한학자, 동방사상가로 유명했는데 동서양 자연관을 두고 '서양적 자연관의 적대적 대립과 동양적 자연관의 몰아적(沒我的) 태도'[40]로 대비한 바 있었다. 김동리가 서구의 계몽주의가 표방한 기계론적 자연관에 적대감을 표하면서 몰아적인 도취(intoxication)의 경계를 넘본 것은 낭만주의적인, 동시에 정신주의적인 성향을 그대로 드러낸 것이라고 볼 수 있다. 이에 반해, 김정한은 김동리처럼 접신(接神)의 신명의 체험에 빠져들지 않고 오로지 현실적인 체험만을 수용하였다. 그는 세계의 불합리한 모순을 합리적으로 인식하기 위해 소유와 무소유, 가짐과 못 가짐 간의 갈등의 역학관계를 날카롭게 탐구하려고 했다. 그의 문학적 성향이 경제주의에 입각하고 있는 것도 여기에 근거한다.

셋째, 비유컨대 김동리가 천상을 노닐었던 귀공자였다면, 김정한은 지

---

[39] 진정석, 「일제말기 김동리 문학의 낭만주의적 성격에 관한 연구」, 『외국문학』, 1993, 여름, 161쪽, 참고.
[40] 김정설, 「조선문화의 성격」, 『신천지』, 1949. 4. 10쪽.

상을 배회한 반항아였다. 김동리가 왕성한 창작욕을 발휘하면서 죽음의 형식을 진지하게 천착했고, 김정한은 과작주의 전략을 지향하면서 야성적이고 원색적인 집단적 삶의 건강성을 심화하려 했다. 두 사람 모두 불교적 소재주의를 드러내면서도 전자와 후자는 각각 다소 경미하지만, 아미타적 내세주의와 미륵적 현세주의를 슬그머니 엿보이게 했다. 한 사람은 현세를 되도록 부정했고, 한 사람은 예토의 삶에 스스로 부대꼈다. 김동리가 복지(福地)나 낙토(樂土) 등속으로 표현될 수 있는 이상향을 동경한 대신에, 김정한은 다음의 인용문처럼 정반대의 성향을 드러내 보였다.

그(김정한—인용자)의 소설은 우리의 역사성과 우리의 사회적 현실에 대한 그의 태도를 소탈하게 털어 놓고 있다. 그것은 유순하고 恨的인 세계가 아니다. 그것은 忍辱的인 풍속의 묘사도 아니며 憂愁를 자아내는 갈밭 같은 풍경화도 아니며, 그렇다면 樂土를 豫示하는 메시아의 傳言은 더구나 아니다.[41]

넷째, 두 사람은 각각 제3의 휴머니즘과 민중적 휴머니즘을 실현하려고 노력했다. 김동리는 '미의식'을 바탕으로 한 구경적 생의 형식에 도달하고자 했으며, 김정한은 '삶 의식'의 진실이 깃든 민중적 생명력을 확보하려고 했다. 김동리는 전율적인 아름다움에 집착하면서 광적인 심취 현상을 일으킬 만큼 유미적인 아집을 보이면서[42] 이론적으로 순수문학을 일관되게 표방해 왔다. 이에 비해, 김정한도 고집스레 문사로서의 윤리의식과 도덕성을 중요한 문학관으로 여겼다. 문장의 도가 과연 '미이동인(美而動人)'하는 데 있느냐 아니면 '문자인야(文者人也)'로서의 품위를 유지하는 데 있느냐[43] 하는 쟁점으로 연결될 수 있다.

---

41 김병걸, 「김정한 문학과 리얼리즘」, 『창작과 비평』, 1972. 봄. 95쪽.
42 김동리가 가장 유미적인 세계에 집착한 경우로는 30년대 후반기에 발표한 이른바 「불화(佛畵)」 3부작이 아닌가 한다.

다섯째, 김동리가 완결된 시적 의장, 긴밀하고 세련된 구성, 혼전한 문학성을 추구하려 했다면, 김정한은 다소 치밀하지 못한 짜임새에도 불구하고 주제의식의 치열한 박진감을 보여주었다. 테느 유의 환경론(milieu-theory)을 일단 승인한다면 김정한은 전형적인 향토문인이다. 기질적으로나 체질적으로, 그의 사람됨이나 작품세계에 낙동강 하류 지방 사람의 뻣뻣함과 비타협성이 잘 반영되어 있다. 그의 글투에는 꾸밈새나 곰살맞음이 거의 발견되지 않는다.[44] 한편 김동리의 수필집에 의하면 이런 글이 있다. 「부산의 인상」이 라는 제목의 산문이다.

> 부산의 인상을 한마디로 말하자면 '행동의 도시'다. 내가 본 한국의 어느 곳보다 활동력과 진취성에 차 있는 고장이 아닐까 한다.
> (……)
> 그때까지 내가 살아온 경주나 대구나 서울에 비하여 여간 활동적이 아니라고 생각되었다. 경주나 대구나 서울에 비하여 아(雅)한 맛은 없으나 꿈틀거리는 것이 있고 생동하는 것이 있다고 느껴졌던 것이다.[45]

김동리의 말과 비슷하게도, 그의 소설세계는 전아한 형식의 품새와 세련된 얼거리를 지향하고 있는 반면에, 김정한의 소설세계에는 거칠고 질박(質朴)하고 또 풋풋한 생기가 감돌고 있다.

나는 김동리와 김정한에게 각각 발견되는 대비 점들을 이상과 같이 정리해 보았다. 두 사람 사이에는 매우 상반된 특성이 존재하고 있음도 살

---

43 미이동인은 글이 심미적이어서 독자들에게 감동을 준다는 뜻이고, 문자인야는 글의 품격이 글쓴이의 인품을 반영한다는 뜻이다. 미인동인은 작품 중심관이며, 문자인야는 작가 중심관이다.
44 나는 김정한이 언젠가 문학이 기생 얼굴에 분칠하듯이 하는 것이 아니라고 말한 적이 있었던 것으로 기억한다. 전거(典據)는 잘 기억나지 않는다.
45 김동리 수필집, 『자연과 인생』, 국제문화사, 1965, 407~408쪽.

펴볼 수 있었다. 그러면 가치평가의 문제에 있어서 두 사람의 우열 문제는 사람에 따라 시대적 경험의 축적에 따라 편차가 있으리라고 보인다. 김동리인가, 김정한인가……나는 가치판단을 일단 유보한다. 두 사람 간에 있을 논쟁적 구성 요인을 나란히, 대비해 보았을 따름이다. 다만, 이 두 사람의 작가적인 행보에 있어서 우리 문학사에서, 특히 우리나라 20세기 문학의 소설사에서 하나의 쟁점을 품고 있는 것은 엄연한 사실이었던 것이다.

폐허와 비전의 이중주, 애상을 노래하다
—박인환의 「목마와 숙녀」

1. 실마리 : 원본 · 이본 · 정본

박인환의 시집 『선(選)시집』(1955. 10. 15) 속에 그의 대표작으로 알려진 「목마와 숙녀」가 실려 있다. 여기에 실린 이 시를 두고, 사람들은 대체로 모범적인 텍스트로 두루 인지해 왔다. 이 시는 이 이전에도 『1954년간(刊)시집』(1955. 6. 20)과 『시작』5집(1955. 10. 9)에 실려 있지만, 자신의 시집에 실린 작품과 발표 시점도 서로 엇비슷하거니와, 표기나 내용도 대동소이하다.[1]

이 시는 1955년에 세 차례에 걸쳐 지면에 발표되었지만, 1954년 가을에 쓴 것으로 추정될 수밖에 없었다. 최초의 지면은 앞서 밝혔던 것처럼 『1954년간(刊)시집』이었다. 이 사화집은 1955년 6월 20일에 간행되었다. 연간 시집의 형식으로 된 사화집의 표제가 1954년이라고 표기된 것처럼, 이것은 1954년 말에 나왔어야 했다. 적어도 1955년 1월이라면, 그런대로 이해가 된다. 당시의 출판 상황이 녹록치 않아 반 년 정도 늦어진

---

[1] 엄동섭 · 염철 엮음, 『박인환 문학전집 1—시』, 소명출판, 2015, 307~309쪽, 참고.

것으로 보인다.

그런데 놀라운 일이 생겼다.

지금 현재로서는 가장 앞서 발표된 텍스트가 최근에 발굴되었던 것이다. 엄동섭과 염철이 공동으로 엮은 『박인환 문학전집 1—시』(소명출판, 2015)에는 없던, 문제의 최초 발표본이 새로 발굴되어 엄동섭과 염철과 김낙현이 공동으로 엮은 『박인환 문학전집 2—산문·번역』(소명출판, 2015)에 '보유편'의 형식으로 실린 것이다. 이 최초 발표본 「목마와 숙녀」는 당시 『국제보도』 33호(1954. 5. 25)에 발표되었었다. 지금까지 알고 있던 최초 발표본과 대조해 볼 때 1년 1개월 정도 시기적으로 앞선 것이다. 앞으로 이보다 시기적으로 앞선 텍스트는 더 이상 없을 것으로 보인다. 새로 발굴된 것이 원본(原本)으로 간주될 수밖에 없는 이유다. 기존의 1955년 본 세 편은 이제 텍스트로서의 값어치가 어쩔 수 없이 격하된 각종 이본(異本)으로 취급되어야 한다.

나는 1954년의 원본과 1955년의 이본들을 대조하면서 전자에 초점을 맞춰 모범적인 텍스트를 재구성해 볼 수가 있었다. 이것을 두고 우리는 정할 정 자 정본(定本)이라고 한다. 한편 바를 정 자 정본(正本)도 있다. 이것은 부본이니 위본이니 하는 낱말과 상대되는 의미를 지닌 것으로서, 또 다른 맥락의 용어이기도 하다. 여기에서는 논외의 대상이 된다. 정할 정 자 정본은 인용하거나 연구하는 데 있어서 가장 신뢰할만한 본문을 제공하는 문학 작품이나 문헌 자료를 말한다. 이것을 가리켜 '결정판(definitive edition)'이라고도 한다. 소위 '권위 본'을 먼저 선정하고, 이를 다른 이본들과 면밀하게 대조, 검토한 다음에, 수정할 부분이 있으면 수정한 텍스트를 가리켜 결정판이라고 한다.[2] 여기에서 말하는 권위 본은 두루 사용될 수 있는 믿음직한 텍스트를 말한다.

---

2 이상섭, 『문학 연구의 방법』, 탐구당, 2003, 18쪽, 참고.

다음에 인용한 박인환의 시편 「목마와 숙녀」의 본문은 정본, 결정판이라고 할 수 있는 믿음직한, 또는 모범적인 텍스트라고 하겠다. 본문은 대체로 규범적인 현행 표기법을 염두에 두었다. 문장 부호 역시 동시대 독자들이 감상하고 수용하기 좋은 쪽으로 처리했다.

한 잔의 술을 마시고
우리는 버지니아 울프의 생애와
목마를 타고 떠난 숙녀의 옷자락을 이야기한다.
목마는 주인을 버리고 그저 방울 소리만 울리며
가을 속으로 떠났다. 술병에서 별이 떨어진다.
상심한 별은 내 가슴에 가볍게 부서진다.
그러한 잠시 내가 알던 소녀는
정원의 초목 옆에서 자라고
문학이 죽고 인생이 죽고
사랑의 진리마저 애증의 그림자를 버릴 때
목마를 탄 사랑의 사람은 보이지 않는다.
세월은 가고 오는 것
한때는 고립을 피하여 시들어가고
이제 우리는 작별하여야 한다.
술병이 바람에 쓰러지는 소리를 들으며
늙은 여류 작가의 눈을 바라다보아야 한다.
……등대에……
불이 보이지 않아도
그저 간직한 페시미즘의 미래를 위하여 우리는
처량한 목마 소리를 기억하여야 한다.
모든 것이 떠나든 죽든

그저 가슴에 남은 희미한 의식을 붙잡고 우리는
버지니아 울프의 서러운 이야기를 들어야 한다.
두 개의 바위틈을 지나 청춘을 찾을 뱀과 같이
눈을 뜨고 한 잔의 술을 마셔야 한다.
인생은 외롭지도 않고
그저 잡지의 표지처럼 통속하거늘
한탄할 그 무엇이 무서워서 우리는 떠나는 것일까.
목마는 하늘에 있고
방울 소리는 귓전에 철렁거리는데.
가을바람 소리는 내 쓰러진 술병 속에서 목메어 우는데.

—「목마와 숙녀」 전문[3]

나는 시편 「목마와 숙녀」의 정본을 새롭게 확정하는 과정에서, 기존의 알려진 텍스트에서 변화된 부분에 관해 몇 가지 특기할 사안을 밝히려고 한다. 다음과 같이, 여섯 가지로 정리하여 나열해본다.

첫째, 시편 「목마와 숙녀」 창작 연도가 이때까지 1955년으로 알려져 있었는데, 일 년 앞 당겨져 1954년으로 확정될 수 있다는 것이 무엇보다도 서지(書誌)의 측면에서나 문학사적인 연대기에서 상당히 중요하게 받아들여진다.

둘째, 이본들은 마지막 행을 모두 둘로 나누어놓았지만 여기에서는 원본의 의도를 살렸다. 이본 세 가지 중에서 두 가지가 33행시였다. 일반적으로 알려져 있던 33행시가 32행시로 확정되지 않을 수 없다. 이 사실은 시의 형태면에 있어서 중요한 인식의 변화를 가져 왔다고 볼 수 있다.

셋째, 시의 본문 가운데 '우리는'이라는 주어가 두 번 반복되는데, 원

---
[3] 엄동섭·염철·김낙현 엮음, 『박인환 문학전집 2-산문·번역』, 소명출판, 2020, 918~919쪽, 참고.

본과 이본들의 위치가 서로 다르지만 원본대로 처리하는 것이 좋겠다고 판단했다. 시의 의미 구조보다는 낭독의 미세한 변화가 감지될 수 있을 것이다.

넷째, 이본들의 경우에 모두 '청춘을 찾은 뱀'이라고 표현되어 있지만 원본대로 '청춘을 찾을 뱀'이라고 처리했다. 만약, 청춘이 짝이라면, 짝을 찾았기 때문에 눈을 뜨는 뱀이라기보다는 짝을 찾기 위해 눈을 부릅뜬다고 해야 더 합리적이다.

다섯째, '방울 소리가 출렁거리다'는 원본의 표기를 이본들처럼 '방울 소리가 철렁거리다'로 수정했다. 물 따위가 물결을 이루면서 흔들린다는 개념보다 쇠붙이가 서로 부딪혀 울린다고 보는 게 당연한 이치라고 보여서다.

여섯째, 본문의 '상심한 별은 내 가슴에 가벼웁게 부서진다.'에서의 '가벼웁게'는 규범적인 표기법인 '가볍게'로 고치지 않고, 시의 어감을 고려해 그대로 두었다. 원본과 이본들 모두 '가벼웁게'로 표기되어 있다.

이상의 기준에 따라서 시편 「목마와 숙녀」의 정본을 새롭게 확정하는 것이 바람직하다고 생각된다. 이 정본이 확정되기까지 무려 70년 정도의 시간이 걸린 것은 그가 일찍 타계했고, 서지적 자료가 잘 보존되지 못한 데 말미암았다고 본다. 만시지탄의 일이 아닐 수 없다.

2. 무엇이 목마이며, 누가 숙녀인가

박인환은 1955년 9월 3일에 처음이자 마지막인 시집을 공간했다. 시집의 제목은 애최 '검은 준열(峻烈)의 시대'로 생각했지만, 결국 '박인환선(選)시집'이라고 정했다. 오늘날의 관습적인 표현대로라면 '시선집'이라고 해야 맞다. 그는 이 시집의 '후기'에서, 이 시집이 자신의 시 창작

10년간(1946~1955)을 정리한 것이라고 시사했다. 이 시기는 세계사적인 격동의 시기였다. 특히 한국의 경우는 전전(戰前), 전시(戰時), 전후(戰後)가 고스란히 담겨있는 이 10년을 가리켜, 그는 '참으로 기묘한 불안정한 연대'[4]라고 했다. 시편「목마와 숙녀」는 전후의 마음 풍경, 애상(哀想)의 정조가 잘 담겨 있는 시대의 명편이요, 주옥같은 서정시다. 시인이요 시학자인 김승희는 이 시를 두고 '전후 최고의 대표시'[5]라고 말한 바 있었다. 대체로 보아서, 이 시에 대한 평판 호불호가 극명하게 엇갈리는 감이 없지 않거니와, 전후라고 하는 시간대가 적어도 1950년대를 가리킨다면, 나는 이 평어(評語)를 무난하게, 또 긍정적으로 수용하는 편이다.

시편「목마와 숙녀」가 서정적, 애상적이고, 또 감미롭기까지 하지만, 내용이 그렇게 난해한 정도는 아니라고 하더라도, 다소 모호하다는 느낌과 생각을 떨쳐버릴 수 없다. 하지만 갖가지의 배경 지식을 잘 살펴보면, 이 시는 난해한 시가 결코 아니라고 본다.

먼저 제기되는 것은 '숙녀'의 지시 대상이 누군가 하는 사실이다. 대체로 세 갈래로 나누어질 수 있다. 첫째는 소설가 버지니아 울프다. 이 시에 등장하는 사실상의 주인공이다. 그렇다면 물론 (현재의) 숙녀와 (과거의) 소녀는 동일 인물로 봐야 한다. 둘째는 그녀의 소설인「등대로」에 나오는 화가 릴리 브리스코이다. 이 소설이 작가의 자전적인 성장기의 경험이 반영되었던 것으로 보아, 숙녀인 그녀는 어린 소녀인 버지니아 울프의 가정교사일 가능성이 있다. 셋째는 박인환이 보았던 영화「제니의 초상」에 나오는 제니. 이에 관해선 자세히 후술할 것이다.

이 시의 숙녀는 버지니아 울프일 가능성이 가장 높다. 목마의 주인 역시 숙녀이다. 이 시에서 목마는 다섯 차례나 되풀이될 정도로 중요

---

4 박인환,『선시집』, 산호장, 1955, 238쪽.
5 김승희,「전후 시의 언술 특성 : 애도의 언어와 우울증의 언어」,『시와 정신』, 2016, 봄, 38쪽.

도가 매우 높은 시어로 자리를 잡고 있다. 목마는 보통 어린 아이들의 목재(木材) 장난감으로 알려져 있다. (고대 중국에서는 '죽마고우'라는 말이 있듯이 죽마 역시 목마의 일종이다.) 이 시에서는 이런 의미로 적절히 연상되지 않는 소재이다. 우리는 버지니아 울프의 생애와 목마를 타고 떠난 숙녀의 옷자락을 이야기한다. 이 말은 그녀의 삶과 죽음에 관해 대화한다는 얘기다.

버지니아 울프에 관해 이미 밝혀진 전기적 사실에서도 확인되지만, 그녀의 아버지는 일곱 명의 하인을 부릴 정도로 경제력이 있었다. 하지만 마차를 소유할 만큼의 부자는 아니었던 것 같다. 19세기 말에 영국에서 개인 마차를 소유한다는 것은 최상위의 경제력을 가져야 한다. 말을 관리하는 비용도 비용이지만, 마부에게 지출할 인건비도 만만치 않았을 테다. 그 아버지는, 필요할 때마다 마차를 빌리는 대신에, 가족의 여름 별장을 구입했다. 이 별장은 바닷가 만(灣) 전체와 유명한 등대가 보이는 곳이었다. 그녀는 부모가 물려준 이 별장을 평생토록 애용했다. 그 아버지는 딸에게 학교 교육을 시키지 않았다. 가정교사들을 불러 그녀와 언니의 교육을 담당하게 했다.[6] 이런저런 사정을 고려하면, 목마는 마차이다. 특히 마차는 목재로 만든 것이니까. 기차를 두고 '철마'라고 비유하는 이치와 같다고나 할까?

목마는 주인(숙녀)을 버리고(잃고) 그저 방울 소리만 울린다. 이 대목은 버지니아 울프의 죽음(자살)을 말하고 있다. 이 같이 슬픈 사연은 지속적으로 이어져간다. 마지막에서는 목마는 마차가 아니라는 데까지 나아간다. 목마는 하늘에 있고……이때의 목마는 운구용 마차이거나 목관(木棺)을 가리키는 듯하다.

아닌 게 아니라, 이 시에서 가장 슬프게 다가오는 대목은, 불 꺼진 등

---

[6] 베르너 발트만 지음, 이은화 옮김, 『버지니아 울프』, 한길사, 2000, 19~27쪽, 참고.

대불의 암담한 현실이 치명적인 비애감을 불러일으킨다는 것. 시인 박인환이 살던 시대의, 황량한 전쟁 후의 공동체 삶이 여실하게 그랬을 것이다. 슬픔의 사회학적인 상응관계가 참으로 돋보인다.

이 시에서 의미심장한 언어 표현이 곳곳에 깔려 있는데, 이 중의 하나가 '사랑의 진리마저 애증의 그림자를 버릴 때'이다. 사랑의 진리마저 애증의 그림자를 버린다는 건 무얼 의미하나? 이것은 '사랑의 진리는 애증의 그림자를 버리지 못한다.'라고 하는 사실을 반증한다. 애증의 그림자는 애증의 경계이다. 이 경계의 선을 넘는 일이 진리인데 아무리 진리라고 해도 실천하기가 참으로 어렵다. 여기에 진리의 상대주의를 생각해 볼 수가 있겠다. 니체의 인식론적 의미 규정에 의하면, 진리는 상대적인 것이다.

니체는 그의 한 소논문에서 진리란 유동적인 일군(一群)의 은유, 환유, 의인적(擬人的) 형상들, 즉 이를테면 인간 중심적인 관점에서 모든 사물에 의미와 형상을 부여하는 것이라고 했다. 문학이론가인 올리버 지몬스는 이를 두고, 진리라고 하는 것은 아무도 합의 내용을 기억하지 못하는 합의에 지나지 않는다고 했다.[7]

나는 방금 진리의 상대성에 관해 언급했다. 그러면, 진리의 절대성은 어디에 있나? 절대란, 상대의 또 다른 상대가 아닌가? 말하자면, 진리의 또 다른 진리야말로 절대 진리이다. 사랑의 진리마저 버린 애증의 그림자를 또 다시 버릴 수 있다면, 이때 사랑의 진리야말로 절대성을 얻는다는 것이다. 말하자면, 애증의 경계를 넘어설 수 있는 사랑의 실체, 실상(實相)이야말로 절대 진리인 것이다. 그렇다면, 버지니아 울프의 죽음은 단순한 소멸을 넘어서, 삶을 완성한다는 역설에 도달할 수 있으리라. 물론 박인환도 이런 생각을 막연하게나마 가졌을 것이라고 짐작된다. 그

---

[7] 올리버 지몬스, 임홍배 옮김, 『한권으로 읽는 문학이론—소쉬르부터 버틀러까지』, 창비, 2020, 164쪽, 참고.

렇기 때문에, 그가 '사랑의 진리마저 애증의 그림자를 버린다.'라고 말하지 않았겠나, 여겨진다.

다음은 「목마와 숙녀」의 주인공인 숙녀가 버지니아 울프가 아니라, 그녀의 소설인 「등대로(To the Lighthouse)」의 주인공인 릴리 브리스코일 수 있다는 개연성의 관점에서 살펴보자. 숙녀인 그녀. 램지 부부의 집에 초대된 독신녀 화가이다. 가부장제 아래의 이기주의자(남성우월주의자)인 램지 씨는 버지니아 울프의 아버지이다. 그의 아내가 갑자기 죽자 릴리에게 청혼을 한다. 머뭇거리는 릴리. 램지 씨 가족이 등대로 여행을 떠난 날에, 릴리는 혼자 남아 그림을 완성한다.

> She looked at the steps; they were empty; She looked at her canvas; it was blurred. With a sudden intensity, as if she saw it clear for a second, she drew a line there, in the centre. It was done; it was finished. Yes she thought, laying down her brush in extreme fatigue, I have had my vision.[8]

소설 「등대로」의 마지막 부분이다. 시계가 뿌옇게 흐려져서 아무것도 보이지 않았지만, 릴리가 캔버스를 바라보면서 그림 한가운데에 선을 하나 그려 넣는다. 보는 바와 같이 이 소설은 허무적이거나 염세적이거나 한 내용의 작품이 아닌 게 분명하다. 그녀는 극도의 피곤함을 느끼면서도, 마침내 마침표를 찍었다. 말하자면, 명징한 통찰력(vision)을 얻었던 거다.

주인공이 (삶의) 통찰력을 획득했다는 사실은, 이 소설이 탐색담 유형의 서사에 속한다는 점을 방증하는 것이 되기도 한다. 서양 문학의 전통을 살펴볼 때, 탐색담을 가리켜 소위 '비전 퀘스트(vision quest)'라고 한다.

---

[8] Virginia Woolf, 『To the lighthouse』, Harcourt Brace, 1927, p.310.

이 돌연한 강렬함의 통찰력은 마치 동양권의 선불교에서 말하는 돈오(頓悟)의 경지와도 같다. 짐작하건대, 릴리가 마지막으로 그린 선 하나는 아마도 등대불인 것 같다. 시대의 어둠을 밝히는 빛과 같은 성찰의 힘이 앞날의 시대를 이끄는 동력이 된다.

등대가 바다를 떠나서 존재할 수 없듯이, 여성은 그 당시에 영국 사회에서 가부장제를 떠나선 홀로 설 수가 없었다. 하지만 여성은 가부장 사회를 떠나야 온전한 인간으로 홀로 설 수 있다. 가부장제의 영국 사회가 이기주의 사회라면, 등대는 이타주의 세상으로 향해 빛을 보낸다.

시편「목마와 숙녀」에는 '두 개의 바위틈을 지나 청춘을 찾을 뱀과 같이 눈을 뜨'는 생의 통찰력을 잘 보여주고 있다. 프로이트가 (후술할 멜랑콜리와 짝을 맺는) 나르시시즘에 바탕을 둔 대상과의 동일시가 성애 리비도의 집중을 대체한다[9]고 진즉에 말한 바 있었는데, 이 대목과 적절히 잘 어울리는 것 같다. 버지니아 울프는 이복 오빠인지 이부(異父) 오빠인지 하는 너절한 녀석들에게 당한 성추행의 외상을 극복하고, 가부장제 아래에서의 여성성의 존재를 자각한 점에 있어서는 여성 작가로서 인생에 대한 자기 성찰을 얻었다. 소설 속의 릴리 브리스코 역시 가부장제 부부의 삶을 관찰한 끝에 생의 깊은 의미를 획득한 입체적인 여성이었다.

인생은 외롭지도 않고, 그저 잡지의 표지처럼 통속한데, 한탄할 그 무엇이 두려워 우리는 굳이(혹은, 왜) 떠나야 하는 걸까. 시인의 사생관이 잘 담겨 있다. 그는 버지니아 울프가 생의 통찰력을 얻고도, 고독과 탈속의 한탄이 두려워서 세상을 떠났다고 보았다. 윤심덕, 전혜린, 최욱경 같은 우리나라 여성 예술가들도 마찬가지일 것이다. 떠나는 자에 대한 아쉬움의 장탄식이 묻어나 있다.

이 시에서 등장한 숙녀가 시인 박인환이 영화「제니의 초상」을 본 후

---

[9] 지그문트 프로이트, 윤희기 · 박찬부 옮김,『정신분석학의 근본 개념』, 열린책들, 2016, 252쪽, 참고.

제니를 염두에 둔 것이라는 가설이 제기되기도 했다. 그는 영화광이었다. 영화에 관한 산문도 적잖이 남겼다. 이 영화에 대한 감상문이 태양신문(1954. 1)에 실려 있다고 하는데, 이 영화의 원작은 본디 로버트 네이션의 소설이다. 20년 전에 죽은 소녀 제니가 화가 애덤스에게 나타나 삶과 죽음, 과거와 현재의 경계를 넘어서 사랑하게 된다. 그들이 만난 때와 곳은 1934년 뉴욕 센트럴파크. 그후 제니는 1년 만에 숙녀로 성장한다. 두 사람은 결국 뉴잉글랜드 해안 등대에서 거센 파도 속에 휩쓸린다. 이 작품은 소설이건 영화건 동양권의 괴담이나 전기(傳奇)를 연상하게 한다.

시인 박인환이 이 영화를 본 시점은 20년 후인 1954년이다. 그가 이 영화를 보고, 또 영화 감상문을 발표한 사실을 보면, 그가 감정의 파장 및 감동의 울림을 꽤 크게 느꼈으리라고 충분히 짐작되고 있다.

그러면, 영화「제니의 초상」과 시「목마와 숙녀」가 어떻게 연관성을 맺고 있는가? 텍스트상호관련성의 관점에서 볼 때, 문학(소설) 텍스트에서 영화 텍스트로 또 이것에서 다시 문학(시) 텍스트로 반복되고 변형되는 모티프를 잘 살펴보아야 한다. 그 물음에 관해서는 근래에 간행된 김다언의 저서『목마와 숙녀, 그리고 박인환』[10]을 통해 주의 깊게 살펴볼 필요가 있다. 이 책을 보면, 다음과 같은 내용이 적혀 있다.

「목마와 숙녀」에 나오는 '자라는 소녀', '숙녀', '등대' 등을 보면「제니의 초상」이 박인환 시인에게 중요한 시적 모티브로 사용되었음을 추정할 수 있다. 울프의 작품인「등대로」의 '등대'와 로버트 네이션의「제니의 초상」의 '등대'는,「목마

---

[10] 이 책은 치과의사인 김다언이 저술한 책이다. 여러 가지 문헌적인 자료를 섭렵한 후에 자신의 논리를 알기 쉽게 개진하고 있다는 점에서, 애호가 비평의 높은 수준에 도달하고 있다고 하겠다. 전문가 비평이 놓치기 쉬운 새로운 사실을 들추어내고 있다는 점에서, 박인환에 관한 비평의 보완적인 기능을 발하고 있다.

와 숙녀」와 중요한 연관성을 지니고 있다.[11]

서로 다른 텍스트 간의 연관성은 이밖에도 시편 「목마와 숙녀」에 나오는 정원과, 영화 「제니의 초상」의 배경인 센트럴파크가 주는 유사성에도 있다. 만약에 「목마와 숙녀」의 창작 모티프가 이 영화에서 기인한 게 맞는다면, 영화의 원작인 소설과 시편 「목마와 숙녀」의 중요한 연관성은 새로운 자료 가치로서 확보될 수 있다. 이것을 입증하려면 원작 소설도 읽고, 영화도 찾아서 보아야 하는데 어느 정도의 효과와 가치가 있는 일인지는 가늠하기가 쉽지 않다.

지금의 관점에서 볼 때는 시와 대중문화 사이의 경계는 거의 사라졌다. 이처럼 박인환의 숙녀가 소설이나 영화 속의 주인공인 '제니'로부터 왔다, 라는 가설은 인상적으로 독자의 마음속에 부각되기도 하고, 또 비평적인 참고가 되기도 하겠지만, 논거나 연상 작용이 미치는 자장력(磁場力)이 좀 박약해 보이는 것은 어쩔 수 없는 사실이다.

3. 감정의 로망스, 결과 틀의 시학

시편 「목마와 숙녀」는 한편 술잔에서 시작해서 술병으로 끝나는 시다. 한 잔의 술로 시작되는 이 시는 시인의 운명을 예감하고 있다. 박인환은 본디 술을 가까이 하지 않았다고 한다. 그는 전쟁의 고통을 이겨내기 위해 전쟁 통에 술을 본격적으로 마시기 시작했다고 한다. 하지만 술이 결국은 술을 이기지 못한 그를 죽음으로 내몰았다. 이 시도 술잔과 술병이 하나의 세트가 되어 있다.

---

11 김다언, 「목마와 숙녀, 그리고 박인환」, 보고사, 2017, 112쪽.

프랑스에서 만든 시어의 상징·주제 사전에 따르면, 술잔은 시에서 '하나의 우주적 상징'[12]으로 이용되고 있다. 술병도 마찬가지다. 술잔이건 술병이건 간에, 이것들은 시에서 자기충족적인 소우주의 상징물이 되거나 객관적 상징물이 된다. 차 있는 술병은 비워져 가고, 빈 술잔은 잇달아 채워져 간다. 시의 표현대로, 술병에서 별이 떨어져 술잔을 채운다. 이 비움과 채움의 한 세트는, 날숨과 들숨, 썰물과 밀물, 음과 양, 밀침과 당김 등의 우주 리듬을 닮는다. 이 시의 전개 과정을 보면, 술병이 바람에 쓰러지는 소리를 내고 있는 단계를 지나, 마침내 끝 간 데 이르면, 시인은 쓰러진 술병 속에서 가을바람 소리가 난다고 한다.

가을바람 소리는 내 쓰러진 술병 속에서 목메어 우는데.

시인은 이 마지막 표현을 위해, 이 빼어난 아름다운 표현을 위해 모든 것을 투자했다고 해도 지나친 말이 아니다. 이런 표현은 아무나 하는 표현이 아니다. 심혼(心魂)을 기울이지 않으면, 들리지도 않는 소리다.

박인환의 시편 「목마와 숙녀」는 독자층의 심미적 반응에 비해 전문 문인들에 의해 비평적으로 그렇게 호평을 받지 않았다. 대체로 보아서, 허무와 감상(感傷)에 비판의 초점을 두고 있었다.[13]

이 시에 대한 본격적인 작품론을 처음으로 쓴 연구자는 박상천이었다. 이 글을 쓰는 지금(2020)으로부터 정확히 20년 전의 일이다. 그는 이 시를 통해 한편 '시대적인 고뇌이기보다는 센티멘털한 개인의 감정'[14]에 주

---

[12] 아지자·올리비에리·스크트릭 공저, 장영수 옮김, 『문학의 상징·주제 사전』, 청하, 1989, 133쪽.
[13] 권영민의 『한국현대문학대사전』(2004)에는, 이 시가 천상의 공간에서 방울 소리를 울리는 목마와, 지상의 공간에서 기어 다니는 뱀을 통해 허무주의와 센티멘털리즘에 빠진 시인의 의식을 극명하게 드러내주고 있다고 했다.
[14] 장영우 외 엮음, 『대표 시 대표 평론 1』, (주)실천문학, 2000, 193쪽.

목하였고, 또 한편으로는 '삶의 성찰이나 깨달음에도 도달하지 못하고 있는 것'[15]에 대해 비판적인 시각으로 바라보기도 했던 것이다.

나는 박상천의 이러한 견해에 대해 동의하지 못한다. 시편「목마와 숙녀」에는 버지니아 울프가 1930년대에 그랬던 것처럼 반전(反戰), 앙가주망, 여성성의 존재 등의 문제와 심정적인 공감대를 형성하고 있었다. 그는 자신의 시대인 1950년대의 세계상(世界像 : Weltbild)에 대해 고통에 찬 힘겨루기를 시도하고 있었다. 이 시에 이르러 종래의 자기 언어에 변화를 보인 것은 언어가 세계상을 반영하고 있기 때문이다. 언어가 새로운 재현 모델에 표상(Vorstellung)의 개념을 반영하는 것이라면, 하이데거의 말마따나 언어야말로 사유의 길잡이 노릇을 할 터이다.[16] 이를테면 사랑의 진리마저 버린 애증의 그림자를 또 다시 버릴 수 있다는 진리의 절대성, 이른바 '비전 퀘스트', 이타주의를 향해 빛을 보내는 등대의 상징성, 시인의 진지한 사생관 등에서 볼 때, 나는「목마와 숙녀」에서 삶의 성찰이나 깨달음이 없다는 사실을 받아들이기 쉽지 않다.

이에 비하면, 윤석산은「목마와 숙녀」에 나타난 언어적인 특징을 놓치지 않은 세심함을 보여주었다. 그는 일찍이 박인환 평전을 쓴 연구자이기도 한데, 이 시에 대한 설명을 다음과 같이 요약적으로 제시한다.

> 이「목마와 숙녀」는 (……) 초기에 그가 보였던 관념적이며 진술적인 표현, 직시적(直視 的)인 사물에의 눈을 버리고, 새로운 감성의 세계로 전이하려는, 그의 전환기적 입장에 선 작품이기도 하다. (……) 초기에 보였던 아직 심화되지 못한 생활어와 한자 투의 관념어, 문명의 냄새를 피우는 외래어 등 패각을 말끔히 씻어버리고, 시인 본령의 세계인 서정의 세계를 지적인 방법으로 심화시킨 작품이다.[17]

---

15 같은 책, 198쪽.
16 올리버 지몬스, 앞의 책, 55~56쪽, 참고.

윤석산이 박인환이 「목마와 숙녀」에 이르러 직시적인 사물에의 눈을 버렸다고 했다. 의미 있는 발언이다. 김수영은 현실을 직시(直視)하는 언어에 역점을 두었던 시인이었다. 이에 비하면, 박인환은 현실과 세계상을 의도적으로 왜곡하면서 현실과 비현실, 의식과 무의식, 개성과 몰개성의 경계를 해체하려고 했던 것이다. 이런 점에서 볼 때, 그는 이 시에 이르러 감정의 로망스를 가장 고조된 상태에까지 끌어올리고 있다. 여기에서 내가 사용하고 있는 로망스란 어휘는 특히 특정 시대의 서사 양식이라기보다는 극화, 낭만성, 탈(脫)직시 등의 개념으로 보는 것이 잘 어울린다고 하겠다.

나는 이 대목에서 '직시'라고 하는 지시적인 말보다 '직거래'라는 비유적인 표현을 사용하고 싶다. 시인은 자아와 세계, 주체와 대상 사이에 놓여있는 언어의 직거래상이 아니다. 그는 (세계와 대상에 함부로 직거래하지 않는) 언어의 중개상인 게 맞다. 언어를 직거래하는 사람은 신문기자이거나 산문가이다. 그도 한때 시인으로서 언어를 직거래했다.

박인환이 공감했던 버지니아 울프 역시 말하자면 언어의 중개상이었다.

소설가 버지니아 울프는 화가 세잔에게서 예술적인 영감을 얻었다. 그는 세잔이 언어의 영역을 위협하는 색감을 가진 화가로 보았다. 그를 세잔의 미학으로 인도한 이는, 영국의 대표적인 후기 인상파 화가이면서 당대의 저명한 미술비평가인 (그리고 한때 버지니아 울프 언니의 연인이기도 했던) 로저 프라이였다. 그의 소설 쓰기에 결(texture)과 틀(structure)이 있다는 사실에 대해 주의를 기울인 이도 로저 프라이였다. 울프가 소설 「등대로」를 쓸 무렵에 로저 프라이가 주도한 세잔의 전시회가 런던에서 두 차례 열렸다. 울프의 소설 「등대로」에 있어서 결과 틀이 '하나의 연속체(a unity)'로서 상관성의 개념을 형성하는 데 세잔이 지대한 영향을 끼친 것으로 보인다.[18]

---

[17] 윤석산, 『박인환, 지금 그 사람 이름은 잊었지만』, 영학출판사, 1983, 163~164쪽.

소설 「등대로」가 완성되고 또 단행본으로 공간되었을 때, 로저 프라이는 울프에게 '이제 더 이상 사물의 동시성 때문에 고민하지 않고, 의식의 모든 순간들을 아주 풍요롭게 서술하기 위해 시간의 앞뒤를 오락가락하'[19]게 배치했다고, 이로 인해 울프가 이때까지 쓴 소설 중에서 가장 훌륭한 것이라고 덕담해 마지않았다. 이 오락가락한 배치를 두고 이른바 '의식의 흐름'이라고 한다. 이 언어의 결은 물론 작품성이라는 틀 속에 조직화된다.

이와 같이 결과 틀의 상관성 개념은 박인환에게도 적잖은 영감을 주었으리라고 본다. 그림에 있어서 결이 색감이라면, 문학의 결은 언어의 질감이 아니겠는가. 이 결은 현대의 문학과 예술에 있어서 중요한 특징이 되고 있다는 사실을, 서양의 문학과 예술에 심정적으로 몰입해 있었던 박인환이 몰랐을 리 있었을까?

현대 문학비평의 이론에서 소위 결과 틀의 시학의 이중성 내지 이중적인 문학성을 제안한 이는 미국의 신비평가 J. C. 랜섬이다. 결이란 구체적인 사물이 감각적으로 경험되는 것을 말한다. 살결이니 헝겊의 결을 연상할 수 있듯이, 시는 결로 인해서 구체적이고 객관적인 사물로 인식된다.[20] 문학 속의 감각 중에서도 결에 해당하는 것은, 물론 시각적인 느낌이나, 청감(聽感)이나, 촉감이 직접적이다. 요컨대 결이라고 하는 개념에는 언어의 질감, 수사법, 운율이 자리하고 있다. 반면에, 이러한 세부적인 결의 얽힘을 유지해주는 논리적인 구조가 틀이라고 말할 수 있다. 예컨대 음성적 요소 중에서도 운율이 결이라면, 율격은 틀이다.

버지니아 울프가 여러 회상의 이야기를 짜 넣어 시간을 지체시키고,

---

[18] Frances Spalding, 『Virginia Woolf—Art, Life and Vision』, National Portrait Gallery, London, 2014, 136~137쪽, 참고.
[19] 베르너 발트만 지음, 앞의 책, 162쪽.
[20] 이상섭, 『복합성의 시학—뉴 크리티시즘연구』, 민음사, 1987, 57쪽, 참고.

의식과 무의식 사이를 뛰어다니고, 존재의 본질에 대한 질문을 제기[21]했다면, 박인환의 시편 「목마와 숙녀」에서도 이와 비슷이 적용되는 얘기인 게 사실이다. 따지고 보면, 그의 「목마와 숙녀」에 의식의 흐름과 같은 언어의 질감이 반영되어 있다. 시상의 흐름이 동일하게 반복되면서도 의식 자체를 반영하는 게 결코 아니기 때문이다. 작별과 기억, 염세주의와 뱀의 눈뜸……두 겹의 의식 구조에 유동하는 혼돈의 난맥상을 보이기도 한다. 그럼에도 불구하고, 이 시는 꿈꾸는 것 같이 엉성한 텍스트는 아니다. 그 나름의 견고하고 튼실한 구조가 있다. 소설에서 흔히 말하는 액자 구성과 같은 것. 우리의 이야기와 버지니아 울프의 이야기라는 이중의 서사 구조는 의식의 흐름을 잘 통제하기도 한다.

랜섬은 프로이트의 심리학, 특히 심층 무의식과 시의 결을 연결시킬 것을 제안하기도 했다.[22] 가슴에 남은 희미한 의식을 붙잡고 버지니아 울프의 서러운 이야기를 듣는다는 데서, 시편 「목마와 숙녀」에서 보여준 언어의 질감이 의식의 흐름과 무관치 않다는 걸 여실히 말해준다. 물론 의식의 흐름은 프로이트 이전에 제기된 독창적인 가설이었다. 이를 처음으로 발설한 윌리엄 제임스는 이런 논의를 남기기도 했다.

> 우리의 경이로운 의식의 흐름을 개관할 때, (……) 새의 삶처럼, 의식에는 비상(飛翔)과 내려앉기가 반복적으로 일어나는 것 같다. 모든 생각이 하나의 문장으로 표현되고 또 모든 문장이 마침표로 끝날 때, 이때의 언어의 리듬이 이 비상과 내려앉기의 변화를 잘 표현한다. 휴식의 장소들은 대체로 감각적인 상상이 차지하는 공간이며, 이 상상은 무한히 오래 동안 마음 앞에 제시되고 전혀 변화하지 않은 채 생각될 수 있는 그런 특징을 갖고 있다. 비상의 장소들은 정적이거나 동적인 관계들에 관한 생각들로 가득하며, (……) 실체적 부분이 아닌

---

21 베르너 발트만, 앞의 책, 175쪽, 참고.
22 이상섭, 『복합성의 시학―뉴 크리티시즘연구』, 앞의 책, 92쪽, 참고.

다른 실체적 부분으로 향하려 드는 것처럼 보인다.[23]

시편 「목마와 숙녀」에서는 머묾과 떠남, 보임과 사라짐, 기억과 망각 등이 하나의 리듬처럼 되풀이되고 있다. 머묾과 보임과 기억 등은 새가 내려앉는 것 같은 휴식의 장소에서 이루어지는 일이요, 떠남과 사라짐과 망각 등은 새가 비상하는 것 같은 상상의 공간에서 벌어지는 일이다. 사람들이 흔히 의식의 흐름을 두고 엉터리없고 졸가리 없는 몽유(夢遊) 현상 정도로 치부하는 경향이 있지만, 경우에 따라서는 현실에 대한 각성을 반영하기도 한다. 그렇기 때문에, 실체적 부분이 아닌 다른 실체적 부분으로 향하려 드는 것처럼 보이는 것이다.

한마디로 말해, 결이 언어의 질감이라면, 틀은 작품의 구조라고 할 수 있다. 결과 틀이 하나의 연속체로서 친화력을 가져야, 문학 작품은 가치 있는 작품성을 지니게 된다. 시에 있어서의 결과 틀이 긴밀한 조응 관계를 잘 이루었기 때문에, 「목마와 숙녀」는 우리 시문학사의 명작으로 남게 된 것이 아닌가, 하는 생각을 충분히 가지게 한다.

박인환에게 가장 강력하게 영향을 준 문학은 192, 30년대의 영국 문학이었다. 이 시기의 영문학이라고 하면, 케임브리지 학연과 버지니아 울프 지인을 중심으로 활동한 블룸즈버리 그룹과, W. H. 오든과 스티븐 스펜더 등으로 구성된 뉴 컨트리 파가 시대를 주도했다. 전자는 런던의 한 지역인 블룸즈버리를 중심으로 모인 문화예술인인데 이들은 주로 고답적인 귀족적인 심미 취향을 좇았다. 반면에 후자에는 옥스퍼드 출신의 엘리트들로 결성된 그룹임에도 불구하고 민중적이고 사회적인 이념을 추구하는 경향이 있었다. 하지만 전, 후자에 소속된 모든 이들이 한

---

23 윌리엄 제임스 지음, 정명진 옮김, 『윌리엄 제임스가 한 권으로 간추린 심리학의 원리』, 도서출판 부글북스, 2014, 209~210쪽.

시대의 모더니스트로서 1910년대 이미지즘에 뿌리를 두고 있었다. 버지니아 울프가 경영하던 런던 교외의 출판사 '호가스 프레스'에서 뉴 컨트리 파의 앤솔로지(사화집)를 내기도 했다.

박인환이 해방 후 종로에서 소위 '마리서사(茉莉書肆 : 말리, 즉 달맞이꽃 서점이란 뜻이다)'를 경영할 때, 모국어처럼 읽던 일본어를 통해 버지니아 울프의 소설들을 두루 접했을 것이라고 본다. 그는 한국전쟁 이후에, 개괄적인 작가론일망정 전문적인 식견이 다분히 엿보이는 비평적 산문 「버지니아 울프 인물과 작품」(1954)을 발표했거니와, 그녀의 소설 「등대로」를 가리켜 '빅토리아 시대 후기의 로맨틱한 심미주의를 부활'[24]한 작품이라고 했다. 이 말을 뒤집어놓고 보면, 시편 「목마와 숙녀」는 빅토리아 시대 후기의 로맨틱한 심미주의를 동경하는 취향의 시라고 할 수도 있다.

어찌 보면, 저급의 감상주의에 빠질 수도 있는 이 시가 전후의 마음 풍경, 애상의 정조가 잘 담겨 있는 명편의 서정시로 다소간 기억하는 데는, 다시 말해 폐허와 비전[25]의 이중주 속에서 전후의 애상을 노래한 시라고 적잖이 인정할 수 있다는 데는 감정의 로망스를 탁월하게 분식(扮飾)하고, 형식적인 면에서는 결과 틀의 시학을 최적화하였다는, 결코 과소평가할 수 없는 사실의 부합과 관련이 있다.

4. 마무리 : 애도와 멜랑콜리

앞에서 지적한 바 있었지만, 불 꺼진 등대불의 암담한 현실이 환기하

---

[24] 엄동섭·염철·김낙현 엮음, 앞의 책, 67쪽.
[25] 폐허와 비전은 박인환이 존경해 마지않았던 영국의 '뉴 컨트리 파' 시인인 스티븐 스펜더의 시집 이름이기도 하다. (엄동섭·염철·김낙현 엮음, 앞의 책, 48쪽, 참고.)

는 치명적인 비애감을 암시하는, 시 본문 중의 시어가 하나 있다. 외래어 페시미즘이다. 우리말로 직역하면 염세주의. 염세(厭世)란 글자 그대로, 세상에 대하여 싫증을 느낀다는 것. 이 싫증이 다른 신경증적, 정신병적 증상을 유발할 수 있다. 현대인에게 흔히 발병하는 우울증이란 것도 이것과 무관치 않다.

김승희는 시편 「목마와 숙녀」가 애도와 우울증의 혼재적 언술 특성을 환기하는 텍스트라고 밝힌 바 있다.[26] 물론 나도 이 사실에 전폭적으로 동의한다. 하지만 우울증이란 표현이, 검증되지 못한, 성찰 없는 비평적 어휘라는 사실에 불만을 가질 여지가 남아있다.

언어학자이자 시학자로 저명했던 로만 야콥슨은 「언어학과 시학」이라고 하는 논문에서, 시저의 죽음을 애도하는 안토니의 연설문 중에서 '나는 누구를 애도한다(I mourn for so-and-so).'와 같은 상투적인 언사에 비해, '나의 마음은 저기 관 속에 시저와 함께 있으니(My heart is in the coffin there with Caesar)……'와 같은 표현이 역시 상투적이지만 환유 문장으로 대치된 시적 비유, 시적 현실이라고 간주했다.[27] 이처럼 '목마는 하늘에 있고 방울 소리는 귓전에 철렁거리는데'라고 표현된 부분도, 누군가의 죽음을 애도하는 매우 적절한 시적 비유, 한결 견고한 시적 현실로 볼 수밖에 없다고 생각된다.

시학자 한계전은 박인환의 염세주의는 허무와 체념과 냉소에서 시작된 것임을 시사한 적이 있었다. 냉소에서 더 발전하면, 이것은 냉소주의가 된다. 냉소주의란, 세상이 영원한 천당처럼 의미로 충만하기도 하고 텅 빈 하늘처럼 공허하기도 할 때 생기는 카뮈적인 개념으로서의 '부조리(absurd)'요, 기존의 상식이나 모든 가치에 대한 디오게네스적인 태도를

---

[26] 김승희, 앞의 글, 40쪽, 참고.
[27] 로만 야콥슨, 신문수 편역, 「문학 속의 언어학」, 문학과지성사, 2001, 87~88쪽, 참고.

보이는 것이다.[28] 인생은 통속적이라는 것. 그의 염세주의가 생성할 바탕을 이룬 냉소주의의 한 반점(斑點)이다.

시적 화자가 발견하는 통찰은 '인생은 외롭지도 않고 그저 잡지처럼 통속적'이라는 것이다. 삶은 통속적인 것이다, 라는 시적 주장은 프랑스인들이 흔히 쓰는 '세라비(C'est La Vie, 인생이 그런 거지)'라는 말을 연상케 한다. 체념과 냉소가 적당히 혼합된 듯한 이러한 태도는 허무주의적이라는 것이다. 이는 삶에는 원래부터 긍정적인 가치가 존재하지 않았고, 목마는 처음부터 없었다는 입장이다. (……) 이러한 허무주의는 그 자체로서는 삶에 대한 긍정으로도, 극단적인 염세주의로도 나갈 수 없는 분기점이다. 긍정적 가치가 처음부터 없는 것이라고 할 때, 새로운 가치를 창조할 수도 있는가 하면, 가치의 부재 상태를 위악적으로 수락할 수도 있다.[29]

대중가요의 제목으로 잘 알려진 프랑스어 '세라비(C'est La Vie)'는 허무와 체념이 묻어나는 어감의 표현이라고 한다. 여기에는 프랑스적인 뉘앙스가 따로 담겨 있을 것이다. 영어에 있어서는 '소 비 잇(so be it)'에 해당하는 말이다.[30] 허무주의와 냉소주의에다 이른바 '애도와 멜랑콜리'가 개입되면, 염세주의가 활성화되지 않을 수 없다.

프로이트가 1917년에 쓴 유명한 논문 제목이기도 한 이 '애도와 멜랑콜리(Trauer und Melancholie)'는 프로이트 전집 전문 출판사에서 최근에 '슬픔과 우울증'으로 번역되어 있다. 국역본을 읽어보면 알 수 있듯이 여기에서 말하는 슬픔은 단순한 슬픔이 아니라 상실에 대한 반응으로서 애

---

[28] 박이문, 『사유의 열쇠』, 도서출판 산처럼, 2011, 313~314쪽, 참고.
[29] 한계전, 『한계전의 명시 읽기』, 문학동네, 2003, 93~94쪽.
[30] 영어 'so be it'과 유사한 표현으로는 'It is what it is.'라는 문장도 있다. 이것은 2020년 미국의 트럼프 대통령의 어록으로도 남아 있기도 하다. 우리말로는 이렇다. (코로나로 인해 사람들이 죽어가고 있다. 현실이다.) 어쩔 수 없이, 뭐.

도에 해당한다. 뿐만 아니라, 신경증적인 멜랑콜리 역시 정신병증적인 우울증과 약간의 차이가 있다. 엄밀히 말해, 멜랑콜리는 우울증이라기보다 우울적 징후라고 해야 할 것 같다.[31]

어쨌든 프로이트에 의하면, 멜랑콜리나 우울증에 나르시시즘의 성향이 지배적으로 나타나는 것은 사실이다.[32] 줄리아 크리스테바 역시 프로이트의 견해를 계승해 우울증을 가리켜, 나르시스의 숨겨진 얼굴이니, 타인의 상실에 의한 연약한 자아 위에 드리운 절망의 그림자라고 비유하기도 했다.[33]

박인환의 또 하나의 대표작으로 손꼽히는 「세월이 가면」은 어느 정도의 믿음직한 전기적인 사실인지 잘 알 수 없으나, 인터넷상의 소개 글에도 '첫사랑 여인과의 애절한 추억을 써 내린 정한의 시' 등이라고 적혀 있기도 하다. 물론 이 비슷한 얘기는 여기저기에 나온다. 애인은 그가 「세월이 가면」이 쓰기 10년 전, 그러니까 1945년 무렵에 죽었다고도 하고, 또 한국전쟁 때 죽었다고도 한다. 그가 죽기 직전에 망우리에 있는 죽은 애인의 묘를 찾아가 애도한 일이 있었다는 얘기도 있다. 그렇다면 얼마 후 그 역시 망우리에 묻혔던 것이다. 이 미확인 전기적인 얘깃거리가 만약 사실이라면, 그의 두 대표작인 「목마와 숙녀」와 「세월이 가면」은 애도반응의 시라고 할 수 있다. 물론 사실이 굳이 아니라고 해도, 허구적인 상상력으로 쓴 애도반응의 시라는 데는 이의가 없다고 본다. 문학의 진실이란, 사실이거나 사실이 아니거나 하는 데서 찾기도 한다. 후자

---

[31] 이 대목에서 시인 박인환의 성격이나 기질을 살펴볼 필요가 있다. 그의 지인들이 쓴 글을 엮은 긴광균 외 공저 『세월이 가면』(근역서재, 1982)에 의하면, 박태진은 '안하무인'(84쪽)이라고 했고, 이봉구는 '초조와 흥분 때문에 칼날처럼 푸르렀던 성격'(74쪽, 참고)임을 암시했고, 이봉래는 '편집적(偏執的)'(107쪽)이니 '자의식의 과잉'(111쪽)이니 하는 표현을 남겼다. 여기에서 주목을 요하는 것은 '편집적'이라는 것. 박인환이 편향된 집착 같은 게 있었다면, 성격적으로나 기질적으로 우울적 징후와 전혀 무관하다고 할 수 없다.
[32] 지그문트 프로이트, 윤희기 · 박찬부 옮김, 앞의 책, 2016, 253쪽, 참고.
[33] 줄리아 크리스테바, 김인환 옮김, 『검은 태양—우울증과 멜랑콜리』, 동문선, 2004, 16쪽, 참고.

가 훨씬 보편적이요, 울림과 감동이 한결 실려 있다고 할 것이다.

박인환이 죽기 수개월 전에 자신의 지인이 자살했다. 시인(혹은 시인지망생)인 현숙이라는 이름의 젊은 여성이다. 현숙은 자신이 좋아하는 남자가 보는 앞에서 삶을 마감했다고 한다. 애인인지, 짝사랑의 대상인지 잘 알 수 없다.

사랑이 사람의 운명을 모호하게 할 때, 느끼는 느꺼운 감정이 있다. 그녀가 죽은 이튿날, 하루 종일 가을 찬비가 내렸다고 한다. 비가 개인 그 다음날, 장례식에 참석한 문인들은 명동에서 술을 마시고, 차를 마셨다. 이 경우는 사랑하는 사람의 운명이 모호할 때 나타나는 '애도의 흥미롭고도 비극적인'[34] 사례가 아닌가, 한다.

이 날에, 즉 현숙의 장례식을 치룬 그날에, 박인환은 장례식에 동참한 지인들 앞에서, 명동 거리에서 자작시 한 편을 낭송했다고 전해진다. 즉흥적인 애도시라고 하겠다. 이 제목도 없는 가두(街頭)의 구전시는 소설가 이봉구의 기억에 의해 기록으로 남겨졌다. (물론 『박인환 문학 전집』에도 없는 시다.)

> 가을에 향기가 있다면 그것은 스카치위스키의 애닯고 가냘픈 향기. 정든 친구끼리 스탠드 바의 문을 열어보자. 가슴에 바람을 알리는 샹송이 들린다. 우리 친구가 노래하는 「라 비앙로제」와 같은 노래야만 한다.
> 「사브리나」의 오드리 헵번과 같은 목소리면 더욱 고맙고,
> 우리는 위스키를 마신다.
> 한 잔은 과거를 위해, 두 잔은 오늘을 위해서
> 내일을 위해서는, 그까짓 것은 생각할 필요가 없다.
> 그저 우울을 풀었으면 마음대로 마시면 된다. 술병에서 꽃이 쏟아지고 별이

---

[34] 리처드 래저러스, 버니스 래저러스 지음, 정영목 옮김, 『감정과 이성』, 문예출판사, 1997, 123쪽.

흘러나오는 환상이 생길 때까지
　가을은 위스키를 부르고 우리에게 망각을 고한다.[35]

　이 시는 「목마와 숙녀」로부터 수년 수개월 후에 지어졌다. 감정의 색조가 이 시와 매우 유사하다고 하겠다. 우울을 풀었으면 마음대로 마시자. 이 '우울'은 우울증이 아니라, 우울적 징후, 즉 멜랑콜리라고 해야 하겠다. 술병에서 꽃이 쏟아지고 별이 흘러나오는 환상이 생긴다고 한다. 이 역시도 「목마와 숙녀」와 비슷하다. 환상 역시 무의식의 산물이다. 환상은 다름 아니라, 욕망이 다소 위장된 형태로 표현되는 일종의 '욕망 성취(wish-fulfillment)'인 것이다.[36]

　박인환 시 세계의 발생론적, 영향론적 뿌리는 1910년대의 이미지즘 시에까지 소급된다. T. E. 흄을 비롯한 그 시대의 이미지스트들은 무엇보다도 언어 묘사의 시각적 정확성과 리듬의 청각적 어법을 강조했다. 비록 「목마와 숙녀」가 언어의 정확성에는 미치지 못해도 리듬의 어법은 슬프지만 경쾌했다. 현숙을 위한 애도시도 마찬가지였다. 세상 사람들에게 거의 알려져 있지 않은 이 구두(口頭)시는 또 다른 버전의 「목마와 숙녀」라고 해도 좋을 것 같다.

---

[35] 이봉구, 『그리운 이름 따라』, 유신문화사, 1966, 183~184쪽.
[36] 장 라플랑슈 외 지음, 임진수 옮김, 『정신분석 사전』, 열린책들, 2005, 285쪽, 참고.

전쟁과 분단이 빚어낸 욕망의 서사시
―홍성원의 「남과 북」

한국전쟁은 오늘날의 한국인들의 마음속 깊이에 정신적 외상의 원체험으로 남아 있다. 그것은 건드리면 건드릴수록 덧나는 상처와 같다. 혹은 우리 모두에게 치유될 수 없는 현재진행형의 가슴앓이다. 가족마다 이것과 관련해 사연이 없는 가족이 없을 정도다. 이것은 또 1960년대 이래 한국 소설의 가장 끈질긴 주제 목록 속에 포함되어 있었으며, 한때 작가들의 폭넓은 관심의 표적이 되어 왔다. 그도 그럴 것이 그것은 우리에게 쉽게 해결할 수 없는 미해결의 인자들을 스스로 부여안고 있기 때문이다. 여기에 한국전쟁의 비극적 현존성이 전제되어 있는 것이다.

그 전쟁은 그 시대의 세계사적 냉전 체제의 배경 아래 동족끼리 대리전을 치르게 되었던 양상이었다. 한국인이 경험하지 못한 이념전의 성격이 드러났다는 점 등은 한국인의 자유 의지와는 전혀 상관없는 것이어서 그 정신적 후유증은 더 심각할 수밖에 없었다. 유소년기의 기억 속에 들어앉은 경험들을 허구의 정보로 적극 활용하고 있는 작가들이나 전쟁을 직접 체험하지 못한 세대의 독자층 모두의 의식은 한국전쟁의 전율스런 정신적 공황으로부터 결코 자유롭지 못하다. 한국인이면 누구나 한국전쟁은 난치의 가슴앓이다. 역사 상상력을 촉발케 하는 미해결의 난해한 의문으로서, 이 가슴앓이를 극복하고 치유하려는 모든 문학 행위는 오늘날의 분단 상황에서 어느 작가에게나 부단히 요청되는 과제라고 아니할 수 없다.

홍성원의 「남과 북」은 한국전쟁과 관련된 대표적인 소설이다. 시간적 배경이 전전이나 전후에 치우쳐 있는 소설에 비해 전시를 배경으로 한 것은 그다지 많지 않다. 이런 점에서 전시 소설로서 흔치 않은 가치를 가지고 있는 소설이다.

이 작품은 제1부 '가장 긴 여름', 제2부 '동의할 수 없는 죽음들', 제3부 '키가 작아 보이지 않는 평화'로 구성된, 2백자 원고지 일만 매 분량의 대하소설이다. 구성의 규모가 큰 만큼이나 주요 인물만도 서른 명이 넘지만, 뚜렷이 부각된 특별한 주역이 없이 각 인물들마다 고유한 역할이 부여되어 있다. 즉, 이 소설의 등장인물들은 다양한 성격의 배역으로 이루어진 복수화 된 주인공들이라 할 수 있다. 이 점은 1960년대를 대표하는 작가 최인훈의 경우와 유별나게 구별된다. 가령 「광장」, 「회색인」이 이명준, 독고 준과 같은 개인을 부각하고 기술적으로는 개인의 섬세한 내성적 측면에 주의를 기울였다면, 「남과 북」은 개개인의 측면이 강조되고 있으며 사건의 큰 줄거리에 동참하고 있는 개개인의 외향적인 행동들이 연대기적으로 배열되고 있다.

이 작품에 등장하는 인물들은 비이성적인 광기의 상황 속에서 세세하게 얽힌 욕망의 끈으로 서로 얽혀 있는, 이를테면 '문제적 개인'들이다. 이 개개인에게는 전쟁과 더불어 급작스럽게 변한 삶의 풍경이 퍽 낯설다. 거적이 덮여있는 행려병자들의 시신, 행인들에게 손을 내미는 전쟁고아들, 외국 병사에게 서투른 영어 마디를 지껄여대는 양공주들, 역전 근처의 인텔리 지게꾼. 이 모든 삶의 모습과 실상은 한국인들이 아무리

어렵게 살아왔어도 과거에는 생각조차 못했던 경험들이다.

  전쟁은 인간의 욕망을 다양한 형태로 변주시킨다. 분출되는 욕망만이 무의미한 삶의 조건으로부터 자신의 존재를 확인시켜 주기 때문일까? 이러한 욕망은 「남과 북」에 등장하는 인물들 사이에 놓인 복잡한 얽힘의 관계를 형성하는 요인으로 작용하기도 한다.

> 욕망 이외의 모든 행위는 그들에게 이런 경우 극히 허망하고 무의미하게 느껴진다. 자기들이 살아 있다는 확실한 증거를 그들은 뜨거운 욕망 속에서만 확인할 뿐인 것이다. 이것은 어쩌면 그들의 삶이 지루한 전쟁 속에서 근거를 잃고 있는 탓인지 모른다.
> (……)
> 아무 것도 믿을 것이 없다. 전쟁은 그에게 무서운 파괴만을 보여주고 있다. 도처에 황폐한 폐허와 찢어진 육체와 영혼들뿐이다. 그는 자신이 살아야 될 이유를 어떠한 것으로도 격려하거나 변호할 수가 없다.

  내연의 관계인 신동렬과 민관옥은 서로 사랑하면서도 사랑과는 전혀 무관한 욕망만을 교환하고 있다. 전쟁은 인간에게 인간이 아닌 짐승이기를 강요하기 때문인지도 모른다. 소설 「남과 북」에 등장하는 인물 중에서 가장 핵심에 놓인 인물은 설경민이다. 사학자 설규헌의 아들인 그는 전시에 외신부 기자와 통역관으로 활동하는 인텔리 청년이다. 그는 다리 불구로 인해 입대할 수 없는 스스로의 처지를 가리켜 새옹지마라고 자조한다. 오로지 절망뿐인 불확실한 상황 속에서 그는 전시에 만난 유부녀 강윤정과 찰나적인 애욕의 욕망에 이끌리는 것으로 그려진다.

  설경민의 아이를 잉태한 최선화는 외국 병사에게 강간을 당한 후에 기지촌의 양공주로 전락한다. 그녀는 설경민의 아들인 진철을 키우면서도 미군 병사들이 던져 주는 5달러의 대가로 지옥의 문턱을 넘나들 듯이 위태로운 목숨을 연명하고 있을 뿐이다. 설경민은 최선화를 잊지 못해 찾아 헤맨다. 천신만고 끝에 수소문해 마침내 찾았지만, 그녀는 냉정하기만 하다. 그 후 설경민은 최선화에 집착하는 외국병사에 의해 총상을 당한다. 이제 성한 다리마저 상하게 된 것이다. 이 일로 해서 최선화는 자살로 생을 마감하나, 온전히 불구자가 된 설경민은 불구(不具)의 억압으로부터 정신을 구하기 위해 신문사 일에 몰두한다. 불구이면서도 주위의 시선에 굴복하거나 위축되지 않으려는 그의 행동의 근저에는 자기 파멸을 예방하기 위해 치욕을 노출함으로써 그것을 감수하고 성찰하고 극복하려는 욕망이 자리하고 있다. 부끄러움을 감추는 자가 스스로 파멸되리라고, 그는 믿고 있기 때문이다.

이 소설에서 그런대로 '인간적인' 욕망을 소유하고 있는 설경민에게서, 비극으로부터 벗어나기 위해 비극을 철저히 사랑하는 니체적인 운명애 같은 것을 엿볼 수 있는 것도 이런 맥락과 관련이 되어 있다.

오영탁은 전형적인 무골(武骨)의 무뚝뚝한 직업 장교다. 그는 백정 출신의 사병에게 전투 중 자신의 살 속에 박힌 수류탄 파편을 제거하라는 명령을 내릴 만큼 독종이다. 사사로운 무공이나 무훈을 탐내지 않고, 오로지 군무와 독전에만 모든 열정을 다 바치는 그는 철저한 군인 정신으로 무장된 인물이다.

무용으로 단련된 아름다운 육체를 가진 그의 아내 강윤정은 뭇 사내의 육체적 탐욕의 표적이 된다. 그녀의 몸을 탐내는 사내가 많은 만큼 그녀의 남성 편력도 화려하기만 하다. 설경민과도 관계를 가졌던 그녀는 처세에 밝은 변호사 서태호의 정부가 되고 사내들 간에 자신의 소유권이 돈으로 흥정되는 과정을 겪으면서 결국에는 한때 남편의 부하였던 최완식에게로 몸을 내던진다. 그녀는 스스로 '한 마리의 지저분한 암캐'에 불과하다는 자괴감에 빠지기도 하지만 자신의 육체의 욕망으로 이 어지러운 시대를 견뎌내고 이겨낼 수밖에 없다.

여인은 어느 틈에 눈을 감고 사나이의 난폭한 손길에 다소곳이 전신을 맡긴다. 전율이 흐른다. (……) 어떤 사내가 상대로 되었건 이 황홀한 감미로움만큼은 그녀에게 항상 새로운 것이다. 그녀는 자신을 타고난 요부라고 생각한다. 이 황홀감을 절제할 수 없는 그녀는 앞으로도 무수한 사내들을 뒤쫓을 것이다.

오영탁은 아내를 의심하면서도 사실상 묵인한다. 질투의 악몽으로부터 벗어나 아무 일도 없었던 것처럼 다시 새 출발하고 싶었던 것이다. 그러나 뜻밖에도 이혼을 요구하는 아내의 군사우편이 영내에 도착한다. 결국 아내를 속으로만 사랑해온 오영탁은 아내가 '세상에서 가장 싫어하는 더러운 놈'이라 치부했던 최완식과 동침했음을 알고 그녀를 사살해버린다. 직업윤리에 충실한 오영탁과 육체의 쾌락에 탐닉하는 강윤정 사이에 발생한 욕망의 다툼은 비극적으로 종결된다. 그 후에 번민에 사로잡힌 오영탁은 실종되고, 헌병대 장교 최완식은 자신의 정부 강윤정의 살해 용의자로 오영탁을 지목하고 수사에 착수하나. 결정적인 증거가 포착되는 순간에, 박노익 상사에게 은밀히 살해된다.

신학렬과 신동렬은 내력이 복잡한 집안의 배다른 형제다. 공산주의 사상에 가장 열렬히 호응하는 인물로 등장한 신학렬은 민관옥과 혼인을 하지만 그의 이복동생 신동렬은 민관옥을 데리고 월남한다. 전쟁이 나고 서울이 함락되자 형제는 다시 조우한다. 형은 정치보위국에 근무하면서 권력자의 위치에서 인민군 야전병원에 의사로서 강제로 배속된 아우를 돕는다. 그러나 신학렬의 행동에는 아우에 대한 애증이 착잡하게 교차되어 있다.

한데 그 즈음 그의 머릿속에 뜻밖에도 아우인 동렬의 얼굴이 예고 없이 떠올랐다. 그는 솔직히 그때까지는 동렬에게 아무런 가족적 연대감이나 애정을 느끼지 않았다. 오히려 동렬은 보통의 타인보다 그에게는 좀더 강한 증오의 인물로 기억될 뿐이다. 그러나 학렬은 예고 없이 떠오른 동렬에게 미움과 증오의 끈이 맥없이 끊어지는 공허한 기분을 경험했다. 그가 지금까지 동렬을 향해 품었던 증오는 안과 밖이 뒤집힌 왜곡된 애정의 변신이라는 묘한 자각마저 드는 것이다. (……) 두 사람이 택한 세계는 이질이지만 그들의 의식의 밑바닥에는 남들에게서는 느낄 수 없는 살냄새 같은 짙은 일체감이 숨어 있었다. 그는 막연한 생각이었으나 그때까지는 동렬을 북으로 끌고 가리라 마음먹었다. 민관옥을 자기로부터 빼앗아간 보복으로 북녘 땅에 아우를 끌고 가 비루먹은 개처럼 방치해 둘 작정이었다. 그러나 다음 순간 그의 증오는 뭉클할 정도의 짙은 애정으로 뒤바뀌었다.

유엔군의 인천상륙작전에 의해 포로가 된 신학렬은 포로수용소 캠프에서 인민 행방을 부르짖던 피 끓는 혁명전사가 없는 사실에 분노한다. 박태일이라는 가명을 사용하여 자신을 숨기다가 수용소 포로들이 친공과 반공으로 분리될 때 친공 포로 지도자로 변신하여 맹목적인 이데올로그로서 존재감을 드러낸다. 그는 취조관과도 사상 논쟁을 펼쳤지만, '네놈들은 날 죽일 수는 있지만 절대루 설복시킬 수는 없어.'라며 자신의 신념을 포기하지 않는다.

한편, 신동렬은 잠시 부역자라는 혐의를 받긴 했으나 국군 군의관으로서 야전병원에 근무하게 된다. 면회하러 온 민관옥과 토치카 속에서 하룻밤 격렬한 정사를 치른 이후 두 사람은 더욱 가까워졌고 여자는 남자의 아이를 잉태한다. 그렇지만 그들은 정당한 부부는 아니었다. 시동생과 형수 사이라는 불륜 관계에 대한 죄의식이 그들 모두의 내면 의식에 고통스러운 뿌리를 내리고 있기 때문이다.

그들의 사랑도 설경민의 경우처럼 파국으로 종결된다. 신동렬은 교통사고로 큰 부상을 당해 두 다리를 절단하고 시력까지 상실한다. 딸의 이름을 은경이라고 지어 주고 나서 신동렬은 민관옥에게 부담을 덜어 주기 위해 자살한다. 그 충격으로 민관옥은 정신이상자가 되어 거리를 헤매기에 이르는 것이다.

전쟁 이전에 봉건적 주종 관계였던 우 대인 집안과 박 포수 집안간의 부침과 영락이 뚜렷이 대비되는 과정도 「남과 북」의 큰 줄거리의 하나이다.

명문의 지주며 명망 높은 선비였던 우동준은 인민재판에 회부되는 수모를 당하면서 끝내 병사한다. 화가였던 차남 우효석는 부르주아 반동으로 처형되고, 대학 강사였던 장남 우효중은 전쟁 이후에 폐인으로 생을 마감한다. 소작인 박두수의 아들 3형제는 각각 제 갈 길로 갈라지고 만다. 우씨 집안을 망하게 하기 위해 스스로 '빨갱이'가 되고 의용군에 입대한 차남 수익은 우씨 가문을 몰락케 하는 데 적극적인 입장을 취한다. 반면에 명사수로 이름이 높은 국군 하사관인 3남 박노익은 '대상도 방향도 없는, 거의 발작적인 증오'를 가진 채 인민군을 무찌름으로써 혁혁한 전과를 올린다.

장남 박한익은 이 소설에서 '문제적 개인'으로 등장한다. 불학무식하면서도 계산적이고 상황 적응에 민첩한 그는 전시의 와중에서 엄청난 재력가로 성장해간다. 축재의 욕망 못지않게 그를 사로잡은 것은 신분 상승의 욕망이다. 그는 이를 실현하기 위해 몰락의 위기에 처한 우씨 가문의 딸 우효진을 헌신적으로 도우면서 그녀에게 집요하게 구애한다. 우효진이 '사랑은 한쪽만으로 되는 게 아니에요.'라고 하면서 거절해도 그는 경제적 도움을 베푼다. 또한 폭력적으로 애정을 표시하기도 한다. 박한익의 집요한 구애를 저버리지 못한 우효진은 '왜 전쟁이 우리 집만 망하게 했느냐.'라고 개탄하면서 고통과 수치와 절망의 마음으로 예전 하인이었던 박한익과 결혼하기에 이른다. 그녀에게도 욕망은 따로 있었다.

하긴 쓰러져 가는 학교 재단을 인수한 것부터가 효진의 집요한 야심의 일단 인지 알 수 없다. P군을 지배하던 우씨 가문은 이제 완전히 몰락의 길을 걷고 말았다. 한익을 남편으로 맞이한 효진은 이제부터는 우씨가 아닌 박씨 가문의 일인으로 귀속되었다. 너무나 치욕적인 결합이어서 그녀는 결혼식조차도 고향을 피해 서울에서 올렸을 정도다.

전쟁은 남북, 빈부, 반상을 종횡으로 교류시켰다. 집안의 세교(世交)가 있었던 까닭에 우효진에게 호감을 가졌던 설경민은, 재래적인 반상 의식의 해체라고 설명될 수 있는 우효진의 결혼을 "전쟁이 가져온 난해한 변화"로 해석한다. 하지만 우효진의 선민의식과 박한익의 신분 상승 의지 사이에 발생한 욕망의 갈등은 늘 박한익의 비상식적 행위로 그려지기도 한다.

고대 그리스 시대에는 욕망을 참다운 지혜나 이성으로부터 격리된 육체적 수준에 불과한 것으로 보기도 했다. 아리스토텔레스가 그것을 영혼의 행동화로 규정한 것도 이러한 맥락에서 이해될 수 있다. 따라서 욕망을 제거하는 일이야말로 동서양 할 것 없이 도덕적 정신적 인격의 드높은 경지를 표상하는 가치개념으로 중시했던 것 같다. 동양의 '무욕'과 서양의 '금욕'에 내포된 정신도 그런 점에서 이해할 수 있을 것으로 보인다.

근대 이후에 욕망은 자연 충동이니 본능이니 하는 범주에서 이해되고 있다. 육체적인 수준 너머에 존재하는 정신적 에너지를 욕망에서 발견하고자 했던 것이다. 심리학자들이 인간의 억압된 욕망의 잠재의식을 '콤플렉스'라는 모형으로 설명하려 했던 것도 그와 관련된다.

현대 심리학에서는 선천적으로 규정된 바를 '소질'이라 하고, 소질의 현실적 활동이 실현되지 못한 것을 '요구'라고 하고, 요구가 의식에 반영된 것을 '욕망'이라고 정의한다. 이 욕망은 S. 프로이트에 의해 문학의 창작 이론으로 수용되었고, 르네 지라르에 의해 문학비평의 새로운 이론으로 수용되었다.

르네 지라르는 욕망의 두 유형을 제시하고 있다. 주체와 대상을 연결하는 단순하고 곧은 선으로 표시되는 '자발적 욕망'과 자발적으로가 아닌 중개자(mediator)에 의해 경험되는 '욕망의 삼각형'이 바로 그것이다. 인간의 욕망에는 선망, 질투, 적대감, 허영심 등과 같은 숱한 내면적 표정이 감추어져 잇다. 르네 지라르는 이들을 정열과 허영으로 요약하고 있는데 전자는 자발적 욕망에서 기인된 것이며, 후자는 진정한 욕망이 오염된 반영물로 이해된 것이다.

소설 「남과 북」에서 '욕망의 삼각형'은 도처에서 발견된다. 이 경우의 욕망은 다른 사람이나 대상을 통해 확인된다. 예컨대 돈키호테가 아미다스를 모방하고 줄리앙 소렐이 나폴레옹을 모방한 것처럼, 신학렬은 영웅적 혁명 전사라는 모델을 모방한다. 박한익은 자신의 신분상승 욕망을 충족하기 위해 우효진을 매개자로 삼는다. 신학렬과 신동렬 형제는 서로가 중개자가 되면서 스스로 허영에 의한 사랑의 적대자가 된다. 물론 아우는 허영에서 이념을 거부하는 정열로의 변이를 보여준다. 신동렬의 환자 중에는 고통이 심해지면 심해질수록 오히려 점점 오연해져 순교자와 같은 당당한 태도를 보이는 포로도 있다. 이러한 태도도 허영일 따름이다. 그래서 그는 맹목적인 이념에 순치된 자들에게서 죽음까지 극복하는 뛰어난 용기 외에 죽음의 공포까지 잊을 정도의 착란을 발견하기도 한다.

스탕달의 「적과 흑」에 등장하는 귀족 소녀 마틸드 드 라몰이 줄리앙 소렐의 욕망에 이끌리면서도 자신에게 주어진 삶의 모델을 자기 가문으로 삼았던 것처럼, 우효진 역시 자기 가문을 중개자로 삼으로면서 선민의식, 혹은 기득권 방어 본능에 해당하는 자기욕망을 스스로 드러내고 있다. 그리고 오빠가 자살한 선산으로 가려 하자 이를 말리는 한익에게, 그녀는 외친다.

이겼어요. 당신이 이겼어요! 당신은 우리 집안을 철저하게 패배시켰어요! 그러나 어떤 승리도 영원한 승리로는 남지 않아요! 당신이 애써서 얻어 놓은 승리 두 언젠가는 반드시 고통스런 패배를 맛볼거예요! 모든 승리와 패배는 당대의 결과에 불과해요!

르네 지라르는 '욕망의 궁극적 의미는 죽음이다.'라고 단언한다. 물론 소설의 궁극적 의미가 바로 죽음을 뜻하는 것은 아니다. 주인공은 죽음을 통해 혹은 다른 형태의 욕망의 파탄을 통해 패배 속에서 승리를 거둔다. 「남과 북」의 등장인물들도 난폭한 시대의 비극적 파멸을 철저하게 보여준다. 파멸의 궁극적 의미는 다음과 같은 역설로서 진술될 수 있으리라.

전쟁은 잊혀질 것이다. 사자(死者)와 상이용사와 전쟁미망인은 잊혀질 것이다 도시는 재건되고 슬픔은 치유되고 고통은 흉터 뒤로 세월과 더불어 순식간에 숨어 버릴 것이다. 모든 것이 유유한 시간의 흐름 속에 한갓 고통스러운 과거지사로만 남을 것이다.

어느 쪽도 승리가 없는 전쟁이었다. 영웅도 승자도 존재하지 않는 한국전쟁이었다. 시대가 명령한 강고한 요구에 따라 무수히 죽어간 사람들과, 관념과 이념의 극악한 형태를 두고서, 서로가 서로를 단죄하면서 유지해온 이념의 재무장화. 이 모든 것들은 우리 시대의 거대한 '카인 콤플렉스'의 상흔으로 남아 있을 뿐이다. 그 원색적인 욕망이 빚은 충돌의 깊은 상흔만이 남아 있을 따름인 것이다.

소설 「남과 북」은 전쟁의 신 아레스를 혐오하는 휴머니스트의 반전 메시지가 밑바탕을 형성하는 작품이다. 우리 민족의 자율적 의사와는 크게 상관없이 치러진 전쟁에 의해 인간 본성과 민족 동질성이 어떻게 유린되고 철저히 파멸의 과정에 이르게 되었는가를 여실히 보여줌으로써 이 작품은 오늘날의 우리에게 삶의 태도와 역사적 현재성의 성찰을 요구하고 있다.

그러나 1970년대라는 시대적 제약은 바로 이 소설의 한계와 그대로 일치하고 있다. 1970년대의 남과 북은 첨예한 분단 대립의 체제가 강화되어 매카시즘이니 주체사상이니 하는 극우 및 극좌 노선으로 팽팽한 긴장 관계에 놓이게 된다. 이런 점에서 우리는 다음과 같은 자성의 의문을 제기하지 않을 수 없다. 이데올로기의 지속적인 유지야말로 적을 기만하고, 또 섬멸시킬 수 있는 유력한 '트로이의 목마'인가.

이러한 유의 자성에서 앞으로도 부단히 제기해야 할, 그래서 더욱 문제적인 홍성원「남과 북」은 우리들이 살고 있는 분단 시대의 현재성을 충분히 획득한다. 만약 1980년대의 민중주의의 시대적 요구에 비평적 기술의 초점을 둔다면, 이 소설은 비판을 면하기 힘들 것이다. 이념 문제에 대한 작가의 고뇌가 불충분했다든가, 혹은 프티 부르주아로 일컫는 자유주의적 지식인을 많이 등장시켰다든가, 혹은 민중주의적 함량의 미달 수준을 노정했다든가 하는.

그러나 우리가 기억 해두어야 할 사실은 이 소설에 함축되어 있는 반전 휴머니즘이 결코 반공 매카시즘으로 가장되어 있지 않고 매우 적극적인 자기 특성을 정직하게 제시하고 있다는 점이다. 결국, 소설사적 문맥에서 살펴보건대 1960년대 작가들이 대체로 전후를 배경으로 한 개인의 삭막한 내면 풍경을 중시했고 1980년대의 김원일, 조정래 등이 전전의 상황과 함께 집단적 민중의 측면을 특히 부각시켰다면, 1970년대 홍성원은「남과 북」을 통해 전시의 현실에 놓여 있는 개개인의 삶의 모습들을 제시함으로써 분단 소설사의 중간적 가교를 튼실하게 이어 놓았던 셈이 될 것이다.

북한 소설의 서정성과, 그 추이 과정

1. 북한 소설의 서정성, 어떻게 볼 것인가

　최근에 포스트모던한 경향의 하나로 간주되는, 시와 소설의 혼성 장르가 대두하고 있다. 시와 소설이 장르적인 경계를 서로 넘나드는 것을 두고, 우리는 오늘날 대안적인 문화 현상인 '크로스오버'를 어렵잖게 떠올릴 수도 있을 것이다. 시와 소설간 장르 혼성의 현상이 지금까지 잠정적인 용어로 제시된 것도 다양하다. 비록 일과성에 지나지 않았지만, 이를테면 시적 소설, 시설(詩說), 시소설, 소설시, 동화시 등등의 명칭이 사용되었다. 앞으로, 시와 소설의 장르 간의 교차 현상 및 소설의 비소설적인 장르적 성격으로서의 '서정성' 수용 문제는 친숙하고 친화적인 것으로 확산될 지도 모를 일이다.
　그런데 소설의 서정성에 관한 인식은 이미 존재했다. 또 그것은 필경 '서정소설(lyrical novel)'이란 좀 특이한 양식을 파생시키기도 했다. 서정소설은 노발리스의 「푸른 꽃」이나 릴케의 「말테의 수기」와 같은 사례에서 찾을 수 있다. 헤르만 헤세, 앙드레 지드, 버지니아 울프 등과 같은 작가들도 소설의 서정성 문제에 대해 구체적이고 실천적(창작적)인 해답을 구하려 했던 작가였다.

서정소설에 관한 원론적 탐색은 랠프 프리드먼에 의해 이미 시도된 바 있었다. 우선, 그는 서정소설이 소설의 틀 속에 서사의 인과적이고 시간적인 움직임을 초월하는 독특한 형식을 취할 수 있다고 전제하고 있다.[1] 서정소설이란 용어는 모순적인 개념으로 이루어져 있다. 엄격한 의미에서 볼 때, 서정소설이란 용어는 논리적으로는 성립되지 않는다. 그럼에도 불구하고, 서사적인 장르적 특성으로부터 벗어난 소설이 하나의 표현 형식의 관례로서 존재해왔던 것이 사실이다.

프랑스의 소설에서 서정소설은 널리 파급되지는 않았지만, 샤토브리앙과 네르발에서부터 20세기에 이르는 동안 서정소설은 당시 실행될 수 있는 대안이 되어 왔다. 우리는 19세기 초 이래로 산문시가 발아기의 서정소설로 발전해온 것을 상기할 수 있는데 그것은 처음 환각과 무의식적인 생각뿐만이 아니라 시인과 혹은 그의 퍼소나에 관련된 이미지들의 정확한 배열에 강조를 둔 것이다. 사실, 주저하는 대중들이 이 혼성적 형식을 어떻게 생각했을지라도 산문시는 독특하게 프랑스의 공헌이었다.[2]

랠프 프리드먼이 『서정소설론』이란 특이한 연구 결과물을 통해, 헤세가 낭만적 알레고리에 의거해, 지드가 상징주의 산문시가 암시하는 방법에 의거해, 울프가 시적 전망 속에서 의식의 구성 요소를 그리려고 함으로써 서정소설의 장르적 가능성의 여지를 남겨 놓았음을 논증한 것은 소설의 서정성에 관한 논의의 단초를 제시한 것으로 높이 평가될 수가 있겠다.

원론비평의 입장에서 볼 때, 서정성의 이론은 독일의 문예학자들에 의해 개진되었다. 이들이 밝힌, 서정성의 장르적 성격과 세계관적 반응의

---

[1] 랠프 프리드먼, 신동욱 옮김, 『서정소설론』, 현대문학사, 1989, 10쪽, 참고.
[2] 같은 책, 300쪽.

양상은 정교한 이론적 체계로 정평이 나 있다. W. 카이저, E. 슈타이거, D. 헤르나디 등에서부터 비롯해 최근의 디터 람핑에 이르기까지 이론의 체계를 갖추어온 서정시의 장르적 성격은 서정성의 개념과 이론에 암시를 던져 주었다.

> 抒情的인 것은 모든 詩的 表現에 있어서 最後의 보루이며 모든 참된 詩는 抒情性을 포함하고 있으며 여하한 分析도 할 수 없다. 그리고 가장 基本的인 인간 존재방식으로서의 抒情的인 것은 Staiger의 정확한 검증을 통해 알 수 있다. (……) 이렇게 抒情的 韻文(verse)은 낱말과 音樂的 意味의 統一性과 調和 속에 그 生命力이 있다. 이러한 統一的이니 調和는 詩人의 想像力과 靈感의 魔力에 의한 情趣(Stimmung)와 言語의 神秘스러운 遊戱를 통해 성취된다고 볼 수 있다. 그러므로 抒情的인 統一性은 다른 外國語로 번역하기가 어려우며 同質의 統一性을 회복할 수가 없다고 본다.[3]

요컨대, 서정소설은 소설이 소설적인 장르의 특성으로부터 벗어나거나 시와 소설이 장르간의 경계를 해체하면서 혼성의 특성을 보이거나 할 때 이름이 될 수 있는 용어다. 자유 진영에서의 소설의 서정적 경향을 자아와 세계의 분리를 요구하는 양식 속에서 자아와 세계의 분열을 없애려고 노력하는 것이라고 규정할 수 있다. 물론 자유 진영에서의 서정성 이론은 북한에선 비판의 대상이 된다. 북한이 요즈음 자랑으로 삼고 있는 소위 '주체문예이론'에서는 W. 카이저의 서정성 이론을 열람하지 못했다고 해도 이러한 유의 이론을 비판의 과녁으로 삼고 있음이 분명하다. 장용남의 『서정과 시창작』(1990)이란 저서에 다음과 같은 표현이 나타나 있다.

---

[3] 볼프강 카이저, 김윤섭 역, 『언어예술작품론』, 대방출판사, 1984, 641~642쪽.

서정의 본질에 대하여서는 오랜 옛적부터 연구되여왔다. 그러나 주체적 문예리론이 제시되기 이전 시기에는 서정의 본질이 무엇인가 하는 문제가 명확히 밝혀지지 못하였다. 지난 시기 관념론적인 문예리론에서는 서정을 종교적이며 신비적인 것으로 귀착시키거나 순수한 감정, 정서에 귀결시켰다. 이러한 비과학적이며 관념론적인 리론은 시문학분야에서 형식주의, 자연주의의 기초로 되었다. 부르죠아문예리론에서는 서정의 본질을 순수한 주관의 '자체 표현'으로 보았다. 여기에서는 서정의 세계관적, 심리적 기초를 종교적이며 신비적인 '자아'의 세계가 아니면 '자의식' 세계에 두거나 순수 감각적인것에 둠으로써 시문학의 인식 교양적 역할을 말살하였으며 형식주의적이며 자연주의적인 시문학을 합리화하였다.[4]

보다시피, 북한의 문예이론의 입장에 의하면, 개인적인 신비적 영감이나 상상력은 거부된다. 북한에서의 서정성의 본질이 순수하고 감각적이라기보다 집단적이고 과학적이며 인식교양적인 성격과 역할을 지향하고 있다는 사실은 두말할 나위가 없다. 물론, 북한의 문학 이론 중에서 이제까지는 서정성의 의미와 특징이 시 부분에 집중되고 있다. 그런데 우리가 여기에서 주목해야할 사실은 북한에서 다소 최근의 이론인 장용남의 저서에 의하면 서정성의 개념이 반드시 시에만 국한되는 이론이 아니라고 하는 사실이다.

서정성은 시문학의 독점물이 아니다. 문학예술의 모든 형태들은 다 서정성을 가지고 있다. 서정성은 문학예술작품에 혈액과 같이 흐르는 중요한 속성이다. 문학예술은 생활을 구체적이며 감성적인 형상을 통하여 반영하는 특성으로 하여 필연적으로 정서적 색깔을 가지게 되며 그것은 작품의 정서성을 특징짓는

---

4 장용남, 『서정과 시창작』, 문예출판사, 1990, 10~11쪽.

다. 또한 문학예술의 묘사방식은 서로 작용하고 의존하는 관계에 있기 때문에 모든 작품에 서정적묘사방식이 침투하게 된다. 가령 극적 묘사 방식의 경우에 거기에는 순전히 극적인 것만 있는 것이 아니라 극적인 것에서 우러나오는 정서적인 것도 있다. 정서적인 것, 서정적인 것은 문예예술의 모든 행태들에 이러저러하게 깃들어있다. 서정성은 소설문학에도 있고 극문학에도 있다. 서정성이 없는 작품이란 존재하지 않는다.[5]

일반론적인 시각에 따르면, 서정소설은 자아와 세계의 분리, 이를테면 양자 간의 대립, 갈등, 반목, 불화, 적대관계를 요구하는 양식 속에서 자아와 세계 간의 분열된 양상을 없애려고 노력하는 데서, 다시 말해 일원론적 동화(同化)의 양식을 추구하는 데서 그 개념의 정립이 이루어지겠지만, 북한의 경우는 '생활을 구체적이며 감성적인 형상을 통하여 반영하는 특성'으로서의 서정성이라고 하는 자기 특성에 근거함으로써 서정소설의 개념적 가능성을 확인해볼 수 있을 것이다. 북한 소설의 서정성 문제를 제기하기 위해서 우리는 먼저 다음 세 가지 조건에서 논의의 실마리를 찾아볼 수 있겠다.

첫째, 1960년대 중반의 북한 평단에서는 '서정시의 전투성' 개념이 논의된 바 있었다. 그것은 사회주의 국가의 건설 과정에서 현실을 어떻게 진실되게 반영하는가, 혁명의 시대에 기교 이전의 사상이 어떻게 정서의 세계와 부합해야 하는가 하는 문제에 대한 정확한 대답으로써 성격화된다. 이 시기의 몇몇 논자들은 이 개념을 두고

①서정시 본래의 특성[6]
②개념을 분식하는 감정도 아니며 감정 형태 그 자체만을 보존하기 위해서만

---

5 같은 책, 8쪽.
6 리광근, 「서정시의 전투성」, 문학신문, 1966. 1. 7.

존재하는 그러한 감각적 표상도 아닌 것.[7]

③사람들의 심장을 미래에로의 지향과 미래를 앞당기려는 정열.[8]

로 이해하고 인식하고자 했다. 이러한 생각들은 1990년대에 이르러 사회미학적인 이상을 실현하기 위해 사상과 정서의 뜨거운 결합을 지향한다는 이른바 주체적 서정시론에까지 연결되고 있다. 사실상, 항일혁명문학의 전통을 계승하여 개작한 1970년대 소설들에도 이상과 같은 성격의 전투적, 혁명적 서정성이 충분히 반영되어 있다.

둘째, 서정성이란 일원론적 동화의 상태, 세계에 대한 자아의 동일시의 관계를 정립하고자 하는 것이 일반론적인 원칙이다. 자아와 세계의 관계를 조화와 합일의 관계로 파악하는 것은 서정 양식과 서사 양식으로 대별된다면, 전자는 세계의 자아화이며, 후자는 자아의 세계화이다. 이때 자아화가 주관과 내성(內省)의 세계라면, 세계화는 객관과 사물의 세계이다. 북한 문학에서 말하는 서정성은 온전한 의미의 서정성이라기보다는 교술성에 매우 가까운 서정성이라고 보인다. 그만큼 주관성보다는 객관성을 중시한다는 얘기이다. 그리고 자유 진영에서의 서정소설의 개념에, 모방의 행위를 이미저리의 형태로 바꾸어 놓는다거나 자아의 영혼을 고양시킨다거나 하는 것이 강조되어 있다면, 하나의 가능적 조건으로 인정되는 한에 있어서 북한에서의 서정소설은 이보다는 순간적인 열정, 격정을 반영하는 경향에 치중한다. 따라서 북한 소설에 서정성이 드러나 있다면, 그것은 체제내적으로 순응주의를 강화하는 측면과, 체제외적으로 인도주의적 격분을 표출하는 측면이 동시에 함유되어 있다고 할 것이다.

---

[7] 정문향, 「시대적 내용과 서정시의 성격」, 문학신문, 1966. 2. 25.
[8] 엄호석, 「현실주제의 서정시에서 전투성을 높이자」, 문학신문 : 1967. 8. 29.

셋째, 1980년대 이래의 북한 소설이 민중적 삶의 세목(細目), 즉 북한 주민의 생활 실상과 그 기본 정서를 반영하는 '인민성'이 강조되고 있다는 사실도 믿고 간과될 수 없는 요인이다. 본디, 인민성은 비판적 사실주의의 중요한 지표가 되었던 것이 사실이다. 그러나 인민성이 노동계급성의 한계로부터 배태되었듯이, 한 동안 사회주의 혁명의 건설 시기에 상대적으로 홀시했던 그것은 인민대중의 생활감정에 대한 재인식이 불가피하게 되었다.

과문한 탓에 내가 잘은 모르지만, 인민성의 (재)발견은 주체사상과 무관치 않으리라고 보인다. 인간의 자주성과 인민의 자발성이 무엇보다 강조되는 이른바 '사람중심관념성'으로서의 주체사상의 시기에 북한 인민들의 문화적 욕구가 1980년대 이후의 소설에 적잖이 반영되면서 자연스레 소설의 서정성이 점증되어 갔다고 볼 수 있다.

2. 불후의 고전명작을 소설화하는 과정에서의 서정성

과학원 언어문학연구소 문학연구실이 집필하여 1959년에 과학원출판사에서 간행한 『조선문학통사』가 지향했던 문학사관은, 열렬한 애국주의, 풍부한 인민성, 높은 인도주의의 전통을 밝히고 사회주의적 사실주의 문학의 새로운 성과와 그 특성을 명확히 천명하는 것이었다. 소위 천리마운동에 알맞은 문학사관이라고 할 수 있다. 그러나 사회과학원 문화연구소가 집필하여 1971년에서부터 1981년에 걸쳐 과학원백과사전출판사가 펴낸 『조선문학사』 전 5권에 이르면 문학사에서 항일혁명문학의 전통을 어떻게 계승하는가 하는 문제가 핵심적인 과제로 부상하게 된다. 이 문학사에서는 김일성에 의해 결성된 청년 공산주의의 전투적 혁명조직인 '타도제국주의동맹'의 첫 출발을 알렸던 1926년 10월을 두고,

북한식 근대문학의 기점으로 규정하고 있다.

　주지하듯이, 북한은 1967년 무렵에서부터 당의 유일사상체계를 더욱 공고히 하기 위해 사회주의의 완전한 승리, 온 사회의 주체사상화를 목표로 한 유일주체사상의 시기에 돌입한다. 이에 따라 1970년대의 문학도 주체사상의 시기로 성격화된다. 1970년대 북한 문학의 방향성은 수령형상의 창조와 항일혁명문학의 계승으로 요약된다고 할 수 있을 것이다.

　북한은 항일혁명투쟁시기(1926. 10~1945. 8)를 설정하고 이 시기를 통해 민족의 정치적 정통성을 확보하려고 많은 애를 써왔다. 『조선문학통사』(1959)에 전혀 언급되지 않았던 이른바 '1926년 기점설'이 1970년대의 문학사 서술물에 등장하고, 비교적 소략하게 다루어졌던 '항일무장투쟁에서의 혁명문학'이 여기에 '항일혁명투쟁 과정에서의 창조된 혁명적 문학예술'로 영역이 방대하게 확대되고 의미를 한층 새롭게 심화시켰다. 항일혁명문학은 항일혁명투쟁시기에 창작된 바,「조선의 노래」와「반일전가」등과 같은 혁명가요와,「성황당」을 비롯한「피바다」와「한 자위단원의 운명」등과 같은 소위 혁명연극은 불후의 고전명작을 가리키는 용어가 되기도 한다.

　　항일혁명문학예술은 위대한 수령 김일성 동지의 지도 밑에 영생불멸의 주체사상을 구현하고 항일무장투쟁의 영웅적 현실을 반영하여 창조된 새로운 문학예술이다. 항일혁명문학예술은 우리나라 문학예술사상 처음으로 혁명투쟁에 목적의식적으로 복무한 가장혁명적인 문학예술이다. 항일혁명문학예술에는 민족적 독립과 계급적 해방을 위한 혁명투쟁이 제기하는 절박한 문제들이 심오한 예술적 형상으로 일반화되어 있으며 일제를 반대하고 조국을 광복하기 위한 참다운 길이 뚜렷이 밝혀져 있다. 항일혁명문학예술이 항일혁명투쟁의 전기간 인민대중을 혁명사상으로 교양하고 투쟁에로 불러일으키는 힘 있는 무기로 이바지 할 수 있은 것은 그의 주체사상적 내용이 혁명적이며 전투적인 내용으로 일관되어 있었기 때문이다. 항일혁명문학예술은 또한 우리 나라 문예사상 처음으로 참다운 공산주의자―혁명투사의 전형을 빛나게 창조한 문학예술이다.[9]

    항일무장투쟁 시기의 혁명연극은 김일성의 각본으로 창작되었다고 한다. 그 후, 혁명연극은 사회주의국가 건설 시기에 이르러 이른바 혁명가극으로 재창작된다. 혁명가극은 음악과 무용과 연극 등이 종합적으로 뒤섞였다는 점에서 우리의 악극이나 서양의 오페라와 비슷하지만 사상 계몽과 선전선동을 위해 예술성보다는 규모나 무대를 중시한다는 점에서 북한식의 독특한 집체형태의 예술 양식이라고 말할 수 있겠다. 혁명가극은 주민들이 쉽게 이해하고 즐길 수 있도록 단조로운 곡조를 계속 반복하는 절가(節歌)와 방창(傍唱) 형식을 많이 사용하고 있으며 강렬한 시각적 효과를 주기 위해 무대를 대형화하고 화려하고 웅장하게 꾸민다. 무언가가 지속적으로 반복되면, 비판적 이성이 마비될 수밖에 없다. 선전선동 효과를 극대화한 것인 혁명 가극이다.

    재창작된 혁명가극 중에서 5대 혁명가극으로 불리는 것은 「피바다」, 「꽃피는 처녀」, 「당의 참된 딸」, 「밀림아 이야기하라」, 「금강산 노래」이며, 그밖에 「한 자위단원의 운명」, 「은혜로운 햇빛아래」, 「두만강반에서의 한 해 여름」 등이 있다. 그리고 이 중에서도 1970년대에 이르러 「피바다」와 「한 자위단원의 운명」과 「꽃 파는 처녀」가 소설로 개작된다. 「피바다」는 1972년에 「한 자위단원의 운명」은 1973년에 「꽃 파는 처녀」는 1977년에 소설로 공간(公刊)되기도 했다. 이를테면, 항일혁명 투쟁 시기의 불후의 고전명작을 소설화한 것이다. 이 세 편의 소설이 갖고 있는 문학사적 의의는 다음과 같이 나열된다.

    첫째, 북한 당국은 항일 투쟁 시기의 영웅적 현실을 반영한 항일혁명문

---

9 박종원 : 류만, 『조선문학 개관 · Ⅱ』, 인동, 1988, 9쪽.

학을 계승함으로써 민족문학의 정통성을 제 나름대로 확보하려고 했다.

둘째, 이 소설에 등장하는 주인공들은 혁명적 현실에 서서히 눈을 떠가는 입체적 인물들이다. 한 개인의 삶이 중심이 되어 인민의 집단적 자각의 과정이 사실적으로 묘파되어 있는 이 소설들은 궁극적으로 계급적 각성과 투쟁의 정당성을 주제화한다. 여기엔 역사의 합법칙적인 과정에서 인민의 역할과 혁명적 영웅성이 중시되어야 한다는 소위 주체적 사관(史觀)이 함축되어 있는 듯하다.

셋째, 이 세 편의 소설은 김일성에 관한 개인숭배 사상을 직접 형식으로 간행한 『불멸의 역사』 총서 유의 소위 수령형상문학에 비할 때 남한의 독자층에 결정적인 거부감이 없이 그런대로 수용될 수도 있다. 이런 점에서 그것은 남한에서도 복간된 바 있었다.

항일혁명소설이라고도 일컬을 수 있는 「피바다」와 「한 자위단원의 운명」과 「꽃 파는 처녀」는 인도주의적 격분과 순간적인 고열의 감정을 드러내기 위해 전투적이고도 혁명적인 인민성으로 재무장화되어 있다. 이때의 인민성이란, 인민들의 생활감정에 맞게 그려진 것, 인민들 생활과 투쟁을 묘사 대상으로 삼아야 하는 것, 문학예술이 인민대중에게 철저히 복무해야 할 것[10] 등의 일반론적 개념 이상의 의미를 머금고 있다. 즉, 그것은 일제 강점기 하(下)에 놓여 있었던 인민이 고유한 역사 경험 속에서 민족의 정서적 공감대를 어떻게 형성하였는가, 투쟁의 현실 속에서 삶의 이상을 어떻게 쟁취해 나아갔는가 하는 집단적 삶 의식의 내력을 밝히려는 것의 소산이었다. 문학과 예술에 있어서의 북한식 서정성의 개념은 이처럼 인민성의 범주로부터 한 단초를 뚜렷이 마련하고 있었던 것이다.

먼저 「피바다」부터 살펴보자.

---

[10] 사회과학원문학연구소, 앞의 책, 114쪽, 참고.

무송현성 전투를 승리한 조선인민혁명군 주력부대가 1936년 8월 무송현 만강부락에서 초연했다고 전해지는 항일 연극 「혈해(血海)」는 김일성이 조선 혁명의 의욕을 고취하기 위해 창작했다고 한다. 혁명 가극 「피바다」는 30년대의 항일혁명문학이었던 「혈해」를 개명하여 좀 더 규모가 큰 종합예술로 개작한 것. 작품의 스케일이 더 커졌다고 할 수 있다. 이것은 1970년대 이후 혁명 가극의 전범으로 널리 세상에 알려지게 된다. 이것은 1971년에 초연한 이래 1990년까지 북한 전역 및 해외에서 1300여회에 걸쳐 공연을 가졌다고 한다. 이 공연을 관람한 사람은 연인원 약 250만 명에 이른다고 한다. 어떤 성격 및 의의가 있는지 잘 몰라도 북한에서 자랑스러워하는 문화예술적인 유산인 것은 분명하다.

> 설한풍 스산한 북간도 피바다야
> 참혹한 죽음이 묻노니 얼마냐?
> 혁명에 피 흘린 자 그 얼마나 되느냐
> 무참히 죽은 자 비참한 그 형상
> 애달픈 대중의 가슴이 터진다
> 기막힌 이 원한을 천만 번 죽어도
> 못 잊으리.
> 락심을 말아라, 천백만 근로자야
> 혁명가 하나의 죽음의 피 값으로
> 16억7천만이 무산정권 세운다.
>
> ─「피바다 가(歌)」[11]

이 노래는 혁명 가극 「피바다」의 절정 부분에 불리는 삽입가요이다. 주

---

[11] 한국 비평문학회, 『북한 가극·연극 40년』, 신원문화사, 1990, 68쪽.

인공 순녀가 딸 갑순과 함께, 을남이의 시체를 부둥켜안고 통곡하면서 부르는 노래이다. 전투적이고 혁명적인 서정성을 최고의 극점에 올려놓는 순간이기도 하다. 이것이 1988년 남한에 소개될 때는 「민중의 바다」라는 제목으로 바뀐다. 이 작품은 1930년대 초부터 후반기에 이르는 시대상을 반영하면서 점차 계급적으로 각성하여 투쟁의 과정 속에서 맹아하고 성장하는 주인공의 모습을 통해 항일무장 혁명 시기의 민족해방의 전반적 흐름을 제시하고, 착취 받고 억압당하는 인민대중에게 혁명과 투쟁의 길을 밝혀 주었던 작품으로 평가되고 있다. 일제강점기 하의 항일 투쟁은 의병, 독립군, 항일혁명 유격대로 계승되어 왔다. 이 작품은 3개의 투쟁사를 역사적 배경으로 삼고 있다.

윤섭은 지주와 일제에 항거하다가 일본군의 기습에 의해 많은 주민과 함께 학살된다. 그는 화형을 당한 순간까지도 기개를 잃지 않는다. 그의 큰아들인 원남은 지방혁명조직 사업에 참가하다가 항일혁명 유격대원으로 들어간다. 죽은 윤섭의 아내이자 원남의 어머니인 순녀는 원남을 유격대로 보낸 후 산란해지는 마음을 누르기 위해 갑순이가 가지고 다니던 교양 자료 몇 권을 읽는다. 그녀는 평범한 아낙에 불과했지만, 가난한 사람들과 부자 사이는 아득한 옛날부터 억누르고 억눌리는 사이라는 것과, 그래서 계속 계급투쟁이 끊이지 않았던 것이라는 글을 읽고 자본주의 사회의 많은 모순을 알게 된다. 순녀가 계급의식에 점차 눈을 떠가고 있을 사이에, 한편 그의 아들 원남은 유격대에 입단한 후 상동지구 전투에 참가한다. 상동일대 곳곳에서는 온 주민이 하나가 되어 폭동을 일으키고, 때마침 밀려오는 유격대와 합세하여 성안의 수비대와 소탕전이 벌어진다. 이 전투에서 주민과 유격대가 승리를 거둔다. 일본 수비대장과 일본의 앞잡이는 순녀와 주민들에 의해 총으로 처단된다. 순녀는 주민들 앞에서 가난하고 천대받는 민중의 살길은 오직 혁명하는 길뿐이라고 열정적으로 연설한다.

이 작품은 1930년대 항일무장 투쟁기에 대중적인 기반을 튼실하게 확보하였음을 보여준 것이다. 북한에서는 이 작품을 두고, 사상성과 예술성의 결합, 정치성과 인간의 통일, 극성(劇性) 문제, 혁명적 낭만성의 구현 문제 등에 심오한 대답을 준 모범적인 사회주의적 사실주의 작품이라고 칭송해 마지않았다.

> 어머니는 골목길을 걸어갔다. 소슬한 바람이 귀밑머리를 날렸다. 첫걸음부터 동네 여기저기서 울려오는 통곡소리가 어머니의 발길에 무섭게 매달렸다. 어머니는 또다시 피바다 속을 막막한 심정에 휩싸여 걸어갔다. 슬픔은 그것의 참뜻을 더욱 깊이 깨닫게 된 오늘에 와서 더욱더 가슴을 아프게 찔렀다. 이미 여러 해 전에 어머니는 이러한 피바다 속에서 저 한사람의 슬픔을 안고 눈물을 흘리며 몸부림쳐 울었었다. 그러나 오늘에 와서 볼 때 그것은 어머니 한사람의 슬픔이 아니었고 어떤 기구한 운명의 참혹한 곡절도 아니었다. 그것은 나라가 없는 한 온 겨레가 겪어야 할 숙명이었고 억압받고 착취 받는 가난한 인민들이 그러한 처지에서 벗어나지 않는 한 피할래야 피할 수 없는 비극이었다. 어떤 눈물도 사정도 건져낼 수 없는 피바다 속에 친근한 모든 삶의 운명이 잠겨있다는 것을 생각할 때 어머니의 슬픔은 갑절로 커졌다. 고통은 참을 수 없는 지경에까지 이르렀다. (……) 희생은 아팠고 슬픔은 컸지만 어머니는 이제 피바다 속에 주저앉을 수 없으며 아무리 고통이 커도 싸움으로써 이 참혹한 재난의 바다를 억세게 헤어가야 한다는 진리를 확고히 깨달았던 것이다.[12]

소설 「피바다」의 주제를 잘 구현하고 있는 부분을 인용해 보았다. 얼핏 보기에는 1970년대 '창작과비평사'가 간행한 민중문학과 별로 다를 것이 없어 보인다. 문체가 평명한 산문처럼 차분해 보이지만, 내용은 시

---

[12] 『민중의 바다 (下)』, 한마당, 1988, 301~302쪽.

적 열광에 가까워진다. 이러한 순간적인 고열의 감정은 오랜 혁명적인 의식의 성장 과정에서 치솟아 올랐던 것으로 보인다. 어머니 순녀의 가족사는 민족의 수난사인 동시에 의식화의 도정으로 상징되고 맥락화된다. 여기에서 북한 문학의 정치적 경향성을 잘 살펴보아야 한다. 소설 「피바다」는 초개인적인 성장소설이며, 이념적인 형성소설이다. 그러나 이 소설의 줄거리는 다음과 같은 인용문 몇 가지를 제시해도 하나의 얼거리를 갖추게 될 만큼 극히 단조롭다.

①어둡고 음침한 봄날이었다. 거기에 시절 또한 불안스러웠다. 지금에 와서 생각해보면 순녀가 세상에 대한 불안을 예감하기 시작한 것은 남편이 시루봉 처서판으로 이와실이를 다니기 시작한 작년부터였다. 그러나 그때만 해도 세상 물정에 너무나 어두웠던 순녀는 남편이 없는 한겨울 내내 썰렁한 마음속에 보내는 것이 그저 한뉘 사람 그립게 살아온 자기 천성 때문이겠거니 생각했을 뿐 그 까닭을 똑똑히는 몰랐다. (……) 비로소 언제부턴가 제 마음 한구석에 그슬리던 근심과 불안이 무엇 때문이다는 것을 어렴풋이 짐작하기 시작하였다. 너무나 어리무던하고 세상 모든 일을 순하게만 보아온 그로서도 불안이 가슴 한구석을 무겁게 눌렀다.[13]

②"얘 을남아."
어머니는 새삼스럽게 어린 아들의 이름을 불러놓고 한참 쭈빗거리다가 어즙게 말하였다.
"너만큼 책을 보자면 얼마나 걸리면 될까?"
"왜 그래요, 어머니?"
을남이는 어정쩡해서 되물었다.

---
[13] 같은 책 (上), 9쪽.

"나도 글을 좀 배우려고 그런다."

"정말이에요?"

을남이는 놀란 소리를 지르며 말똥말똥 어머니의 얼굴을 지켜본다.[14]

③원남이는 가슴이 벅차도록 차고 넘치는 크나큰 사랑을 느끼며 자기 일가와 특히 불쌍한 어머니를 한 가슴에 품어주는 혁명의 크나큰 품이 우리를 지키고 있다는 커다란 또 하나의 새로운 자각을 느꼈다.[15]

④어머니는 아무리 발돋음해도 더는 아들딸의 모습을 바라볼 수 없었다. 달삼이도 원남이도 갑순이도 영실이도 자꾸만 뒤를 돌아보며 손을 흔들어댔으나 어머니의 눈에도 그저 새 군복을 해입은 푸른 점들이 아물거릴 뿐 누가 누구인지 분간할 수 없었다. 참고 참아오던 눈물이 기쁨과 함께 동을 넘어와 자꾸만 눈앞을 흐려놓는 것이었다. 다만 어머니는 보라빛으로 아롱진 눈물방울을 거쳐 아득히 미래에도 뻗어있는 드넓은 길—혁명의 길을 뚜렷이 내다볼 뿐이었다.[16]

인용문 ①은 순녀의 의식화되기 이전의 불안한 마음 상태를 묘사한 것이다. 물론 소설의 시작에 해당하고 있다. 순녀가 글을 모른다는 이유로 속임을 당하자 글공부를 해야겠다고 스스로 다짐한다. 인용문 ②는 순녀가 세계와의 접촉에서 눈을 떠가는 인간상으로 변화하기 직전에 둘째 아들 을남과 나눈 대화이다. 집단적 삶의 의식화에 구체적으로 진입하게 되는 입사(入社)의 단계이다. 인용문 ③은 순녀의 첫째 아들이 항일 유격대에 들어서면서 새로운 의식의 성장과 혁명적인 각성을 보여주고 있다. 여기에서부터 자아가 현실적 조건이나 현존의 난관과 첨예하게 대

---

[14] 같은 책 (上), 268쪽.
[15] 같은 책 (上), 323쪽.
[16] 같은 책 (下), 346쪽.

립하는 것은 자명하다. 소설의 대미를 장식하고 있는 결말부인 인용문 ④는 몽매에서 자각으로, 불안에서 확신으로 변전되는 순녀의 의식화가 성취된 상황을 잘 묘사해 갈무리한 것이다. 여기에 이르러, 세계는 새로운 가치와 도덕률로 재무장화된다. 이때 그 세계는 자아의 감격과 열정의 범주 속에 온전히 편입된다. 임의적으로 선택해본 인용문들을 통해서도 소설의 서사구조는 하나의 얼개를 갖추고 있다.

어쨌든, 소설 「피바다」는 북한 소설사의 한 금자탑으로 평가된다. 남북한 통일 문학사가 서술될 수 있는 시기에 도달하면, 누구나 민족문학의, 한 성취된 작품으로 인정하기에 쉽사리 이의를 제기할 수 없으리라고 생각된다. 1989년, 문학평론가 박철희는 한 좌담회에 참석해 다음과 같은 의미 있는 발언을 남긴 바 있었다.

> 민족분단의 극복이 민족사의 과제이듯 분단문학의 현실을 민족문학의 전통에 견주어 생각하면서 그 극복의 길이 모색되어야 하겠습니다. 그것은 동질성을 확인하는 일입니다. 사실 그동안 이유야 어쨌건 남북한 문학은 이질성만을 강조해 왔습니다. 가령 박경리의 「토지」와 「피바다」를 비교하여 보면 이질성 못지않게 동질성이 없는 것이 아닙니다. 독립투쟁이라는 우세한 공통의 줄거리가 있지요. 식민지 백성의 운명적 고난과 그 극복의지가 서사적 뼈대와 서정성이 통합하고 있습니다. 여인의 수난사를 그린 점에서도 동질성이 있습니다.[17]

박철희의 말처럼 「피바다」가 향후 민족 동질성의 회복이란 민족문학의 과제에 합당하는 작품이 될 수 있다면 그것은 민족의 공통적인 정서에 기인하는 바 클 것이다. 여기에서 「피바다」의 서정성은 민족이 공유할 수 있는 한 정서적인 요인이 될 수도 있을 것이다.

---

[17] 박철희·임헌영·최동호 대담, 「논리의 독주화를 벗어나는 새 비평관의 모색」, 문학사상, 1989. 4, 74쪽.

임헌영은 「북한의 항일혁명문학」이란 글에서 「피바다」가 "풍부한 자연 묘사와 전통적인 서정성 짙은 묘사를 곁들여 그 문학성을 확보하려는 의도가 보인다."[18]라는 견해를 밝힌 바 있다. '피바다'라고 하면 섬뜩한 느낌을 갖게 되는 우리의 레드 콤플렉스를 어느 정도 극복하게 하는 좋은 견해가 아닌가 한다.

다음은 「꽃 파는 처녀」이다.

원래 「꽃 파는 처녀」는 1930년 김일성의 지도 아래 혁명의 땅 오가자에서 첫 공연의 막을 올린 혁명극이었다. 이 작품은 1972년 영화와 가극의 형태로 제작되어 공연되었으며, 1978년에 이르러 4·15 창작단에 의해 장편소설로 재창작되었다.

이 소설은 꽃분이와 그 가족의 이야기이다.

꽃분이는 곱고 마음씨가 착하며 일솜씨 또한 뛰어난 처녀이다. 꽃을 팔며 어머니와 동생 순희를 보살피나 악덕 지주 배씨의 횡포로 가족 모두를 잃는 수난을 겪으면서 사회 현실에 눈을 떠간다. 꽃분이와 그 일가의 참혹한 생활정경에 대한 예술적 형상화를 통해 일제하 조선인민의 전형적인 삶을 형상화한 이 작품은, 비극적인 상황을 벗어나는 방법은 오직 혁명의 길뿐이라고 가르치고 있다. 이 작품이 갖는 미덕은 말하자면 당대 사회현실을 생동감 있게 재현한 인민의 생활감정, 인정세태, 민족수난사의 사실적인 핍진(逼眞), 민족적 정서 등에 있다고 할 것이다. 북한에서는 이 작품을 가리켜 사회주의적 사실주의의 전범이요 항일혁명문학의 성전(聖典)으로 평가하고 있다.

1990년대 말인 최근에, 이 작품에 대한 남한 법원의 법적 판단이 내려졌다. 한 젊은 부부가 독일 유학 시절에 구입한 비디오테이프 「꽃 파는 처녀」로 인해 이적 표현물을 소지했다는 이유로 실형을 선고받았다. 이

---

18 권영민 편, 앞의 책, 154쪽.

에 대해 상고심 재판부는 이 작품이 주된 줄거리를 볼 때 일제 치하에서 어렵게 살던 한 가족의 슬픈 역사와 가족애를 그린 영화이며, 영화의 내용이 공개될 경우 헌법의 기본 질서에 반한다거나 국민감정에 어긋나는 부분이 일부 있더라도 전체적인 내용으로 보아 국가의 기본 질서를 위협하는 적극적인 표현물이 아니라며 문제의 비디오테이프가 국가보안법상의 이적 표현물로 볼 수 없다고 밝혔다.

아니 그럴 수 없어! 우리 어머니는 꼭 살아나신다! 인제 종살이 그만두고 약도 잡수시면 우리 어머니는 그녀처럼 든든해지실 거야.
이렇게 마음속으로 부르짖은 꽃분이는 다리에 힘을 주어 내디디며 지나가는 사람들에게 소리쳤다.
"꽃 사세요."
왼편에 대고 오른편에 대고 그리고 마주 오는 사람을 향하여 꽃분이는 서슴없이 큰 소리로 외치었다.
"꽃 사세요. 꽃들 사세요."
그러나 장마당을 한 바퀴 다 돌았지만 아무도 벼랑에서 딩굴며 꺾어온 꽃분이의 바구니에 꽃혀 있는 소담하고 청초하고 아름다운 새빨간 들장미와 흰 나리꽃과 보랏빛 도라지꽃을 거들떠보지 않았다.[19]

소설「꽃 파는 처녀」는 북한의 대표적인 서정소설이라고 단언할 수 있는 작품이다. 한마디로 말해 시작부터 끝까지 서정적 정감과 민족적 정조로 점철되어 있는 작품이라고 할 수 있다. 어쩌면 남한의 독자들로 하여금 눈시울을 적시게 하고, 가슴 뭉클하게 하는 유일한 북한 소설이 아닌가 한다. 흔히 북한 소설을 가리켜 이데올로기적인 효과를 성취하기

---

[19]『꽃 파는 처녀 (上)』, 열사람, 1989, 226쪽.

위해 선명하고 긴장된 정치적 경향성을 띤다든가, 공감 획득의 결정적 한계를 보인다든가 하는 평가를 내리곤 한다. 적어도 「꽃 파는 처녀」의 경우에도 이러한 평가가 적용받는다면, 그것은 얼마나 피상적인 판단에 머물고 있는가 하는 바를 여실히 보여주는 것에 지나지 않을 것이다. 누가 뭐래도, 분단된 이데올로기의 문제를 떠나서 보자면, 이 소설이야말로 민족적 동질성을 확인케 해주는 작품이다.

소설 「꽃 파는 처녀」가 작품성의 가치를 띠면서 문학적으로 성공을 거둔 요인을 들라면, 나는 서정적 필치, 사건의 순조로운 흐름을 보여주고 있는 탄탄한 구성력, 외적 풍광이나 내적 심리 상태를 묘사하는 데 있어서의 섬세한 고려와 배려, 마치 고대소설과도 같은 읽을거리에서 기인한 대중적 공감대의 폭넓은 확보, 판소리계 적층문학을 연상시키는 민족적 형식 등등을 손꼽고 싶다. 그것은 「피바다」와 「한 자위단원의 운명」보다도 훨씬 가치를 발하는 작품이 아닌가 한다. 또한, 그것은 혁명적 낭만주의 내지 사회주의적 사실주의의 기념비가 아닌가 한다. 북한에서는 민중의 힘에 의한 승리가 기약된 낙관적 세계관으로 인해 이 소설을 또 하나의 고전적 반열 위에 올려놓았다. 남한에서도 이 소설을 긍정적으로, 적극적으로 평가하려는 경향이 없지 않다.

꽃분이와 그 일가의 피눈물 나는 생활정경에 대한 예술적 형상화를 통하여 일제 식민지 통치 밑에서의 조선인민의 비참한 생활처지를 진실하게 보여주었다. 나아가 이러한 비극적 처지에서 벗어나는 길은 오직 혁명의 길뿐이라고 밝혀주고 있다. 꽃분이와 그 일가의 형상은, 나라 없고 돈 없는 탓으로 조선인민이 당하는 민족적 수난과 고통을 집중적으로 체현한다. 또한 꽃분 일가의 생활과의 연관 속에서 당대의 사회현실과 인민의 생활세태를 행동하게 재현함으로써 사실주의적 진실성을 강화하였으며 작품 전반에 민족적 정서가 흘러넘치게 하였다.[20]

주지하듯이, 본디 「꽃 파는 처녀」는 연극이었다. 북한의 문학사는 이 작품을 다음과 같이 평가한 바 있었다. 즉, 항일혁명 투쟁의 첫 시기에 극문학 창조와 발전의 중요한 자리를 차지한 「꽃 파는 처녀」는 오빠의 도움으로 각성하여 자기 운명을 개척해 나가는 꽃분이의 형상을 통해 나라 잃고 가난한 인민들이 불행과 고통에서 벗어나는 진정한 길이 투쟁의 길뿐이라는 것을 뚜렷이 보여주게 되고, 또 그럼으로써 그것은 계급사회의 반동적 본질과 혁명 투쟁의 진리를 밝힌 것으로 하여 사회주의적 사실주의 문학예술의 고전적 본보기가 되었다는 것.[21] 또한, 그것은 계급투쟁의 필연성을 밝히는 심오한 예술적 형상을 창조함으로써 인민 계급을 계급적으로 각성시키고 그들로 하여금 인간해방과 계급해방과 민족해방을 위한 혁명적 투쟁을 고취시켰다는 것이다.[22] 다만, 소설 「꽃 파는 처녀」에 대한 남측의 평가는 기본적으로 북한과 비슷한 논조이나 민족적 정서에 초점을 두고 있다.

좀 믿기 어렵지만 원작(原作) 「꽃 파는 처녀」는 김일성이 1930년에 지었다고 알려져 있다. 대중계몽연극 「꽃 파는 처녀」는 1972년 김정일에 의해 혁명가극으로 재창작되었다고 한다. 특히 김정일은 이 작품에 나오는 80여 곡의 노래를 만들기 위해 모두 2700여곡의 노래를 들었다고 한다.[23] 1989년 남북 적십자사 간에 제2차 고향방문단과 예술단 교환의 문제를 논의하던 과정에서 북한 측은 혁명가극 「꽃 파는 처녀」를 공연할 의사를 내비추었고, 남한 측은 이를 거부함으로써 실무회담이 결렬된 바가 있었다. 이 문제는 현행 실정법에서, 즉 체제 논리에서 논의했어야 할 문제가 아니라, '핏줄 쓰이는'(혈연의 친밀감을 느끼게 하는 : 관용어로 사용되는 표현이다) 민족적 정리(情理)에서 호소해야 할 일, 접점을 찾아야 할 일

---
20 임헌영·김재용 편, 『한국문학명작사전』, 한길사, 1991년, 564쪽.
21 박중원·류만, 앞의 책, 34~36쪽, 참고.
22 사회과학원 문학연구소, 『조선문학사, 1926~1945』, 열사랑, 1988, 104쪽, 참고.
23 한국비평문학회, 앞의 책, 75쪽, 참고.

이었다고 충분히 생각된다. 이 무렵에 임진택의 용기 있는 발언은 지금의 우리에게 뭔가 여운을 남기고 있다. 김일성이 황석영의 「장길산」을 읽었다고도 하는데, 앞으로 언제인가는 북한판 「토지」가 간행되고, 남한에서 「꽃 파는 처녀」가 공연되어야 할 때가 오리라고 본다.

> 북한의 혁명가극을 남쪽 사람들이 보는 것을 두려워하거나 꺼려할 필요가 없어질 때, 또 남한의 대표적인 예술작품들이 북한사람들에게 충분히 공감을 주고 더 높은 차원에서 설득해낼 때 비로소 남북 예술단 교환은 민족의 화해와 일치를 향한 대장정에서 한걸음의 전진을 담보할 수 있을 것이다.[24]

김일성 원작과 김정일 개작에 이어 소설로 거듭 태어난 「꽃 파는 처녀」는 1978년, 4·15합작단에 의해 재개작되었다. (「한 자위단원의 운명」은 문예선전대에 의해 집필되었다.) 소설 「꽃 파는 처녀」가 적어도 내용을 정서적으로 더욱 돋우고 풍성하게 하는 데 기여한 것은 사실인 듯하다. 이 작품은 적어도 이념의 문제를 넘어서 민족의 동질성을 회복하는 데 기여할 수 있는 작품이기도 하다.

3. 남녀 간의 애정 문제가 반영된 1980년대의 소설

김재용은 현실 주제의 1980년대 북한 소설이 지닌 새로운 특징을 두고 ①숨은 영웅의 형상화, ②절실하고 의의 있는 사회적 문제의 제기, ③예술적 기량의 성숙 등으로 열거하면서 의견을 소상하게 개진한 바 있었다. 세상의 주목을 받지 않는 후미진 곳에서 자기의 소임을 다하고 있

---

[24] 임진택, 「보고 싶은 꽃 파는 처녀」, 『민중연희의 창조』, 창작과비평사, 1990, 371쪽.

는 '숨은 영웅'을 형상화하고 있다는 ①의 경우는 백남룡의 「벗」(1988) 등이, 1980년대 북한 사회에 표면화된 다양한 갈등, 예컨대 도농(都農)의 격차로 인해 빚어진 갈등, 세대 간의 갈등, 여성의 문제, 남녀 간 애정 윤리의 문제 등등을 다루었다는 ②의 경우는 조의철의 「정든 고향」(1984), 백남룡의 「60년 후」(1985), 김교섭의 「생활의 언덕」(1984), 남대현의 「청춘송가」(1986) 등이, 심리묘사의 기량과 시점의 대담한 활용을 보여 주고 있는 ③의 경우는 각각 이희남의 「여덟 시간」(1986)과 김삼복의 「향토」(1988) 등이 제시되어 있다. 또한, 그는 북한의 1980년대 소설이 인물 설정에 있어서의 도식성과, 심각성의 정도를 보여주다가 항상 피상적인 해결로 끝나는 사회 문제에서 비롯된 한계와 문제점을 안고 있다고 적절히 지적하기도 했다.[25]

양옥순은 이른바 '김일성주의 시기'(1981~1995)의 소설을 두고 ①우리식 사회주의 생활상 부각, ②민족 및 통일 문제 부각, ③수령의 형상화로 성격화하고 있다. 이 중에서 각별히 주목을 요하는 것은 ①이라고 말할 수 있겠는데, 그는 이것을 사회주의 현실 주제의 소설이라고 규정했다. 사회주의 현실 주제란, 다름이 아니라 사회의 개인화가 어느 정도 이루어졌음을 의미한다. 양옥순은 그 유형을 다음의 세 가지로 나누고 있다.

첫째는 도시와 농촌, 육체노동자와 사무직 노동의 차이 문제로 이전의 작품에서는 보기 힘들었던 주제이다. 이러한 주제가 나타남은 현실을 일방적으로 미화하는 경향에서 벗어나기 시작했다는 점을 보여주는 것이다.

둘째는 세대 간의 갈등 문제인데, 전후 세대와 나이든 세대 사이의 갈등이 작품에서 중요한 대목을 차지한다.

셋째는 남녀 간의 문제인데 남녀 간의 차별 문제와 이혼과 같은 매우 민감한

---

25 김재용, 앞의 책, 260~275쪽, 참고.

문제를 비롯하여 다양하게 취급되고 있다.[26]

　북한 소설이 변화하고 있다는 것은 틀림없는 사실이다. 적어도 문학의 현상에 관한 한, 1980년대 중반 이래, 마르크스레닌주의니 항일혁명투쟁이니 하는 정치적인 이념의 주도권을 한때 장악했던 제도와 형성물(形成物)은 거의 사라져버렸다. 우리는 여기에서 개인적인 것이 강력한 주도적 문화 양식인 사회적인 것으로부터 분리되는 현상을 목도할 수 있거나, 감촉할 수가 있다. 이러한 현상에 관해서 한때 영국의 중도 좌파를 대표했던 문학비평가이자 문화이론가인 레이몬드 윌리엄스의 '정서의 구조' 이론을 생각해볼 수 있다.

　강력하게 주장되고 또 역설되는 이데올로기적 성격, 이를테면 역사의 과정에서 힘을 발하는 현존과 실체의 우위는, 객관적인 것과 구분되는 주관적인 것, 신념과 구분되는 체험, 사고와 구분되는 정서, 사회적인 것과 구분되는 개인적인 것 등이 지닌 부인할 수 없는 힘을 도출한다는 것이다. 뒤집어놓고 보자면, 마르크스주의자들의 근본적인 오류는 사회적인 것을 경직된 형태로 환원시키는 데 있으며 일반적인 통념에 의해 배제된 행위를 통해 형성된 추상적인 개념들, 예컨대 인간의 상상력, 인간의 영혼, 심지어 부르주아 문화가 신화화해 놓은 무의식 등에 이르기까지 환원적인 논리로써 거부되는 데서, 나아가 사회적인 분석 그 자체도 거부하게 되기에 이르는 데서 힘을 얻는 데 있다.

　신념 체계나 제도가 사회적인 체험으로 규정짓지 못한 것을 가리켜 정서적인 경향과 요소라고 할 수 있다면, 이것은 사회적인 성격으로 인식되지 못하고 사적인 것, 개인 특유의 것, 또는 심지어 고립적인 것으로 간주될 수밖에 없다. 사회적인 체험에 뚜렷한 압력과 유력한 제약을 가

---

[26] 양옥순, 「북한 문예정책의 변천에 관한 연구」, 한국교원대 대학원, 1996, 44~45쪽.

함으로써 일으키는 변화를 두고 우리는 레이몬드 윌리엄스의 표현을 빌리어 정서의 구조들의 변화라고 말할 수 있다. 예술에는 다른 정형적 체계들, 예컨대 신념, 세계관, 이데올로기라고 말해지는 것에 의해 수용될 수 없는 어떤 요소들이 틀림없이 현존한다는 사실이야말로, 심미적인 것, 예술적인 것, 그리고 창조적 문학 등의 특수화한 범주가 생겨나는 진정한 근거가 되기도 한다. 레이몬드 윌리엄스의 견해에 의하면 정서의 구조는 촉진되어 보다 뚜렷하고 직접적으로 나타나는 다른 사회적인 의미를 형성물과 구분하는 것이다. 그러면서도 그것은 사회적 경험이 용해된 것, 비교적 고립된 방식에 의해 특정한 표현법으로 되는 것, 결국에 그것은 후대로 가면 갈수록 하나의 중요한 세대를 구성하는 것이 되기도 한다.[27]

1980년대 중반 이후 북한 문학이 다소간 변화를 모색한 감이 없지 않았다. 남녀 간의 애정을 문제로 삼고 있는 북한 소설이 지니고 있는 당대의 정서적 구조는 사회적인 의미의 형성물, 즉 말하자면 주체사상과 구분되는 (용해물과 같은) 하나의 새로운 형성물이며, 또한 이것은 또 다른 중요한 세대를 구성하기도 한다. 1990년대에까지 이어져 온 이 문학사적인 세대는 북한의 신세대 작가층에 의해 주도되어 오고 있는 것은 엄연한 사실인 듯하다.

이희남의 「여덟 시간」은 철우와 수련, 순기와 탐실─이 두 쌍의 젊은이가 작업장에서 함께 일하면서 느끼는 이성 간의 사랑의 감정을 다룬 소설이다. 북한도 사람이 사는 곳이라면 사람의 기본적인 감정인 연애감정이 없을 리가 없다. 북한 소설에서 남녀 간의 애정 표현이 제한되어 있는 것은 맞는다. 이것이 구체적으로 나타나기까지 40년이란 긴 세월이 필요로 했음을 볼 때, 우리는 지금(1999)인 20세기의 말에 이르러서

---

[27] 레이몬드 윌리엄스, 이일환 역, 『이념과 문학』, 문학과지성사, 1982, 168쪽, 참고.

북한 사회의 변화를 읽어내지 않을 수가 없다.「여덟 시간」은 이야기의 시작에서 끝까지 사랑의 감정 표현이 무수히 반복되고 있다. 이 소설은 "사랑을 갈구하던 청춘의 심장은 설레기 시작했다."[28]에서부터 시작하여 "귀중한 사랑이 있다는 격정적인 감정이 세찬 물기둥처럼 솟구쳐 올랐다."[29]로 끝맺음하고 있다고 해도 과언이 아니다. 이 소설의 본문에 묘사되어 있는 사랑의 감정 표현을 시간적인 추이에 따라 인용해보면 다음과 같다.

> 쌀쌀한 바람이 회오리치던 그 냉랭한 밤길, 머리 우에 드리웠던 그 앙상한 가로수가리들, 집집의 창문들에서 내비치던 희미한 불빛을 받으며 나란히 걷던 자기와 수련이……서로의 숨소리마저도 똑똑히 가려들을 수 있었던 그 가슴 두근거리던 순간에 철우는 그만 불같은 말로 귀중히 간직했던 자기의 사랑을 고백했었다.[30]

> "우린 어쩌다가 이렇게 되었는지……사랑이란 참 무엇이기에"
> "그건 아마 정열의 분출이겠지."
> "전 모르겠어요. 뭐가 뭔지……그저 가슴만 울렁거릴 뿐이에요."
> "몰라도 좋소. 우리는 다만 뜨거움과 기쁨을 마음껏 누리기만 하면 되오. 그런 것이 바로 사랑이요."[31]

사랑은 이렇게 바야흐로 무르익어가고 있었다. 이제 마지막 한걸음만 내디디면 이들은 서로 자기들의 심장을 맡기며 영원히 하나로 될 것이다. 그러나 처녀는 그 마지막 한걸음을 내디디지 못하고 있었다.

---

[28] 이희남,『여덟 시간』, 문예출판사, 1986, 9쪽.
[29] 같은 책, 146쪽.
[30] 같은 책, 5쪽.
[31] 같은 책, 26쪽.

(……)

사랑은 역시 그 어떤 이성적인 요구에 의해서가 아니라 감정과 넋의 미묘하고도 세찬 반응으로 하여(금) 심장이 저절로 움직이게 될 때만이 이루어질 수 있는 그 무엇임에 틀림 없었다.[32]

철우는 그만 크게 감동되어 처녀에게로 성급히 다가섰다.
"수련이!"
꽉 잠긴 목구멍 안에서는 저도 모르게 이런 소리가 튀어나왔다.
수련이는 갑자기 입술을 꼭 깨물었다. 잔뜩 긴장되어 있던 가슴속에 무엇인가 툭 하는 충격이 전해져 왔다. 뒤이어 그의 생각과 감정은 급진적으로 반응을 일으키며 세차게 부풀어 오르고 끓어 번졌다. 마치도 느릿느릿 언덕을 톺아 오르던 밀차가 드디어 내리막길에 들어선 것처럼 처녀의 가슴은 재게 뛰놀고 숨소리도 급해지고 맥박도 빨라졌다.[33]

이러한 유의 표현들은 소설 본문의 도처에 나타나 있다. 이상의 인용문들은 마치 산문시를 읽는 느낌을 준다. 이 정도의 표현이라면 북한의 소설인지 남한의 소설인지 분간이 잘 되지 않는다. 그동안 경험하지 못한 북한식의 문학적 남녀관계가 아닌가 한다. 주지하듯이, 사랑이란 극히 사사롭고 개인적인 삶의 영역에 속한다. 이 소설에는 당에 대한 충성심, 인민에의 충실한 복무 따위의 국책지향적인 발언이 절제되어 있거나, 아니면 내면화되어 있을 뿐이다.

그러니까 「여덟 시간」은 사랑의 감정 표현이 다소 이데올로기로 재무장화되어 있다는 느낌을 주는 「청춘송가」에 비하면 개인적인 감정의 변화 추이에 따라 개인과 개인 간의 욕망의 차이에서 오는 심리적 갈등을

---
32 같은 책, 90쪽.
33 같은 책, 144~145쪽.

여실히 보여주면서 사랑의 감정의 섬세한 반응을 다채롭게 환기시켜주고 있다. 이 작품에는 자아의 세계화(객관화)보다 세계의 자아화(주관화)에 확실히 치중해 있는 느낌이 반영되어 있는 것이다. 그러면서도 사랑의 감정이 노동의 효율성 문제와 상당히 긴밀히 유착되어 있는 것도 사실이다.

철우와 순기는 어릴 적부터 우정을 맺어온 사이이다. 작업장에선 동지적 관계를 유지하고 있는 사이이다. 이들의 작업 중에 광산의 수직갱이 막혀버리는 사태가 발생한다. 암갈색 화강암으로 된 큼직한 바위돌이 수직갱의 안벽을 허물어버렸던 것이다. 철우와 수련, 순기와 탐실—이 두 쌍의 젊은이는 급작스런 사태의 변화에 절체절명 위기의 순간을 맞닥뜨린다. 이들은 무거운 절망과 심각한 정황 속에서 서로 간의 우정과 애정을 확인한다. 그리고 마침내 이들은 현실적인 난관을 극복하게 된다.

> 조작실로 다시 들어선 지배인은 팔목시계(손목시계—인용자)를 들여다보았다. 오후 다섯 시였다. 정황이 발생된 때로부터 만 여덟 시간이 지나갔다.
> (여덟 시간!)
> 지배인은 속으로 조용히 되뇌었다. 이 여덟 시간 동안에 얼마나 많은 순간들이 흘렀는가. 긴장과 불안, 희생과 위훈……그리고 한 생을 걸쳐도 다 체험할 수 없는 그렇듯 비상한 사건들이 흘러갔다. 아니, 우리의 전 인생이 집약된 무한히 심각한 순간들이 흘러갔다. 그것은 정녕 참과 거짓이 어떻게 두 갈래로 갈라졌는가를 명백히 보여준 여덟 시간이었다.[34]

폭약을 터뜨리며 육탄의 길에 나선 그들의 희생정신. 작가는 결사전이니 열렬한 전투적 감정이니 하는 표현을 사용하고 있다. 이 소설 본문 중에서 '사랑이란 절대로 강요할 수 없는 것'[35]이란 매우 의미심장한 발

---

[34] 같은 책, 165~166쪽.
[35] 같은 책, 94쪽.

언이 드러나고 있다. 이들의 사랑은 어려운 현실의 난관을 통해 자발적으로 형성되는 과정에서 그 완성을 이룩해간다. 이들 사랑의 완성은 우주적인 화음으로 비유되는 것. 이 소설의 끝맺음 부분은 서정적인 동화(同化)의 상태로 지향하는 것으로 갈무리되어 있다.

다음은 「청춘송가」에 관해서다.

이것의 작가인 남대현은 남한에서 태어나 어릴 때 일본으로 건너가 동경 조선중학교를 마치고 17세에 북송했다. 그는 1973년에 단편 「지학선생」을 발표하였고 북한 문학예술총동맹 산하 문예출판사 기자로 재직하던 중에 1980년 조선 노동당 제6차 대회 기념 전국문학예술작품 현상모집에 광주항쟁을 다룬 소설 「광주의 새벽」을 응모해 단편소설 부문 2등으로 당선했다. 1989년 3월 남북작가회담 예비회담 대표로 참가한 바 있다.

남대현의 「청춘송가」는 북한에서 광범위한 독자층의 비상한 관심과 반향을 불러일으켰고 남한에서도 남한에 소개된 북한 문학 작품 중에서 가장 널리 읽히고 사랑받았던 작품이다. 20대 중반의 청년 지식인 남녀들 간의 애정과 갈등의 서사 구조를 중심으로 '인민경제의 주체화'라는 현실 주제 문제를 다룬 작품이라고 할 수 있다. 이 작품을 두고 북한의 문학평론가 박용학은 「청춘시절은 어떻게 보내야 하는가 : 장편소설 '청춘송가'를 평함」을 발표한 바 있다. 이 비평문의 골자를 정리해보면 대체로 다음과 같다.

① 장편소설 「청춘송가」는 사람이 청춘시절을 어떻게 보내야 하며 사랑을 어떻게 하여야 하는가 하는 문제를 사회적 문제로 제기하고 그에 미학적 해답을 주고 있다.[36]

---

[36] 박용학, 「청춘시절은 어떻게 보내야 하는가 : 장편소설 '청춘송가'를 평함」, 『청춘송가 하(下)』: 도서출판 공동체, 1988, 212쪽.

② 장편소설 「청춘송가」에 나오는 진호를 비롯한 작중인물들이 우리 시대의 참된 전형, 80년대 성격으로서 깊은 감동을 주는 것은 우선 그들이 혁명적 수령관에 기초한 주체의 인생관을 가진 인물들로 전형화 되었다는 사정과 관련된다.[37]

③ 장편소설 「청춘송가」에는 부분적인 부족점도 가지고 있다. 소설은 무엇보다 먼저 장편소설 형식에 상응하게 생활을 충만시키는 데서 부족점을 나타내고 있으며 다른 하나는 제출소에서의 현장 생활을 그리면서 생산기술적인 문제에 지나치게 집착된 듯한 감을 주는 것이며 다른 하나는 소설의 중요인물의 하나인 명식의 성격 형상화에 타당성이 적게 느껴지는 것 등이다. (어쨌든) 장편소설 「청춘송가」는 우리 소설문학이 거둔 또 하나의 귀중한 성과 작이다.[38]

남대현의 「청춘송가」는 북한 소설사의 한 획기성을 지닌 중요한 작품인 듯하며 우리 측의 입장에서도 북한 소설을 새롭게 이해하고 다시금 인식할 수 있는 전기가 마련된 작품이라고도 할 수 있다. 진호와 현옥이라는 한 쌍의 인텔리 미혼 남녀가 벌이는 사랑의 굴곡은 소설이 갖는 기본적인 흥미를 불러일으키는 부가적 요인이다. 박용학은 ①에서 개인적인 문제를 사회적인 차원으로 제기함으로써 소설의 미학적인 해답을 시사해주고 있다고 평가하고 있다. 그러나 주인공 진호가 당의 노선을 거의 맹목적으로 추수하는 인간의 전형으로 그려져 있거니와, 한 여성과의 사랑에 있어서나 기술안(技術案)을 계발하려고 줄기찬 의욕을 보이는 데 있어서나 하는 것은 극히 사적인 부분에서의 자아실현의 필요와 욕구이기도 하다. 이 소설이 지향하는 의미의 요체가 어디에 있는 간에 여타의 북한 소설이 명시하는 계몽적 성격으로부터 극적으로 일탈하고 있

---

[37] 같은 책, 219쪽.
[38] 같은 책, 226~227쪽.

다는 점에서, 혹은 이러한 가능성의 여지를 명백히 남겨 주고 있다는 점에서, 당의 노선에의 추종 못지않게 젊음이란 현실이 부여하는 개인적 감정에 충실하고 있는 측면을 현저히 엿보이게 한다. 사실상, 이 소설에서 소위 '개인의 사회화'란 지향점이 경우에 따라서는 상충의 관계를 드러낼 수 있는 '사회의 개인화'란 문맥과 등가(等價)의 차원에 놓이게 되는 것은 필연의 귀결점이 아닐 수 없다.

박용학은 이 소설이 '혁명적 수령관에 기초한 주체의 인생관'을 지향하고 있음을 긍정적으로 평가하고 있다. 무엇이 혁명적 수령관에 기초한 주체의 인생관인지 하는 구체적인 설명에 대한 언급이 간과되어 있어서 주체사상에 관한 이론적인 습득이 거의 전무한 필자로서는 쉽게 이해할 수 없다. 그러나 나는 이 소설의 표면적 주제가 인민경제의 주체화라는 유물론적 기초에 근거해 있다면 그 이면적 주제는 개개인 사이의 인간적인 감정의 문제, 더욱이 남녀 간의 연애 감정의 문제라는 유심론적 가능성에 초점을 두고 있다고 믿어진다.

그런데 박용학은 장르론적인 문제, 즉 장편소설의 형식에 상응하지 못한 생활감정의 문제점을 지적하고 있다. 장편소설이란 서사 양식의 특성을 가장 잘 드러내는 것이 아닌가? 그렇다면 이 소설이 서사적인 장르의 성격을 반영하는 데 미흡하다는 말이 된다. 장르비평적인 입장에서 볼 때, 개인의 사회화는 자아의 세계화로서 관조적인 태도로서의 교훈 양식을 추구한다. 이에 반해, 사회의 개인화란 세계의 자아화로서 서정적인, 혹은 멜로드라마틱한 세계관을 지향한다. 아닌 게 아니라, 「청춘송가」는 여타의 북한 소설에서 찾아보기 어려운 정도로, 서정적이며 또한 멜로드라마틱하다.

문제작인 「청춘송가」는 이념적인 면에서 볼 때 혁명적 영웅의 형상화와 대조되는 이미지를 지닌 주체적 인간 전형을 창조하고 있다는 점에서, 또한 현실적인 면에서 볼 때 '과학기술문제'의 중요성을 부각하고 있다는 점에서 각별히 주목될 수 있는 작품이다. 특히 주목할 수 있는 것은, 남한 측 연구자 박태상이 지적했듯이, 1994년에 무려 재판 4만 부가 발행된 「청춘송가」에 포옹 장면 묘사 등에서 보듯이 이례적인 애정 표현이 구현되어 있다는 사실이다.

> 90년대 들어오면서 북한의 단편소설과 장편소설에 애정 모티프가 많이 등장하고 있는 점은 주목된다. (……) 북한 소설문학에서 작가가 보여주려고 하는 애정관은 개인주의적인 행복관에 바탕하는 것이 아니라 집단의 이해와 국가를 위한 책무를 동등적으로 수행하는 과정 속에서 나타나고 있다. 물론 최근에 이혼문제나 동등한 연령이 아닌 나이 차가 많은 연인끼리의 로맨스 그리고 원래의 애인이 아닌 다른 사람에 대해 연모의 감정을 품는 대담한 로맨스가 등장하는 등의 변화가 보이는 것은 주목해야 할 사항이다. 특히 여성을 묘사할 때 자본주의 사회와 마찬가지로 육감적이고 관능적으로 표현하고 있는 점과 포옹장면이 대담하게 등장하고 있는 점도 특이하다. 그만큼 북한의 신세대는 변화를 원하고 있다고 할 수 있다.[39]

대학에서 열공학을 전공한 진호는 제철소 강철 직장 기사로서 제철소의 공정에 쓰이는 중유 대신 다른 대체연료를 개발하는 연구를 4년째 계속해오고 있는 진취적이고, 패기 넘치고, 열렬한 과학도이다. 그에겐 '듣고 싶은 음악도, 살뜰한 보금자리도 없다. 모든 유혹들을 물리치고 생활 전부를 새 연료 연구에 바치는 것'[40]만이 있을 따름이다. 다만 그에게는 전문 잡지 편집 일을 맡고 있는 현옥이란 연인이 있다. 현옥은 오늘날 북한 사회에서 외모나 지적 수준에 있어서 최고의 여성으로 묘사된다.

---

[39] 박태상, 『북한 문학의 현상』, 깊은샘, 1999, 265~266쪽.
[40] 남대현, 『청춘송가(上)』, 도서출판 공동체, 1988, 37쪽.

두 사람은 사위가 눈으로 뒤덮인 강변을 거닐면서 서로 뜨거운 애정을 느낀다. 하지만 현옥의 오빠인 금속공업부 실장 명식은 두 사람의 관계를 집요하게 뒤틀어 놓으려 한다.

진호는 현옥마저 의심을 하게 되자 크게 상심한 채 혼자 제철소 현장으로 내려간다. 지금 단계로선 쓰기 어렵다는 대용 연료를 개발하는 것, 즉 '주체야금법'을 실현하는 것이 그의 급선무이기 때문이다. 그러나 현장에서도 난관에 부닥치게 된다. 무엇보다도 당에서는 당분간 대체 연료 개발이 불가능한 것으로 인정하고 중유를 원활히 공급하고 있었고, 그 정책을 좇아 책임기사인 기철의 '중유절약안'을 현실적인 연료대책안으로 결정을 내렸다. 중유절약안이란, 가스의 연소 효율을 높임으로써 중유 취입량을 절반 이상으로 감소하는 것. 진호는 이것을 소극적인 연료대책이라고 단정하고 독자적으로 연구를 계속한다.

진호는 마침내 실험 도중에 뜻하지 않은 폭발 사고로 화상을 크게 입는다. 설비도 치명적으로 파손된다. 제철소는 발칵 뒤집히고 진호는 좌절감을 겪는다. 진호와 현옥의 관계도 더욱 악화된다.

정아는 중유절약안의 창안자 기철을 사모해오고 있었다. 그러나 개인의 애정보다는 당의 요구와 주체 경제의 실현을 앞당기는 일이 더 시급하다는 판단에 따라 그녀는 진호의 조수가 되길 자청한다. 진호와 정아는 우여곡절 끝에 새 연료를 개발한다. 이 공이 기철에게로 돌아갈 상황에서 정아는 모든 공로는 진호에게 돌아가야 한다고 주장한다. 그리고 기철을 비판한다. 사랑하는 사람을 공식 석상에서 비판해야 하는 그녀의 마음은 찢어질 듯했다.

진호는 현옥과 함께 평양행 여객선에 오른다. 멀리서 정아가 배웅의 손짓을 하고, 그는 성공의 기쁨과 삶의 행복감이 충만함을 느낀다.

이상으로 「청춘송가」의 줄거리를 요약해 보았다. 요컨대, 「청춘송가」는 다음의 세 가지 관점에서 각별한 의미를 부여할 수 있다고 여겨진다.

첫째, 이 작품은 개인의 사회화보다 사회의 개인화를 우선하고 있음이 나타나고 있다. 당의 노선과 진호(개인)의 자아실현 욕망이 첨예하게 갈등을 빚고 있는 점이 중시된다. 진호는 비현실적인 새 연료안 연구를 하지 못하게 하는 주변의 만류에도 불구하고 용해공들의 협조를 얻어 새로운 연료첨가방식을 실험하게 된다. 이 실험은 상부의 허가도, 노장(爐長)의 승낙도 없이 비밀리에 진행한 것이었다. 그러나 처음에는 실패하였다. 초급 당비서인 상범이 '유독 자기만이, 그것도 육감으로 알아차린데 불과'한 기술안에 대해 사태의 엄중성을 경고하면서 '새 연료안 연구는 그만 두어야 하며 동무는 모든 피해에 책임을 전적으로 져야 하오.'[41] 라고 한 것은 북한과 같이 엄혹한 조직 사회에서 비밀리 실험을 시도한다는 것은 개인의 사회적 욕망 실현, 즉 사회의 개인화가 가능해질 수 있음을 시사한 것이라고 하겠다. 이 대목에서 우리의 입장에서 볼 때 사회심리학적인 콘텍스트와 관련된 텍스트 읽기가 요구된다.

둘째, 한 개인의 각오와 열정과 집념이 사회의 개인화를 지향하는 것이라면 그것은 세계의 자아화, 즉 서정성 회귀의 가능성을 암시하고 있는 듯하다. 「청춘송가」는 제목부터 시적인 특성 내지 서정성을 잘 암시하고 있다. 본문 중에는 드문드문 신파조의 사랑타령이 표현되곤 한다. 우리의 입장에선 이것이 통속적인 표현에 불과하겠지만 북한에서는 격조 있는 시적 표현일 수 있다. 소설의 결미에 진호는 '유달리 강렬한 생에 대한 기쁨'[42]을 느낀다. 결과적으로 볼 때, 이 소설은 희열과, 행복과 생활과 청춘의 아름다움을 찬양하기에 이른다. 다만, 이 대목에서 북한 평론가 박용학이, 「청춘송가」가 장편소설(서사문학)의 형식에 상응하지 못한 생활감정에 대해, 다시 말해 그 신파조의 사랑타령을 두고, 왜 흔쾌하지 못한 반응을 보였는지를 살펴봐야 할 것이다.

---

[41] 같은 책(下), 12쪽.
[42] 같은 책(下), 207쪽.

셋째, 이 소설은 주체적 인간학에 근거한 공리적 애정관을 반영한 문학의 전범으로 기억될 수 있다. 이 소설은 개인적으로 자유로운 연애감정을, 집단의 운명에 관련해선 공동선과 실사구시의 추구함을 동시에 지향하는 데로 방향을 삼고 있다. 이 소설이 20세기의 초반의 이광수의 소설을 연상시키는 것도 바로 이 때문이다. 남녀 간의 사랑이 본디 감미로운 것인데, 북한의 문학 이론은 영도적 차원에서 선을 그어놓은 것 같다. 선을 넘지 않은 한 남녀 간의 사랑도 인민을 계몽시키는 데 장애가 없는 것으로 본 것 같다.

"아무리 그렇다 해도 사람들은 뒤에서 절 손가락질할 게 아닙니까. 저놈은 일을 망치고 쫓겨난 놈이다. 기술안을 완성하러 간다는 건 새빨간 거짓말이다. 하고 말입니다."
"그게 어쨌단 말이냐? 그렇지 않다는 걸 증명하면 되는 거지."
"어떻게 말입니까?"
"행동으로!"
(행동으로?)
진호는 지도 모르게 아버지를 쳐다보았다.
"왜 자신이 없나? 네가 방금 말하지 않았나 자기가 어떤 사람이라는 걸 증명해 보이겠다구. 그런데 그걸 말로가 아니라 행동으로 증명해야 하는 거야. 세상에 행동으로 점증하는 것보다 더 명백한 진리가 어디 있니?"
순간 진호는 비상한 충격에 몸을 떨었다.[43]

북한 소설은 건국부터 지금까지 줄곧 당의 노선을 중시해왔다. 다만 우리가 주목할 수 있는 것은 「청춘송가」가 사랑이란 젊음의 현실을 결코

---
[43] 같은 책(上), 92쪽.

경시하지 않았다는 사실이다. 박태상은 이 소설을 김정일의 인텔리 정책과 관련을 짓기도 했다. 그는 이 소설을 분석하기 위해 '인텔리 형상 창조'라는 술어를 차용하고 있는데,[44] 이 말이 문학적으로 적용되는 용어로서의 한 가능성을 얻을 수 있다면 이것과 '수령 형상 창조'라는 용어 사이에 어떠한 관련성이 있는지를 살펴볼 필요가 있다. 주체적 인간학의 공리적, 이상주의적 애정관이 그 나름의 철학적인 심오성을 담보하게 되는 것은 어쩌면 인텔리 형상 창조에 기인하는지도 모른다.

마지막으로, 백남룡의 「벗」을 살펴보자.

북한의 중견 작가 백남룡은 바깥세상에까지 잘 알려진 인물이다. 그의 대표작으로는 「60년 후」, 「생명」, 「벗」 등이 있다. 「벗」은 북한 사회 내의 부부간의 이혼 문제라는 민감한 부분을 다루고 있다. 도 예술단의 성악배우이자 중음가수인 채순희가 강안 기계공장 선반공인 남편 이석춘과의 이혼을 준비하고 있는 데서 이야기는 시작한다. 담당 판사 정진우는 이들이 갈라서려고 하는 까닭을 두고 지레짐작을 해 본다. "무슨 사연일까? 부부간의 어떤 생리적, 육체적 부족 점 때문인가? (……) 남편이 다른 여자를 좋아해서가 아닐까? 그는 치정문제가 아니기를 바랐다. 성격상 차이나 시부모와의 관계문제일지도 모른다." 이혼 사유가 이와 같은 것이라면 남한과 북한의 차이는 없다. 채순희가 정진우에게 말하는 이혼의 근거는 다음에 인용된 글에서 찾을 수 있다.

"순희 동무……좀 더 차근차근 말해보오."
"전……그 사람하고는 생활리듬이 통 맞지 않아요."
"리듬이라니?"
(…중략…)

---

[44] 박태상, 앞의 책, 234~235쪽, 참고.

"생활을 떠난 예술이 없지 않습니까. 가정생활에도 그런 불협화음이 있으면 고통만 주어요. 남편은 저를 아주 경멸합니다. 인간적으로 말예요……나중엔 옷차림까지 비난하지요. 우리 극장 동무들이 집에 찾아오면 문을 닫고 옷방에 올라가던가, 아예 나가버립니다. 판사 동지, 그런 사람과 어떻게……"[45]

소설의 줄거리는 채순희와 이석춘이 감미롭게 연애하던 시절로 역전된다. 예술가 아내와 노동자 남편이라는 커플은 남한에선 아무래도 이루어지기 쉽지 않은 커플인 듯하다. 채순희는 이석춘의 순박하고 너그럽다는 점에 호감을 느껴 자신의 운명을 허락했던 터였다. 그러나 결혼생활은 현실이다. 남편보다 우월한 정신의 세계 속에 속해 있는 채순희나, '분수에 닿지 않는 처녀한테 연정을 품'[46]었던 이석춘이나, 원만하고 행복한 살림의 조화를 이루기가 쉽지는 않았을 것이다. 한 쪽이 상대방에게 고지식하고 보수적이며, 다른 한 쪽이 상대방에게 이기적이고 허영심이 많다, 라고 생각한다. 이 정도면 서로가 서로를 탓하게 되는 지경에 이른다. 판사 정진우는 파경의 직전에 놓인 두 사람간을 화해시키기 위해 인간적이고도 헌신적인 노력을 다한다. 때로는 은근히 위협하고 때로는 마음을 달래려고 설득한다.

"진정하오. 순희 동무…… 난 동무네 가정불화를 객관적으로 조사하는 과정에 바로 동무한테 가정을 화목하게 이끌고 나갈 지성적인 준비와 인격미가 있다고 생각했소. 그런데 섭섭하게도 그런 기대와 믿음이 허물어진단 말이오. 동무의 리상은 어딘가 자신만을 위한 데 머무르고 있고 현실에 튼튼히 발을 붙이지 못했소."

"……"

---
[45] 백남룡, 『벗』, 살림터, 1998, 19쪽.
[46] 같은 책, 186쪽.

"남편에 대한 정신적 요구를 그렇게 해서는 안 되는 거요. 그것은 가정 안에서 신중한 도덕적 문제가 아니겠소. 남편이 시대적 미감에서 뒤떨어진 우직하고 막힌 사람이라고 해도 어쨌든 세대주이고 호감이 아버지요. 때문에 부부간의 의리를 처음 맺어주던 때의 깨끗하고 순박한 사람을 저버려서는 안 되오. 그걸 귀중히 여기고 그 우에 시대의 정신생활이 낳은 새로운 감정들로 사랑의 탑을 쌓아가야지…… 그런데 순희 동무는 남편을 부정하면서 처녀 시절에 고향산촌의 강변에서 만났던 석춘 동무마저 버렸소."

순희는 흐느꼈다.

정진우는 앞상 곁에서 멈춰 섰다. 가슴 아파하는 여인을 보면서도 내심 속에서는 인간적 도덕적 의무감이 더욱 꿈틀거렸다.[47]

판사 정진우는 법적 판단에 근거하지 않고 인간적인 설득을 통해 소위 '채순희 이혼문건'을 해결해간다. 그는 듣는 사람의 감정을 자극하지 않고 위의 인용문과 같이 조리 있게 채순희의 마음을 사로잡는다. 순희도 감화되어 눈물을 흘린다. 마침내 채순희와 이석춘은 화해한다. 정진우는 이를 정신적인 재혼이라고 여긴다.

정진우는 1980년대 북한 사회가 지향한바, 음지에서 일하는 숨은 일꾼이다. 작가 백남룡은 이 소설을 통해 시대의 변화에 알맞은 바람직한 인간상이 무엇인가, 인민의 진정한 벗이 누구인가 하는 물음을 던지고 있다.

북한 사회에서 중시한 바람직한 인간상을 국책이나 당의 노선에서 볼 때 70년대 이전까지가 혁명적 영웅의 시대였다면 1980년대 이후부터는 숨은 영웅의 시대이다. 이른바 숨은 영웅이란, 주체적 인간이며, 앞서 인용한 「벗」의 본문에 의거하자면 '시대의 정신생활이 낳은 새로운 감정'

---

[47] 같은 책, 186쪽.

에 상응하는 인물인 것이다. 「여덟 시간」에 등장한 육체 근로자들도 「청춘송가」에 등장한 인텔리 청년들도 모두 숨은 영웅이다.

백남룡의 「벗」은 남한의 독자들도 관심을 보였다. 이 소설은 남한에서 1992년 초판된 이래 지금(1999)까지 5판을 발행했다. 매우 제한적인 북한 소설 독자층을 감안한다면 이례적인 관심을 보였다고 할 수 있다.

1980년대 북한 소설에 가장 영향을 끼친 대중운동은 두말할 나위도 없이 '숨은 영웅들의 모범을 따라 배우는 운동'이다. 이것은 일종의, 주체형 인간을 키우는 사상개조 운동이다. 특히 이 운동은 김정일이 대대적으로 주도했다. 그는 이 운동을 통해 인민과 사회의 내부적인 결속을 강화하고 또한 권력 승계 기반을 공고히 다져 나아가고자 했던 것이다. 그는 이 운동을 전개해가는 과정에서 대중에게 많은 것을 요구했다. 이 가운데서 두 가지 내용을 임의로 뽑아 보았다.

> 숨은 영웅들의 모범을 따라 배우는 운동은 숨은 영웅들의 고상한 정신세계와 숭고한 도덕적 풍모로 사회의 모든 성원들을 감화시켜 그들의 당과 수령, 조국과 인민을 위하여 자기의 모든 것을 다 바쳐 투쟁하는 주체형의 인간, 참다운 공산주의적 혁명가로 만들기 위한 대중적 운동이다.[48]

> 숨은 영웅들의 모범을 따라 배우는 운동은 모든 과학자, 기술자들과 근로자들로 하여금 숨은 영웅들처럼 주체적 입장에서 나라의 과학기술발전을 대하게 하며 새 기술을 창조하고 생산을 늘리는 데서 나서는 문제들을 자체의 기술 자체의 설비, 자체의 원료, 자재에 의거하여 해결해 나갈 수 있게 된다.[49]

앞의 인용문은 인민에 대한 끝없는 헌신성과, 인간적 도덕적인 의무

---

[48] 사회과학출판사 편, 『영도예술』, 지평, 1989, 64쪽.
[49] 같은 책, 67쪽.

감에 충실한 주체적 인간형을 강조한 것이고, 뒤의 인용문은 기술 혁명을 통해 이룩될 이른바 인민 경제의 주체화에로의 지향성을 강조한 것이다. 백남룡의 「벗」은 앞의 인용문과 관련되고, 남대현의 「청춘송가」는 뒤의 인용문과 관련된다.

  1980년대 작가들에게 영향을 준 미학과 창작의 원리 중의 하나는 '인민적 품성'이었다. 이것은 인민대중을 대하는 작가의 고상한 정신적, 도덕적 품성이다. 이것은 ①어머니다운 품성, ②겸손성과 소박성, ③풍부한 인간성과 문화성 등을 내용으로 하고 있다.[50] 이 가운데서 문화성의 개념이 무엇인지를 살펴보자.

    문화성은 풍부하고 다방면적인 지식과 높은 문화적 소양을 가지고 사업하고 생활하는 품성이다. 일꾼들은 높은 문화성을 가져야 사람과의 사업을 잘하고 사회주의, 공산주의 건설을 옳게 이끌어나갈 수 있다. 일꾼들이 높은 문화성을 가지는 것은 사람과의 사업을 잘 하기 위한 중요한 담보이다.[51]

이 문화성의 개념이 1980년대 북한의 소설에 부분적으로 스며들었다고 보는 것은 익히 짐작할 수 있는 바이다. 한 예를 들자면 「청춘송가」에서, '훌륭하고 고상한 품성에서 발로되는 (인텔리로서의) 지식과 열정'[52] 같은 것이 바로 그것이다.

  1980년대 북한의 소설은 요컨대 숨은 영웅, 인민적 품성, 80년대 속도 창조, '우리식 사회주의' 생활의 실상, 영생불멸의 주체사상에 기초한 주체의 영도예술 등등의 개념과 무관할 수 없었다. 빈번히 등장한 남녀 간의 애정 표현은 다음 시대의 개방의 결과에 따라 삼각관계, 불륜, 성

---

50 같은 책, 200~201쪽, 참고.
51 같은 책, 211쪽.
52 남대현, 앞의 책(下), 40쪽.

묘사 전략 등으로 발전될 수도 있을 것이라고 보인다.

4. 맺음말 : 집단의 삶 의식과 개인의 생활감정

북한 소설은 대체로 보아 1970년대에 집단의 정조(情調)를 중시했다면, 1980년대에 이르러 항일혁명 등과 같은 역사적인 거대담론이 사라지면서 개인적인 생활감정에 비교적 충실하고 있는 경향을 보여주고 있다.

북한 소설의 서정성 문제는 무엇보다도 우선 당성과 국책지향성의 범주로부터 벗어날 수 없다는 사실에 근거하고 있다. 이 서정성 개념이 전투적이고 혁명적인 성격을 띠게 되는 것은 필지의 사실이다.

북한의 건국서사시와도 같은 항일혁명문학의 전통을 계승하여 1970년대에 개작된 「피바다」(1972)와 「꽃 파는 처녀」(1978)는 인도주의적 격분과 순간적인 고열의 감정을 드러내기 위해 전투적이고 혁명적인 인민성으로 재무장되어 있다. 이 인민성은 집단적 삶 의식의 내력을 밝히려는 것의 소산이었다. 즉, 이때 북한 소설의 서정성 개념은 인민성의 범주로부터 한 단초를 마련했던 것이다.

이 세 편의 소설 중에서 특히 「꽃 파는 처녀」는 작품성의 가치를 가지면서 문학적인 성취도를 어느 정도 획득하고 있다. 그 원인은 서정적 필치, 사건의 순조로운 흐름을 타고 있는 탄탄한 구성력, 외적 풍광이나 내적 심리 상태를 묘파하는 데 있어서의 섬세한 고려와 배려, 판소리계 적층문학을 연상시키는 민족적 형식 등등에 있는 것이 아닌가 한다.

1980년대 북한 소설 가운데 남녀 간의 애정 문제를 다루고 있는 작품, 즉 「여덟 시간」(1986)과 「청춘송가」(1987)와 「벗」(1988)은 우리로 하여금 각별히 주목하게 한다. 이 소설에는 민중적 삶의 세목과 북한 주민의 실상에 관한 기본 정서와 현실적인 주제를 반영하는 인민성이 강조되어 있다.

인간의 자주성과 인민의 자발성이 무엇보다도 우선적으로 강조된 주체사상의 시기에, 북한 사회의 변화와 문화적 욕구가 1980년대 이래 적잖이 반영되면서 북한 소설의 서정성은 자연스럽게 점증되어 갔다.

이 세 편의 작품은 집단적 삶 의식의 내력을 밝히려는 것이 아니라 집단의식에 복무하는 개인의 욕망과 자아실현, 개개인의 갈등을 반영하고자 한 것이다. 그 담론의 성격은 이데올로기라는 큰 바탕 위에 세필(細筆)이 가해지는 데서 확인된다. 즉, 그것은 사사롭고도 미시적이다. 인물간의 갈등 구조도 억압과 피억압, 지배와 피지배로 양분화된 단순한 관계를 드러내는 것이 아니라, 구체적인 생활의 현장과 다양한 삶의 역장(力場) 속에서의 복잡한 얽힘의 관계를 드러내려고 한 것이다.

요컨대 「여덟 시간」은 개인적인 감정의 변화 추이에 따라 개인과 개인 간의 욕망의 차이에서 오는 심리적 갈등을 보여주면서 사랑의 감정에 대한 섬세한 반응을 다채롭게 환기시켜주고 있다. 「청춘송가」는 특히 개인의 집념이 '사회의 개인화'를 지향하면서 세계의 자아화, 즉 서정성 회귀의 가능성을 시사하고 있다고 하겠다. 「벗」은 음지에서 일하는 숨은 일꾼인 정진우 판사의 인간적이고 헌신적인 노력을 통해 가정 파괴에 직면한 한 가족 구성체의 위기를 극복하는 이야기로 구성되어 있다. 작가는 이 소설에서 인민의 진정한 벗이 누구인지를 말하려고 한다.

1980년대 북한 소설은 숨은 영웅과 인민적 품성 등을 묘사하면서 작품 속에 주체의 인간학을 구현하려고 했다. 그것은 혁명적 영웅과 당성의 원리원칙을 많은 부문에 걸쳐 강조하던 종래의 소설과의 차별성을 보이는 것이라고 할 수 있다.

뭇 생명의 터전을 앙망하는 몸짓
―네 편의 글 모음

1. 실마리 : 가상의 대화

송희복 : 선생님. 살아생전에도 뵌 적이 있었습니다마는 수인사나 대화는 전혀 없었습니다. 물론 따님 부부와는 개별적으로 수인사를 나눈 적이 있었습니다. 오늘 가족들과 떨어져 살고 계신 하늘나라로부터 선생님을 초대하여 저와 가상대화를 나누게 된 것을 영광스럽게 생각합니다.

박경리 : 네. 저도 생과 사의 경계를 넘어서 월간문학의 독자들과 자리를 함께하는 것을 무척 바람직스럽게 생각합니다.

송희복 : 선생님 하면 독자들은 불멸의 명작인 대하소설「토지」를 가장 먼저 떠올리게 되는 것이 아닐까요. 대하소설「토지」이전에 나온 선생님의 중요한 작품인「김약국의 딸들」도 저주의 운명을 받은 가문의 이야기인데, 주박(呪縛)의 세계관을 벗어난 자리에 저 '토지'의 근대적인 세계가 시작되고 있지 않느냐 하는 생각이 듭니다.

박경리 : 네. 그렇습니다. 본래 땅이라고 하는 개념은 내 것도, 네 것도 아니었지요. 근원적으로 토지를 소유하고 사유한다는 관념은 근대적인 토지 소유의 개념에 대한 자각 및 의의를 머금고 있는 것으로 파악됩니다. 생명력의 자연적 토대로서의 토지에 대한 생각이 상실하면서부터 역사는 지배와 종속의 관계가 성립되기 시작한 것이라고 할 수 있겠지요.

송희복 : 토지는 사람을 포함한 모든 존재의 터전이었습니다. 이즈음 사람들의 땅에 대한 개념은 택지(宅地)로 한정되어가는 감이 있었는데, 자기 존재를 가능하게 하며, 태어나서 목숨을 거두고, 세대를 이어가는 터전으로서의 땅은 아무래도 전답(田畓)이 아니었나, 생각이 됩니다. 사람들이 먹고 사는 일이 먼저였으니까, 드리는 말씀입니다.

박경리 : 땅을 전답의 소유 개념으로 가치를 둔 시점이 비로소 근대라고 규정한다면, 땅을 택지의 사유 개념으로 최대치로 값을 매기는 것은 탈(脫)근대적인 욕망의 반증이라고 하겠지요. 나는 근대의 관점에서 대하소설「토지」를 4반세기에 걸쳐 집필해왔고, 또 어렵사리 완결했습니다만, 지금의 독자들은 포스트모던한 시대의 토지관을 가진 사람들이 내 소설을 읽고 있는 셈이 됩니다.

송희복 : 선생님의 소설을 보면 '토지는 사람의 목숨 줄이다(土地人之命脈也).'라고 하는 전통적인 토지관도 엿보이거든요. 토지관도 시대의 상위점이 있을까요?

박경리 : 저는 딱히 그렇게 생각하지는 않습니다. 토지관이 다른 시대에도 시대의 다름을 넘어서 삶의 보편성, 가치의 보편성이란 게 있다고 봅니다.

송희복 : 저는 개인적으로 「토지」에서 남녀 간의 사랑의 이야기에 비평적으로 주목하고 싶습니다. 윤씨 부인과 김개주, 별당아씨와 김환, 서희와 길상, 이상현과 기화, 공월선과 이용, 귀녀와 강포수 등등의 커플이 등장합니다. 모두 서로 다른 빛깔의 사랑을 다양하게 수(繡)를 놓고 있지요.

박경리 : 동서고금의 고전적인 명작 소설에는 인간의 연애감정들이 제각각의 색을 띠면서 들어앉아 있지요. 남녀 간의 사랑은 늙지도 낡지도 않습니다. 언제나 새로 숨쉬고, 늘 생명을 솟구치게 합니다.

송희복 : 선생님의 「토지」에는 모든 것을 받아들이는 모성적인 수용성이 최대의 미덕으로 자리를 하고 있는 것이 아닌가 여기면서 무한 생명이 고양하는 웅숭깊은 문학사상에 깊은 경의를 표합니다. 마지막으로 한 말씀만 더 부탁드립니다.

박경리 : 네. 제 토지관이 물질적 토대의 근대 관념에만 반드시 국한되는 것이 아니라, 땅에 영혼이 깃든다는 전근대 관념, 에코페미니즘의 쓰임이 유효한 근대 이후의 관념도 포괄할 수 있게 되었으면, 하고 바라 마지않습니다. 역사 속으로 사라진 저를, 제 그림자 영혼을 이 지상으로 다시 불러 주셔서, 감사합니다.

2. 저주의 운명과 싸우는 여인

박경리의 「토지」에 반영된 작품의 주제적 향방성은 여기에 등장하는 수많은 인물 중에서 주인공인 서희에게로 집중된다. 서희는 지금의 관점에서 볼 때 경상도의 여자임에도 불구하고 표준어를 구사하는 인물이다. 방언의 지역주의는 작가는 하나의 수단이거나 애최 자잘한 문제로 보았던 것임에 틀림없다. 작가 자신이 이 소설을 지역문학이기보다 민족문학, 민족문학이기보다는 세계문학을 염두에 두고 오랜 시간에 걸쳐 써온 것이 분명해 보인다.

박경리의 대하소설 「토지」에는 소설 이전의 뚜렷한 정보가 하나 있다. 요절한 지아비의 명복을 빌기 위해 연곡사에 기도하러 갔다가 동학당의 지도자인 김개주에게 겁탈을 당하고, 또 원하지 않은 불륜의 씨앗을 잉태한다. 어엿한 반가(班家)의 여인이 불법의 패거리에 소속된 우두머리에게 능욕을 당했다는, 즉 조선조 신분제 사회에서 상층의 부인이 하층의 남정네에게 육체적으로 유린되었다는, 그래서 매우 강렬한 충격을 수반하는 얘깃거리가 바로 그것이다.

그런데 이 강렬함 때문에 정작 주요한 사전 정보 하나를 독자들은 일쑤 놓치고 있다. 그것은 다름 아니라 한 헐벗은 거지 여인이 최참판네의 몰인정한 소행을 두고 저주와 악담을 고래고래 퍼붓고 죽어간다는 이야기. 이 이야기는 소설에서 사람들의 입에서 입으로 전해지는 삽화의 형태로 제시된다. 옛 그리스의 비극 같으면, 비극의 원인인 소위 '하마르티아'에 해당된다.

하마르티아……불교식의 표현이라면 업인(業因)이라는 말을 사용해도 좋을지 모르겠다. 비극의 원인이 된 이 짧은 삽화는 매우 소략하지만 극중극(劇中劇)에서나 볼 수 있는 바, 집약된 극적 효과를 드러내는 데 잘 이용되고 있다.

……자식 일곱 거느린 과부는 가물가물 정신을 잃어가는 자식들을 보다 못해 죽물이나마 목을 축여주려고 바가지를 안고 기다시피 최씨네 문전에 가서 애절하게 구걸했다는 것이다. 전답문서와 바꾸어지는 금싸라기 같은 곡식이 나올

리 없었고 과부는

"오냐! 믹일 기 없어서 자식새끼 거나리고 나는 저승길을 갈기다마는 최가놈 집구석에 재물이 쌓이고 쌓여도 묶어줄 사램이 없을긴께, 두고 보아라!"

저주를 남기고 굶주려 죽은 과부와 그 자식들 원귀 때문에 최참판댁에 자손이 내리 귀하다는 이런 구전(口傳)으로 하여 한 시절 전까지만 하더라도 청빈한 선비들은 이 마을에 들어서면 강쪽으로 얼굴을 돌리며 최참판댁 기와집을 외면했고 최씨네의 신도비(神道碑)에 침을 뱉았다는 것이다. (1-210 : 솔 판, 이하 같음.)

그 죽어간 거지 여인이 지목한 '최가놈'은 윤씨 부인의 남편인지도, 아니면 시아버지인지도 모른다. 여인의 흉측한 예언처럼 최참판네는 서서히 몰락해 간다. 윤씨의 남편은 요절하고, 윤씨는 강간을 당하고, 불륜의 씨가 자라서 어미를 찾아 왔으나, 차마 내치지 못하고 하인으로 거두어둔 것이 빌미가 되어, 또 다른 불륜의 업을 상속해, 결국 최참판네는 어린 소녀인 서희 혼자만이 남게 된다. 그리고 조준구로 인해 집안은 풍비박산이 된다.

서희의 원한은 깊었다. 원한이 깊어질수록 그녀는 뱀처럼 지혜로운 여인으로 성장해 갔다. 하지만 그녀는 원한을 삭히면서 우뚝 일어섰다. 정해졌는지도 모를 비극의 운명에 완강히 버티면서, 원한을 안고 죽어가는 한 여인의 저주의 운명에 대해 날카로운 대립의 각을 세우면서 집안을 일으키고, 또 그럼으로써 비교적 성공적인 삶을 살아간다. 그 저력에는 생명에의 강인한 애착과 집념이 자리를 잡고 있었을 것이다.

서희는 악인인 조준구에게 토지를 빼앗기고 고향을 떠나 진주를 거쳐 간도에 이른다. 양반집 여인이 결혼도 하기 전에 낯선 곳에서 장사를 시작했다? 아직도 유교가 잔존하는 사회에서는 있을 수 없는 일이지만, 그녀가 생각하고 있는 시대적인 관점 속에는 이미 근대적 전환의 시기가 도래하고 있었음이 감지되고 있었던 걸까? 공월선이 간도에서 쓸쓸히 죽었을 때, 빈소에 '길서상회 서희가 문상을 온 것은 의외의 일이었다. 그는 남과 다름없이 절차대로 예를 치렀다. 옛날 하인이나 다름없는 작인 용이에게 맞절하는 것도 서슴지 않았다.'(6-292)라는 사실은 반상 차별이 해체되어가는 근대적 풍속을 반영한 것이라기보다 이 시대적인 변화를 받아들이는 서희의 유연하고도 열린 마음을, 작자가 묘사한 것이라고 봐야 할 것 같다.

그녀의 몸종이었던 봉순이는 가무에 능한 진주의 명기인 '기화'가 되어 간도로 간다. 한때 주인이었던 서희를 찾아서. 또 한때 마음속의 연인이었던 길상을 찾아서 말이다. 기화가 객관적으로 바라본 서희의 삶, 기화가 객관적인 위치에서 바라본 서희의 유랑 생활 5년간은 어땠을까?

> 서희가 간도로 떠난 후 오 년 간은 망실의 폐쇄의 세월이었음에 틀림없다. 하동에서 진주로, 진주에서 다시 서울로 격변한 생활의 오 년 간은 해 저문 날 낯선 길손이 휘적휘적 걸어가던 세월임이 분명하다. 과거에 걸어놓은 고리가 오늘 이 손때 묻은 베틀 위에서 처음으로 연결되고, 과거를 운행하는 피는 비로소 이 자리에서 이어져 흐르고 망실된 오 년간, 안개처럼 침침하며 까마득하며 떠나버린 밤배처럼 자취가 없다. 이상한 일이다. 한데 이 격렬함은 어디서 오는 것이며 이 안쓰러움은 어디서 오는 것이며 밑바닥에서부터 거슬러오르는 삭막한 바람소리는 어디서 오는 것이며 아아 또 이 한은 어디서 연유되어 맺힌 것이며 어디로 가는 것인지를 기화는 알지 못한다. (5-393)

서희의, 오 년 간에 걸친 간도 생활은 잃어버린 세월이었다. 해 저문 날 낯선 길손이 휘적휘적 걸어가던 세월이었다. 격렬하고, 안쓰럽고, 또 삭막한 바람소리 같은 것이 어디에서 오는 것인지, 기화는 잘 알지 못하였다. 서희 자신 만이 알고 있는 생의 비밀과 같은 것이 아닐 것인가? 그녀에게는 한(恨)을 받아들이되 이 한에 매몰되거나 사로잡히지 않고 한껏 버텨 팽팽한 긴장을 유지하면서 그것을 서서히 풀어가는 삶의 지혜 같은 것이 필요했으리라. 서희가 생의 비밀 같은 것을 알고 있었기에, 삶의 지혜 같은 것이 필요했었기에, 자기 집의 종이었던 길상을 남편으로 받아들일 수가 있었던 것이다.

두루 알다시피, 서희는 소설 「토지」의 가장 중심적인 자리에 놓인 인물이다. 오만한 언행에도 난초 같은 향이 그윽하고, 모든 일에 있어서 추상같은 결기가 가득차고, 인생의 결정적인 순간에 내리는 실존의 서늘한 결단……. 물론 어디까지나 나의 개인적인 취향이겠거니와, 동서고금의 문학 작품 속의 여주인공 가운데 서희만큼 사랑스러운 캐릭터가 어디에 또 있을까, 싶다.

서희는 남편인 길상을 남겨두고 두 어린 아들과 함께, 간도에서 진주로 되돌아 왔다. 아이들은 또 다른 세월 속에서 무럭무럭 자라나고 있었다. 그런데 큰아들인 환국의 폭행 사건이 학교에서 발생했다. '니 아부지는 종'이라는, 라이벌인 순철의 말에 격분한 환국이 일으킨 사건이었다.

"환국이가 너를 왜 때렸지?"

"……"

"말해보아."

"환국이가 너를 왜 때렸지?"

"……"

"덮어놓고 때리더냐?"

"아니요."

"그럼?"

(……)

"(……) 니 아부지는 종이라 했더니."

"그랬었구나. 말한 대로 들려주어 고마워."

서희의 음성은 잠긴 물처럼 조용했다.

"순철아."

"야."

"그랬다면 환국이 잘못한 것은 없구나. 네 잘못이야. 왜냐하면 환국이 아버님은 종이 아니었거든. 그리고 나라 위해 몸 바친 분이었단다."

박의사는 눈길을 떨어뜨렸다. 강인한 억제. 마지막의 말은 모든 것을 건 모성(母性)의 승리였다.

(……)

거리는 어두웠다. 아주 어두웠다. 강가까지 온 서희는

'여보, 당신이 그곳에 남은 뜻을 이제 확실히 알겠소. 하지만 장하지 않아요, 당신 아들 환국이가?'

찬바람 속에 서서 서희는 오랫동안 흐느껴 울었다. (8-175~6)

대하소설「토지」에 감동적인 장면이 더러 있지만 이 장면만큼 독특하게 감동적인 장면은 없을 성싶다. 자신의 남편이기도 한 환국이 아버지는 과거의 종이 아니라 이제는 잃어버린 나라를 위해 몸을 바치는 분……. 서희는 비로소 길상이가 귀국하지 않은 뜻을 확실히 파악한다. 종놈의 신분으로서 주인집 딸과 혼례를 올렸다는 세인의 뒷공론을 감내하면서 사느니, 차라리 남의 나라에서 풍찬노숙의 고생을 하더라도 독립운동에 기여하는 것이 낫다는 것. 서희를 흠모하는 박효영 의사는 서희에게서 이른바 '모성(母性)의 승리'를 느낀다. 기실 따지고 보면 이 모성의 승리라는 개념은 작자 박경리의 마음속에 부조된, 더욱이 이 바다같이 드넓고 한량없이 큼직한 소설의 본문을 대표하는, 단 하나의, 돋을새김의 기둥 말이다. 요컨대「토지」야말로 모성성의 승리를 기약한 심원한 걸작이 아니었던가, 한다.

3. 그토록 이색진 사랑 얘기들

박경리의「토지」는 남녀 간의 사랑들을 적잖이 얘기하고 있다. 사람이 살아가는 데 있어서 이런저런 유의 사랑이 없을 수 없다. 가족들의 사랑이나 이웃과의 사랑보다 이기적이고, 자기중심적이고, 욕망이 강하다는 점에서 원색적이다. 남녀 간의 사랑만큼 원색의 사랑은 없을 텐데, 이 소설에 나타난 사랑의 이야기가 원색이라기보다는 간색(間色)이다. 원색에 비할 때, 이색진 사랑이랄까? 우리말로 토착화된 '이색지다'라고 할 때의 이색은 한자어로 '이색(異色)' 혹은 '이색(二色)'에서 나왔다고 보인다. 이색지다의 사전적 풀이는 대체로 다음과 같다.

  ⑴ 똑같아야 할 빛깔이나 모양이 서로 다르게 되다.
  ⑵ 어떤 대상의 빛깔이나 모양이 서로 조화를 이루지 못하다.

박경리의「토지」가 펼치고 있는 남녀 간의 다기한 사랑들, 이를테면 별당아씨와 구천(김환), 이용과 월선, 서희와 길상, 서희와 박효영, 이상현과 기화(봉선), 이양현과 송영광, 인실과 오가다 등의 사랑은 불완전한 사랑이요, 그토록 이색진 사랑이다. 내가 이 글에서 말하는 이색진 사랑이란, 의미론적으로 ⑴보다는 ⑵에 더 가깝다. 내가 보기로 제시한 사랑들 중에서 별당아씨와 구천의 사랑은 불륜의 사랑이면서 불가해한 사랑이다. 아니면, 불가사의한 사랑인지도 모른다. 소설 이전의 정보여서 꿈이나 기억이나 환상 등 초현실의 영역에서 아련히 엿볼 수 있는 그런 사랑이다.

 문제는 윤씨 부인과 김개주의 일을 사랑인가, 아닌가를 보아야 할 필요가 있다. 이 역시도 소설 이전의 정보로 처리되어 있어 모호하기만 하다. 원치 않는 성관계, 원치 않은 임신이라면, 결코 사랑이라고 볼 수 없다. 이것이 8할이 강(强)이요, 그 나머지는 화(和)라고 해도, 말이다. 지금의 젠더 감수성의 기준에서 보면, 사랑이 아닌 게 명백하다. 하지만 연곡사에서의 우연한 만남, 연분이 없지 않았다면, 이른바 상중지회(桑中之會)라고 볼 여지가 있다. 소설 본문 속에서 윤씨 부인이 이에 관해 일언반구도 남기지 않았으니, 전혀 땅띔조차 할 수가 없다. 나의 추측에 지나지 않겠지만, 소설이 아니라 사실의 얘기라고 가정할 때, 윤씨 부인의 일은 어쩌면, 서로 만나서 정분(情分)이 나고 헤어져 남모를 상사(相思)의 늪에 빠지는 이야기가 생략되었다고 볼 수도 있다는 것이다.

　최치수는 머슴 놈과 도망간 아내와, 아내의 간부(姦夫)로서, 그놈의 죽일 머슴 놈인 구천을 찾아 헤맨다. 명포수인 강포수와 함께 지리산을 이 잡듯이 뒤진다. 최치수의 마음속에는 늘 이 '연놈들' 하는 복수의 서늘한 마음으로 가득 차 있었을 거다. 이 과정에서 생명의 존귀함을 알고 함부로 사냥하지 않는 강포수는 최치수의 계집종 귀녀를 짝사랑한다. 귀녀는 신분제에 대한 원한에 사무쳐 있다. 자신의 계급적 조건 때문에 언제든지 상전도 배신할 수 있다. 그녀는 별당아씨가 도망친 이후에, 부호 최치수의 아들을 낳고 싶어 한다. 하지만 최치수는 성 불구자에 다름없다. 추악한 칠성이에게서 가짜 최씨 가의 씨를 빌려 받는다. 그리고는 여러 남자들과 음모해 최치수를 교살한다. 이 모든 것이 밝혀져 귀녀를 포함한 모든 관련자가 처형되고 만다. 강포수는 귀녀를 헌신적으로 옥바라지한다. 이에 귀녀는 죽을 무렵에 감동한다. 강포수는 옥중에서 낳은 귀녀의 아들 강두메를 품에 안고 모습을 감추었다.

　이용과 월선의 사랑은 많은 독자들에게 소설「토지」를 통해 가장 아름답고, 감동적인 사랑으로 기억되고 있다. 두 사람은 서로 사랑하지만, 혼외관계이기에 이루어지지 못했다. 월선은 용의 아내인 강청댁의 행패에 이기지 못하고 고향으로부터 벗어났다. 그녀는 백부인 공 노인과 함께 서희 일행을 따라 용정으로 갔다. 거기에서 서희의 배려로 국밥집 '월선옥'을 운영한다. 용은 아내 강청댁이 호열자로 인해 죽게 되자, 자신의 아들(홍)을 임신한 임이네와 살아간다. 임이네는 소설「토지」에 등장하는 인물 중에서도 가장 탐욕적이고, 또한 가장 원색적이다. 이용과 월선의 사랑은 임이네의 질투로 인해 한 발자국도 나아가지 못한다. 월선은 홍에게 있어서 정신적인 어머니라는 기억을 남기고서 암으로 죽는다. 죽을 때만은 용의 품에 안겨 죽을 따름이다.

　서희는 부모가 죽고 결국 자신의 할머니도 병으로 죽고 혼자가 되어서 먼 친척인 조준구에게 모든 재산(토지)을 빼앗기고 간도로 이사를 간다. 거기에서 새로운 삶을 도모한다. 결혼도 거기에서 자신의 하인인 길상과 하게 된다. 어떻게 양반집 처녀가 하인과 결혼을 할 수 있었겠나? 조선시대의 논리라면, 도저히 있을 수 없는 일이었다. 먼저 알아둘 것은 서로 사랑했으니까, 결혼을 한 거다. 또 시대도 바뀌었다. 조선시대 이후의 신분제가 붕괴되는 과정에서, 말하자면 일제강점기가 그래도 근대적 제도로 전환되는 과도기니까, 가능하지 않았겠나, 싶다. 양반집 처녀가 총각 하인과 결혼을 하려면 일단 집안 어른으로부터 허락을 받아야 하는데 집안 어른이 하나도 없었으니 가능한 것이다. 서희에게는 자기 결정권이 있었던 것이다. 길상이 하인이지만 비상한 머리를 가지고 있었고, 감히 범접할 수 없는 인품이나 기품을 가지고 있었다. 그리고 간도라고 하는 공간이 신세계적 개척의 공간이었으므로, 반상의 차별적 질서가 그다지 힘을 발휘할 수 없었다.

　그럼에도 불구하고 두 사람의 결혼생활은 순탄치 않았을 것이다. 신분제의 극복이 하루아침에 완결되기가 쉽지 않았을 것이다. 물론 두 사람의 결혼은 불행하지도 행복하지도 않았다. 두 사람은 별거한다. 길상은 간도에 남아서 항일운동을 하게 되고, 서희는 다시 조선으로 돌아가 집안을 재건한다. 고향이 가까운 진주에서. 요컨대 서희와 길상의 사랑이야기는 이 소설의 본류를 이루는 것. 소설「토지」의 이런저런 사랑 애기들은 이것의 지류라고 할 수 있겠다. 소설「토지」를 두고, 다들 대하소설이라고 하는데, 길고도 큰 흐름의 스토리텔링이다. (인도네시아 발리 태생의 여성 작가인 오카 루스미니의 소설「발리의 춤」은 카스트제의 최상층인 브라만 계층의 여성 틀라가(Telaga)가 최하층의 남자와 결혼을 감행함으로써 겪는 우여곡절에 관한 이야기다. 이런 점에서,「토지」와 비교문학의 대상이 되는 작품이다.) 서희에게는 또 다른 사랑 이야기 갈래가 있다. 진주에서 개업한 의사 박효영은 그녀의 주치의이다. 서희와 박효영의 사랑은 더 이상 진전되지 않는다. 물론 서희가 그에게 이성적인 호감을 느끼고 있다고 해도, 마음을 열지 않았기 때문이다. 이상진의『토지 인물사전』(나남출판 : 2002) '박효영' 항목에 두 사람의 관계가 잘 정리되어 있다.

> 최서희의 주치의로서 결벽성이 약간 있는 세련된 지성의 소유자. 일찍 부모를 잃고 고학으로 일본에서 의학을 공부했다. 이기적이고 허영심이 강한 아내 익란과 불행한 결혼생활 끝에 익란이 후배와 달아나 버리자, 패배감과 고독 속에서 살아간다. 서희에게 아련한 사랑을 느끼고 솔직하게 고백하지만 서희는 끝내 마음을 열어주지 않는다. 그녀를 단념하기 위해 재혼했으나 재혼녀는 저속하고 탐욕스러운 여자로 그녀와의 지옥 같은 생활을 견디다 못해 자살한다. 이 죽음은 박 의사를 정신적 버팀목으로 삼고 있던 서희에게 큰 충격을 주며, 할머니와 어머니의 불륜의 사랑을 깊이 이해하는 계기가 된다. (63쪽)

서희는 길상과 사실상 별거 중이었으나, 두 아들의 어미로서 박효영에게 마음을 열지 못했다는 것은 21세기 젠더 감수성에서 볼 때 일정한 한계를 보인 것이라고 본다. 이것은 일제강점기에 태어나 20세기에「토지」를 쓴 작가의 한계이기도 하다. 서희의 사랑 이야기는 이것 말고도 또 다른 사랑 얘기를 파생시키기도 했다. 이상현과 기화(봉순)의 사랑 이야기다.

이상현과 기화(紀花)의 사랑은 패자부활전의 사랑이다. 이상현은 길상과의 경쟁에서 패배했고, 기화는 상전인 서희와의 경쟁에서 패배했다. 삼각관계의 패자들끼리 맺어진 얄궂은, 운명적인 사랑인 셈이다. 최참판 가의 침모 딸인 봉순은 두 살 아래의 서희와는 친동기간처럼 지내며 자랐다. 광대놀음, 무당놀음에 들린 것 같은 끼와 천생의 총기가 있는 그녀는 아름다운 목소리의 재질을 살려 진주의 명기 기화로 거듭 난다. 그녀는 진주 기생으로서 크게 성공을 하지 못한다. 성공적인 기업(妓業)을 이루지 못하고, 기둥서방에 의해 머리가 얹히고, 누군가의 딸을 낳는다.

그녀는 진주에 정착하지 못하고 부평초처럼 여기저기를 떠돌아다니다가, 소리의 질을 드높이기 위해 전주 명창 권봉득을 찾아간다. 기예를 심화시킨다. 그녀는 서희를 만나기 위해 만주로 갔으나 주종관계에서 부부관계로 변해버린 서희와 길상을 보고 절망한다.

서희에게 버림을 받은 이상현과의 동병상련으로 인해 기화는 그와 동거를 하게 되고 결국 그의 딸을 낳는다. 이 소식을 들은 상현은 양반의 자제로서 심한 모멸감을 느낀다. 군산에서 살던 봉순은 허무감을 달래지 못해 아편을 복용하기에 이른다. 서희의 도움으로 평사리에 돌아와 요양하며 살아가지만 우울증을 견뎌내지 못하고 마침내 그녀는 섬진강에 몸을 던져 죽는다.

소설 「토지」에서 가장 안타까운 이색진 사랑은 이양현과 송영광의 사랑이다. 양현은 이상현과 기화의 딸이다. 기화가 자살한 이후에 서희는 양현을 수양딸로 받아들여 극진하게 키운다. 의전을 나와 여의사가 되었다. 서희는 양현을 둘째 아들의 아내, 즉 작은며느리로 삼으려고 했으나 여의치 않다. 양현은 큰아들의 친구인 영광과 만나 짧지만 격렬한 사랑에 빠진다. 둘의 사랑은 이루어지지 못한다. 기생의 딸인 양현과, 백정의 외손자인 영광이 갖고 있는 신분적인 열등감이 그 원인으로 보인다. 물론 이해가 되지 않은 원인이다.

양현은 인천에서 여의사로 살아간다. 어느 날 그녀와 영광은 인천의 염전 마을에서 함께 걸어간다. 데이트인 셈이다. 왜 하필이면 이곳인가? 작가 박경리가 1945년에 결혼한 후, 여기에서 2년 가까운 신혼을 보냈다고 한다. 이때 남편의 직장은 주안 제염시험장이었다. 한 곳에 정착한 양현이 농경민이라면, 악극단의 대중예술가로 전국을 떠도는 영광은 유목민이다. 이런 기질의 차이로 인해 둘이 맺지 못한 것일 수 있다. 작곡가로서 명성을 떨치면서 또 마치 흐느끼는 것 같은 우수의 트럼펫 음률을 연주하는 영광은 현실에 뿌리를 내리지 못한다. 마침내 영광은 만주로 떠나고, 양현은 그가 영원히 오지 않을 것을 예감한다. 그가 선물한 목도리를 바닷물 속에 던져버린다.

양어머니인 서희와 화해를 한 후, 평사리로 내려온 양현은 해방을 맞이한다. 일본이 항복했다는 소식을 집 바깥에서 전해들은 양현은 서희를 찾았다. 투명하고도 하얀 모시 치마저고리를 입은 서희는 별당에 서 있었다. "어머니. 일본이 항복을 했다고 합니다." 서희는 해당화 가지를 휘어잡았다. "정말이냐……" 자신을 휘감은 쇠사슬이 땅에 떨어지는 것을 느낀다. 그리고 모녀는 부둥켜안는다. 비로소 자유의 문이 열린 것이다.

근데 왜 서희가 하필이면 해당화 가지를 잡았을까?

해당화 가지에는 억센 가시들이 촘촘히 박혀 있다. 그녀는 평소에 해당화를 해방과 자유의 상징으로 보았을 터다. 상징은 인과다. 상(象)은 원인적 조건이 됨직한 모습이요, 이미지다. 징(徵)은 상의 결과로 받아들일 수 있는 장래의 낌새다. 이 낌새가 현실로 실현된 것. 너무도 감격해 해당화 가지에 가시가 박혀 있는 것도 촌각 중에 잊어버렸으리라. 그녀의 손바닥에는 피가 낭자했으리라. 너무나 감격해서 아픈 줄도 몰랐으리라.

해당화의 상징성은 일제강점기 시인 한용운의 선례도 있었다. '당신은 해당화 피기 전에 오신다고 하였습니다. 봄은 벌써 늦었습니다.' 늦은 봄이 지나서 여름날에 찾아온 것이다. 그 님이.

4, 마무리 : 강의록에서

"소설가 박경리 여사는 저주받은 가문의 이야기라는 모티프를 통해 대하소설을 썼습니다. 제목인 '토지'는 바로 땅입니다. 토지가 가지고 있는 비유적인 표현, 상징적인 표현은 삶의 터전입니다. 삶의 터전에는 반드시 사람들이 모여듭니다. 사막이나 깊은 산중에는 모여들 이유가 없겠지요. 토지의 신을 두고, 한자문화권에서는 '사(社)'라고 합니다. 땅의 신이 점지한 곳에 사람들이 모여든다고 해서 사회(society)라고 하는 말이 생긴 것입니다. 소설「토지」가 사회경제사적, 사회문화학적으로 읽힐 수밖에 없는 이유가 여기에 있습니다. 내가 보여준 영상 자료를 잘 보았습니까?"

"예."

"여러분들은 방금 이때까지 영상 자료를 보고 느낀 바가 없지 않았을 것 같은데요. 서로 묻고 답하는 이 기회에 거리낌이 없이 얘기를 해보기를 바랍니다. 앞에 앉아 있는 여학생이 먼저 말해보세요."

"저는 이 영상물을 보고 몇 가지 느낀 점이 있었는데요. 일단 인물 관계가 매우 복잡해서 교수님께서 이렇게 써주신 것을 보고서야 좀 이해하기가 쉬웠고, 아무리 시대적 배경이 이제 막 신분제가 없어진 시대 상황이라고 해도 이때까지 지켜왔던 봉건 제도라는 게 한순간에 한 가문에서 복잡하게 얽혀 있다는 사실이 언뜻 이해하기 힘들었어요. 기억에 남는 것은 윤씨 부인이 모두가 자신의 잘못이라고 개탄하고 있는데요. 무엇을 얼마나 잘못 했기에 자신에게 모든 책임을 돌리려고 했는지가 궁금합니다."

"윤씨 부인은 동학농민 장수 김개주와 불륜관계를 맺었다는 사실이 잘못된 것이라고 생각합니다. 물론 강제적으로 당한 일이었지만, 비록 평민 부인이 모르는 남자에게 겁탈을 당하더라도 은장도로 자살을 하는 게 당연시되는 시대에 구차하게 살아남아 후환을 남긴 것을 후회하고 있는 것이겠지요. 다음은 이은별 학생이 영상 자료를 보고 느낀 바를 말해 보세요."

"저는 인물 간에 얽히고 얽힌 관계 속에서 일어난 사건을 보면서 이것이 일제 통치하에서 꼬인 우리의 복잡한 일상 이야기요, 하나하나 일들이 보편적인 역사의 경험들이 드러난 것이라고 생각했고, 이런 상황이 일어난 것들이 안타깝다고 생각했습니다."

"소설은 예로부터 사회와 시대의 정확한 반영이라는 얘기가 있습니다. 물론 반은 맞고, 반은 틀린 것입니다. 소설이 꿈, 환상, 초현실을 소재로 하는 경우도 적지 않기 때문이지요. 하지만 시대적인 맥락과의 텍스트 관련성이 소설의 주요한 부분이라는 것은 대체로 많은 이들이 동의하는 부분입니다. 소설 「토지」에서 보여준 유맹(流氓)의 공간 이동, 진주에서의 백정해방운동, 일제의 수탈 등은 문학사회학적인 현실 재현이라고 할 수 있겠지요. 이 방대한 소설 소재는 오랜 세월에 걸친 시간의 총량이 필요로 했습니다. 이런 점에서 볼 때 작가인 박경리 여사에게 존경을 표하지 않을 수 없습니다. 그의 글쓰기는, 이런 점에서 볼 때, 뭇 생명의 터전을 앙망하는 몸짓이라고 비유될 수 있지 않을까요? 저 뒤쪽에 앉아 있는 모자 쓴 남학생. 학생은 이 수업을 통해 무슨 말을 하고 싶어요?"

"저는 지난주에 교수님께서 학생들에게 나누어준 읽기 자료를 미리 읽었는데요, 이 소설과 관련된 주제와 관련이 있는 게 아닌가 생각됩니다. 그러니까 산자와 망자가 환상 속에서 대화하는 부분이 있습니다. 형님은 후회도 여한도 없겠구먼요? 후회란 없겠지만, 한은 남는 것이지. 어째서요? 이 대화록이 흥미롭습니다. 알쏭달쏭도 하고요."

"그 부분을 구체적으로 읽어보지 그래."

"네, 읽겠습니다. 한이야 후회하든 아니하든 원하든 원치 않든, 내가 모르는 곳에서 생성하고, 내가 모르는 곳으로 온 생명의 덩어리다. 이것이 어디서 왔을까? 배고파서 외롭고, 억울하여 외롭고, 늙어서 외롭고……죽어서 어디로 가면 저 무서운 밤하늘에 별같이 떠돌 영혼, 그게 다 한이지 무엇이겠나? 읽어보면 무언가 뜻이 심오한데, 그래도 알 듯 말 듯합니다. 지난 시간에 교수님께서 일본 문화는 한을 품는 문화, 우리 문화는 한을 푸는 문화라고 하셨는데, 좀 더 구체적으로 설명을 해주실 수 있습니까?"

"품거나, 풀거나 하는 것보다 일본과 한국의 한 자체가 다른 것이지. 물론 한자의 글자는 같아요. 한할 한(恨) 자를 써요. 글자를 쪼개면, 마음 심(忄) 변에 그칠 간(艮)이에요. 그칠 간 자는 사회적 약자를 말해요. 사회적 약자가 지닌 마음의 그림자와 같은 게 바로 한이에요. 가질 것 다 가진 사람이 왜 한을 마음속 깊이 품겠어요. 빈자, 장애인은 물론, 사건의 피해자, 신분적 피지배자, 식민지 백성, 평생 부엌데기로 살아갈 여자들 등이 한을 품지 않았겠어요? 같은 글자지만 일본의 한은 이른바 '우라미(うらみ)'인 원한의 개념이고, 우리의 한은 정한(情恨)이라는 말이 있듯이 생명의 에네르기 같은 거예요. 원한이니 복수니 하는 개념은 막힘인 거예요. 반면에 한은 트인 것. 마치 숨결과도 같고, 훈김과도 같지요. 맺힌 것을 푸는 것이 한이라면, 이 '품'이야말로 함께 살아가야 할 '베풂'의 정신과 관련이 있는 것이 아닐까, 해요. 소설 「토지」의 정신을 한마디로 요약해 말하자면, 원한 같은 것을 풀어서 '더불어 삶(togetherness)'을 모색하는 것이라고. 요컨대 품이 곧 베풂이에요. 그럼, 마칠까요?"

"예."

김광섭에 관한 짧은 감회

1. 실마리

   한창 무더울 때, 인터넷 경매 사이트를 통해 오래되고 구하기 힘든 책들을 사들였다. 시집 한 권과 만화 한 질을 각각 10만 원 가깝게 투자한 것은 내 경제 규모를 넘어서는 일이다. 하지만 다 훗날의 작업을 염두에 두고, 눈에 뜨일 때 미리 사 둔 거다. 시집은 김광섭의 『성북동 비둘기』였다. 그런데 이 시집은 잘 팔릴 것이라고 생각하지 않아, 더욱이 뇌 질환의 중환자가 병석에서 쓴 시들을 묶은 것이기에 소량의 부수로 간행한 게 틀림없다. 실제로 이 시집은 우리 시문학사에서 긴요한 시집이 되었지만, 판을 거듭하지 않았던 것으로 안다. 이것이 1969년에 간행되었으니, 반세기 남짓한 세월이 흘렀다. 나는 이때까지 이 시집을 본 일조차 없었다.

2. 주옥같은

   나는 시집 『성북동 비둘기』를 본 일이 없었지만, 시편 「성북동 비둘기」

(1969)는 이미 오래 전부터 알고 있었다. 이 시를 처음 읽었던 시절은 1973년 고1때였다. 이 시는 시집을 상재한 지 4년 만에 시인 김현승에 의해 한국의 대표 시로 자리를 잡고 있었던 것이다. 그는 이 시를 가리켜 기계문명에 의해 점점 살벌하고 세속화되어 가는 현실에서 자연미와 평화 사상이 발붙일 곳이 없음을 풍자하고 개탄한 시라고 평가했다. 일종의 풍자시로 본 것이다. 저서 『김광섭문학연구』(1992)를 낸 손종호는 도시문명에 의해 삶의 터전을 잃은 비둘기를 통해 무력한 소시민의 운명을 암시한 시라고 보았다. 김현승과 대동소이한 견해라고 볼 수 있다.

성북동 산에 번지가 새로 생기면서
본래 살던 성북동 비둘기만이 번지가 없어졌다.
새벽부터 돌 깨는 산울림에 떨다가
가슴에 금이 갔다.
그래도 성북동 비둘기는
하느님의 광장 같은 새파란 아침 하늘에
성북동 주민에게 축복의 메시지나 전하듯
성북동 하늘을 한 바퀴 휘 돈다.

성북동 메마른 골짜기에는
조용히 앉아 콩알 하나 찍어먹을
널찍한 마당은커녕 가는 데마다
채석장 포성이 메아리쳐서
피난하듯 지붕에 올라앉아
아침 구공탄 굴뚝 연기에서 향수를 느끼다가
산1번지 채석장에 도로 가서
금방 따낸 돌 온기에 입을 닦는다.

예전에는 사람을 성자처럼 보고

사람 가까이

사람과 같이 사랑하고

사람과 같이 평화를 즐기던

사랑과 평화의 새 비둘기는

이제 산도 잃고 사람도 잃고

사랑과 평화의 사상까지

낳지 못하는 쫓기는 새가 되었다.

  이 시의 소재는 산과 비둘기와 사람들이다. 이 시는 신화적인 원형 요소가 어렴풋이 남아있다. 비교종교학자인 M. 엘리아데에 의하면, 산은 신들이 거주하는 신성한 제의(祭儀) 공간이다. 그리스 신화의 올림푸스 산처럼, 단군 신화의 신시(神市)처럼, 산은 신성도시다. 이에 반해, 성북동은 세속도시다. 성과 속의 경계에 비둘기가 살고 있다. 이 비둘기는 하느님의 광장 같은 새파란 아침 하늘에, 성북동 주민에게 축복의 메시지나 전하듯이, 성북동 하늘을 한 바퀴 휘 돈다고 했으니, 원형적인 영혼심상(soul-image)의 차원에서 볼 때, 시의 제재인 비둘기는 신과 인간의 메신저로 은유되어 있다.

  영국의 지리학자 에드워드 렐프(Edward Relph)는 1973년 캐나다 토론토 대학교에서 『장소의 현상학』이란 제목의 논문으로 박사 학위를 받았다. 이를 바탕으로 1976년에 『장소와 장소상실(Place and Placelessness)』라는 저서를 간행했다. 이 책은 나와 같은 지역에 재직한 지리학 교수에 의해 우리말로 번역되었다. 그는 국립대 교수의 신분으로서 나와 금강산 출장을 함께 다녀온 인연이 있다. 에드워드 렐프는 장소의 개념을 가리켜, 우리가 일상적으로 경험하는 생활세계이자 인간 실존의 근본적인 토대라고 했다. 인간답다는 것은 의미 있는 장소로 가득한 세상에서 산다는 것이며, 인간답다는 말은 곧 자신의 장소를 가지고 있으며, 그 장소를 잘 알고 있다는 뜻이다. 그러나 현대 산업사회 속에서 우리의 삶은 장소에 뿌리박은 삶에서 뿌리 뽑힌 삶으로 변화함으로써, 이 장소로부터 뿌리 뽑힌 삶의 전형을 보여준다. 이 개념이 바로 '장소상실'이다.

김광섭의 시편 「성북동 비둘기」에서 '성북동 산'은 전형적으로 장소상실을 보여준 개념이다. 산이 신들이 사는 제의 공간이라면, 그 산은 장소상실을 넘어 성소(聖所)의 상실이라고 할 수 있다. 일종의 실낙원인 셈이다. 생태환경적인 고려나 배려 없이 보존되지 않고 마구잡이로 개발된 장소는 모두가 실낙원이다.

어쨌든, 이 시는 우리나라 최초의 생태환경시라는 문학사적인 의미를 가진다. 생태환경시는 1991년에 발생한 미증유의 낙동강 페놀 오염 사건으로 인해 1990년대에 크게 확산되었다. 정영상의 「어느 물고기의 최후진술」(1993)은 낚시꾼에 의해 잡힌 물고기를 가상의 화자로 설정한 시다. 이 물고기는 자손이 끊기는 멸종의 위기만은 면하게 해 달라고 한다. 사실상, 성북동 비둘기의 비둘기는 우리가 아는 비둘기가 아니다. 산새인 멧비둘기다. '구구, 구구구' 하면서 우짖는다. 김광섭의 산새가 정영상의 물고기로 20여 년 만에 다시 읽힌 것은 생태환경의 소재가 시대적으로 이행되었음을 볼 수 있다.

김광섭 시집의 표제시인 「성북동 비둘기」보다 더 유명하게 남아있는 것은 「저녁에」이다. 둘 다 주옥같은 시편이다.

저렇게 많은 중에서
별 하나가 나를 내려다본다
이렇게 많은 사람 중에서
그 별 하나를 쳐다본다

밤이 깊을수록
별은 밝음 속에 사라지고
나는 어둠 속에 사라진다

이렇게 정다운
너 하나 나 하나는
어디서 무엇이 되어
다시 만나랴

시인 김광섭과 화가 김환기는 문화예술계의 8년 선후배요, 성북동 이웃사촌이었다. 두 사람은 각별하게 도타운 우정을 가지고 있었다. 김환기가 미국에 가자 그에 대한 그리움을 담은 시를 썼다. 이것이 1969년 말 경에 발표한 시편 「저녁에」이다. 이듬해에 김환기는 김광섭이 죽었다는 잘못된 부음을 받는다. 이를 슬퍼한 나머지 그는 붓을 들었다. 그의 명화 「어디서 무엇이 되어 다시 만나랴」는 이 잘못된 소식 때문에 탄생한 것이다. 이 그림은 원작인 시 텍스트보다 더 성취적인 예술 작품으로 남아 있다. 김광섭의 명시 「저녁에」가 존재와 관계의 실상을 드러낸 연기법(緣起法)의 시적 언어라면, 김환기의 명화 「어디서 무엇이 되어 다시 만나랴」는 구상과 비구상, 추상과 반(半)추상 등의 색실을 섞어가면서 뉴욕의 밤하늘을 날과 씨로 수를 놓은 것 같은 영혼의 점(點)그림이다.

김환기는 1974년 뉴욕에서 오히려 먼저 사망했고, 김광섭은 1977년 서울에서 긴 투병 끝에 생을 마감했다. 이 시는 대중가요로도 만들어져 대중으로부터 사랑을 받고 있다.

시인 김광섭은 시인으로서 반생 이상을 살았다. 일제강점기의 시편 「동경」(1935)은 시대의 어둠과 묵중한 분위기를 그려내면서 해방 조국의 흐릿한 모습을 동경한 내용의 시다. 시인인 그는 일제강점기에 분명하게도 독립운동가였다. 교사로서 학생들에게 민족의식을 고취하고 독립정신을 부추겼다고 해 3년8개월의 감옥살이를 했다. 옥중에서 3년을 보낸 한용운보다, 그는 더 오래 구금되어 있었다. 이로 인해 그는 자유에 대한 열망이 누구보다 더 강렬했을 것이다. 그의 시편「자유」에 눈길이 자주 간다. 이 시는 시집의 대미를 장식하고 있다. 비교적 긴 시이므로 짧은 부분을 인용하면 다음과 같다.

> 모스코바에서는
> 우리는 이렇다고 프라하에 사과하는
> 지성들의 메시지와
> 대중 살해의 무서운 감각이
> 인류의 정신에 자유를 창조한다.

시편「자유」는 1968년에 일어난 세계사적인 사건 '프라하의 봄'을 소재로 한 것이다. 제2차 세계대전 이후에, 구소련의 위성국가로 전락한 체코슬로바키아는 민주화 개혁을 지지하면서 나섰다. 소련군이 진주해 사태를 진압했다. 세계 도처에서 소련을 비난했다. 특히 소련 내의 지성인들조차 프라하의 시민들에게 사과하는 성명을 발표했다. 프라하 시민들은 거리에서 비틀즈의 노래「헤이 주드」를 부르면서 소련군에 저항했고, 프랑스에 망명한 소설가 밀란 쿤데라는 훗날 '프라하의 봄'을 소재로 한「참을 수 없는 존재의 가벼움」을 발표했다.

세계인들은 실패한 민주화, 반정부 시위를 두고 '봄'이라고 비유하기도 했다. 부다페스트의 봄, 바르샤바의 봄, 프라하의 봄, 서울의 봄 등. 봄이 와도 봄답지 않았기에, 이 봄은 일장춘몽이었다. 봄 중에서도 성공한 봄도 있다. 재스민 혁명이라고 불리는 아랍의 봄이 그것이다.

3. 보유 편

내가 구입한 시집 『성북동 비둘기』를 읽으니 사람 이름 세 자로 된 시가 네 편이나 실려 있었다. 시인 김광섭이 다 잘 아는 사람들이었다. 건국 대통령 이승만, 애국가 작곡자 안익태, 중동학교 설립자 최규동, 최초의 서양화가 고희동. 특히 시편 「이승만」은 기다란 시행으로 구성된 장엄한 서사시와 같다. 그가 중풍으로 쓰러진 것이 이승만의 죽음 소식 때문이라고 하는데, 사실 여부는 앞으로 더 살펴보겠다. 그는 이승만 지근의 자리에서 공보수석비서관을 지냈다. 내가 시집 『성북동 비둘기』를 사들일 무렵에 광복절이 있었고, 광복회장이 식사를 통해 이승만과 안익태 등을 대놓고 비난해 정치적인 쟁점, 사회적인 파장을 몰고 왔다. 그는 이날 밤 공영방송국 9시 뉴스 시간에 출연해 세계적으로 나치 잔당에 대해선 무관용적인데 반해, 우리에게는 왜 친일파가 논란이 되느냐고 반문을 했다. 그러니까 나치 잔당에 대한 역사 쟁점은 있을 리가 없는데, 친일파를 단죄하면 왜 찬반의 여지가 남느냐 하는 것이다. 한심했다. 나치즘은 일제와 시오니즘처럼 공격적 민족주의다. 친일파 문제는 방어적 민족주의이다. 비교의 대상이 되지 않는 서로 다른 개념적 패러다임이 아닌가? 그런데 지금의 광복회장은 과연 누구인가? 유신 체제와 신군부 시대에 요직을 향유하던 이가 아닌가? 자신부터 돌아볼 일이다. 온 세계가 괴질로 휘청거리고 있는 올해, 영화 「기생충」과 그룹 BTS는 오스카상과 빌보드 차트를 석권함으로써 세계무대에 우뚝 섰다. 방어적 민족주의의 음습함이 없기 때문이다. 우리가 그 동안 세계 경제 10위권에 놓여 있었어도 국제적으로 대접을 받지 못했다. 왜? 방어적 민족주의의 이미지 때문이다. 극단적인 반일주의자 이승만을 친일파로, 나라 잃은 시대에 해외에서 애국가를 작곡한 안익태를 두고 친일 프레임 속에 가두어놓는 것은 실상의 논쟁 여부를 떠나 지금 이 시점에서 정치적으로 재미를 좀 보겠다는 특정 세력의 관념적 허상에 지나지 않는다. 역사적으로 사라진 친일파를 때리면서 뒷북치고, 부재하는 토착왜구의 허깨비를 만들어 올가미를 씌우는 데는, 국민을 분열시키려는 정치적인 저의가 깔려 있는 것이다. 이것은 훗날에 미래의 죄상이 될 것임에 틀림없다. 문화혁명을 주도한 4인방이나 홍위병처럼 말이다. 독립운동가였던 김광섭은 이승만과 안익태를 시로써 노래했다. 그는 같은 시대에 살았던 두 사람의 나무를 보지 않고 역사 전체의 숲을 보았다. 그가 오래전에 세상을 떠나 작금의 세태에 대해 할 말이 없겠지만, 그 시대에 산 적이 없던, 잘 알지 못하는 후인들이 당시의 사정을 잘 알고 있는 것처럼, 꿰뚫어보는 것처럼 마구 떠들어대고 있다. 대선에서 정권을 잡고, 총선에서 대승을 거둔 오만한 정치세력이 역사적 인간의 전모와 역사의 전체상을 살피지 아니하고, 치명상이 될 급소만을 찾으면서 파편적인 정치 공세만을 향유하고 있는 셈이다. 2020년 현재에 보여준 정치적인 저간의 사정이다.

제4부
산업화 이후의 문학

절박한 언어, 전태일의 기록문학

1. 무엇이, 왜 기록문학인가

한 청년 노동자의 죽음이 우리 사회에 적지 않은 충격을 안겨다주었다. 1970년 11월 13일, 당시에 재단사로서 일하고 있었던 청년 노동자 전태일은 서울 평화시장 앞 길거리에서 스물두 살의 젊은 나이에 스스로 제 몸을 불살랐다. 경향신문과 한국일보 등의 주요 일간지들은 그 다음날 바로 이 사건을 보도했다. 경향신문은 7면 사회면에 '혹사(酷似) 등 항의…분신(焚身)'을 표제(head-line)로 삼고, '평화시장 재단사, 병원서 숨져'를 전문(前文)으로 내세웠다. 이날 한국일보 사회면이 더 상세하게 보도가 된 것 같은데, 나는 자료를 확인하지 못했다. 아쉬운 대로, 경향신문 옛날 신문 보기에 들어가 보았다. 본문은 다음과 같이 적혀있다.

13일 오후 2시 쯤 서울 중구 을지로 6가 평화시장 앞길에서 평화시장 재단사 친목회원 전태일 씨(23 · 서울 성북구 쌍문동 208)가 휘발유를 몸에 끼얹고 분신자살을 기도, 국립의료원을 거쳐 성모병원으로 옮겼으나 이날 하오 10시 쯤 숨졌다. 전 씨는 '기업주는 근로기준법을 지켜 달라. 15, 6세의 어린 아이들(여공들―인용자)이 일요일도 없이 하루 16시간씩 혹사를 당하고 있으니, 당국은 이런 사태를 시정해 달라.'고 호소, 미리 준비했던 휘발유로 '근로기준법 해설' 이란 책을 태우려다 제지를 받고 자기 몸에 불을 지른 것이다. 이 시장 안 통일, 동화, 평화 등 재단사 친목회에서는 이날 하오 1시 반부터 근로 조건 개선을 요구하는 시위를 벌이려다 재단사 최종인 씨(23 · 서울 용산구 서계동 38) 등 6명은 손가락을 잘라 '우리는 기계가 아니다, 업주들은 근로기준법을 지켜 달라.'는 등 혈서를 쓴 플래카드를 들고 시위를 벌였다. 이들에 의하면 업주들은 지난 달 9일 노동청이 노동 조건 개선 지시를 했음에도 이를 외면했다고 주장했다.[1]

기사문의 키 워드는 분신자살과 근로기준법이었다. 피복제조상 업주들이 근로기준법을 제대로 지키지 않기 때문에 어린 여공들이 비인간적인 조건 속에 내몰리고 있다고 본 것이다. 시장 앞에서 집단행동을 감행한 이들은 재단사 친목회원 여남은 명이었지만, 분신을 기도한 이는 전태일뿐이었다. 그는 당일에 목숨을 잃었다.

모든 게 운명이다. 그는 이날 '근로기준법의 준수'라는 제사의식에 스스로를 희생했다. 희생이란 낱말은 진나라 시대의 『여씨춘추』(약칭. 여람 : 기원전 239년)라는 책에 처음으로 등장한다. 중국 고대의 제사의식에서 여러 소들을 모아놓고 점복(占卜)에 의해 한 마리를 죽여 제물로 사용했다. 점복은 운명, 즉 천명과 같은 것이다. 죽은 소를 가리켜 희(犧)라고 하고, 살아남은 소를 두고 생(牲)이라고 한다. 희건 생이건, 자형이 모두 소 우(牛) 변으로 사용되어 있지 않은가.[2] 말하자면, 이날 전태일은 '희'가 되어 민주화의 제단에 바쳐졌고, 나머지 여남은 동료들은 '생'이 되어 살아남았다.

내가 지금 이 글을 쓰고 있는 시점은 그가 죽은 지 반(半)세기, 즉 50년

---

[1] 경향신문, 1970. 11. 14. 7면.
[2] 유창돈, 박노춘, 『원전을 밝힌 한문숙어사전』, 정연사, 1962, 159쪽, 참고.

이 되어가는 날에 임박해 있다. 그의 죽음은 지금까지 반세기를 지내오면서 우리나라에 엄청난 영향을 끼쳤다. 그는 우리 현대사에, 무척 중요한 역사적인 의미의 인물로 각인되어 있다. 얼핏 스쳐가는 기억이 남아 있다. 1999년이 저물어갈 무렵에, 한 언론사에서 우리나라 20세기에 가장 비극적인 인물이 누구냐는 설문 조사가 있었다. 이때 전태일이 망국의 군주인 고종 황제를 제치고 1위가 되었다. 그만큼 그는 비극적인 인물로도 각인되어 있다.

그가 남긴 재산이라곤 하나도 없었다. 그가 세상에 딱 하나 남긴 게 있다면, 300여 쪽 분량의, 청색 비닐 표지의 대학 노트였다. 그의 메모장이었다. 일기, 낙서, 인용문, 사업계획서 등으로 채워져 있었다. 이 기록물은 훗날 많은 사람을 울렸다. 이것이 세상에 처음 알려진 시점은 『주간조선』(1970. 11. 22.)에 소개될 때였다. 당시의 이상현 기자가 이를 입수해 발췌, 정리한 글의 제목은 「인간 최소한의 요구입니다」였다.[3] 기자가 전태일의 기록물을 정리하면서 '자신의 학력(대구 청옥고등공민학교 중학부)으로는 상상하기 어려운 사고의 소유자로, 삶에의 끈덕진 연민과 희망이 다부지게 점철되어 있어 보는 이의 가슴을 뭉클하게 해주고 있다.'[4]고 평가하고 있다. 이 발췌본 기록물은 단편소설 분량 정도이고, 유서 형식의 머리글, 대통령에게 보내는 글, 사신(私信), 자신이 살아온 회고담 등으로 구성되어 있다. 이 발췌본 기록물은 이듬해 『신동아』(1971. 1)에 다시 수록되었고, 더 나아가 전태일 인식의 새로운 통찰력을 제시해준 평전 『어느 청년 노동자의 삶과 죽음』(1983)에 이르러 부록으로 실렸던 것이다.

세상의 모든 기록물이 기록문학이 될 수는 없다. 기록물 중에서 기록문학이 되는 경우는 가물(가뭄)에 콩 나듯이 극소수에 지나지 않는다. 기

---

[3] 올해(2020)는 조선일보 백주년이 되는 해이다. 조선일보사는 1970년 전태일 기록물 소개를 사사(社史) 백년을 대표하는 특종으로 스스로 꼽고 있다. (조선일보, 2020. 6. 9. 참고.)
[4] 전태일기념관건립위원회 엮음, 『어느 청년 노동자의 삶과 죽음』, 돌베개, 1983, 251쪽.

록문학이 되기 위해선 우선 많은 사람들에게 읽혀야 한다. 하지만 많이 읽힌다고 기록문학이 되는 게 아니다. 폭넓은 공감을 얻어야 한다. 올해 (2020) 옥중의 최순실(최서원)이 『나는 누구인가』라는 제목의 '회오기(悔悟記)'를 간행해 세간의 화제가 되었다. 제1쇄 간행 날짜가 6월 8일이며, 제2쇄 간행일은 나흘 후인 6월 12일이라고 한다. 그 이후의 상황은 굳이 알 필요도 없다. 많이 읽혀도 폭넓은 공감대를 형성하지 못하면, 굳이 기록문학이라고 인정될 수 없다. 또 세 번째 조건이 있다. 기록문학에는 이른바 문학성이라는 문학의 심미적 가치가 반영되어야 한다. 창작문학이 아닌 기록문학만으로 노벨문학상을 받은 경우도 적지 않다. 비교적 가까운 일만 해도 잇달아 두 사례가 있었다. 2015년, 벨라루스 국적의 스베틀라나 알렉시예비치의 다큐멘터리 식 글쓰기가 기록문학으로 인정을 받았다. 이듬해에는 가수 밥 딜런이 그것을 수상했다. 대중가요의 바탕글이 되는 노랫말이나 영화의 대본인 시나리오는 전통적인 창작 문학이 아니라는 점에서 기록문학의 범주에 포함될 수밖에 없다. 이 두 사례는 문학성의 확보를 전제로 한 각별한 경우이다.

우리 국문학사에서 기록문학으로 문학성이 가장 높은 사례는 임금의 어머니가 쓴 일종의 회고록인 『한중록』이다. 이것의 언어는 사회계층이 가장 높은 최상위층의 방언을 순우리말로 아름답고 정연하게 풀어냈다는 점에서 우리 국문학사에서 고전 중의 고전이라고 할 수 있다. 언어의 사회적인 층위를 고려한다면, 전태일의 기록문학과 『한중록』은 썩 대조적으로 양극화된 언어 양상을 보인 것이라고 할 수 있겠다.

2. 먹물 빛이 없는 맹물의 언어

전태일의 기록문학은 저학력자의 글이라고는 도저히 믿기지 않을 정도로 일정한 문학성을 확보하고 있다. 세상에서 가장 쉬운 글, 가장 평이한 문체로 세상 사람을 감동케 한 사례는 이밖에는 없을 것 같다. 그의 글을 읽으면, 그의 인간적인 격이 잘 드러난다. 인간의 품위가 작품의 품격을 잘 반영해주고 있다. 그의 언어는 먹물이 전혀 배지 않은 사람들, 그 당시에 초등학교를 겨우 졸업한 열 네댓 살의 여공들—소위 '시다'로 불렸던 보조 근로자—의 지적 수준으로도 읽힐 수 있었던, 가슴 저린 맹물의 언어였다.

> 친구여, 나를 아는 모든 이여.
> 부탁이 있네. 나를, 지금 이 순간의 나를 영원히 기억해주기 바라네.
> 그러면 뇌성번개가 천지를 무너뜨려도, 하늘이 바닥이 빠져도 나는 두렵지 않을 걸세. 그 순간 무엇이 두려워야 된단 말인가. 두려워서야 될 말인가.
> 도리어 평온해야 될 걸세. 조금도 두려움을 가진다면 나는 나를 버릴 걸세. 완전한 형태의 안전을 요구하네.
> 순간, 이 순간만이 중요한 거야.
> 그 순간이 지나면, 그 후로는 거짓이 존재하지 않네. 전후는 염려 없네.
> 이야기를 나누게. 그리고 그 자리는 항상 마련해주게. 부탁일세.
> 테이블 중간이면 더욱 만족하겠네.
> 그럼 이만 작별을 고하네. 안녕하세.[5]

인용문은 전태일 기록문학의 제1차 텍스트라고 할 수 있는 「인간 최소한의 요구입니다」(1970)의 머리글이다. 이 글은 1969년 11월에 쓰였다고 한다.[6] 그가 분신하기 거의 1년 전의 일이다. 이 글을 쓰기까지 무슨 사연이나 배경이 있을 텐데, 지금으로선 알 길이 없다. 그는 재단사 친목

---

5 같은 책, 252쪽.
6 같은 책, 185쪽, 참고.

회원으로서, 노동 환경, 근로 조건과 관련해, 평화시장 피복제품 업주들과 끊임없이 갈등을 빚어 왔을 것이다. 1970년 8월 9일에 남긴 기록은 모종의 결단을 작심한 순간의 기록이다. 그는 이제 무언가 해야 할 시점에 이르렀다는 점을 자각하거나 감지하고 있었던 것 같다.

> 이 결단을 두고 얼마나 오랜 시간을 망설이고 괴로워했던가? 지금 이 시각 완전에 가까운 결단을 내렸다.
> 나는 돌아가야 한다.
> 꼭 돌아가야 한다.
> 불쌍한 내 형제의 곁으로, 내 마음의 고향으로, 내 이상의 전부인 평화시장의 어린 동심 곁으로. 생(生)을 두고 맹세한 내가, 그 많은 시간과 공상 속에서, 내가 돌보지 않으면 아니 될 나약한 생명체들.
> 나를 버리고, 나를 죽이고 가마. 조금만 참고 견디어라. 너희들의 곁을 떠나지 않기 위하여 나약한 나를 다 바치마. 너희들은 내 마음의 고향이로다. (하략)[7]

이 글을 보면, 그의 희생이 얼마간 암시되어 있다. 그가 노동 현장에서 가졌던 인간적인 감정은 동정심이라기보다 공감이었다. 전태일 평전을 쓴 조영래의 말마따나 '잠 안 오는 주사를 맞고 사흘 연거푸 야간작업을 한 끝에, 눈만 멀뚱히 뜨고 석상처럼 손을 놀리지 못하는 시다를 보고' 측은지심을 아니 가질 수 없을 것이다. 시다란, 보조 근로자인 소녀들을 말한다. 일종의 은어이다. 동정(sympathy)은 다른 사람의 어려운 처지를 불쌍히 여기거나 가엾게 여기는 마음으로, 어려운 사람들의 마음을 알아주고 도와주려는 착한 마음을 가리키는데, 그의 감정은 동정보

---

[7] 같은 책, 184쪽.

다는 공감(empathy)에 해당한다. 그도 그럴 것이, 전태일 자신도 남이 보기에 불쌍하고 가엾기 때문인 것이다.

백여 년 전인 1909년, 미국의 심리학자 에드워드 티치너가 처음으로 영어로 '엠퍼시'라고 번역한 '공감'은, 본래 '감정이입'을 뜻하는 독일어 '아인퓔룽(Einfuhlung)'이었다고 한다.[8] 이 감정이입이 없으면, 동지적인 감정의 유대도 형성되지 못한다. 전태일은 보조 근로자인 소녀들을 가리켜 내가 돌보지 않으면 아니 될 나약한 생명체들이라고 했다. 테오도어 립스는 공감이야말로 '의식을 지닌 생명체로 서로를 인식하게 하는 가장 근본적인 요소'라고 하지 않았던가.[9] 그의 공감 능력은 청옥고등공민학교 중학부 동기인 친구 원섭에게 보낸 장문의 편지글에도 잘 나타나고 있다.

> 내가 일하던 공장은 30명 여 명쯤 되는 어린 종업원들의, 잠바를 만드는 곳이었네. 지금은 가랑 잠바를 만들지만 조금 있으면 동복용으로 잠바 속에다가 털을 넣고 스펀지를 넣을 걸세.
>
> 종업원 대부분이 여자로서 평균 연령이 19세~23세 정도가 미싱일을 하는 사람이고, 14~18세 사이가 보조를 하는 사람일세. 보통 아침 출근은 8시 30분경에 하네. 퇴근은 오후 10시부터 11시 30분일세.
>
> 어떤가, 너무 지루하다고 생각하지 않나? 여기에 문제가 있네.
>
> 시간을 한번 따져보세. 하루에 몇 시간인가? 1일 14시간일세. 어떻게 어린 보조공들이 이런 장시간을 견디어내겠는가를. 연령이 많은 미싱공들도 마찬가지일세. 남자들보다 신체적으로 약하다는 것을 자네도 잘 알지 않은가. 더구나 재

---

[8] 정신분석학에서는 동정이건 공감이건 감정이입을 기본으로 삼는다고 한다. 감정이입의 단계에 놓여 있으면, 동정이요. 이로부터 벗어나 객관적인 거리를 유지하면, 공감이 된다. 이런 점에서 볼 때, 동정보다 공감이 더 성숙한 단계라고 할 수 있다.
[9] 네이버 지식 백과 '공감' 참조.

봉일이라고 하면 모든 노동 중에서 제일 고된 것일세. 정신과 육체를 조금이라도 분리시켜선 일이 안 되네. 공사판의 인부들은 육체적 힘을 요구하고 사무원은 정신적 노동을 요구하지만 재봉사들은 양자를 다 요구하거든. 그 많은 먼지 속에서 하루 14시간의 작업을 마치고 집으로 돌아가는 종업원들의 모습은 정말 너무 애처롭네. 아무리 불우한 환경에서 거부당한 사람들이지만 이 사람들도 체력의 한계가 있는 게 아닌가.

원섭아. 나는 재단사로서 이 사람들과 눈만 뜨면 같이 지내거든.

정말 여간 고역이 아냐. 이제 겨우 열네 살 된 어린 아이가 아침부터 퇴근시간까지 그 힘에 겨운 작업량을 빨리 제 시간에 못 마쳐서 상관인 재봉사들에게 꾸중을 듣고 점심시간이면 싸 가지고 온 도시락을 코끼리 비스킷 먹어치우듯 그 정도의 양밖에 안 되는 점심을 먹고 지내네. 부잣집 자녀들 같으면 집에서 아버지 어머니 앞에서 한창 재롱이나 떨 나이에……. 생존경쟁이라는 이 악마는 이 어린 동심에게 너무나 가혹한 매질을 하고 있네.[10]

이 편지글은 1969년에 쓴 것으로 알려져 있다. 인용한 부분은 전문(全文)의 3분의 1에 좀 미치는 분량이다. 우리나라 산업화 과정 속에 근로자들이 얼마나 힘든 육체적인 노동에 시달렸는지, 또 어느 정도 임금과 노동 환경이 열악했는지를 잘 보여주고 있다. 이 편지글은 단순한 사신임을 넘어서 산업화의 그늘진 우리 모습에 대한 한 시대의 사료라고 할 수 있다.

이 편지글을 보아선, 전태일의 성격을 가늠할 수 있다. 이 사신에는 격정, 분노, 내면의 열기라곤 찾아볼 수 없다. 그는 무척 침착했을 터이다. 또한, 초인적인 인내의 소유자였으리라고 본다. 그의 분신이 순간의 감정에 의해 좌우된 선택이 아니었음을 알 수 있다. 그가 숯덩이가 된 채

---

[10] 전태일기념관건립위원회 엮음, 앞의 책, 256~257쪽.

병원에 옮겨졌을 때 오히려 어머니를 위로했을 만큼 자신의 슬픈 운명을 너그럽게 받아들였다.

그의 편지글은 대충 갈겨 쓴 일회용 잡기(雜記)가 아니다. 또 문법적으로도 정확하다는 것은 그의 사유 구조가 경위(經緯) 반듯함을 가리킨다. 글쓴이의 처지가 절실하고도 절박한 만큼, 그의 언어도 진실하다. 지식인들의 먹물 빛이 감도는 그런 글이 아니라, 저학력의 어린 여공들도 읽을 수 있는 투명한 맹물의 언어이다. 그 동안 반세기에 걸쳐 노동 현실을 고민하던 사람들에게 있어서, 그 언어야말로 세상을 뒤흔들어 왔던 거다.

3. 언행일치와 공감의 심리학

전태일의 인간적인 면모를 세상에 알린 사람은 조영래였다. 그는 전태일보다 한 살 많은 1947년생이다. 물론 생전의 전태일을 만난 적도 없었다. 1971년 사법연수원에서 연수를 받던 중 내란음모 사건으로 구속되어 1년 간 투옥되었다. 그 후 1974년 민청학련 사건으로 6년 동안 도피생활을 했다.

이 와중에 민주화 동지인 장기표를 매개로 해 유족으로부터 전태일 기록물을 넘겨받는다. 전태일 평전의 초고는 1976년 가을에 조영래에 의해 완성되었다. 이 원고가 여러 경로를 통해 일본으로 넘어가, 1978년에 일본어로 탄생된다. 제목은 '불이여 나를 감싸 안아라—어느 한국 청년 노동자의 삶과 죽음'이었다. 원저자는 김영기인데, 물론 가명이었다. 1983년, 저자 조영래의 이름을 감춘 채, 전태일기념관건립위원회 엮음의 전태일 평전인『어느 청년 노동자의 삶과 죽음』(돌베개)이 간행되었다. 당국이 대대적으로 단속했지만, 지하로 유통된 이 책은 수십 만 독자의 마음을 울렸다고 한다. 1987년 민주화 이후, 이 책은 금서의 족쇄로부터 풀려났다. 마침내 저자의 이름을 찾게 되지만 조영래는 불치병으로 마흔 셋의 나이에 영면했다.[11]

조영래는 전태일 평전에서 산업화 그늘에 가린 노동자들을 가리켜 '현실이 쓰다버린 쪽박'[12]이라고 비유한 바 있었다. 땅콩 회항 사건으로 세상이 시끄러울 때, 항공사 오너의 딸에 의해 비행기에서 내려진, 그 잘생기고 영어 잘 하는 사무장조차 법정에서, 자신이 '일회용 인생'에 지나지 않는다면서 울먹였다는 기사를, 내가 보았던 적이 있다. 이처럼 모든 피고용자는 생의 비애감 속에 깃들지 않을 수 없을 것이다. 삶의 애환을 벗어나려면, 출세하라고 했다. 우리 사회에서, 자영업을 해서 크게 성공한 사람은 과연 몇 %나 될까?

전태일 평전에 의하면, 결미 부분에 그의 유서가 실려 있다. 과문한 탓에, 그가 유서를 언제 어디에서 작성했는지, 나는 잘 모른다. 또 유서가 평전에 실리기까지 어떤 텍스트 검증의 과정을 밟았는지도 모른다. 이렇고 저런 대목과 과정이 아쉽게도, 기존 평전에는 생략되어 있다. 앞으로, 내 스스로 살펴볼 기회가 있으면, 한다. 유서는 다음과 같이 서술되어 있다.

> 사랑하는 친우여, 받아 읽어 주게.
> 친구여, 나를 아는 모든 나여.
> 나를 모르는 모든 나여.
> 부탁이 있네. 나를, 지금 이 순간의 나를 영원히 잊지 말아 주게.
> 그리고 바라네. 그대들 소중한 추억의 서재에 간직하여 주게.
> 뇌성 번개가 이 작은 육신을 태우고 꺾어버린다고 해도,

---

11 안경환, 『조영래 평전』, 강, 2006, 226~231쪽, 참고.
12 전태일기념관건립위원회 엮음, 앞의 책, 148쪽.

하늘이 나에게만 꺼져 내려온다 해도,

　그대 소중한 추억에 간직된 나는 조금도 두렵지 않을 걸세.

　그리고 만약 또 두려움이 남는다면 나는 나를 영원히 버릴 걸세.

　그대들이 아는, 그대 영역의 일부인 나.

　그대들이 앉은 좌석에 보이지 않게 참석했네.

　미안하네. 용서하게. 테이블 중간에 나의 좌석을 마련하여 주게.

　원섭이와 재철이 중간이면 더욱 좋겠네.

　좌석을 마련했으면 내 말을 들어주게.

　그대들이 아는, 그대들의 전체의 일부인 나.

　힘에 겨워 힘에 겨워 굴리다 다 못 굴린, 그리고 또 굴려야 할 덩이를 나의 나인 그대들에게 맡긴 채,

　잠시 다니러 간다네. 잠시 쉬러 간다네.

　어쩌면 반지의 무게와 총칼의 질타에 구애되지 않을지도 모르는, 않기를 바라는, 이 순간 이후의 세계에서,

　내 생애 다 못 굴린 덩이를, 덩이를, 목적지까지 굴리려 하네.

　이 순간 이후의 세계에서 또 다시 추방당한다 하더라도, 굴리는 데, 굴리는 데 도울 수만 있다면,

　이를 수만 있다면……[13]

　이 유서는 전태일이 청옥고등공민학교 중학부 동창들에게 보내는 편지 형식을 취하고 있다. 인용한 부분은 전문(全文)이라고 한다. 원고 상태가 어떤지 알 수 없으나, 연과 행을 구분하고 있다는 점에서, 또한 글쓰기의 정념적인 표현 관습을 볼 때, 산문인 유서라기보다는 운문인 유언

---

[13] 같은 책, 234쪽.

시에 더 잘 어울린다고 하겠다. 이 유서가 한 편의 서정시라면, 죽음을 앞둔 '아름다운 청년'이 남긴 주옥같은 서정시의 명편이라고 해야 할 것 같다.

전태일의 기록물은 역사적 의미 못지않게 문학적 의의도 지니고 있다. 이것은 하나의 기록문학으로 인정되어 마땅하다. 그의 문학에 비록 세련된 언어의 결과 틀이 다소 부족하다고 해도, 문학적인 진실성의 힘이 그 결과 틀을 압도하고도 남음이 있다고 본다.

나는 그의 기록문학이 언어와 행동의 일체감에 놓여 있다는 것을 높이 평가하고 싶다. 내가 느낀 그는, 적어도 언행일치를 이룬, 한 시대의 청년 지사라는 데 있다. 언행의 일치를 스스로, 의도적으로 깨는 사람은 노회한 전략가들이거나 고도의 사기꾼들이다. 난 이런 사람을 평생토록 사회 구석구석에서 적잖이 보아 왔다.

최근에 신경생리학과 정신분석학에서 '거울뉴런'이란 용어를 곧잘 사용하고는 한다. 비슷한 용어로는 '거울 효과'라는 것도 있다. 이것들은 고통, 동정심, 감정이입 등과 관련된 신경 시스템을 가리킨다고 한다. 즉, 거울을 비추듯이 즉각 활성화하는 뇌의 기능과 관련이 있는 개념이다. 한 전문적인 책의 내용을 보자.

> 다른 사람의 감정을 같이 체험하면, 우리의 신경세포망은 반응을 하게 된다. 즉 다른 사람이 느끼는 감정이 우리 내부에 들어오는 것이다. 동정을 느끼거나 감정이입을 할 수 있는 능력은 상대가 감지하는 느낌을 우리의 신경 체계가 자동적이면서도 즉각적으로 재구성하는 까닭에 생겨난다.[14]

전태일은 어린 여공들이 느끼는 고통을 느끼면서 직장생활을 함으로

---
[14] 요하임 바우어, 이미옥 옮김, 『공감의 심리학』, 에코리브르, 2006, 49~50쪽.

써 마치 자신이 고통을 체험하는 것처럼 반응했다. 자신의 거울뉴런이 다른 사람보다 즉각적으로 민감했고, 또 다른 사람보다 공감능력이 뛰어났다. 그가 평소에 사용한 언어 기록은 뇌의 신경세포(계)를 즉각 활성화시켰다. 그러면서 그는 자신을 거울에 비추듯이 성찰하였다. 이런 점에서 볼 때, 청동거울, 우물, 밤하늘에 빛나는 별무리 등이라는 무수한 거울을 통해 자신을 비추어본 윤동주의 경우와 유사하다고 하겠다.

언어와 행동의 관계는, 언어가 행동을 대체할 수 있다는 점에서 나타난다. 언어는 감춰진 행동 잠재력을 전달해주며, 그 같은 잠재력이 지닌 힘은 흔히 감지할 수 있다. (……) 사람들이 우리에게 말하는 내용은 우리를 '움직이고' 자극하고 변화시킬 수 있다. 모두가 알고 있듯이, 언어란 행동으로 옮길 수 있는 효과가 있으며, 그런 점에서 행동과 동의어라 할 수 있다.[15]

언어와 행동은 본디 한 뿌리에서 나왔다. 인용문은 양자를 두고 동의어라고 비유하기도 했다. 보다시피, 언어는 행동으로 옮길 수 있는 효과가 있다. 이 효과를 가리켜 이른바 '거울 효과'라고 하는 것이다. 전태일은 언어와 행동의 일체감 속에서 동시대의 근로자들과 느낌을 공유할 수 있었다. 또한, 죽음 이후에 감정과 가치를 함께한 사람들과는 반세기에 걸쳐 시대적인 공명(共鳴)을 일삼았던 것이다.

김시습은 자신의 처지를 '신세모순(身世矛盾)'이라고 했고, 허균은 이를 '불여세합(不與世合)'이라 표현했다. 전자는 자신과 세상은 늘 모순적이라고 보았고, 후자는 자신이 세상과 더불어 화합할 수 없다고 보았다. 자아와 세계의 대립이라는 점에서, 사실은 같은 말을 한 셈이다. 이들은

---

15 같은 책, 77쪽.

모두 암울한 조선조 사회에서 서사적 글쓰기라는 거울 효과를 이용했다. 전태일 역시 산업화의 그늘 속에서, 즉 신세모순이라는 틈새와 불여세합이라는 긴장 속에서, 부지런히 기록을 남기고, 또 분신하기에 이르게 됨으로써 세상과 하직을 고했던 게다.

자아와 세계의 틈새를 노래하다
―비주류의 현대시조

1. 화조월석

　단형의 서정시인 시조는 전통적으로 자연을 소재로 해온 시가 문학이다. 그 소재는 두루 알다시피 전통적으로 자연물인 경우가 많은데 대체로 '화조월석(花鳥月石)'으로 표현하면 어떨까, 한다. 시조보다 더 단형을 추구하는 일본의 하이쿠 역시 자연물에서 소재를 가져오는 일이 많다. 일본이 자연재해가 많은 지역적인 풍토임을 염두에 둔다면 다소 뜻밖의 일이다.

　화조월석이란, 대체로 꽃과 새와 달과 돌을 가리킨다. 세상에 존재하는, 가장 기본이 되는 자연물이다. 그런데 이 화조월석은 국어사전에 없는 낱말이다. 사전에 등재된 낱말 '화조월석'은 화조월석(花鳥月石)이 아니라, 사실은 화조월석(花朝月夕)이다. 꽃 피는 아침과 달 밝은 밤이라는 뜻으로, 시각적으로 보기가 좋은 호시절을 가리키는 말이다. 그럼에도 불구하고 두 화조월석은 상통한다. 아름다운 자연물과 평화로운 시대. 서정시의 궁극이 지향하는 지복(至福)의 세계다. 전통적인 시조시인들은 대체로 이 두 가지를 노래해 마지않았다.

고인도 날 못 보고 나도 고인 못 뵈.
고인을 못 뵈도 예던(가던) 길 앞에 있네.
예던 길 앞에 있거든 아니 예고 어떨꼬.

주지하듯이, 이 작품은 퇴계 이황이 지어서 노래한 옛시조이다. 이때 시조라는 갈래는 자아와 세계와의 대립이나 갈등을 해소하는 시정신의 결과이다. 모든 가치와 지혜는 초시간적인 인격을 머금는다. 이 시조는 화자인 '나'와 고인의 시간적 간격을 좁히면서 세계를 자아화한다. 이때 고(古)와 금(今)이, 인(人)과 도(道)는 하나가 된다.[1] 고금이 따로 분리되면 시간성을 가진다. 고금이 합일하면, 초시간적이다. 인도는 사람의 도리다. '나'는 초시간적인 인격의 표상인 옛사람이 가던 길을 간다. 가치의 길이며, 또한 지혜의 길이다. 대립적인 것이 하나가 되면, 천지지심이 실현되거나, 본연지성이 확인된다.

옛시조는 이런 유의 일원론적인 동화의 세계를 유지하기 위해 화조월석의 자연물을 심미적인 대상물로 삼는 경우가 허다하다. 자연물은 천인이 합일하는 데 매개물이 되기도 한다.

자연물에 소재가 국한된 감이 없지 않았던 옛시조에 비하면, 현대시조는 소재를 확장하면서 다소 탈(脫)서정적인 양식의 징후를 보여주기 시작한다. 시조 시인들 일부는 '본연지성의 시조' 못지않게 '기질지성의 시조'가 있음을 깨닫는다. 그 시기는 아마도 1970년대 초반에서부터 1990년대 초반에까지 이르는, 대략 20년 정도가 아닌가, 한다. 우리 현대사의 정치적 격변기와 관련되어 있다. 주지하듯이 이 시기는 우리나라의 산업화와 민주화가 동시에 추구되던 기간이었다. 이 시기 현대시조의 극소수가 지향한 자아와 세계의 대립적 긴장을 보여준 사례가 있었다.

---

[1] 조동일,「본연지성의 시조와 기질지성의 시조」,『역대시조선』, 민음사, 1976, 159쪽, 참고.

그러니까 현대시조도 양적인 면에서, 9할 이상인 본연지성의 시조 외에도, 1할에 미치지 못하는 기질지성의 시조가 있음을 전제로 하지 않을 수 없다.

시조가 본연지성에서 기질지성으로 전환한다는 것은 성선설에서 성악설로의, 이성에서 기질로의, 훈고(訓詁)의 덕성에서 실사구시의 지향성으로의, 지선지미한 이상의 추구에서 추악한 현실을 들춰냄으로의 질적인 전환을 모색한다는 것을 의미하기도 할 것이다.

2. 불여세합

첫 번째로 살펴볼 작품은 서벌의 연작시 중의 한 편인 「서울·일(壹)」 (1971)이다. 이 작품은 경남 고성 출신인 그가 지방에서 상경한 직후에 원고지에 쓴 것이라고 보인다. 하지만 시집에 실린 시점을 고려하면, 공식적으로는 1972년 작품이다. 시인은 왜 상경했을까? 물어보나마나, 살림살이 때문일 것이다. 그가 고성에서 토착세력으로 떵떵거리면서 잘살았더라면, 굳이 왜 서울에 갔겠는가? 어쨌든 인용한 시조는 지금에 이르기까지도, 시조 작단에서 현대시조의 주옥같은 명편으로 두루 잘 알려진 시조다.

내 오늘
서울에 와
만평 적막을 산다

안개처럼
가랑비처럼

흩고 막 뿌릴까 부다

바닥난
호주머니엔
주고 간 벗의 名啣……[2]

　이 작품은 상경하는 인구가 급증하는 산업화 시대에 들어선 시점에 쓰인 것. 화자는 서울이 낯설다. 그는 서울 속의 '나'가 아니라 서울과 마주한 '나'이다. 빈핍한 삶으로 인해 서울에서 한 뙈기의 땅을 사지 못하고, 대신에 만평 적막을 샀다는 것은 비감을 자아내는 해학이요, 아이러니다. 바닥난 호주머니에 친구가 주고 간 명함이 달랑 들어있다. 한 장의 지폐보다 못한 명함이다. 이 역시 마찬가지로 해학적이다. 시인은 자간이나 행간에서 외친다.
　"명함이 밥 먹여주나?"
　본문에 명함의 '함'을 정자인 '함(銜)'이 아닌 속자 '함(啣)'으로 표기한 것도 세상에 대한 불만 내지 적의감이 반영된 것이 아닌가, 한다. 시인은 연작시조「서울」이후에도 소재의 현실적 폭을 넓혀갔다. 노숙자도 등장하고, 우루과이라운드도 언급되고 있다. 이 모든 것은 서벌이 세상과 더불어 화합할 수 없음을 말하고 있다. 땅 한 평은 사지 못하고, 만 평 적막을 사듯이 말이다. 불여세합(不與世合)의 소리에는 아이러니의 말투가 깃들지 않을 수 없다.
　시인의 동향 선배인 국문학자 김열규가 시조시인 서벌을 총괄적으로 평가한 바 있었다. "그는 음풍농월 하듯이는 시조를 쓰지 못한다. (……) 운명과의 맞대결, 세계와의 맞겨룸을 지탱해내는 의지와 결단을 집요하

---

[2] 서벌,『각목집』, 금감출판사, 1971, 96~97쪽.

게 다지고 굳히고 하면서 그는 시사문제도 정치적인 이슈도 경제적인 문제도 과감히 짐 지웠다."³ 김열규는 서벌의 시조에 대한 정곡을 꿰뚫어 보고 있었다.

  서벌은 개인사에 있어서 곡절이 많고 사연이 많은 삶을 살아왔을 것이다. 이런 유의 시인들은 시 작품 속에 온통 아픔의 덩어리, 비감의 결로 여울진 한의 그늘진 색깔을 그려낸다. 이런 점에서, 「서울‧일(壹)」도 마찬가지라고 본다. 다음에 인용된 시조 「겨울바다에 서서」(1976)의 시인 정해송 역시 서벌과 같은 경남 고성 출신의 시인이다.

    암벽에 부딪쳐서
    흰 이빨로 부서지는 절규

    매운바람도 범치 못할
    손끝 아린 진실 앞에

    한 꺼풀 각질을 벗고
    불을 찾아 설레는 魂.

    (……)

    피, 땀으로 기름 짜서
    燈心에 불을 켜라.

    한 점 꽃불로도

---

3 김열규, 「서벌 시조론」, 서벌, 『습작 65편』, 조선문학사, 2001, 10쪽.

背光처럼 밝힐 어둠

물너울, 끝없는 작업이여.
봄을 자릴 트는가.⁴

여기에 인용한 「겨울바다에 서서」는 1976년 동아일보 신춘문예 시조 부문의 가작으로 입선한 작품이다. 모두 4수 중에서 제2수와 제4수를 각각 인용하였다. 읽어보면 저항의 몸부림 같은 것이 감지된다. 정치적으로 엄혹한 시대에, 유신체제에 대한 어두운 현실의 면을 겨울로, 민주화된 미래를 봄으로 상징하고 있다. 물론 이 상징이 신선한 것은 아니다. 하지만 그 시대에 용기를 보여준 시조라는 점에서, 유신시대의 수작으로 인정되어 마땅하다. 이 시조에 대해, 한 논문은 다음과 같이 적고 있다.

70년대의 정치적 현실이 암흑을 향해 정점으로 치닫고 있을 때, 새 역사의 장이 열리기를 간절히 기원하는 마음으로 쓴 이 시는 시대상황을 겨울이라는 계절적 배경으로 삼아 그 바다를 시대정신의 역동적 이미지로 육화하여 살아있는 혼불로 상징하고 있다. 이런 점에서 이 작품은 시대정신을 반영하고 또 나아가 미래의 가능성을 제시하는 등불이 되어야 한다는 문학의 사명을 다하고 있다.⁵

이 논문의 인용문 속에서, 예를 들어 정치적 현실, 시대상황, 시대정신 등의 열쇠 말을 주목할 수 있다면, 이 작품의 역사적 의미를 충분히 가늠할 수 있다. 작자인 시조시인 정해송이 훗날에 '유신 시대의 동아일보 광고 사태'를 배경으로 한 것이라고 술회한 바 있듯이, 현대시조로서는 보기가 드문 현실주의 작품이라고 아니할 수 없다.

---

4 동아일보, 1976. 1. 6. 5면.
5 서태수, 『현대 시조시의 사적 연구』, 한국교원대학교 대학원, 1992, 46쪽.

이보다 더 직핍(直逼)의 의미가 있는 텍스트로는 이근배의「소지(燒紙)」 (1982)를 생각하지 않을 수 없다. 내가 시인에게 창작 동기를 직접 물어보았다. 1980년대 초의 시국사건, 즉 운동하는 학생이 극단적인 선택을 한 것에 충격을 받고 쓴 것이라고 하는데 구체적으로 어떤 사건인지는 잘 기억이 나지 않는다고 했다. 그가 시인 고은과 함께 문상을 갔다던가? 어쨌든 표준국어대사전은 이 '소지'라는 낱말을 두고, '부정(不淨)을 없애고 신에게 소원을 빌기 위하여 흰 종이를 태워 공중으로 올리는 일. 또는 그런 종이.'라고 풀이하고 있다. 이를 두고 볼 때, 이 낱말은 민속(학)적인 용어임을 알 수 있겠다. 작품의 전문을 따온다.

> 희고 붉은 꽃이 이 산야에 다시 피다
> 이것을 앞에서
> 통곡이 받쳐 오름은
> 네 뿌리 淨한 핏빛이
> 배어나는 까닭이다.
>
> 먹물 같은 역사 속에
> 네가 울린 목숨의 燒紙
> 재로 댕겨진 불, 이 저 가슴에 일고
> 네가 간 빛깔 사이로 가는 행렬이 보인다.[6]

먹물 같은 역사는 시간의 영속성을 말한다. 이에 비해 '뿌리 정(淨)한 핏빛'이니 소지니 하는 것은 시간 없음의 한 순간에 지나지 않는다. 물론 뿌리 정한 핏빛이니 소지니 하는 것이 우주론적인 진여(眞如)에 어깃장을

---

6 이근배,『동해 바닷속의 돌거북이』, 새글, 1982, 24쪽.

놓아봤자, 그것은 세 발의 피에 지나지 않는다. 한강에 오줌 누기다. 한 사람이 오줌 한번 눈다고 해서 한강물이 오염되는 것은 아니잖나? 국가권력에 맞서 싸워서 이길 수 있는 개인이 이 세상에 어디에 또 있으랴. 조선시대의 시조 작가들이 자연 속에서 음풍농월하고, 화조월석을 찬미하고, 무사태평을 기원하고, 충성의 맹약인 감군은(感君恩)을 구가하여도 세상의 힘과 거짓과 맞서는 '불여세합'에는 인색했다. 이런 점에서 볼 때, 이근배의 「소지」는 세상과 더불어 화합할 수 없는 것에 대한 맞섬이요, 맞겨룸이었다.

    내게도 올 것인가 자유의 기쁜 날이
    와야만 할 것인데 올 때가 되었는데
    시인의 애타는 심정 이내 한을 읊었나.

    봄비는 소리 없이 옥창 밖을 내리는데,
    쪼록쪼록 낙수 소리 밤의 정적 깨는구나.
    만상이 새봄이 왔다고 재잘대는 소리인가.[7]

  이 시조 두 수는 비전문 시조작가인 김대중의 작품이다. 우리가 잘 알고 있는 정치인 김대중은 1980년대 초반에 신군부에 의해 수감되어 있었다. 정치적인 의도와 목적이 있었다는 것도 잘 알려져 있다. 그는 수감 생활을 하면서도 1982년에 청주교도소에서 시조 12수를 썼다. 제목이 「옥중단시」(1982)로 된 이 12수의 시조 중에서, 나는 두 편을 가려 인용했다. 역사적인 인물이 쓴 시조인 만큼, 역사적인 의미를 가지는 것은 당연하다.

---

[7] 김대중, 『후광김대중대전집』, 제7권, 중심서원, 1995, 227~228쪽.

그는 유신시대보다 더 엄혹한 '겨울 공화국'인 신군부 시대에 내란음모 조작사건에 연루되어 군사재판을 받았다. 육군본부 계엄보통군법회의는 이 사건의 공판을 18회에 걸쳐 진행했다. 1980년 9월 11일에, 군검찰은 김대중에게 사형을 구형했고, 같은 해 9월 13일에, 그는 최후 진술을 했다. 같은 해 9월 17일에, 군법재판소는 그에게 사형을 선고했다. 군법에 의하면, 항소심이 없으니, 그대로 확정이 되었다. 정치적으로 억압을 받고 고통을 당하던 시절에 남긴 그의 어록은 이제 역사의 기록으로 남아있다. 이 중에서 인상적인 것 하나를 선택해본다.

> 나는 6대 국회 때부터 정치인의 자세에 대해서 말한 적이 있(었)습니다. 바른 정치인이 되려면 서생적 문제의식과 상인적 현실감각 두 가지를 겸비해야 한다고 말해 왔습니다. (……) 만해 한용운 식으로 말하자면, 칸트에게는 철학이 님이고, 불자에게는 부처가 님이고, 정치인에게는 국민이 님입니다.[8]

이른바 서생적 문제의식이니 상인적 현실감각이니 하는 말은 한때 인구에 널리 회자되는 말이기도 하였다. 정치인 김대중이 남긴 한글 시조는 모두 15수이다. 모두 1982년인 한 해에 쓴 작품이다. 인용한 시조 두 수에서 볼 수 있듯이, 그는 인신이 구속된 상태에서 원망(願望)에 대한 감정의 폭이 매우 컸다. 자유의 기쁜 날과 새봄은 인간 조건의 한계에서 벗어나 여여(如如)함에 이른 경지를 가리키고 있다. 나는 최근에 그의 시조에 관해 이런 견해를 밝힌 바 있다.

> 시나 시조의 서정적 주인공은 '무아지경'에 빠지기도 하고 '유아지경'에 빠지기도 한다. 자아와 세계 사이의 벽을 허물고 일원론적인 동화의 관계를 맺는 것

---

8 연세대학교 김대중도서관 편, 『김대중 전집 Ⅱ』, 제20권, 앞의 책, 362쪽.

이 바로 무아지경이다. 반면에, 자아와 세계가 팽팽한 긴장의 관계로 맞서는 것을 두고 유아지경이라고 말할 수 있겠다. 서정시의 본질은 무아지경이다. 이에 반해, 저항시, 문명비판시, 정치적 현실주의시 등은 유아지경이다. 김대중의 시조 18편은 자아의 존재감을 확인하면서, 결코 받아들일 수 없는 세계와 맞부딪치고 있다. 그의 시조는 현실을 부정하거나 비판하는 전형적인 유아지경의 시조이다.[9]

서정시의 장르적 본령은 자아와 세계의 관계를 '무아지경'에 빠진 경우로 빗대기도 한다. 이에 반해 소설이나 극(劇)은 자아와 세계가 팽팽한 긴장의 관계를 유지하면서 서로 맞서면서 소위 '유아지경'에 빠지게 되는 경우인 것으로 비유할 수 있을 것이다. 자아가 세계 속에 흡수되지 않고 결기 있게 날을 세우면서 삿대질을 일삼는 것. 자아(我)의 존재감(有)을 끝까지 지키려고 하는 것. 시조가 현실의 순응주의를 거부할 때 유아지경이 반짝 빛을 발하는 것은 두말할 필요조차 없다고 말할 수 있다.

중동의 유조선이 바람으로 달려들어
갈매기는 꾸럭꾸럭 날개가 부러지고
毒水에 밀린 꼬시락
기관지가 부어올라

그래도 그 옛날엔 마음 까지 한데 얼려
노 화백의 가슴 안고 놀던 꽃게는 갯벌에서 뭍으로 자치자치 기어 나고 발가락 꼬물꼬물 꼬막잡던 夏童의 푸른 꿈은 멀리서 重唱되어 테너로 들려는데
靑坡는 회의에 젖어 합포만을 외면한다.

---

[9] 송희복, 「왕과 대통령의 시가로 본 한국사」, 『문학 사학 철학』, 제76호, 한국불교사연구소, 2024년, 봄, 166~167쪽.

하수구 빠져나온

숨 잃은 폐수는

매연에 그을린 맥 빠진 낮달처럼

회생의 안간 몸부림

숨통마저 조여 대고

그 물새 놀던 자리 검은빛 海圖되어

그리움은 잔영으로 망가진 水林에서 코발트블루의 물감으로 암팡지게 대들지만

外貨에 눈먼 바다는 이미 死海가 다 되었다[10]

  시조시인 김복근의 특이한 시조다. 내용도 형태도 1980년대로서는 낯설다고 하겠다. 인용한 작품 「마산 앞바다」를 이해하기 위해, 우리는 먼저 경남 사람이 아니면 생소하게 느껴지는 시어를 알아볼 수밖에 없다. 어물명인 '꼬시락'은 망둥어의 경남 방언이다. 또 '노 화백'이라고 지칭하는 이는 '게'를 소재로 한 그림을 많이 남겼고, 주로 마산을 중심으로 활동하던 향토색의 화가 최운(1921~1989)을 가리키고 있다고 한다.

  이 작품은 생태시조의 시작을 알리는 징표라고 해도 무방하다. 시조는 자연친화적인 사상과 애최 무관하지 않았는데, 이 작품을 보면 생태위기의 문명비판시를 보는 것 같다. 그의 대표작 「볼트와 너트의 시」처럼 시조는, 특히 평시조는 마치 우주의 율동을 닮았다. 예컨대 밀물과 썰물, 들숨과 날숨, 조임과 풀림 등으로 비유될 수 있는, 극히 자연스러운 율동이다. 하지만 「마산 앞바다」는 산업화의 부작용이 남긴 성찰을 담고 있다. 마산은 본래 자유수출지역으로서 산업화 시대에 도시로서

---

[10] 김복근, 『인과율』, 나라, 1985, 84~85쪽.

성황(盛況)을 이룬 시기가 있었다. 「마산 앞바다」가 발표된 1985년은 마산 전성기의 막바지였다.

이 시조의 어조와 호흡은 거칠다. 네 수로 이루어진 시조여서, 비교적 장형의 시조에 해당한다. 제1수와 제3수는 평시조이지만, 제2수와 제4수는 사설시조이다. 사설로 늘어진 부분은 정격(正格)으로부터 벗어나려고 안간힘을 다하는 방증으로 보아야 할 것이다. 이 시조는 적어도 형태론적인 면에서 볼 때 평시조와 사설시조, 정격과 변격을 적절히 날과 씨로 엮어냄으로써 한층 발전된 시조의 비전을 제시하고 있다고 봐야 할 것이다.

김복근은 생태주의 시조에 관한 한 상징적인 존재다. 경남지역의 문학은 생태환경의 가치지향성에 있어서 최정규의 시집 『통영바다』(1997)와 배한봉의 시집 『우포늪 왁새』(2002)가 성취적 수준에 도달함으로써 두 금자탑을 세웠다. 물론 두 시집의 성격은 대조적이다. 전자가 생태학적 문명비판시라면, 후자는 생명시학의 서정시다. 이 중에서도 시기적으로 십 수 년에 앞서 발표된 김복근의 시조 「마산 앞바다」는 장르의 미세한 차이에도 불구하고, 마치 『통영바다』의 원형을 보는 것 같다.

이른바 생태학적 문명비판시는 황폐와 오손(汚損)의 경관을 그려내면서 인간의 욕망과 조화롭지 못한 세계를 비판한다. 시인들이 산업화의 이면에서 비인간화되어가는 세상의 불길한 모습을 떠올리면서 시심을 가다듬는다. 시조 부문에서 대표적인 시인이 김복근이다. 그는 요컨대 시대가 부여한 근원적인 불모의 성격을 깊이 형상화하였기 때문에 인간과 자연 사이의 현실감각을 지닌 시인으로서 기억되고, 또 기록될 것이다.[11] 그의 '텃새 한 마리'는 '성북동 비둘기'로부터 계승한 감이 없지 않으며, 그가 이 같이 그려낸 '마산 앞바다'는 '통영바다'에 알게 모르게 영

---

11 유성호, 『정격의 역진의 정형미학』, 작가, 2014, 234쪽, 참고.

향을 주었을 것이라고 본다.

요 며칠을 휘파람새가 심상치 않게 울었다

뒷강 나루터 기슭 잠을 잃은 휘파람새가

날마다
운암동(雲岩洞) 변두리의
첫새벽을 열었다.

고요한 산번지(山番地)에 미증유의 파도가 일어

나는 휩쓸리다가 또, 노을을 태우다가

마침내
꽃상여 타고 온
한 청년을 보았다.

그해 그 아픔 이후 한결 잦던 휘파람새가
비, 비를 맞으며 어둠을 치는 저 소리……

오늘도
아파트에 와
단조(短調)로 와 날고 있다.[12]

---

[12] 송선영, 『어떤 목비명』, 신원문화사, 1990, 14~15쪽.

송선영의 「휘파람새에 관하여」는 시국 사건을 소재로 삼은 작품이다. 이한열 사건은 전두환 정권에 맞선 6월 항쟁의 도화선이 되었다. 그의 꽃다운 죽음은 온 국민을 결집시켰다. 이것을 통해 우리의 민주주의 헌법이 새롭게 태어났던 것이다. 이때의 국민적 결집이 민주화를 쟁취한 것이다.

시인 송선영은 1936년 광주 운암동에서 태어났다. 광주사범학교를 졸업한 후에 43년 동안 초등학교 교사로 재직했다. 1959년에 한국일보와 경향신문의 신춘문예에 시조가 당선되어 시조 창작활동을 했다. 그의 대표작인 「휘파람새에 관하여」는 정확히 언제 지어졌는지 알 수 없다. 시조의 본문에 '그해 그 아픔 이후……'라고 한 것으로 보아 1980년대 말로 추정된다. 이 시조에 대한 자료가 눈에 띄어 인용해본다.

> 6월 항쟁의 도화선이 된 이한열의 죽음과 그의 장례식 날 운구차가 서울에서 광주로 진입하던 곳이 바로 그(송선영)가 태어나고 지금까지 살고 있는 운암동이다. 그리고 이 열사가 다녔던 고등학교가 바로 운암동에 위치한 광주진흥고이며, 그 학교 바로 밑에 그가 어릴 적 뛰놀았던 생가가 위치해 있다. 전국에서 수많은 추모 인파들이 몰려들어 그가 살던 운암동을 꽉 메우고 있었던 그 함성을 그냥 지나치지는 않았다. 그게 바로 '휘파람새에 관하여'의 작품이다. 웅변과 사설적 이야기들이 풍조를 이루던 시대에 이른바 '의식의 서정화'가 무엇인지를 단적으로 깨우쳐 주는 작품이라고 말할 수 있는 작품이다.[13]

영문학자로서 시조 비평에 비상한 관심을 보여주었던 장경렬은 송선영의 시조에 나타난 말없음표가 침묵의 여운을 남기며, 이 거리감이 대상과의 긴장된 관계를 증폭시키는 거리감, 이것 자체를 무화(無化)시키는

---

[13] 이재창 기자, 「어쩔거나, 만월일래 부풀은 앙가슴을」, 광주매일신문, 2002. 11. 27.

하나의 역설을 가능케 한다고 지적한 바 있었다.[14] 나는 이 지적이 「휘파람새에 관하여」 본문 한 행인 '비, 비를 맞으며 어둠을 치는 저 소리……'에도 적용된다고 본다.

송선영의 시조집 『어떤 목비명』이 1990년에 간행되었을 때 해설을 쓴 이는 동료 시조시인인 서벌이었다. 그는 「휘파람새에 관하여」에 대하여 인상적인 코멘트를 남겼다. 억울해서 치는 신문고 소리가 심상치 않게 우는 휘파람새의 소리로 전이되어 있고, 시인이 이 소리를 듣고 심오하고도 괄연해지는 일대성사를 이루어놓았다고.[15] 이 작품이야말로 1980년대를 대표하는, 한 시대를 수놓은 큰일의 하나가 아닐 수 없다.

나는 이렇게 본다. 1987년 6월, 이한열의 주검이 꽃상여를 타고 광주 운암동에 내려왔다는 사실은 소위 객관적 '정보(情報)'다. 이에 비해 정보와 상호의존으로 관계를 맺는 것이 상상적 '의보(依報)'다. 나는 송선영의 「휘파람새에 관하여」가 정보와 의보를 불교 연기론적 법칙성에 따라 해석한 것이 아닐까, 생각해본다. 이한열은 죽어서 휘파람새로 환생해 한의 울음을 토했던 것이 아닐까? 이 작품은 이를테면 '의식의 서정화'에 기여한 수준 높은 작품이 아닐 수 없다. 성패를 미리 생각하지 말고, 이제 시조도 화조월석에서 벗어나 삶의 중심부를 파고들어야 한다.

"지지배.
지배지배.
지지배배 지지배배"
미주알고주알 낱낱이 뭐라 일러바치는

---

14 정경렬, 「열린 시조를 향한 하나의 발걸음」, 송선영 시조집, 『휘파람새에 관하여』, 태학사, 2001, 121쪽, 참고.
15 서벌, 「겨레를 향해 쳐온 신문고 소리」, 송선영, 『어떤 목비명』, 앞의 책, 138쪽, 참고.

발정 난 노고지리 봄 하늘을 덮는다.

"……친외세 반민중의 체제란 허깨비는
마구잡이로 마구잡이로 갈기갈기 찢어 발겨……

던져라!"
돌팔매 뜬다. 때 맞힌 종달새.

"어미 아비 발 뻗치고도 눈물 한 방울 비치지 않을
세상모르고 자라난 철부지들은……

짓이긴 고춧가루다. 최루탄을 먹인다."

이렇게 오는 거란다. 아가야 민주의 봄은
철조망 바리케이드 개나리 빛 노란연막

화염병
꽃불이 퍼져
온 광장이 벌겋게……[16]

    이 시조 작품은 박재두의 「민주화로 오는 봄」(1991)이다. 경남 통영에서 태어나고 자라다가 통영 인근의 진주에서 주로 살았던 시인은 이 작품을 남기고서 십 여 년 후인, 비교적 이른 나이에 세상을 떠났다. 이 작품은 운동권 학생들의 가투 현장과, 이를 진압하는 경찰들의 대응을 여실

---

[16] 박재두, 『쑥뿌리 사설』, 태학사, 2004, 59~60쪽.

하게 묘파하고 있다. 긴장감이 높은 작품이다. 시심의 발상에서부터 독특한 성유(聲喩)의 종달새 지저귐을 제시한다. '지지배'는 '계집애'의 경상도 방언이다. '지배지배'는 '지배(支配)'의 중첩된 어휘이며, '지지배배'는 종달새 울음을 모방한 의성어다.

김선태는 이 작품을 두고, 민주화 열기로 뜨거웠던 1980년대 시대상황을 대변한 것이라고 했다. 또 이 작품이 구어체를 효과적으로 활용하여 생동감 있게 시위현장을 담아내고 있는 것이 이채롭다고 덧붙였다.[17] 이때까지 시조는 시위현장이니 가투니 하는 소재를 담을 수 있는 그릇이 되지 못했다. 발표 당시의 기준이나 관점에서 볼 때, 박재두의 작품이 시조로서는 제재사의 측면에서 이채로운 작품이 아닐 수 없었다.

하지만 나의 기억에 의하면, 이 작품은 1990년대 초의 시대상황을 묘사한 것이라고 보고 싶다. 학생들의 시위는 1980년대보다, 1990년과 1991년 두 해가 가장 격렬하게 전개되었다. 1987년에 6월 항쟁으로 민주화를 이끌어내고서도 야권 단일화 실패로 인한 좌절감은 극심했다. 게다가 1989년 말의 3당 합당은 한 치 앞을 내다볼 수 없는 상황 속에서 정치를 난국으로 이끌고 갔다. 학생들에게는 전두환과 노태우로 이어진 신군부 독재야말로 식민주의적 지배 이데올로기의 정치 체제로 보일 수밖에 없었다. 학생들이 1980년대 말에 '반전, 반핵'의 구호를 내세우고, 1990년대 초에는 5공, 6공을 '친외세, 반민중'의 체제라고 저항한 것을 미루어 볼 때, 이 작품의 시대적 배경은 1990년대 초인 것이 맞는다고 본다. 특히 1991년의 봄은 릴레이 분신 사태가 전국을 얼어붙게 했다는 점에서, 1980년 서울의 봄을 잘 말해주고 있는바 '춘래불사춘'에 못지않았다.

이와 같은 시대의 맥락 속에서, 박재두의 「민주화로 오는 봄」을 문학사회학적으로 이해하는 것이 어떨까, 한다. 정치적 변혁기의 격렬한 시

---

17 김선태, 「묘사와 변주의 탁월한 구경」, 박재두 시조집, 『쑥뿌리 사설』, 태학사, 2004, 157쪽, 참고.

위는 1992년 말에 YS가 대통령에 피선되고 문민정부에 대한 기대가 예감되면서부터 점차 잦아든 감이 없지 않았다.

어쨌든 1980년대 말의 휘파람새 소리에서 1990년대 초의 종달새 소리에 이르는 갖가지 소리들은 민주화를 요구하는 민심의 소리, 권력 질서에 어긋난 저항의 소리와 다를 바 없었다. 이 소리는 불여세합, 즉 세상과 더불어 화합할 수 없다는 주류 밖의 소리였다.

3. 기질지성

국문학자 조동일은 옛시조를 '본연지성(本然之性)의 시조'와 '기질지성(氣質之性)의 시조'로 대별, 대조한 적이 있었다. 동양철학의 생각 틀에서, 또 이기론의 관점에서 옛시조를 바라보았던 것이다. 이와 같은 생각 틀이나 관점은 현대시조에서도 적용된다. 시조는 본질적으로 서정시이기 때문에, 세계를 자아화한다. 본연지성이랄까, 천지지심이 주류가 되지 않을 수 없다.

> 본연지성의 견지에서 보면 我와 物 또는 자아와 세계의 사이에는 아무런 분별이나 대립이 없으므로, 세계의 자아화는 이미 이루어져 있다. 그런데, 기질지성으로 사용하는 기로 인해서 분별과 대립, 갈등과 고민이 생긴다는 것이다.[18]

본연지성이 4단이요, 이발(理發)이라면, 기질지성은 7정이요, 기발(氣發)이다. 이발은 이에서 시작되는 거고, 기발은 기에서 출발하는 거다. 이가 철학적으로 순수이성에 가깝다면, 기는 가장 우리말다운 표현인

---

[18] 조동일, 「본연지성의 시조와 기질지성의 시조」, 앞의 책, 156~157쪽.

'끼'라고 해야 뻥 뚫리는 느낌이 전해진다. 본연지성을 전제로 한다면, 모든 사람의 바탕에는 '순선(純善)' 즉 순수하고도 지선한 것이 존재한다. 반면에 기질지성은 차이와 분별을 만들어내는 기의 작용이라는 측면에서 이해해야 한다.

고려 때 지어진 유명한 시조가 있다. 이르되, 이화(梨花)에 월백(月白)하고 은한(銀漢)이 삼경(三更)인 제……달과 은하수는 하늘의 조화로운 마음이요, 배나무에 핀 꽃은 땅의 아름다운 마음이다. 이처럼 천지지심, 말하자면 하늘과 땅의 마음을 표출하는 것이 서정시의 본령이다. 반면에 기질지성은 시조보다 소설 등의 산문에서 주로 나타난다. 소설가 김시습이 자신의 처지를 두고 소위 '신세모순'이라고 표현한 바 있거니와, 자신과 세상이 서로 모순적이라는 것은 기존의 가치, 체제, 모럴에 도전적일 수밖에 없다. 자아와 세계가 서로 대립하는 관점에 있어선 말이다.

> 기질지성에 의해 자아화된 세계는 세계 그 자체와 갈등을 일으킨다. 이러한 갈등을 일으키는 세계의 횡포는 심성을 기르고 도의를 즐긴다고 해서 해결될 수 있는 것이 아니다. (……) 기질지성에 의한 세계의 자아화에서는 천인합일을 일단 거부함으로써 이루고자하는 반어가 나타난다.[19]

자아와 세계의 틈새를 노래하는 시조는 이른바 기질지성의 시조다. 이 시조 속의 세계상은 불합리한 삶의 조건이 들앉아 있고, 천과 인의 마음이 합일하는 안정된 세계가 아닌, 인심이 천심을 범하는 동요하는 세계를 반영한다. 주지하듯이, 조선후기의 사설시조에 이런 세계상이 잘 반영되어 있다. 내가 모두에 퇴계 이황의 시조를 인용하였지만, 막바지에 이르러선 남명 조식의 시조 한 편을 인용하려고 한다.

---

[19] 같은 책, 164쪽.

三冬에 베옷 입고 巖穴에 눈비 맞아
구름 낀 볕뉘도 쬔 적이 없건마는
西山에 해지다 하니 눈물겨워 하노라

조식이 중종이 승하했다는 소식을 전해 듣고 지은 시조다. 그는 중종과 사사건건 대립했다. 중종의 어머니 문정왕후와 사인(私人) 정난정은 권력을 휘두르면서 국정을 농단했다. 그는 이 초유의 여인천하 시대를 비판했다. 구중심처의 과부라고 했다가 죽음을 당할 뻔했다.

그래도 애도의 마음을 표한다. 여기에서 '구름 낀 볕뉘'는 천지지심이요, 천인합일의 경지를 말하는 것이지만, 그는 이 경지에 이르거나, 이것을 누리거나 하지 못했다. 삼동(三冬)의 베옷과 암혈(巖穴)의 눈비는 자아와 세계의 대립, 갈등을 암시하는 표현이기도 하다. 추위가 석 달간 지속되는 겨울에도 베옷으로 버티고, 바위구멍처럼 숭숭 뚫린 지붕 아래에 눈비를 맞아도, 자신을 알아주지 않는 임금을 탓하지 않았다. 신세 모순의 불균형 속에서 균형감각을 갖추거나 유지하거나 하는 수사법은 역시 아이러니다. 임금으로부터 은혜를 받지 못해도, 극한의 슬픔을 감당할 수밖에 없는 현실이 바로 반어적인 현실인 것이다.

조식이 흘린 눈물의 아이러니는 두말할 나위도 없이 문학적 가치를 높인다. 만약에 그가 '너, 잘 죽었다!'라고 저주를 했더라면 가치 있는 체험으로서의 문학이 되지 못한다. 현실의 불만을 직정적으로 토로하는 것보다 아이러니나 풍자로서 맞서야 문학의 뒷맛이 은근해진다.

현대시조 역시 본연지성의 시조가 대부분이다. 이런 유의 시조가 주류를 형성해온 것도 엄연한 사실이다. 시조 시인들이 부조리한 삶의 조건, 모순에 가득 찬 시대상황 등을 묘사하기에는 정치적인 부담도 적지 않았을 것이다. 1970년대 초의 서벌의 「서울·일」로부터 1990년대 초의 박재두의 「민주화로 오는 봄」에 이르기까지 기질지성의 시조로 분류되는 일곱 편의 작품을 가지고, 나는 이상으로 현대시조의 비주류 양상에 관해 논의해 보았다. 나는 이 일곱 편의 작품을 다시 분석해볼 기회를 가질 수 있다면, 수사학적인 서술 전략으로서의 아이러니에 대해 깊이 있는 성찰을 시도해볼 것이다.

조선인 여공들과, 슬픈 인권 현장

1. 재일 르포작가 김찬정

재일 한국인 작가 중에서 김찬정(金贊汀)은 특별한 존재다. 재일 한국인의 슬픈 역사에 관한 발굴 및 취재에 관해 모든 것을 건 사람이었다. 그는 1937년에 교토에서 태어났다. 일본에서 성장하고, 본국에선 산 적이 없었다. 따라서 본국의 독자들은 그에 관해 잘 아는 바가 없다. 오히려 일본에서 그의 작가로서의 인지도에 있어서는 그다지 낯설지 않다. 모국어 사용이 어느 정도로 가능한지도 잘 알려지지 않고 있다. 그가 살아생전에 세상에 남긴 모든 책은 일본어로 쓰였다. 우리나라에서는 그를 가리켜 '르포작가'라고 말하지만, 정작 일본에서는 자유기고가, 즉 '후리라이타(フリライタ)'라고 칭한다.

그가 남긴 책들 중에서 국내에 가장 잘 알려져 있는 것은 『저항시인 윤동주의 죽음』(1984)이다. 윤동주의 죽음에 관한 취재는 각별한 것이어서 윤동주 전기적 삶의 복원에 기여한 바가 적지 않다. 그가 관찰 및 분석의 주된 대상으로 삼은 것은 재일 한국인 중에서도 소외된 계층, 즉 토공(土工), 갱부(坑夫), 여공(女工) 등이 살아온 생활사의 편린들이다. 내가 본고에서, 그의 책 중에서 특별히 주목할 수 있으리라고 여긴 것은 『조선인 여공의 노래』이다. 1982년, 일본에서 한때 가장 유명했던 출판사인 '암파문고'가 간행한 책이다. 이것이 이듬해인 1983년에, 한국어판으로 소개되기도 했다.

한국어판은 해적판이 아닌가, 하고 의심이 들었다. 아니면, 지은이(김찬정)의 이름도, 옮긴이의 이름도 없는 것으로 보아 저작권 문제가 해결되지 않은 채 국내에 소개된 것 같다. 짐작하건대 운동권에서 낸, 비공식적인 지하 출판물이 아닌가, 한다. 한국어판 제목은 '어느 여공의 노래'라고 하고 있는 것처럼 다소 내용과 딱 들어맞지 않은, 또 발행처는 '도서출판 인간'이라고 적혀 있듯이 전혀 알려지지 않은 것으로 되어 있다. 세월이 벌써 40여 년이 지났기 때문에 이런저런 정보들을 확인하기가 결코 쉽지 않아 보인다.

내가 김찬정이 남긴 책을 '저서'라고 하지 않은 까닭이 있다. 그의 책이 그가 저술한 저서가 아닌 것은 아니지만 창작성, 저술성이 부족한 것은 사실이다. 진실 추구의 정신 때문에 이러한 것들이 유보될 수밖에 없었던 것이다.

다만 문학의 측면에서 볼 때, 그의 저서들은 창작성이 부족한 문학을 가리키기도 한 교술문학, 명상문학, 기록문학 등의 범주에서 논의되지 않으면 안 된다. 가치론적인 측면을 염두에 둔다면, 김찬정의 해당 책들은 비문학의 성격 및 범주를 넘어 기록적인 가치와 문학적인 가치가 어우러진 기록문학의 측면에서 이해하는 데 인색함이 없어야 한다고 생각된다.

2. 일하는 소녀들, 버티다

오사카 부의 남서부 지역에 기시와다(岸和田) 시가 있다. 전통적으로 성곽도시로 유지되어 왔다. 부는 우리 식의 광역시에, 시는 우리의 규모로 볼 때 구에 해당한다. 기사와다의 한자음 '안화전'은 글자 그대로 해안과 논이 조화를 이룬다. 다. (우리의 밭 전 자가 일본에선 논 전 자이다.) 그러니까 에도 시대까지만 해도 전형적인 농어촌의 지역사회였다는 것이다. 그러다가 이 지역이 메이지 시대 이후부터 공업 도시로 전환하면서 발전되어 갔다. 기시와다 시에는 매머드 급의 방적공장이 있었다. 책에는 '기시와다방적'이라고 적고 있다. 방적공장과 방직공장은 어떻게 다른가? 소위 방적(紡績)공장이 섬유를 가공해 실을 뽑는 공장이라면, 방직(紡織)공장은 뽑힌 실을 통해 직물을 짜는 공장이다. 김찬정이 어느 할머니에게 '할머니도 탄광에서 일을 했어요?'하고 물으면, 이런 대답이 돌아오곤 했단다. 아니, 나는 '보우세키'에서 일을 했어. 이 '보우세키'가 방적, 즉 방적공장을 말한다.

 기시와다방적에 다수의 조선인 여공을 고용한 것은 헐값의 노동력에 원인이 있었다. 조선이 일본의 식민지가 되면서 농민의 계층 구성에 큰 격변을 불러 일으켰고, 이에 따라 수많은 농민이 궁핍화되었다. 이 부산물이 조선인 소녀들을 일본의 방적공장에 들여오는 것이다. 특별한 기술이 없어도 할 수 있는 일이기에 실을 잣는 일은 조선의 10대 소녀들도 가능했던 것이다. 김찬정이 인터뷰한 한 할머니의 말이 글로 옮겨졌다.

 우리 집은 가난한 소작농이었기 때문에 하나라도 먹을 것을 덜어준다면 가족의 형편이 다소 나아지게 되는 입장이었어요. 그렇지만 여비를 마련할 수 없었기 때문에 일본으로 일자리를 찾아가기 위해서는 이야기로만 듣던 여공 모집인이 일본에서 건너오기만을 기다리고 있어야 했어요. 여공 생활이 어떤지는 전혀 알지 못했지만 그 전에 여공모집 차 왔던 사람들이 마을에 붙여놓은 '모집 안내'에는 3년 동안 근무하면 300원 상당의 저금을 할 수 있다든가 기숙사 생활은 안락하다는 것 등이 씌어 있었던 것으로 실제 전부 그대로이리라고는 생각하지 않았지만 해롭지는 않을 거라고 생각하였어요. (『어느 여공의 노래』, 도서출판 인간, 1983, 27쪽. 이하 인용문은 쪽수만 적음.)

1920년대의 모집인들은 감언이설로 소녀와 부녀자를 저임금의 구렁텅이로 몰아넣었다고 한다. 조선과 오키나와와 일본 내 부락(천민거주지)을 대상으로 인간 사냥을 했으며, 응모자를 사창가로 팔기도 했다고 한다. 일본의 노동 사료로 남아있는 기록물『여공애사』(1929)에 의하면, 모집인 중의 한 사람은 공장으로 오는 과정에서 용모가 좀 빼어난 여자들을 술집이나 사창가로 보낸 예가 자기가 아는 것 만해도 열 몇 건이나 된다고 했다. 김찬정은 이 악행의 과정을 상세하게 기술하고 있다.

일본의 산업과 국력은 20세기 초에 욱일승천하고 있었다. 식산흥업(殖産興業)의 세 기둥은 은행, 방적, 철도였다. 기시와다방적도 1890년에 세워진 이후에 메이지 정부의 부국강병책에 따라 사세가 급격히 확장되었다. 이 공장은 조선인 여공을 가장 많이 고용하고 있었다. 김찬정의 취재에 의하면, 1926, 7년 경에 기시와다방적의 조선인 여공의 수는 2백 명 정도였다고 한다. 모든 삶의 조건이 열악한 것은 이루 말할 수가 없었다. 소녀들이 조선에서 일본으로 건너오기 직전에 인신매매 같은 계약서에 도장을 찍었지만 계약 내용을 제대로 알고 있는 소녀가 거의 없었다. 노동력이 부족하던 기시와다방적은 사실상 사회적 약자의 피를 빨아먹는 흡혈귀나 다름이 없었다.

조선인 여공들의 생활상은 어땠을까? 기숙사 생활을 하던 그들은 잠자리에 들어갈 때 이불의 악취도 지독했지만 무엇보다 견딜 수 없었던 것은 빈대가 스멀스멀 기어 다니는 것이었다고 한다. 여공들이 회사 측에 퇴치를 요구했지만 예산이 부족하다는 대답이 들려오곤 했단다. 식생활도 처참했다. 오사카만에서는 그 당시에 정어리가 다량으로 잡혔는데 비료로 사용했다고 한다. 비료로 쓸 정어리를 기시와다방적이 싼 값으로 매입해 반찬으로 여공들에게 먹였다고 한다. 정어리가 회사로 넘어갈 때면 반은 썩었다고 했다. 오사카아사히신문 1928년 9월 21일 자에 의하면, 그 당시의 한 조선인 여공은 이것저것 떼고 나면 대충 월 20원이 남았다는데 자신이 쓸 용돈 3원을 남겨두고 고향으로 송금했다고 한다. 이 경우는 성공적인 사례라고 하겠다. 대부분의 여공들에게는 회사가 제공하는 식사만으로는 섭생에 문제가 있어서 건강을 유지하는 일이 급선무였다. 한마디로 말해, 열악한 생활상이었다.

> 휴일은 한 달에 두 번이었는데, 그날은 2, 3전의 돈으로 튀김집에서 야채튀김을 2, 3개 사서 신문지에 싼 다음 바닷가로 나가곤 했어요. 돈이 없어 놀러갈 형편도 안 되기 때문에 동료와 함께 바닷가로 나가는 것이지요. 어떤 때는 새 요릿집에서 새의 발과 내장의 버리는 부분을 얻어다가 바닷가에서 불을 피우고 냄비에 그것을 넣어서 끓여 먹기도 했어요. 회사의 식사에서는 육류가 절대로 나오지 않기 때문에 그런 것으로 영양을 보충할 수밖에 없었지요. (67쪽)

일본인들에게는 내장구이라는 게 없었다. 우리는 전통적으로 있었다. 재일 조선인들은 '내장의 버리는 부분'으로 영양을 보충해 왔다. 호로 모노, 버릴 것, 쓰레기에 해당되지만 '호로몬 야키'라고 해서 전후 일본 사회에 음식문화의 선풍을 일으키기도 했다. 위의 인용문을 보면 이 호로몬 야키가 이미 1920년대부터 오사카를 중심으로 있었음을 알 수 있다. 여공들의 열악한 작업 환경은 질병에 쉽게 노출될 수밖에 없었다. 김찬정은 그 당시에 공장에서 일을 하면서 살았던 일본인 여공의 증언을 다음과 같이 적고 있다.

> 여공은 한번 전염병에 걸리면 평소 영양이 나쁘기 때문에 사망률이 높았지만 조선인 여공은 일본인 여공에 비해서 많이 죽지 않았어요. 지금 생각해보면 먹

는 음식이 달랐기 때문인 것 같아요. 일본인 여공은 다쿠앙(단무지)을 상당히 좋아하여 그것만 먹는 셈이었는데 조선인 여공은 돼지나 소의 내장을 사서 끓여먹곤 했기 때문에 영양이 좋았던 모양입니다. 요즘은 소나 돼지의 내장을 시장에서 팔지만 그 당시에는 그냥 버리든가 밭의 비료로 쓸 정도였지요. 그렇기 때문에 공짜로 얻을 수도 있어서 조선인 여공도 먹는 게 가능했는데 그것이 결과적으로는 전염병에 걸려도 일본인 여공에 비하여 사망률이 낮아질 수 있는 조건이 되었어요. (111~112쪽)

이 증언은 매우 중요한 사료다. 1920년대의 일본 내 조선인 여공들이 버틸 수 있는 힘이 바로 호로몬 야키인 것이다. 김찬정은 이를 두고 '불행 중 다행'이라고 썼다. 이것은 가난했기 때문에 내장을 먹었다는 것에 그치지 않고, 한일 간 식생활의 차이나 습관에서 기인한 현상이라고 덧붙이기도 했다. 하지만 질병에 취약한 여공들은 적잖이 죽어나갔다. 죽은 여공들은 매장이나 화장을 했다. 기시와다방적의 여공들은 경상도와 제주도 출신이 많았다. 제주도 출신의 여공들이 동료가 죽어 화장하는 것에 반발이 심했다고 한다. 경상도 출신들은 불교적 전통에 비교적 순응할 수 있었던 것 같다.

조선인 여공들에게 악의 표상과 같은 단체는 소위 '상애회(相愛會)'였다. 인류 상애의 정신과 일선(日鮮) 공영의 본의에 충실하겠다는 의미에서 붙여진 명칭이지만, 실제로는 악명 높은 친일 단체였다. 여공들은 훗날에 이렇게 회상했다. 상애회 소속의 그 놈들은 사람이 아니었어요. 조선인 여공을 고용하거나 임금을 계산하는 일 등은 회사가 직접 처리하지만, 노무 관리 등은 상애회가 청부를 받는 시스템이었다. '그 놈들'은 공제액을 안 내는 여공을 사무실에 불러 구타를 하고, 심지어 강간도 했다고 한다. 여성 인권의 사각지대인 셈이다.

3. 야학과 노래와 노동쟁의

조선인 여공들은 거의 까막눈이었다. 고향의 가족에게 편지를 받거나 부치고 싶어도 마음대로 잘 되지 않았다. 읽지도 쓰지도 못하는 그들은 답답하기가 이루 말할 수 없었다. 한 증언자는 사택 앞의 담뱃가게에서 담배 몇 갑을 사서 조선인 작업반장에게 부탁을 했다고 한다. 이런 번거로움을 해소하기 위해 기숙사에서 야학을 연다는 얘기가 들려왔다. 야학은 여공들에게 인기가 있었다. 하지만 이것이 회사 측에 발각되어 금지되었다. 여공들이 문자를 배우면, 책과 신문을 읽을 것이고, 이로 인해 각성되고 계몽되어 노동쟁의로 이어져 갈 것으로 보았다. 하지만 자신들의 부당한 대우를 깨달아가면서 조선인 여공들은 투쟁 경험을 조금씩 축적해 갔다. 김찬정의 책에 이런 게 실려 있다.

> 조선인 여공들은 소규모 투쟁 축적을 통해 일본인 노동자와 불협화음을 이루면서 계층적, 민족적 자각을 굳혀갔다. 그리고 점진적으로 이루어지긴 했지만, 그 속에서 일본인 노동자와의 연대에 눈을 뜨고, 더욱 커다란 권리 투쟁을 전개할 준비가 마련되고 있었던 것이다. (121쪽)

기시와다방적에서 일하는 여공들은 힘들 때마다 노랫가락을 흥얼거리면서 일을 했다. 노래와 일은 서로 기막히게 중화시킨다. 여공들이 부르는 노래 중에 모국어로 부른 것은 대부분 민요였으리라고 본다. 일본어로도 불렀다는데, 그랬다면 창가라고 짐작된다. 누구나 다 아는 노래, 즉 두루 불렀다는 노래는 가락(멜로디) 중심의 민요였으리라고 본다. 한 증언자는 다음 민요를 제시하기도 했다.

새야 새야 무심한 새야

어제 심은 콩밭에 날아들면
고랑마다 농부 눈물 넘쳐난다.

이 민요는 기시와다방적 여공들이 누구나 불렀다고 했듯이 전래민요다. 민중의 굶주림에 대한 공포가 잘 드러나 있다. 이에 비해, 다음에 소개할 민요는 '자아, 우리 여공들아' 하는 말로 시작되는 것을 볼 때 창작민요인 게 분명하다. 가락보다는 사설(내용)을 중시하는 민요. 소리(唱)보다는 흥얼거림이 길게 이어져 간다. 사설의 흥얼거림은 마치 삶의 곤핍에 힘겨워하는 장탄식, 혹은 넋두리처럼 들린다. 여공들은 이렇게 흥얼거리면서 일을 한다. 일종의 노동요라고 할 수 있다.

자아 우리 여공들아 하루 생활 읊어보세
밤이어도 한밤중에 깊은 잠에 빠졌을 때
시끄러운 기상소리 감긴 눈을 깨웠으니
머리 빗어 올리고서 얼굴을 씻어내고
부리나케 허둥허둥 식당으로 나가보면
먹지도 못할 밥에 된장국만 뎅그러니
밥을 국에 말아먹고 공장에 나가지만
허리 펴고 살아갈 날 언제나 올 것이냐
꽁꽁 묶인 이곳에도 전등불을 밝혀두고
태산 같은 기계 뭉치 가슴에 안노라면
시간은 흘러흘러 숙소로 돌아갈 때
친구 없는 텅 빈 방에 홀로 젖는 슬픔이여

김찬정은 1970년대 말과 1980년대 초에 할머니가 된 기시와다방적의 한 여공을 만나 겨우겨우 기억을 해낸 것을 기록했다. 그는 이 노래를 듣고서 이런저런 감상을 붙였다. 그의 책 『조선인 여공의 노래』 중에서 가장 소중하게 남아있는 부분이 아닌가 한다. "노래는 한국의 독특한 민요 가락에 맞추어 불러졌다. 밝은 느낌을 주면서도 비애가 젖어 있는 듯한 선율이었다. 그것은 여공들이 필사적으로 버티어가고 있는 가혹한 공장 생활을 명랑하게 밝게 노래하고 싶어 하면서도 일상생활의 고통과 슬픔이 자연스럽게 노래에 묻어나오는 듯한 노래였다."(74쪽) 이 노래의 가락은 이제 아무도 모른다. 전승을 위해 녹음을 한 것도 아니었다. 노랫말을 애써 기억해낸 이는 정이순 할머니라고 적혀 있다. 재일 조선인 여공들이 일을 할 때 왜 노래를 불렀는가? 이에 대한 답을 옛 시조 한 편에서 찾을 수밖에 없다.

> 노래 삼긴 사람 시름도 하도 할샤
> 일러 다 못 일러 불러나 풀었던가
> 진실로 풀릴 것이면은 나도 불러보리라

이 시조를 지은 이는 신흠(1566~1628)이다. 당대 한문학의 4대가 중의 한 사람이지만 한글 시조 30여 편을 남기기도 했다. 그는 임진왜란에서부터 정묘호란에 이르기까지 이 전쟁 저 전쟁, 온갖 정변을 겪으면서 가장 어려운 시대를 헤쳐 간 인물이었다. 인용한 시조를 풀이하면 다음과 같다. 노래를 만든 사람은 근심 걱정이 많기도 많구나. 말로 다하지 못해 노래를 불러 이것을 풀었는가? 그래, 이것이 풀릴 것 같으면, 나도 노래 불러보겠다. 조선인 여공들은 시름을 풀기 위해, 근심 걱정을 해소하기 위해 노래 불렀던 것이다. 이야기는 본질적으로 허구니까 거짓말이다. 요즘 문제가 되고 있는 가짜뉴스도 악성(惡性) 이야기에서 비롯된다. 물론 소설은 좋은 이야기다. 어쨌든 간에, 노래는 삶의 중심부에서 우러나오는 참말이다. 진실한 언어다.

세계사적인 큰 변화가 일어났다. 두루 알려진 사실이거니와, 1929년 10월부터 시작된 뉴욕 발 세계 대공항의 급류는 일본에까지 밀려들었다. 조선인 일용 노동자가 희미한 불빛의 항구를 돌면서 헤매고 있어도 반겨주는 곳은 아무데도 없었다. 김찬정의 책『조선인 여공의 노래』후반부는 기시와다방적의 노동쟁의에 할애하고 있다. 전체 분량의 35%에 해당된다. 이것은 대공항으로 인한 임금 격감이 일차적인 원인이었다. 김찬정은 이 과정을 점검하기 위해 문서 자료를 꼼꼼하게 뒤졌다. 쟁의에 참가해 증언해줄 사람들은 대부분 세상을 떠났고, 남아있어도 '왜 남의 고통을 기억해달고 하나?'라고 반문하면서 인터뷰를 거절했다고 한다. 1930년 사태의 과정에, 애초에 조선인 여공들의 태도는 유보적이었다. 고순봉 할머니의 증언을 옮겨본다.

> 나는 노동운동이나 사회주의 운동이라는 것은 잘 알지 못해요. 기시와다 쟁의 때에도 한국인 여공들로부터 스트라이크에 참가하지 않겠냐고 제의가 들어왔지만 무서워서 참가하지 않았어요. 나는 사카이 공장에는 없었고 본사 공장에 있었기 때문에 스트라이크가 사카이 공장에서 시작되었을 때의 일은 아무것도 알지 못하죠. 그 후에 본사 공장에서도 소동이 크게 있었지만 이것은 어느 틈엔지 경찰들이 관여해 사람이 다치게 되는 커다란 소요가 되었지요. 조선인 여공도 참가했지만 참가하지 않았던 사람도 많았지요. 쟁의에 참가하여 뒤에 상애회 패들에게 참혹하게 당하는 것을 두려워했던 것이에요. 그러면서도 많은 사람들이 워낙 회사에 대해 많은 불만을 가지고 있었기 때문에 참가하자고 하는 권유가 있으면 그 권유에 응하는 사람들도 많았지요. 모두 그 일로 떠들썩하게……. (135~136쪽)

이 증언은 기시와다방적에 대한 여공들의 격렬했던 노동쟁의 과정에서도 폭풍전야에 지나지 않았지만, 객관적인 상황을 차분하게 잘 회고한 어록이다. 갑자기 소요의 격랑이 일어난 시점은 1930년 6월 5일이었다. 이틀 전에 임금이 4할이 급감한 데 따라 여공들이 술렁이었는데 기시와다방적 여공 539명 중에서 약 100여 명이 작업장을 이탈해 가파란 언덕을 넘어 노동합동조합 본부 2층에 가 농성을 벌였다. 대부분이 조선인 여공들이었다. 오사카아사히신문 1930년 5월 4일 자에 의하면, 조선인 여공들이 회사를 벗어나서 임금 인하에 불복한다는, 꽤 상세한 기사를 냈다. 그동안 일본 전역의 노동현장에는 임금에 있어서도 조일(朝日) 간의 민족차별, 남녀 간의 성차별이 없지 않았다. 5월 7일이 되면, 쟁의단과, 회사 경비를 맡고 있는 폭력 단체 상애회가 난투극을 벌인다. 조선인과 일본인이 연대하면서 쟁의가 확대되어갔다. 조선인 여공들을 지원해온 일본인 활동가 노사키는 자신의 피아노를 팔아 600원을 마련하여 농성하는 쟁의단에 식량을 제공했다. 사태가 악화된 것은 그해 5월 15일에 쟁의단과 후원 단체가 기시와다 공장을 난입해 기물을 파괴한 일이었다.

이 난입 사건으로 인해 조선인 여공들이 오사카 부 특별고등계 검사의 지휘 아래 유치장과 연무장에 끌려가 밤새도록 고문을 당했다. 바깥까지 한국어 비명소리가 들려 왔다고 한다. 사카이 시 전체가 계엄령 같은 상황이었다고 한다. 아무리 식민주의가 기승을 부리고 있던 세계사적인 시대상황이라고 해도, 애젊은 여성들의 인권이 이렇게 참혹할 수가 없다. 종군위안부 여성의 인간 이하의 푸대접과 오십보백보다. 여공들에게 가해진 고문을 두고, 김찬정은 이렇게 썼다.

일본에서 가장 밑바닥 생활을 하는 노동자로서 오랜 기간 동안 인간성이 짓밟혀온 조선인 여공들에게는, 자신들의 해방을 위해 목숨 걸고 싸웠던 투쟁이 완전히 짓이겨져 끝장난 것이라 여기지 않았다. 격심한 탄압과 처참한 고문을

받으면 받을수록 증오와 분노는 더욱더 불길처럼 타올랐다. (163쪽)

조선인 여공들이 쟁의를 하게 된 데는 일본 내의 농민조합과 수평사의 후원이 작지 않았다. 일본의 농민과 부락민이 차별을 받아온 것이 사실이다. 이런 피지배 세력과의 연대가 힘이 되었을 것으로 보인다. 부락민은 전통적인 천민들이다. 우리식으로 하면 백정들이다. 일제강점기 백정들의 권익을 위해 결성된 단체가 형평사라면, 일본 부락민들 단체가 수평사이다. 형평(衡平)은 저울처럼 평평하다는 뜻이며, 수평(水平)은 물처럼 평평하다는 뜻이다.

기시와다방적의 1930년 노동쟁의는 회사 측이 쟁의 중의 일급과 해고수당을 지급하고, 조선인 여공의 퇴직 귀국자에게 여비와 그 밖의 수당을 지불하는 조건에서, 또 기시와다방적 노동쟁의와 관련해 검거된 자 2백 명 정도 중에서 70명 정도를 기소한다는 조건에서 마무리하려고 했다. 이 과정에서 조선인 여공들이 놀라울 정도의 투쟁력을 발휘했음을 보여주었다. 동시대의 평판은 이러했다. 양쪽을 옹호하는 두 가지 견해를 동시에 보자.

어떤 섬유노동자 운동의 기관지는 기시와다방적 쟁의에 대해서 '……여공만으로 매일, 매일 용감히 데모를 벌이고 놈들을 떨게 하고, 5월 15일 밤의 공장습격으로 40여명의 형제를 감옥에 가게 하는 등 일본 노동운동사상에 금자탑을 세웠던 기시와다방적 쟁의는 최후까지 투쟁심에 불탄 여공들을 어째서 유리한 싸움으로 이끌지 못하고……'(『섬유노동자』, 제2호, 1930, 11, 16.)라고 여공들의 용감하고도 격렬한 투쟁심을 찬양하면서 쟁의 지도부의 실패를 지적하고 있다. 특히 자본 측 '……그 인원에 있어서도, 또 흉악함과 난폭함에 있어서도 중대했던 사실은 일본에 나타난 노동쟁의 중에서도 드문 것이었다.'(『오사카 상공회의 회월보』, 1930, 11.)라고 말하고 있다. (181쪽)

성격이 다른 두 매체의, 기시와다방적 노동쟁의에 대한 당대의 동시 평가는 의미 있게 다가오고 있다. 이를 가리켜 노동 측은 노동운동의 금자탑, 자본 측은 일본에서 드문 노동쟁의라고 했다. 말하자면 일본 노동운동사에서 중대한 의미를 지닌 운동이라는 데는 양측이 인식을 함께하고 있는 말이다. 오늘의 관점에 있어서도 재일 조선인 여공들의 노동쟁의는 역사적으로 평가되어야 한다.

4. 여성 인권의 가치지향성

김찬정의 『조선인 여공의 노래』는 재일 여공들의 노동쟁의에 대해 초점을 지나치게 맞추다보니 상대적으로 인권 문제가 희석될 수밖에 없었다. 물론 르포작가로서 발품을 파는 그의 노고를 높이 평가하지 아니한 것은 아니지만, 전체적인 맥락을 염두에 둘 때, 오늘날의 시각에서 각별한 가치지향성을 가진 젠더 감수성의 문제가 빠진 감이 있었다.

김찬정은 이 책의 앞부분에 자신의 집필 의도를 미리 밝힌 바가 있다. 일제강점기에 재일 조선인 여공들이 어떻게 모욕을 당했고, 또 어떻게 멸시를 당했는지를 널리 알리고 싶다고 했다. 사마천의 기록 정신을 두고 '발분저술'이라고 한다. 잘못 이해하면 억울하고 분한 마음을 표출하는 것으로 알고 있는 사람이 많다. 하지만 이것의 정확한 의미는 억울하고 분한 마음을 발산(초월)하는 것이다. 기록은 남을 욕하거나 원망하거나 자기연민에 빠지는 데 있는 게 아니다. 사람이 행한 일의 진실을 찾는 데 있다. 이런 점에서 볼 때, 김찬정의 기록 정신 역시 발분저술이라고 할 수 있겠다.

이진에 기시와다방적에서 근무하였던 조선인 부인들을 탐방하여 그 경험담을 취재하고 종합하여 기시와다방적의 조선인 여공의 실상을 분명하게 밝힘으로써 일본 자본주의의 가장 밑바닥에서 학대받고 착취당하면서도 지금까지 잡초처럼 건강하고 꿋꿋하게 살아가고 있는 우리들 어머니의 기록을 알리고 싶었다. '방적의 조선 돼지'라고 욕을 당하고 '방적 여공이 인간이라면 나비나 잠자리까지 새라고 하겠다.'라고 멸시를 받아온 여공으로서 이 땅에 죽어간 수많은 우리 어머니들! 이 분을 위한 진혼의 글로서 기시와다방적의 생활을 조사하여 기록으로 남기고 싶었던 것이다. (17쪽)

기시와다방적에서 일을 했던 조선인 여공들에 대한 멸칭을 한마디로 요약한다면, 그것은 '돼지'다. 앞에서 말한 바 있지만, 오사카만에서는 그 당시에 정어리가 다량으로 잡히곤 했는데 이것을 대부분 비료로 사용했다고 한다. 비료로 쓸 정어리를 기시와다방적이 헐값으로 사서 여공들의 부식으로 사용했다. 일본 어부들도 이것을 다량으로 잡으면, 재수가 없다고 하는 것처럼 '방적공장의 조선 돼지들에게나 먹여!'라고 말을 할 정도였다.(65쪽. 참고) 왜 이처럼 당시의 일본인들은 조선인 여공들을 가리켜 조선 돼지, 여공 돼지, 암퇘지라고 지칭했을까? 여공들이 배가 고파서 무엇이나 주더라도 소리를 내면서 먹는다는 이유에서다.(67쪽. 참고) 여공들을 관리하는 작업반장 중에서 조선인 작업반장이 더 혹독했다. 한 여공이 실수를 해 기계를 멈춘 적이 있었다. 일본인 작업반장이 때렸다. 화가 난 여공이 우리말로 욕을 했다. 그가 알아듣지 못해 지나갈 일을, 조선인 작업반장이 그녀를 개 패듯이 팼다고 한다. 자신의 충성심을 보이기 위해서였다. 일본 자본가들은 이런 남자를 충실한 개로 여겼고, 여공들을 돼지로 능멸한 것이다. 그러니까 일제강점기 일본에서의 조선인은 '개돼지'나 다름없이 인간 이하의 취급을 받은 것이다. 김찬정은 책의 마지막에 이르러 인권 문제를 다시금 제기한다.

조선인 여공들의 투쟁은 물론 생활고에 의한 요구로 시작되었지만 그녀들에게 있어서 그것은 인간의 존엄성을 회복하기 위한 투쟁이었다. (……) 인간으로서 마땅히 누려야 할 권리를 짓밟혔던 사람들의 인간성 회복의 투쟁이고, 인간의 존중함을 되찾기 위한 투쟁이었다. (……) 기시와다방적 쟁의는 억압받고 학대받고 모욕당하고 있던 조선인 여공의 분노가 없었다면, 이렇게 격렬히 투쟁하지 않았을 것이고, 투쟁 그 자체도 발생하지 않았을 것이다. (180쪽)

김찬정은 그 당시의 일본인 여공과 조선인 여공의 임금 격차에 관해서도 취재한 바가 있었다. 회사 측은 기술의 차이, 생산량의 차이에 있다고 했을 것이다. 조선인 여공들은 훗날에 세월이 흐른 후에 이에 대해 이의를 제기하기도 했다. 이들은 누구나 반문한다. 기술이야 조선인 여공이라고 해서 못할 이유가 없으며, 생산량의 차이가 있다면, 주어진 기계의 차이가 아닌가? 조선인이 일본인보다 열등하다는 편견이 아니고선 이런 얘기가 나올 수 없다. 요컨대 재일 조선인 여공들은 민족차별, 성차별, 빈부차별이란 3중고에 시달릴 수밖에 없었던 것이다.

5. 보충—다큐멘터리 영화

나는 작년(2024)에 영화관에서 다큐멘터리 영화 한 편을 보았다. 상영시간은 83분이었고, 관객 수는 나를 포함해 세 명이었다. 다큐멘터리 영화는 극영화가 아니기 때문에 원작이 있을 수 없다. 하지만 이 경우는 원작이 있다. 원작은 김찬정의 책 『조선인 여공의 노래』이다. 이 영화가 원작에 비해 확실히 나은 게 있다면, 시각적 재현의 효과라고 할 것이다.

이 영화가 가능할 수 있던 사실은 옛날 기시와다 방적공장의 붉은 벽돌담장이 남아있다는 데 근거한다. 영화에 의하면, 일본 방적공장이 기계화됨으로써 대호황을 누릴 때 회사는 반도의 소녀들을 경쟁적으로 데리고 왔다. 이 소녀들이 세상에는 본래부터 나쁜 사람이 없다는 부모의 말에 순종해 도일했지만, 공장이 자신을 가둔 감옥에 진배없다는 사실을 조금씩 알아가게 된다. 일본 경찰과 연계된 악명 높은 상애회는 늘 기세등등했고, 공장과 기숙사는 지하통로로 연결되어 있었다. 원작에 없는 디테일이 시각적으로 재현되어 있다. 영화는 시각적 재현의 효과를 위해, 목화 먼지로 인해 결핵에 걸릴 환경 속에서도, 바닷가에서 내장구이를 먹으면서 영양을 보충하고, 한글 공부 모임을 몰래 만드는 등 잡초처럼 강인한 사람으로 성장해가는 모습을 보여준다.

이 영화는 이원식 감독이 연출했다. 다큐멘터리 영화지만, 극영화의 요소도 적잖이 가미되어 있다. 이것은 작년에 전주국제영화제 때 상연되었다가, 광복절을 앞두고 8월 7일에 전국적으로 개봉되었다. 나는 우연찮게 이 영화를 개봉관에서 볼 수 있었다. 하지만 아쉽게도 관객의 호응이 그저 그랬다. 원작이 노동쟁의를 중시했다면, 영화는 조선인 여공들의 생활상에 포커스를 맞추었다. 재일교포 배우 강하나는 프리젠터(보고자)로서 방적공장 여공 역을 맡았다.

야한 여자와 장미여관과 불편한 자유
―마광수 : 1977~1989

1. 시인으로 등단한 그해의 마광수

마광수는 1980년대 말기에 인기 문인으로 급부상할 때 수많은 독자들의 격려가 있었지만 소수 독자들의 욕설에 가까운 비난도 있었다. 아마도, 재직하던 학교인 Y대학교 주소로 전달된 편지였으리라. 그에 대한 비난 중의 하나로 눈길을 끄는 표현이 있었다. 5공 독재 정권이 길러낸 종마(種馬).[1] 하지만 내가 쓰고 있는 이 글은 적어도 이 비난과 정반대의 입장에 서 있다는 사실을 미리 전제로 한다. 그에게 있어서의 지상 가치는 '자유'에 있었고, 그는 또 20세기 한국 사회의 성의 평등과 자유를 주장하면서, 우리 안의 억압된 본능을 일깨우려고 노력을 다한 문인이었기 때문이다.[2]

내가 쓸 이 비평적인 에세이는 그의 시를 대상으로 삼고 있다. 시점은 1977년에서부터 1989년에 이르는 12년 동안이다. 이 기간은 한편으로

---
1 마광수, 『나의 이력서』, 책읽는귀족, 2013, 175쪽.
2 장석주, 「야한 인간, 마광수」, 장석주·송희복 엮음, 『마광수 시대를 성찰하다』, 글과마음, 2019, 29쪽, 참고.

정치적으로 암울했고, 또 한편으론 격동했다. 마광수는 아직 소설을 쓰지 않았던 시점이다. 소설 「즐거운 사라」 이후부터, 그에게는 소설가의 이미지가 강하게 남아 있다. 사후인 지금도 마찬가지다. 시인과 에세이스트와 비평가로서는 지금도 그다지 주목을 받지 못하고 있다. 시인으로서 그를 다룬 비평문은 극히 드물다. 이 글이 시인으로서의 마광수를 재평가하는 데 바탕이나 보탬이 되었으면 한다.

그 12년간은, 문학이 특히 세상의 요청에 부응하지 못한 측면이 있었다. 문학의 언어는 리얼리즘에 안주해 있었고, 현실 원칙의 금기와 억압이 세상을 지배하고 있었지만, 이 언어에 대해 쾌락 원칙의 환영으로서는 적절히 대응하지 못했다. 문학과 예술이 권력의 통제를 받고 있었던, 젊은 시인으로서 마광수가 살았던 12년간을 연상시키는 파시즘 시대의 오스트리아 작가이자 언론인이었던 카를 크라우스가 남긴 다음의 어록이 이 대목에서 절실하게 다가온다.

"Das Wort entschlief, als jene Welt erwachte."[3]

세계는 깨어나 있는데, 언어는 잠자고 있다. 그 12년간을 되돌아보면, 시대정신에 있어선 지식인들의 의식을 각성하고 있지만, 문학과 예술은 그것에 미치지 못하거나 따라가지 못하거나 했다. 이 시기의 마광수의 시를, 우리는 어떻게 보아야 할 것인가? 내가 내게 부여한 최근의 물음이다.

한 시대의 문제를 제기한 개인으로 유명했던 마광수는 산문가로 잘 알려져 있기도 하였다. 그의 문제작 대부분이 소설이었고, 또 그는 오랜 기간에 걸쳐 다량의 산문집을 간행했다. 하지만 그의 문학적인 상상력의 원점은 다름 아닌 시였다. 그는 고등학교에 재학하던 1960년대 말에서부터 시를 쓰기 시작했고, 이때 쓴 시들은 일부 그의 시집에 실리기도

---

[3] Herbert Marcuse, 「Eros & Civilization」, ㈜시사영어사, 1992, 110쪽.

했다. 그가 시인으로서 정식으로 등단한 해는 1977년이다. 그는 이때 『현대문학』에 「망나니의 노래」와 「배꼽에」 등을 발표했다. 그의 「망나니의 노래」에는 이런 표현이 있어서 나를 잠시 숙연하게 한다. 죽음을 스스로 선택한 그의 마지막 순간과 너무 닮아있어서다. 이 시는 자신의 죽음을 앞두고 정확히 40년이 지난 세월로 되돌아갔던 것이다. 이 대목에서, 인연과 운명의 기묘한 순환성을 느끼게 한다.

> 내 마음 난파당한 어느 쇠배마냥
> 스스로 무거움 겨워 가라앉아 버렸나니
> 나를 휘감는 건 죽음 같은 고독일 뿐.
>
> —「망나니의 노래」 부분[4]

인용한 시에서의 '쇠배'는 '철선(鐵船)'을 가리킨다. 표준국어대사전에도 등재되어 있지 않지만, 구한말에 자주 쓰던 말이었다. 철선은 목선보다 무겁다. 물론 무거우면 가라앉기 쉽다. 인생이 무거우면, 인간도 가라앉기가 쉽다. 마광수는 '즐거운 사라 사건' 이후에 인생이 점차 무거워져 갔다. 그가 창조한 여성상 '사라'는 자신의 쾌락 원칙 및 장밋빛 인생관을 의인화한 것인데, 이 의인화가 참을 수 없는 존재의 가벼움으로 인해 세상을 즐겁게 만들지 못했다. 시대의 무거운 쟁점으로 가라앉았다. 결국에는 안타깝게도, 그는 이 같은 여론의 중량, 생의 중량을 스스로 이기지 못하고 끝내 침몰하고 말았다.

> 아름다운 속박이냐 소란스런 희망이냐
> 푸른 핏줄 엉겨 붙어 한층 슬프게 요요한

---

4 마광수, 『귀골』, 중판, 1989, 평면사, 12쪽.

―너 외로운 배꼽이여.

―「배꼽에」 부분[5]

시인이 1977년에 이 시를 쓸 때만 해도, 에로티시즘 미학의 측면에서 볼 때, 배꼽에 아무도 관심을 주지 않았다. 배꼽은 모태로부터 원초적인 생명력을 부여받은 경건한 자리지만 사실상 아무런 쓸모가 없는 범속한 상흔일 따름이었다. 1990년대에 배꼽에 대한 인식이 변화되었다. 여체의 성감대 중의 하나로 생각해온 시점도 이때부터가 아닌가 한다. 이와 관련해 여성기를 연상한 패션의 소산인 배꼽티와, 배꼽에 성적 매력을 느끼고 흥분하는 배꼽 페티시즘도 생겨났다. 슬프게 요요한 것이란 무엇인가? 남들이 관심을 주지 않지만, 젊고, 생기가 있고, 또 아름다운 것. 시인 마광수는 아시아권에서, 적어도 우리나라에서 배꼽 미학의 선구자인지도 모른다.[6]

이 글을 쓰고 있는 나 자신이 올해(2023) 등단 40주년이 되는 해다. 마광수는 등단 40주년이 되는 2017년에 세상을 떠났다. 그는 1977년에 시인으로서 문단에 등단한 것이었다. 내 기억에 의하면, 그해는 특별한 일이 없이 안정적이었다. 유신 정부의 지상 과제였던 국민소득 천 달러, 수출 백억 달러를 달성한 해였다. 이 자신감으로 인해, 절대 권력의 박정희는 연말에 쌀 막걸리를 허용했다. 얼핏 보기에 태평성대처럼 보이던 해에 그가 등단했지만, 그의 시심(詩心), 에스프리는 사실상 유신 시대

---

5 마광수, 『광마집』, 심상사, 1980, 25쪽.
6 다니자키 준이치로 이래 탐미적인 성애소설의 계보에 포함된 나카무라 신이치로의 소설 「아름다운 여신과의 유희」(1988~1989)에 의하면, 주인공이 젊은 미술학교 교사 시절에, 모델이 되어주겠다고 자청한 여제자의 벗은 몸에서, 아름다운 원형의 배꼽을 보고 잠시 넋을 잃었다고 술회하기도 했다. (나카무라 신이치로, 유숙자 옮김, 『아름다운 여신과의 유희』, 현대문학, 2004, 16쪽, 참고.) 몸에 관한 시적 몽상의 산문집을 낸 시인 김경주는, 배꼽을 상상할 때 형용사는 복합적이면서 희귀한 색채를 띠며 표현에 신중한 문제를 맡기면서도 이미지를 확실하게 전달한다고 말한 바 있다. (김경주, 『밀어』, 문학동네, 2012, 249쪽, 참고.)

라는 정치적 억압 시대의 중심부에 놓여 있다고 해도 결코 지나친 말이 아니다. 그러면, 나의 붓 끝은 지금부터 마광수의 시인됨의 정체, 정체성을 찾으러 떠난다.

2. 저 순수한 민주주의에 몰두하기

시인 마광수는 1980년대에 시집 세 권을 냈다. 제목을 순서대로 밝히자면, 『광마집(狂馬集)』(1980)과, 『귀골』(1985)과, 『가자, 장미여관으로』(1989)로 열거된다. 그 이후에 낸 적지 않은 시집들은 이 세 권의 시집에 비해 언어적인 밀도나 문학적인 함량이 떨어진다. 첫 번째 시집인 『광마집』은 자호나 다름이 없는 광마, 즉 미친 말, 질주하는 말의 이미지가 담긴 거침없는 시집이라고 하겠다. 물론 등단 전의 습작도 적지 않지만, 등단한지 3년 만에 간행했다는 점에서, 부지런함도 느껴지는 시집이다. 이 시집에는 45편의 시들이 실려 있다. 두 번째 시집인 『귀골』에는 69편이 실려 있지만 이전 시집의 절반 정도를 여기저기에 흩어진 채로 다시 수록하고 있다. 신작은 역시 45편인 것 같다. 세 번째 시집인 『가자, 장미여관으로』는 120편이 실려 있지만, 이 역시 첫 번째와 두 번째 시집로부터 재수록한 것이 적지 않다. 대체로 보아서, 신작이 50편에 조금 미치지 못한 것으로 간파되고 있다. 제목을 바꾸거나, 좀 손질한 게 있어서, 신, 구작을 정확하게 가려내는 일도 결코 쉽지가 않다.

요컨대 마광수가 등단한 1977년에서부터 세 번째 시집인 『가자, 장미여관으로』를 간행한 1989년에까지 시집에 수록한 시편(신작)의 수는 118편으로 추산된다. 물론 플러스마이너스 5정도의 오차는 있을 수도 있다. 이 수치는 그가 12년 동안에 학위 논문 및 발표 논문, 각종의 비평문을 쓰면서도, 평균적으로 한 해에 10편 정도의 시를 써온 셈이라는 사실을 말해준다.

그의 첫 번째 시집인 『광마집』에서 대표적인 작품으로 손꼽히는 것은 「왜 나는 순수한 민주주의에 몰두하지 못할까」(1977)와 「나는 야한 여자가 좋다」(1979)이다. 특히 전자의 시는 두 번째 및 세 번째 시집에서도, 다시, 또다시 실렸다. 또 같은 제목의 산문집도 훗날 간행되기도 했다. 왜 나는 순수한 민주주의에 몰두하지 못할까? 이 질문은 시인 자신이 자신에게 던진 본래면목의 질문이다. 그가 등단한 1977년에 던진 이 질문은 2017년에 이르러 타계할 때까지 이어온 40년간에 걸쳐 유지해온 문학적인 자기 과제였다.

> 노예들을 방석 대신으로 깔고 앉는
> 옛 모로코의 국왕이 나오는 영화를 보고 돌아온 날 밤
> 나는 잠을 못 잤다 노예들의 불쌍한 모습에 동정이 가다가도
> 사람을 깔고 앉는다는 야릇한 쾌감으로 나는 흥분이 되었다
>   (중략)
> 그런데도 통 마음이 가라앉질 않는다.
> 왕의 게슴츠레한 눈과
> 피둥피둥 살찐 쾌락들이 머릿속에 떠올라
> 오히려 비참과 환락의 대조가 나를 더 흥분시킨다.
> 아무리 애써 보아도 그 흥분은 지워지지 않아
> 나는 그만 신경질적으로 수음을 했다.
> 왜 나는 순수한 민주주의에 몰두하지 못할까
>
> 다음 날에도 나는 다시 극장엘 갔다.
> 나의 쾌감을 분석해보기 위해서, 지성적으로.
> 한데도 역시 왕은 부럽다 벌거벗은 여인들은 섹시하다.

노예들을 불쌍히 생각해줄 여유가 나에게는 없다. 그 동경 때문에 쾌감 때문에.

그러나 왕을 부러워하는 나는 지성인이기 때문에 창피하다.
양심을, 윤리를, 평등을, 자유를
부르짖는 지성인이기 때문에 창피하다.
노예의 그 비참한 모습들이
무슨 이유로 내게 이상한 쾌감을 가져다주는 걸까
왜 내가 평민인 것이 서글퍼지는 걸까
왜 나도 한번 그런 왕이 되고 싶어지는 걸까 아니
그럭저럭 적당히 출세라도 해서
불쌍한 거지들을 게슴츠레한 눈으로
바라보고 싶어지는 걸까
왜 나는 순수한 민주주의자가 되지 못할까
왜 진짜 민주주의에 몰두하지 못할까

―「왜 나는 순수한 민주주의에 몰두하지 못할까」 부분[7]

이 시의 발심이 된 영화는 무슨 영화일까? 1970년대라면 외국 영화를 극히 제한되게 수입했기 때문에, 쉽게 알 수도 있을 것 같은데, 나는 땅띔조차 못하겠다. 어쨌든 시인은 무언가의 외국 영화를 보고 제왕의 권력과 성적 지배력에 적잖은 충격을 받은 것 같다. 그는 영화를 본 후 귀가해 뭔가 욕구불만이 생겼는지 신경질적으로 수음을 해댄다. 선망의 심리적 메커니즘, 자학과 자위의 경계 넘나들기가 야릇하게 결합된 결과인 것 같다.

그는 순수한 민주주의에 몰두하지 못하는 자신을 성찰하고 자책한다.

---

[7] 같은 책, 38~40쪽.

순수한 민주주의는 무엇일까? 시인이 자문자답했다. 진짜 민주의의라고. 시인이 이 시를 쓰던 시대는 소위 유신 시대다. 유신 시대의 민주주의는 순수한 민주주의가 아니라, 한국적 민주주의다. 두말할 나위도 없이, 한국적 민주주의는 가짜 민주주의이다. 개인숭배 및 우상화로 치닫는 북한식 조선민주주의도 마찬가지였다. 짐작컨대, 시인은 '옛 모로코 국왕'을 가리켜 그 당시의 유신 대통령인 박정희로 연상한 것임에 거의 틀림없어 보인다. 순수한 민주주의의 정체(政體)는 양심과 윤리와 평등과 자유를 지향한다. 반면에, 한국적 민주주의의 그것은 상대적 양심과, 알량한 윤리와, 제한된 평등과, 불편한 자유만을 허용할 따름이다. 이 같은 성적 정치학의 함의는 「나는 야한 여자가 좋다」에서도 어김없이 반복되고 있다.

> 나는 야한 여자가 좋다
> 꼭 금이나 다이아몬드가 아니더라도
> 양철로 된 귀걸이나 목걸이, 반지, 팔찌를
> 주렁주렁 늘어뜨린 여자는 아름답다
> 화장을 많이 한 여자는 더욱더 아름답다
> 덕지덕지 바른 한 파운드의 분(粉) 아래서
> 순수한 얼굴은 보석처럼 빛난다
> 아무 것도 치장하지 않거나 화장기가 없는 여인은
> 훨씬 덜 순수해 보인다 거짓 같다
> 감추려 하는 표정이 없이 너무 적나라하게 자신에 넘쳐
> 나를 압도한다 뻔뻔스런 독재자처럼
> 적(敵)처럼 속물주의적 애국자처럼
> 화장한 여인의 얼굴에선 여인의 본능이 빛처럼 흐르고
> ―「나는 야한 여자가 좋다」 부분

시인의 역발상이 우선 눈길을 끈다. 시인에게는 야한 여자가 좋단다. 화장을 하지 않은 자연적인 여자가 부자연스럽고, 오히려 화장한 여인의 얼굴에선 자연스러움이 넘쳐난다. 화장한 여자, 장신구를 많이 치장한 여자가 아름답고 순수하다는 게 어느 정도 동의를 얻을 수 있는지 모르겠지만, 여자를 바라보는 그의 심미적인 가치는 확고해 보인다. 자신이 넘치는 야한 여자가 자신을 압도하고 있다고 고백한다. 솔직함이 짙게 배어있는 고백이 아닐 수 없다. 이 시에도 성적 자유의 함의가 배어있다. 야한 여자가 자신을 압도하는 것이, 마치 뻔뻔스런 독재자와, 적(敵)과, 속물주의적 애국자와 같다고 했다. 박정희의 유신 체제와, 북한 특유의 수령 체제와, 순응주의자, 기회주의자, 어용학자 등을 비판하고 있다는 점에서, 이 시는 알레고리 기법으로 된 시속(時俗)의 시라고도 볼 수 있겠다. 물론 통속적인 취향이 반영된 것은 아니다.

야한 여자는 고혹과 관능과 화사한 장식에 의해 생기발랄해진 여자다.

누군가 나에게 누가 야한 여자냐고 묻는다면, 짐짓 마광수처럼 용기를 내서 말할 수도 있다. 이를테면, 거기에 적당한 물기가 스며있고, 몸에 다사로운 온기가 감돌고 있으며, 분위기에 있어선 서느런 요기(妖氣)가 넘쳐나는 여자. 마광수가 가리킨 야한 여자보다 더 야한 여자인지도 모르겠다. 성성(sexuality) 및 성적 이미지를 투영한 점에 있어서는 말이다.

마광수 이전에도 야한 여자를 추구해 마지않았던 사례가 있었다. 프랑스 상징주의 시인 보들레르는 자신의 산문 「화장예찬」(1863)에서 아름다움의 이상을 자연의 상태에서 인위적인 기교로 옮겨놓았다. 그는 자연스러운 순수한 모습에서 외모를 변형시킨다는 것은 미학적으로 정당하다고 했다. 또한 그는 이른바 '마키아주(화장)'가 피부를 완벽하

게 보완하는 데서 '카드마키아주(속임수)'로부터 벗어날 수 있다고 했다.[8]

이로부터 세월은 10년이 흐른다.

마광수의 시편 「나는 즐거운 매저키스트」(1989)는 야한 여자를 시적 화자로 내세운 각별한 산문시이다. 비교적 긴 분량의 내용 중에서 시작되는 첫 문장은 이렇다. "여자는 성기의 구조상 항상 공격 받아야 기분이 좋아지는 법이고, 따라서 나는 다행히도 분명 매저키스트이다."[9] 마광수에 의하면, 야한 여자는 수동적, 순종적이다. 왜? 솔직하니까.[10] 야한 여자 중에서 피학대 음란 여성이 많다는 것은 어쩌면 그의 상상력의 결과인지 모른다. 이 시는 피학대 음란을 즐기는 야한 여자의 고백록 형식의 산문시다. 섹스 파트너 남성이 처음엔 자신에게 성냥개비로 찔러주었다. 그러다가 그녀는 머리카락 실핀을 뽑아 그에게 건넨다. 예리해지니까 온몸이 긁힌 흔적으로 처참해졌지만 너무 고마워 남자의 발바닥까지 핥아준다. 마지막 피, 가학 도구는 채찍이었다. 야한 여자는 더 흥분한다. 학대를 당하면 당할수록, 흥분은 더 고조된다.

여자의 성은 욕망을 당하는 데 의의가 놓인다. 여성들의 성 역할은 수동적이다. 수동적이고 순종적인 야한 여자일수록, 능동적인 남성들의 성욕 객체로 인지하려들 것이다.[11] 참 알쏭달쏭한 성인지 감수성이 아닐 수 없다.

---

[8] 도미니크 파케 지음, 지현 옮김, 『화장술의 역사』, ㈜시공사, 2001, 72~73쪽, 참고.
[9] 마광수 시집, 『가자, 장미여관으로』, 자유문학사, 1989, 114쪽.
[10] 마광수 자신은 당시의 문학계간지 『문학과 지성』 1979년에 발표된 시편 「나는 야한 여자가 좋다」의 제목이 그토록 많은 논란과 화젯거리가 되리라고 전혀 생각하지 못했다고 한다. 그는 야한 여자가 천박한 여자, 성에 헤픈 여자가 아니라, 허위와 위선에 빠지지 않고 본능에 솔직한 여자를 가리킨다고 했다. (마광수, 『나의 이력서』, 앞의 책, 173~174쪽, 참고.)
[11] 시부사와 타츠히코 지음, 문대찬 옮김, 『몸 쾌락 에로티시즘』, 바다출판사, 1999, 51쪽, 참고.

3. 야한 여자와 개처럼 사랑한다면

마광수는 27세의 나이인 1978년에 홍익대학교 교수로 임용되었다. 학생들과도 나이가 크게 나지 않았다. 그가 모교인 연세대학교에 이직하기까지 5년 간 미혼의 젊은 교수로서 열심히 살았다. 그런데 이 공적인 사실과 별개로, 사사롭게는 그가 주로 미술을 전공하는 여학생들과 자유롭게, 또 은밀하게 연애와 섹스를 즐겼던 것으로 알려져 있다. 그의 무수한 회고록 중의 하나 「이 한 장의 사진—내 생애 가장 행복했던 시절」(2006)에 의하면, 이 시기에 여학생들이 그에게 줄줄이 들러붙었다고 했다. 주로 미술대 여학생들이었다. 그는 그 당시에 소설 「즐거운 사라」(1991)의 모델이 될 만한 여학생들이 무척이나 많았다고 했다. 특히 그 시기에 가장 깊은 연애에 빠진 여학생으로 미술대 공예과에 재학하던 K라는 여학생이었다고 지목한 바 있었다.[12] 그 인생의 화양연화, 꽃무늬처럼 화사한 시절에 자신에게 솔직하게 성적으로 개방할 수 있고 또 순종할 수 있는 야한 여학생과 개처럼 사랑하고 싶은 욕망을 드러낸 시가 있다.

개처럼 사랑하고 싶다. 개는 언제 어디서나 가리지 않고 사랑을 나눈다. 번거로운 절차도, 체면도 없다. 사람들은 엉큼스럽게 사면이 벽으로 막힌 곳에서만 사랑을 하는 것이 아니다. 큰 한길에서도 개는 누가 보든 말든, 순수한 정열로 사랑을 나눈다. 아무런 스스럼이 없다. 전혀 부끄러워하지도 않는다. 그 티 없이 순진한 개의 눈빛, 사랑이 가득 담긴 부드러운 혀 놀림, 기분이 좋을 때는 언제나 꼬리를 흔들어대는 그 솔직성. 나도 개처럼 정직하게 사랑을 나누고 싶다. 빨가벗고 사랑을 나누고 싶다.

—「개처럼 사랑하고 싶다」 전문[13]

---

12 마광수, 『나의 이력서』, 앞의 책, 145~146쪽, 참고.
13 마광수, 『귀골』, 앞의 책, 85쪽.

여기에서 말하는 사랑이란, 다름 아닌 섹스다. 마광수는 이 시에서 언제라도, 어디서라도 개처럼 발정이 나면 섹스하고 싶다고 말하고 있다. 그가 홍익대 젊은 교수로서 여학생들과 어울리면서 자유연애, 프리섹스를 바라 마지않을 때 쓴 화양연화의 솔직한 고백시다. 고백을 하는 것에, 무슨 형식이 필요하나? 그래서 거친 산문시의 형식을 취한 것이다. 보들레르는 자신의 산문시집 『파리의 우울』 서문에서 산문시를 가리켜 "그 야심만만한 시절에, 리듬도 각운도 없이 음악적이며……충분히 유연하고, 충분히 거친, 어떤 시적인 산문의 기적"[14]라고 언명했는데, 시편 「개처럼 사랑하고 싶다」가 이런 부류, 이런 가치에 포함된다고 평가할 수 있겠다. 하지만 문학 내적인 성취에도 불구하고, 문학 외적인 관점에서 볼 때, 물론 남근주의라는 비판을 피할 수 없다고 보인다.

자기 신념이 뚜렷하다는 점에서, 윤동주와 마광수는 공통점을 가진 시인이다. 윤동주가 양심에 충실했다면, 마광수는 본능에 충실했다. 하지만 시편 「개처럼 사랑하고 싶다」를 두고 보면, 두 사람이 전혀 다른 성격의 시인임을 잘 알 수 있다. 허구적인 인물인 고향 소녀 순(이)을 그리워한 윤동주와, 실제로 대학에서 불특정 다수의 여학생과 자유연애를 감행한 마광수는 서로 다르다. 윤동주에게는 부끄러움의 정서가 지배적이었지만, 마광수에겐 성적 지배력에 대한 열정적인 욕구가 있었다. 늘 죄업(罪業) 망상에 시달려 있던 윤동주에 비해, 그는 황제 망상이라는 성적 자유 및 그 판타지에 사로잡혀 있었다.

예로부터 제왕은 어느 여자라도, 언제라도, 어느 곳에서라도 섹스를 향유할 수 있었다. 이 때문에 제왕을 두고 자고로 무치(無恥)라고 하지 않았던가? 영화 속에서 여자 노예들을 깔고 앉았다는 모로코 국왕은 저리 가라다. 개처럼 섹스를 하고 싶은 욕망은 제왕만이 가능했다. 구체적인

---

[14] 샤를 피에르 보들레르 지음, 황현산 옮김, 『파리의 우울』, 문학동네, 2015, 10쪽.

예를 들자면, 남자가 자신의 몸을 십여 명의 여인들이 동시에 핥아주는 상상을 하고, 또 오줌을 누는 장면에서 여인들이 입을 벌리고 이걸 받아먹을 상상을 하고, 여자를 개처럼 끌고 다니는 상상을 하고……. 이런 것들이 황제 망상의 소산인 것이다.[15] 마광수 역시 20대 교수 시절에 자신을 흠모한 많은 여학생들을 두고 자신도 마치 황제인 것처럼 백일몽을 향유했을까? 황제 망상은 요컨대 남근주의의 한 변형이다.

물론 여성 제왕들도 성의 자유를 마음껏 향유했다. 16세기의 스코틀랜드 여왕이었던 메리 스튜어트는 큰 키에 대단한 미모의 소유자였다. 지적인 교양도 있어서 그녀가 쓴 시는 클래식 가곡으로 남아 있다. 이런 그녀는 남자에게 지배를 당하는 에로티시즘의 전형적인 모험가였다.[16] 여자의 성은 욕망당하는 것이다, 라는 명제를 실현한 대표적인 경우다. 이때 여성의 성은 남자에게 욕망을 당함으로써 성적 자유를 느낀다. 반면에, 러시아의 여제 에카테리나는 일생 동안 3백 명의 남자 애인 및 정부를 거느렸을 만큼 왕성한 음욕으로 유명했다.[17] 남자를 지배하는 여성의 성적 자유다. 젊은 '선수'들을 편력하는 돈 많은 현대의 중년 여성이 여기에 포함된다고 하겠다. 하지만 남자에게 욕망을 당함으로써 성적 자유를 느끼는 경우가 더 일반적인 것 같다.

>머리털을 길게도, 짧게도, 볶을 수도 펼 수도 있는 자유
>치마도 바지도, 짧게 길게, 넓게 좁게
>마음대로 입을 수 있는 자유
>남자처럼 그 신물 나는 양복에 넥타이만이 아니라
>수만 가지 스타일로 옷을 해 입을 수 있는 자유

---

[15] 마광수 첫 에세이, 『나는 야한 여자가 좋다』, 자유문학사, 1989, 341쪽, 참고.
[16] 시부사와 타츠히코 지음, 앞의 책, 241쪽, 참고.
[17] 같은 책, 242쪽, 참고.

요란하고 섹시하게 꾸며도 되는 자유

적당히 기분 좋게 노출을 해도 되는 자유

그런 여자의 자유가 나는 부럽다.

—「여자가 더 좋아」 부분[18]

세계사적인 시간으로나 전지구적인 공간에 있어서나, 모든 게 남성 중심의 사회에서 이루어졌고 또 이 사회에서 성차별의 인습과 제도가 엄존한 것은 틀림없는 사실이었다. 그러다 보니, 여성들이 더 자유롭고자 하는 열망이 강하지 않을 수 없었다. 영국 빅토리아 조의 가부장제 후유증을 극복하지 못하고 결국 자살한 버지니아 울프가 여성들의 '자기만의 방'이라는 가상공간을 가리킨 것은 오늘날에까지 사상적으로 유효하다고 보인다. 지금으로부터 백 년 전인 1920년대의 영국에서는, 여자가 대학 교정의 잔디밭에 들어갈 수 없었고, 남성을 동반하지 않은 여성 혼자 도서관에도 출입할 수 없었다. 이런 이해할 수 없는 일들을 비추어볼 때, 여성의 자유에 대한 암묵적인 자기표현이 패션에서 비롯될 수 있음을 엿볼 수 있다.

내 기억으로는, 1970년에, 이웃나라에서 엑스포70이 열려 자유 진영 세계에 있어서의 문화 개방에 대한 기대감이 적지 않았을 때, 우리나라에서 미니스커트 열풍이 불었다.[19] 이를 두고, 그 당시에 사회의 기득권자인 보수적인 곰방대(꼰대)들은 세상이 말세가 되었다고 비탄해 마지않

---

[18] 마광수, 「귀골」, 앞의 책, 20쪽.
[19] 알려진 바에 의하면, 외국에서 활동하고 있던 여가수 윤복희가 1967년에 김포공항을 통해 미니스커트를 입국했다. 이 심상찮은 일이 하나의 계기가 되어 영화로 만들어졌다. 1968년에 개봉한 영화 「미니 아가씨」가 바로 그것이다. 지금은 필름조차 남아있지 않은 영화다. 영화의 주인공은 윤복희였다. 상대역은 극중의 오빠인지 애인인지 가수 남진이었다. 나는 13세 나이인 1970년에 TV를 통해 이 영화를 보았다. 미니스커트를 최초로 입은 여성이 윤복희지만, 정작 패션의 바람을 일으킨 이들은 그 당시의 젊은 여배우 문희와 남정임이었다. 영화 속의 미니스커트 이미지가 당시의 패션을 주도했던 것이다.

았었다. 이때부터 시작된 여성 패션이 몰고 온 자유의 풍조는 되돌릴 수 없는 시대의 대세가 되고 말았다. 언제인지는 잘 기억이 나지 않지만, 핫팬츠도 유행하기 시작했다. 1990년대 중반 즈음에 젊은 여성들의 배꼽티가 경직된 사회를 강타했다. 그리고 10년 정도 지나서 소위 '뽕브라'가 유행하기 시작했다. 이 무렵에 나는 일본의 한 대학에 연구교수로 1년 간 있었는데, 귀국하자마자 불볕더위의 여름날에 영상 자료가 필요해 홍콩에서 며칠 머물다 왔다. 홍콩의 중년 여성들이 입고 있는 블루진의 끝이 허리에 맞추어진 게 아니라 엉덩이에 맞추어진 것이었다. 이 해괴한 옷차림을 뒤에서 보면, 엉덩이 윗부분의 골이 그대로 드러난다. 이 엉덩이 골 드러내기 패션은 20대 젊은 여성들은 언감생심 시도조차 할 수 없는 낯 뜨거운 패션이었다. 이 무렵에, 내가 간혹 다녀오곤 했던 도쿄에서의 날라리 아줌마들조차 하지 않았던 것. 어쨌든 지금도 뽕브라는 표준국어대사전에도 등재되지 않은 비공식 낱말이다. 국어학자나 사전편찬자는 지금도 보수적인 면이 없지 않다. 핫팬츠와 배꼽티도 이것이 출현한 한참 후에 사전 표제어로 등재되었다.

이 글의 앞부분에서, 청년 시절의 마광수가 쓴 시편 「배꼽에」를 짧게 인용하였거니와, 배꼽티는 공식문화권에 편입된 감을 주고 있다. 1990년대의 사람들이 야하게 인식했던 이것이 지금의 사람들에겐 매우 자연스럽게 받아들여진다. 내 생각도 그렇다. 배꼽은 생명과 존재의 시원(始原)이 흔적을 마련해둔 심미적 부표(浮標)라고 할 수 있다. 이런 마당에 배꼽티가 야하니 어떠니 말할 시기는 이미 지나갔다고 보인다. 시편 「여자가 더 좋아」를 읽어보면, 마광수가 여성의 패션과 치장에서 발현되고 있는 인간의 자유정신을 매우 선망하고 있음을 잘 알 수 있다.

주지하듯이, 1990년대는 마광수의 수난기였다. 그의 문제적 소설 「즐거운 사라」(1991)가 음란물에 해당된다는 판단 아래 작가인 그는 체포, 구금, 쟁송(爭訟)의 과정을 겪게 된다.[20] 이보다는 자신이 사회적 쟁점의 도

마 위에 올랐다는 것 자체가 자존심의 큰 상처를 남기게 되었을 테다. 이로부터, 교수이기도 한 그가 재직하는 학교에서의 잡음도 끊이질 않았다. 그의 정신적 상태는 치료를 받아야 할 만큼 피폐해져 갔다. 그런데 매우 아이러니컬하게도 1990년대에 프랑스에서는 이른바 토플리스의 선풍이 불고 있었다. 토플리스는 여성의 젖가슴을 당사자 자신이 의도적으로 노출하는 걸 말한다.

 내 자신의 직관에 따르면, 토플리스는 프랑스적인 기후 환경의 조건과 무관치 않아 보인다. 또한 이것은 일종의 패션이라기보다 성의 해방이라는 명분의 암묵적인 시위인 것처럼 보인다. 프랑스는 지중해성 기후로 말미암아 남부 지방의 여름에는 비가 거의 내리지 않고, 바람도 잘 불지 않는다. 불볕더위에 산들바람이라도 불라치면, 바람이 사람을 보듬어주는 느낌이 있고, 맨살에 맞닿는 태양의 온기도 좋아 일광욕을 즐기곤 한단다. 권위적인 남편에게 복종적으로 생활하고 있다는 한 젊은 유부녀가 있었다. 나이와 직업은 26세의 비서직. 그녀는 평소에 늘 숨이 막혀 질식할 것 같았다. 그녀에게 있어서의 해변의 토플리스는 그녀를 사로잡았다. 자유를 향한 열망 때문이었다. 특히 피부에 와 닿은 부드러운 감촉은 그녀로 하여금 자유를 만끽하게 했다.[21] 물론 토플리스를 노골적으로 반대하는 사람들은 상대적으로 적다고 본다. 그도 그럴 것이, 이를 반대하는 사람들이 스스로 편협하고 비관용적인 사람임을 자인하는 꼴이 되기 때문이다. 그러니까 프랑스에서는 토플리스를 반대하는 것보다 찬성하는 데 더한 가치를 두지 않을 수 없다. 굳이 가치라고 한

---

[20] 1992년에 세칭 마광수 사건이 사회적인 파장을 크게 일으켰다. 마광수 본인에게는 회복하기 힘든 생의 손실을 가져다 준 사건이기도 했다. 그는 1989년 7월호에 발표된 「신동아」와의 인터뷰에서 "교수나 문화인들 중에는 저를 보고 저 놈 얼마나 가나 두고 보자, 철없이 까부는데 뭘 몰라서 그렇지 하는 사람들도 많아요."(마광수, 「왜 나는 순수한 민주주의에 몰두하지 못할까」, 민족과문학사, 1991, 237쪽.)라고 말했다. 그 '얼마나 가나'가 겨우 3년에 지나지 않았던 셈이다.
[21] 장 클로드 코프만, 김정은 옮김, 「여자의 육체 남자의 시선」, 한국경제신문사, 1996, 94~95쪽, 참고.

다면, 편안함과 태양과 관용이다.[22]

물론 토플리스가 남자들의 시선을 끌려는 의도가 개입해 있는 것 같아서 싫다는 여성들도 있다. 이런 시각적 압력에 대해 불편을 느끼는 여성들이 적지 않지만, 타인의 시선을 받으면 꽤 기분이 좋아져 여성들 가운데는 여성들이 여성으로서의 자존감을 확인하기 위해 더욱 자신의 젖가슴을 과시하고 싶어 하는 경우도 없지 않다고 한다.[23]

요컨대 토플리스가 사회적인 쟁점이 된 1990년대의 프랑스는 우리의 경우보다 성적 자유를 향유하는 수준이 훨씬 높았음을 잘 알 수 있다. 마광수의 수난기에 확인된 지구촌의 아이러니가 아닐 수 없다. 이 시기의 프랑스 해변이 나는 상징적인 의미의 해방구나 다름없었다고 본다.

4. 장미여관은 음양이 합일된 우주

마광수에게 있어서 야한 여자는 자신의 이상적 여성상이다. 긴 손톱에 뾰족한 구두로 시각화된 이 야한 여인은 소년인 그를 일찌감치 사로잡았던 것이다. 그는 '중학교 3학년 땐 학교 가는 버스를 타고 가다가 빨간색 매니큐어를 바른 긴 손톱의 여인을 보고 그만 너무도 황홀하여 그 자리에서 바지에 사정해 버린 일까지 있다'[24]고 고백하기도 했다. 지금 이 세상 사람이 아닌 그에게, 또한 그의 정직함, 진솔함에 대해 경의를 표한다. 고등학교 1학년에 재학하던 이듬해에, 그는 단편 습작인「손톱」(1967)을 썼다.

마광수와 페티시즘은 떼려야 뗄 수 없는 관계다.

---

[22] 같은 책, 99쪽, 참고.
[23] 같은 책, 262~263쪽, 참고.
[24] 마광수,『자유가 너희를 진리케 하리라』, 해냄, 2005, 71쪽.

페티시즘이란, 이 맥락적인 상황 속에선 성적 만족의 주물숭배라고 표현하는 게 가장 알기 쉬운 뜻풀이라고 하겠다. 그에게 페티시즘도 둘로 나누어진다. 하나는 손 페티시즘이요, 다른 하나는 발 페티시즘이다. 그의 손 페티시즘은 매니큐어 바른 긴 손톱으로 집중된다. 긁히면, 더 긁히고 싶다. 물론 그가 피학대중으로 질주하려는 것은 아니다. 그에게 있어서의 여성의 손톱에 관해서라면, 김효숙의 해석이 내게 와 닿는다. 여성 비평가의 해석이라서 한결 돋보인다. 이를테면 그에게 있어서의 여성의 손톱은 이상의 소설 「날개」에서 주인공이 가지고 놀았던 금홍의 화장품 병에 해당한다. "여자의 몸 발단에 놓인 앙상한 여분, 플라스틱 같은 거기에 짙푸른 매니큐어가 무섭게 칠해져 있는 데서 그는 숨김없는 원시적 본능을 만진다."[25] 뭐랄까, 날카롭고 첨예한 페티시즘은 권태롭고 나른한 나르시시즘(자기애)이다. 글쎄, 남성의 나르시시즘과 여성의 마조히즘이 만나면 이상적인 결합이 된다고 했다는데, 마광수의 문학으로 현현된 그 손톱이 남성의 '타자화된 자기 쾌락'에 반응하는 상징의 계시일까? 물론 인정되는 부분도 없지 않지만, 성찰의 여지나 경종의 여운도 남는다. 무엇보다 1980년대 말의 독자층에 투사된 바, 공감대와 이색 취미는 약간의 차이가 있을 듯도 싶다.

페티시즘과 관련된 물성 중에 빼놓을 수 없는 것은 가죽이다. 말채찍, 부츠, 하이힐, 가죽 제품의 꽉 낀 코르셋 등이다. 일반적으로 볼 때, 이 말됨됨이(조어)에는 가피학성 변태성욕이란 음습한 그림자가 드리워져 있다. 심지어 여성인권잔혹사의 상징인 중국 여성의 전족(纏足)이 남성에의 성적 봉사에 있다고 하니, 페티시즘은 기가 막힐 지경의 짙은 그림자다.[26] 어쨌든 페티시즘이라고 하는 말됨됨이를 음지에서 양지로 끌고 온

---

25 김효숙, 「이유 있는 급진성과 불온성」, 장석주·송희복 엮음, 앞의 책, 167쪽.
26 남자의 생식기를 여자의 작은 두 발로 잡는(감싸는) 행위는 남자에게 형언할 수 없을 정도의 관능적인 쾌감이다. (스티븐 베일리 외, 안진환 옮김, 『SXE : 잃어버린 자유, 춘화로 읽는 성의 역사』, 해바라기, 2002, 352쪽, 참고.)

이가 마광수다. 그만큼 긍정적이고 적극적으로 의미를 부여한 이는 그다지 많지 않다. 주지하듯이, 야한 여성의 긴 손톱과 뾰족한 구두는 그의 의식, 무의식의 세계를 지배해온 성적 상징물이었다. 인공(人工)을 의미하는 라틴어 '팍티티우스(factitius)'가 우여곡절 끝에 주물(呪物)인 '페티쉬(fetish)'로 진화했다. 특히 발 페티시즘은 고대 로마의 시인 오비디우스에까지 소급될 정도로 역사적으로 뚜렷한 자취를 남겼다. 남자의 입장에서 볼 때, 중세의 전족이 가학적이라면, 현대의 하이힐은 피학적이다.

마광수는 1989년에 월간 『신동아』의 요청으로 6시간에 걸친 장시간 인터뷰를 가졌다. 이것을 볼 때, 1989년은 마광수의 개인적 주가, 성가(聲價)가 최고조로 확인되는 경이의 한 해다. 인터뷰의 내용은 같은 잡지의 7월호에 「모든 성애에 불륜이 없다」의 제목으로 게재된다. 그는 여기에서 하고 싶은 할 말을 적잖이 쏟아냈지만, 특히 페티시즘에 관해서도 언급을 했다. 그에겐 페티시즘이 변태가 아니라, 일종의 아름다움의 형태다. 그의 심미관에서 본 페티시즘을 내가 다음과 같이 정리해 보았다.

> 프로이트는 페티시즘을 변태라고 규정했지만, 저는 유미주의가 이것의 바탕을 이룬다고 봐요. 균형 잡힌 고전적인 것만이 미(美)라고 하는 것은 독재예요. 미도 민주화돼야죠. 개성적인 미의 창조자로 나는 '그리피스 조이너'와 '키메라'를 드는데 하나는 손톱 페티시스트고 또 하나는 눈 화장 페티시스트라고요. 둘 다 타고난 미인이 아닌 데도 자신만의 아름다움을 창조한 것 아닙니까?[27]

마광수에게 있어서의 페티시즘은 내가 보기에 변태성욕의 음습한 그림자가 아니라, 양지바른 새로운 유미주의이다. 1980년대 말에, 육상 계와, 변형 오페라 계에서 혜성처럼 등장한 두 여성은 달리기와 노래도 대

---

[27] 마광수, 『왜 나는 순수한 민주주의에 몰두하지 못할까』, 앞의 책, 131쪽, 참고.

중을 압도했지만 무엇보다 새로운 이미지로 한국 남성을 압도했다. 물론 이 압도 속에 성적 피학적인 아름다움이란 것도 없지 않았다. 여성스럽다는 것이 남근주의의 관점이었다. 민주화 선언 이후에도 여전히 페니스 파시즘이 지배하던 군부독재 시대에, 마광수는 그 시대의 우리에게 야한 여자를 내세워 남자건 여자건 할 것 없이 자유의 용기를 고취시켰던 것이다. 훗날에 그는 페티시즘을 개발하여 가꾸는 것이야말로 '타고난 자연미에 대한 반항이요, 인공미의 승리'[28]라고 회고 한 바 있었다. 페티시즘이란 용어가 라틴어 '팍티티우스'의 의미인 인공에서 유래되었듯이 말이다.

  마광수에게 있어서 야한 여자가 자신의 이상적 여성상이라면, 소위 장미여관은 유토피아적인 장소성을 지닌 성적 가상공간이다. 그는 아랍권 중세문학의 최고 고전인「아라비안나이트」를 읽고, 아랍 무희들이 추던 배꼽춤(발리댄스), 짙은 눈 화장, 화려한 장신구 등이 주는 고혹적인 관능적인 쾌감을 동경해 마지않았다. 중세 아랍인들의 성애의 장소성은 향수 냄새가 진동하는 하렘이다. 성희(性戲)가 넘실대는 성전(性殿)이다. 온갖 종류의 성적 쾌락이 난무하는 비밀의 전당이다. 중세 아랍의 하렘처럼 1980년대의 한국의 가난한 처녀총각이 만나 즐김의 단초를 찾던 장소성의 낙토가 바로 문학적인 가상의 처소인 장미여관이다. 1985년에 쓴 그의 대표적인 시의 하나인「가자, 장미여관으로!」의 전문을 한번 읽어보자. 새삼스러운 맛깔이 남아 있지 않을까, 한다. 나는 이 시를 배제하고 1980년대 시를 논할 수 없다고 보는 입장에 서 있다. 황지우와 박노해와 기형도의 시 세계가 시간이 흐를수록 빛이 바래지겠지만, 마광수의 그것이야말로 도리어 대조적이라고, 나는 본다. 아주 먼 훗날에 내 예견이 적중된다면, 생전에 인정을 받지 못한 나도 사후에 좀 인정될지도 모른다.

---

[28] 마광수,「자유가 너희를 진리케 하리라」, 앞의 책, 72쪽.

만나서 이빨만 까기는 싫어
점잖은 척 뜸들이며 썰 풀기는 더욱 싫어
러브 이즈 터치
러브 이즈 필링
가자, 장미여관으로!

화사한 레스토랑에서 어색하게 쌍칼 놀리긴 싫어
없는 돈에 콜택시, 의젓한 드라이브는 싫어
사랑은 순간으로 와서 영원이 되는 것
난 말없는 보디랭귀지가 제일 좋아
가자, 장미여관으로!

철학, 인생, 종교가 어쩌구저쩌구
세계의 운명이 자기 운명인 양 걱정하는 체 주절주절
커피는 초이스 심포니는 카라얀
나는 뽀뽀하고 싶어 죽겠는데, 오 그녀는 토론만 하자고 하네
가자, 장미여관으로!

블루스도 싫어 디스코는 더욱 싫어
난 네 발 냄새를 맡고 싶어, 그 고린내에 취하고 싶어
네 치렁치렁 긴 머리를 빗질해 주고도 싶어
네 뾰족한 손톱마다 색색 가지 매니큐어를 발라 주고도 싶어
가자, 장미여관으로!

러브 이즈 터치
러브 이즈 필링

—「가자, 장미여관으로!」전문[29]

사람이 사는 데는 현실 원칙과 쾌락 원칙이 공존하고 있다. 미니스커트와 장발을 단속하는 유신 시대의 진풍경은 쾌락 원칙을 봉쇄하는 시대임을 반증한다. 성적 억압을 강행하는 파시즘 체제 하의 젊은이들은, 여성들이 젖가슴을 드러내는 프랑스 해변이 성적 억압에 대한 해방구였듯이, 서울 중심가에 우뚝 선 호텔이 아닌 후미진 구석의 장미여관이 성적 억압에 대한 해방구로 자리하고 있었다. 여기에서는 육체언어라고 하는 쾌락 원칙이 지배하는 사회다.

러브 이즈 터치.

러브 이즈 필링!

비틀즈 일원이었던 존 레넌의 노래 「사랑」에 나오는 구호 같은 후렴구다. 터치와 필링은 만짐과 느낌. 이 둘을 합치면, 촉감 내지 감촉이 된다. 단테와 페트라르카가 살았던 르네상스 시대에는 사랑은 눈으로 감지되는 것이라고 믿었다. 베아트리체나 라우라 같은 안중(眼中)의 가인(佳人)은 20세기에 이르면 영화의 스크린을 통해 어렵잖게 볼 수 있다. 중요한 건 촉감으로 전해지는 사랑이다.

그런데 마광수는 한 술 더 뜬다. 이제는 만짐과 느낌이 아니라, 더 나아가 빨기와 핥기란다. 그는 이 시에서 사랑을 만짐과 느낌이라고 눙치고 있지만, 기실 빨기와 핥기라는 촉감을 한결 강화한다. 감촉의 재무장이랄까? 이를 가능케 한 장소성이 바로 장미여관이다. 시편 「가자, 장미여관으로!」를 발표한 시점과 비슷한 시기에 발표한 산문 「사랑학 4장」(1988)에서도 이 점이 넌지시 드러난다. 그래서 그는 사랑도 마침내 이렇게 정의했다.

Love is touch and sucking and licking.[30]

---

[29] 마광수 시집, 『가자, 장미여관으로』, 앞의 책, 80~81쪽.
[30] 마광수 첫 에세이, 앞의 책, 73쪽.

사랑이란, 만지고, 빨고, 핥는 것. 지금 생각하니 고개가 주억거려지는 부면도 없지 않다. 나는 1985년 무렵에 뒤늦게 영어 공부를 열심히 하면서 다음의 경인구에 감동을 받은 적이 있었다. "Love is Blind, Marriage is Eye-opener." 사랑은 눈을 멀게 하고, 결혼은 눈을 뜨게 한다. 이처럼 보수적인 사랑관에 감동된 나보다 여섯 살이나 위인 마광수가 훨씬 진보적이었다. 나는 그때 사랑하는 사람을, 술집 여자에게 '주물 탕을 놓'듯이 만지는 게 아니라 경건하게 어루만져야 한다고 보았다. 빨고 핥는 것이란, 포르노 남녀 배우가 '오우, 야아' 하면서, 혹은 수캐와 암캐가 발정하는 짓거리라고 생각했다.

요컨대 마광수의 장미여관은 음양이 합일할 수 있는 소우주의 공간이요, 유토피아적인 가상공간이다. 이 장미여관에서야말로 그의 온전한 자유, 그가 열망하는 자유정신이 성취될 수 있었을 것이다. 하지만 그는 자아와 세계와의 모순적이요 부조리한 관계로 인해 우리 문학사에 비극적인 시인으로 남게 되었다고 평가된다. 어쩌면, 그의 장미여관은 자유정신이 실현되지 못한 시대의 비극적 현장인지도 모를 일이다.

5. 진리가 너희를 자유케 한다고?

격동의 시대인 1980년대의 마지막 해인 1989년은 마광수 문학 인생에서 최고의 해라고 볼 수 있다. 10년 내내 전두환을 증오하는 현실주의 문학이 경직된 명분과 정당성을 얻고 있던 연대의 막바지에 이르러서야, 듣지도 보지도 못했던 마광수란 이름이 문단과 언론계, 독서계를 흔들어놓고 말았다. 물론 이 기간에는 교수로서도 절정기였다고 보인다. 그는 1984년에 모교 Y대로 직장을 옮긴 후, 1980년대의 중후반기에 학생들로부터도 인기가 있었음이 확인된다. 훗날에, 월간 『인물과 사상』

(2005. 2)과 인터뷰를 한 적이 있었는데, 그때 그는 1980년대 자신의 교수 시절을 다음과 같이 회상하기도 했다.

> 저는 매일 학생들한테 얘기하는 게 '자유가 너희를 진리케 하리라'이거든요. 연세대 교훈은 '진리가 너희를 자유케 하리라'거든요. 그게 성경에 있는 건데, 진리라는 게 잘못하면 도그마가 되고, 마녀재판이 되고 그러잖아요. 그게 하나의 이데올로기로 굳어지면 엄청난 폭력을 발휘할 수도 있어요. (……) 자유정신을 심어준 게 애들한테 인상이 깊었다고 지금까지 제자들이 많이 얘기해요. 그때는 지금보다 훨씬 더 억압되어 있던 시절이니까.[31]

이 글에서 볼 수 있듯이, 마광수의 강의는 1980년대 Y대 학생들과 교감이 광범위했음을 알 수 있다. Y대의 교훈이요 성경 말씀인 '진리가 너희를 자유케 하리라'를 성찰하는 발언을 자주 일삼았다. 명문 학교로서 자존감이 있는 Y대가 아니라면, 그는 재단으로부터 교수직을 박탈당했을 것이라고 본다. 진리가 너희를 자유케 하는 게 아니라, 자유가 너희를 진리케 한다. 과문한 탓에 잘은 모르겠으나, 이때의 진리는 우리말 진실에 가깝다고 추정된다. 진리케 한다, 라는 말은 명백하게도 비문법적인 표현이다. 자유가 너희를 진실하게 한다. 뜻과 격조가 반듯하다. 진리가 먼저냐, 자유가 먼저냐를 두고, 교수 마광수는 학생들에게 진리보다 자유에 방점을 찍었던 것이다.

자유에 대한 마광수의 신념은 이미 오래전에 형성되었던 같다. 그는 시인으로 등단하기 이전부터 부지런히 습작 활동을 했다. 그의 습작은 시집들에도 더러 실려 있다. 습작 중에는 「자유에」(1973)라는 짧은 산문시가 있는데, 그의 학창 시절에 쓰인 것이다.

---

[31] 마광수, 『자유가 너희를 진리케 하리라』, 앞의 책, 306~307쪽.

우리들은 죽어가고 있는가, 우리들은 살아나고 있는가, 우리들의 목숨은 자라나는 돌덩이인가, 꺼져가는 꿈인가. 현실의 삶은 죽어가는 빛인가, 현실의 죽음은 뻗어가는 빛인가.

—「자유에」 전문[32]

이 시를 쓴 1973년은 유신 시대가 사실상 시작되던 해다. 정국(政局)은 소용돌이쳤다. 정치적으로 매우 민감한 윤필용 사건이 일어났고, 한일 간에 외교 문제가 된 김대중 납치 사건이 일본에서 발생했다. 자유의 의미가 상실해가는 시대는 죽음의 시대였다. 독자들은 이 습작 시를 어떻게 보았을까? 훗날 그가 쓴 산문 「자유에 대하여」(1996)에 의하면, 1970년대와 1980년대에는 자유라는 이름 그 자체가 욕설처럼 사용되었고, 진보적 지식인들은 자유주의자를 역사의식이 없는 향락주의자로 간주했지만, 구소련이 붕괴된 1990년대에 이르러서야 비로소 자유주의는 새로운 조명을 받게 되었다고 했다.[33]

사랑하고 사랑하고 사랑했는데도
내 가슴 속에는 네 몸뚱아리만이 남았다
끊으려 해도 끊으려 해도 끊어지지 않는
이 사랑, 이 욕정,
이 괴상한 설렘의 정체는 뭐냐

—「사랑」 부분[34]

인용한 시 「사랑」은 1979년 작품이라고 부기되어 있다. 사랑과 욕정의

---

32 마광수 시집, 앞의 책, 121쪽.
33 마광수, 『자유에의 용기』, 해냄, 1998, 32쪽, 참고.
34 마광수 시집, 앞의 책, 15쪽.

상응되지 않은 관계를 그린 시다. 서로 조화롭지 않기 때문에 괴상한 것이다. 괴상한 설렘의 모순형용이 28세 청년인 그로 하여금 달뜨게 한다. 여기에서 사랑이 가슴을 설레게 하는 연애감정이라면, 욕정은 육체적인 반응으로서의 성욕이다. 그는 40대 중반의 중년에도 '안쓰럽게 짜증나는 성적(性的) 대기 상태'[35]로서의 연애감정보다 욕정을 선호했다. 일본 속담에 벚꽃 구경보다 떡꼬치(당고) 먹는 것이 더 실속이 있다더니, 그 역시도 구속된 마음의 연애감정보다 성욕이 해소될 몸의 자유가 더 좋다는 걸 알게 된다. 이를테면, 꽃보다 남자, 연애보다 성애다.

그러나 현실적으로는 뜻대로 잘 되지 않는다.

어디에서 언제 보았는지는 잘 기억이 나지 않지만, 마광수는 남녀가 서로 사랑해서 섹스를 하는 게 아니라 서로 섹스를 함으로써 사랑하게 된다고 했다. 그다운 대단한 역발상이다. 지연된 정의는 정의가 아니라는 말이 있다. 그에게 있어서 지연된 성적 만족은 결코 자유가 아니다. 인용한 시 「사랑」에서 볼 수 있듯이, 그는 온전한 자유를 향유하지 못하고 살아갔다. 불편한 자유랄까, 반편(불구)의 자유만을 느끼고 살아갔던 거다.

마광수가 바라 마지않았던 온전한 자유는 무엇으로 명명될 수 있을까? 그가 남긴 무수한 책 속 어디에선가 이런 말을 했다. 심신불이(心身不二). 동양권에서 흔히 쓸 수 있는 표현이다. 불가에서나, 도가에서나, 동의학에서. 심신불이야말로 자유의 완벽성을 기한 경지다. 불교의 해탈에 버금가는 생활 속의 자유다. 정신과 육체의 일원론족인 통찰력이니 하는 말을 할 필요가 없다. 그저, 몸이 편하고 마음이 편하면 자유롭다. 연애감정이 솟구치면 좋은 심(心)이요, 시도 때도 없이 발기가 잘 되는 것이 가장 좋은 상태의 신(身)이다. 저런 심과 이런 신이 조화로우면 더 이상 부러울 게 없고, 자유로울 게 없다. 그래서 불이의 경지는 자유

---

[35] 마광수, 『자유에의 용기』, 앞의 책, 274쪽.

의 경지다. 즉 하나의 경지, 조화의 경지인 것이다.

이 비평적 에세이는 시인 마광수가 1977년에서 1989년에 이르는 12년간에 걸쳐 어떤 시인으로서의 발자취를 남겼는가를 살펴보았다. 이 12년의 기간에는 유신 말기와 전두환 시대를 포함하고 있다. 프로이트가 인간의 역사를 두고 성욕의 억압이라고 규정했거니와, 정치적 억압과 성욕의 억압은 비례한다. 성욕의 억압이 현실 원칙에 따라 조직되고 통제되는 한, 조선시대의 경우에서 살펴볼 수 있듯이, 인격의 실현, 사회제도, 정의의 감정, 개인의 자유와 평등 등이 보장받지 못하는 건 필지의 사실이다.

저 H. 마르쿠제가 자신의 저서 『에로스와 문명』에서 말했거니와, 정치적으로나 성적으로 억압하는 시대는 언어 역시 두 가지 양상을 보인다. 현실은 꿈의 언어를 추구하지 않는다. 대신에, 환상이 쓸모없는 유희, 비실제적인 백일몽에 지나지 않지만, 그것은 쾌락 원칙의 언어, 억압으로부터의 자유의 언어, 금지되지 않은 욕망과 충족의 언어를 표현하려고 노력한다.[36]

마광수는 격동의 연대 중에서도 마지막 해인 1989년에 두 권의 책을 간행했다. 하나는 시집 『가자, 장미여관으로』이며, 다른 하나는 산문집 『나는 야한 여자가 좋다』이다. 이 두 권의 책은 그런 언어들을 표현하려고 노력한 결과였다. 이런 점에서 마광수는 시대정신을 실현한 시인—작가라는 점에서 문학사적으로 충분히 재평가되어야 한다. 또 에로티시즘은 역사적으로 살펴볼 때, 작가들이 주도해 왔다. 잘 알려져 있듯이, 에로티시즘 미학의 세계문학적인 계보는 카사노바, 사드, 자허-마조흐, 조르주 바타유, 다니자키 준이치로 등으로 이어진다. 이들 계보의 뒤를 이을 수 있는 문인이 있다면, 나는 그 후보자의 한 사람이 바로 마광수라고 본다.

---

[36] Herbert Marcuse, 앞의 책, 103쪽, 참고.

문제적 개인과 자유의 진정성
―이병주의 「별이 차가운 밤이면」

1. 프롤로그 : 문학과 역사

아마 1980년대 후반으로 짐작된다. 노작가 이병주와 젊은 비평가 김종회가 코리아나 호텔 커피숍에서 만났다. 원고를 청탁하는 일이었다. 두 사람 사이에 선문답 같은 어록이 남아있다. 어디까지나 김종회의 훗날의 기억에 의존된 장면이다. 두 문장의 어록은 소설가 이병주의 작가적 생애를 이해할 수 있는 한 단서, 한 자취가 된다.

　　김종회 : 선생님, 역사란 무엇입니까?
　　이병주 : 역사란 믿을 수 없는 것일세.[1]

여기에서 두 사람이 말하고 있는 역사는, 화용론적인 맥락의 동일선상에 놓인 단어라고 결코 볼 수 없다. 두 사람의 말들이 뭔가, 삐거덕거리는 것 같지만, 오묘한 깊이를 드러낸 문답형식의 대화다. 젊은 비평가[2]

---

[1] 김종회 지음, 『월광에 물든 신화』, 바이북스, 2022, 31쪽, 참고.

가 묻는 역사는 객관적인 과거로서의 역사인 것 같고, 노작가가 슬쩍 건드린 역사는 주관적인 서술로서의 역사인 듯하다.

작가 이병주를 가리켜 흔히 '한국의 사마천'이라고 한다. 누가, 언제부터, 무슨 근거로, 그를 사마천에 빗대는지는 나 자신도 잘 알 수 없다. 그가 몇 편의 역사소설을 썼지만 역사를 서술한 일도 없는데, 사마천이라니, 알다가도 모를 일이다. 소설가 중에서는 실제로 역사를 서술한 이들도 없지 않다. 스코틀랜드의 월터 스코트, 영국의 D. H. 로렌스, 대만의 백양(柏楊) 등이 대표적인 경우라고 하겠다. 역사서술가이면서 소설가인 이들이 만약 '그 나라의 사마천'으로 비유된다면, 큰 무리가 없을 것이다. 그럼에도 불구하고 이병주를 한국의 사마천으로 비유할 수 있다면, 자신이 경험한, 비교적 가까운 과거를 소설 속에 잘 담아냈다는 데 있을 것이다.[3]

이병주의 젊은 시절은 일본 유학 시절, 학병 체험기, 해방기, 한국전쟁으로 이어져온 격동의 시대였다. 그러니까 아시아태평양전쟁이 발발하고, 한국전쟁이 휴전되던 10년 남짓한 시기는 그의 삶뿐만이 아니라, 우리 현대사에서도 최대의 격동기에 해당한다. 이 시점의 원체험을 바탕으로 쓰인 소설 중에서 가장 대표적인 소설이 「관부연락선」(1968~1970)과 「지리산」(1972~1977)과 「별이 차가운 밤이면」(1989~1992)이다. 작고한 국문학자 김윤식은 이 세 편의 소설을 가리켜 이병주 씨의 3부작이라고 규정했다. 나 역시 이 견해에 전적으로 동의한다. 이 대업을 이루게 된 원동력을 두고, 그는 다름 아니라 '혼자 경도의 거리를 헤매며 고학으로, 전검(專檢 : 검정고시) 시험에 합격하기까지의 그 악전고투 속에서 키워진

---

2 젊은 비평가 김종회는 2008년에 설립된 사단법인 이병주기념사업회(대표 : 정구영)를 실제적으로 주도해 오고 있다.
3 경남 하동군 북촌면에 있는 이병주문학관에 그를 소개하는 동영상 및 녹음자료가 있다. 소설가 박완서는 살아생전에 이병주의 소설을 두고 '실록의 기록방식과 유사하다.'라는 육성을 남긴 바 있다.

자존심'[4]이라고 했다.

이 3부작은 작가가 경험한 역사에 대한 소설적 해석이란 점에서 일종의 역사문학이라고 하겠다. 일반적인 의미의 역사소설과는 좀 다르다. 소설은 대개 과거를 다룬다. 현재의 풍속을 다루는 것을 세태소설이라고 하고, 미래를 내다보면 소위 SF소설이 된다. 일반의 소설이 과거에 대한 허구적 기억의 소산이란 점에서, 이것은 큰 프레임 속의 역사문학이라고 볼 수 있다.

작가 이병주가 이상의 3부작을 성취할 수 있게 된 데는 상상력으로만 부족했을 것이다. 그의 역사적 기억들의 원체험이 없이는 불가능했으리라고 본다. 이 기억들이 미셸 푸코의 표현대로라면, 개인적이며 불연속적인 대항기억[5]이어서 자의적이고 또 다의적일 수밖에 없다. 그래서 그는 역사를 믿을 수 없다고 한 것이다. 진실이나 진리를 오로지 한 가지밖에 없다고 믿는 사람일수록, 역사는 더더욱 믿을 수 없다고 생각할 것이다.

2. 박달세, 그 마성적 주인공

소설가 이병주의 마지막 작품인 「별이 차가운 밤이면」은 발표지인 계간 『민족과 문학』에 연재를 하다가 작가의 죽음으로 인해 중단된 미완성 소설이다. 추정하건대 미완성 부분은 대략 3분의 1정도라고 볼 수 있다. 이것이 한동안 독자의 관심으로부터 멀어진 소설로 방치되어 오다가, 2009년에 문학평론가 김윤식·김종회 엮음의 단행본으로 간행되기도

---
4 김윤식, 『이병주와 지리산』, 국학자료원, 2010, 348쪽.
5 손혜숙, 「이병주 소설과 기억의 정치학」, 이병주기념사업회 엮음, 『역사와 신화의 행적』, 바이북스, 293쪽, 참고.

했다. 연재가 중단된 불완전 형태라고 해도, 작품 해설을 포함해 674쪽에 해당한다. 웬만한 장편보다 더 길다고 하겠다. 이 소설은 한 인물을 중심으로 이야기가 전개되고 있다. 작중 인물 중에서 의미나 비중에 있어서 주인공에 필적할 만한 인물은 없다.

이 소설의 주인공은 박달세다. 경영형 부농인 최 아무개의 사생아요, 노비인 어머니의 아들인 그는, 대판고등학교를 나와 동경제국대학 본과에 재학하고 있는 최고의 수재다. (하동군 북촌면 및 그 주변에 경주 최씨가 유력한 재지세력으로서 집성촌을 이루면서 살아왔다.) 그는 조선인으로서 전시 중에 일본군 특무대원으로 중용되어 중국 상해에 파견된다. 하지만 승승장구해 온 것 같은 그에게도 자신의 출신 성분에 대해 원한의 감정을 가지면서 성장한 어두운 면이 있었다. 특히 동갑의 이복 형 최순영에게 당한 수모는 뼈에 사무칠 정도였다. 그는 인생의 목표를 최순영에게 복수하는 것에 둘 정도였다. 이복 형에 대한 복수는 다름이 아니라 자신의 입신출세를 의미하는 것이기도 하다.

소설 「별이 차가운 밤이면」은 독주형 주인공이 등장한다는 점에서, 전통적인 '전(傳)'의 양식과 매우 유사하다는 점에서, 소설 제목을 두고 '박달세전'이라고 해도 좋을 듯하다. 낸시 크레스[6]는 소설이나 드라마에서 단 한 명뿐인 주인공을 가리켜 '스타'라고 비유했다. 그녀는 우리 시대의 스타형 소설 인물의 대표적인 예로, 조앤 K. 롤링의 '해리 포터'를 꼽았다.[7] 박달세 역시 「별이 차가운 밤이면」에서 이야기의 대부분을 차지하는 '스타형 인물'이다. 제1부의 주인공 화자 박달세는 소설 본문 이전의 이례적인 서문에서 이런 말을 했다.

---

[6] 낸시 크레스는 젊었을 때, 초등학교 교사로 재직하다가 이 일을 그만두고 SF소설 분야의 작가로 크게 성공했다. 소설 창작에 관한 강의와 저술로도 이름이 높다.
[7] 낸시 크레스 지음, 박미낭 옮김, 『소설 쓰기의 모든 것 : 인물, 감정, 시점』, 다른, 2016, 23쪽, 참고.

나는 사갈(蛇蝎)의 길을 가고 있었다.[8]

사갈은 뱀과 전갈이다. 남을 해치는 사람을 비유적으로 표현한 말이다. 박달세 스스로 자신이 마성적인 존재임을 자인하고 있는 셈이다. 사갈의 길을 걷는 사람이란 누구인가? 복수를 하지 않고는 살아갈 수 없는 비관용적인 인간임을 뜻하고 있다. 이런 유의 주인공을 설정한 것은, 보나마나 이 소설이 타락한 세상에서 타락한 방식으로, 진정한 가치를 위해 살아가는 문제적 개인의 이야기임을 잘 알게 한다. 소설의 본문 첫 부분에서 보여준 그의 진술은 이 소설에서 자아와 세계의 극단적인 불화를 전제하고 있다.

내 이름은 박달세이다.
따로 최순직이란 이름이 준비되어 있었고, 최가란 성이 나의 혈통에 근사한 성이었던 모양이지만 나는 최순직이란 이름으로 행세한 적은 없다.
많은 가명을 필요로 하고, 쓰기도 했으나 최가 성을 사용하지 않은 것은 내 속에 흐르고 있는 피에 대한 저주 때문이 아니었던가 한다.[9]

이 피에 대한 저주가 이 소설의 파란을 불러일으키는 까닭이 된다. 그를 키운 아버지는 생부의 종이다. 부모는 산남동 최진사의 노비다. 그의 마음속 트라우마는 노비의 아들이라는 데 있다. 이 사실은 그가 아무리 지우려고 해도 지울 수 없는 일이다. 그가 대판고등학교를 재학할 때 일본인 선배가 자신에게 도톤보리에서 술을 사주었다. 그가 취한 김에 내뱉은 말. 나는 공산주의자가 되지 않을 것. 그는 이 말이 양심적으로 한 말인가를 생각한다. 혹은 뼛속에까지 자리를 잡은 종놈근성, 노예근성이 시킨 말이 아닌가를 의심해본다.[10] 이처럼, 박달세의 노예근성은 좌

---
8 이병주,『별이 차가운 밤이면』, 문학의숲, 2009, 10쪽.
9 같은 책, 같은 쪽수.

경화된 항일 투쟁에 대해 비관용적인 태도를 보인 데서 적나라하게 드러난다. 그에겐 친일만이 살길인지 모른다.

그는 박달세와 최순직이란 이름 외에도, 여러 가지 가명을 가지고 있다. 창씨개명된 아라이 닷세, 직무의 이름인 엔도(오) 키미마사, 가짜 중국인 이름인 방세류 등. 다양한 이름만큼이나 삶도 파란만장하다. 이런 점에서 그는 우리 소설사에서 보기 드문 문제적 캐릭터이다. 나는 그가 「태평천하」의 윤직원이나 「꺼삐딴 리」의 이인국보다 더 문제적이라고 본다.

> 나는 종의 아들로 태어났다. 아직도 조선엔 종들에 대해 천대하는 풍습이 남아있지만 제도로서의 노비는 없어졌다. 양반들의 의식엔 종을 천시하는 마음이 남아있겠지만 법률적으론 양반이나 종이나 평등하다. 이렇게 된 것은 일본의 덕택이다. 일본이 조선을 합병하는 일이 없었더라면 우리는 아직도 노비제도에서 벗어나지 못했을 것이다.[11]

최고 의술의 외과의사 이인국이 '사마귀 같은 일본 놈들 틈에서도 살았고, 닥싸귀 같은 로스케 속에서도 살아났는데, 양키라고 다를까'[12] 하고 생각하는 희대의 순응주의자이지만, 또 전천후 기회주의자이지만, 박달세는 자신의 이해에 따라 민족성, 민족의식까지 말살하려 들 수 있는 이다. 악인 중의 악인이다. 이인국이 제 혼자 잘 살기 위해 친일도 하고 소련군에 부역도 마다하지 않았지만, 박달세는 한걸음 더 나아가 일본의 특무대에 자신의 영혼까지 내다판다. 문제는 처세뿐만 아니라 생각의 곡직(曲直)에도 있다. 일제강점기에 일본의 신분제도가 온전히 사라

---

10 같은 책, 209쪽, 참고.
11 같은 책, 237쪽.
12 전광용, 『꺼삐딴 리』, 을유문화사, 2003, 139쪽.

졌다고 본 것은 진실의 왜곡에 가깝다.

나는 10년 전 즈음에 인터넷 경매에서 가격이 높지 않은 일본 고문서를 유심히 들여다보았다. 소위 다이쇼 데모크라시 시대인 1910년대의 동경제국대학 법학과 합격자 명단이었다. 이름 다음에 거주지 시군명과 신분이 적혀 있었다. 신분은 화족(華族), 사족(士族), 평민, 부락민(천민)으로 나누어져 있었다. 실제로 합격자 중에는 부락민 출신이 아무도 없었다. 그 당시에, 나는 일본 고문서가 내게 무슨 사료적 가치가 있을까 생각해 이것을 구입할 생각이 전혀 없었다. 하지만 대학 합격자 명단에 신분이 적혀 있다는 사실은 1910년대까지 신분제의 유습이 잔존하고 있다는 것의 방증으로 읽히지 않을 수 없었다. 요컨대 내 경험이 비추어보면, 소설 속의 박달세의 생각이 얼마나 얕은가, 또 얼마나 문제적인가 하는 것을 미루어 짐작해볼 수가 있는 것이다. 만약 작가 이병주도 일본에 신분제가 제국주의 시대에 잔존하지 않았다고 믿었다면, 그 역시 문제가 있는 역사의식을 가졌다고 볼 수 있다.

그럼에도 불구하고, 이 소설은 문제적 개인의 이야기인 것만큼이나, 우리 소설사에서 보기 드문 문제작이 되기도 한다. 나는 이병주의 그 많은 소설들 중에서도, 유일한 유작인 「별이 차가운 밤이면」이 가장 창의적이고, 또 가장 성취적인 작품이 아닌가 하고, 짐짓 조심스럽게 생각들을 열어본다. 이런저런 생각들을 조심스레 열어보는 데서 새로운 생각들이 이어지고, 기존의 생각들과 충돌을 일으키면서 의미 생산을 가져오는 법이다.

3. 풍속소설인가, 관념소설인가

소설의 인물이나 내용이 문제적일수록 문제작이 되는 것은 어김없는 사실이다. 이병주의 소설 「별이 차가운 밤이면」은 미완의 유작으로 남았지만, 박달세라고 하는 인물을 창조한 것만으로도 충분히 성공을 거두었다고 본다. 소설의 주인공이 이른바 '문제적 개인(problematic individuals)'이라는 이론은 G. 루카치로부터 비롯되었다. 개인과 사회, 자아와 세계의 반목, 불화, 대결 등으로 인한 문제점을 드러낸 양식이 바로 소설이란 것이다. 적서 차별을 요구하는 사회와, 이를 타파하려는 개인의 갈등 속에서 홍길동이란 문제적 개인이 탄생했던 것. 이 문제적 개인은 루카치 이후에도 문학이론가들에 의해 꾸준히 논의된 개념이기도 했다. 이에 대한 논의는 조남현의 『소설신론』(2004)에도 잘 정리되어 있다.

> 루카치가 『소설의 이론』에서 '소설은 문제적 개인이 자신을 찾아가는 과정'이라고 주장한 이래, 루시앙 골드만, 르네 지라르, 미셸 제라파 등에 의해 '문제적 개인'은 조금씩 다르게 설명되어 왔다. 루카치가 문제적 주인공의 극단적인 형태를 광기와 파괴에서 찾았던 태도는 골드만에 와서 비판적으로 수용되었다. 소설의 주인공을 문제적 개인이나 악마적 인물로 부르는 것은 이제는 상식화되었다. 물론 소설론에서 말하는 문제적 개인은 상식적 의미의 문제적 개인과 다르다. 상식적 의미의 문제적 개인과는 달리 소설론에서의 문제적 개인은 진정한 가치를 향해 모색하고, 탐구하고, 고뇌하는 모습을 잘 보여준다. 그만큼 긍정적인 시선을 많이 받고 있는 것이다. '문제'가 포괄적인 용어인 만큼, 소설에 따라 구체적으로 다르게 풀어갈 수밖에 없다.[13]

작가 이병주는 소설 「별이 차가운 밤이면」에서 문제적 개인 박달세를 내세워서 어떻게 이야기를 풀어갈 수밖에 없었나? 진정한 가치는 사람마다 상대적일 수밖에 없다. 자신이 종놈의 자식으로서 입신출세해, 어릴

---

[13] 조남현, 『소설신론』, 서울대학교출판부, 2008, 265~266쪽.

때 자신을 종놈의 자식이라고 고통을 준 이복형 최순영에게 복수를 하는 것이 박달세에게 있어서 인생에서 가장 진정한 가치라고 할 수 있다. 민족주의 운동이니, 사회주의 운동이니 하는 따위는 안중에도 없었다.

소설 속의 박달세와 작가 이병주는 비슷한 시기에 살았다. 이들에게는 삶의 과정도 비슷했다. 일본에서 공부를 하고 중국에서 전쟁을 수행했다. 출신 성분만이 서로 달랐을 뿐이다. 작가 이병주에 관한 글 중에서 중요한 자료적 가치로 남아있는 게 있다. 두 소설가인 송우혜와 이병주가 만나 작성된 인터뷰 자료「이병주가 본 이후락」(1984)이다. 국배판 15쪽에 달하는, 적잖은 분량의 이 자료에 나타난 내용의 요점을 대체로 다섯 가지 정도[14]로 요약할 수 있지만, 가장 눈에 띄는 대목은 일본에서 공부할 때 스승인 고바야시 히데오(小林秀雄)의 영향으로 인해 좌익에 대해 근본적으로 회의를 가졌다는 것.[15] 이것은 소설에서, 공산주의라고 하면 사악한 사상이라고 생각하고 있는 박달세가 나카노 주지(中野重治)의 평론은 읽지 않고 고바야시 히데오의 평론을 읽는다는 대목과 겹쳐진다.[16] 그러니까 이병주도 민족주의 운동이나 사회주의 운동에 관심을 두지 않고, 오로지 일본에서 프랑스 문학을 공부해 문학으로 입신할 요량이었다.

프랑스적인 관례에 따르자면, 소설은 크게 보아서 풍속소설(roman de moeurs)과 관념소설(roman de ideologique)로 나누어질 수 있다. 풍속소설은 세태와 풍속을 정확하게 반영하려는 재현적, 만화경적인 리얼리즘 계통

---

14 첫째, 이병주와 이후락은 친구로서 자주 만났을 때 사흘에 한 번씩 만날 정도였다. 둘째, 이병주는 이후락의 살아온 전기적 사실을 쓰기로 계획했다. (5공화국 정보기관에서의 자중 요청으로 좌절된 것 같다.) 셋째, 중앙정보부장 김형욱이 이병주의「소설 · 알렉산드리아」(1965)를 필화사건으로 몰려고 했지만 육영수의 만류로 무마되었다. 넷째, 이병주가 한국전쟁 때 두 차례 죽을 고비를 넘겼고, 자신은 좌익을 해본 일이 없다고 강변했다. 다섯째, 자신에게 동년배 비평가가 없어서 작가인 자신에 대한 평판이 부족하다는 아쉬움을 토로하고 있다.
15 『마당』, 1984, 11, 61쪽, 참고.
16 이병주, 앞의 책, 380~381쪽, 참고.

의 소설을 말한다. 비판정신이나 적극적인 사상을 표방하기보다는 사회의 표면 및 이면을 비추는 데 그치기 쉽다. 대표적인 전범으로는 발작의 「인간희극」이 손꼽힌다. 우리나라의 소설로는, 채만식의 「탁류」, 박태원의 「천변풍경」, 최일남의 「흐르는 북」 등이 대표적이다. 이에 반해 관념소설은 인물과 풍속과 모험보다는 주제의식을 앞세우는 소설을 가리킨다. 관념이 스토리를 압도하기 때문에, 스토리가 느리게, 혹은 느슨하게 진행될 수밖에 없다. 로맹 롤랑의 「장 크리스토프」가 관념소설의 전범이 된다. 우리나라의 소설로는, 최인훈의 「광장」, 이병주의 「소설·알렉산드리아」, 이문열의 「사람의 아들」 등이 대표적이라고 할 수 있다.

작가 이병주가 살아온 경험대로 이야기를 진행하다보니 관념의 제시보다 풍속의 재현이 압도적일 수밖에 없다. 경성역 가까운 데서 화신백화점을 지나 가회동 골목길 앞까지 택시를 탔는데 택시비가 1원 50전이 나왔다. 쌀 다섯 되를 살 수 있는 돈이다. 택시(하이야) 운전수가 시골 사람이라고 바가지를 씌운 것이다. 박달세는 서울 사람이 시골 사람을 경멸하고 차별하는 태도가 일본이 조선인을 경멸하고 차별하는 태도보다 훨씬 심하다고 생각한다.[17] 그 시대에 살았던 작가가 아니면, 재현해내기 쉽지 않은 풍광 및 풍속이 소설의 본문 속에 이어져 나온다. 다음의 인용문은 일본 유학생 시절의 경험이 반영된 그 시대의 학제 및 학교의 평판에 관한 얘깃거리이다.

나는 대판고등학교가 일고(一高)와 삼고(三高)에 비하면 통념에 따른 격이 약간 떨어지지만 내실에 있어선 결코 손색이 없는 학교라는 것을 알고 있었지만 입학시험에 합격한 것만으로 이렇게 융성한 치하를 받을 수 있는 높은 성가를 지닌 학교란 것까진 알지 못했다. 사실을 말하면 대판 시민들은 늦게 개교한 이

---

[17] 같은 책, 260~263쪽, 참고.

학교가 동경에 있는 일고나 경도에 있는 삼고를 능가할 수 있도록 염원하는 마음으로 각별히 대판고등학교를 소중히 여기고 있었던 것이다.[18]

일제강점기의 고등학교는 지금의 고등학교와 다르다. 지금의 기준으로 볼 때, 그때의 고등학교는 대학의 교양학부나 저학년부에 해당한다. 그 당시의 고등학교는 제국대학의 예과에 해당한다. 일반적으로는 도쿄에 소재한 제1고등학교 졸업생들은 도쿄제국대학에, 교토에 소재한 제3고등학교 졸업생들은 교토제국대학에 진학한다. 예과와 본과는 각각 3년 과정이다. 도쿄제국대학과 교토제국대학이 라이벌이듯이, 1고와 3고도 라이벌이다. 천하의 수재가 아니면 들어갈 수 없는 학교가 1고와 3고이다. 그 당시에 일본에선 '3고생이라면 애꾸라도 딸을 주겠다.' 라는 속담이 있었을 정도였다.

시간이 거슬러 올라갈수록, 일본은 수도인 도쿄와 옛 수도인 교토 간에 라이벌의식이 매우 강했다. 우리나라의 남남북녀와 비슷한 '동남경녀'[19]라는 말에서 보듯이, 사소한 것까지 경쟁적이다. 교육에 있어선 한 치의 양보도 없다. 이 틈바구니 속의 대판(오사카)도 질 수 없다는 얘기다. 박달세의 대판고등학교가 1고나 3고의 수준에까지 도달하려고 지역 사회 차원에서 노력을 기울였다는 얘기다.

작가 이병주는 일본군 학병으로서 중국 소주에서 근무했다. 종전이 되자, 5개월 남짓 상해에 머물렀다. 그는 이 시기에 놀았다고 했는데, 귀국을 기다리면서 놀았던 이 시기가 그의 인생에서 상해 체험의 시기이며, 소설「별이 차가운 밤이면」의 제2부에서 창작 동기를 부여한 계기라고 하겠다. 그는 1944년 당시 상해의 매춘업 풍속에 관해서도 많은 것을

---

18 같은 책, 196~197쪽.
19 동남경녀는 남자는 도쿄 사내요, 여자는 교토 계집이란 뜻이다. 일본어로는 '아즈마 오도코, 교온나'라고 읽힌다.

알고 있었으리라고 본다.

    무악(舞樂)을 익혀 연석(宴席)에 나가는 일류 매춘부를 장삼(長三), 이류를 공이(公二)라고 하는데 길거리에서 손님을 찾는 부류는 야치(野致), 연기(烟妓), 정붕창기(釘棚娼妓), 함수매(鹹水妹), 암창(暗唱) 등이다. 야치는 거리나 다관(茶館) 같은 데서 손님을 유인하는, 이른바 스트리트걸, 연기나 정붕창기는 조금 정도가 떨어져 집 안에서가 아닌 어수룩한 곳을 골라 매춘하는 여자이며, 함수매는 외국 선원을 상대로 하는 매춘부, 암창은 댄서, 여공들이 아르바이트로 하는 이른바 콜걸이다.[20]

    중국 상해의 매춘부들의 유형이 이렇게 많다는 사실이 놀랍다. 대부분이 처음으로 보고 듣는 용어다. 작가는 그 당시의 풍속을 이처럼 세밀하게 재현하고 있다. 1930년대와 1940년대의 동아시아 풍속의 재현에 관한 한, 「별이 차가운 밤이면」을 능가하는 소설도 없을 성싶다. 비평가 김종회가 이 소설을 두고, '국가주의를 넘어 동북아 정세를 조망하는 시각을 확보'[21]한 소설이라고 규정한 것도 이 때문이라고 하겠다. 이 대목에서 국가주의라고 하면 오해의 소지가 있으니까, 달리 표현해 '일국주의'라고 표현하는 것이 한결 적확하다고 하겠다.
    우리나라에 있어서 풍속소설은 보통 세태소설로 불린다. 하지만 어감의 차이가 있다. 세태소설은 그다지 달갑지 않은 용어이다. 그도 그럴 것이, 이것은 시대의 무력함을 함축한 소설이기 때문이다. 이것에 비판 정신이나 적극적인 사상이 부족한 것은 두루 아는 바와 같다. 홍명희의 대하소설 「임꺽정」과 이병주의 「별이 차가운 밤이면」은 동시대에 쓰인 소설이 아니므로, 세태소설이 될 수 없다. 넓은 의미의 풍속소설에 해당

---

20 이병주, 앞의 책, 386쪽.
21 김종회 지음, 앞의 책, 164쪽.

한다.

이 대목에서 의문이 생긴다.

평소에 과장과 허풍으로 독자를 사로잡던 작가 이병주가 「별이 차가운 밤이면」을 풍속소설 정도로 만족했겠냐는 것.[22] 이 소설이 중간 조금 지나서 끝이 나버렸지만 애초의 의도는 제3부에서는 관념소설로 발전시키려고 했을 것이라고 추정된다. 노스럽 프라이에 의하면 관념소설은, 그의 독창적인 가설인 네 가지의 지속적인 산문 형식 중에서도 '아나토미(anatomy)' 즉 해부(解剖)의 양식에 해당한다. 주인공이 사회적 또는 기타의 관념에 의한 상징성을 띠고 있는 소설인 소위 관념소설은, 우울(melancholy)이라는 개념이 제공하는 지적 패턴에 의해 인간 사회가 고찰되는 경우에 이르게 된다. 작중의 박달세가 우울증으로 인해 아편을 맞는 일이 자주 일어난다. 그가 왜 심한 두통이나 우울증에 사로잡히게 된 걸까? 소설이 진행될수록 그는 성찰과 고뇌의 인간상으로 바뀌어간다.

종전이 되면 그가 더 이상 일본의 정보요원으로 살아갈 수 없을 것이고, 그렇다고 일본으로 돌아가 전후의 동경대학교에서 다시 학업을 이어가는 것도 쉽지 않을 것이다. 이런 유의 번민과 성찰이 지속된다면, 그는 입체적 인물일까, 아니면 평면적 인물일까? 이른바 입체적 인물이란, 시간이 흐르면서 가치관과 감정이 달라지는 인물이다. 평면적(고정적) 인물이라고 해도, 시간이 흐르면서 가치관과 감정이 달라지게 마련이지만, 입체적 인물일수록 '진행성 동기'의 변화가 크다.[23] 이 변화의 크고 작음

---

[22] 물론 이병주는 「행복어 사전」(1976~1982)에서 풍속소설의 가능성을 타진한 바 있었다. 소설가 최인훈은 충분한 만큼의 자유가 주어져 있지 않고, 제대로 된 풍속이 마련되어 있지 않아 우리나라에서의 풍속소설의 가능성을 회의적으로 보았다. 풍속소설이 사회의 안정을 전제로 한다는 사실을 염두에 두면, 이병주의 「행복어 사전」이 처음에는 주목을 받았지만, 10·26에서 5·18로 이르는 격동기로 인해 스텝이 꼬였다. 문학 교수 정영훈(경상대)은 「행복어 사전」이 풍속소설로서 성공을 하지 못한 것을 두고 작가 역량의 한계라기보다 시대적 한계라고 보기도 했다. (이병주기념사업회 엮음, 앞의 책, 408~411쪽, 참고.)

[23] 낸시 크레스 지음, 앞의 책, 123쪽, 참고.

에 따라, 그는 입체와 평면의 정도가 달라진다. 작가 이병주의 전략이 어느 쪽으로 향했을까가 자못 궁금하다. 요컨대 박달세는 제3부에서 번민과 성찰을 본격적으로, 또 지속적으로 일삼았을 것이 틀림없다.

작가 이병주가 이 소설의 제3부작에서 관념소설의 가능성을 보여주었다면, 전체적으로 볼 때 더 큰 그림을 그리려고 했을 터이다. 이 그림은 풍속소설과 관념소설을 아우른 이른바 총체소설의 그림이다. 작가 특유의 과장이나 허풍이라면, 충분히 가능했을 것이라고 본다. 톨스토이의 「전쟁과 평화」, 프루스트의 「잃어버린 시간을 찾아서」, 박경리의 「토지」 등과 같은 총체소설이 아니고선, 이병주 자신이 「별이 차가운 밤이면」을 필생의 성취적인 작품으로 기획하고 실행하지 않았을 것이라고 본다. 그는 이런 유의 작품을 염두에 두고서 작가적 생애의 대미를 장식하려고 했을 게 분명하다.

4. 번화한 상해 1944년의 일들

중국사의 무대는 오랫동안 중원이었다. 중원은 강북이다. 중국사의 강남이 절반 정도의 지분을 가진 시대라면, 수도가 항주였던 남송 시대 정도가 아닐까? 명나라의 뿌리도 남경에 있었으니, 수도가 북경으로 옮겨져도 강남을 나 몰라라 하지 않았을 것이다. 중국의 강남은 예로부터 수로, 비단, 미인, 교육열 등을 연상시켜 왔다. 중국 사람들은 오래 전부터 이런 말을 해왔다고 한다. 강남에서 살다가 난주에서 죽고 싶다고. 감숙성의 난주는 천하제일의 목관 생산지다. 여기에서 강남이라고 하면, 남경 · 상해 · 소주 · 항주가 대표적인 장소라고 하겠다.

상해는 청나라가 아편전쟁에서 패배한 이후인 19세기 중반부터 외세에 잠식되어갔다. 영국과 미국과 프랑스 등이 상해에 조계지를 설치해 자신들의 치외법권 지역을 만들어갔고, 20세기 초에 이르면 교역량의 급증과 함께 세계적인 대도시로 성장하게 된다. 1930년대의 상해는 최고 절정의 황금시대였다. 아편 장사에 특출한 능력을 보인 두월생은 악어(권력)인 손문과 장개석을 구워삶을 만큼 희대의 악어새였고, 상해의 밤을 군림하는 황제나 다름없었고, 또 상해는 영화도시로 화려함을 수놓았다. 이 시기에 상해의 영화 산업은 대중의 우상인 조선인 출신의 배우 김염과 함께 번창했다. 상해의 여자들이 입은 모던 치파오는 중국 근대화의 상징물이었다. 이것은 중국의 패션을 주도했고, 세계 속의 중국을 대표하는 표상이 되었다. 그런데 상해는 1940년대에 주인이 세 차례나 바뀌었다. 1941년에 일본군이 상해에 진출해 모든 조계를 점령했고, 1945년에 종전이 되면서 장개석의 남경정부가 상해를 접수하더니, 1949년에 이르면 중국 공산당의 수중에 넘어간다. 이 과정을 가리켜 '낙원의 종말'이라고 표현하기도 했다.[24]

이병주의 소설 「별이 차가운 밤이면」 제2부는 중국 상해 1944년을 배경으로 삼고 있다. 제2차 세계대전의 한 부분인 아시아태평양 전쟁이 절정에 달한 시점이다. 주인공 박달세는 상해의 특무공작원으로 파견되었다. 주요한 업무는 탈영하는 조선인 학병의 동태를 파악하는 일이었다. 이 시기에 탈영한 조선인 학병에 대한 소재는 김동리의 소설 「등신불」 (1961)에도 잘 그려져 있다. 이들은 대체로 중국식의 의병인 '충의구국군'에 편입되기도 했다. 에드거 스노(에드가 스노우)의 잘 알려진 저서인 『중국의 붉은 별(Red Star Over China)』[25]의 '후기(後記)'에도 1944년 중일전쟁의 전

---

24 김승일, 『상해』, 도서출판 경혜사, 2005, 45~66쪽, 참고.
25 1937년에 영문으로 간행된 이 책은, 모택동과 주은래 등의 중국 공산당 지도부가 중국 대륙을 장악해 가는 과정을 쓴. 또한 중국 공산당 혁명을 가장 객관적으로 보도한 저널리즘 저서라고 평가되고 있다. 한편 에드거 스노라는 저널리스트가 정치적 낭만에 초점을 두었기 때문에, 우파적 시각에선 비판의 대상이 되기도 했다. 이 책이 우리나라에 1985년에 처음으로 국역된 바 있었으나, 불온서적의 낙인이 찍힌 채 금서가 되었다. 이 책은 1980년대 후반 운동권의 필독서가 되었고, 소위 86세대의 친중 세계관을 형성하는 데 큰 영향력을 끼친 책이기도 하다. 이 책

황이 적혀 있다.

1944년이 되면 중국 공산당은 중국 북방의, 전 세계에서 단연코 제일 큰 게릴라 조직에게 지도력을 제공해 주게 된다. 양자강의 계곡에서부터 몽고의 초원, 그리고 남만주의 산하에 이르기까지 널리 퍼져 있는 수만 개의 촌락이 일본의 전선 배후에서 일종의 '인민전쟁'을 수행했다.[26]

중일전쟁이 최고조에 이르고, 상해는 낙원의 말기에 처해 있었다. 상해는 전쟁으로 피폐해져도 여전히 번화했을 테다. 보나마나 전시라고 볼 수 없을 정도로, 남경로와 북사천로는 사람들로 가득했으리라. 상해의 봄이면, 여자들도 꽃이 핀다. 파리 모드의 양장녀(洋裝女)들은 샹젤리제를 방불케 하는 프랑스 옛 조계지를 거닐고, 허벅다리 위까지 치켜 트인 쿤츠(君子)가 아찔아찔하게 드러내 보이는 이른바 모던여성(摩登女性)들은 자신들의 각선미를 뽐내곤 한다.[27] 전쟁이 수행되는 곳은 전선이요, 전장일 뿐이다. 대신에, 멀쩡하게 보이는 상해에는 첩보전이 난무한다. 그 당시의 이곳은 세계 각국의 정보원들이 모여든 곳으로 유명했다.

박달세의 근무처는 '신흥상사'다. 탈영하는 조선인 학병을 잡는 특수 조직이다. 암호명은 1001호관. 바깥에서 보면 평범한 3층집이지만, 내부는 복잡한 비밀 구조로 되어 있다. 지하실까지 포함해 열일곱 개의 방으로 이루어져 있다. 그의 역할은 행방불명된 특무장교 엔도(오) 대위의 대역이었다. 이것은 자신의 정체성을 지우고 남의 인생을 대신 산다는 점에서, 일본 전국시대의 가게무샤(影武者)와 비슷하다. 그의 입장에서 볼 때,

---

과 짝이 되는 것은 에드거 스노의 아내인 님 웨일즈가 영문으로 정리한 김산의 일대기 『아리랑의 노래』이다. 이 책은 1941년에 미국에서 간행되었다.
26 에드가 스노우 저, 신홍범 역, 『중국의 붉은 별』, 두레, 1985, 424쪽.
27 이병주, 앞의 책, 418쪽, 참고.

자신이 종놈의 신분을 세탁할 수 있다는 점에서 그다지 나쁘지 않았다.

현실이나 소설이나 영화나 할 것 없이 첩보전의 공식은 남녀관계다. 여기에는 반드시 미남미녀가 등장하게 마련이다. 화려한 표면에 가리어진 음습한 이면에는 음모가 난무한다. 로맨스나 불륜이 개입하는 것도 일반적이다. 이 소설에서는 야마시로 중좌와 진영옥, 박달세와 양미운, 진공수와 빈루라는 커플을 만들어낸다. 소설에서 스타형(독주형) 주인공 못지않게 마이너캐릭터도 비중이 높다. 드라마나 영화에서 조연의 도움이 없는 스타가 있을 수 없듯이, 소설 역시 마찬가지다. 원작이 본디 소설이었던 007시리즈가 전 세계를 강타하는 과정에서 본드 걸의 역할이 강화되었지만, 소설에서도 스타와 조연의 관계는 밀접하다. 본드 걸 없는 제임스 본드가 팥소 없는 찐빵이듯이, 양미운이 없는 박달세도 마찬가지다. 제임스본드와 본드 걸처럼, 남녀관계는 첩보전과 떼려야 뗄 수가 없다. 스토리 전개에서의 의미의 비중도 매우 크다. 박달세에게 양미운 못지않게 중요한 역할을 맡고 있는 여성은 소설의 조연 역할을 하는 이채란이다.

소설 「별이 차가운 밤이면」 제2부에 이르면, 실제 역사 인물의 이름이 등장한다. 두월성과 김산 등은 이름만 거론되지만, 이채란과 야마시로는 작중인물로도 등장한다. 이채란은 그 당시에 여배우와 여가수로 유명했던 이향란(리코란)이며, 야마시로는 상해 바닥에서 처녀와 유부녀를 가리지 않은 카사노바로 이름을 떨친 야마이에(山家)다. 그러면, 이채란과 박달세는 어떤 관계인가?

　　든든한 빽을 잃게 되었다는 기분보다 세상에서 가장 존귀한 존재를 놓치게 되었다는 황량한 감정이 달세의 가슴에 고였다.
　　"잔뜩 신세만 지고 그 은혜를 갚아드릴 기회가 없어졌구나 싶으니……."
　　달세는 말을 끝맺지 못했다.

"갚다니 무얼 갚아요. 우리의 인생은 아직도 길어요. 또 만날 날이 있을 겁니다. 건강하게 살아 계세요."

하고 이채란이 일어섰다.

"오늘 밤 송별연이라도 해야 하지 않겠습니까?"

달세가 어름어름 말해 보았다.

"그건 안 돼요. 오늘 밤엔 군사령부의 초대를 받았어요. 게다가 떠나기 전에 만나야 할 사람도 많구요. 우리는 여기서 헤어져요."[28]

이채란의 냉랭한 말투에서 보듯이, 이채란과 박달세는 연인이 아니다. 이 두 사람을 연인으로 보았다면, 잘못된 읽기이다. 이채란은 박달세의 감정교육자,[29] 후견인, 감시자라고 할 수 있다.

그럼, 이채란의 실제 인물인 이향란은 누구인가. 중국 발음으로 리샹란이요, 일본 발음으로는 리코란이다. 1920년에 만주에서 일본인 부모의 딸로 태어났다. 종전 때까지 철저히 가짜 중국인 행세를 했다. 그는 연예인으로서 만주국과 일본 군국주의의 국책에 알맞은 연예 활동을 해 왔다. 만주에서 주로 활동하다가 상해에 와서는 첩보 활동을 했을 개연성이 충분했다. 종전 이후에 국민당 정부에 붙잡혀 한간(漢奸 : 일본에 부역한 중국인)으로 처형의 위기에 놓였으나, 일본인임이 입증되어 일본으로 추방되었다. 1946년 3월, 그녀가 상해로부터 벗어난 것은 한 편의 영화와 같이 드라마틱했다. 동아시아 대중가요에 관한 나의 비평적 글쓰기인 「연락선과 금지곡」에서 재인용한 적이 있었거니와, 그녀의 회고록에

---

[28] 같은 책, 377쪽.
[29] 귀스타프 플로베르의 장편소설 「감정교육(L'Education Sentimentale)」(1860)에 등장한 주인공 프레데릭은 여러 명의 여자들과 인간관계를 맺는다. 소설에서의 그녀들은 페레데릭의 낭만적 이상주의에 감정적으로 영향을 끼치는 대상관계로 존재하고 있다. 이와 마찬가지로, 박달세의 주변 인물인 특고과장 쓰네요시, 야마시로 중좌, 이채란, 임시청, 양미운 등 역시 그의 감정교육자라고 말할 수 있다.

서 상해를 떠나올 때의 무척이나 극화된 심경을 대충 따온다.

> 상해의 하늘은 온통 시뻘건 황혼으로 물들었다. 선내의 라디오에 노랫소리가 들렸다. 야래향(夜來香). 내 목소리. 내 노래. 잘 있거라. 중국이여. 나는 온몸을 떨었다.[30]

그녀는 일본으로 가서 연예인으로 활동했다. 본명은 야마구치 요시코. 그녀는 본국 일본의 무대에서 한복을 입고 '아리랑'을 부르기도 했다. 그녀의 대표적인 노래는「하일군재래」,「중국의 밤」,「소주야곡」,「야래향」 등이다. 그 당시의 가장 대표작인「하일군재래」는 1931년 만주사변 이후에 전란이 끊이지 않은 만주인들을 위해 부른, 평화를 염원한 노래다. 본인도 자서전에서, 일본군의 압정에 허덕이는 중국 인민이 대망했던 구세주에 대한 우의(寓意)[31]라고 했다.「소주야곡」은 작가 이병주가 학병 시절에 소주에서 밤에 보초를 서면서 흥얼거렸을지 모를, 그런 노래다. 1944년 상해에 취입한「야래향」은 80년이 된 지금에 이르기까지, 중국의 젊은이들이 애창하는 노래이다. 시대를 뛰어넘는 명곡이랄까.

> 夜來香 我爲你歌唱 夜來香 我爲你思量
> 阿阿阿 我爲你歌唱 我爲你思量

박달세는 이채란으로부터 책 두 권을 건네받는다. 영문으로 된『중국의 붉은 별』과『아리랑의 노래』이다. 앞의 책의 저자인 에드거 스노와 뒤의 책의 채록자인 님 웨일즈는 저널리즘에 종사하는 부부이다. 조선인 혁명가 김산의 구술을 기록한 후자가 박달세의 신경을 건드렸다. 왜 김

---

30 송희복,『불안한 세상 불온한 청춘』, 글과마음, 2019, 400쪽, 참고.
31 山口淑子,『李香蘭 私の半生』, 新潮社, 1990, 287쪽, 참고.

산[32]이 하필이면 중국 공산당에 가입했을까? 한 정보원에게 김산의 동태를 살펴보라는 협조를 요청하는 것을 보아, 일본 특무대의 정보력 부재라기보다, 1938년에 중국 공산당이 김산에게 일본 스파이라는 억울한 누명을 뒤집어씌우고 처형했다는 사실을, 작가 이병주가 몰랐을 가능성이 매우 높다.

박달세는 중국에서 암약하고 있는 조선인 독립운동을 매우 부정적으로 보고 있다. 일종의 자기변명이요 자기모멸이라고 할 수 있다. 그가 이 소설에서 문제적 개인으로 남을 수밖에 없는 이유다.

> 달세는 조선의 독립이 불가능하다고 보고 불가능한 일을 택하느니보다 일본에 협조하여 지금의 상황보다 조금 나은 방향으로 조선을 이끌고 가야겠다는 사상의 소유자이다. (……) 불가능을 가능케 하려고 서둘면 무리가 생긴다. 많은 사람이 죽는다. 한일합방 후 의병 투쟁으로 얼마나 많은 사람이 죽었는가. 3·1운동 땐 또 어떠했는가. (……) 가망 없는 독립에 생명을 걸어야 하는가. 터무니없는 자유를 갈망하여 죽음을 걸고 싸워야 할 것인가.[33]

자유를 위해 투쟁하는 독립운동가들이 '터무니없는 자유'를 갈망하면서 목숨을 거는 것을 그는 어리석은 짓이라고 본다. 자유가 터무니없다니? 자유야말로 목숨을 걸고 쟁취해야 하는 가치개념이 아닌가? 그는 한번은 조선인 독립운동가를 재판하는 군사재판소에 가본 일이 있다. 소

---

[32] 본명이 장지락인 김산은 독립운동가이다. 외국어 능력이 탁월해 일본어, 영어, 중국어가 능통했다. 중국어 중에서도 북경어, 남경어, 광동어 등 두루 소통할 수 있었던 같다. 독일어와 라틴어도 읽을 수 있었다고 한다. 영어를 유창하게 인터뷰할 수 있어서 여성 저널리스트 님 웨일즈와 우연히 만나 우리나라 독립운동사를 구술할 수 있었다. 그의 구술자료집 『아리랑의 노래(Song of Ariran)』는 사료적 가치가 충분하다고 본다. 그의 사상적 편력은 안창호의 민족주의에서 의열단의 무정부주의를 거쳐 중국의 공산당원에 편입된다. 내 개인적인 생각으로는 안창호와 이광수의 정치적 성향을 비교한 내용이 눈길을 끌게 했다. (님 웨일즈 지음, 조우화 옮김, 『아리랑』, 동녘, 1988, 88~92쪽, 참고.)
[33] 이병주, 앞의 책, 381~382쪽.

설의 본문에는 군법회의(군법재판)에서 오간 문답록이 길게 적혀 있다. 재판장은 체포된 한 죄인에게, 즉 학병을 탈주한 독립투사 한성수에게 관대한 처분을 받을 생각은 없는가, 라고 질문을 한다. 이에 대한 답이 이랬다. "관대한 처분으로 노예로서 사는 것보다 너희들의 혹독한 처분을 받아 의사(義士)로서 죽고 싶다."[34] 이를 지켜본 박달세는 기가 질렸다.

같은 시대에 산 조선인 젊은 지식인이라도 누구는 의사로서 죽으려고 하는데, 자신은 일본군 앞잡이로서 정보 분야의 중책을 맡고 있지 않은가. 그는 종놈의 아들이 독립운동을 했다가는 도리어 멸시의 대상이 될 뿐이라고 늘 생각해왔다. 그는 이런 생각마저 뼛속까지 스며든 노예근성임을 자인한다.[35] 마침내 한성수는 상해의 일본 육군 형무소에서 교수형에 처해졌다. 그의 자책감도 심각했다.

내가 노비의 자식이 아니었던들 이런 처지가 되진 않았을 것이다.[36]

그는 깊은 고뇌의 늪에서 헤어나지 못하고 있다. 탈출구가 있다면, 다관에 잠입하여 아편을 흡입하는 것과 중국 처녀 양미운과의 로맨스 관계를 적절하게 유지하는 것. 토착 부호의 딸인 양미운과는 로맨스를 넘어서 호텔에서 방사에까지 할 지경에 이른다. 양미운 역시 박달세가 좋아서 그에게 여자로서의 순결을 바친다. 소설의 마지막 단락 역시 양미운과 함께 외지로 나아갔다가 상해로 돌아오는 이야기다.

> 박달세와 양미운이 상해에 도착한 그 이튿날 B29의 편대에 의한 미군의 폭격이 있었다. 용하게도 일본인의 주거지역을 집중적으로 노린 폭격이었다. 그러나 사상자는 중국인 쪽이 더 많았다.[37]

---

[34] 같은 책, 623쪽.
[35] 같은 책, 594쪽, 참고.
[36] 같은 책, 625쪽.
[37] 같은 책, 628쪽.

5. 노비의 사상, 주인됨의 삶

이병주의 소설 「별이 차가운 밤이면」은 제2부의 마무리 단계를 목전에 두고 중단되었다. 내가 생각하기로 남아있는 원고분량은 65%가 아닌가 한다. 작가의 죽음은 35% 남은 작품의 여명(餘命)마저 빼앗아버린다. 박달세는 그 이후에 어찌 되었을까? 공산주의에 눈길을 돌려 북한에 머물다가 한국전쟁 때 남하하여 무소불위의 인민군 고급 장교로서 복수의 유혈극을 벌였을까? 물론, 가장 가능성이 낮은 추측이다. 소설의 본문 속에 복선이 될 만한 이런 한 문장이 있다.

> 박달세는 양미운과의 관계가 운명적인 것으로 발전될 것이란 막연한 예감을 느꼈다.[38]

이 문장을 근거로 한다면, 종전과 동시에 중국인으로 변장한 박달세는 양미운과 결혼해 홍콩으로 달아났을 것이다. 여기에서 그가 한동안 중국인으로 살아갔을 가설도 예상된다. 그들 부부는 홍콩에서 사업가로서 부를 축적한다. 아니면 도쿄로 귀환해 학업을 이어가면서 재칭 '자이니치(在日)'로 살아간다. 이나 저보다 더 가능성이 높은 것은 무사히 귀국해 무지막지한 우익 인사로 살다가 입신출세를 한다. 실제로 이런 유의 사람들이 적지 않았다. (작가 이병주는 종전 후에 상하이에서 수개월을 머물다가 미군함을 타고 부산항에 귀환했다.) 미완의 부분과 관련해서 문학평론가 남송우는 다음의 합리적인 견해를 내놓았다.

> 마무리되지 못한 유고작이기에 작품 결말은 어쩔 수 없이 독자의 몫이 되었

---

[38] 같은 책, 566쪽.

다. 종전과 해방을 맞은 박달세는 아라이 상, 엔도오, 방세류라는 가짜 이름을 벗어던지고 본래의 자신으로 조국에 돌아올 수 있었을까? 패전국 전범으로 처벌되지는 않았을까? 그도 아니라면 그가 사랑했던 중국인 양미운과 함께 방세류로 상해의 삶을 이어갔을까? 어떤 길로 향했든 박달세는 동족인 학도병을 죽음에 이르게 했다는 죄의식에서 벗어나긴 힘들었을 것이다. 그것이 작가 자신이 가졌던 시대에 대한 부채감이자 작가의식이었으니까.[39]

소설「별이 차가운 밤이면」이 단행본으로 간행되었을 때, 소설 본문 뒤에 작품 해설을 붙인 이는 문학평론가 김윤식이었다. 그 당시에 학병 체험의 문학을 광범위하고 심도 있게 연구하던 분이었다. 비평문의 제목은 '노비 출신 학병 박달세의 청춘과 야망—1940년대의 상해'이다. 그는 이 글에서 소설「별이 차가운 밤이면」의 주제에 관해, 한마디로 말해 '민족의식 따위란 안중에도 없는 노비의 사상'[40]이라고 일갈했다. 그는 이것의 원인을 명쾌하게 분석한다. 다름이 아니라, 삶의 목표를 노비 자식으로서의 원수 갚기에 두었다는 것에 있다.

노비의 사상이란, 노예근성의 개념과 거의 비슷하다.

노예근성을 가지고 살아가느냐, 주인됨의 삶을 향유하면서 살아가느냐 하는 것은 신분이나 출신 성분과 아무런 관련이 없다. 황제의 자녀인 영친왕과 덕혜옹주처럼 귀하디귀한 인물도 노예로 길들여질 수도 있고, 백정의 아들이라도 독립운동을 하면서 주인됨의 삶을 살 수 있다. 박달세는 종놈의 아들이라서 노예근성의 늪에서 헤어나지 못한 게 아니라, 스스로 경쟁과 복수에만 길들여졌기 때문에, 자기주도적인 주체적인 삶을 영위하지 못했던 것이다. 인문학적 글쓰기의 한 작가는 '가치 창조의 삶 : 주인과 노예의 변증법'이란 제목의 글을 쓴 바 있었다. 이 글의 요

---

[39] 국제신문, 2022. 12. 5.
[40] 이병주, 앞의 책, 641쪽, 참고.

지를, 지금 내가 정리해 보았다.

　　니체는 타인들이 부여한 가치에 종속된 이들을 노예라고 불렀다. 그는 노예를 가리켜, 집단이 요구하는 목소리에 순응하면서 거기에 굴복하는 자들, 타자의 기준에 자신의 가치와 의미를 두는 자들이라고 했다. 노예의 궁극적인 목표는 타인에게 인정을 받기를 원하는 데 있다. 집단의 가치가 무엇인지 신경을 쓰지 않고, 자기에게 유리한 상징들을 획득하거나, 조작하려 든다. 주인은 자신이 추구하는 것을 타인이 인정해주지 않아도 크게 동요하지 않는다. 주인보다 더 고귀한 인간은 자신보다 더 가치 있는 삶을 사는 이들을 진심으로 존경한다.[41]

　열등감과 시기심은 동전의 양면이다. 이러한 것들이 많은 사람일수록 정신적인 노예의 삶에서 벗어나지 못한다. 노예근성의 사회를 두고, 이른바 '분노사회(angry society)'라고 말할 수 있겠다. 마음의 분노사회에서 살아가는 사람이 많을수록, 그 사회는 주인됨의 삶을 살지 못하는 암울한 사회이다. 박달세 역시 자신이 종놈의 자식이라는 사실을 받아들이지 못하고, 마음속에 분노와 증오를 점점 키워갔던 것이다. 자신이 가는, 가야하는 길이 달라도, 김산이나 한성수 등에 대해 최소한의 존경심을 가지지 못했다. 주체의 삶이라곤 없어서다. 그는 타인(일본제국주의자)에게 인정받기를 원할 따름이지, 타인의 진정한 가치를 진심으로 인정해주지 못하는 사람이다. 바로 마음속의 노예이다.

　주인과 노예의 관계를 유교적으로 재해석하자면, 각각 군자와 소인이라고 대비할 수 있겠다. 남으로부터 인정을 받기를 원하기보다, 자신의 관점, 자신의 가치와 무관하게도 남의 남다른 점을 인정할 수 있고, 남의 진정한 삶이나 가치를 존중할 수 있는 이가 바로 군자다. 모든 인간

---

[41] 정지우, 『분노사회』, 이경, 2017, 169~174쪽, 참고.

은 자기 인생의 주인공이다. 자기 인생의 참된 주인공이어야만이, 주인 됨의 삶, 주체적 삶을 영위할 수 있다고 본다.

노비의 사상이니 노예근성이니 하는 개념은 소설 「별이 차가운 밤이면」에 국한되는 것이 아니다. 국문학자 김윤식에 의하면, 그의 사실상의 처녀작이라고 할 수 있는 「소설·알렉산드리아」에서부터 비롯된다. 김윤식은 애초에 그의 소설의 원체험을 두고 노예체험이라고 했다. 말하자면 학병체험인 것이다. 그는 이러한 유의 체험을 극복하기 위해 소설적 글쓰기를 시도한 것이다.

> 학병체험이야말로 이병주 글쓰기의 원체험이자 원죄와도 흡사한 것이었다. 일제의 침략전쟁에 노예로 끌려간 조선인 대학생 이병주에 있어 학병체험이야말로 그의 운명을 좌우한 것이었다. 이 노예체험을 극복하지 않으면 아무것도 할 수 없었다.[42]

두말할 나위조차 없지만, 옛날 법은 노예들에게 아주 불리했다. 노예제도 하의 노예는 시민의 노예였을 뿐만 아니라, 공공의 노예였다. 타인의 노예라도 마음대로 부려먹었다. 그나마 아테네의 법은 타인의 노예를 학대하는 것을 엄금했다. 몽테스키외는 대부분의 법이 노예들로부터 자연적인 방위(防衛)의 권리를 빼앗고 있다고 비판한 바 있었다. 그는 노예들에게도 시민적 방위의 권리를 되돌려주어야 한다고 주장했다.[43]

이것을 확대 해석하자면, 식민지 백성들의, 식민지 종주국에 대한 정당한 저항권은 인정되어야 한다는 것이 몽테스키외의 법의 정신인 것이다. 이 정신 속에 민족의 자유를 쟁취할 독립정신이 엄존하고 있었던 것이다.

---

42 김윤식, 앞의 책, 108쪽.
43 몽테스키외, 하재홍 옮김, 『법의 정신』, 동서문화, 2016, 276~277쪽, 참고.

6. 에필로그 : 정치적 낭만

이미 오래 전에, 칼 슈미트가 쓴 『정치적 낭만(Politische Romantik)』(1919)이라는 제목의 책이 있었다. 이 책이 1990년에 처음으로 우리말로 번역될 때 배성동 역본의 제목이 '정치적 낭만'이었다. 30년 만에 다시 번역된 조효원 역본의 제목은 '정치적 낭만주의'였다. 독일어 '로만틱'이 '낭만'도 되고 '낭만주의'도 되기 때문이다. 이 책은 슈미트가 정치적 낭만주의의 기회주의적 속성, 도덕적 불감증, 의존성을 비판적으로 바라본 책이다. 이 책의 결론은 책의 막바지에 명쾌하게 드러나 있다.

> 독일 낭만주의는 처음에는 혁명을 낭만화했지만, 그 다음에는 지배층의 복고 체제를 낭만화했고, 1830년 이후로는 다시 혁명적인 사상이 되었다. 아이러니와 역설을 내세우긴 했지만 낭만주의는 한결같은 의존성을 보였다. (……) 모든 낭만적인 것은 비낭만적인 다른 세력을 위해 복무하게 되었고, 정의와 결단에 초연하던 그들의 태도는 다른 이들의 권력에 예속된 채 그들의 결단을 뒤쫓기에 급급한 태도로 바뀌고 말았다.[44]

조효원 역본에는 기회주의를 기연주의라고 번역했다. 기연주의의 '기연(機緣)'이란, 글자 그대로 '계기적 우연'이란 개념이다. 연애나 결혼 등의 남녀관계에서 적절하게 어울릴 수 있는 한자어다. 정치적 낭만주의의 주관화된 기연과 의존성은 일종의 계급 동맹인 스페인 인민전선(Froner Populaire)의 이념이나 조선인 학병의 체험이나 사상과 밀접한 관련을 맺고 있다. 작가 이병주는 자유주의 지식인 부류를 '회색 군상'이라고 불렀다. 김윤식이 말한 학병 세대의 회색 사상은 해방기와 한국전쟁기

---

[44] 칼 슈미트 지음, 조효원 옮김, 『정치적 낭만주의』, 에디투스, 2020, 250~251쪽.

에 흑백 논리와 정면으로 대결했다. 회색은 양다리를 걸치면서 눈치를 보거나, 큰 틀에서 통합의 전망을 읽거나 한다.

정치적 낭만주의는 지금도 문제가 되기도 한다. 주관화된 기연주의가 공동체의 제일 원리로 격상될 경우에, 그다지 필요하지 않은 정치적인 쟁점, 예컨대 터무니없는 반미나 뜬금없는 반일에 달아오르기도 한다. 그러면서 국론은 종잡을 수 없이 분열된다. 우리나라의 가장 대표적인 정치적 낭만주의자는 학병 세대 이전의 임화와 같은 시인-비평가였다. 그가 한국전쟁이 끝나자마자 김일성으로부터 미제 스파이로 처형을 당한 것은 김산의 정치적 낭만이 중국 공산당이란 현실 정치의 실상을 잘 몰랐던 사실과도 매우 흡사하다. 정치적 낭만은 모순투성이다. 어떤 때는 건강했다가, 또 어떤 때는 병적이기도 했다. 서양의 근대사에서, 그것은 혁명적인 성격을 띠기도 하고, 또 왕정복고에 기대기도 했다.

어쨌든 미완의 유작「별이 차가운 밤이면」은 완결을 짓지 못하고 중도에서 끝나고 말았다. 해방 이후의 박달세가 어떤 처세술로 살아남았는지도 알 수 없다. 그의 회색 사상은 정치적 낭만의 순응주의에 따라 변환의 곡예를 발휘했을 터이다. 작가 이병주가 눈을 감은 직후에, 김윤식은 이 소설이 완결되지 못한 사실을 두고 아쉬움을 금치 못했다.

> 아직 해방도 되기 전, 상해 일본군 특무대에 박달세를 세워둔 채, 작가는 세상을 뜨고 말았다. 누가 이 작품을 완결할 것인가. 이 물음은 참로 안타까움이 아닐 수 없다.[45]

작가 이병주가 세상을 떠난 지도 31년이 지난 이 시점에서, 김윤식의 아쉬움에 대한, 안타까움에 대한 울림이 지금도 전해오는 것 같다. 누구

---

[45] 김윤식, 앞의 책, 353쪽.

보다 이병주의 작품 세계를 잘 이해했던 김윤식도 얼마 전에 영면에 들었다. 나는 「별이 차가운 밤이면」을 재독하고, 재해석하고, 재평가해야 한다고 본다. 또 단행본도 다시 간행되었으면 한다. 제목도 산뜻하게 바꾸고, 발표된 본문에 대한 주석도 꼼꼼히 달고, 우리말과 외래어의 표기법도 지금의 기준에 맞추고, 제1부와 제2부에 이어서 젊은 작가에 의한 완결 부문을 덧붙인 공동작의 형태로, 이 시대에 다시 살아남았으면 좋겠다는 의견을 마지막으로 남긴다.

미완의 「별이 차가운 밤이면」이 이어졌다면, 박달세의, 자유에 대한 성찰 역시 이어졌을까? 아니면 '터무니없는 자유'를 비판했던 자신의 이기주의적인 속성에 대해 깊은 성찰을 일삼았을까? 희곡의 독백 같은 그의 중얼거림을, 속삭임을 엿들어볼 수 있다.

> 내년엔 저 지도가 어떻게 변할까? 내가 갈 곳이 어딜까? 내가 설 자리는 어디일까?[46]

> 나의 자아(自我)는 어디에 있는 걸까?[47]

---

46 이병주, 앞의 책, 547쪽.
47 같은 책, 566쪽.

고문과 성고문 : 공안 광기의 시대

1. 고통과의 마주하기

안녕하십니까?

저는 송희복이라고 합니다. 가장 좋은 계절인 시월상달에 저 지리산이 바라보이는 이 산청에서 문학을 애호하고, 또 창작하는 여러분께 제가 오늘 감히 한 말씀 드릴까, 합니다. 오늘 행사를 주최하는 분들이 제게 미리 강의가 짧으면 짧을수록 좋다고 해서 간명하게 말씀을 드리려고 합니다.

제 얘기를 짧게 개진하려면, 미리 결론부터 말하는 것이 좋을 것 싶습니다. 저도 문단에 등단한 지 벌써 40여년이 되었습니다. 돌이켜 보면, 참 긴 세월이네요. 오랫동안 문학을 해오다 보니, 저에게도 문학의 가치, 문학에 대한 견해 등이 눈에 들어오는 것이 있더라고요. 무엇이 문학이며, 왜 문학을 추구하는가, 하는 물음에 대해, 저는 극히 간명한 답을 내놓겠습니다. 문학이 음풍농월이 아닌 한 '고통과의 마주하기'다. 어떻습니까? 여러분도 공감하십니까?

물론 고통에도 육체적인 고통이 있고, 또 정신적인 고통이 있습니다.

육체적인 고통은 비교적 짧지만 참기 어렵고, 정신적인 고통은 참을 만해도 오래갑니다. 오늘 제 얘깃거리 중의 키 워드는 고문 및 성고문입니다. 고문은 육체적 고통이지만, 성고문은 육체적이고, 동시에 정신적인 복합 고통이지요. 고문보다 더 심한 게 성고문이란 건 겪어본 사람만이 알 것입니다.

문학이 인간의 고통을 외면하면 외면할수록 그만큼 가치의 순도나 온도가 떨어지는 게 아닐까요. 문학을 통해 고통을 해소할 수 있다면, 참 다행이겠지요. 이것은 결코 쉽지 아니한 일일 것입니다. 문학이 고통을 외면할 수 없다면 에둘러서 고통 너머의 세계를 응시하는 통찰력도 가질 수가 있습니다. 저는 이미 오래 전부터 문학이 '고통과의 마주하기' 혹은 슬픔 속에서 힘이나 아름다움을 찾기에 적합한 개념이라고 여겨왔습니다만, 최근에 신문의 한 귀퉁이에서 읽은 한 문장에서 더욱 힘을 얻을 수가 있었습니다.

> 인간은 고통을 피하고 싶어 하는 존재이지만, 고통의 감수를 통해 보다 나은 상태로 나아가고 싶어 하는 존재이기도 하다. (김영민의 생각의 공화국, 「고통이란 무엇인가」, 중앙일보, 2024. 8. 13.)

자, 그러면 저는 지금부터 문학 속의 고통을 얘기하겠습니다. 인간의 고통은 문학과 철학과 예술과 종교의 영원한 테마입니다. 특히 문학은 세속적인 의미에서의 고통의 자장으로부터 벗어나지 못하기 때문에, 더욱 인간적인 고통이라고 공감할 수 있을 것 같습니다. 오늘 저는 이제 역사가 된 것들, 즉 고문과 성고문, 1967년과 1986년, 동백림과 부천경찰서, 천상병과 권인숙, 시와 기록문학 등의 대비를 통해 논의를 전개하려고 합니다.

2. 천상병이 겪은 그날

시인 천상병 하면, 지금 계절인 가을과 가장 잘 어울리는 낱말들 중의 하나인「들국화」가 각별히 생각납니다. 들국화는 딱 하나를 지칭하는 꽃이 아니라, 가을에 야생하는 꽃들 중에서 산국(山菊)·구절초·쑥부쟁이 등을 총칭하는 꽃의 종류입니다. 제가 이 시를 읽은 시점은 1970년대 말. 짐작컨대 지금으로부터 45년 전인 것이 거의 확실시됩니다.

한 문학잡지에 그의 특집이 실렸었지요. 권두 화보에는 그의 사진과 함께「들국화」가 적혀 있었지요. 아마 그 문학잡지는 시인 전봉건 선생이 운영하던『현대시학』이 아닌가, 생각됩니다. 편집자는 그의 시 중에서 이 시를 그의 대표작으로 꼽은 것 같습니다. 시의 내용은 간단해요. 산문적으로 풀면, 대충 이렇습니다. 산등성이 외딴 곳에 애기 들국화를 보니, 나와 이 꽃의 외로운 마음이 지금처럼 순하게 겹친 이 순간이 다시 올까를 생각한다. 순하게 겹친 순간! 20대 초반인 나는 그때 이 시를 읽고 마음의 움직임이 매우 컸습니다. 지금도 그때의 시각적 잔상이 비교적 선명하게 남아있습니다.

왜 그랬을까요?

시가 무엇인지, 문학이 무엇인지 몰랐던 그때의 나. 그래도 무슨 앞날의 예감 같은 게 있었을 겁니다. 서정시는 자아와 세계의 순간적이고도 황홀한 교감에서 실현되는 것이라고요. 보들레르 역시 서정시를 가리켜 '만물조응'이라고 암시하지 않았습니까? 저는 서정시와 소설의 장르적 특성에 대해 오랫동안 깊은 관심을 가져왔습니다. 가장 서정적인 시의 특성을 잘 보여주고 있는 천상병의「들국화」를 처음 읽고, 저 역시 자아와 세계가 교감하는 순간이야말로 서정시의 궁극적인 가치라는 사실을 처음으로 예감했는지도 모를 것입니다.

이런 점에서 볼 때 좋은 서정시는 자아와 세계의 일원론적인 동화에 대한 성취가 있기까지 자아와 세계가 낯설게 대립하는 극심한 이화(dissimilation)의 과정이 전제되어야 한다는 논리가 설득력을 가질 수도 있지요. 옛날의 시인들은 일반적으로 이런 것이 경시되거나 간과되어 있었지요. 그러니까 한시나 시조를 창작하면서 자아와 세계의 일원론적인 동화만을 노래하는 경우가 많았습니다. 이런 경우는 결국에 음풍농월이나 자수율 놀음에서 헤어나지 못하게 되는 것이겠지요. 왜 사는 것이 괴로우냐 하는 생각이 없으면, 서정도 동화도 일원론도 죄다 꽝입니다. 제가 천상병의 시편들 중에서 최고의 대표작으로 「귀천」을 꼽지 아니하고 「그날은」을 꼽는 까닭도 여기에 있습니다. 뭐랄까요, 고통이 전제된 교감 내지 지복이랄까요. 먼저, 전문을 읽어드리겠습니다. 다음에 인용한 텍스트는 민음사판 『주막에서』(1979) 106쪽에서 따왔습니다.

이젠 몇 년이었는가
아이론 밑 와이샤쓰같이
당한 그날은……

이젠 몇 년이었는가
무서운 집 뒷창 가에 여름 곤충 한 마리
땀 흘리는 나에게 악수를 청한 그날은……

내 살과 **뼈**는 알고 있다.
진실과 고통
그 어느 쪽이 강자인가를……

내 마음 하늘
한편 가에서

새는 소스라치게 날개 편다.

—「그날은」 전문

우리가 알고 있는 그의 대표작인 「들국화」, 「귀천」, 「그날은」, 「주막에서」 등은 1967년과 1971년 사이에 쓴 것으로 알려져 있습니다. 극심한 육체적 고통을 겪은 직후에 쓴 이런 시편들이 그의 대표작인 셈이지요. 시인 천상병은 1972년에 늦은 결혼을 하기 이전에 낭인처럼, 방외인처럼 살아갔습니다. 수사적인 표현이라면, 자유인이었지요.

인용 시 「그날은」은 1967년의 악명 높은 동백림 사건 때 시인이 고문을 당한 생생한 체험을 회상하면서 시로 표현한 것입니다. 간첩 행위로 기소된 대학 친구의 수첩에 그의 이름이 적혀 있다는 이유로 중앙정보부 지하실에 갇혀 여섯 달 동안 물고문과 전기고문을 당합니다. 아이론 밑의 와이셔츠라는 직유법을 보세요. 얼마나 고통이 심했는가를. 무서운 집은 중앙정보부이고요. 고문을 당한 후에 여름 곤충 한 마리마저 자신을 위로합니다.

동백림 사건은 지금에 이르러, 별것 아닌 것을 정치적인 의도 아래 부풀인 사건이라고 역사는 평가하고 있습니다. 공포의 공안 정국을 만들어놓고서, 박정희의 3선 개헌으로 가는 징검다리를 가설한 셈이었지요. 독일과 프랑스에서 예술 활동을 하던 윤이상과 이응노를 단죄하고, 응징한 것을 두고, 국제사회는 그 당시의 우리나라를 인권 후진국으로 낙인을 찍었습니다. 그런데 정치적인 문제를 떠나서 동백림 사건이 남긴 것은 역사의 교훈입니다. 강제 연행과 가혹 행위 등의 인권 유린은 두고두고 역사의 교훈으로 남게 될 것입니다.

시인은 이렇게 말합니다. 내 살과 뼈는 알고 있다. 진실과 고통 그 어느 쪽이 강자인가를, 하고 말입니다. 아무리 고통을 주고, 고통을 받아도, 진실은 변하지 않는다는 사실을, 시인은 종국적으로 말하고 싶었던 것입니다. 좀 관습적인 상징물이긴 해도, 하늘의 가장자리에 새가 날개를 편다고 했으니, 이 새는 바로 자유의 표상이 아니겠어요?

신경림의 산문 「삶의 뒤안길에서」에 의하면, 그는 동백림 사건 이후의 천상병을 두고 이렇게 말했습니다. 술은 여전했으나 가끔 정신이 오락가락하고, 금세 취해 횡설수설하곤 했다고요. 전기고문 탓으로 생식불능이 되었다는 얘기를 본인으로부터 직접 들은 시점은 그 사건이 있은 지 20년이 더 지나서였다고 합니다. 단순한 고문을 넘어 성고문까지 당한 것입니다.

3. 권인숙의 벽 너머로

우리나라에서 성고문이라고 하면, 우선 1986년에 있었던 부천경찰서 성고문 사건이 떠오를 것입니다. 1967년 동백림 사건이 있은 지 19년이 지나서였지요. 동백림 사건의 가혹 행위는 국민들이 간첩을 잡으려고 좀 무리했나 보다 하면서 그냥 지나친 감이 있었지만, 부천경찰서 성고문 사건은 서울대학교를 재학하다가 노동현장에 취업하는 데 법적인 문제가 있었다지만 5·3인천사태와의 엮임이 있나 없나를 캐기 위해 취조하는 과정에서 권인숙이 당한 성고문을 폭로해 세상을 발칵 뒤집어놓았던 사건이지요. 20년의 세월을 지나온 과정에서 국민의 인권 의식도 한층 성숙했고, 불의에 대한 공분도 분명해졌다는 점에서, 우리 사회가 민주화로 가는 한바탕의 진통이 된 셈이었지요.

서울대학교 여학생이었던 권인숙은 여성으로서의 모멸감을 무릅쓰고 공안 폭력이 빚어낸 광기를 폭로하기로 작심합니다. 이 희생적이고 헌신적인 용기가 우리 사회를 절망의 늪인 어둠 속에서부터 희붐한 희망의 빛으로 방향을 틀어주었던 것이지요. 그녀는 그 사건이 있은 지 3년 후인 1989년에 마침내 자신이 체험한 모든 것을 기록한 책을 간행합니다. 고통스런 글쓰기의 결과로 이루어낸 책. 제목은 '하나의 벽을 넘어서'입니다. 출판사 이름은 '거름'이네요. 그녀의 슬픔, 치욕은 민주화의 거름이 되었지요. 많은 사람들의 관심이 집중되었고, 또 시대의 변화를 이끌어낸 역사적인 증언이란 점에서, 단순한 실용적 기록문을 넘어서, 『안네의 일기』처럼 사람들의 마음을 움직인 기록문학이라고 할 수 있습니다. 보세요. 책은 인권을 유린한 생생한 범죄 현장으로 독자들을 인도했습니다.

그때부터 그는 심하게 나의 가슴을 주무르기 시작했다. 그리고 국부를 만지며 나의 몸에 자신의 몸을 비벼대었다. 제발 이 순간이 빨리 지나갔으면……. 나는 모른다. 희영이 언니 집을 나는 모른다. 정말 모르는 것이다. 마음속으로 다짐하고 또 다짐했지만 자꾸 의지가 흔들리고 정신이 아뜩해졌다.
문형사가 나를 의자에서 일으킨 후 바지를 벗겨 무릎 아래로 내렸다. 그리고는 앞에 놓인 책상 위에 엎드리게 했다. 문 자신도 바지 지퍼를 내리고 나의 뒤쪽에서 자신의 성기를 나의 국부에 대었다 떼었다 하기를 몇 차례 했다.
"아!"
머리가 아뜩해졌다. 정신을 차릴 수가 없었다. 몸을 뒤틀면서 신음소리를 내자 문이 말했다.
"너 지금 즐기고 있냐?"
정신이 흔들리면서 괴로움을 이기지 못해. 그리고 최소한의 방어를 위해 본능적으로 나왔던 신음소리와 뒤틀림을 문이 이렇게 표현했을 때 나는 더 이상 인간이기를 포기했다. 이토록 철저하게 모욕당하다니……. 차라리 그가 날 죽여주는 것이 훨씬 깨끗하고 고마울 것 같았다.
(……)
나는 바닥에 무릎을 꿇고 있었다. 머리를 드니 그의 성기가 바로 정면으로 보였다. 눈을 감았다. 그러나 그가 나의 입을 자신의 성기에 갖다 대었다. 그러면서 자신의 성기를 내 입에 넣으려 했다. (40~41쪽)

한글로 된 글 치고 이런 유의 글은 없었습니다. 1980년대 당시의 공안당국, 즉 중앙정보부, 보안사, 검찰, 경찰은 타인의 고통을 소비하는 특수한 집단이었지요. 인용문과 같은 상황 속에서 인권이고 나발이고 하는 건 공염불이나 다름없었겠지요. 천상병이 절친한 동료 시인인 신경림에게, 자신이 성기에 전기충격을 당해 생식 불능이 되었다는 얘기를 20여 년이 지난 다음에 말한 것으로 보아, 부천경찰서 성고문 사건이 사회적인 이슈로 급부상한 시대적 분위기에 편승하여 슬그머니 토로한 것 같습니다. 부천경찰서 성고문의 주체인 문 형사가 마침내 법정 구속이 실현됨으로써 우리 사회에 더 이상의 성고문은 사라진 것 같습니다.

저는 전태일도, 권인숙도 문학의 영역으로 끌어들여야 한다고 보는 입장에 서 있습니다. 무엇이, 왜, 문학입니까. 결국은 사람 사는 살판을 마련하려는 언어의 참된 힘이 아닌가요? 언어의 향연이란 것도 삶의 진실을 전제로 하는 것입니다. 민주화 과정에서 고통을 받은 많은 이들이 공감하고, 변화를 이끌어낸 이런저런 글을 남겼다면, 의미 있는 기록문학의 장에서 논의되어야 할 것이라고, 저는 믿어 의심치 않습니다.

4. 고통을 소비하다

고문과 성고문을 자행한 사람들은 남의 고통을 향유하는 사람들이지요. 고통은 엄밀히 말해 개개인의 몫인데, 이것이 사회화되면 고통은 어느새 공동체의 고통이 됩니다. 타인의 고통과 불행을 향유하는 사람들이 많아지면, 개인의 고통을 소비하는 사회가 될 수밖에 없습니다.

어느 시대와 어떤 사회를 불문하고 폭력이 난무하지 아니한 시대나 사회는 없었습니다. 과거에는 국가폭력과 가정폭력이 많았는데, 이것들이 점차 사라져가니까 학교폭력과 교제폭력이 기승을 부리게 된 거죠. 인간이 권력의 맛에서 해방되지 않는 한, 폭력이 결코 사라지지 않을 것입니다. 가정폭력의 일부와 교제폭력을 통틀어 소위 젠더 폭력이라고 할 수 있겠는데, 이것은 앞으로 우리에게 심각한 사회 문제가 될 것 같습니다. 물론 젠더 폭력은 성차별이란 권력 관계에서 비롯됩니다.

폭력의 양태는 시대마다 변화를 가지고 있는데, 지금은 우리 사회에서 폭력의 시스템화가 되고 있다는 점에서 문제가 심각해집니다.

얼마 전에 호텔에서 불이 났어요. 적잖은 인명 피해가 발생했었죠. 뛰어내린 사람들도 바닥의 에어매트가 잘못 깔려져 죽기도 했죠. 몇몇 사람들이 떨어져 죽는데 구경하는 사람들이 이를 보면서 박수를 치면서 재미있어 하더란 보도에 모두가 충격을 받았을 것입니다. 오보가 아닌가, 했을 겁니다. 저도 참 인간의 길은 멀구나, 하는 생각에 잠겼습니다.

중국 영화 「소년시절의 너」는 이와 유사한 내용의 서사물이라고 해요. 학교폭력에 시달린 여학생이 투신하자 다들 우르르 몰려가 너나없이 휴대전화를 꺼내 사진을 찍습니다. 악행도 집단주술에 걸려드는가, 봅니다. 한 동료 여학생이 시신 위에 옷을 덮어주자, 이 여학생 역시 학교폭력의 새로운 희생양이 됩니다. 영화는 아마 학교도 측은지심이 없는 비정한 사회임을 말하고 있는 것 같습니다. 영화 속의 대다수의 가해 학생들은 지금으로부터 60년 가까운 과거에 있었던 문화혁명의 홍위병들이 삶의 현실을 비이성의 난장판을 만든 사이콜로지와 다를 바가 없군요. 자료를 구해 이 영화를 꼭 한번 봤으면 해요.

남들의 고통을 향유하는 사람이 단 한 사람이라도 있는 한, 타인의 불행을 소비하는 사회로부터 단 한 발짝도 벗어날 수 없습니다. 남의 고통을 극단적으로 향유하는, 구제 불능의 괴물 인간을 일컬어 '사이코패스'

라고 하지 않아요? 모두가 아는 얘기죠. 묻지마 살인, 연쇄살인 등을 일삼는 사람. 이 사람을 우리는 악마라고 하지요. 이 경우는 너무 비인간적이기 때문에 치지도외해 둡시다.

한편 '소시오패스'라는 단어도 있지요. 타인의 불행을 소비하는 사회가 만들어낸 기형적인 괴물 인간을 두고, 소시오패스라고 해요. 이는 살인을 일삼는 악마가 아니니까, 그냥 악인이라고 해야 되겠지요. 겉과 속이 다르기 때문에, 그의 정체를 잘 알 수가 없어요. 직장 동료로 10년을 함께 근무해도 본질을 알 수 없는 존재. 외모가 반듯하고, 학식이 있고, 집안이 부유한 사람 중에서도, 다들 부러워하는 직업에 종사하는 사람 중에서도, 연예인처럼 잘 생긴 미남미녀들 중에서도 그런 유의 악인은 뚜렷이 존재해요. 그래서 이들을 가리켜 양복을 쫙 빼입거나 우아한 드레스를 걸치거나 하는 뱀들이라고 비유할 수가 있습니다.

이제 마무리해야겠습니다. 우리는 남의 고통을 즐기거나 타인의 불행을 소비하는 사람과 공존하는 사회에 살고 있는지도 모릅니다. 인간의 악도 이제는 고도로 지능화되고 있습니다. 무지막지한 시대에는 정치권력을 배경으로 한 고문과 성고문이 거리낌 없이 개인의 인권과 자유를 침해했지만, 지금은 가까운 지인이라고 하더라도 잗다란 권력과 이익을 위해 서로 경쟁하면서 돌이킬 수 없는 마음의 상처를 남기는, 그런 시대입니다. 끔찍하지만, 불가피한 현실입니다. 제 말씀을 끝까지 경청해 주셔서 감사를 드립니다.

아직 녹지 않는 회색 눈사람

1

연탄을 때던 서울의 응달진 곳에 연탄재와 눈이 뒤섞인 채 누군가 만든 회색 눈사람은 겨우내 녹지 않는다. 그 시절에 서울에 산 사람이면, 볕이 들지 않는 골목길의, 범벅이 된 연탄재와 눈얼음을 또렷이 기억할 수 있을 것이다.

나는 30년 만에 최윤의 소설 「회색 눈사람」을 읽었다. 중편보다 짧고 일반적인 분량의 단편보다 조금 긴 소설이다. 소설 지면의 대부분이 주인공 화자가 대체로 보아 21년 전의 일을 회상한 형식의 소설이다. 1970년대 유신 시대의 암울했던 이념 문제가 민감하게 그려져 있는 이 소설은 1992년 봄에 발표해 그해 여름에 제23회 동인문학상 수상작이 되었다. 아슴아슴한 기억을 더듬어보자면, 내가 그 이듬해에 이 소설을 읽었으니, 지금은 꼭 한 세대가 지난 셈이 된다.

주인공 화자 여성은 고향의 이모 부부에게서 돈을 훔쳐 상경해 대학을 다닌, 그 시대로 보아선 소지식인 부류에 속하는 인간형이다. 너무 가난하기 때문에, 인쇄소 아르바이트 일을 한다. 마침 그녀가 일하는 곳은 좌경화된 지하단체요, 반정부 비밀결사이다. 그녀는 스스로 사회주의자가 아니라고 하면서, 이곳에, 주변적으로, 혹은 소극적으로 가담하게 된 것이다. 그녀의 일은 시위 현장이나 지방에 배포될 전단을 교정하고 인쇄하는 일, 또 독일어로 쓰인 이탈리아 역사가의 금서(禁書)를 우리말로 번역하는 데 온종일 매달리는 일 등이었다. 어느 것이든, 정치적으로 금지된 일이었다. 어느 날 그녀가 인쇄소에 출근하자 기관원들이 떡 버티고 있었다. 이들의 눈에 뜨이지 않고 달아나는 대목은 30년이 지나도 영화 장면처럼 나의 기억 속에 또렷이 각인되어 있다.

    문밖에는 양복을 입은 두 명의 남자가 담배를 피며 등을 돌리고 서 있는 것이 보였다. 나의 가슴은 터질 것처럼 뛰고 있었다. 절대 황망히 뒤로 돌아보지 말아라, 뛰지 말고, 절대 서두르지 말고 길을 가로질러라. 제발 인쇄소 방향으로 고개를 돌리지 말고, 나는 떨리는 손을 주머니에 집어넣고 행인들 사이에 섞여 건널목 앞에 섰다. (……) 길을 건너고 가장 가까운 골목으로 기어들어가고, 거기서 다시 큰길로 나오고 다시 골목으로 들어가고 충분히 인쇄소에서 멀어졌다고 판단되었을 때부터 나는 달리기 시작했다.[1]

    주인공 화자는 위기 상황을 차분하게 대처함으로써 산동네 자취방으로 무사히 숨어들 수 있었던 것이다. 지하 세계에서 반정부 활동을 하던 사람들은 이런 차분한 대처는 평소에 학습이 되어 있었을 것이다. 주인공 화자의 이름은 강하원. 20대 초반의 젊은 여성이다. 굳이 활동적인 운동권 요원이라고 할 수 없지만, 권내에서 운동권의 사람들을 돕는 소극적인 가담자다. 이에 비해 문화혁명회의 리더로서 강성의 핵심 인물인 안(安)은 음악을 전공했다. 안을 중심으로 활동한 이 지하 서클은 무

---

[1] 최윤 외, 『회색 눈사람』, 조선일보사, 1992, 37~38쪽.

려 5년간 지속하다가 덜미를 잡혔다. 이 인용문은 문화혁명회가 해체되는 직전의 상황을 보여준 것이다.

강하원이 자취방에 숨어 지낼 때 안으로부터 지령 같은, 도움을 요청하는 메모를 받는다. 또래의 한 여성을 숨긴 후에 미국으로 보내달라는. 이름은 김희진. 이름은 있지만 무명의 활동가다. 강하원은 자신의 여권을 위조해 김희진을 미국으로 보냄으로써 그녀의 임무는 끝을 맺는다.

2

최윤의 「회색 눈사람」이 동인문학상을 수상할 당시에, 심사위원들은 이념 문제를 비켜가면서, 소설의 언어형식의 문제에 주목했다. 소설이 정치적인 문제나 이념적인 코드에 익숙해지는 것이야말로 다름이 아니라 운동권의 논리에 길들어진 1980년대의 논리를 무비판적으로 수용하는 것에 지나지 않는다. 다시 말하면, 이 소설이 그 당시에 최고의 수준이라고 할 수 있는 문학상인 동인문학상을 수상하게 된 데는 '절제된 문장'(이호철), '담담한 문체'(유종호), '진정한 문학의 덕목'(이청준)에 있었다.[2] 이때의 심사위원들은 이 소설이 무절제한 문장과 열정적인 문체가 난무하는 1980년대의 현실주의 문학이 세상 바꾸기의 문학적 기능에 매몰된 것에 대한 하나의 대안으로 보았던 것 같다.

작가 최윤은 소설가 이전에 불문학 교수이며, 문학평론가이다. 소설을 창작하기 이전부터 탄탄한 소설이론의 지식 체계를 갖춘 분이다. 우리 근현대 소설이 1920년대부터 현실주의 계보가 득세를 해 왔기 때문에, 우리는 알게 모르게 현실주의 소설의 관점에 익숙하게 길들여져 있

---

2 같은 책, 406~408쪽.

다. 하지만 그는 소설의 문체나 상징, 수사법, 그밖의 형식적인 의장에 대해 깊이 있는 소견을 가지고 있다. 이런 소견이 그의 소설을 무척 독창적인 것으로 만드는 데 기여한 것이다. 이 소설의 본문에 적혀 있는 다음의 한 문장을 살펴보자.

우리의 겨울은 모든 병원균이 단번에 소독될 정도로 순수하게 차갑고 투명하다.[3]

나는 인용한 이 한 문장을 보아도, 작가적인 역량이 얼마나 대단한가를 대번에 알 수 있었다. 이 문장은 논리적으로 썩 명쾌한 문장은 아니다. 잡힐 것 같으면서도, 잡히지 않고, 잡히지 않을 것 같으면서도 잡힐 것 같다. 그저 알쏭달쏭할 뿐이다. 소설에서 작가가 문학의 효과에 관한 한, 해답이 없다는 것 자체가 하나의 해답이 될 수 있는 것이다.[4] 의도적인 애매성의 부여가 문학의 명문장을 만들기도 한다. 앞의 인용문은 정치적인 함의가 고스란히 잘 녹아있다. 적어도 내가 생각하는 한, 그렇다는 얘기다.

이 소설이 지금의 우리에게도 좀 복잡한 감회를 준다. 한 시대의 암울함에 대한 1990년대 초에 예감하는 희망의 기억 서사이기도 할 것이다. 하지만 다른 한편으로 볼 때, 30년이 지난 지금의 정치 현실을 보면, 지금의 겨울은 불순하게 뒤얽혀 있는 복잡한 이해관계로 인해 현실이 더 차갑고 불투명하지 않나, 하는 생각 역시 떨쳐버릴 수가 없다.

이 소설에서 가장 중한 어휘는 뭘까? 두말할 나위도 없이 소설 제목인 '회색 눈사람'이다. 무엇이 회색 눈사람을 상징하고 있나? 상징은 글자 그대로 모습이 주는 낌새이다. 이것은 즉, 징표 혹은 징후이다. 비둘기

---
[3] 같은 책, 21쪽.
[4] 웨인 C. 부우드 저, 최상규 역, 『소설의 수사학』, 새문사, 1985, 352쪽, 참고.

는 평화, 태극기는 대한민국, 십자가는 예수의 고난 및 희생이라고 하는 관습화되고 제도화된 것이 아니라면, 세상의 무슨 낌새라도, 알아채기가 여간 쉽지 않다. 회색 눈사람은 소설의 주제인 '그 무엇'에 해당된다는 점에서, 주제를 해명하는 열쇠와 같은 키워드이다. 그런데도 이에 대한 비평적인 해명은 거의 없었다. 일단 소설의 본문에서 두 대목에 걸쳐 나오는 회색 눈사람의 이미지를 살펴보자.

> 휘파람을 불면서 눈과 연탄재가 범벅이 된 회색의 비탈길을 하릴없이 두어 번 오르내렸다. 미약한 햇살마저 판자벽을 슬쩍 벗어나 있었고, 그런 응달에서 볼이 튼 어린 아이들이 재와 흙으로 범벅이 된 회색 눈으로 눈사람을 만들고 있었다. (……) 아이들이 눈사람을 다 끝내고 쉰 목소리로 만족의 환호성을 질렀다. 나는 내 목을 두르고 있는 목도리를 벗어, 멋진 나무젓가락 콧수염을 단 회색의 눈사람의 목에 감아주었다.[5]

> 봄이 오는 기색이 완연했건만 내 마음의 계절은 여전히 끝도 없는 겨울이었다. 햇볕이 짧은 이 동네의 눈사람은 여전히 녹지 않고 비탈에 서 있는 것이 보였다.[6]

회색 눈사람이 만들어질 때 다들 좋아했지만, 철이 지나면 이것이 녹지 않아 문제가 된다. 뭐랄까. 양가감정을 불러일으키는 모순의 상이랄까? 회색 눈사람에 대한 상징적인 의미는 한참 이후에 제기된 바 있었다. 문학평론가 황종연은 이것을 가리켜 '사회의 아나키즘적 재편에 대한 희망'[7]이라고 했다. 최근에 간행된 그의 저서에 드러나 있는 견해다.

---

5 최윤 외, 앞의 책, 36쪽.
6 같은 책, 48쪽.
7 황종연, 「명작 이후의 명작」, ㈜현대문학, 2022, 29쪽.

그도 그럴 것이 소설 속의 화자 및 지하서클 구성원들이 읽었던, 더 나아가 심취했다고도 볼 수 있을 책 하나를 보더라도 그럴 개연성이 분명하다고 보인다.

> 우리를 만들어준 것은 알렉세이 아스타체프의 『폭력적 시학 : 무명 아나키스트의 전기』였다. 그러나 이 무의미한 책의 제목이 중요한 것은 아니다. 그저 기억에 남는 한 책의 이름일 뿐이다.[8]

알렉세이 아스타체프의 『폭력적 시학』이란 책은 허구이다. 피에르 파올로 파졸리니의 『폭력적 삶』이 이미지에 있어서 연상되는 바가 없지 않지만, 양자의 비슷한 면은 그다지 뚜렷하지 않다. 화자 역시 지하서클 구성원들을 결속시키는 의미 있는 책이 아니라고 분명히 말하지 않았나? 그들이 읽었다는 숱한 금서 중의 하나일 뿐이다.

소설에서 이념이 작가에게나 독자에게 부담스러운 건 사실이다.

그럼에도 불구하고, 이상적인 성격의 정치소설이라면, 견고하고 용해할 수 없는 이념을 감각적 경험, 즉 회색 눈사람의 상징성과 융합하면서 격조 높은 드라마로 재현하는 데까지 나아가야 한다.[9] 이런 점에서, 황종연의 취지는 작가 및 작품에 대한 짙은 애정이 배인 비평적인 견해라고 볼 수 있겠다. 특히 그의 「문학적 동물들의 아나키즘」('회색 눈사람'론)은 자크 앙시에르를 원용하면서 정치소설의 맥락과 징후를 살펴본, 매우 성실하고도 정치한 비평문인 것이 사실이다.

그런데 나는 무명 아나키스트 운운한 것 외에, 최윤의 소설 「회색 눈사람」에서 아나키즘과 관련이 있어 보이는 부분은 딱히 찾을 수가 없었

---

8 최윤 외, 앞의 책, 16쪽.
9 I. 하우, 김재성 옮김, 『소설의 정치학』, 화다, 1988, 14쪽, 참고.

다. 내가 보기에, 황종연이 지적한 아나키즘적 재편론은 너무 건너짚은 추론이 아닌가 한다. 그는 이 소설에 관한 한, 문학이 이념의 종속변수가 될 수 있다는 여지를 남겨 놓았다고 할 수 있다.

  내 입장은 전혀 대조적이다. 이 소설은 문학이 이념을 소재로 삼으면서도 문학이 이념의 독립변수로 작용한다는 전망과 가능성을 열어놓은 획기적인 작품이 아니었나, 생각해본다. 주인공은 그때 그랬다. 나는 그때 처음으로 희망이란 단어를 만났다……[10] 주인공에게 굳이 희망이란 게 있다면, 얼어붙은 눈사람이 녹아내릴 희망이요, 겨울이 끝나면 봄이 온다는 희망이요, 세상이 잿빛에서 장밋빛으로 바뀔 수 있다는 희망일 것이다.

  나는 회색 눈사람에서 회색에 우선 주목해야 한다고 본다. 회색은 이중적인 의미를 띠고 있다. 하나는 암울한 시대의 상징이며, 다른 하나는 흑과 백의 중간적인 색감의 상징이다. 중간적인 색감에도 둘로 나뉜다. 부정적으로는 기회주의적 속성이요, 긍정적으로는 통합의 비전이다. 나는 30년 전에 소설「회색 눈사람」을 처음으로 읽었을 때 이 표상을 암울한 시대의 얼어붙은 우상이라고 생각했다. 그 당시의 시대적인 정황을 미루어볼 때, 사회의 아나키즘적 재편에 대한 희망으로 보기에는 무리가 있다. 그 당시에 이 소설의 시대사적 의미에 대해, 나는 1991년 12월 26일 구소련의 해체에 대한 반응으로 읽지 않을 수 없었다. 그 무렵은 20세기의 세계를 반쪽으로 나눈 마르크스레닌주의도 결국 실패로 비로소 끝났음이 공인된 시점이었다. 나는 구소련 해체라는 엄청난 사건이 이 소설의 창작 동기에 어느 정도 영향을 주었을 것이라고 본다. 이런 점에서 볼 때, 그때의 세계상황을 비추어볼 때 회색 눈사람은 희망의 상징이라기보다, 일종의 성찰의 상징이었다고 보는 게 온당해 보인다. 요

---

[10] 같은 책, 48쪽.

컨대 이 소설은 세계사적인 격변의 상황 속에서의 중도적인 전망을 제시한 유의미한 작품이었다.

소설 속의 회색 눈사람은 구체적으로 누구를, 아니면 무엇을 가리키고 있었나? 세상을 떠날 때까지 부르주아적 가치와 타협하지 않은 보헤미안[11] 작곡가 에릭 사티일 수도, 이를 숭배하고 경배한 사숙인 '안'일 수도 있다. 더욱이 안은 1980년대 민중의 시대를 가로질러 유명한 민중 예술가이자 운동가로 성장했다. 이에 반해 주인공 화자의 위조 여권을 가지고 미국으로 건너간 김희진은 시간적으로 과거와 현재를 가로지르며, 공간적으로 한국과 미국을 넘나들었지만 무명의 활동가로 미국에서 어렵게 살다가 결국엔 굶어죽었다. 소설에서 익명화된 안이 유명인사가 되고, 소설에서 이름이 드러난 김희진은 무명으로 생을 마감했다.

이처럼 회색의 의미는 모순과 아이러니로 가득 찬 혼돈의 세상을 가리키기도 한 것이다. 회색 눈사람이란, 구체적으로 누구나 무엇을 가리키는 개념이라기보다, 이념에 대한 편향된 감정을 표상하는 개념이 아닌가, 한다.

이미지(象)와 이것의 낌새(徵)인 상징으로써, 소설을 인과론적으로 읽는다는 것은 흥미롭다. 칼날에 반사된 햇빛이 총격의 결단을 유발시킨 카뮈의 경우가 한 적례일 것 같다. 회색 눈사람은 억눌린 주체의 음울한 내면을 경유하는 잉여적 인간의 자기부정을 상징한다는 점에서 손창섭을 연상시키거나,[12] 또는 날아가도 사라지지 않는 꿈속의 흰 새나, '얇은 종이의 하얀 뒷면 같은 죽음'[13]에서 애도의 문법인 색채상징을 어렴풋이 찾으려 한 한강과 겹쳐지기도 한다.

---

[11] 황종연, 앞의 책, 18쪽.
[12] 김정진 지음, 『상징으로 소설 읽기』, 박이정, 2002, 88~90쪽, 참고.
[13] 한강 소설, 『흰』, (주)문학동네, 2016, 98쪽.

3

 울울한 시대의 얼어붙은 우상인 회색 눈사람이 수많이 녹았지만 아직도 녹지 않은 우상들이 남아있다. 최근에 정치권의 쟁점으로 떠오른 정율성과 홍범도가 압도적인 상징으로 우리의 갈라진 마음을 민감하게 건드린다. 한쪽은 우상으로 보고, 다른 한쪽은 표상으로 보기 때문에 문제가 생긴 거다.
 한 우상은 북한 인민군과 중공군에 차례로 소속되어 두 군대의 군가를 적잖이 작곡한 아티스트요, 다른 한 우상은 우리 독립운동사에서 최대의 비극인 러시아령 자유시(알렉세예프스크)의 참변을 불러일으킨 혁명가다. 탐미적 관점에 의거해 예술을 예술로만 봐야 한다는 논리는 너무 궁색해 억지처럼 여겨진다. 또, 재판위원이면 재판위원이고, 공산당원이면 공산당원이지, 별다른 역할을 하지 않은 재판위원이니, 생활 방편을 위한 어쩔 수 없는 공산당원이니 하는 것은 터무니가 없다. 터무니의 어원은 '터의 무늬'다. 광주 시와 육사 교정에 터의 무늬를 새길 순 없다. 특정 이념의 해방구가 아니기 때문이다.
 이미 30년이 지난 지금까지도 우리의 마음 도처에 얼어붙은 회색 눈사람이 남아 있다고 보인다. 회색 눈사람이 무엇을 상징하는지, 이것이 어떤 대안적 해답이 되는지는 작가인 최윤도 말하지 않았다. 이 말하지 않음이 정치에 대한 문학의 승리를 가져 왔다. 상징의 뜻을 풀고, 대안적 해답을 모색하는 일은 지금의 우리에게 주어진 몫이다. 우리 마음속 깊은 곳에서 아직도 녹지 않는 회색 눈사람은 특정 이념에 대해 편향된 포괄적 감정이나, 정치적인 이해득실에 따라 뿌리 깊게 내려져 있는 진영논리로 전이되어 있다.
 최근에 이런 일이 있었다. 정치에 물든 판사가 책 세 권을 받고 1억6천5백만 원을 주고받은 일이 만약에 대가성이 있는 뇌물이 아니라, 정당한 책값이라고 판단할 수 있을지도 모른다는 현실을 드러낸다면, 아직도 녹지 않는 회색 눈사람이 도처에 놓여있다는 생각을 하지 않을 수가 없다.

세기말에 꽃핀 여성문학

1. 들어서는 말

　유럽의 여성주의(페미니즘)는 19세기부터 운동 개념으로 이어져 왔다. 이것이 20세기 초가 되면, 새로운 변화의 양상을 보인다. 한마디로 말해, 사회주의의 등장과 무관치 않다. 1905년에 일어난 제1차 러시아 혁명이 서유럽에 적잖은 영향을 미친 것으로 보인다. 20세기 초 서유럽의 여성지식인들은 페미니즘과 사회민주주의 사이에서 흔들렸으며, 이 지역 부르주아 페미니즘은 대체로 사회민주주의의 그것으로 차츰 이행되어 가고 있었다. 자유주의자들조차 사회주의 정당에 신뢰를 보내던 시절이었다. 특히 영국의 자유주의는 제1차 세계대전 직전에 이미 붕괴되기 시작하고 있었다.[1] 그럼에도 불구하고, 서유럽에서의 여성주의 문학은 몽매의 늪에서 헤어나지 못하고 있었다. 아직 계몽되기 이전이었다.
　그런데 우리나라에서의 양성 평등의 관념은 한 세기 정도 뒤늦었다고 보는 것이 합리적인 판단이라고 하겠다. 이런 관념이 형성되기 이전에

---

[1] 리처드 에번스 지음, 정현백 외 옮김, 『페미니스트』, 창작과비평사, 1997, 258~259쪽, 참고.

이미 우리나라 여성문학은 새로운 양상을 띠고 있었다. 세기말이라고 할 수 있는 1990년대에 여성문학은 꽃을 피우고 있었다. 비평가 이명호 역시 이 연대야말로 진정한 의미의 '여성적 글쓰기'가 본격적으로 개화된 시기라고 규정하기도 했다.[2] 그러니까 우리의 여성문학은 사회주의권의 몰락과 함께 오히려 시작된 셈이다. 1980년대식의 거대담론의 문학적 입지가 급격히 좁아지면서 여성문학은 새로운 입지를 마련하고, 뿌리를 내렸던 것이다. 1990년대의 문학 중에서 제목만으로 대중적으로 유명한 경우가 있었다. 무소의 뿔처럼 혼자서 가라, 서른, 잔치는 끝났다 등. 다만, 1990년대의 여성문학이 여성주의 문학으로까지 확대되었나 하는 물음은 앞으로의 학자들이 탐색할 몫이라고 생각된다.

나의 사견이 허용된다면, 1990년대에 여성문학이 꽃을 피웠다고 해도 그 하위개념인 여성주의(페미니즘) 문학은 1980년대 중반부터 시작된 십수 년 동안의 시간대에 입지를 마련하고 싹을 틔웠다고 생각한다. 여성주의 문학이 꽃을 피운 시기는 지금(2025)으로부터 최근 15년 정도로 봐야 되지 않을까, 한다. 꽃을 피운 두 사람의 주역은 주지하듯이 시인 김혜순과 소설가 한강이다.

2. 김혜순, 혹은 벼랑 끝 전술의 기교

세기말의 여성문학, 혹은 여성주의 문학에 관해서는 시각 및 방법론이 갈래마다 갈피마다 다양하게 나누어질 것이다. 최근에 방대한 자료의 여성문학선집이 간행되어 연구자들의 의욕을 한껏 고취시키고 있다. 이 중에서 획기적으로 많은 성취를 이루었던 우리나라 세기말 여성문학

---

2 이명호, 「성적 주체로서 개인의 발견과 여성적 글쓰기의 실험」, 여성문학사연구모임 지음, 『한국여성문학선집 7』, (주)민음사, 2024, 18쪽, 참고.

도 이제 한 세대 전의 과거를 가진 문학이 되고 있다. 앞으로 활발한 연구가 있을 전망이지만, 나는 이 부문의 연구사에 벽돌 한 장 쌓아올리는 마음으로나마 대신하려고 한다. 김혜순의 시 「역사(逆史)」와 「여자들」부터 살펴볼 것이다.

> 한 여자가 걸어온다
> 머리 풀고 옷고름 풀고
> 너울너울 걸어온다
> 모두 다 흘러가고 있을 때
> 모두 다 지느러미를 흔들며
> 헤엄쳐 가고 있을 때
> 홀로 되돌아와서
> 소금을 훌훌 뿌리는
> 여자가
>
> 한 여자가 뛰어온다
> 장구 치고 피리 불며
> 치마 깃 걷어들고
> 춤추며 온다
> 모두 다 어깨 걸고
> 흘러가고 있을 때
> 홀로 되돌아와서
> 뺨을 갈기며
> 토사물을 머리에 쏟아 붓는
> 여자가
>
> ─김혜순의 「역사」 부분[3]

이 시의 제목이 '역사(逆史)'인 것은 의표를 찌른 기교다. 사전에도 없는 말. 그렇다고 딱히 신조어라고도 할 수 없다. 거스른 역사, 반역의 역사는 여성의 입장에서 볼 때 충분한 근거가 있다. 이제까지의 모든 역사는 남성 중심으로 이루어왔다. 역사가 그의 이야기, 즉 '히스(his) 스토리', 이른바 '히스토리(history)'인 것도 이 때문이었다. 남성 중심의 역사에 대한 반감의 제목부터 흥미를 자아낸다.

이 시는 3연으로 구성되어 있다. 제1연은 '한 여자가 걸어온다'로, 제2연은 '한 여자가 뛰어온다'로, 제3연은 '한 여자가 날아온다'로 각각 시작하고 있다. 점층적 인상을 강화하고 있다. 요즈음에 '범 내려온다'라고 하는 판소리 패러디가 유행하고 있다. 나는 '한 여자가 걸어온다'야말로 '범 내려온다'로 들린다. 충격파를 몰고 오는 것 같은 언어의 모양새이기 때문이다.

시 전문 비평가였던 김준오는 이 시를 두고, 음산한 주술적 리듬의 언어로 충격되는 시라고 이해했다. 또 이 시는 언어유희와 패러디의 기법으로 남성 지배 원리를 전복시키고 있다고 했다.[4] 김준오는 1991년에 시에서의 여성 문제가 1980년대에서부터 쟁점으로 부각되기 시작했다고 이미 밝히면서, 여성적인 것이 남성중심적 편견에 의해 왜곡되고 억압되어 왔다는 성 모순의 인식이 팽배되었다고 했다. 그에 의하면, 이 충격파는 해체주의적 충격이 되고 있는 여성주의 시의 문제의식에 다름 아닌 것이다.[5] 그가 말한 '성 모순'이란 34년이 지난 지금에 이르러서는 '젠더 트러블'이라고 해야 적확한 표현이 될 것 같다.

두루 알다시피, 젠더 트러블이 발생하는 극한의 시공간에 전쟁이 놓이게 된다. 노벨문학상 수상작가인 스베틀라나 알렉시예비치의 인터뷰

---

3 김혜순, 『어느 별의 지옥』, 청하, 1988, 104쪽.
4 김준오 지음, 『현대시의 환유성과 메타성』, 살림, 1997, 56쪽, 참고.
5 김준오, 「현대시와 페미니즘의 의식」, 『문학과 비평』, 1991, 겨울, 178쪽, 참고.

중심의 기록물인 「전쟁은 여자의 얼굴을 하지 않았다」(1985)가 증명하고 있지 아니한가? 김혜순의 시 「여자들」은 전쟁이라는 남성적 폭력에 맞서 누군가를 지키기 위해 여자들이 '아니오'라고 외치는 욕망의 아수라 (장)[6]가 되었던 현실을 노래한 시편이다. 각별한 의미가 묻어나는 시편이라고 하겠다.

> 우리가 가지 않은 길에 대한
> 슬픔으로 견디겠다고 나는
> 썼던가 내가 사랑하는……이라고
> 청승을 떨었던가 아니면 참혹한 여름이라고
> 엄살을 떨었던가 너 떠나고 나면 이 세상에 남은
> 네 생일날은 무슨 날이 되는 거냐고 물었던가
> 치마폭에 감추면 안 되겠냐고 영화 속에서처럼 그러면
> 안 되겠냐고
>
> 문을 쾅쾅 두드리며 그들은 올까
> 모든 전쟁의 문이 열리고
> 모든 전쟁의 문을 막아서며 없어요 없어요
> 고개를 젓는 여자들이 쏟아져나온다

치마폭에 감추면 안 되겠냐고.……치마폭에 한 남자를 감춘 여자가 총을 맞고 쓰러진다. 남자는 지금 막 숨이 끊어진 여자의 피를 벌컥벌컥 마신다. 소파의 솜을 다 뜯어내고 한 여자가 거기에 그를 숨길 방을 만든다. 피아노 속을 다 뜯어내고 한 여자가 그 속에 그의 침대를 숨긴다. 그 피아노는 건반을 두드려도 소리

---
[6] 같은 책, 31쪽, 참고.

가 나지 않는다. 항아리에 결사적으로 걸터앉은 여자가 소리친다. 없어요 없어요 난 안 감췄어요. 헛간에까지 쫓긴 여자가 지푸라기 속에 감춘 남자 위에 드러눕는다. 없어요 없어요 난 안 감췄어요. 그들이 지푸라기 위에 불을 싸지른다.

아 다음에 나 죽은 다음에
내 딸은 나를 어떻게 떠올릴까

이마를 다 뜯어내고
아무도 몰래 다락방을 만든 엄마
밤이 무거워 잠이 안 와
자다 일어나 안경을 쓰고
없어요 없어요 난 안 감췄어요
잠꼬대하는 그런 엄마

비녀 꽂을 머리칼도 몇 가닥 남지 않은 할머니
지팡이에 온몸을 의지한 채
저녁마다 언덕에 올라 동구
밖 내려다보시며
민대머리 절레절레
없어요 없어요 난 안 감췄어요

무화과나무 한 그루 그 큰 손바닥으로
꽃도 안 피우고 맺은 열매를 가리고
비 맞고 서서
고개를 절레절레 흔들고 있다

—김혜순의 「여자들」 부분[7]

이 시는 보다시피 여자와 전쟁의 관계를 소재로 한 것이다. 죽음, 애도, 치명적 상흔 등의 문제와 무관치 아니한 시라고 여겨진다. 시의 화자는 '전쟁을 반대하는 어머니'[8]다. 후반부의 화자는 잠꼬대를 하는 어머니와, 머리를 절레절레 흔드는 할머니를 바라보는 시선의 딸-손녀라고 생각된다.

시의 내용으로 보아서는 이념 대립의 시대인지, 한국전쟁의 상황인지, 아니면 보편적 은유 방식인지 잘 알 수 없다. 주지하듯이, 전쟁은 모든 인간들, 즉 남녀노소를 고통에 빠지게 하지만, 특히 여성을 고통의 나락 속으로 떨어뜨리곤 한다. 전쟁이 여자들에게 대물림의 고통을 안겨다준다는 사실을 이 시에선 구체적이고, 명시적으로 보여준다. 김혜순의 산문「들림의 시」는 상당히 의미가 있는 시론이다. 쓴 시점은 알 수 없지만 1990년대에 쓴 것으로 충분히 짐작된다. 이 산문이 아니고선 시편「여자들」을 해석하는 데 어려움이 없지 않다. 시의 제목이기도 하고, 시 속의 등장인물이기도 한 '여자들'은, 앞에서 말한 산문을 염두에 두자면 '원한에 사무쳐 구천을 맴돌다가 고통에 빠져 신음하는'[9] 여자들처럼 보인다.

알렉시예비치의 기록문학이 우리나라에 소개되기 훨씬 이전에, 우리는 김혜순의 서정시「여자들」이 이미 존재하고 있었음을 알 수 있다. 그가 이 시를 창작할 때까지만 해도 알렉시예비치의 존재를 국내에서는 전혀 몰랐을 것이다. 벨라루스 본국에서도 인지도가 그다지 높지 않았을 시점이다. 어쨌든 전쟁이 여자들에게 얼마나 고통을 주는지 하는 문제는 다음의 인용문만 보아도 잘 알 수 있다.

여자들의 이야기는 전혀 다른 것이고, 또 여자들은 다른 것을 이야기한다.

---

7 김혜순,『나의 우파니샤드, 서울』, 문학과지성사, 1994, 16~18쪽.
8 유정미,「김혜순 시의 페미니즘」, 충남대학교 대학원, 2020, 173쪽.
9 김혜순 지음,『여성이 글을 쓴다는 것은』, 문학동네, 2012, 12쪽.

'여자들'의 전쟁에는 여자만의 색깔과 냄새, 여자만의 해석과 여자만이 느끼는 공간이 있다. 그리고 여자만의 언어가 있다. (……) 그곳에는 사람들만이 아니라 땅도 새도 나무도 고통을 당한다. 이 땅에서 우리와 함께 살아가는 모든 존재가 고통스러워한다. 이들은 말도 없이 더 큰 고통을 겪는다.[10]

김혜순에 의하면, 여성시는 여성성에 들리는 시요, 여성 시인은 여성성에 들리는 시인이다. 들림은 무엇인가? 정상의 사람이 신이나 영성이나 악의 표상 등이 심신에 받아들이어서 정신적으로 비정상이 되는 것 같은 상태를 말한다. 그는 여성시를 두고 바리데기 연희자의 '들림' 현상을 푸는 행위의 결과로 비유하고 있다. 여성 시인들은 '들린 여성성'에 따라 시를 하나하나 써갈 수밖에 없다. 여성 자신이 만들어가지 않으면 여전히 남의 현실로만 존재하는 현실 때문이다. 마치 바리데기 연희자가 억울하게 죽은 혼령들에 들리어 자신과 단골들의 삶과 죽음의 공간을 뒤섞어 하나의 연희공간으로 닦아놓고 그 속에서 죽음과 삶의 경계를 뭉개버리는 것처럼,[11] 여성 시인은 반드시 미치지 않으면 안 된다. 광기는 숙명이다. 이때 생산자인 연희자는 시인이요, 수용자들인 '단골들'은 독자들이다.

연희자가 된 시인—무녀는 이 시에서 어쩌면 이계(異界)라고 부를 수밖에 없는 환상공간을 만들어간다. 일종의 시적 연희 공간이라고 해도 좋다. 남자를 감춘 치마폭, 피아노 속의 침실, 아무도 모르게 만든 다락방이 바로 그것이다. 그리고 강력, 무력 앞에서 끊임없이 '없어요, 없어요.'라고 말하면서, 감추어야 할 것의 존재를 부인한다. 요컨대, 시인 김혜순은 여자들이 모든 어머니들의 영험 환유에 들리지 않고서는 살아갈 수

---

[10] 스베틀라나 알렉시예비치 지음, 박은정 옮김, 『전쟁은 여자의 얼굴을 하지 않았다』, 문학동네, 2015, 17~18쪽.
[11] 김혜순 지음, 앞의 책, 16쪽.

없다고 말한다.[12]

이상과 같이 말한 들림과 환유는 김혜순이 지닌 극한의 시정신이자, 동시에 벼랑 끝 전술의 기교이기도 하다. 나이 쉰도 되지 아니한 비평가 김현이 말기암과 싸우고 있을 때도 병상에서 독서를 하고 일기를 썼다. 일기는 대체로 독서일기였다. 이것이 그의 사후에 유고집『행복한 책읽기』로 묶이기도 했다. 이 책에 김혜순의 시집인『어느 별의 지옥』(1988)를 읽고 이렇게 썼다. "죽음에 대한 강한 집착을 엿보게 한다. 그러나 그녀의 죽음을 보는 눈은 절실하거나 절망적인 것이 아니라, 해학적이고 기교적인 것에 가깝다."[13] 김현은 말년에 김혜순 시의 기교를 간파할 수 있었던 것이다. 시인이면서 비평가인 김정란 역시 여성주의 시에 크게 기여한 여성문인이었다. 그 역시 김현처럼 김혜순의 기발한 기교를 가리켜 장기이면서 한계라고 지적하기도 했다.[14]

나는 장기라고 보는 입장이다.

그도 그럴 것이, 기교가 현실을 절망하게 하지만, 기교로 인해 또 다른 현실이 드러나기 때문이다. 김혜순 시의 들림 현상은 라캉이 말한바 '망상적 자아와 신적 타자를 결합시키는 이중 점근선(漸近線)'[15]을 연상시킨다. 저 '들리다'의 의미는 무엇인가? 신들리다, 마귀에 쓰이다, 광기에 사로잡히다 등의 의미로 쓰인다. 비평가 황현산도 그랬다. 약간 변형해 말하자면, 여성주의를 표방한 여성시인들은 우리가 알아듣지 못하는 귀신의 소리를 낸다고 했다.[16] 세기말의 여성 시인들은 억압의 현실이 바로 '귀(鬼)것'이었을 것이다. 이것을 우리 토박이말로 '가위'라고 한다. 영적인 힘이나 사악한 기운에 압도되면 가위가 눌린다. 이 '가위눌림(sleep

---

[12] 같은 책, 20쪽, 참고.
[13] 김현 지음,『행복한 책읽기』, 문학과지성사, 1992, 157쪽.
[14] 김정란,『한국현대여성시인』, (주)나남출판, 2001, 189쪽, 참고.
[15] 자크 라캉, 홍준기 외 옮김,『에크리』, 새물결출판사, 2019, 677쪽.
[16] 한겨레신문, 2001. 7. 9. 참고.

paralysis : 수면마비)'을 두고 미치오 카쿠는 『마음의 미래』에서 '공포와 같은 감정적 경험'이라고 했다.[17] 초월적인 힘에 들리지 않으면, 바람직한 꿈을 꿀 수도, 이른바 '마음의 미래'를 시뮬레이션할 수 없다. 그래서 환유는 억압적인 현실을 피해갈 수가 있는 것이다.

비유에는 본의(本義)와 유의(喩義)가 있다. 본의가 비유되는 것이라면, 유의는 비유하는 것이다. 앞엣것을 가리켜 '테너(tenor)'라고 하고, 뒤엣것을 두고 '비어클(vehicle)'이라고 한다. 은유와 환유는 어떻게 다른가? 은유가 유사성의 원리에 따라, 환유가 인접성의 원리에 따라 나누어진다고 하면, 썩 그다지 이해가 되지 않을 것이다. 인접성은 사물의 속성, 호환성 등의 개념으로 대체될 수 있다. 나는 이렇게 설명하고 싶다. 유명한 테너 가수가 있었다. 그는 팬들에게 둘러싸여 꼼짝달싹도 하지 못했다. 그가 마차에서 내려 팬들과 일일이 악수를 했다. 이것이 은유다. 반면에 그 테너 가수가 공연장으로 가는 길이 급해 열화 같은 팬을 피해 마차를 갈아탔다. 이것이 환유다. 환유는 마차를 갈아타는 것이라고 보면, 좋겠다. 김혜순은 최근에 대담에서 시에서 환유가 중요하다는 사실을 밝히기도 했다.

3. 여성의 성적 자기 결정권에 대하여

은희경의 「먼지 속의 나비」는 『샘이 깊은 물』 1996년 4월호에 발표된 단편소설이다. 벌써 한 세대 전의 작품이다. 이것은 자유연애를 즐기는 여자와 사귀는 남자의 징글징글한 사랑 얘기 같기도 하고, 한편으로는 파국이 예정된 그렇고 그런 러브스토리로 읽히기도 한다. 이 소설의 화

---

[17] 미치오 카쿠, 박병철 옮김, 『마음의 미래』, 김영사, 2015, 273쪽.

자는 월간 잡지사에 근무하고 있는 청년 박주원이다. 그의 여자 친구는 최선희. 자유기고가로서 잡지사마다 꽤나 인기가 있는 필자다. 여성문학의 관점에서 볼 때, 화자 '나'는 일종의 관찰자에 지나지 않는다. 최선희가 소설의 주인공이다.

　최선희의 글은 대부분 섹스에 관한 것들이다. 소설 속을 들여다보면, 잡지사들이 그녀에게 관심을 갖는 것으로 보아 만만찮은 독자층을 가지고 있는 모양이다. 하지만 그녀에게는 사생활이 난잡하다는 소문들이 깔려 있다. 이런 그녀를 가리켜 주변에서는 '걸레'라고 칭한다. 이 소설의 내용에 두어 사람의 조역 작중인물들이 등장하고 있는데, 그 중의 한 사람이 '김선배'다. 화자에게는 입사 선배. 사무실에서 성적 농담을 흔히 일삼는 마초다. 여기자들이 싫어하면 싫어할수록 기승을 부리는 심술궂은 사내. 한 세대가 지난 지금의 분위기로 봐선 어림없는 얘기다. 물론 사실은 그렇지 않았다. 그 시대에 소설 속의 김선배 같은 이들이 많지 않았다. 직장 내의 성적 농담이나 성희롱은 경계의 대상이었다. 소설이니까, 허구의 얘기니까, 다소 과장된 면을 부각했다. 소설의 앞부분은 탐색전으로 일관한다. 누구의 소문이 어쨌다는 등의.

　화자 '나'는 관찰자다. 섹시하다거나 여자답다거나 하는 것과는 거리가 있는 여자의, 선이 섬세한 입술을, 뭔가의 갈증을 느끼는 것처럼 바라본다. 그러니까 박주원이 최선희가 특별히 예쁘다거나 매력적이지 않아도 성적 관심 및 호기심을 가지고 있다는 셈이다. 성적 매력이라는 것은 극히 주관적인 영역이다. 객관식 문항도 아니어서, 자신이 좋다면, 좋은 거다. 문제는 좋지 않은 풍문이었다. 이걸 놓고 여러 사람은 입씨름을 한다. 오가는 말들은 대체로 이런 유의 것이다. 넌 정말 아무하고나 자니? 좋아하는 사람하고만 자니까 아무하고나 자는 건 아냐. 이런저런 말들이 오가는 것을 보면 교제하는 젊은 남녀끼리 흔하게 오가는 말은 아닌 것 같다. 섹스는 내밀하고도 은밀한 사생활의 영역이니까, 말이다. 최선희는 마침내 섹스에 관한 자신의 고유한 생각이나 태도를 밝힌다.

> 주원씨. 왜 화를 내지? 난 다만 익명의 성기와는 자지 않는다는 뜻이야. 그리고 나는 섹스를 하는 것이 아니라 섹스를 안 하는 것으로부터 자유롭기 위해 그러는 거야. 섹스를 안 하기 위해 겪는 실랑이처럼 의미 없이 나를 지치게 하는 것은 없어.[18]

섹스에 의미를 굳이 부여할 필요가 없다는 얘기다. 섹스는 그저 섹스를 하는 것일 뿐이다. 최선희는 이처럼 주변에서 누가 뭐래도 당당하기만 하다. 한 세대가 지난 지금의 젊은 여성도 이처럼 당당하기란 쉽지 않을 듯하다. 만약 소설이 사회학적인 반영물의 결과라는 가설을 승인하는 한, 여성으로서 성적인 면에 있어서 자기결정권과 자기주도권을 가져야 한다는 생각이 1990년대에 이르러서야 비로소 형성되기 시작한 것 같다. 이런 여자 앞에 남자는 상대적으로 왜소해질 수밖에 없다. 여럿이 모인 술집에서, 최선희와 박영세가 수작을 나누는 것이 예사롭지 않다. 이걸 엿본 박주원은 술만 퍼마셨다. 만취 상태의 그는 필름이 잠시 끊겼고, 다시 정신이 돌아올 때는 자신이 신촌의 한 골목길에 주저앉아 있음을 알게 된다. 그의 옆에는 최선희가 서 있었다.

박영세한테 안 가니? 난 너에게 존재 증명을 할 수 없는 거냐고? 언제까지 이렇게 익명이냐고? 그래, 난 못난 놈이 되고, 너는 딴 놈과 놀아나고……. 두 사람의 관계에 균열이 생긴 까닭은 섹스에 대한 의심에 있다. 박주원이 너 누구랑 섹스를 했지, 하는 데 문제의 초점을 제기하고 있다면, 최선희는 내가 누구랑 섹스를 했나, 안 했나 하는 데 중요한 문

---

[18] 은희경, 『타인에게 말 걸기』, 문학동네, 1999, 265쪽.

제가 있는 게 아니라고 본다. 최선희의 글에 이런 내용이 있다.

> 어색하고 조심스럽고, 그래서 감동을 줄 수 있는 섹스. 나는 그에게 어떻게 다가가야 할지 몰라 가슴이 두근거렸다. 그에게 무슨 의미로 비칠 것인지 몰라 몸짓 하나, 말 한마디에도 긴장했다. 사실 만족감 같은 것은 그다지 상관없었다. 그와 한 몸이 되고 이로써 각별한 관계가 되었다는 사실, 그리고 지금 이 순간 그가 완전히 나만의 것이라는 기쁨, 그런 것이 감격스러웠을 뿐이다. 그 감격이 너무 벅차고 서정적이라서 나는 섹스의 아름다움을 느꼈다.[19]

최선희의 글은 허구다. 우리는 소설만이 허구라고 생각하는 경향이 없지 않다. 물론 시도, 수필도 허구다. 인용문은 그러니까 소설 속의 허구, 혹은 허구적인 장치라고 하겠다. 연극으로 치면 '극중극'의 효과를 지닌 것이라고 하겠다. 허구의 프레임 속에 들앉아 있는 또 다른 허구의 장치를 통해, 작가 은희경의 섹스에 대한 실존적 의미가 부여되어 있는 것이다. 섹스는 그 자체의 것이다. 그저 하고 싶어서 하는 게 섹스라는 것이다. 여기에 도덕성이나 심미적 이성을 부여할 필요가 있느냐 하는 관념의 복선이 깔려 있는 것 같다.

> 진실하다면 누구든 섹스로부터 자유롭다. 그리고 인생에 애틋함이란 게 있다면 바로 그런 섹스의 진실에서 비롯된 것이리라. 자유로워지고 싶은 것이 삶에 저항하는 것처럼 보인다면 내 잘못이 아니다. 틀을 만든 세상의 잘못이다.[20]

섹스가 억압이 되어선 안 된다고 보고 있다. 인생의 미련이란 것도 섹스에서 진실을 찾지 못해 생길 수도 있다. 섹스로부터 자유롭다는 것은

---

[19] 같은 책, 270쪽.
[20] 같은 책, 271쪽.

섹스를 안 하겠다는 뜻으로 읽히는 것은 아니라고 본다. 굳이 예를 들면, 한 여자가 하루에 두 차례에 걸쳐 두 남자하고 그 짓을 했다고 해서 그게 뭐가 문제냐는 거다. 자유가 삶의 저항이나 무기력으로 보인다면, 제각각의 자아가 아닌 자아의 총합이라고 말할 수 있는 세계가 만든 오류에 지나지 않을 것이다. 여성주의적인 섹스관인 것은 맞는다고 보인다.

나와 최선희는 아슬아슬한 관계를 유지해오고 있었다. 주변의 소문도 소문이려니와 나의 사내 동료이자 최선희의 대학 동창이기도 한 방혜원마저 훼방꾼이 되어 화자인 나에게 좋지 않은 말을 해댄다. "대학 다닐 때부터 좀 삐딱하긴 했지만 걔가 그렇게까지 지저분한 앤 줄 몰랐어."[21] 신뢰가 약해지면, 갈등은 필연적일 수밖에 없겠지만, 그래도 두 사람은 우여곡절을 겪으면서도 관계를 유지한다.

두 사람이 만취한 채 여관으로 갔다. 아무 일 없이 자다가 이른 새벽녘에서야 둘이 일어났다. 함께 창밖을 바라봤다. 나는 그녀에게 말한다. "저 색깔 좀 봐. 온 세상이 푸른 물감으로 덮인 것 같지?"[22] 그리고는 둘은 새벽 섹스를 향유했다. 화자인 내가 소유욕을 가졌는지 묻는다. 그녀 글 속의 내용을 문제로 삼았던 거다. 지금 애인은 박영세이겠고, 새 애인은 또 누구냐고. 대답 대신에 일어난 상황이 반전이다. 환멸의 '탈(脫)낭만화'라고나 할까? 이 개념은 의도적이든 의도적이지 않던 간에 1990년대 은희경 소설의 전략이자, 이 시기 여성문학의 기획이기도 했다.

　　스타킹까지 다 신고 가방을 드는 선희의 뒷모습을 보고 나는 황급히 몸을 일으켰다.
　　"가는 거야?"
　　선희가 핸드백의 지퍼를 열어 손지갑을 꺼낼 때까지 나는 아무 눈치도 채지

---

[21] 같은 책, 266쪽.
[22] 같은 책, 274쪽.

못하고 있었다. 묵묵히 지갑에서 돈을 꺼내 내게 내미는 그녀를 어리둥절하게 쳐다볼 뿐이었다. 그녀가 왜 내게 돈을 주는 것인가?

"매춘으로 하자."

"그게 무슨 소리야."

"돈 받기 싫으면, 성폭행으로 치든지."

선희의 말에는 아무 감정도 들어 있지 않았다.[23]

최선희의 말은 너와의 섹스는 없던 일로 하자는 얘기다. 나는 너를 돈으로 샀어. 돈을 받지 않으려면, 네가 나를 강간한 거야. 당근과 채찍이라고 하더니, 협상이 아니면 협박이다. 있던 섹스가 없던 일이 되는 걸까? 만약에 그렇게 될 수 있다면, 세상만사 역시 먼지 속의 나비가 된다. 이것은 먼지인지, 나비인지 잘 알 수 없다. 모든 것이 모호해질 수밖에 없다.

이 모호함의 정도라면, 최선희와 박주원의 관계는 도대체 어떤 관계일까? 여성성의 크기를 극대화한 대모(大母)적 여성상과, 남성성(가부장)의 존재감이 상대적으로 미약한 그림자 남성상이 대비된 한 결과일까? 작가 은희경도 그렇게 생각했을까? 역사적인 사례를 보자면, 신사임당과 이원수의 경우처럼, 정부인 장씨와 이시명의 관계처럼, 말이다. 최선희가 세기말에 새로운 이브의 초상으로 그려진 것은 틀림이 없는 사실인 것 같다.

원치 않는 성행위를 하지 않을 자유인 '성적 자유'와, 성행위를 할 것인가를 결정할 수 있는 자기만의 권리인 '성적 자기결정권(self-determination)'은 동전 양면의 관계인 개념이다. 은희경의 「먼지 속의 나비」에서 보여주고 있듯이, 1990년대만 해도 여자에게 있어서 '걸레'로 비하되던 성

---

[23] 같은 책, 276쪽.

적 자기결정권의 침해는 지금 적잖이 개선되었다고 보인다. 결정적인 전환점은 간통죄 폐지라고 본다. 이제는 혼외정사를 해도 과거의 간부(姦夫)와 간부(姦婦)들이 성적 자기결정권라고 하는 우산 아래에 놓이게 된다. 성적으로 문란한 남자를 일컬어 '걸레'라고 표현하지 아니하였던 것을 보게 되면, 그동안 오랫동안 성적으로 남녀가 얼마나 평등하지 못했나를 잘 알 수가 있다. 물론 지금까지도 그것의 개념은 여자에게 결코 유리하지 않는 것이 사실이다.

엄인희는 여성주의 의식이 농후한 극작 활동을 해온 여성 극작가였다. 때 이른 죽음이 무척 아쉽게 여겨진다. 그의 희곡인 「생과부 위자료 청구소송」은 1996년 12월 24일에 부부가 섹스를 하다가 아내가 발작을 일으켰다고 하는 내용이 있는 것[24]으로 보아 1997년에 쓰였음이 확실시된다. 무대 위에 상연된 이것은 1997년에 연극계의 최고 화제작이 되기도 했다. 그해 여성의 성적 자기결정권에 공감하는 중년 여성들이 이 연극을 많이 보았다고 한다. 이 작품이 이듬해인 1998년에 영화로도 만들어졌다. 주인공 이름(원고)이 유경자에서 이경자로, 회사 이름(피고)이 일조만 그룹에서 주식회사 일산으로 바뀌진다.

유경자는 1997년 초연 당시의 극중 연령은 39세다. 회사원 남편을 둔 전업주부로서, 고등학교에 재학하는 두 딸을 두고 있다. 희곡 「생과부 위자료 청구소송」은 일종의 법정극이며, 무대에서 대화를 하는 이는 딱 세 사람이다. 원고 유경자와, 피고 측의 변호사 명변호사와, 그리고 오판사이다. 주인공 유경자는 회사에 얽매여 아내와의 잠자리도 거의 하지 못하는 남편을 노예처럼 부려먹는 남편 회사를 상대로 위자료를 청구하는 소송을 제기했다. 그의 무대에서의 잔사설긴사설 늘어놓은 대사

---

[24] 엄인희, 「엄인희 대표 희곡선」, 북스토리, 2002, 163쪽, 참고.

는 마치 전통 연희의 재담을 수용한 것 같다. 특히 주인공 유경자는 꼭 두각시극과 탈춤의 '미얄할미' 캐릭터를 연상시킨다.

그녀는 남편에 대한 성적 욕구불만 때문에 포장마차에서 술을 혼자 마시다가 면식이 없는 사내, 즉 일을 마친 택시기사와 말을 섞기도 한다. 나를 어떻게 해볼 수 있냐고. 물론 술김에 한 말이었을 터이다. 사내는 갑자기 말을 거는 여인이 웬 떡이냐고 했을 게 분명했다. 유경자는 그랬다. 당신은 나를 어쩔 수 없다, 내 몸의 주인은 바로 '나'이기 때문이다.[25] 이 대화 중의 삽화를 보면, 여성으로서의 성적 자기결정권을 말하고 있는 것이다. 그녀는 재판 중에서도 판사와, 회사 측 변호사에게 말한다.

> 난 내 딸들이 자신의 성욕을 표현하고, 때로는 금욕하며 완전히 자신의 몸을 자신의 결정에 따라 살아주길 바래요. 그래서 성 생활 얘기를 이해할 수 있는 선에서는 자유롭게 해줬어요. 교육을 철저히 시킨 거죠. 쉬쉬하면서 뒷구멍으로 포르노 보게 만드는 현실이 더 나빠요.[26]

유경자는 그 당시의, 억압하면서 이중적인 성 풍속을 비판하고 있다. 그녀는 두 딸에게도 여성의 성적 자기결정권이 있음을 가르치고 있다. 당시로선 상당히 건전하고도 앞서가는 생각이 아닐 수 없었다. 회사 측과 그 변호사는 유경자의 허점을 파고들기 위해 그녀가 색골임을 증명해가기로 노력한다. 색욕이 보통여자보다 강하니까, 욕구불만이 남다르고, 또 이 때문에 소송을 제기했다는 사실을 입증하지 않으면 안 되었다. 하지만 그녀의 섹스관은 문제가 없었다. 오히려 건전했다. 다음의 대사를 들어보자.

---

[25] 같은 책, 145쪽, 참고.
[26] 같은 책, 150~151쪽.

이것 보세요. 섹스는요. 성기가 행동을 하지만 즐기는 것은요. 이 두뇌, 머리통이에요. 남자들이 여성의 몸 전체를 성욕 대상으로 삼는 건 개인 취향이라 따질 건 없지만요. 마음의 교류를 중심으로 결정한다구요. 그년하고 했는지 안했는지 모르지만요. 그건 섹스가 아니라 돈거래에요. 지나가다 라이터 하나 산 것하고 뭐가 달라요? 섹스가 그렇게 가치가 없단 말씀이세요? (……) 몸의 일부분이 만족하는 것이 아니구요. 살아온 인생 전체가 흥분하고 만족하는 섹스를 즐기고 싶었어요.[27]

유경자의 항변에도 불구하고, 회사 측의 명변호사는 집요하다. 그는 생과부 위자료 청구소송이 동방예의지국에서 있을 수도 없고, 있어서는 안 되는 사건이라고 강변한다. 심지어 그는 그녀에게 '변태'라고 몰아붙인다. 당신이 변태라는 거요, 아니라는 거요? 결국 두 사람은 반말로 맞선다. 당신은 이기냐, 지냐 하는 소송의 관점으로 만 보는 멍청이야. 뭐 멍청이? 내가 당신 같은 여자를 상대로 '잠자리 송사'나 하려고 고시 패스한 줄 알아?[28] 두 사람의 언쟁은 끝내 욕설로 마감한다. 증인은 섹스를 못한 한이 맺혀 환장했다. 그녀는 지지 않고 소리치면서 말한다. 그래, 나 환장했다. 뭣으로 위로할 거야.[29]

재판장인 오판사는 유경자의 승소를 선언한다. 아직 젠더 감수성이 턱없이 부족했던 그 당시로서는 꿈같은 판결이었을 것이다. 이길 수 없는 판결이었다. 극화된 내용이니까 여자가 이긴 것이다. 그 당시 여자들의 희망사항이 극적으로 실현되었다고나 할까? 현실적인 판결이라기보다 미래를 염두에 둔 판결이라고 보는 것이 합당해 보인다. 이 판결은 여자에게 법적인 인권을 부여할 수 있다는 것. 법의 정신에서 엿볼 수 있는바

---

27 같은 책, 157~158쪽.
28 같은 책, 162쪽, 참고.
29 같은 책, 166쪽, 참고.

사회적 약자의 편이 실현될 수 있다는 희망의 싹이라고 이해됨 직하다.

　영화 「생과부 위자료 청구소송」은 강우석이 연출, 제작하고, 안성기·문성근·심혜진·황신혜가 출연했다. 스타 군단이 따로 없었다. 당대 최고의 명감독과 당대 최고의 명배우들이 함께 만든 회심의 세기말 영화다. 배우들의 연기가 무척 인상적인 영화다. 연극이 세 사람의 대사로 이루어졌지만, 영화는 연극에 나오지 않은 캐릭터들을 대거 등장시켰다. 세팅도 재판장에만 제한된 게 아니라, 가정집, 회사로까지 확장되어 있다. 원작의 갈래가 '코미디'에 해당되지만, 영화는 희비극적 요소를 공유하고 있다. 감독 강우석이 '수십 번 웃기고 네댓 번 울리는 영화'라고 한 것도 이런 맥락에서 봐야 한다. 영화는 또 두 겹의 '젠더 트러블'을 중첩시킨다. 회사원-전업주부 부부에다, 원고와 피고를 각각 맡은 변호사 부부가 가세한다. 성별의 대립이 십자형으로 엇갈려 있다. 영화가 더 구조적으로 복잡해졌고, 사회적으로 더 깊이 파고든 셈이다.
　희곡에서는 IMF라는 시대상황이 덜 반영되어 있지만, 영화는 회사적 인간이 사회적 인간일 수밖에 없었던 산업화 시대의 끝에 일어난 국제 금융 위기의 그늘진 모습을 여실히 보여준다. 남편의 일중독은 성욕 감퇴와 발기부전을 촉진시키고 있으며, 아내의 욕구불만은 우울증의 위험도를 증폭시킨다.
　영화는 무수한 질문들을 쏟아내고 있다. 약자의 권리를 침해하지 못하게 하는 게 법이 아니냐? 원고의 성 욕구가 지나치다고 생각하십니까? 왜 내가 나쁜 가장이고, 나쁜 남편이어야 합니까? 네가 불감증이지, 내가 발기부전이냐? 모든 것이 돈이고, 섹스냐? 이런 유의 질문들은 유기적으로 연결되어 있다.
　영화 역시 원작의 경우처럼 여성주의로 막을 내린다. 특히 주목해야 할 사실은 회사가 회사원에게 정리해고를 겁박하는 것이 인(격)권을 침해한다는 법리적 판단이다. 원작에서 볼 수 없는 우점이다. 그러나 영화가 커다란 화해의 공간을 만들어간다는 의도가 타당하냐 하는 것이다. 나에게는 원작의 본질 및 본색이 다소 상실된 것으로 볼 수밖에 없다는 사실이 아쉬울 뿐이다.

5. 상징을 통해본 여자의 죽음과 재생

한강의 소설「내 여자의 열매」는『창작과 비평』1997년 봄호에 발표된 단편소설이다. 화자인 남편과 주인공인 아내는 결혼한 지 몇 년 지나지 않은 젊은 부부다. 아직 젊은데도, 시골 출신의 아내는 거대도시 서울 아파트의 일상에 적응하지 못한 채 병들어가고 있다. 병원에서도 병인을 찾아내지 못한다. 병원에서도 병인을 찾아내지 못하면, 흔히들 심인성 질환이라고 하는데 김혜순의 시 제목이며 시집의 표제인 '환상 통(痛)'과도 관계가 있다. 심인성 질환이건 환상 통이건 일종의 가상 질환이다. 가상현실의 시대에 가상 질환 역시 있을 법한 얘기라고 본다.

> 지난봄만 해도 갓난아이 손바닥만 했던 피멍들이 이제 큼직한 토란잎처럼 부풀어 있었다. 게다가 멍의 색깔이 그때보다 진해졌다. 봄날의 연푸른 실버들 가지가 여름 들면서 짙게 푸르러진 것 같은 둔탁한 녹색이었다.[30]

왜 단순한 피멍이 들었는지, 또 왜 이것이 둔탁한 녹색으로 진해지면서 악화된 양상을 보이게 되었는지는 아무도 모른다. 본인도, 의사도, 독자도, 관찰자 시점의 남편도, 전지적 시점의 작가도 모른다. 물론, 모

---

[30] 한강 소설집,『내 여자의 열매』, 문학과지성사, 2024, 14쪽.

르는 상태에서 내버려두는 것이 문학을 위해 바람직한 것으로 보인다. 남편이 해외 출장을 끝내고 귀가하니 아내는 죽어 있었다. 소설에서는 이 불가해한 죽음에 대해서도 일언반구를 하지 않는다. 도리어 아내는 베란다 속의 식물로 변신해 싱싱하게 자라고 있었다. 환상 소설 치고 어처구니없는 변신이지만, 사실은 절묘하기도 하다.

애젊은 아내의 상징적 죽음은 상징으로 이해할 수밖에 없다. 병듦과 죽음의 이유를 따져드는 비평적 태도야말로 이 소설의 가치를 반감시키고야 만다. 어쩐 일인지 한 번의 수확도 거두지 못한 채 시름시름 죽어간 베란다 화분 속의 채소는 아내와의 닮음 꼴을 이루고 있다. 이 관계는 유추요, 비유이지만, 병들어가는 모습은 상징이다. 더 구체화된 아내의 모습은 '낡은 우울질의 피가 흐르는 그녀의 깡마른 몸뚱이'[31]다. 저 「채식주의자」의 영혜와 비슷한 이미지다. 여자의, 병든, 깡마른 모습이 상이라면 징은 무엇일까? 여기에서 징은 글자 그대로 징후(徵候)다. 징후가 있지만 알 수 없는 병이라는 데 문제가 있다. 소설 「내 여자의 열매」에는 특별한 젠더 트러블이 엿보이지 않는다. 개인적인 징후라기보다 여성 전체에 대한 세기말적인 징후로 보는 것이 어떨까?

상징이 연역적인 특징을 지니고, 또 사람들의 마음을 결속시킨다는 점에서, 물론 이것은 정치적이며, 또 위험하게 집착되기도 하는 것이다. 종교적인 상징물은 말할 것도 없고, 우리는 어릴 때부터 태극기는 우리나라를 상징한다는 말을 자주 들어보았을 것이다. 역사적으로 볼 때 세상에서 가장 위험한 상징은 독일 나치즘과 일본 제국주의의 상징물이었다. 이를테면 '갈고리 십자가'라는 뜻의 '하켄크로이츠(HakenKreuz)'와 욱일승천의 문양이 바로 그것이다. 서양의 '심벌(symbol)'은 어원이 명확[32]

---

[31] 같은 책, 24쪽.
[32] 영어 'symbol'은 옛 그리스어에서 나왔다. 명사 'symbolon'은 '표시'를, 동사 'symballein'은 '함께 던지다'를 의미한다.

하지만, 동아시아 한자문화권의 '상징'은 어원이 분명치가 않다. 궁색한 대로 주역(周易)의 세계관을 가져온다면, 다름이 아니라 '괘상(卦象)을 통해서 표현된 하늘의 징조(徵兆)'[33]로 이해할 수밖에 없다. 음양과 길흉과 변혁의 관계를 나타낸 다양한 괘상 속에서 하늘의 징조를 아는 것이 상징이다. 상징의 상은 원인으로서의 모습이요, 상징의 징은 결과로 드러날 수 있는 일종의 낌새다. 시들어가는 베란다의 채소와 병들어가는 여자(아내)의 모습이 상이라면, 앞으로 어떻게 될 것인지 하는 낌새가 징이다.

흔히 상징을 두고, 외국의 시 이론가들도 원관념이 생략된 은유라고 보는 시각이 우세하다.[34] 물론 틀린 말은 아니지만, 정확하지도 않다. 상징이 아니고서도 원관념이 생략된 은유가 적지 않아서다.

상과 징 사이에 틈새가 있다. 때로 난해한 벽이 가로막히기도 한다. 이 사이에서 일어나는 모든 상징 작용 혹은 상징성은 전이, 조장, 연관, 연상 등의 활동을 의미한다. 화이트헤드에 의하면, 상이 '감각 지각(sense-presentation)'이라면, 징은 지각 경험의 '인과적 효능(efficacy)'이다. 상징은 매우 자연스럽고도 광범위하다. 상징 작용 혹은 상징성이란 일종의 문화 활동이며, 감각 지각으로부터 물리적 실체로 전이되는 온갖 양태의 활동을 말한다.

> 이 색깔 있는 형태들은 우리의 경험 속의 다른 요소들을 상징하는 것처럼 보이며, 우리가 이 색깔 있는 형태들을 볼 때 우리는 그 다른 요소들에 맞춰 행동을 조정한다. (……) 감각에 의해 제시된 것으로부터 물리적 실체에 이르는 상징성은 모든 상징 양식 중에서 가장 자연스럽고 널리 퍼진 것이다. 이것은 단순한 방향성의 반응이나 자동적인 움직임이 아니다. (……) 나는 감각 지각이 주로 더 고등한 유기체의 특징이라는 가정을 바탕으로 논의를 전개할 것이다. 반

---

33 마광수, 『상징시학』, 청하, 1985, 12쪽.
34 김용직, 「상징이란 어떤 것인가」, 김용직 편, 『상징』, 문학과지성사, 1988, 22쪽, 참고.

면에, 모든 유기체는 환경에 의해 그들의 기능이 조건지우는 인과적 효능(causal efficacy)에 대한 경험을 가진다.[35]

결국 문화를 열어놓는 것은 이미지와 상징의 존재요, 그 힘인 것이다. 아테네의 찬란한 문화이건 미개한 원주민의 문화이건 간에, 인간의 한계상황은 이 문화들이 지탱할 상징, 혹은 상징체계에 의해 온전히 드러난다.[36] 오늘날의 페미니즘 문화 및 문학 역시 마찬가지라고 본다. 특히 노벨문학상 수상 이후의 한강의 소설이 각별하게 재인식되고, 각별한 문화현상이 되고 있는 것도 상징과 관련되어 있다는 사실로부터 벗어나지 않는다. 소설 「내 여자의 열매」의 결말에서의 상징적 죽음은 상징적 재생으로 연결된다. 시듦 및 병듦의 감각 현시, 죽음의 이미지가 결과적으로 부활과 재생의 효과에 기여한다.

이제 아내의 몸에는 한때 두 발 동물이었던 흔적이 거의 남아 있지 않았다. 포도 알 같이 맺혀 있던 눈동자는 다갈색 줄기 속에 차츰 파묻혀갔다. 아내는 이제 볼 수 없었다. 줄기의 끝도 까딱할 수 없었다. 그러나 베란다에 들어서면 형언할 수 없는 아련한 느낌이 아내의 몸에서 나에게로 미미한 전류처럼 흘러들어 오는 것을 느낄 수 있었다. 한때 아내의 손과 머리카락이었던 잎사귀들이 남김없이 떨어져 내리고, 입이 오그라붙었던 자리가 벌어지면서 한 움큼의 열매

---

[35] 원문은 A. N. 화이트헤드 지음, 문창옥 옮김의 『상징활동 그 의미와 효과(Symbolism : its Meaning and Effect)』(도서출판 동과서, 2007, 121쪽.)를 참고했다. "This colored shapes seem to be symbols for some other elements in our experience, and when we see the coloured shapes we adjust our actions towards those other elements. (……) Symbolism from sense-presentation to physical bodies is the most natural and widespread of all symbolic modes. It is not a mere tropism, or automatic turning towards (……) I shall argue on the assumption that sense-perception is mainly a characteristic of more advanced organisms; whereas all organisms have experience of causal efficacy whereby their functioning is conditioned by their environment."

[36] 미르치아 엘리아데, 이재실 옮김, 『이미지와 성장』, 까치, 2000, 190쪽, 참고.

가 쏟아져 나왔을 때 그 실낱같은 느낌은 끊어졌다.

(……)

봄이 오면, 아내가 다시 돋아날까. 아내의 꽃이 붉게 피어날까. 나는 그것을 잘 알 수 없었다.[37]

이 소설은 페미니즘을 굳이 표방하지 않아도 세기말에 꽃핀 여성주의 문학의 한 성과로 문학사에 남을 것이다. 가장 멀리 떨어져 있는 두 서사인 신화와 현대소설이 새로운 환상 소설이란 변증법적인 결과물을 만든 것도 이미지와 상징의 문화에 의거한 모양새다. 하나의 상징을 지적으로 분석한다는 것은, 양파를 찾으려고 양파껍질을 계속 벗겨내는 것과 같다고 한[38] 질베르 뒤랑은 상징의 개념을 다음과 같이 규정했다.

상징은 죽음의 인식에 의해 더럽혀진 '삶에 대한 균형의 회복'으로 나타난다.[39]

이 한 줄의 문장이야말로 한강 소설 전체를 이해할 수 있는 입문의 열쇠가 되기도 한다. 한강의 「채식주의자」와 「흰」과 같은 명작이 뒤랑의 명제에서 결코 벗어나지 않는다. 문학은 언어의 건축물로 인식되어 왔다. 플라톤 역시 철학자를 건축가의 은유로 인식했고, 모든 건축가가 타자(의뢰인)와의 관계로부터 자유로울 수 없듯이 건축은 의사소통의 한 형태다.[40] 플라톤으로부터 구조주의에 이르기까지 문학 및 철학은 작가(저자)의 권위를 상징하는 작품(저서)을 생산해왔고, 이를테면 구조, 작품성, 재

---

[37] 한강 소설집, 앞의 책, 38~39쪽.
[38] 질베르 뒤랑 저, 진형준 역, 『상징적 상상력』, 문학지성사, 1983, 128쪽, 참고.
[39] 같은 책, 128쪽.
[40] 가라타니 고진 지음, 김재희 옮김, 『은유로서의 건축』, 한나래, 2007, 201쪽, 참고.

현의지 등이 강조되어 왔다. 일종의 빌드업이 문화였다. 하지만 해체주의자들이 등장하면서 구조에 대한 의문을 제기한다. 구조보다 해체, 작품성보다 텍스트성, 재현의지보다 대안적 재현 등이 중시되었다. 빌드다운의 시대가 도래한 것이다.

김준오가 1991년 당시에 제기되고 있던 여성적인, 여성주의의 문제의식을 가리켜 이미, 일찍이 '해체주의적 충격(파)'라고 말한 것도 이러한 맥락에서 이해되어야 한다.[41] 은유가 건축이라면, 환유는 해체다. 기존의 남성 중심의 문학이 건축의 구조였다면, 김혜순의 환유는 이 구조를 해체하는 벼랑 끝의 시적 전략으로서 기능했다고 봐야 한다. 그렇다면, 한강의 상징은 일종의 재건축이라고 하겠다.

소위 빌드업의 문화가 시기적으로 엄청나게 오래 지속되었고, 빌드다운의 문화가 '포스트―'란 접두사 시대에 설득력을 얻었으며, 이제 21세기에 이르러서는 페미니즘, 생태주의 등의 새로운 사조가 리빌딩의 문화를 이루어가고 있다.

이제까지 내가 구조라고 말해왔는데, 여성주의자들이 본 구조는 도대체 어떤 구조일까? 두말할 나위도 없이, 억압된 사회의 구조를 말한다. 이 구조는 그동안 정치적 억압의 구조, 젠더 성차별의 구조, 사회경제적인 불평등의 구조, 남근주의 즉 페니스 파시즘의 구조, 표현의 자유가 침탈된 문화 구조 등을 말한다. 이 구조를 해체하려는 몫의 한쪽이 여성주의에 주어졌던 것이다. 특히, 김혜순과 한강은 격동의 시대인 1980년대를 경험한 세대이다. 특히 이들은 살아온 과정 속에서, 정치적 억압이 자유와 인권을 어떻게 침탈했는지를 경험적으로 잘 알고 있었다. 이들의 문학에 적지 않은 영향을 준 것은 엄연하다.

한강의 「내 여자의 열매」에서도 암시적으로 드러나고 있지만 페미니즘

---

[41] 김준오, 「현대시와 페미니즘의 인식」, 『문학과 비평』, 1991, 겨울, 178쪽.

과 생태주의의 합성 개념인 '에코페미니즘'도 상당히 진지하게 전개되고 있다. 문학적으로는 박경리, 강은교, 문정희 등의 선배에게로 소급 적용될뿐더러, 김선우 등의 젊은 세대가 문학의 새로운 콘셉트로 적극적으로 도입하고 있다. 이른바 생태여성주의는 자연을 여성으로 의인화하거나 여성을 자연에 동일시하는 양상을 보인다. 다음에 소개된 시는 1999년에 제14회 소월시문학상을 수상한 김정란의 수상작에서 첫머리에 놓이는 시편이다. 전2연 중에서 제2연을 따온 것이다.

    사랑으로 나는 죽어가는 세계의 모든 생명들과 이제 막 태어나는 어린 생명들과 하나가 되고 싶다. 될 것이라고 믿는다. 될 것이다. 사랑으로 나는 나이며 너이며 그들이다. 사랑으로 나는 중심이며 주변이다. 사랑으로 나는 나의 상처의 노예이며 주인이다. 사랑으로 나는 나의 상처를 세계의 상처 위에 겸손하게 포개놓는다. 세계. 나의 아들이며 나의 지아비인 세계의 상처 위에. 나처럼 아프고 불행한 세계의 상처 위에. 가만히. 다만 가만히.

—김정란의「사랑으로 나는」부분[42]

이 시의 '나'는 누구일까? 시인-화자라기보다는 '위대한 어머니의 여신'으로 읽힌다. 예컨대 삼신할미나 바리데기나 성모마리아나 관음보살 등……. 그 누구래도 좋다. 인용한 시에서, 세계의 상처를 어루만지는 부드러운 손길의 모성적 사랑과 힘이 느껴진다. 어머니의 손길은 세계의 상처 위에 겸손하고 가만히 포갠다. 부드러움이 억셈을 누른다는 원리. 상처를 치유하기 위해 다가가는 어머니는 포용적, 헌신적 존재다.

  이 시는 인간과 자연이 공존하고, 남성과 여성이 동등해지는 미래를 전망하는 희망의 기표요, 외로움을 이해하는 공감대의 형성을 예감하게

---

[42] 김정란 외,『제14회 소월시문학상 작품집』, (주)문학사상사, 1999, 25쪽.

하는 시편인 것이 틀림없다.⁴³ 세기말이 꽃을 피운 아름다운 생태여성주의 시다. 위대한 어머니에 비하면, 우리의 모든 존재는 잘달고도, 보잘 것없는 존재다. 시인 김정란은 자신의 비평집에 다음과 같은, 반짝 빛나는 어록을 남긴바 있었다.

　　존재는 우주적 대순환의 고리 안에 새끼발가락을 하나 걸쳐놓은 한 생만큼의 불안한 셋방살이에 불과하다.⁴⁴

6. 나머지의 말

　여성문학과 여성주의 문학은 어떻게 다른가? 무슨 차이가 있나? 둘 다 성과 사랑, 욕망과 콤플렉스, 가족관계와 가부장제 등을 소재로 다루지만, 양자는 대체로 미시담론의 영역에 놓여있었다. 전자에 비해 후자가 한결 정치적인 함의를 지니고 있다는 점에서, 사회적인 맥락에 있어서 앞서 나아갔다. 하지만 지금에 있어서도 마찬가지지만, 양자의 경계선은 모호하다. 바라보는 이의 비평적 시각에 따라서 의미가 증폭되거나 감폭될 뿐이다.

　세기말에 꽃핀 여성문학 중에서도 가장 전위적이고, 또 격한 성격을 머금은 갈래는 서정시였다. 1980년대 이전의 전통 서정시가 1980년대의 민중시에 의해 시대적인 유효성을 적잖이 상실해버렸다. 이 변화된 조건 속에서, 1990년대의 여성시는 포스트−서정시의 역할을 적극적으로 수행했다. 이름만 들어도 서늘함이 전해지는 이연주, 김언희, 박서원

---

43 백승란, 「에코페미니즘 시 교육의 효용성」, 충남대학교 인문과학연구소, 『인문학연구』, 78호, 2009. 12, 135~136쪽, 참고.
44 김정란, 『한국현대여성시인』, (주)나남출판, 2001, 183쪽.

등의 여성시인이 새로운 시대의 뮤즈로서 세기말 시심을 꽃피웠던 것을, 우리는 기억할 수가 있다.

세기말의 여성소설가들은 가부장제의 농경적 상상력에서부터, 모성적인, 유목주의적인 상상력의 터전을 마련한 것으로 보인다. 이 중심부에 은희경의 냉소주의 및 탈낭만화의 전략이 숨어있다. 다만 여성 작가들의 자유와 나르시시즘은 양날의 칼이 되기도 했을 거다. 아무리 젠더 감수성에서 비롯된 자유를 향유할 수 있다고 해도, 제 잘난 맛에 취해버리면 자유도 아무짝에 쓸모가 없기 때문이다.

마지막에 이르러 덧붙일 말은 세기말 여성문학의 한계이다. 이것은 비평가 이명호가 지적한 것을 대신하기로 한다. 이 시기의 우리 여성문학이 1997년에 시작된 IMF와 함께 우리 사회가 신자유주의 체제로 재편되는 과정에서 파생된 문제를 강력하게 대처하지 못했다는 사실[45]을 지적하지 않을 수 없다. 그럼에도 불구하고 그것은 2024년 한강의 문학적 성취 및 위업을 이루는 밑거름이 되기도 했다.

여성도 인간이다.

인간의 자유 및 해방을 구성하는 것은 자아를 끊임없이 갱신하는 데 있다. 이런 점에서, 남성문학과 여성문학이 따로 있을 리가 없다. 오직 인간의 문학이 있을 뿐이다. 여성주의 문학도 마찬가지다. 이보다 드높은 경지에 21세기에 걸맞은 인간주의 문학이 엄존하고 있을 것이다.

---

[45] 이명호, 앞의 글, 여성문학사연구모임 지음, 앞의 책, 36쪽, 참고.

김우창의 비평과 자유

1

　김우창은 한 시대를 대표하는 문학비평가일 뿐만 아니라, 문학과 문학 외적인 분야를 넘나들면서 왕성하게 글을 써온, 우리 시대의 대표적인 인문학자로 잘 알려져 있다. 그의 문학 외적인 분야는 대체로 정치, 철학, 사회문화 분야를 지칭하는 것이다. 그가 초기에 쓴 비평적 글쓰기 중에서 '자유'라는 단어를 표제로 삼은 비평문이 두 가지 있다. 하나는 「자유의 논리」(1973)이며, 다른 하나는 「예술가의 양심과 자유」(1976)이다. 주지하듯이, 자유는 문학 외적인 분야와 상당한 관련을 맺고 있다.

　이 두 가지 글 모두가 1970년대에 쓴, 꽤 오래된 것들이다. 앞엣것이 문학과 전혀 관련이 없는 사회학적인 시사비평이라면, 뒤엣것은 문학비평 중에서도 전형적인 작가론에 속한다. 지금 반세기가 좀 지났거나 곧 이르게 될 이 두 편의 글들이 오래된 글이니만큼, 이제는 역사에 남은 글, 혹은 조금 과장되게 말해 고문(古文)이라고도 해도 지나친 말이 아니다. 그런데 이 두 편의 글들이 지금의 우리에게도 누군가 최근에 쓴 시문(時文)처럼 읽힌다는 점에서, 시대의 간극을 넘어서도 품격이 있는 비평적인 전범처럼 감지되기도 한다.

  김우창은 「자유의 논리」에서, 이상은 자유이며, 수단은 평등이라고 말한 것[1]으로 보아, 평등보다 자유의 의미와 가치를, 표 나지 않게 약간 더 의미부여한 것 같기도 하다. 그러나 그에 의하면, 공동선의 가치가 개인의 자유보다 드높은 자리에 놓인다. 그가 인종과 노동자에 관련된 문제를 밝히고 있다는 점에서, 그는 자유 못지않게 평등에 깊은 관심을 드러내고 있다.

  그가 바라본 1970년대의 미국 사회의 변화가 반세기가 지난 지금의 우리나라 현실과도 서로 닮아있다는 점에서, 지금에 있어서도 결코 간과될 수 없는 자유와 평등의 논리를 새삼스럽게 음미할 수 있기도 하다. 그때 김우창은 사회 변화를 정치의 문제로 보았다.[2] 물론 반세기가 지난 우리에게도 이것은 마찬가지다. 사회 발전의 척도가 개인의 자기실현과 공공 행복의 실현이 얼마만큼 확보되느냐에 있다고 보고 있어서다.

  문학에 간여하는 사람들이라면, 「자유의 논리」보다 「예술가의 양심과 자유」에 관심을 당연히 기울 것이라고 본다. 그도 그럴 것이, 이 글이 1960년대의 상징과도 같은 현실주의 시인인 김수영에 관한 비평문, 즉 이 중에서도 작가론이기 때문이다. 이 글을 통해 시인 김수영에게 있어서, 또 비평가 김우창에게 있어서의 자유의 의미와 가치를 살펴볼 필요가 있다고 보인다. 문학에 있어서의 자유는 도대체 우리에게 무엇일까?

2

  김수영의 산문 중에서 「실험적인 문화와 정치적 자유」가 있다. 그가 세

---

[1] 김우창, 『지상의 척도』, 민음사, 1981, 460쪽, 참고.
[2] 같은 책, 481쪽.

상을 떠나기 직전에 이어령과 논쟁을 벌이는 과정에서 발표한 일간지 칼럼이다. 그는 이 글에서 그의 유명한 어록을 남긴다. "모든 전위 문학은 불온하다. 그리고 모든 살아있는 문화는 불온한 것이다." 우리 문학사에 뚜렷이 각인된 명언으로 기억되고 있는데, 이 어록은 '나를 키운 건 팔할이 바람이다.'(서정주)에 필적하는 명언으로 잘 알려져 있다.

이른바 전위(前衛)란, 본디 군사 용어였다. 전체 부대원 중에서도 가장 앞장선 소수정예 부대원을 말한다. 예술 분야에서 전위 예술은 1차 세계대전 이후의 추상예술 및 초현실주의 예술을 가리킨다. 전위적이라고 하는 표현은, 문맥이나 상황에 따라 실험적, 진보적, 혁명적, 추상적, 무의식적 등의 표현과 유의어로 사용되곤 한다. 그렇다면, 김수영이 말한 전위 문학은 무엇일까? 그의 산문「실험적인 문화와 정치적 자유」가 넓은 의미의 순수·참여에 관한 문학적 논쟁에서 나왔음을 염두에 둘 때, 그가 말한 전위 문학은 사회의식의 확대라는 개념으로 썼을 가능성이 매우 높다.

김수영과 박인환에게 전위예술에 관하여 눈을 뜨게 한 이는 무명의 간판장이로서의 생애를 산 전위예술가 박일영이었다. 그는 친구이기도 한 두 시인에게 예술가의 양심과 세상의 허위에 관한 교훈을 안겨주기도 했다. 그때나 지금이나 무명의 아티스트로서 이름이 전혀 알려져 있지 않은 이가 사후에 대중적으로 더욱 유명해진 두 시인에게 정신적인 영향을 끼쳤다는 게 뜻밖인 동시에, 흥미롭기까지도 하다. 세 사람의 우정에 관한 소설을 누가 창작한다면, 박일영은 주인공으로 부각하는 것이 좋을 것이다. 그가 아무리 무명의 삶을 살았다고 해도, 소설의 주인공으로선 충분한 적격성이 부여될 수 있겠다.

김수영이 말한 전위 문학이란 것은 바로 자신이 추구하는 문학을 가리킨다. 김우창은 김수영의 시가 지향한 창작 방향을 세 가지로 보았다. 즉, 자동기술법의 초현실주의와, 사물의 직접적인 현장성을 드러내는 즉물주의와, 문학적인 자유 실현을 중시하는 행동주의다. 이 세 가지의 방향성이 바로 그가 말한바 소위 전위 문학인 것이다.

이 중에서도, 김우창은 세 번째의 방향인 행동주의에 김수영이 주목했을 거라고 봤다. 그의 산문에서 서술된바 '행동으로서의 시의 언어의 이상은 완전히 정직한 언어에 이르고자 하는 예술가적 양심'[3]이라고 운운하는 데서 찾을 수가 있다. 여기에서 말하는 정직한 언어란, 자유의 언어, 현실비판적인 언어, 빠른 속도로 스스로를 앞장서는 언어이다. 김수영의 정직한 언어가 시의 본문에서 어떻게 구현되었는지를 살펴보자.

> 비숍 여사와 연애를 하고 있는 동안에는 진보주의자와
> 사회주의자는 네에미 씹이다 통일도 중립도 개좆이다
> 은밀도 심오도 학구도 체면도 인습도 치안국
> 으로 가라 동양척식회사, 일본영사관, 대한민국 관리,
> 아이스크림은 미국 놈 좆대강이나 빨아라 그러나
> 요강, 망건, 장죽, 종묘상, 장전, 구리개 약방, 신전,
> 피혁점, 곰보, 애꾸, 애 못 낳는 여자, 무식쟁이,
> 이 모든 무수한 반동이 좋다[4]

내가 고등학교 졸업 기념으로 몇 권의 책을 샀을 때 김수영의 시선집 『거대한 뿌리』도 여기에 포함되어 있었다. 인용문은 비교적 장시에 해당하는 이 시집의 표제시에서 가져 왔다. 이제 막 대학 1학년 학생이었던 나는 이 시를 읽고 적잖은 충격에 사로잡혔다. 시의 언어는 세상에서 가장 반듯하고, 아름답고, 우아한 언어로 알고 있었는데, 이처럼 비속어를 사용하고 있다니, 정말 이래도 되나, 했다.

---

[3] 김우창, 『궁핍한 시대의 시인』, 민음사, 1977, 266쪽.
[4] 이영준 엮음, 앞의 책, 299쪽.

김수영이 산문 「생활 현실과 시」에서, 자유와 행동의 키 워드는 서로 통한다. 그는 새로운 언어의 작용을 통해 자유를 행사하는 것이 바로 시라고 했는데, 굳이 말하자면 시란 행동주의적 시의 관념에서 벗어날 수 없는 것이랄까? 그의 말마따나 시는 행동에 대한 계시다. 이 계시야말로 희열 이상의 광희(狂喜)의 경지에 도달할 수 있는 예술적 황홀경의 경지이다.

보다시피, 시편 「거대한 뿌리」는 김수영의 시 중에서도 덜 온건한, 좀 과격한 시다. 비숍 여사와 연애를 하다니, 이게 뭔 말인가? 19세기 말에 동양의 정세에 밝은 영국인 여성인 이사벨라 버드 비숍은 조선의 낙후한 현실을 자신의 기록 속에 오롯이 담아냈다. 그가 조선을 바라보는 시각도 매우 착잡했다. 그녀에게는 찜찜함, 혐오, 호기심, 매력 등의 감정이 혼재되었다. 하지만 그녀는 세계 속의 한국을 인식하는 지리적 공간 개념의 확대를 상징하는 기호다. 세계 속의 한국을 인식하는 동안에는, 우리의 사고가 유연해지면서 앞으로 나아가야하는데, 인습과 전통 등의 거대한 뿌리가 진보적인 시각 및 전위적인 세계관을 가로막는 장애물이 된다는 것. 이 거대한 뿌리는 일종의 반어적인 표현이다.

이 시는 역동적이고 진보적인 비전이 엿보이는 시임에 틀림없다. 물론 언어는 거칠고 비속하고 모순적[5]이지만, 과격하거나 적대적인 것은 아니다. 전위예술, 즉 아방가르드는 행동주의의 단계에 머문다. 행동주의는 정열과 대중보다는 조작과 운동을 지향한다. 앙드레 지드가 그랬던 것처럼 여전히 심미적인 요소도 온전히 떨쳐내지 않는다. 이것이 비록 저속한 변형태일망정. 인용한 시의 부분을 보자면, 행동주의와 적대주의의 중간 단계에 놓여 있다고 볼 수 있다. 특히 전통에 대한 적대주의는 전위 문학이 도달할 수 있는 최고의 수위다. 이 부분에서 물론 시

---

[5] '아이스크림은 미국 놈 좆대강이나 빨아라'는 '아이스크림 같은 미국 놈……'의 의도된 비문(非文)이 아닌가, 한다.

인의 감정에 적의(敵意)가 반영된 것은 사실이다. 적의는 한 편으로 분리시키고, 또 한 편으로는 재결합시키는 특성이 없지 않다. 체면도 인습도 치안국으로 가라고 했지만, 약한 힘으로써 전통이나 보수를 지탱하는 보잘것없는 옛것들은 오히려 애정의 손길로 쓰다듬는다.[6]

김수영의 시는 적대주의에 도달하지 않았다. 물론 과격한 논자들이 그를 두고 소시민의 근성이라고 비난할 여지도 있다. 우리 시의 적대주의의 시작은 김수영 사후에 나타난다. 적대주의 시는 김지하의 담시 「오적(五賊)」에서 비롯되었다. 적대주의는 아방가르드에서 벗어난 것으로 간주된다. 이보다 더 과격한 정치적인 성격의 문학은 소위 투쟁주의다. 이것은 1980년대의 노동자해방문학에서 우리가 경험할 수 있었다.

김우창은 김수영이 사회의식을 확대하는 수준이 비교적 온건하고 중도적이라고 판단했기 때문에, 시인(예술가)의 양심과 자유의 관점을 염두에 두고 그의 시 세계를 비평적으로 접근했다고 본다. 무엇이 시인의 양심일까? 그는 '사실과 감정의 정합(整合)을 기하는'[7] 것이라고 했다. 정당화되지 않은 세계 질서에 순응하는 것은 양심이 아니라는 사실이다. 또한 정당화된 세계 질서를 거부하는 것도 물론 양심이 아니다. 객관적인 사실과 가치 판단은 늘 가지런해야 한다. 뿐만 아니라, 그는 시인의 자유를 예술가의 자유로, 시의 자유를 예술의 자유로 보았다. 그가 이런저런 관점에서 김수영이 양심을 지니면서 자유를 향유한 시인으로 보는 데 주저하지 않았던 것이 틀림없다. 더 나아가, 그는 시인 김수영이 예술가의 양심을 넘어서 인간의 양심, 예술가의 자유를 넘어서 인간의 자유[8]에 대한, 뭐랄까 일종의 비전을 성취할 수 있다고 보았던 것 같다.

이 대목에서, 내가 한마디 말을 굳이 부연하자면, 양심과 자유는 떼려

---

6 레나토 포지올리 지음, 박상진 옮김, 『아방가르드 예술론』, 문예출판사, 1996, 56~59쪽, 참고.
7 김우창, 『궁핍한 시대의 시인』, 앞의 책, 259쪽.
8 같은 책, 270~271쪽, 참고.

야 뗄 수 없는 관계를 맺는다. 요컨대, 자유 없는 양심은 불편한 양심이요, 양심 없는 자유는 불량한 자유다.

3

시인 김수영의 자유와 비평가 김우창의 자유는, 아무리 생각을 해도 개인주의에 기초한 자유의 개념과는 잠시 거리를 둔 것 같다. 1960년대의 김수영이나, 1970년대의 김우창에게 개인주의가 국가주의적인 강력한 통치 권력과 맞설 수 없음을 알기 때문이었을 게다. 이런 관점에서 볼 때, 이들의 자유는 박정희 시대에 맞설 수 있는 자유가 아니어서는 안 될 터였을 게다. 독일의 최장기 총리를 맡은 앙겔라 메르켈의 회고록이 768쪽의 한국어판으로 작년에 간행되었다. 그녀는 편집부와 책의 표제를 놓고 신경전을 벌였던 것 같다. 그녀의 고집대로, 책의 제목은 아주 간명한 한 단어 '자유'로 정해졌다. 그녀에게 있어서의 자유는 '이웃과 공동체, 우리 사회에 대한 책임을 다하고 솔직하게 말하는 것'[9]에 다름이 아닌 것이다. 앞서 말한 김우창의 두 비평문은, 지금의 우리로 하여금 개인주의적 자유보다 연대주의적 자유에 값하는 생각들이 엮여 있고 짜여 있음을 잘 알게 한다. 민주주의의 난세에 자유의 의미를 묻는 비평가의 사유가 담겨 있어서, 앞으로 젊은 연구자들에 의해 연구의 대상이 되리라고 충분히 예상된다.

---

9 문화일보, 2024. 11. 29.

제5부

에필로그

한승원·한강 부녀를 회상하다

1

역사가 과거로 향해 흘러간다고, 누가 말했나? 이것은 때로 미래로부터 찾아오기도 한다. 1995년에 있었던 그와의 우연한 만남을 생각하면, 그때 미래로부터 역사가 찾아온 한 순간인 셈이었다. 또 이런 감회도 금치 못한다. 아버지가 뿌리라면, 딸은 꽃이다. 아버지가 흙탕물이라는 악조건 속에서 오래 버텨왔다면, 딸은 흙탕물에 더럽히지 않을 연꽃을 마침내 곱다시 피운 것이다. 딸의 소설 「흰」에서 '남루한 시간을 덧대다.'라는 표현이 절실하게 다가온다.

이 글은 다름이 아니라, 아버지인 소설가 한승원 선생과, 아직 받지는 못했지만 얼마 전에 노벨문학상의 주인공으로 확정된 딸 한강 씨에 관한 이야기이다.

첫머리에 먼저 하고 싶은 말은 한강 씨의 노벨문학상 수상은 시대의 전환점이 될 것이라고, 나는 본다. 뭐가 달라져도, 앞으로 적잖이 달라질 것이다. 이소룡의 영화가 홍콩의 영화 산업에 영향을 주었고, 등려군의 대중가요가 개혁개방에 직면한 중국 인민의 마음을 물들였듯이. 그것은 문학적 한류의 세계화를 알리는 시대적인 전환점이자 징표가 될 것이다. 우리 말글을 사랑하면서 40년 넘게 문인으로 살아온 내가 한강의 노벨문학상 수상만큼 기쁜 일이 어디 있을까, 싶다. 우리 문학도 이제 세계문학의 수준으로 진입하나, 싶다.

2

꼭 40년 전의 일이었다. 1984년이 봄에서 여름으로 넘어가고 있었다. 나는 복학생으로서 학교에 다니고 있었다. 얼마 전에 제1회 만해불교문학상을 수상했다. 한 학기 등록금보다 훨씬 많은 상금이었다. 이 일로 월간 『불교사상』 편집자이자 신진 소설가이던 J선배와 가까워졌다. J선배와는 서울 인사동에서 자주 만났다. 넓은 맥줏집에서 맥주를 함께 마시고 있는데, 저쪽 멀리를 바라보면서 '어, 저기 한승원 선생님이 계시네.'라고 했다.

"자네. 나 저기 잠시 갔다 올게."

잠시가 아니라, 시간이 좀 지난 듯했다. 혼자서 맥주를 마시고 있는 중에, J선배가 다시 와서는 내게 한승원 선생님께 인사 소개를 해주겠다고 했다. 자리를 옮겨 동석했다. 그는 한승원 선생께 내 소개를 했다.

"이 친구는 제 후배 복학생인데 얼마 전에 우리 잡지가 주관한 제1회 만해불교문학상을 받았어요."

아마도 그때 한승원 선생은 월간 『불교사상』에 장편소설 「아제 아제 바라아제」를 연재하고 있었던 것 같다.

"이 친구는 지금 불교소설에 관한 비평 원고를 준비하고 있답니다."

이 말에 한승원 선생은 무척 반색했다. 불교와 소설이란 개념으로 인해 금세 정서적인 유대감이 형성된 것이다. 44세의 소설가와 26세의 평론가는 변방에서 교사를 하다가 그만두고 오로지 문학에 전념하기 위해 상경한 터여서 서로 통하는 점도 있었을 것이다. 다만 차이가 있었다면, 외모였다. 나는 외모에 자신감을 가지고 살아온 적이 없었지만, 내가 한승원 선생을 처음으로 보는 순간에 깜짝 놀랐었다. 너무 잘 생긴 용모였다. 체구는 그다지 크지 않았지만, 마치 중후한 연륜의 미남 배우를 연상하게 할 정도였다. 그는 나에게 이런 제의를 했다.

"평론가가 불교에 관심을 가지고 있다는 것이 고맙네. 요즘 평론가들 중에서 불교에 관심을 가지고 있는 사람이 거의 없어. 그저 서구의 문예이론에만 혈안이 되고 있어. 내가 자네에게 불교소설에 관한 자료를 챙겨줄 테니, 오는 일요일에 우리 집에 좀 오게나."

나는 며칠 후에 수유리 자택으로 방문했다. 오후였다. 댁에는 가족들이 외출을 해 아무도 없었다. 내 기억 속에는 수유리 자택인데 40년 전의 일이라서 잘못된 기억인지도 모르겠다. 한 선생님 가족은 우이동에서 산 적도 있었다고 했다. 어쨌든 그때 만약 딸인 한강 씨가 대문을 열어주었다면, 중학교 학생의 모습인 그를 보았을 것이었다. 만약 그랬다면 그 장면이 내 생애에도 의미 있는 서사로 자리를 잡았을 텐데. 비교적 넓어 보이는 서재에는 책들도 빼곡했고, 벽면에는 서화가 걸려 있었던 것 같고, 무엇보다 기억에 남는 것은 방바닥에 큰 북이 놓여 있었다. 40년이 지난 지금의 보도에 따르면, 한승원 선생은 판소리 소리꾼의 수준에 가깝다고 한다. 아마 그때 그가 판소리를 스스로 연습하면서 장단을 맞추기 위해 북이 필요했을 것이라고 본다.

나는 그때 차담(茶談)을 한 후 자료만 받고 나올 줄 알았는데, 그는 젊은 평론가를 방바닥에 앉게 해놓고는, 한 시간 동안 불교와 소설에 관해 일장연설을 했다. 뜻밖의 특강 내용은 잘 기억이 나지 않지만, 그의, 불교와 민속과 소설에 관한 해박한 지식 및 올곧은 신념은 이미 경지에 이르고 있었다. 그 후 얼마 되지 않아 불교소설론에 관한 원고를 써서 발표를 했다. 어떤 내용인지, 어떤 제목인지, 어디에 발표했는지는 오리무중이다. 이 오리무중의 원고는 다행히도, 수 년 후에 개고본(改稿本)으로 발표되어 남아있다. 이를테면 「인간 구원의 수행적 삶」(1991)이란 바뀐 제목의 비평문이었다. 여기에서 한승원 선생에 관한 부분을 따오면 다음과 같다.

  한승원의 「포구의 달」은 오늘날 우리 주변에 맴도는 문제에 비교적 접근해 있다. 인간 소외의 문제, 산업화의 문제에 시달려 정신적 방향 감각을 잡지 못하는 주인공 성진의 귀향과 이향의 반복을 통해, 세계의 물신화로부터 인간의 자유를 추구하려는 바를 주제의 동기로 상정하면서 3부작으로 전개해 간다.
  「포구의 달」은 '포구' 3부작 중에서 두 번째에 해당한다. 그는 여기에서 현대인이 처한 상황을 백수광부라는 고대적 신화의 원형을 통해 조명하는데, 출가와 재가 그리고 이향과 귀향의 만족을 통해 불교적 정신세계를 지향하되 불교의 정통적인 교회적 성격을 거부하면서 재가 신도로서의 자기 멸각의 경지인, 사심 없는 자유의 완성인 '아뇩다라삼먁삼보리'를 인간 구원의 완성으로 보는 듯하다.
  현대를 가리켜 '형이상학적 실향의 시대'라고 말한 루카치가 이원론으로 분열된 산문적 세계를 희랍 고전의 시적인 일원론으로 회귀하여야 한다고 했듯이, 이 소설 역시 부성과 모성, 구심력과 원심력, 신화와 문화, 포구와 달 등 두 개의 이질적 요소를 화합하여 현대인의 고향 상실을 극복하려고 했던 점에서, 다소 시적인 발상이라 아니할 수 없다.

근, 현대 소설의 아버지가 중세 로망스 혹은 전기(傳奇)라면, 그 할아버지는 서사시이거나 서사무가이다. 한승원 선생의 소설은 서사나 서사무가에 닿아있는, 더 원형적인 소설이라고 할 수 있다. 한강 씨의 소설이 주로 신화와 맞닿아 있는 것과 유사하다. 두 부녀의 소설은 황폐한 시대의 반복적인 서사 정신보다, 일원론적인 화음의 시정신이 우세하다. 이들 소설의 시적 세계관은 이런저런 유의 물고기 떼처럼 생명력의 원류로 향해 거슬러 오르는 것 같다. 앞으로, 혹은 언젠가 내가 비평가로서 할 말이 있겠지만, 요컨대는 이 시적 세계관이야말로 한승원과 한강 소설의 요체 및 가치지향성이라고 할 수 있다.

내가 한승원 선생의 수유리 자택을 방문한 지도 어느덧 10년의 세월이 훌쩍 지나갔다. 물론 나는 1990년 조선일보 신춘문예 문학평론 부문에 당선이 된 이후에 여기저기에 원고를 발표하는 등 활발한 활동을 해서 문단에서 비교적 이름이 알려져 있는 편이었다. 1994년 늦은 가을이었다. 양재역 근처에 있는 한 출판사로부터 내게 뜻밖의 전화가 왔다.

"안녕하세요. 선생님. 한승원 작가님께서 장편소설「포구」가 오래 전에 절판된 것이 아쉬워 우리 출판사에서 재출간하려고 하는데요, 그분께서 해설을 송희복 평론가에게 부탁을 하면 좋겠다고 하세요. 써주실 수 있나요?"

"그런 기회를 주셔서, 오히려 제가 영광입니다."

나는 정성을 다하는 마음으로, 본문을 읽고 해설을 써서 보냈다. 복간이 되었을 때, 한승원 선생은 소설의 앞부분인 서문을 통해 나에게 고마움의 뜻을 전하기도 했다. 오히려, 만난 지 10년이 되어도 나를 기억하고 있다는 사실에, 내가 감사할 뿐이었다. 그때 쓴「포구」론의 제목은 '한과 풍요, 그 영원한 모순의 바다'다. 한이 결핍된 정서와 관련된다면, 풍요는 넘쳐나는 것. 생명력의 근원과 같은 것. 참고로 말해, 이 글은 나의 평론집『다채성의 시학』(1995)에도 실려 있다.

3

장편소설「포구」가 재출간된 지 수 개월이 지났다. 1995년이었다. 문학과지성사에서는 목포 지역사회와 연계가 되어 비평가 김현 선생의 5주기 행사를 하려고 했다. 나에게 1박 2일 목포행 행사에 동참하겠느냐고 연락이 왔다. 그 무렵에, 나는 문학과지상사에서 학술서 『해방기 문학비평 연구』를 간행한 바 있었다. 앞으로 비평사를 연구하는 데 좋은 기회라고 생각해 수락했다. 서울 문인 방문단을 태운 버스는 문학과지성사 앞에서 목포까지 오랫동안 내달렸다. 서른 명 남짓한 인원이었다. 행사는 세미나와 제막식 등의 일정이 포함된 강행군이었다. 버스가 목포에 도착하자마자 한 젊은 여성이 환한 미소를 머금으면서 나에게 다가와 인사를 건넸다.

"선생님, 안녕하세요. 저는 소설을 쓰는 한강이에요. 한승원 작가의 딸이구요."

젊은 한강 씨의 환한 모습은 아버지를 처음 만나 수인사할 때처럼 지금도 생생하게 떠오른다. 대학 국문과 10년 후배인 그의 오빠 얘기를 했다. 그 역시 그해 소설가로 등장했다. 등단 작품의 제목이 '변태 시대'였다. 요즘 식으로 하면, 여자화장실에 몰래카메라를 설치한 이상한 남자의 이야기다. 영화의 본질이기도 한, 영화관 속의 관음증, 즉 '훔쳐보기'의 심리적 메커니즘과 관련된 내용이다. 영화평론가이기도 한 나와 뜻이 맞아 그 후배와 더불어 소설과 영화에 관해, 한때 몇 차례 진지한 대화를 나누기도 했던 터. 1995년 그해는 한승원 선생의 아들에 이어 딸까지 만난 셈이었다. 지금 생각하건대, 한강 씨가 내게 인사를 한 까닭은, 아버지의 소설에 해설을 붙인 것에 대한 고마움을 표하기 위해서가 아닐까, 한다.

우리 일행은 틈틈이 차와 커피를 마셨다. 6·70대 원로는 원로끼리, 4·50대 중견은 중견끼리, 2·30대 신진은 신진끼리 자리를 함께했다. 내 기억에 의하면, 한강 씨는 여럿이 앉아있는 자리에서 주로 경청했고, 고개를 주억거렸고, 묻는 말에 답할 때는 지극히도 겸손했으며, 예발랐다. 또 총명했다. 25세 젊은 나이의, 무척 인상적인 재원(才媛)이었다.

　비평가 김현 선생의 5주기를 추모하는 첫날 일정에 김지하 선생의 강연이 잡혀있었다. 내가 평생을 두고 들어온 인상적인 강연을 꼽으라면, 1976년 이규호의 언어철학 강연, 1984년 이부영의 카를 융 강연, 1995년 김지하의 '김현 추모' 강연 등등이라고 할 것이다. 10년이 채 되지 않은 박대성 화백의 수묵화 강연도 무척이나 유익했다. 김지하 선생은 그때 주로 생태환경과 김현과의 우정 및 사상에 대해 이야기를 했다. 투사의 이미지보다는 상당한 '먹물'의 이미지로 다가 왔다. 페놀 오염 사태로 인해 사회적으로 크게 각성된 시대여서인지, 그는 강과 내와 수로야말로 '생태학적 맥'이라고 했다. 물론 지금은 공기, 바다, 산 할 것 없이 모든 환경이 중요하다. 그는 옥타비오 파스의 견해를 원용하면서 자연은 리듬과 조화를 스스로 가지고 있다. 날숨과 들숨, 밀물과 썰물, 밀침과 당김 등의 우주 원리를, 인간이 배워야 한다고 했다. 그때의 강연은 내가 3년 후에 저서 『생명문학과 존재의 심연』(1998)을 내는 데 영감 및 동기를 주기도 했다. 그는 비평가 김현에 대해 많은 얘기를 했다. 김현 가(家)는 약종업의 거상으로서 상권이 3남에 미쳤다는 얘기가 있었다. 친구인 두 사람은 젊은 날에 목포 앞바다를 바라다보면서 술을 마셨다. 김지하가 한국 사회의 모순에 대해 핏대를 올리자, 그는 나직이 응답했단다.

　나는 성실한 부르주아로 살아갈 거야.

　부르주아로 태어난 것은 죄가 아니다. 어떻게 사느냐가 중요하다. 비평가 김현은 암 투병을 하면서도 독서를 하고 또 일기를 썼다. 일기는 대체로 독서일기였다. 그의 일기는 유고집 『행복한 책읽기』(1992)로 상재되었다. 지금까지 수십 쇄를 거듭하면서 30년 넘게 읽혀온 책. 문학비평과 일기문학이 결합된 혼성장르의 책으로 독자의 마음을 장기간 사로잡았던 책. 이 책에 자주 다루어진 작가는 시인 김지하와 소설가 한승원이 있다. 김지하가 이 책에서 가장 깊은 인상을 받은 부분은 1989년 7월 20

일에 쓴 일기다. 그는 변기 속의 귀뚜라미를 소재로 한 최승호의 신작시 「둥근 벽」을 바라본 비평가의 시각을 두고 감탄을 금치 못했다. '나를 집어삼키는 그 구멍'이 있다면 인간은 거대한 변기의 세계관 속에 갇혀있는 존재일 것이다. 김지하도, 김현도, 최승호도, 누구나 마찬가지다. 죽음의 구멍으로 빨려 들어가는 길은 소멸로 가는 길이며, 또한 망각으로 가는 길이다. 김지하는 자신의 죽음을 예감하는 김현이 죽음을 우주론적으로 이해했을 거라고 추론했다. 그리고 그는 힘을 주면서 말했다.

모든 구멍은 우주로 통해요.

변기 속의 항문이 우주로 통한단다. 나 역시 들어보지 못한 얘기다. 김현의 구멍론은 의표를 찔렀다. 이어지는 극찬 속에서, 내 옆자리에 앉아 있던 비평가 임우기 씨는 치질로 고생하는 사람들이 이 말씀을 들으면 항문이 근질근질 할 거야, 하면서 킬킬거렸다. 시인이면서 사상가인 김지하 선생의 통찰력 역시 힘이 실려 있었다. 그가 친구인 김현을 높이 평가하고 있지만, 사실은 그 자신이 마치 한가지로 높이 평가될 만했었다. 전통 사회에서는 천문과 지리를 통달한 사람을 두고 '진인(眞人)'이라고 했지만, 현대 사회에서는 생태학적인 안목이 깊어야 진인이 될 수밖에 없다. 이런 점에서 그는 진인이었다.

다시, 얘기의 초점을 부녀에게로 향해본다.

내가 알기로는 한강 씨는 앞에서 말한 소설가 J선배와 S출판사에서 함께 재직하기도 했다. S출판사는 그 시절에 대중적으로 잘 알려진 출판사였다. 대우도 괜찮았고 시간적 여유도 있어 글 쓰는 이가 근무하기에는 최적의 직장이라고 한다. 한강 씨가 여기에 재직할 때 문단에 등단한 것으로 알고 있다. J선배의 전언에 의하면, 그가 소설가로 막 시작할 때 이런 조언을 해주었다고 한다.

"한강 씨. 소설가로 등단해 축하해요. 요즘 우리나라 여성 작가들이 일본의 사소설처럼 지나치게 가는 선의 개인사로 흘러가는 감이 없지 않은데, 한강 씨는 박경리, 박완서 선생처럼 굵은 선의 소설을 쓰는 게 좋을 거예요."

여기에서 말하는 '요즘'은 1990년대이다. 더 정확하게 말하면 한강 씨가 소설가로 데뷔하기 직전인 1990년대 초반을 가리킨다. 그러면, 굵은 선의 소설은 어떤 소설일까? 굳이 서화(書畵)로 비유하자면, 소설가로서의 한강 씨가 굵은 붓질과 세필(細筆)의 감칠맛을 동시에 추구해왔듯이, 역사적 트라우마라고 하는 굵은 선과, 섬세한 표현력의 가는 선을 잘 조화롭게 구현한 소설이 아닐까, 한다. 어쩌면 J선배가 그때 한 말은 마치 30년을 내다보면서 그에게 조언한 것처럼 들리기도 한다.

한 세기가 저물어가는 초겨울이었다. 나는 청탁에 의해 쓰인 평론「뿌리 뽑힌 세대, 미래 없는 연대」(1999)를 발표했다. 1990년대 소설을 총평해달라는 요구에 응한 비평문이었다. 내 나름으로 선정한 대상 작품은 모두 여섯 편이었다. 이 중의 한 편이 한강 씨의「여수의 사랑」(1995)이었다.

이 소설은 마음속의 깊고도 근원적인 상처를 안고 살아가는 두 젊은 여자의 만남과 헤어짐에 관한 짧은 얘기다. 고향인 여수를 떠올리면 각각 참담한 기억의 늪, 버림당한 아릿함의 심연에 빠져드는 두 젊은 여자. 소설의 화자인 '정선'은 일곱 살 때 술 취한 아버지가 자신과 동생을 껴안고 바다에 뛰어들었지만 용케도 살아남았다. 자신을 붙드는 동생의 손을 뿌리치고서. 룸메이트인 '자흔'은 갓난아기 적에 여수 발 서울 행 기차표와 함께 유기되었었다. 마치 서사무가의 주인공인 바리데기처럼. 삶의 뿌리가 뽑히고 기반이 상실된 이들에게는 미래도 없고, 희망도 없다.

하지만 이들은 자기 방식대로 각자가 세상의 고통에 대해 맞서기도 한다. 정선에게는 습관적인 비누질과 신경안정제 복용이며, 자흔에게는 백치와 같을 만큼의 무구한 미소 짓기다. 비누질이란 말하자면 세상의 온갖 더러움을 씻어내는 상징 행위이며, 미소 짓기는 희망 없이 세상을 긍정하는 유일한 존명(存命) 방책이 아니겠는가? 문학의 본령이란, 다름 아니라 고통과의 마주하기가 아닌가? 고통과 마주하면 마주할수록 참고 견디는 힘이 생겨나게 마련이다. 나는 이 소설에 관해 25년 전에 이러한 글을 남겼다.

> 이 소설은 아름다우면서도 슬프다. 작가의 유미적 염세주의는 이들의 현실을 버팅겨내기에는 너무나도 섬약하다. 그래서 작가 삶 의식마저 우리를 슬프게 한다. 우리의 삶은 서럽게 스러지는 것만은 아니다. 때로는 소생의 근기(根氣)로 차오르는 것이 있다.

정선과 자흔은 이 소설에서 정신적인 고향상실증을 앓는 현대인들을 의미한다. 현대인들에게 있어서 고향은 어디에도 있지만, 이들의 여수는 결국 아무데도 없다. 나는 이 소설에서 현대문학의 수사적 덕목의 하나인 아이러니를 떠올리지 않을 수가 없었다. 특히 세기말적 아이러니와도 같다. 한자 조어의 기의를 염두에 두면, 더욱 자명해진다. 문자 그대로의 표현처럼 곱게도 아름다운 바다인 여수(麗水)를 떠올린다는 것 자체가 두 여자의, 아니 현대인들에게 운명적으로 지워진 여수(旅愁)를 전제로 하는 것이다. 결벽증 환자인 정선이 만약 정선(淨善)이라면, 개념상의 모순인 추악(醜惡)을 전제로 한다. 자흔은 또 어떤가? 만약에 자흔(刺痕)이라면, 축자적 의미는 마음속에 남겨진 칼날의 자취다. 그럼에도 불구하고 아이러닉하게도 무구한 미소의 소유자가 아닌가?

문학사적인 관점에서 볼 때, 1990년대는 주지하듯이 한국 여성주의(페미니즘) 문학의 블랙홀 시대였다. 한강 씨가 이 연대에 등단했으니, 그 역시 시대적 자장으로부터 쉽사리 벗어날 수가 없었을 것이다. 내가 1999년에 그의 소설 「여수의 사랑」을 두고 '유미적 염세주의'라고 했지만, 지금이라면 도리어 페미니즘에 방점을 선명히 찍을 것이다. 나는 정선을 식민주의적 페미니즘의 상징으로, 자흔을 에코페미니즘의 상징으로 보고 싶다. 이게 무슨 말인가? 정선은 세상으로부터 버림을 받았다는 인식이 더하고, 자흔은 세상과의 화해를 기대하는 점이 상대적으로 크다.

다만 이들에게는 상징성과 이름의 기의가 모순적으로 드러난다는 점에서 아이러닉하다는 거다. 이름만 보면, 정선은 글자의 이미지라면 누군가를 맑게 해 좋게 해야 한다. 즉 '에코'적이다. 반면에 자흔은 칼날의 흔적이 예제 드러나면 날수록 식민주의적이다. 우열과 승부의 약육강식이 암시된 흔적이다.

이 대목에서 한마디 덧붙이자면, 세상의 모든 여성 작가들에게 있어서의 아버지의 세계는, 긍정적이든 부정적이든 간에, 가부장과 파시즘이며, 또는 애증의 대상관계이자, 남근주의의 우상이기도 하다. 그러면서도 아버지는 아련한 그리움의 대상이 되기도 한다. 이런 점에서 볼 때, 여성주 작가들에게 있어서 아버지의 세계에 대한 양가감정은 필연적일 수밖에 없을 것이다.

4

나는 1990년대를 지내오는 동안에 비평과 연구의 분야에서 비평문과 논문을 바지런히 발표함으로써 이름이 좀 알려졌다. 하지만 문단과 학계로부터 흔쾌하게 인정을 받은 것은 아니었다. 이 때문에, 나는 새로운 글쓰기를 늘 모색하기 시작했다. 한 쪽은 영화평론이며, 다른 한 쪽은 문예창작이었다. 시와 소설을 창작하는 것은 내 앞날을 걸어보는 일이기도 했다. 새롭게 몸을 바꾸어 보아도 내 발걸음은 언제나 제자리걸음이었다.

때는 2000년, 세칭 밀레니엄 원년이었다.

마흔 살짝 넘긴 나이에 국립대학교 교수가 되었다. 2년 남짓 지났다.

그때 나는 불교신문을 정기구독하고 있었다. 지금도 27년째 정기구독자다. 신문사는 오래 전에 없어졌던 신춘문예를 수십 년 만에 부활한다는 알림 내용을 발표했다. 때마침 내가 매만지고 있던 단편소설의 내용은 연기론적 관점에서 본 캐릭터의 자화상과 불교적 세계상을 겹쳐보이게 하는 것이었는데, 일종의, 뭐랄까, 시적 세계관을 지향하는 소설이었다. 마흔 살 넘은 교수가 신춘문예에 투고해도 되나, 하면서 머뭇거린 게 사실이었다. 심사평에 오른 채 떨어지면 젊은이들 말버릇대로 괜히 쪽팔린다. 이 쪽팔림을 무릅쓰고 투고하자면, 가명을 써야 한다. 그때 나는 진주시 이현동에 살고 있었다. 필명을 '이현'으로 했다. 본래 배 고개를 뜻하는 '이현(梨峴)'이었지만 흔한 성인 이(李) 씨를 연상케 한 이름이었다. 비평가 김현은 '김현'이라는 필명을 사용해 문명을 떨치지 않았나? 한쪽에 김현이 있었다면, 다른 한쪽에 이현이 있을 수 있지 않나? 내 뜻대로 당선이 되었다. 당선작의 제목은 꽃샘바람인 꽃새암, 즉 '꽃새암 부는 율포'였다. 2001년 신춘문예 단편소설 당선작이었다. 당선은 되었지만, 그 이후에도 문명이 김현의 10분의 1에도 미치지 못했다.

그런데 놀랍게도 심사위원이 한승원 선생이었다.

선생은 내 작품을 두고, 심사평에서 주인공 남녀를 가리켜 '유전하는 운명이 가슴 아프다.'라고 말했다. 이 유전하는 운명을 가리켜, 우리는 연기(緣起)라고 하지 않는가? 나는 올해(2024)에 소설집『자작나무숲으로 가다』를 상재했다. 비록 두 자리 수의 권수도 팔리지 않았지만, 나는 내 글쓰기 인생에서 큰일을 해낸 것이다. 이 소설집에「꽃새암 부는 율포」도 실려 있다. 40년 전에 불교와 소설의 접점으로 인해 만남의 인연을 가졌던 나와 선생은, 단순히 스쳐 지나가는 인연이라고 보기에는 보통의 인연이 아니라고 보인다. 선생은 소설 창작에 관한 한, 내게 있어서 스승과 같은 분이다. 그때의 인연은 40년 후 소설집 간행으로까지 이어진 셈이다.

한승원 선생은 우리나라 최고의 다작가이다.

최고의 다작가를 가리켜, 문인들은 흔히 소설가 이병주 씨를 꼽는다. 하지만 그의 작가적 생애는 27년에 지나지 않는다. 이에 비하면, 한승원 선생은 58년 플러스알파다. 그는 그동안 2백 권 정도의 책을 냈다고 하는데, 중복된 것을 빼도, 적어도 백 권은 넘을 것 같다. 올해도 고령의 연치에, 이런저런 책들을 냈다. 이병주 씨가 사후의 전집을 낸 작가라면, 한 선생은 전집을 거부하는 작가다. 이런 점에서 비평가이면서 학자인 김윤식 선생도 마찬가지다.

어쨌든 한 선생은 우리 시대의 1급 작가임에도 불구하고, 소설사의 주류로부터, 또 비평적으로 소외되어 왔다. 그러니까 우리는 현대소설사의 틀을 근대성의 기준에서 다잡아왔고, 리얼리즘의 프레임에서 다듬어 온 데 익숙했다. 이 틀을 제안하고 완성하는 데 가장 기여한 분이 이미 작고한 김윤식 선생이다. 이런 점에서 우리 현대소설사의 주류는 '최인훈-박완서-이문구-조정래-황석영'의 계보라고 말할 수 있겠다.

요컨대 작가 한승원은 근대성이 아니라, 이를 성찰하고, 리얼리즘이 아니라, 이 이전 로망스적인 유현함의 세계를 탐색했다. 그는 불교·한(恨)·민속·샤머니즘 등의 가치관 및 토착적 세계관을 소설의 본문에 비추는 데 혼신의 노력을 기울여 왔던 것이다. 지금은 근대성이 문제가 아니라, 근대성 이후가 문제가 되는 시대다. 그에 대한 재평가가 이번 기회를 계기로 해서 적극적으로 이루어져야 한다고, 나는 생각한다.

한 선생은 1939년생이다.

주지하듯이 이 해에 태어난 분들은 일본어를 전혀 배우지 않았거나, 일본어 교육을 거의 받지 아니한 첫 번째 출생 세대이다. 문인들을 살펴보자면, 시인 정현종·마종기, 소설가 김주영·이청준·한승원, 비평가 백낙청, 국문학자 조동일, 국어교육학자 김수업 등이 이에 해당되는 세대다. 이들의 우리 말글에 대한 의식의 편향성은 앞 세대 일본어 세대와 확연히 다르다.

5

아버지와 딸의 문학에는 공통점이 많다. 앞으로 이에 대해 살펴보아야 할 부분들이 점철되어 있으리라고 본다. 우리 시대의 비평적 과제가 아닌가, 생각된다. 이 시점에서는 아버지와 딸의 서로 다른 면을 짚어보는 것도 의미 있는 일일 거라고 생각된다.

내 인상에 의하면, 아버지가 말하기 인간형이라면, 딸은 듣기 인간형이다. 아버지가 다작 형 작가요, 딸이 상대적으로 볼 때 과작 형 작가인 것도 여기에서 연유하는 것 같다. 요컨대 장광설과 속삼임으로 대비될 수 있지 않을까? 또 아버지는 판소리 부분에서 전문적인 창자(唱者)의 수준에 이르렀다. 이에 비해 딸은 자신의 노래를 CD에 담은 적이 있었을 만큼, 이를테면 싱어송라이터다. 작가로서 소설가만이 아니다. 또 시인이다. 게다가 싱어송라이터이라니? 한때 미술에도 관심을 두었다니, 다재다능한 그녀다.

무엇보다도 앞에서 말했거니와, 아버지와 딸은 이렇게 대비된다. 비유하자면, 아버지가 흙탕물 바닥에 내린 뿌리라면, 딸은 여기로부터 곱다시 피어올린, 참 아름답고도 소중한 연꽃이다. 두 부녀가 행복하고, 또 건강을 누리면서 문운이 왕성하기를 빈다.

부록

시인들, 자유를 노래하다

심훈은 3·1운동 당시에 경성제일고보 학생이었다. 한낱 소시민으로 만세 군중에 참여해 투옥되었던 것이다. 그는 젊은 나이로 죽을 때까지 기어이 오고야 말 광복의 그날을 염원했다. 최남선과 이광수가 끝내 시민적 이상을 상실하고 훼절되어간 경우와는 정반대다.

그의 삶은 다사다난했다. 왕가의 여인과 결혼을 했다가 이혼한 후에 재혼을 했지만 이혼한 전처를 잊지 못했다. 1923년에 최초의 계급주의 단체 '염군사'에 가담하고 1925년에 카프가 결성될 때 발기인으로 참여했으나, 곧 이탈했다. 사회주의자 박헌영과도 교분이 있었다. 잘 생긴 용모로 인해 영화에도 출연했고, 시나리오, 영화평론도 많이 썼다. 그가 영화와 관련된 일을 하면서 우경화된 듯싶다. 그의 사상적 전환을 밝히는 일은 향후 젊은 연구자들의 몫으로 남아있다.

심훈이라고 하면 「상록수」를 쓴 소설가로 잘 알려져 있다. 그 밖의 소설 수작들이 있다. 하지만 그는 시인이기도 했다. 그의 「그날이 오면」은 일제강점기 저항시의 백미다. 민족주의 문학, 애국주의 문학의 한 전범에 도달한 것이라고 해도 지나친 말이 아니다. 격정의 소용돌이가 일렁이는 위대한 저항의 시심은 드높은 직정(直情) 미학의 파고를 이룬다.[1]

3·1운동이 일어난 지 11년 후에 청사에 길이 남을 이 저항시를 썼던 것이다. 자, 그럼 이 시를 읽어보자.

> 그날이 오면 그날이 오며는
> 삼각산이 일어나 더덩실 춤이라도 추고
> 한강물이 뒤집혀 용솟음칠 그날이,
> 이 목숨이 끊기기 전에 와 주기만 할양이면,
> 나는 밤하늘에 나는 까마귀와 같이
> 종로의 인경을 머리로 들이받아 울리오리다.
> 두개골은 깨어져 산산조각이 나도
> 기뻐서 죽사오매 오히려 무슨 한이 남아오리까.
>
> 그날이 와서 오오 그날이 와서
> 육조(六曹) 앞 넓은 길을 울며 뛰며 뒹굴어도
> 그래도 넘치는 기쁨에 가슴이 미어질 듯하거든
> 드는 칼로 이 몸의 가죽이라도 벗겨서
> 커다란 북을 만들어 들쳐 메고는
> 여러분의 행렬에 앞장을 서오리다.
> 우렁찬 그 소리를 한번이라도 듣기만 하면
> 그 자리에 거꾸러져도 눈을 감겠소이다.
>
> ―심훈의 「그날이 오면」 전문[2]

---

[1] 송희복, 『불꽃 같은 서정시』, 글과마음, 2019, 237쪽, 참고.
[2] 심훈기념사업회에서 2000년에 심훈의 시 원고를 영인본으로 낸 바 있었다. 대부분의 시는 필사된 원고 상태를 영인한 것이다. 그런데 「그날이 오면」은 '삭제'라는 도장이 두 군데 찍혀 있는 인쇄교정본이다. 이 시의 원제목은 '단장(斷腸) 2수'였다. 마지막 어구 '눈을 감겠소이다.'도 본디 '원(願)이 없겠소이다.'였다. 심훈 자신의 친필로 교정한 흔적이 묘한 감회에 젖게 한다.

작고한 국문학자 김윤식은 이 시에 내포된 사상을 두고, 소위 황홀경의 사상이라고 했다. 감상적 오류의 흐뭇한 변형으로서, 견딜 수 없을 만치 격렬한 기쁨 속에 자신이 소멸되는 황홀한 순간으로 나타나는,[3] 또 육체 파괴를 전제로 상징된 순간적인 환각의 존재 초월성[4]으로 나타나는 황홀경의 사상인 것이다. 이 시에 관해 옥스퍼드대학교 부총장을 역임한 문학연구가 C. M. 바우라가 자신의 저서인 『시와 정치』에 일찍이 소개해 국제적인 성격의 저항시로 인정된 바가 있었다.

    그(심훈 : 인용자)가 예견하는 것은 한국의 해방이며 국토와 주민 모두가 쇠사슬에서 풀려나는 일이다. 그는 이것을 계급과 배경의 여하에 불구하고 모든 동포가 이해할 수 있는 이미지로 형성한다. 미래를 예상하는 일은 격렬한 기쁨에 그를 젖게 하고 그는 이것을 육체의 구속을 깨뜨리고 나올 만큼 강렬한 환희로서 표현한다. 그가 말하려는 것은 우리들에게 주지의 사실—견딜 수 없을 만큼 숨이 넘어갈 듯한 환희와 황홀의 순간이 있을 것이라는 그 사실이다.[5]

환희와 황홀의 순간은 비현실의 체험 속에서 자유를 누리는 순간이 아닐까? 심훈의 「그날이 오면」이 아니라고 해도, 일제강점기에 환각 속의 자유를 향유하던 사람들이 얼마나 많았겠는가? 해방이 되었을 때의 감격은 오죽이나 하였겠는가? 해방이 되고 세 달 동안에 쓴 시를 모은 시집이 1945년 연말에 공간되었다. 시집의 제목은 『해방 기념 시집』이다. 여기에 실린 시 24편 하나하나가 바로 역사적인 의미와 성격이 부여된 시편이 아닐 수 없다. 1945년만 해도 좌우익 대립이 심하지 않았기 때문에 좌우파의 시인들이 망라된, 해방을 기념하는 시들을 모은 이 사

---

[3] 세실 M. 바우라, 「한국 저항시의 특성」, 『문학사상』, 창간호, 1970. 10, 282쪽, 참고.
[4] 김윤식, 『황홀경의 사상』, 홍성사, 1984, 106쪽, 참고.
[5] C. M. 바우라 저, 김남일 역, 『시와 정치』, 전예원, 1983, 155~156쪽.

화집(詞華集)을 낼 수 있었던 것이다.

 누가 나에게 이 중에서 단 한 편의 시를 꼽으라고 하면, 나는 자유의 성취를 절절하게 노래한 김광균의 「날개」를 꼽지 않을 수 없다. 날개는 자유를 대신한 말이다. 자유라는 단어 하나 없어도 해방의 감격을, 자유의 향유를 노래한 기념비적인 서정시다. 한자 표기는 말할 것도 없고, 한자어로 이루어진 관념적인 시심이 전혀 없다. 시각적인 이미지로 그려진, 마치 그림 같은 정경의 시다. 이 시집에 실린 한글 전용 표기의 다섯 편 시 가운데 한 편의 시이기도 하다. 그 시대에 한글로만 표기된 시가 24편 중의 5편이란 사실도 무척이나 놀라울 일이다. 어쨌든 김광균의 「날개」 전문을 음미해 보자.

   눈물겨웁다
   황폐한 고국 낡은 철로와 무너진 다리
   서른여섯 해 비바람이 스쳐간 자취
   애처로웁다
   혼곤한 산과 들에 시냇물소리
   나의 부모 동생과 뭇 겨레가 살고 있는 곳
   이 슬픔 위에
   이 기쁨 위에
   혁명이여, 아름답구나
   피 묻은 네 날개 위에
   찬란한 보람 동터 오누나
   잃어진 내 것을 찾아
   거리로 가자 항구로 가자
   혁명이여
   나에게 장대한 꿈을 주려마

날아가야 할 하늘 저 멀리 가로놓이니

　연약한 날개를 모아 노래 부르자

　우리 두 팔을 걷고 바위를 밀자

　가없는 곳에 큰 길을 닦자

—김광균의 「날개」 전문[6]

　시인은 8·15 해방을 혁명으로 보고 있다. 하기야 해방된 날을 두고 그동안 우리의 주체적인 역량이 결집된 시점으로 볼 수 있다. 그렇다면 혁명이 맞는다. 혁(革)은 다름 아니라 가죽이니 오래되어 너덜너덜해진 가죽은 새로운 것으로 갈아야 한다. 일본 제국주의의 오래된 가죽을 걷어내고 새로운 민주주의의 가죽을 마련해야 한다는 점에서, 8·15는 정녕 혁명이 맞는다.

　해방된 해에 공간된 『해방 기념 시집』에 참여한 문인들은 홍명희와 안재홍처럼 전문적인 시인이 아닌 이도 참여했다. 면면들을 보면 좌우파 인물들이 거의 반반으로 참여했기 때문에 국민통합적인 성격의 기념시집이라고 할 수 있다. 하지만 주도한 곳은, 중앙문화협회라는 우파 단체였다.

　여기에 참여하지 않은 좌파 시인 박세영이 이 사화집을 두고 이듬해에 '무정견의 방가(放歌)'로 폄하한 것[7]은 당파적인 편견에 지나지 않는다. 방가라니? 술에 추해 부른 고성방가란 말인가? 24편의 시는 글자 그대로, 해방의 노래를 의미하는 국민통합의 방가인 것이다.

　프리드리히 엥겔스가 쓴 1885년의 편지에 따르면, 독일어 '경향 시(Tendenz)'라는 용어를 사용하고 있다. 일반적으로는 이것을 영어로 '텐던시'로 번역하고 있지만, 조지 스타이너는 이 단어가 '테제(thesis)' 나 '강령

---

6 『해방 기념 시집』, 중앙문화협회, 1945, 24~25쪽.
7 신덕룡, 「님의 실체 찾기―'해방기념시집'을 중심으로」, 『문학아카데미』, 1995, 봄, 364쪽, 참고.

적 성향(programmatic bias)'의 뜻에 가깝게 해당된다고 했다.[8] 경향 시건 테제 시건 간에 특정 이념에 기울어짐으로써 문학의 형식보다 그 내용을 중시하는 시는 우리나라에 1920년대 중반부터 기승을 부렸다. 일제강점기의 대표적인 테제 시인으로서 임화와 윤곤강을 꼽을 수 있다. 질적인 수준이 떨어지지만, 그나마 박팔양의 「봄의 선구자」는 작품성이 예외적으로 매우 뛰어났다.

이런 유의 테제 시가 해방 이후에 이르러 더욱 번성했다. 해방 이전에 이미지즘의 서정시를 써온 김기림이 해방기의 테제 시인으로 변모한 것은 우리 근대시문학사의 뜻밖의 일로 받아들여진다. 그의 좌파적 조국관을 잘 보여준 테제 시편이 있다면, 다름 아니라 「어린 공화국이여」(1946)와 「새나라 송(頌)」(1947)이다. 유명한 시구 하나씩을 각각 인용하자면 다음과 같은 것이 아닐까, 한다. 단순한 시구가 아닌, 일종의 경구(驚句)라고 할 수 있다.

인제는 목단(牧丹 : 모란) 같이 피어나라 어린 공화국이여.[9]

아무도 흔들 수 없는 새나라 세워 가자.[10]

이 중에서 특히 후자의 시구는 현직 대통령이 국가 차원의 경축사에서 인용함으로써 유명해졌다. 퇴임할 때 낸 문집의 제목도 '아무도 흔들 수 없는 나라'였다. 한 시인의 좌파적 조국관이 어찌하여 대통령의 공식적인 어록이나 기록으로 활용되어야 하나? 김기림의 「새나라 송」이 인민과 백성이 주인이 되는 세상에 대한 구상과 희망을 피력한 테제 시편[11]

---

8 유종호, 『한국근대시사』, 민음사, 2011, 124쪽, 참고.
9 김용직, 『해방기 한국 시문학사』, 민음사, 1989, 190쪽.
10 같은 책, 191쪽.

이었음은 비평적으로나 학문적으로 잘 알려져 있는데 말이다.

  유럽의 시민혁명과 유사하지만 미완의 시민혁명이었던 4·19는 우리나라 정치사에 큰 전기를 마련했다. 이때부터 민주화는 시작된다. 이로부터 5·18과 6·10을 거치면서 그것은 일단 완성된다. 4·19는 우리나라 문학사의 변화에도 큰 영향을 끼쳤다. 혁명이 일어난 1960년의 대표적인 작품으로, 김수영의 시「푸른 하늘을」을 꼽을 수 있겠는데, 여기에 시민혁명의 한계 및 미완의 의미를 암시하는 그림자가 드리워져 있었다. 작자 스스로 이 시에 관해, 약간의 비관미를 띄게 한 작품이라고 언급한 바,[12] 있었듯이 말이다.

    푸른 하늘을 制壓하는
    노고지리가 自由로왔다고
    부러워하던
    어느 詩人의 말은 修正되어야 한다.

    自由를 위해서
    飛翔하여본 일이 있는
    사람이면 알지
    노고지리가
    무엇을 보고 노래하는가를
    어째서 自由에는
    피의 냄새가 섞여 있는가를

    革命은

---

11 유종호, 앞의 책, 196쪽, 참고.
12 김수영의 1960년 6월 16일 일기

왜 고독한 것인가를

革命은
왜 고독해야 하는 것인가를

—김수영의 「푸른 하늘을」 전문[13]

  이 시의 본문에 '자유'라는 시어가 세 차례 반복되어 있다. 김광균이 8·15를 기념해 쓴 시 「날개」와 적절하게 대비된다. 「날개」에서는 '자유'라는 시어를 사용하지 않았다. 또 시의 전문이 한글로만 표기되어 있었다. 이 두 사실을 두고 볼 때, 김수영의 「푸른 하늘을」보다 문학성이 높다. 하지만 김광균의 「날개」가 독자들의 기억에 남아있지 않는 반면에, 김수영의 「푸른 하늘을」은 시인의 이름값과 함께 4·19를 대표하는 자유의 시편으로 오래 기억되고 있다.
  혁명은 왜 고독해야 하나?
  국문학자 김윤식에 따르면, 이 물음은 다름 아니라 4·19 이후의 모든 시가 고독해야 한다는 것이며, 또 이것은 시인들이 한층 강인해야 한다는 결의의 표명이기도 하다.[14] 짐작컨대 시인 김수영은 자유 타령만 하는 시인들의 시가 시민 사회의 기반이 결여된 토대에서, 4·19 정신에 과연 무엇을 기여하겠느냐고 우려를 표명한 것 같다. 4·19의 한계와 미완성의 의미를 깊이 성찰한 시임에는 틀림이 없다고 본다.
  아닌 게 아니라, 혁명은 희생(피)을 감수해야 하기 때문에 고독하다. 자

---

[13] 이 시는 동아일보 1960년 7월 7일 자 조간 4면에 발표되었다. (이 무렵의 동아일보는 조, 석간으로 하루에 두 차례 간행했다.) 내가 확인해본 결과, 1연 3행의 '부러워하면'은 문맥상 '부러워하던'으로 고쳐 인용했다. 연 구성에 있어서 본래의 의도가 네 연이라고 간주해 네 연으로 인용했다. 신문에 발표된 원문은 지면 사정으로 인해 세 연이었을 것이다. 띄어쓰기는 지금의 원칙에 맞게 처리했으며, 한자 표기는 발표된 그대로 살렸다.
[14] 김윤식, 『김윤식의 현대문학사 탐구』, 문학사상사, 1999, 232쪽, 참고.

유에 피의 냄새가 섞여 있다고 한 대목에 대해서는 최근에 현대시 연구 분야에서 맹활약하고 있는 김응교의 해설이 적절하다. 노고지리(종달새) 한 마리가 자유롭게 날기 위해서는 오래 날개를 파닥이면서 연습해야 한다. 알에서 갓 나온 어린 새는 살쾡이 같은 들짐승에 잡아먹히곤 한다. 이처럼 혁명은 단 한 번의 날갯짓으로 성취되는 것이 아니다.[15]

사실은 김수영이 우려한바 시인들이 자유 타령에 빠져도, 4·19를 통해 자유의 의미를 다시금 되새긴 시적 사례들이 1960년대에 적지 않았다. 이러한 낱낱의 작품은 그 나름대로 존중되어야 한다. 광주에 있는 4·19 의거 희생자 영령 추모비에 시인 조지훈이 지은 시가 새겨져 있다. 이 비는 1962년 4월 19일에 4·19 의거 2주년을 기념해 건립한 비다. 거의 알려져 있지 아니한 이 비문 시의 전문을 음미해보자.

> 자유여 영원한 소망이여.
> 피 흘리지 않곤 거둘 수 없는 고귀한 열매여!
> 그 이름 부르기에 목마른 젊음이었기에.
> 맨가슴을 총탄 앞에 헤치고 달려왔더니라.
> 불의를 무찌르고 자유의 나무의 피거름 되어
> 우리는 여기 누워 있다.
> 잊지 말자, 사람들아
> 뜨거운 손을 잡고 맹세하던
> 아, 그날 사월 십구일을.[16]

이 시의 시적 화자는 4·19 희생자 영령들이다. 시인은 이 시에서 마치 제사장처럼 삶의 세계가 죽음의 세계에 고하지 않고, 오히려 죽은 이

---

[15] 김응교 지음, 『김수영, 시로 쓴 자서전』, (주)도서출판 삼인, 2021, 331쪽, 참고.
[16] 『문학사상』, 1975. 4, 349쪽.

의 영혼을 불러내 말을 하게 하는 것처럼 극적 진술의 형식을 취하고 있다. 이 시가 아무리 장중한 느낌의 비문체(碑文體)의 율문이요, 말하기의 방식이 의식(儀式)의 형식으로 호소하는 넋 시에 지나지 않는다고 해도, 한자어는 그렇다고 해도 한자로 표기하지 않는 마음 자체가 정신의 자유에 귀속한다.

양성우의 시집 『겨울공화국』(1977)은 유신 시대의 폭정, 비민주성, 반인권에 직핍한 시집이다. 시집의 자서(自序) 부분에 "이 시들을 버릴지라도 우리들이 빼앗긴 자유는 되찾아야 한다./목숨 따위야 잡초처럼 살아날 수 있지만 자유는 귀한 것, 이 시들을 버릴지라도 자유는 버릴 수 없다."라는 글이 적혀 있다. 절반을 인용했지만, 이 자서가 1975년 12월, 그의 시작 노트 첫머리에 써놓은 글이다. 행갈이가 있다는 점에서 줄글이라기보다 변형된 4행시로 본다면, 그의 자서는 서시라고 간주할 수도 있다. 시인의 주제어는 한마디로 말해 '자유'다. 그의 표제 시인 「겨울공화국」에서 다음을 인용한다. 모두 7연 중에서 제2연에 해당하는 부분이다.

총과 칼로 사납게 윽박지르고
논과 밭에 자라나는 우리들의 뜻을
군홧발로 지근지근 짓밟아대고
밟아대며 조상들을 비웃어대는
지금은 겨울인가
한밤중인가
논과 밭이 얼어붙는 겨울 한때를
여보게 우리들은 우리들은
무엇으로 달래야 하는가[17]

---

[17] 양성우, 『겨울공화국』, 화다출판사, 1989, 106~107쪽.

박정희의 겨울공화국인 '유신'은 전두환의 세칭 '5공'으로까지 이어진다. 일단 형식 논리로 볼 때, 이 겨울공화국은 10월 유신에서부터 6월 민주항쟁에 이르기까지, 1972년부터 1987년까지에 해당하는 15년간의 긴 시간대를 지배해온 일종의 암흑기의 체제였다. 이 암흑기에 국민이 대통령을 직접적으로 뽑는, 민주주의의 가장 기본적인 권리가 박탈되었다. 내가 경험하기에도, 사회의 구조적 모순이 해결될 기미가 전혀 없었던 시대였다. 이 시대의 사회 구조는 어떤 구조였을까? 군이 민을 지배하는 구조, 정경이 유착하는 구조, 자유를 표현하지 못하게 입에 재갈을 물리는 구조 등이었다.

전두환 시대 역시 엄혹한 겨울공화국이었다. 몇 달 사이에 이른바 '서울의 봄'이 왔지만, 춘래불사춘(春來不似春)이었거나, 한바탕의 덧없는 백일몽에 지나지 않았다. 1987년 6월 10일에서부터 민주항쟁이 전국적으로 확산되었다. 정국(政局)은 온전히 혁명의 분위기였다. 이때에 쓰인 시편인 박선욱의 「퇴계로에서」는 명동성당의 계단에 운집한 시민들이 돌아가면서 한 구절씩 집체적으로 낭독했다고 한다.

> 입술 깨물며 맹세한 우리들
> 오직 끓는 피, 피뿐이다.
> 역사는
> 동지의 늘어진 어깨를 끌어안고
> 힘차게 앞으로 전진한다.[18]

이 시는 한 연으로 된 64행 장시이다. 전형적인 가두시라고 하겠다. 김수영의 시에서 더러 나타난 시어 '자유'는 실종되었다. 폭력성과 적대

---
[18] 6월 민주항쟁 20주년 기념 66인 시집, 『유월, 그것은 우리 운명의 시작이었다』, 화남, 2007, 46~47쪽.

감정이 있을 뿐, 시라기보다 구호요, 선동이다. 하지만 역사의 현장에서 낭독된 시란 점에서, 역사의 의미는 남아있다.

기록의 정신과, 소설의 허구
―박순동과 조정래

1

　동아일보사가 간행해온 월간지 '신동아'는 일제강점기에 민족의 공적 매체였다. 창간사에선 스스로 '조선 민족의 공기(公器)'라고 표방한 바 있었다. 이 잡지는 만주사변 직후에 창간되었으나, 손기정일장기말소 사건으로 인해 폐간을 당했다. 잡지의 존속 기간(1931. 11~1936. 9)이 5년이 채 못 되었지만 이 잡지가 저널리즘으로서 그 당시의 식민지 사회문화에 끼친 영향력은 다대했다. 이 '신동아'가 복간된 해는 1964년이었다. 좀 늦은 감이 있었다.
　월간 '신동아'의 복간 사업 중의 하나는 현대사를 발굴하는 논픽션을 대중화시킨다는 것. 복간한 해인 1964년만 해도 김종무의「소련 포로수용소 생활기」, 이가형의「버마전선 패잔기」, 이경손의「무성영화 시대의 자전(自傳)」이라는 유명한 논픽션을 실었다. 이듬해인 1965년부터는 논픽션 공모전을 열었다. 이 공모전은 2013년 제49회까지 지속되었다. 초창기는 박순동이 세 차례에 걸쳐 최우수상을 받았다. 그는 1960년대를 풍미한 논픽션 작가였다. 하지만 1969년에 쉰 나이를 넘기지 못하고 타계했다.

　'복간기념 30만 원 고료 논픽션 모집'은 1965년 9월에 제1회 당선작을 발표했는데 '모멸(侮蔑)의 시대'(朴順東)가 최우수작으로 선정됐다. 일본 유학 중에 학병으로 끌려가 버마 전선에서 일본의 패망을 맞아 1946년 1월에 귀국하기까지 파란만장의 체험을 기록한 작품이었다. 당선 작가 박순동은 목포에서 영어교사로 재직 중이었는데, '전명운전(田明雲傳)'(1968·제4회), '암태도(岩泰島) 소작쟁의'(1969·제5회)로 세 차례 당선 기록을 세워 논픽션 작가로 등단했다. 제4회 최우수작 '전명운전'은 1908년 3월 23일 샌프란시스코에서 친일 외교고문 스티븐스를 저격한 전명운 의사의 일대기를 추적한 작품으로 역사적 인물의 숨은 일생을 복원했다는 평가를 받았다. 하지만 첫 당선작가 박순동은 1969년 10월 49세 장년의 나이로 사망했다.[1]

　월간 '신동아'의 복간 사업으로 시작한 논픽션 공모전의 초기에 박순동이 얼마나 이 분야에 큰 역할을 했는지를 잘 알 수 있다. 당시의 공모전에는 최우수상을 받아도 계속 공모에 참여할 수 있었던 것 같다. 그가 5회까지 무려 세 차례나 최우수상을 받을 수 있었던 것이 지금으로서는 잘 이해가 되지 않는 면이지만. 어쨌든 그는 일제 말에 학병으로서 버마(미얀마)에 파견되어 죽을 고비를 넘겼다. 그의 논픽션 「모멸의 시대」는 자신의 학병 체험을 있는 그대로 기록한 것이다.

　학병 세대는 대한민국 건국 이후에 각 분야에서 비교적 오랫동안 살아온 세대였다. 특히 산업화에 기여를 크게 했다. 민주화 세대인 4·19세대가 우리나라의 중추세대로 부상하면서, 그들은 역사의 무대에서 퇴장한다. 작가 중에서도 학병 세대가 있다. 이병주, 이가형, 한운사, 박순동

---

[1] 정진석, 「민족의 공기로서 독재에 저항, 잡지 저널리즘 새 지평을 열다」, 『신동아』, 2021, 11, 175쪽.

등이 대표적이다.

여담이지만, 박순동은 우리 시대의 대형 작가로 잘 알려져 있는 소설가 조정래의 외삼촌이기도 하다. 또한 조카의 대하소설「태백산맥」에서, 그가 민족주의자 김범우의 모델로 등장한다.

2

암태도 소작쟁의의 기간은 기존 소작료 불납 동맹이 시작되는 1923년 9월부터 1년 동안 갈등을 일으키다가 지주와 합의가 이루어진 1924년 9월까지다. 소작인 쟁의의 주 대상은 전남 신안군 암태도 대지주 문재철 일가였다. 그의 부친인 문태현의 송덕비 파괴와 관련해, 지주와 작인들의 갈등이 심화되었다. 이 과정에서 소작인회 구성원들이 구속되고, 석방 요구와 관련해 암태도 주민 전체의 생존 문제로 확대되었다. 암태도 주민들은 두 차례에 걸쳐 바다를 건너 대처인 목포로 가서 투쟁을 벌였다. 법원 앞에서 굶어 죽기를 각오하고 단식 투쟁을 감행했는데, 당시 동아일보에서는 이를 '아사동맹(餓死同盟)'이라 표현하기도 했다.

암태도 소작쟁의의 주역은 박복영이었다. 그는 소작인이 아니고, 소지식인이었으며, 또 소위 사회활동가였다. 어려서는 한문을 배웠고, 목포의 미국인 목사가 지도하던 성경학원에서 신문명을 접촉했다. 3·1운동 때는 순사와 격투를 벌여 목포형무소에 6개월 동안 수감되어 있었다. 그는 솜 장수를 가장해 상해임시정부와 연계되기도 했다. 박순동은 이 박복영의 구술과 동아일보 당대 기사문을 바탕으로 암태도 소작쟁의를 재구성하기에 이른 것이다. 박순동의 마지막 작품인「암태도 소작쟁의」는 그의 몰년인 1969년에 쓰인 작품이지만, 도리어 1980년대 독자들에 의해 광범위하게 읽혔다. 문재철과 박복영은 소작료 인하를 두고 서로

가 협상을 했지만 도저히 타협에 이르지는 못한다. 당신은 소작인이 아니잖소? 소작료 인하는 천하대세입니다. 남들이 어땠는지는 내가 알 바 아니오. 이야기는 늘 반복되었고, 쟁의는 1년을 끌고 간다.

이 쟁의 과정에서 소작인들 십 수 명 대부분이 수개월의 실형을 받으면서 극한투쟁의 양상을 보였지만, 박순동은 절제하면서 사실을 과장하려고 하지 않았다. 분열과 갈등에 초점을 맞추지 않고, 합의와 수습에 방점을 찍음으로써 역사의 교훈을 삼으려고 했다. 일 년 동안 전개해온 쟁의 문제를 중재하기 위해 나선 쪽은 관이었다. 목포경찰서장 나카지마는 배를 타고 암태도로 들어와 박복영과 대화를 나누었다. 나카지마는 그랬다. "내가 문재철과 상대해서 소작인과의 문제를 원만하게 해결 짓도록 노력하겠소."[2] 박복영이나 소작인들은 관이라면 죄다 악덕지주 문재철 편이라고 여겼다. 박복영 역시 모든 제안이 다 '속임수'라고 여겼다. 서로가 합의에 이르지 않자 나카지마는 전남 도장관(도지사) 원응상에게 공을 넘겼다. 그는 원응상과 박복영을 목포에서까지 만날 수 있게 주선을 했다. 박복영은 도장관의 명함을 받고 이런 말을 한다. "불초한 민이 대감의 존안을 우러러 뵈어 황송하옵니다."[3] 박순동은 그 시대의 언어를 반영해 객관적으로 기록한 것이다. 지금으로부터 백 년 전에 여전히 관존민비의 사상이 엄존하고 있었음을 알 수가 있다. 도지사를 가리켜 조선시대의 정3품 당상관인 관찰사로 대우한 것이다. 원응상은 박복영과 대화를 나눈 끝에 이런 말을 남긴다.

알았소. 일은 관청에서도 알고 있는 바이니, 소작인들이 너무 감정에 치우쳐서 난동의 소란을 피우지 않도록 무마하고 다음 하회를 기다리도록 하시오.[4]

---

2 박순동 기록, 『암태도 소작쟁의』, 청년사, 1981, 81쪽.
3 같은 책, 83쪽.
4 같은 책, 84쪽.

하회(下回)는 예스러운 단어다. 국립국어원의 표준국어대사전에서는 '윗사람이 회답을 내림.' 정도로 인식하고 있지만, 문맥상 볼 때, 관이 민에게 내리는 행정 명령인 것 같다.[5] 원응상의 이 말은 일을 합리적으로 처분하겠다는 의지를 밝힌 것이기도 하다. 이 이후에 관이 개입해 문재철에게 타협을 종용한 것이다. 마침내 박복영은 약정서를 받아낸다. 네 가지 조항 속에 첫 번째가 핵심이었다. "지주 문재철과 소작인회 간의 소작료는 4할로 약정하고, 지주는 소작인회에 금 2천만 원을 기부한다."[6] 그 당시의 2천만 원은 상상을 초월한 거금이었다. 소작인회에서는 일이 마무리된 후에 이런 말을 했다. 일부는 우리들을 가리켜 사회주의자라고 하나, 우리는 사회주의 사상과 접촉한 일조차 없다.[7]

박순동이 기록한 「암태도 소작쟁의」는 기록문학이다. 기록이라고 해서 다 기록문학이 되는 것은 아니다. 이것은 소설의 형식에 맞춰 썼으므로, 충분히 읽을거리가 된다. 문장도 정확하고, 또 격조가 있다. 암태도와 목포 등지에서 1년에 3만 석을 추수한다는 거부가 소작인들의 고혈을 쥐어짠 듯해도, 박복영을 통해 상해임시정부에 거금을 기부하고, 또 목포의 문태고등학교를 세우는 등 육영사업도 마다하지 않았다. 기록문의 마지막 부분은 문학성이 아주 높다. 이 기록문의 백미다.

박복영은 좀 망설이다가 조용히 말을 했다.
"요즘은 상해 솜을 들여왔는데 좀 안 쓰십니까?"
"상해 솜?"
문재철은 의아스런 눈으로 얼굴을 쓱 들었다.

---

[5] 표준국어대사전은 송기숙의 역사소설 『녹두장군』에서 다음의 예문을 가져왔다. "조정에는 백사가 번다하고 일에는 순서가 있는 법인즉, 추후 제대로 논의를 하여 하회가 있을 것이니 귀향하여 기다림이 가한 줄 압니다."
[6] 박순동 기록, 앞의 책, 86쪽.
[7] 같은 책, 88쪽, 참고.

"네, 상해 솜이 좋지요. 오래 가고……인제 얼마 안 가서 모두 그걸 쓰게 될 것입니다."

"솜도 대국(大國) 것이 좋은가?"

상해 솜이라는 말만으로도 문재철의 귀가 트이지를 않았다. 그래서 이야기는 한참 귓속말로 오갔다.

"알았소. 그럼 이걸 가지고 내 마름에게로 가시오."

문재철은 이내 종이쪽지에다 무엇인가 적어 주었다. 그것은 자기 창고에 있는 물품의 출고지령서였다. 적힌 물건의 숫자는, 벼 이백 가마, 보리 백 가마, 그리고 누룩 오십 통이었다.

"이거 혹시 동그라미가 하나씩 잘못 붙은 것이 아닙니까?"

박복영은 뜻밖의 숫자에 놀라면서 물었다.

"허! 내가 양말을 꼬매고(꿰매고) 있으니까 고리타분해 보이오? 별 수 있소? 조선 놈의 피를 가진 놈은 조선 놈이지 일본 놈이 되겠소?"

그는 다시 꿰매진 양말을 집어 들었다. 박복영이 미닫이를 열고 방을 나가려는 때였다.

"여보, 박 회장!"

문재철이 불러 세웠다. 박복영은 말없이 돌아다만 보았다.

"박 회장도 양말 뒤꿈치 잘 꼬매서(꿰매어) 신고 다녀요. 당신 뒤꿈치가 잘못 까졌다가는 여러 놈 다칠 테니까!"

문재철이 빙그레 웃고 있었다.[8]

암태도 소작쟁의 이후에 이야기, 즉 후일담이 박순동 기록문의 꼬리를 아름답게 장식한다. 이 기록문이 용두사미가 되지 않았던 이유다. 문재철의 재물이 사회로 환원되기 시작한 시점은 1926년이었다. 1941

---

[8] 같은 책, 90쪽.

년에 목포의 문태고등학교를 설립한 것으로 보면, 그가 민족교육에까지 눈을 뜬 것으로 보인다. 문재철을 소설의 캐릭터로 굳이 비유하자면, 그는 다름 아닌 '입체적 인물'이었다. 즉, 개관천선의 인간형인 것이란 뜻이다.

그는 쟁의 과정에서 자신에게 암태도 소작인회를 주도하면서 날을 세워오던 서태석과 박복영을, 쟁의 이후에 자기 사람으로 만들만큼 용인술이 뛰어난 것 같다. 박복영은 솜 장수를 가장해 상해를 드나들면서 임시정부와 연계되어 있었다. 문재철도 이 사실을 알고 있었다. 문재철이 그를 일경에 고발하면, 모든 일은 다 들통이 나고 만다. 두 사람은 쟁의 과정에서 서로의 심중을 꿰뚫어보면서 서로를 존중하는 처지가 되었던 것 같다. 문재철의 재물은 상해의 독립운동 자금으로 적잖이 흘러들어갔다. 한번은 문재철이 박복영을 사랑에서 맞이했다. 문재철이 물었다. 요즘도 솜 장사 잘 되오? 무척이나 의미심장한 말이었다. 그는 양말을 꿰매고 있었다. 깜짝 놀란 박복영이 대답 대신에 반문했다. 아니, (돈도 많은) 어르신께서 양말을 손수 꿰매시다니요?

두 사람의 대화는 마치 선방(禪房)에서 주승과 객석이 주고받는 선문답과 같다. 알쏭달쏭한 가운데 함축된 진짜배기 할 말은 잘 드러나지 아니하면서 '속말'을 감질나게 품고 있었다. 마치, 소설의 한 대목, 영화의 한 장면과도 같다. 대화 내용을 살펴보면, 문재철은 박복영을 압도하는 말솜씨를 가진 인물이다. 발뒤꿈치가 까지지 않도록 아킬레스건을 조심하라고 한다. 모든 일에 뒤처리를 깔끔하게 매조지하라는 뜻이다.

난세를 거치면서 오래 살아온 박복영의 구술에다 객관적인 자료를 바탕으로, 박순동은 그 시대의 일들을 낱낱이 적확하게 기록할 수 있었던 것이다. 어느 한쪽으로 치우치지 않았다는 점에 있어서는, 객관적이고 중도적인 기록 정신의 승리라고 할 수 있겠다.

3

조정래의 대하소설 「아리랑」에서 사회적, 학문적인 쟁점이 되었던 조선총독부의 토지조사사업(1910~1918)은 박순동의 기록문학 「암태도 소작쟁의」와 연계된 것이기도 하다. 토지조사사업은 조선시대부터 있어왔던 토지사유제와 토지사유권을 재법인(화)한 것이다. 다만 일제의 이 사업은 식민지 정책, 토지점탈 정책, 조세수탈 정책과 관련되어 있었다. 식민지백성들은 이 사업을 체험함으로써 독립의 필요성을 절감하여 3·1운동을 실현할 수 있었고, 1920년대에 이르러 소작쟁의로 더 구체화되기도 했던 것이다.[9] 1920년대 식민지 조선의 여기저기에서 일어났던 소작쟁의는 토지조사사업의 후유증이기도 했기 때문이다.

이른바 토지조사사업은 일제가 근대적 토지 소유 개념을 확립하고 조세의 원천을 확보하기 위해 식민지 조선의 토지를 조사한 사업이다. 이 과정에서 조선 농민의 관습적 경작권이 우선 부정되었다. 일제의 수탈은 가속화되고, 식민지 지주의 등장으로 농민이 궁핍화되는 등 빈부의 양극화가 일어났다. 또한 이 과정에서 동양척식주식회사를 비롯한 일본의 식민 회사와 조선에 진출한 일본인 이주민들에게 적잖은 이익이 부여되는 구조로 사회경제의 제도가 재편되기도 했다.

조정래의 상기 소설은 토지조사의 과정에서 일본 경찰이 농민을 즉결처형(총살)을 하는 장면을 두 차례나 묘사하고 있다. 이것이 역사적으로 가능했느냐의 문제를 놓고 관련 학자들과의 다툼이 있었다. 근대 국가라면 엄연히 법이라는 게 존재하는 것인데, 재판도 받지 아니하고, 일개 경찰에게 생사여탈권이 주어졌겠느냐 하는 것이다. 충분히 의심할 대목이다. 먼저 살펴볼 장면은 차갑수를 처형하는 장면이다. 일본도를 빼들

---

[9] 한국민족문화대백과사전 편찬부, 『한국민족문화대백과사전 23』, 한국정신문화연구원, 1991, 194쪽, 참고.

고 지휘하고 있는 주재소장이 마을사람들 앞에서 외친다. 마을사람들에게 저항하지 말라는 경고의 본보기로서, 차갑수의 즉결 처형을 집행하려고 하는 것이다.

에에 또, 지금부터 중대 사실을 공포하는 바이니 다들 똑똑히 들어라. 저기 묶여 있는 차갑수는 어제 지주총대에게 폭행을 가해 치명상을 입혔다. 그 만행은 바로 총독부가 추진하고 있는 중대 사업인 토지조사사업을 악의적으로 방해하고 교란하는 용서할 수 없는 범죄 행위인 것이다. 따라서 죄인 차갑수는 경찰령에 의하여 총살형에 처한다.[10]

경제사학자 이영훈은 「황당무계 '아리랑'」라고 하는 글에서, 조정래의 대하소설 「아리랑」에서 보여준 즉결 총살 집행 과정을 가리켜 '역사적으로 실재하지 않은 터무니없는 조작'[11]이라고 단언한다. 소설 속의 농민 차갑수가 토지를 신고했지만 신고서에 도장을 찍어주지 않은 지주총대의 가슴을 격분한 끝에 밀친 것이 척추가 부러지는 중상을 입히게 되었다. 즉결 처분이란 이제나저제나 법으로 엄격히 규제되고 있는 개념인데, 일개 주재소장이 무슨 권한으로 총살을 하느냐 하는 거다.

어쨌든 소설 속에서 차갑수는 끝내 당산나무에 묶여 총살을 당하고야 만다. 당산나무는 마을사람들에게 원시신앙적인 주물(呪物)이었다. 당산나무가 있는 터는 일종의 신역, 성역이었다. 처형이 집행된 직후에 겁에 질린 마을사람들은 나직이 말한다. 하필이면, 당산나무가 있는 데서, 라고. 이에 대해 이영훈은 다음과 같이 부연해 설명한다.

조정래는 태연히 '경찰령'을 들먹이며 파출소의 일개 경찰이 사람을 즉결 총

---

10 조정래 대하소설, 『아리랑』, 제4권, 해냄, 1994, 81쪽.
11 이영훈 외, 『반일 종족주의』, 미래사, 2019, 25쪽.

살하는 장면을 소설에서 두 번이나 연출했습니다. 나아가 전국적으로 그러한 총살이 4,000건이 되었다고 종합하고 있습니다. 조정래는 그 시대를 법도 없는 야만의 시대로 감각하고 있습니다. 백인 노예 사냥꾼이 아프리카 종족 사회에 들어가 마구잡이로 노예사냥을 하는 그러한 야만의 장면을 상정하고 있습니다. (……) 노예 사냥꾼은 원시 종족의 종교를, 그들의 토템을 파괴합니다. 당산나무에 사람을 매어놓고 총살하는 것이 바로 그 장면입니다. 당산나무는 마을을 악령으로부터 지키는 수호신입니다.[12]

대하소설「아리랑」의 작가인 조정래 자신이 이 주장에 대해 해명한 바가 있었다. 2019년 8월 29일에 'MBC라디오 시선집중'과의 인터뷰 발언에서 토지조사사업 때 총살을 당한 이의 손자 등으로부터 증언을 들었다고 했다.[13] 이 증언이 얼마나 사실에 부합하느냐 하는 문제를 내버려 두고서라도, 그 당시에 토지조사와 관련해 일제의 시책에 저항하는 농민들을 살해했을 만큼 경찰에게 법외의 권한이 주어졌느냐 하는 것이 쟁점이 될 것이다.

토지조사사업이 도대체 무엇이기에 이렇게 말이 많은가? 그동안 사회과학 분야에서 실증적인 연구가 있어 왔던 것도 사실이다. 그런데 이것이 지금에 와서 친일이니, 반일이니 하는 정치 논리와 유관하게 쟁점이 되고 있다는 사실이 여간 개운치 않다. 씁쓸한 뒷맛을 남기는 것이다. 더욱이 소설가 조정래의 감정적 대응이 애초부터 문제를 안고 있었다. 다음의 인용문은 두 번째 장면이다. 첫 번째의 경우와 별로 다름이 없어 보인다. 마을사람들의 서럽게 느껴 옮 속에 진행된 즉결 총살에 앞서 주재소장이 또 외친다.

---

[12] 이영훈, 「황당무계 '아리랑'」, 이영훈 외, 『반일 종족주의』, 미래사, 2019, 28쪽.
[13] 이영훈 외, 『반일 종족주의와의 투쟁』, 미래사, 2020, 264쪽, 참고.

에에 또, 잘들 들으시오. 토지조사사업을 하는 데 있어서 토지신고서를 기한 내에 안 내는 것도 죄를 진 것이오. 헌데 이 오영길이는 그런 죄를 진데다가 공무를 집행하는 관리를 괭이로 찍어 죽이려고 했소. 총독부가 추진하는 중대 사업을 방해하고 관리를 살해하려고 한 이런 흉악범은 총독부의 법에 따라 엄벌을 처해야 하오. 일벌백계하기 위하여 범인 오영길을 총살형에 처함![14]

차갑수의 처형에서 오영길의 처형으로 바뀐 것은 반말투에서 경어체일 뿐이다. 초록이 동색일 뿐이다. 내용은 똑같다. 소설 속의 가해자들은 토지조사사업을 악의적으로 방해한 조선인은 죽어 마땅하다는 거다. 무엇보다도 본보기를 보여야 한다는 것. 가해자들은 식민지를 지배하는 일제 세력이며, 또한 이에 부역하는 조선인들이다. 조선 전국의 농민들은 모두 피해자가 된다.

반일 종족주의를 주장하는 학자들이 일제강점기의 조선 농민이 피해자가 아니라는 말을 한 것도 아닌데, 이들을 친일파로 매도하는 것이 과연 작가로서 온당한 처신인가 하는 문제가 남는다. 조정래는 이영훈 등을 가리켜 신종 매국노, 민족 반역자로 규정했다. 이 문제는 '식민지근대화론'과 깊은 관련성을 맺고 있다. 하지만 채만식의 소설 「태평천하」에 주인공으로 꾸며진 윤직원처럼 조선을 도운 일본인을 두고 '은인'으로 보아야만이 세칭 친일부역자라고 할 수 있겠는데, 이영훈은 일본 제국주의 세력을 가리켜 '정주형 도적(stationary bandits)'이라고 비유한 것으로 보자면, 그와 친일부역과는 거리가 멀다. 친일부역자가 어찌 일제를 도적으로 본다는 말인가?

문제는 정치 문제다.

경제사학자 안병직의 계열에 속하는바, 이영훈 등을 중심으로 한 낙

---

14 조정래 대하소설, 앞의 책, 279쪽.

성대 그룹은 2020년 총선을 앞두고 정치권에서 지칭하던 세칭 '토착왜구'에 해당되었다. 이념적으로는 소위 '뉴라이트'로 매도되는 부류들이었다. 이들을 해방직후의 '반민법' 같은 특별법을 다시 만들어 처벌해야 한다고 했다. 심지어 조정래는 일본 유학을 갔다 오면 모조리 친일파가 되어버린다고 했다.[15]

지금도 정치적으로 이용되고 있는바, 토착왜구라는 용어는 도대체 어디에서 왔을까? 항일 유학자 이태현(1910~1942)의 유고집 『정암사고』에 나오는 '토왜(土倭 : 친일부역자)'가 어원일 것이라는 견해가 유력하다. 누가 뭐래도 잘못된 과거를 청산해야 하는 것은 지당하다. 하지만 정치적 특정 세력이 그 오래된 과거를 새삼스럽게 부각해 필요에 따라 비판하는 짓거리를 보게 되면, 과연 이것이 누구를 위한 과거 청산인가, 하는 물음을 던지지 않을 수가 없다.

사실성의 개념에도 결이 서로 다른 두 파생개념이 있다. 하나는 표면적 사실성이며, 다른 하나는 이면적 사실성이다. 토지조사사업이니 '수탈론'이니 하는 것은 교과서에서 다룰 수 있는 일반적인 지식이나 정보이다. 어떤 방향으로나 어떤 방식으로나 국민을 계도하는 민감한 내용이기 때문에 진위 여부에 신중을 기하지 않을 수 없다.

역사소설을 두고 역사가와 소설가가 대립하는 경우가 있다. 경제사학자 이영훈과 소설가 조정래의 날 선 대립이 가장 대표적인 사례라고 할 수 있겠지만, 후술할 쟁점, 이를테면 역사가 이이화와 소설가의 황석영의 경우는 이면적 사실성에 관한 논쟁이라고 말할 수 있겠다. 전문가들이나 살펴볼 수 있는, 깊이 있는 지식이나 정보를 말한다.

---

15 김호정 기자, 「'일본 유학하면 친일파' 후폭풍」, 중앙일보, 2020. 10. 16, 참고.

4

논픽션 작가 박순동이 타계한 이듬해인 1970년에 그의 조카 조정래가 소설가로 등단했다. 기록문학이 특수한 사실을 조명하는 것에 비한다면, 소설은 더 폭이 넓고 보편적인 개연성을 지향한다. 소설은 소위 '허실'을 아우른다. 허는 허구성이요, 실은 사실성이다. 사실성으로써 기록문학이 가능할 수 있지만, 소설은 이것만으로 가능하지 않다.

대저 소설이란, 참과 거짓을 잘 조화함으로써 인간 진실에 이르는 문학적 글쓰기의 한 갈래다. 소설이 거짓과 헛것을 구성하더라도 기록문학보다 진실의 문제에 한결 더 접근하는 것은 허구가 지닌 가치의 보편성 때문이다.

소설의 사실성 문제는 간혹 역사소설에서 쟁점이 발생한다. 이이화–황석영의 논쟁을 보면, 알 수 있다. 역사소설「장길산」을 두고, 역사가와 소설가가 부딪친 것이다. 쟁점이 된 조선의 신분사회에도 제도에 있어서 고정적인 측면과 유동적인 측면을 공유하고 있다. 역사가 이이화가 전자에 중점을 두고 있으며,[16] 소설가 황석영은 후자에 방점을 찍고 있다.[17] 이 양자의 간극에서 쟁점이 발생한 것이다.

조정래의 대하소설「아리랑」도 넓은 범주의 역사소설이라고 할 수 있다. 박경리의「토지」도 마찬가지다. 이 두 대하소설은 역사적 인물이 거의 등장하지 않을 뿐이지 소재나 시대 배경을 두고 볼 때 영락없는 역사

---

[16] 이이화는 소설「장길산」에서 양반 부류인 서얼을 대접하고, 무과에 낙방한 한량을 장돌뱅이로 다루고, 양인 신분의 장사치를 광대와 백정 따위와 동격으로 보고, 구실아치인 아전을 벼슬아치로 착각하고 있다면서, 작가라고 해서 사실을 왜곡하거나 주무를 자유를 가질 수 없다고 비판했다.

[17] 황석영은 이이화의 비판을 불쾌하게 여기면서, 부차적인 사료인『황해 감영 계록』에 의하면, 양반이었던 자가 양수척 유기장이라는 천민이 하는 돗자리 장사로 생계를 유지하기도 했으며, 사료는 도처에 널려 있고, 소설가의 선배격인 사랑방 얘기꾼인 전기수가 상업 자본과 수공업의 발달을 온상으로 하고 있었을 것이라고 추정하기도 했다.

소설이다. 하지만 조정래가 농민들의 즉결 처형을 두고 그냥 문학적 허구라고 하면 될 것을 굳이 역사적 사실이라고 핏대를 올리면서 우기는 것이 문제가 되었다. 그는 소설적 '허실'이 지닌 균형감각의 상실을 스스로 불러왔던 거다. 문학은 역사에 비해 (누군가 신의 선물이라고 극찬한) 곡선의 아름다움을 가진다. 조정래의 직정(直情) 반응은 너무 직선으로 나아간 것의 결과라고나 할까? 나는 이런 점에서 조카 조정래의 진실성 여부보다 외삼촌 박순동이 지향한바 진정한 의미의 기록 정신이 옳다고 본다.

> 우리가 확실하다고 생각하는 사실 다수가 사실이 아니며, 결코 그런 식으로 일어나지 않는다는 게 밝혀진다. 입증 불가능한 경우는 더욱 많다. 어떤 사실은 분명한 사실이라고 말할 수 있는 증거가 없고, 오히려 불완전한 정보에 기초한 그럴싸한 가정에 불과하다.[18]

필립 제라르의 글 「의혹의 그림자 너머 '사실'을 좇아라」에서 따온 것이다. 논픽션 글쓰기의 기본을 말하고 있다. 참다운 기록문학은 객관적인 기록의 정신에서 온다. 우리 국민들 대다수는 일경의 총칼에 의해 농민들이 죽임을 당했다고 믿을 것이다. 아니면 믿고 싶어 할지도 모른다. 과거의 국정교과서에서조차 토지조사사업 이후에 농토의 4할이 수탈되었다고 했으니까. 입증 책임이 학자들의 연구 결과에 있는 것이 아니라, 국민의 마음속에 있다면, 이 또한 문제다. 엄격히 말해, 믿음도 믿을 수가 없다. 믿음은 결코 절대 개념이 될 수 없다. 믿음에 대한 성찰이 없는 한, 기록문학도 소설도 다 부질없다.

소설가가 에둘러 '중도'의 길을 걷는다는 바가 얼마나 어려운 일이냐

---

[18] 데이비드 밴 외 지음, 『논픽션 쓰기의 모든 것』, 도서출판 다른, 2016, 91쪽.

하는 것은 문학사가 증명한다. 소설가도 전통적 의미의 문사(文士)일진대, 글 쓰는 자로서 응당 수시(隨時)와 처중(處中)에 힘써야 할 것이다. 문사건 식자건 할 것 없이, 어쩔 수 없이 시류를 따른다고 하더라도, 어느 한쪽에 기울어져 균형을 잃는 것은 삼가야 한다. 특히 대작가라면 더욱 그렇다고 본다. 이런 점에서 볼 때, 이광수·조정래·이문열 등에게 아쉬움이 없지 않고, 염상섭과 박경리는 선을 넘지 않고 오롯이 관용과 절제를 보였다고, 나는 본다.

색욕과 식욕의 수인들

1

세상에 그런 법이 어디 있느냐고 항변하는 사람들이 적지 않듯이, 세상에 존재하는 모든 관념에 절대란 있을 수 없다. 자유니, 인권이니, 법이니, 정의니 하는 것도 죄다 상대적이다. 상대적이란 표현은 정치적이라는 개념과도 통한다. 형벌은 자유를 제한하기도 하고, 고문을 가하기도 하고, 생명을 박탈하기도 한다. 역사적으로 볼 때, 이것은 인권 문제와 깊은 관련성을 맺어왔다.

앞으로 살펴볼 소설 속의 수인들에게도 인권이 있느니, 없느니 하는 문제는 여전히 쟁점으로 남아있다. 실정법을 위반하고서 구치소나 감방 등의 폐쇄 공간 속에 들어온 그들은 이 공간 안에서도 불법을 저지른다. 이들에게는 권력관계가 이미 형성되어 있고, 또 권력은 폭력의 형태로 행사되기도 하기 때문이다. 심지어 반인륜적 행위도 일삼는다. 남색(男色)과 살인과 뇌물……. 갇힌 자들은 밖에서보다 더한 원색적 욕망의 화신이 된다.

사람살이에, 사람들 사이에 갑질과 욕질이 있는 한, 인간관계는 권력

구조, 즉 폭력적인 구조로부터 벗어날 수 없다. 가장 비인간적이고 적나라한 인간관계의 처소는 감방이라고 봐야 한다. 감방은 이제나저제나 인권의 사각지대다. 수인들끼리 권력과 폭력의 구조는 여전히 엄격하다. 그동안 발표되어온 소설 중에서, 감방을 배경으로 한 소설은 적지 않았을 것이다. 이 중에서 내게 가장 먼저, 또 강렬하게 떠오르는 작품은 손창섭의 단편소설 「인간동물원초(人間動物園抄)」와 이문열의 중편소설 「어둠의 그늘」이다. 이 두 작품은 인간의 원초적인 본능인 색욕과 식욕을 각각 소재로 한 것이다.

색욕과 식욕 중에서 어느 것이 더 원초적인 본능인가 하는 물음은 오래 전부터 사람들 사이에 쟁점이 되어 왔다. 물론 식탐(食貪)이란 말도 있지만 원하거나 탐하거나 하는 인간 욕망의 문제는 색욕 쪽으로 좀 기울어져 있다. 어느 정도의 욕구만 해결되면 더 이상 식욕은 사라진다. 이런 점에서 색욕이 식욕보다 원초적이요, 본능적이라고 하겠다. 이에 대한 반론도 만만찮다. 먹지 못하면 죽게 되지만, 하지 못한대서 결국 죽는 건 아니잖아? 이렇게 얘기하면 할 말이 궁하다. 물론 죽는다는 사실을 기준으로 삼는다는 또 다른 사실이 공정하지도 논리적이지 않기도 하겠지만, 말이다.

2

손창섭의 「인간동물원초」는 색욕을 주제로 한 소설이다. 색욕 중에서도 남색이다. 남자끼리 하는 섹스다. 마치 닭들이 짝짓기를 하는 모습과 흡사하다고 해서 계간(鷄姦)이라고도 말해진다. 우리 토박이말로는 '비역질'이라고도 한다.

요즈음에 이르러서는 성소수자 인권을 존중하지만, 과거에는 다들 이러한 행위를 끔찍하고 참혹한 것으로 인식해 왔던 게 사실이었다. 물론 짐승은 수컷끼리의 짝짓기가 없겠지만, 성 소수자의 인권과 관계없이 남색은 가장 동물적인 섹스다. 본능에 충실한 원색적 섹스여서다. 더욱이 과거에는 군대나 감방과 같은 특수한 장소에서 이런 일이 일어나곤 했었다. 물론 이런 특수 상황 속에서 행해진 환경적 남색은 어쩔 수 없이 행해진 운명적 남성 동성애와 전혀 별개의 얘기가 된다.

제목의 의미는 대체로 이렇다. 마치 동물원에 갇혀 있는 것처럼 인간이 인간 이하의 삶을 산 이야기의 한 부분(抄)이다. 자유가 박탈당한 곳은 인간 이하의 세상일 수밖에 없지 않은가? 소설 속의 감방은 앉거나, 서거나, 눕거나 할 자유조차 온전히 박탈당한 곳. 이곳에서 무릎을 맞대고 앉아있는 십 여 명의 수인은 먹고, 자고, 배설하는 일만이 허용되어 있을 뿐이다.

이런 점에서 볼 때, 감방은 동물원일 수밖에 없다. 이 소설은 시작부터가 음울한 분위기를 자아내고 있다.

> 동굴 속 같이만 느껴지는 방이다. 그래도 송장보다는 좀 나은 인간이 십여 명이나 무릎을 맞대고들 앉아 있는 것이다. 꼭 같이들 푸른 옷으로 몸을 감고 있는 것이다. 밤이 되어도 자라는 명령이 떨어지기 전에는 누구 하나 멋대로 드러누울 수 없는 것이다. 밤중에 자지 않고 일어나 앉아 있어도 안 되는 것이다. 앉거나, 서거나, 눕거나 할 자유조차 완전히 박탈당한 그들에게는 먹고, 배설하고, 자는 일만이 허용되어 있을 뿐이다.[1]

감방에서 가장 권력을 가진 자는 방장과 주사장이다. 방장은 감방의 우두머리를 가리키는 말이고, 주사장은 깨니 때마다 식사를 관리하는

---

[1] 『문학예술』, 1955. 8. 16쪽.

일을 맡은 자로서의, 부엌 주(廚) 자라는 뜻의 주사장인 것 같다. 방장은 주먹이 제일 센 데다가 살인강도의 누범자로서 징역살이를 16년 째 해 오고 있다. 주사장도 만만찮다. 강간범으로 10년 이상 복역해오고 있다. 이 두 사람은 늘 티격태격한다. 좁은 감방에도 권력투쟁이 있다. 방장은 강간범으로 감방에 온 '핑핑이'를 밤마다 남색의 대상으로 삼고, 주사장 은 미군부대에서 양담배를 빼돌리려다 붙잡혀 들어온 '양담배'를 남색의 대상으로 삼는다. 핑핑이와 양담배는 밑구멍(항문)에 고름이 들어 썩어갈 끔직한 짓을 받아주지 않으면 안 된다. 처지가 괴로워도 모면할 도리가 없다. 둘 다 권력을 가진 존재들이기 때문이다.

　방장과 주사장이 그렇잖아도 서로 날카롭게 대립하던 중에, 소매치기 상습범이 새로 들어오면서 둘의 악화된 감정은 드디어 터지고만 것이 다. 여자처럼 예쁘장한 용모의 소매치기를 서로 차지하려고 갈등을 일 으키다가 아닌 밤중에 격투를 벌이게 된 것이다. 남색도 경쟁적이다. 방 장은 하루 종일 입을 열지 않았다. 어떤 각오가 선 모양이었다. 수의를 끈으로 만들어 수면 중의 주사장의 목에 걸어 교살한 것이다. 이 말에 모멸감을 느꼈던 거다. "네깐 놈이 평생 징역살이나 했지, 단 한 번인들 여자와 자본 경험이 있느냐? 숫제 사내 밑구멍에 고름이나 들게 하는 게 고작일 게다." 주사장이 남에게 치명적인 상처가 될 막말을 낮에 해대고 는, 마침내 밤에 이르러 죽음을 스스로 부른 것이다. 불교식으로 말하자 면, 구업(口業)에 의한 응보랄까?

　이문열의 「어둠의 그늘」은 기결수를 가둔 감방이 아니라, 미결수를 가 둔 구치소를 배경으로 한 이야기다. 암자에서 고시 공부를 하던 중에 병 역기피자가 된 화자 '나(이영훈)'는 관찰자 시점으로, 복마전이자 세계의 축도인 구치소 안의 사정을 물끄러미 바라다본다. 작가 자신의 자전적 인 경험에서 비롯된 것이라고 한다. 그의 초기 작품 중에서도, 세계의 축도를 관찰하는 작가의 역량이 돋보이는 소설로 에누리가 없이 평가된다. 앞에서 보았듯이 손창섭의 감방이 색욕의 아수라장이었다면, 다음의 인용문에서 볼 수 있듯이 이문열의 구치소는 식욕의 난장판과 같다.

> 정말로 '죄수는 먹어 조졌다.' 나를 비롯해서 삼분의 일 가까운 사람들이 면회를 나가 배 불리 먹고 돌아왔고, 면회인들이 감방 안에 넣어준 것도 일인당 건빵 한 봉에 빵과 떡도 대여섯 개 돌아갔지만 점심시간이 돼서 그 거친 관식(官食)을 남긴 것은 나와 기주 씨 둘뿐이었다. 육체적인 활동이 거의 제한된 상태에서 그 엄청난 식욕은 어디서 온 것일까. 그러면서도 그들의 화제는 거의가 먹는 것에 대한 것이었다. 모든 욕망이 식욕으로만 쏠려버린 것 같은 그들을 보며 나는 그저 아연할 뿐이었다.[2]

화자 '나'가 자문한다. 육체적인 활동이 거의 제한된 상태에서 그 엄청난 식욕은 어디서 온 것일까, 하고. 구치소에서의 식탐은 스트레스인 것처럼 보인다. 어디 식탐뿐이랴. 대부분의 사람들이 구치소의 경험이 없어 겪어보지 못한 사람은 잘 모르겠거니와, 죄수가 술과 담배에 '땡길' 수밖에 없는 것은 자명하다. 죄수들이 교도소로 넘어가면 모든 것을 체념하고 술과 담배를 끊으려고 애를 쓰지만, 미결수들은 실형을 받게 될 것이 명백하더라도 자신이 석방될 것이란 희망의 끈을 버리지 않는다. 이 때문에 스트레스는 장난이 아니다.

최근에 검사가 조사실에서 피의자에게 연어회 술 파티로 회유한 사실 여부가 진실 공방으로까지 확대되어 언론에 크게 보도된 바 있었는데, 분명한 것은 미결수에게 있어서의 술 파티는 스트레스로 인한 생리적 욕구의 자극과 결코 무관치 않다는 것을 말해준다. 이 얘기는 정치적인 문

---

2 『한국문학』, 1980. 3. 53쪽.

제라서 더 이상 언급하지 않는 것이 좋을 것이다.

소설「어둠의 그늘」은 명절 밤에 구치소에서 술 파티가 벌어진 과정을 있는 그대로 보여준다. 관식이 입맛에 맞지 않은 죄수들을 위해 감방에 공동으로 사용하기를 허용하는 왜간장 통 두 개가 있다. 여기에 콜라와 고량주를 섞은 게 외부에서 전달되었다. 적잖은 교제비가 당직 교도관들을 너그럽게 한 것이다. 화자인 '나'는 사회에서 경험하지 못한 것을 경험한다. 앞에서 비슷한 얘기를 했지만, 구치소는 사회의 축소판이다. 사회에 밝은 것만 존재하지 않듯이, 죄수는 먹어 조지고, 검사는 불러 조지고, 판사는 미뤄 조진다. 너나없이 망친다. 이 소설의 시대적 배경이 1970년대인데, 반세기가 지난 지금의 현실은 어떤가? 지연된 정의는 정의가 아니라는 말이 있듯이, 지금도 재판 지연이 사회적 문제가 되고 있지 않은가? 공무원에게 뇌물을 주다가 걸린 34세의 김광하가, 고등고시 합격을 위해 암자에서 열심히 공부하고 있는 30세의 '나'에게 건넨 말이다.

> 지금 우리가 처해 있는 곳은 이 사회의 어둠이오. 그러나 자세히 보면 그 어둠은 또 하나의 그늘을 가지고 있소. 이 형도 그 어둠의 그늘에 유의해야 할 거요. 거기서 어둠이 어둠일 수밖에 없었던 원인을 찾을 수 있으니까.[3]

세상에는 죄가 있어도 벌을 받지 않는 사람이 있는가 하면, 죄가 없는데도 죄를 뒤집어쓰면서 벌을 받는 사람도 적지 않다. 처벌을 받지 않는다고 해서 죄가 없어지는 건 아니지만. 대체로 악인들 중에 죄를 받지 않은 사람들이 세상에는 많다. 이 소설의 주제는 어둠 속의 어둠, 두 겹으로 된 어두운 사회의 이면을 꿰뚫어보아야만 사회악의 원인을 찾을 수

---

[3] 같은 책, 60쪽.

있다고 본 것 같다. 이런 점에서 볼 때 이 소설은 진보적인 것 같지만, 상당히 보수적인 구석도 없지 않다.

그늘은 일종의 그림자다.

분석심리학에서 인격의 어두운 면의 상징인 '그림자'는 성과 돈과 권력과의 관계 속에서 폭력적인 공상의 형태로 나타난다고 한다. 분석심리학은 인간이 내면의 그림자를 인식하기를 끊임없이 촉구한다. 그림자를 알지 못하면 그림자에게 압도되기 때문이다.[4]

3

수인들에게도 인권이 있나? 자연법에 의하면, 모든 인간에게는 인권이 선험적으로 부여되어 있다. 한 세대 가까이 사형수의 사형 집행을 보류한 것을 보면, 민주화를 이룩한 우리 사회가 수인의 인권을 최대한 보장하려고 노력한 것은 틀림없다. 어쨌든 이 물음은 경우에 따라서 실정법과 자연법의 대립으로 확대되기도 한다. 한 예를 들면, 불법체류자에게 집단 인지적 시민권이 있느냐 하는 것도 문제다. 소수자들을 우대하는 집단 인지적 시민권은, 공정과 평등의 이상을 지향하는 보편적 시민권에 어긋나기도 한다. 이상한 법적 표현대로라면, 반(反)하기도 한다. 역차별 역시 평등권을 침해하기 때문이다. 인권을 존중해야 한다는 개념 속에서, 때로 사생활권과 표현의 자유가 충돌하기도 한다.

여기에서 중요한 것은 타인의 자유를 보호할 수 있는 자만이 자신의 자유가 보장될 수 있고, 타인의 인권을 보호할 수 있는 자만이 자신의

---

4 존 A. 샌포드 지음, 심상영 옮김, 『융 학파 정신분석거 본 악(惡)』, 심층목회연구원출판부, 2003, 110~113쪽, 참고.

인권이 보장될 수 있다는 사실이다. 인권이야말로 모든 개인의 존엄한 삶을 지향하기 때문이다.[5] 인간이 인간답지 못하면 인간 이하의 삶을 스스로 살 수밖에 없고, 어두운 사회 속의 그늘인 '갇힌 곳'에서 수인들은 자신의 인권을 알게 모르게, 스스로 포기해간다. 헛된 욕망, 알량한 권력만을 일시적으로 향유하고자 할 뿐이다.

  모든 인간의 욕망은 원색적이고, 또 자유 및 인권의 가치 역시 정치적이다. 그래서 다들 어둡고 어두운 곳으로만 기어들어간다. 우리는 타인의 고통에 공감하고, 타인의 삶을 비판적으로 이해하기 위해, 문학을 받아들이지 않으면 안 된다. 우리는 문학을 통해 우리 자신을 성찰한다. 문학이 있어야 할 결정적인 이유다.

---

[5] 앤드루 클래펌 지음, 이지원 옮김, 『인권』, 교유서거, 2019, 6쪽, 참고.

찾아보기

ㄱ

감성의 분할 123
감정의 로망스 281, 284, 288
거울뉴런 383, 384
결과 틀의 시학 281, 285, 288
결정판 271, 272
경향 시 554, 555
계급주의 550
고통과의 마주하기 478, 479, 543
관념소설 458, 459, 462
구경적(인) 생의 형식 241, 249
국민문학 165~167,
국민문학파 104
극중극 136, 161, 164, 247, 248, 510
기록문학 180, 216, 374, 375, 383, 408, 484, 485, 504, 566, 574, 575
기질지성 387, 403

ㄴ

나르시시즘 156, 291, 440, 525
남근주의 434, 435, 442, 522, 544
남로당 205, 222
냉소주의 289, 290, 525
노동쟁의 413, 416, 418, 419, 422
뉴 컨트리 파 287, 288
뉴라이트 176, 573

ㄷ

다이쇼 데모크라시 76, 101, 456
다자주의 76
대항기억 452
동백림 사건 482, 483
동양척식주식회사 81, 87, 95, 124, 569
동척이민사업 82, 85
들린 여성성 505
르포작가 407, 419

ㄹ

리얼리즘의 (위대한) 승리 158, 184, 254, 263, 264

ㅁ

만당 58, 59
만물조응 480
문제적 개인 245, 295, 300, 454, 457
물신주의 241, 250
민족주의 5, 10, 57, 103, 108, 118, 122, 125, 158, 159, 369, 458, 550, 564
민중적 휴머니즘 263

ㅂ

반공 매카시즘 304
반식민주의 262

찾아보기_585

반일 종족주의 572
발분저술 419
백조파 100
범애적 인도주의 263
본연지성 387, 388, 403, 404, 405
분노사회 473
불교 사회주의 58, 76
불여세합 384, 388, 389, 403
비전 퀘스트 278, 283

ㅅ

사회주의 5, 58, 69, 171, 172, 191, 221, 258, 416, 458, 489, 498, 499, 550, 566
사회주의적 사실주의 238, 239, 311, 317, 321, 323, 324
생태여성주의(에코페미니즘) 523, 543)
생태학적 문명비판시 397
생태환경시 366
서간체소설 262, 263
서정소설 305~307, 309, 310
서정시의 전투성 309
선험적 고향 241
성고문 478, 479, 483, 485
성인지 감수성 40, 432
성적 자기결정권 512~514
성적 자유 431, 434, 435, 439, 512
세태소설 461
소극적(적극적) 자유 27, 33, 34
소작쟁의 86, 88, 564, 569
수탈론 573
순응주의 156, 395, 431, 476
숨은 영웅 341~343, 345
시국 소설 166

시민(소시민) 17, 18, 154~159, 164, 167, 193, 364, 531, 550
시민문학론 19, 154, 156
시사어 10
식민주의 108, 122, 166, 417, 544
식민지 근대성 116
식민지 근대화론 572
식민지 지주제 82, 83
신성혼 242, 243
신세모순 384, 404
신의주반공학생의거 177, 182, 185, 187
싱어송라이터 220, 547

ㅇ

아나키즘 493, 494
앙가주망 283
애국계몽기 16, 76
애도반응 223, 224, 291
애도와 멜랑콜리 288, 290
액자소설 247
양가감정 492, 544
에로티시즘 210, 426, 432, 435, 449
여성주의 498, 499, 501, 506, 511, 513, 516, 522, 525, 543
연파 서정시 98
영원회귀 244, 247
영혼심상 146, 365
욕망 성취 293
욕망의 삼각형 302
의식의 흐름 285~287
의열단(원) 95, 170
이미지즘 98
인민전선 475
인정세태 107, 123, 188

일국주의 461
일본 제국주의 45, 65, 100, 108, 159, 304, 518, 554
일원론적 동화 481, 482
입문식 244
입체적 인물 568

ㅈ

자동기술법 528
자연법 583
자유연애 32, 34, 204, 262, 434, 507
자유주의 55, 69~71, 76, 158, 165, 207, 447, 475, 498
장르비평 242, 334
장소상실 365, 366
적대주의 530, 531
전위 문학 528~530
전위시인파 201
절충주의 105
정치적 낭만(주의) 475, 476
정치적 무의식 33
젠더 감수성 122, 357, 419, 525
젠더 트러블 501, 516, 518
조선독립이유서(조선 독립의 서) 55, 57, 155
준비론 77, 78
중도적 자유주의자 5, 10
진영 논리 104, 206

ㅊ

총체소설 463

ㅋ

카인 콤플렉스 303

카프 104, 122, 158, 237, 239, 550

ㅌ

타도제국주의동맹 311
탈낭만화 525
터의 무늬 496
텍스트상호관련성 280
토지조사사업 82, 83, 569, 571, 573, 575
통과의례 244

ㅍ

페니스 파시즘 442, 522
페미니즘 24, 498, 499, 520~522, 543
페티시즘 439~442
표현의 자유 7, 522, 583
풍속소설 458, 461, 462
프라하의 봄 368

ㅎ

하마르티아 249, 349
항일혁명문학 310, 312, 313, 315, 321
해방공간 188, 191, 202, 203
해체주의 522
행동주의(자) 201, 529, 530
혁명적 로맨티시즘 238, 239
형평사(형평운동) 169~173, 418
혼성 장르 305
화양연화 433, 434
황제망상 434, 435
황홀경의 사상 552
회색군상 475
희생제의 117